Das große UPCYCLING-BUCH

Alles verwenden. Nichts verschwenden.

CV

Vorwort

Liebe Leserin, lieber Leser,

wie schön, dass du dich für dieses besondere Upcycling-Buch entschieden hast, das dich dazu inspirieren soll, deine scheinbar nutzlosen Dinge in wahre Schätze zu verwandeln! In diesem Buch findest du die beliebtesten Projekte aus unserer erfolgreichen „Resteliebe"-Reihe, die im Laufe der Jahre schon so viele treue Fans begeistert hat.

Upcycling ist eine wunderbare Möglichkeit, unsere Umwelt zu schonen und gleichzeitig deiner Kreativität freien Lauf zu lassen. Und so ist es auch weit mehr als nur ein Trendbegriff. Vielmehr ist es eine bewusste Entscheidung, aktiv Ressourcen zu schonen und den eigenen Müll zu reduzieren; eine Lebenseinstellung, die darauf abzielt, nachhaltige Veränderungen im Alltag zu verankern. Umso schöner, wenn dieses wichtige Vorhaben mit Spaß umgesetzt werden kann.

Mit diesem Buch laden wir dich dazu ein, die unendlichen Möglichkeiten dieses kreativen Recyclings zu entdecken. Mit wenigen Materialien und etwas Fantasie hauchst du deinem Alltagsmüll neues Leben ein und erschaffst einzigartige Kunstwerke, praktische Gebrauchsgegenstände oder außergewöhnliche Dekorationen. Von alten Gläsern über ungetragene Kleidungsstücke bis hin zu alten Büchern – nichts ist vor dem Zauber des Upcyclings sicher! Denn warum Dinge wegwerfen, in denen noch viel Potenzial steckt?

Wir hoffen, dass dir dieses Buch ein treuer Begleiter auf deiner eigenen Upcycling-Reise sein wird. Vielen Dank, dass du dieses Buch in die Hand genommen hast.

Viel Freude beim Lesen, Entdecken, Basteln und Weltverbessern!

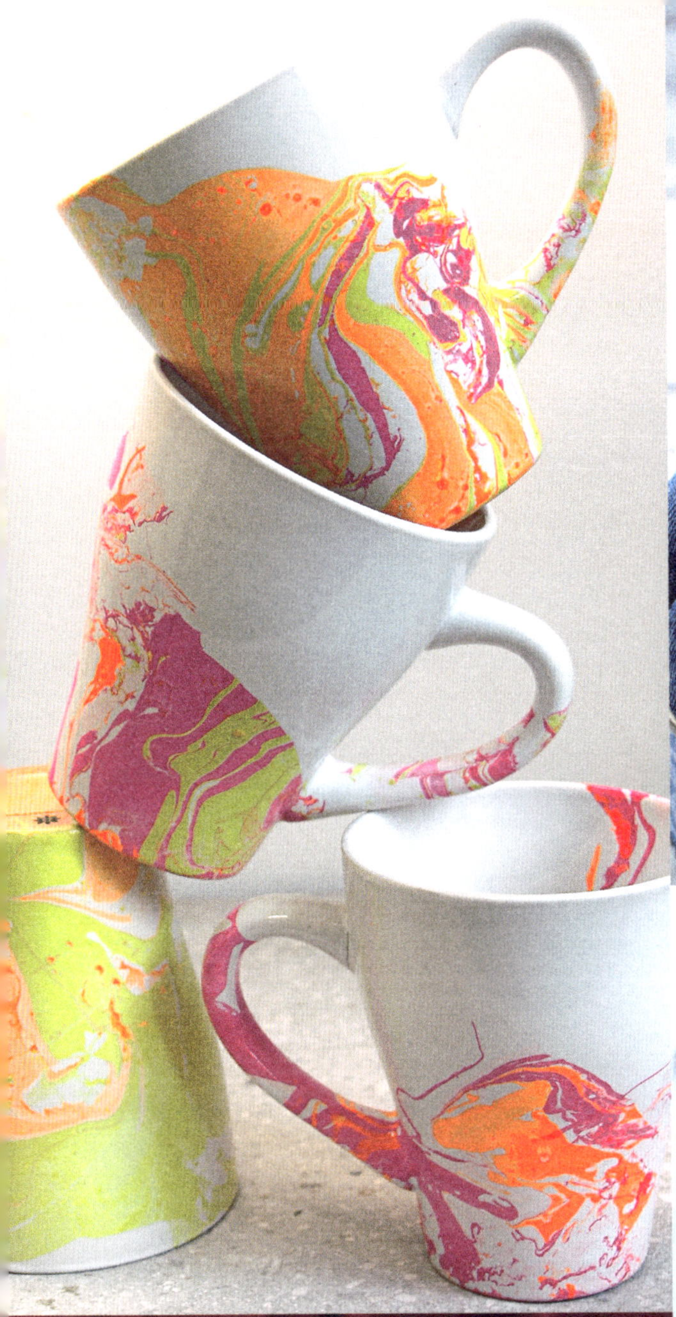

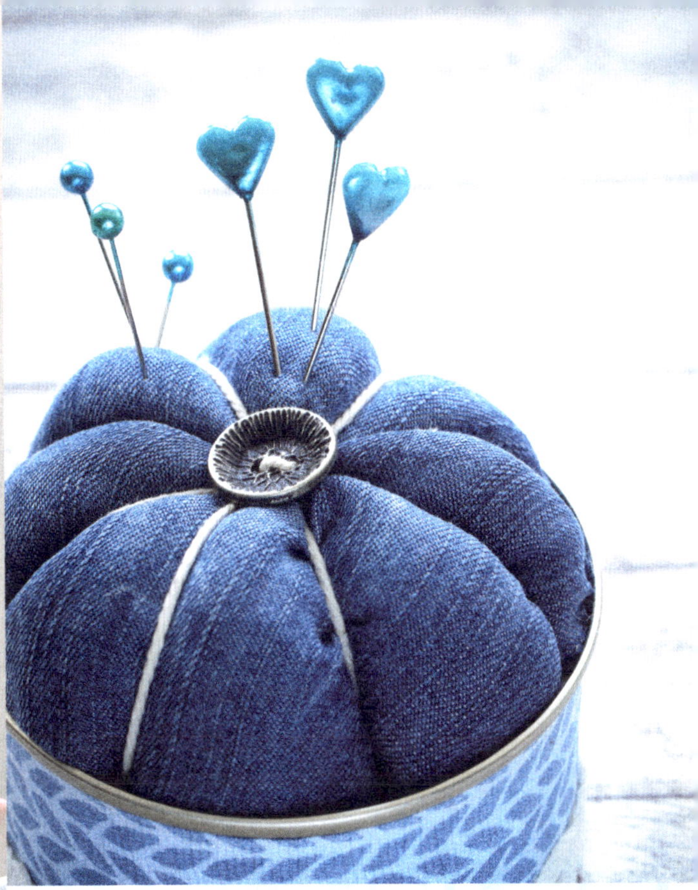

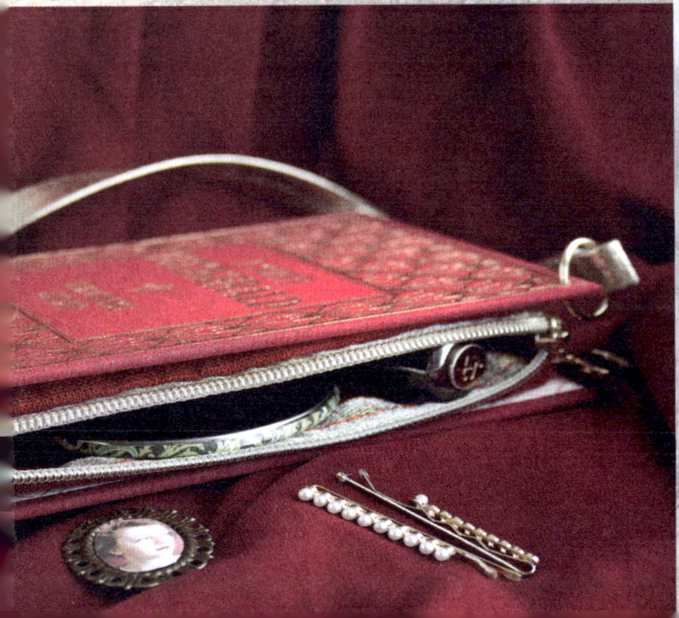

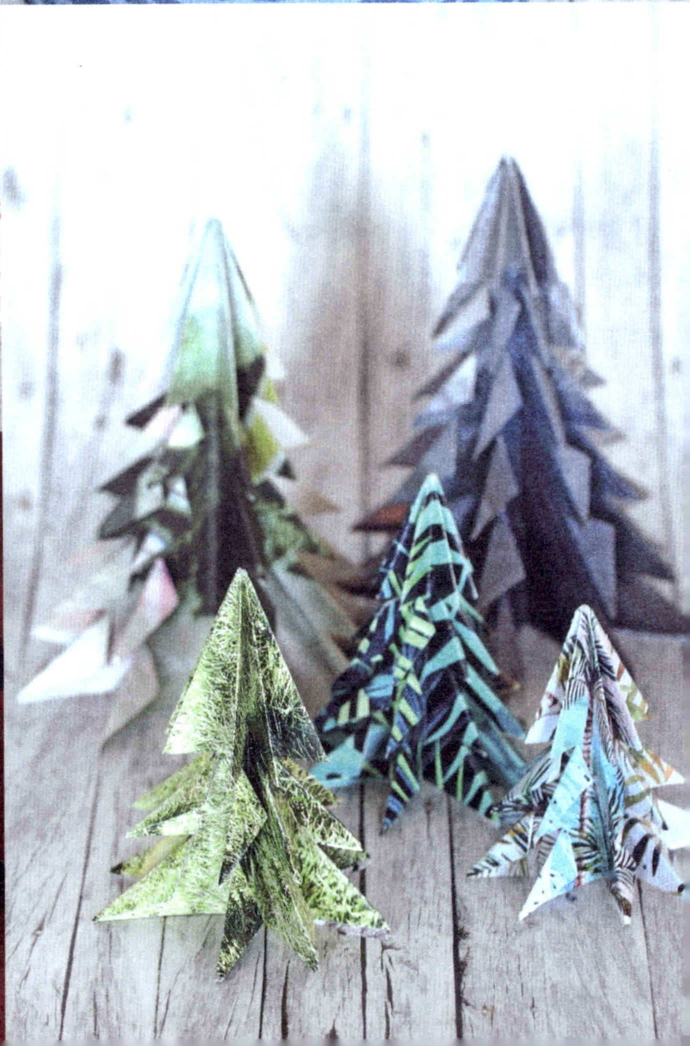

Inhalt

Praktisches

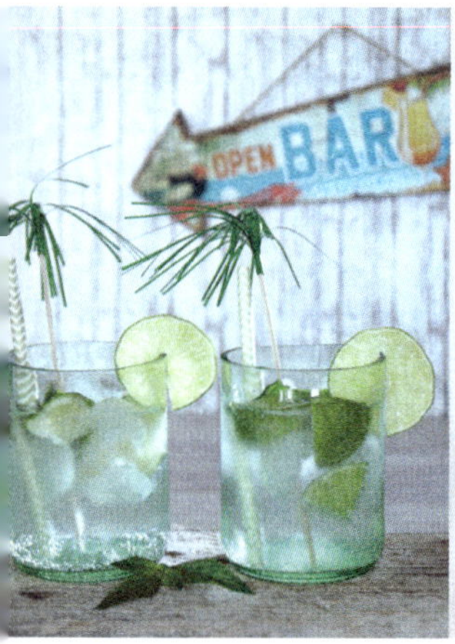

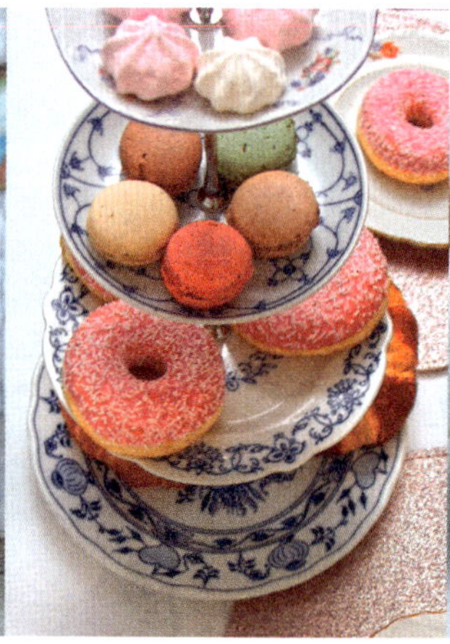
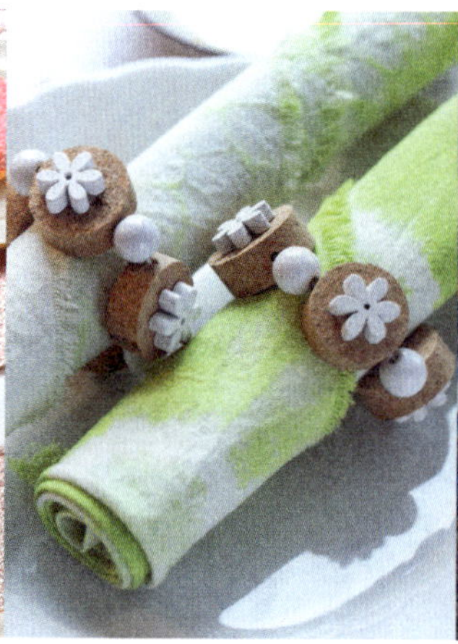
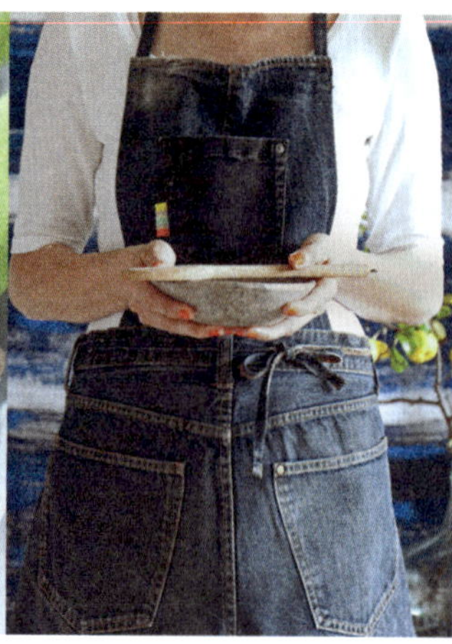
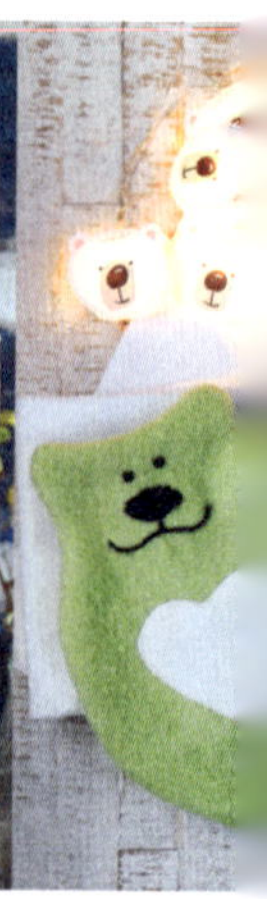

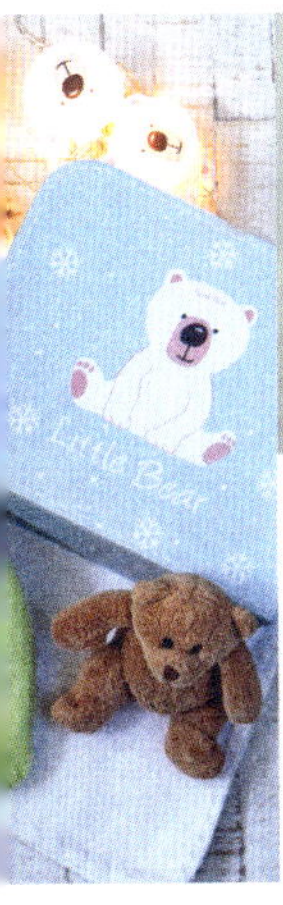
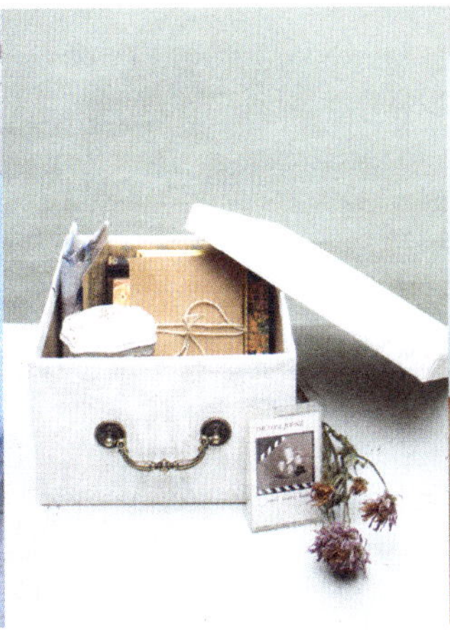
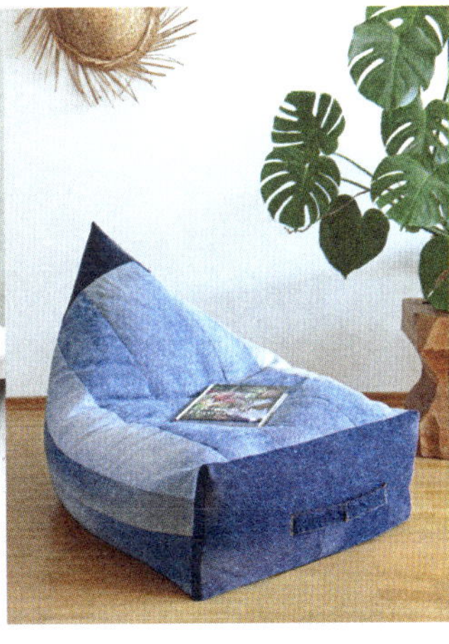
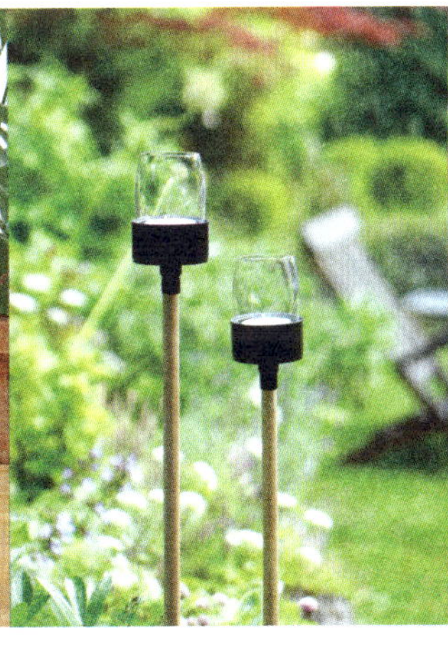
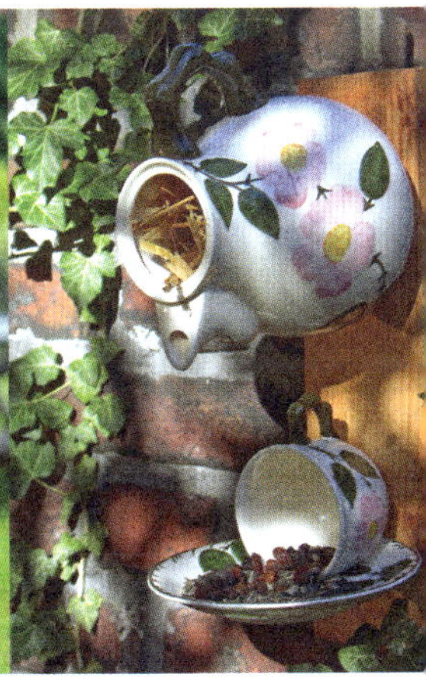

Dekoratives

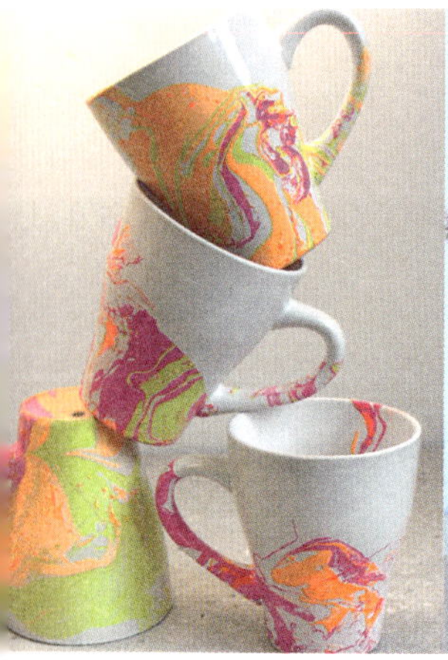

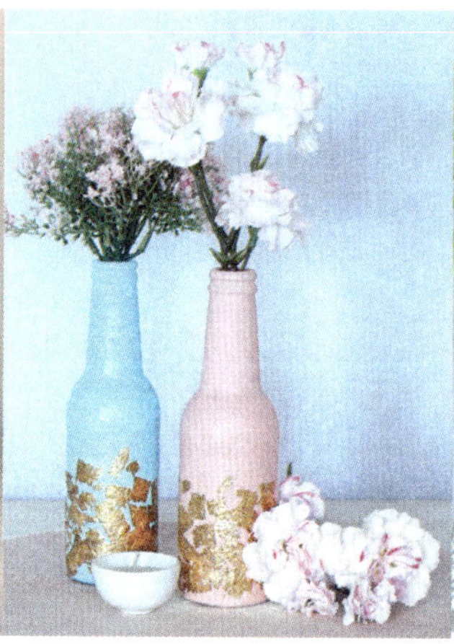

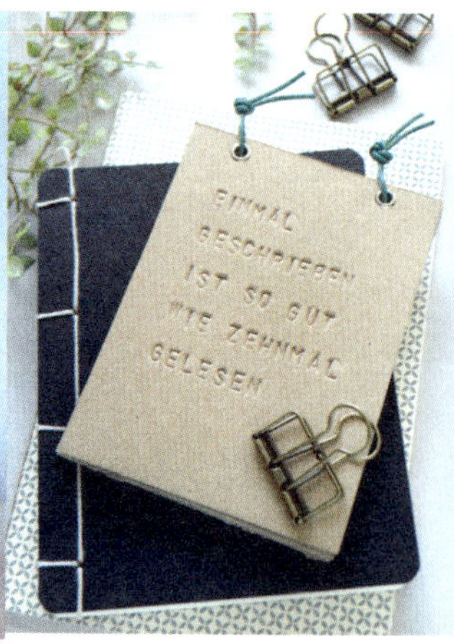

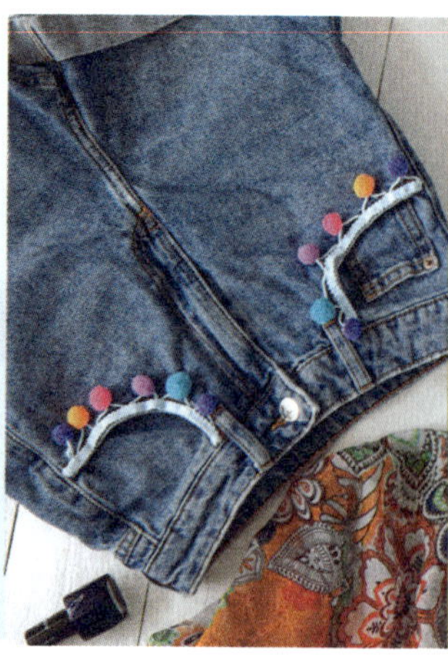

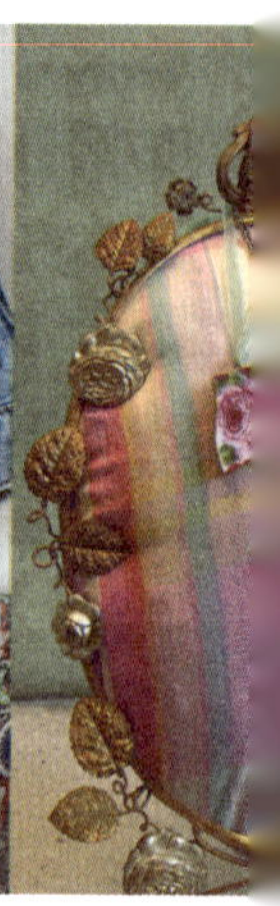

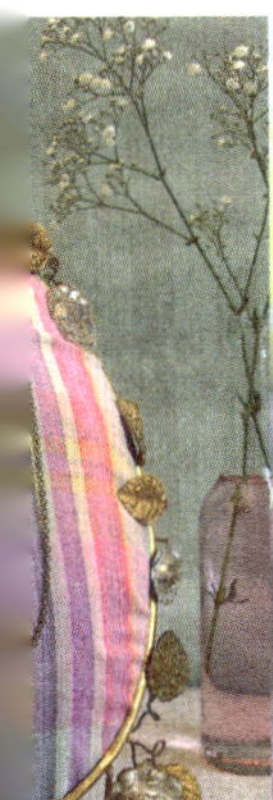
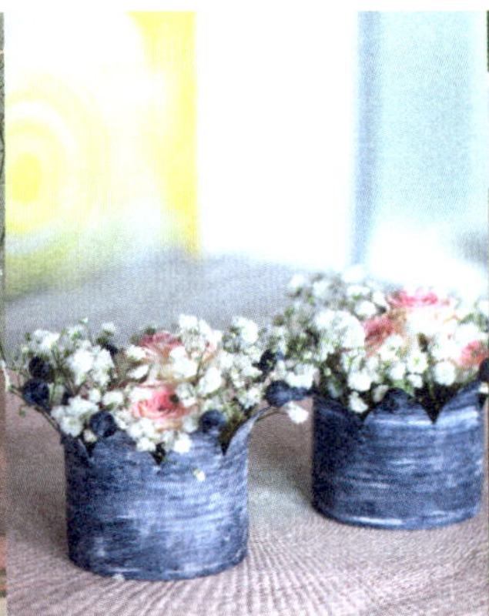
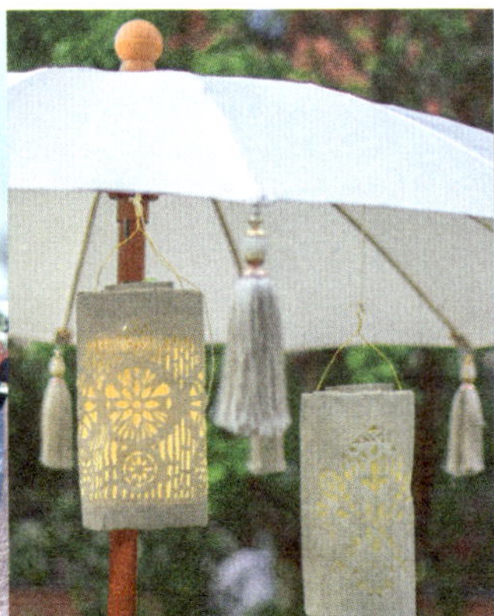
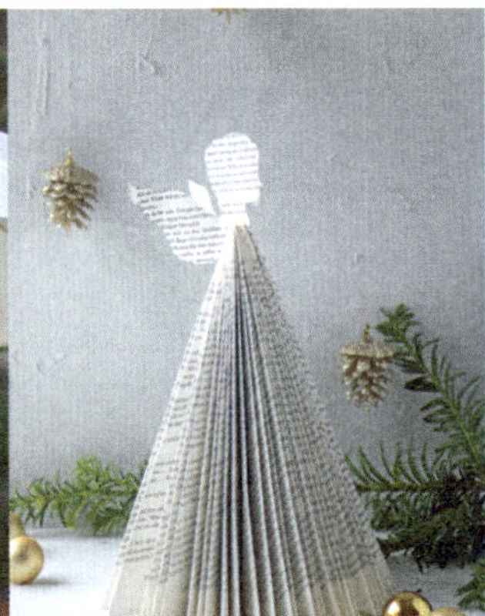
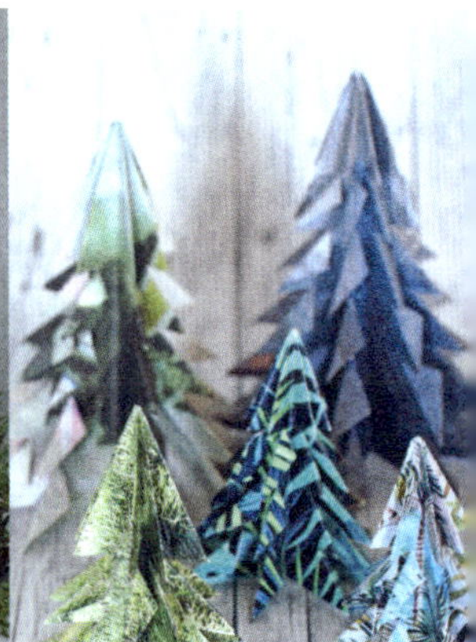

Die Materialien

Glas

Flaschen schneiden ist nicht schwierig. Es erfordert nur ein wenig Geduld, da es nicht immer auf Anhieb klappt und anfangs auch mal ein paar Flaschen zu Bruch gehen können. Davon sollte man sich aber nicht entmutigen lassen.
Wichtig sind ein paar Sicherheitsmaßnahmen. So sollte man beim Arbeiten immer eine Schutzbrille tragen und nach Möglichkeit auch Handschuhe, egal nach welcher Methode man die Flaschen schneidet. Stopfen oder Korken sowie die Etiketten vorher entfernen und Schmirgelpapier bereitlegen, um die Glasränder direkt zu glätten.
Hier in diesem Buch wurde zum Schneiden ein spezieller Flaschenschneider verwendet, da sich die Methode am besten bewährt hat.

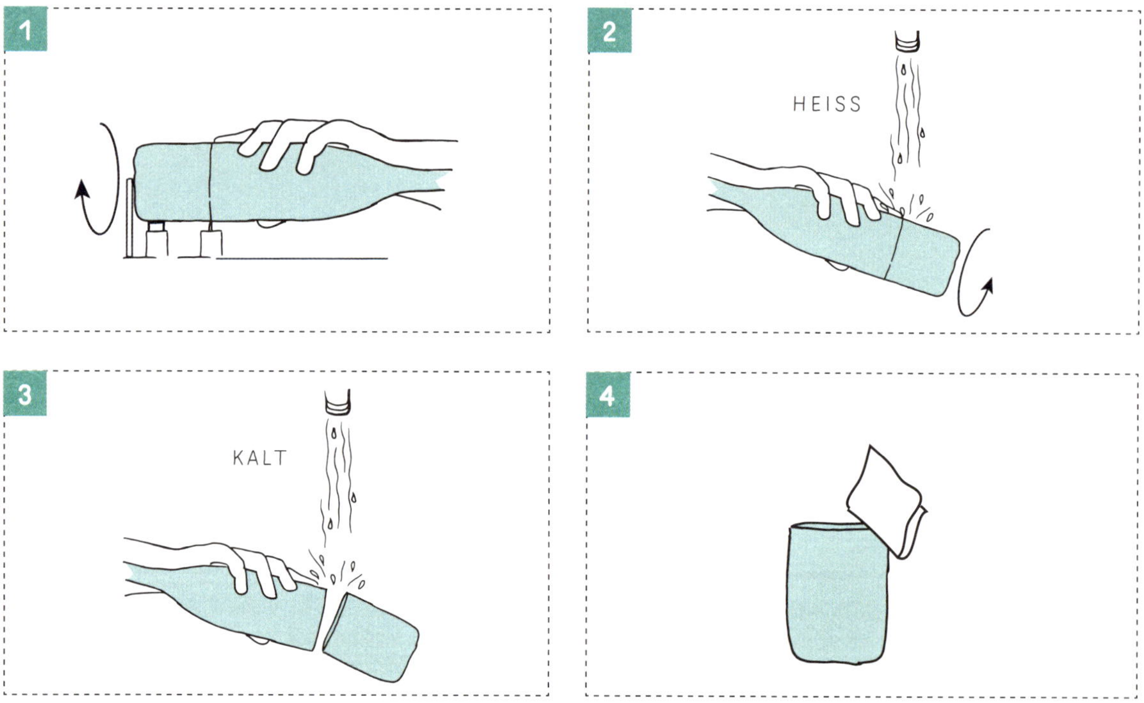

1. Flasche im Glasschneider sauber einmal komplett im Kreis einritzen.
Ohne speziellen Flaschenschneider klebt man sich mit Klebeband eine Markierung rund um die Flasche und schneidet dort mit dem Glasschneider entlang.

2. Anschließend kochendes Wasser gleichmäßig über die angeritzte Naht gießen. Dabei die Flasche drehen.

3. Im nächsten Schritt eiskaltes Wasser über die angeritzte Naht gießen. Dabei die Flasche ebenfalls drehen. Im Idealfall bricht ein Teil der Flasche mit einem leichten Knacken ab. Falls nicht, wiederholt man den Vorgang mit heißem und kaltem Wasser.

4. Dann die Kanten mit sehr feinem Schleifpapier glätten.

Porzellan

Ungeahnte Porzellanschätze auf dem Dachboden gefunden? Das Geschirr benötigt eine kleine Verjüngungskur? Manchmal reicht ein frischer Anstrich oder ein neuer Inhalt, manchmal benötigt es viel Fingerspitzengefühl oder handwerkliches Geschick, um das ganz exklusive Porzellanobjekt zu kreieren. Hier lassen sich viele Techniken zum Einsatz bringen. Bemalen mit Tafelkreide oder Porzellanmalstiften, die Marmoriertechnik, die Verarbeitung mit Kreativbeton, Transferfolie oder Blattgold. Und natürlich Kintsugi: das „Flicken" zerbrochener Porzellanstücke mit einer Art Goldpaste.

Kleiner Tipp: Das Arbeiten mit „Probier-Tellern" ist empfehlenswert, um ein Gefühl für die verschiedenen Farben, Folien, Pasten und Klebstoffe zu bekommen.

Wichtig: Da Porzellan beim Zerbrechen scharfkantig ist, empfiehlt es sich, Schutzhandschuhe zu tragen. Beim Bohren mit einem speziellen Porzellanbohrer ist auch eine Schutzbrille ein Muss!

Stoff

Auch wenn man keine Haute Couture nähen kann – es gibt so viele kleine Dinge, die sich aus Stoff zaubern lassen, dass sich die Anschaffung einer Nähmaschine auf jeden Fall lohnt. Bei den allermeisten Nähprojekten in diesem Buch wird eine Nähmaschine verwendet. Es mit der Hand zu versuchen, wäre recht mühsam.

Die Projekte sind auch fast ausschließlich aus Stoffresten und aussortierten Textilien. Im Laufe der Jahre kann sich da so einiges ansammeln. Dabei sind auf jeden Fall alte Bettlaken am ergiebigsten. Vor allem weiße Bettlaken lassen sich toll einfärben oder bedrucken.

Jeans

Die Lieblingsjeans begleitet uns über viele Monate, Jahre, vielleicht sogar ein halbes Leben lang. Sie bedeutet mehr als Design, Tragekomfort oder Coolness – man verbindet mit ihr Erinnerungen! Es lohnt sich also, alles noch einmal genauer anzuschauen, bevor es achtlos in den Altkleidercontainer oder gar in den Müll wandert. Von kaputten Kleidungsstücken können wir vielleicht doch zumindest noch das ein oder andere Detail, wie z.B. Knöpfe oder Verschlüsse, heraustrennen und wiederverwerten.

Das allerwichtigste Werkzeug für diese Projekte ist natürlich auch hier die Nähmaschine. Gerade Stücke lassen sich akkurat und kräfteschonend mit einem Rollenschneider anfertigen. Als Unterlage benötigt man dann unbedingt eine Schneidematte und ein Metalllineal. Unverzichtbar sind natürlich auch eine Schere und Schneiderkreide für Markierungen.

Papier

Papier ist ein ganz wundervoller Werkstoff. Vielleicht, weil man selten irgendein kompliziertes Werkzeug benötigt, um es zu bearbeiten. Das meiste hat jeder in irgendeiner Form zu Hause. Schon mit Schere und einem Klebestift lässt sich so einiges herstellen.

Papier lässt sich bemalen, bedrucken, bekleben, reißen, schneiden, falten, stanzen – es gibt so viele Möglichkeiten. Und jeder kleine Papierrest ist noch für irgendetwas zu gebrauchen. Es ist immer ein Stück dabei, das sich noch verwenden lässt.

Bücher

Bücher zu zerschneiden, zu verkleben oder mit einer Bohrmaschine zu malträtieren, fühlt sich daher etwas merkwürdig an. Nach dem ersten Do-it-yourself wächst jedoch der Mut – auch weil es eben Bücher gibt, die man anderweitig nicht mehr brauchen kann. Seien es Duden-Ausgaben von vor 20 Jahren, ausländische Wörterbücher oder ein Roman, der einem sprachlich auch beim dritten Hineinlesen einfach nicht zusagt.

Die wichtigsten Hilfsmittel bei den meisten Projekten sind ein Lineal und ein scharfes Messer. Am besten funktioniert hier ein Teppichmesser. Wenn es darum geht, ganze Bücher mit Löchern zu versehen, gibt es spezielle Papierbohrer. Zum Bohren sollte man das jeweilige Buch gut fixieren, dann entstehen sauber ausgeschnittene Löcher. Wer sich nicht extra einen ganzen Satz Papierbohrer in verschiedenen Größen zulegen will, kann auch mit einem Holzbohrer gute Ergebnisse erzielen.

Um den Tisch nicht zu ruinieren, ist eine Schneideunterlage von Vorteil. Um frisch geklebte Stellen zu fixieren, bis sie getrocknet sind, braucht es manchmal Dokumentenklammern. Zur Not gehen aber auch einfache Wäscheklammern.

Welchen Kleber man verwendet, hängt ganz vom jeweiligen Projekt ab. Um Bücher rundum zu verschließen, eignet sich Tapetenkleister. Ansonsten sollte man Klebefilm, Flüssigkleber und doppelseitiges Klebeband bereithalten. Bei hartnäckigen Fällen helfen Montageklebeband oder Heißkleber. Was das Thema Farbe anbelangt, ist Umdenken angesagt: Gerade für größere Flächen eignet sich gewöhnliche Wandfarbe. Diese lässt sich schnell und einfach mit einem breiten Pinsel auftragen, deckt zuverlässig und stabilisiert das Ganze zusätzlich.

Tapeten

Wer gerade selbst eine Wand oder ein Zimmer verschönert hat, braucht meist nicht die komplette Tapete auf – entsprechend bleiben in den allermeisten Fällen kleine oder sogar große Reste. Wenn das nicht der Fall ist, lohnt es sich, im Familien- und Freundeskreis oder in der Nachbarschaft herumzufragen. Ergibt sich auf diesem Weg nichts, erweist sich wie so oft das Internet als wahre Fundgrube. Gerade Kleinanzeigen-Gruppen und -Portale sind dabei eine gute Anlaufstelle.

Tapete ist aber nicht gleich Tapete – und das betrifft nicht nur die Optik. Auch hinsichtlich des Materials gibt es einige Unterschiede. So gibt es Papiertapeten, Textiltapeten, Metalltapeten, Naturtapeten, Vinyltapeten oder Vliestapeten. Das Schöne am Basteln mit Tapeten: Alle Projekte lassen sich ganz nach Geschmack gestalten – denn wie das Ergebnis später aussieht, hängt viel mit dem Material zusammen.

Ein paar Werkzeuge sind natürlich Voraussetzung: Schere, (Blei)stift, Metermaß und Lineal. Zum Kleben eignen sich Bastelkleber oder Kleister für größere Flächen und doppelseitiges Klebeband, damit die Tapete auch am Rand und an einer Kante hält. An kleinen oder schmalen Klebeverbindungen funktioniert Heißkleber am besten. Tapete lässt sich auch gut nähen – da braucht es natürlich eine Nähmaschine oder zumindest Nadel und Faden. Zum Bespannen eines Gegenstands eignen sich ein Hand- oder ein Elektrotacker. Zum Fixieren sind Buchklammern praktisch. Wer keine hat, kann aber auch gut mit einfachen Wäscheklammern arbeiten.

Getränkekarton

Basteln mit Getränkekarton ist eine geniale Idee! Nicht nur, weil man dem Verpackungsmaterial dabei ein zweites Leben schenkt, sondern auch, weil es so vielseitig ist. Es lässt sich super leicht verarbeiten und ist selbst nach dem Ablösen der bedruckten Schicht immer noch extrem robust. Das ist für einige DIY's ganz wichtig und für andere einfach angenehm, weil das Material nicht gleich einreißt, wenn es mal ein bisschen kniffelig wird.

Ganz wichtig: die Milch- oder Safttüten nach Gebrauch gleich ausspülen. Am besten schneidet man den oberen Teil mit der Schere ab und spült die Tüte mit klarem Wasser aus. Manche Tüten sind sowohl oben als auch unten gefaltet – hier öffnet man die Laschen komplett, spült die Tüten aus und legt sie anschließend flach hin. Den oberen Rand kann man am besten gerade abschneiden, indem man die Tüte zusammendrückt und dann schneidet.

Der Karton lässt sich anmalen, schneiden, vernähen, stanzen und bedrucken. Und wie cool ist es denn bitteschön, dass man auf die mit Aluminium beschichtete Seite Stoff aufbügeln kann, der dann fest mit dieser Schicht verbunden ist? Das Reizvolle ist, dass man hier wirklich sehr viel experimentieren und Dinge herstellen kann, die ursprünglich vielleicht aus einem ganz anderen Material gedacht waren, etwa aus Leder, Filz oder Korkstoff.

Dosen

Es gibt wohl kaum jemanden, der nicht schon mal eine Konservendose aufgehoben hat, um sie als Behälter in irgendeiner Form zu nutzen. Oder? Aber Dosen können nicht nur praktisch sein (als Aufbewahrung für Stifte, Pinsel, Schrauben, Nägel, Korken etc.), sondern auch dekorativ. Mit dem entsprechenden Werkzeug entstehen Lampen, Laternen, Blumenhalter, Spardosen oder Nisthilfen für Wildbienen oder sogar Adventskalender.

Die Dosen sollten nach Gebrauch gleich gereinigt werden. Etiketten und Klebereste ebenfalls gleich entfernen. Dann lassen Dosen sich lackieren, bekleben, lochen, bohren oder mit einer Blechschere zerschneiden. Wichtig ist, dass man beim Arbeiten mit Dosen vorsichtig ist. Arbeitshandschuhe und Schutzbrille sollten in der Dosen-DIY-Werkstatt ebenfalls nicht fehlen. Ein spezieller Dosenöffner ist das A und O, denn so lassen sich die scharfen Kanten an der Öffnung entfernen.

Korken

Korken wirft man nicht so leicht weg. Schließlich ist das nicht nur ein Flaschenverschluss, sondern ein Produkt aus einer jahrhundertealten Landbewirtschaftung in den Korkwäldern.
Zum Basteln eignen sich Korken ganz fantastisch. Und nicht nur für Kinderbasteleien, wie man vielleicht denken mag. Sie lassen sich mit einem Messer oder dem Cutter zerschneiden oder mit einer feinen Säge zersägen. Sie lassen sich bohren, bemalen und bekleben.
Eine kleine Gehrungslade ist ein gutes Hilfmittel für gerade oder eben schräge Schnitte. Auch ein kleiner Schraubstock ist sehr nützlich.

Und bleiben noch Korken übrig? Fast in jeder Stadt gibt es Stellen, wo man Korken abgeben kann. Der NABU stellt auf seiner Webseite eine Suchfunktion zur Verfügung, mit der man die nächste Sammelstelle finden kann.

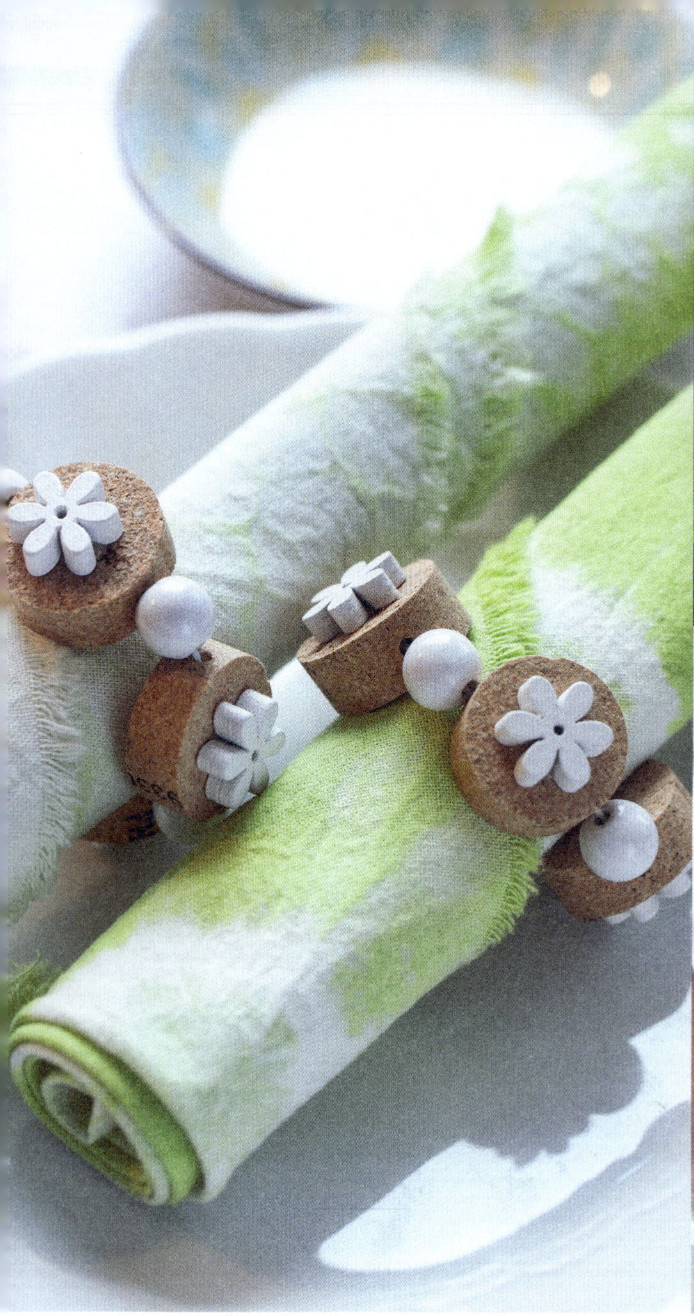

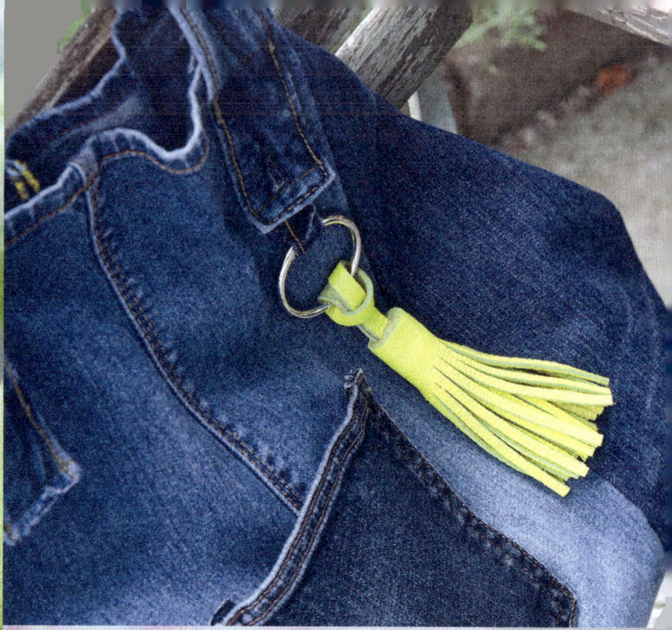

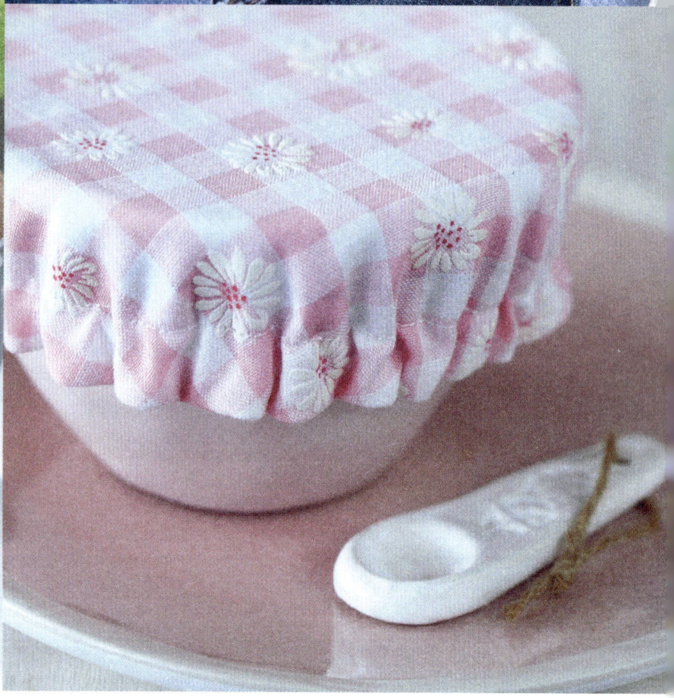

Praktisches

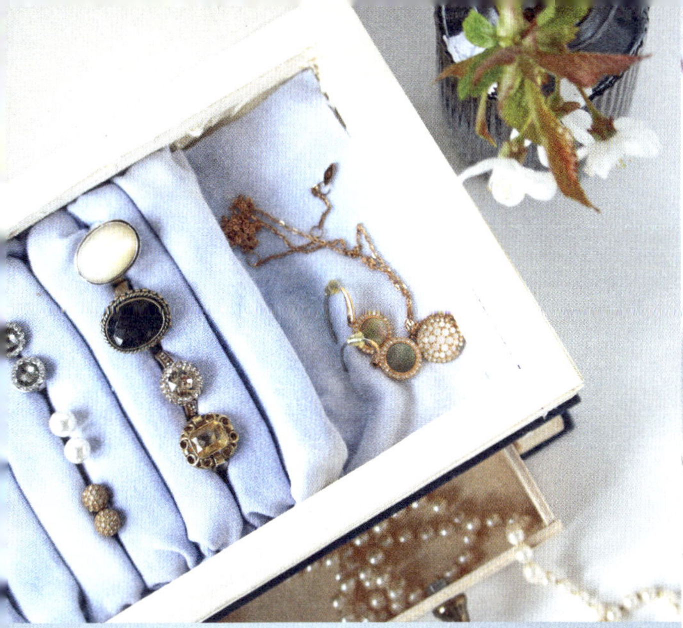
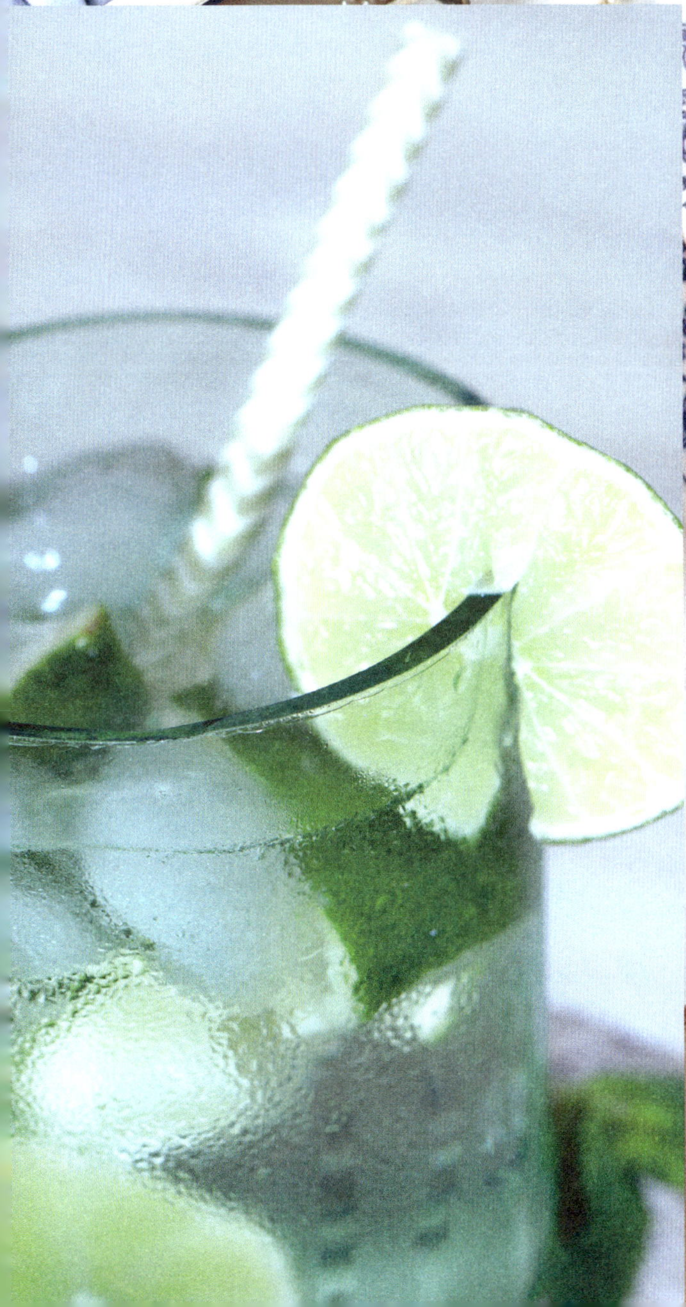
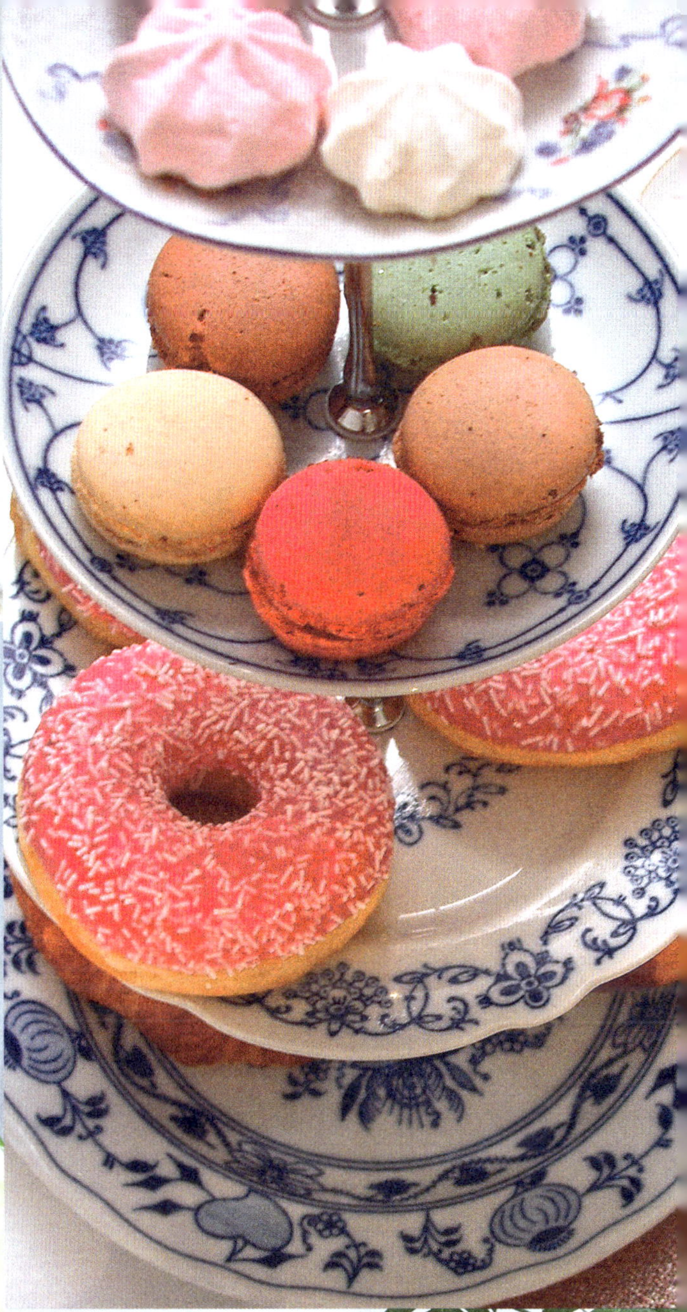
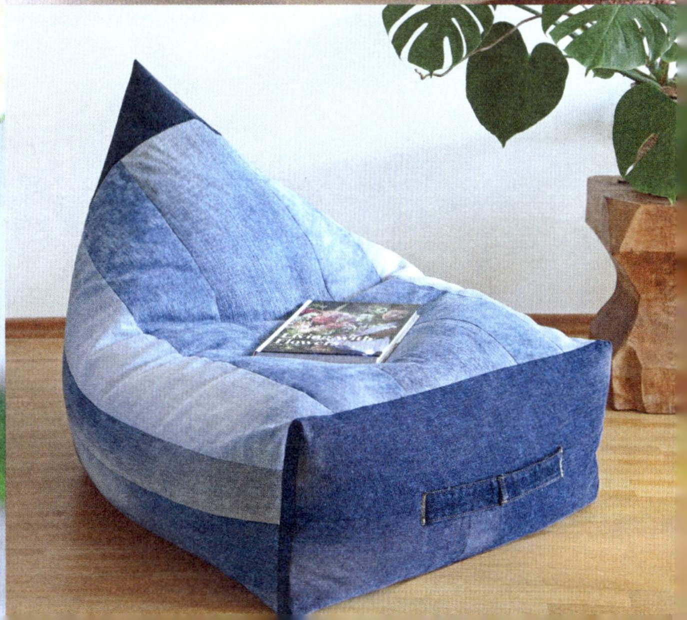

Sugar Bodyscrub

ZUTATEN:
ZUCKER, ZITRONE ODER LIMETTE (ALTERNATIV LAVENDEL), SEIFENFARBE, OLIVENÖL
MATERIAL:
FLASCHENUNTERTEIL, KORKEN, SCHÜSSEL, LÖFFEL, REIBE, ETIKETT

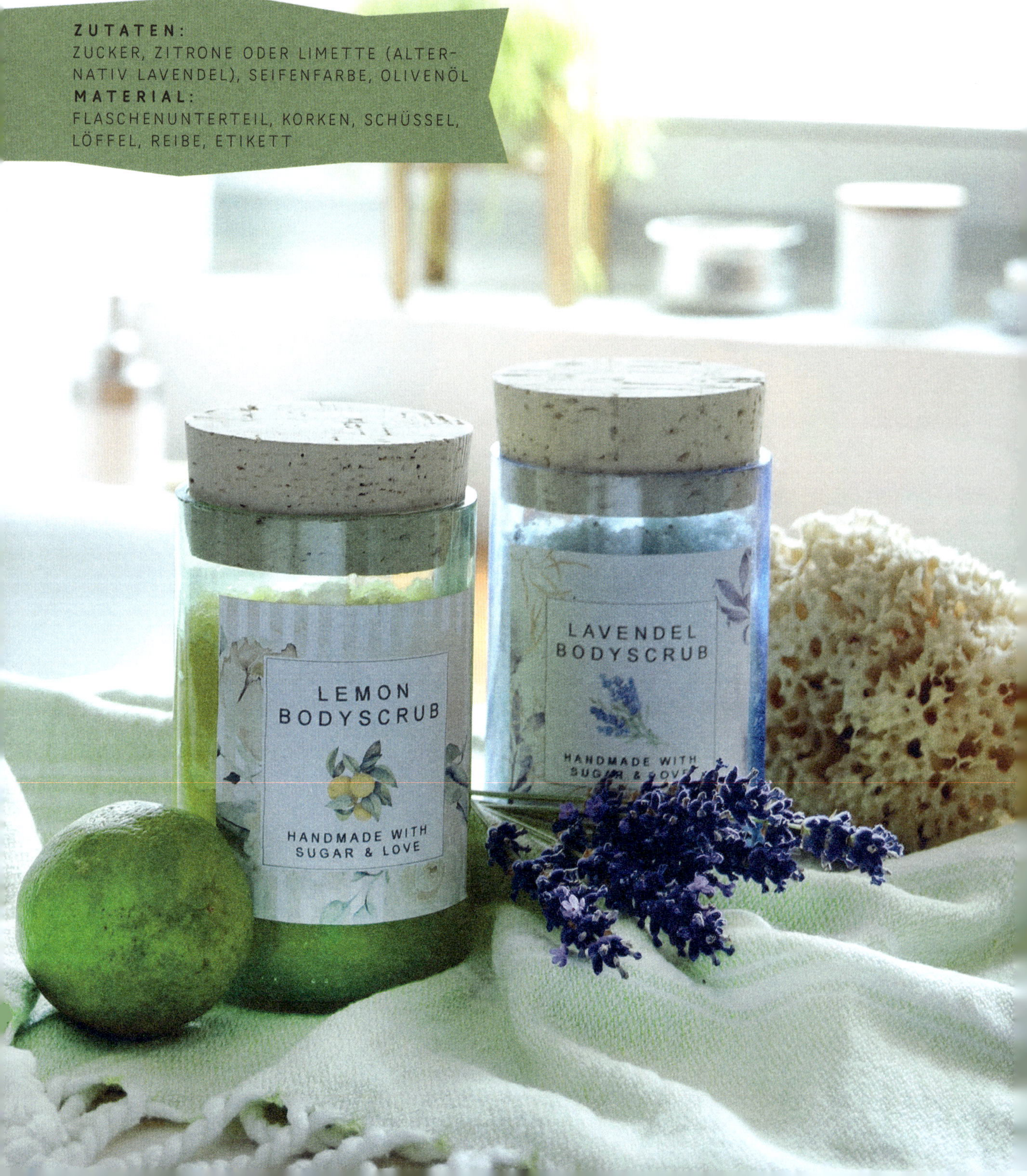

ZITRONEN- UND LAVENDEL-BODYSCRUB, NATÜRLICH SELBST GEMACHT UND HÜBSCH IN EINEM GLAS MIT KORKEN UND ETIKETT VERPACKT – EIN TOLLES GESCHENK FÜR DIE BESTE FREUNDIN ODER UM SICH EINFACH SELBST MAL ETWAS GUTES ZU GÖNNEN.

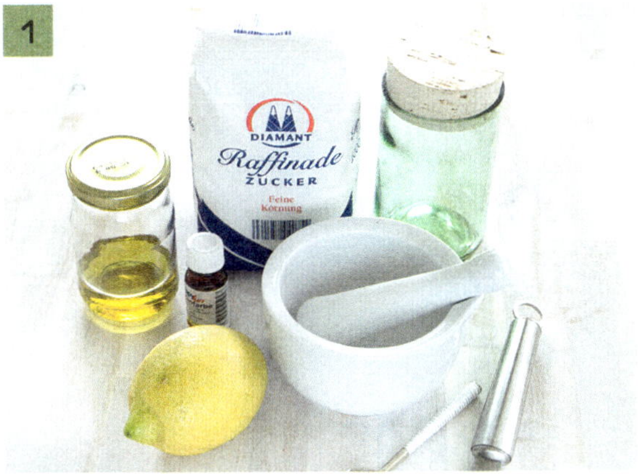

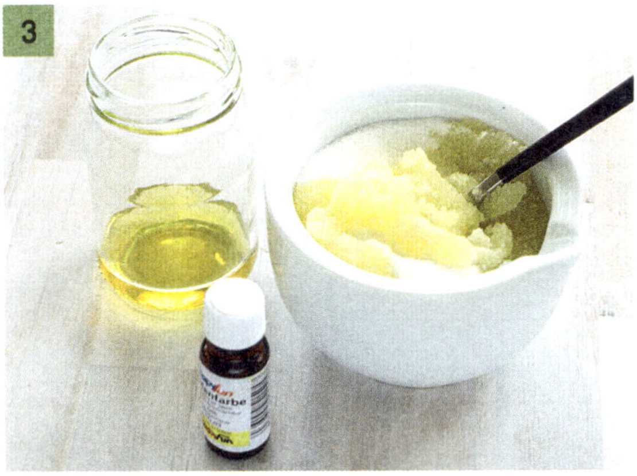

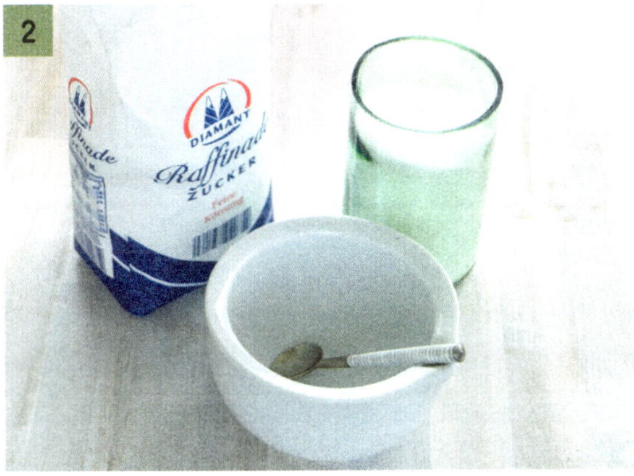

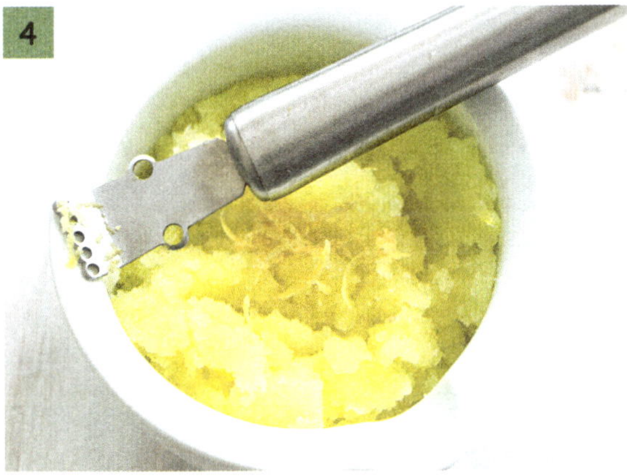

1. Zunächst alle Zutaten für das Bodyscrub bereitstellen.

2. Den Zucker in das Dekoglas geben, um festzustellen, wie viel es fassen kann. Dann in eine Schüssel umfüllen. Olivenöl hinzugießen. Die Masse sollte nicht zu sämig werden.

3. Anschließend den Saft einer halben Zitrone oder Limette unterrühren.

Wer mag, kann ein oder zwei Tropfen gelbe Seifenfarbe hinzugeben, um das Bodyscrub farblich zu intensivieren.

4. Dann noch den Abrieb der Zitrone oder Limette mit der Masse vermischen.

Nun alles in das vorbereitete, saubere Glas füllen und mit einem Korken verschließen.

Ein passend gestaltetes Etikett verleiht zusätzlich einen liebevollen Touch.

Die Vorlagen der Etiketten befinden sich auf Seite 264.

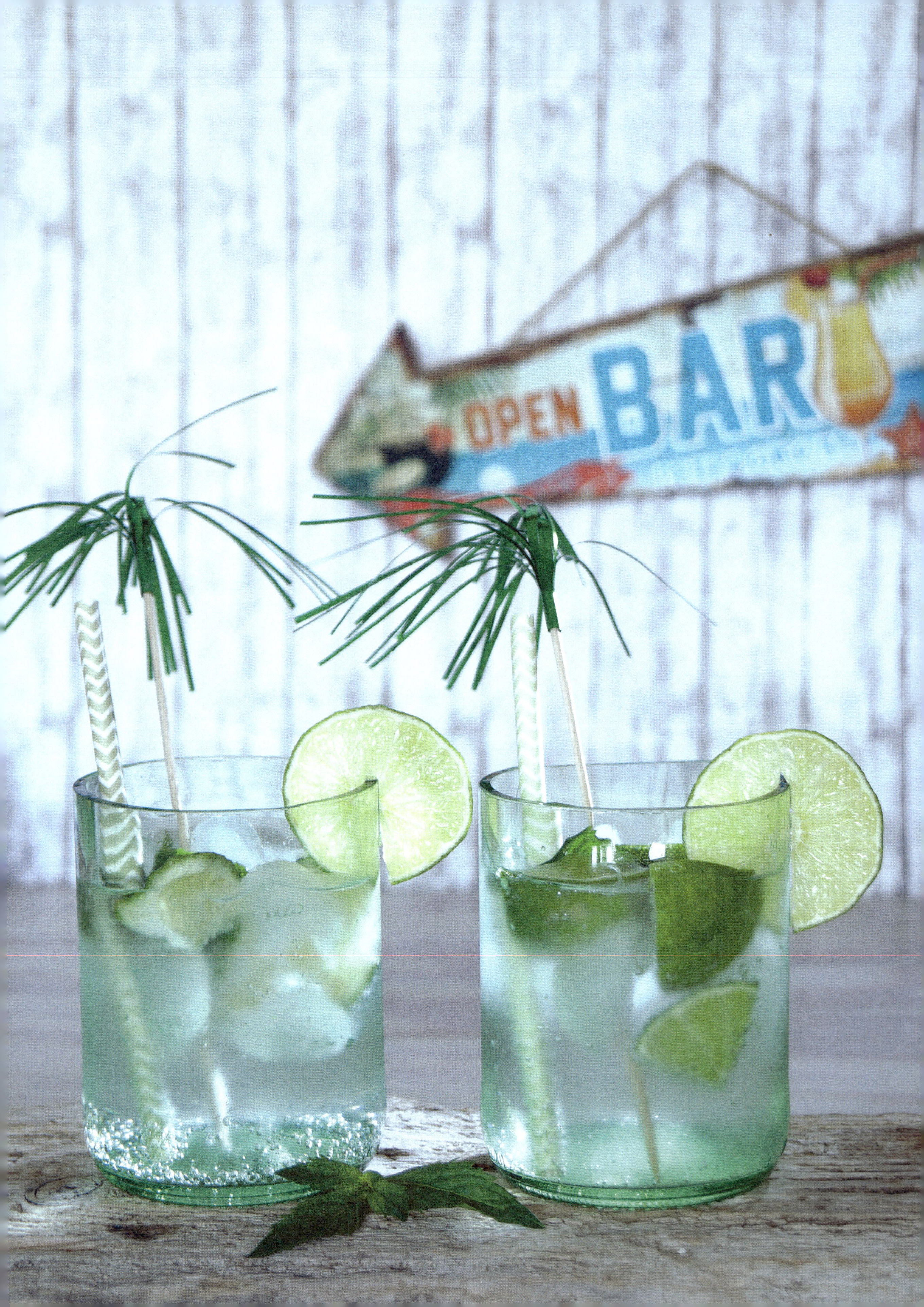
OPEN
BAR

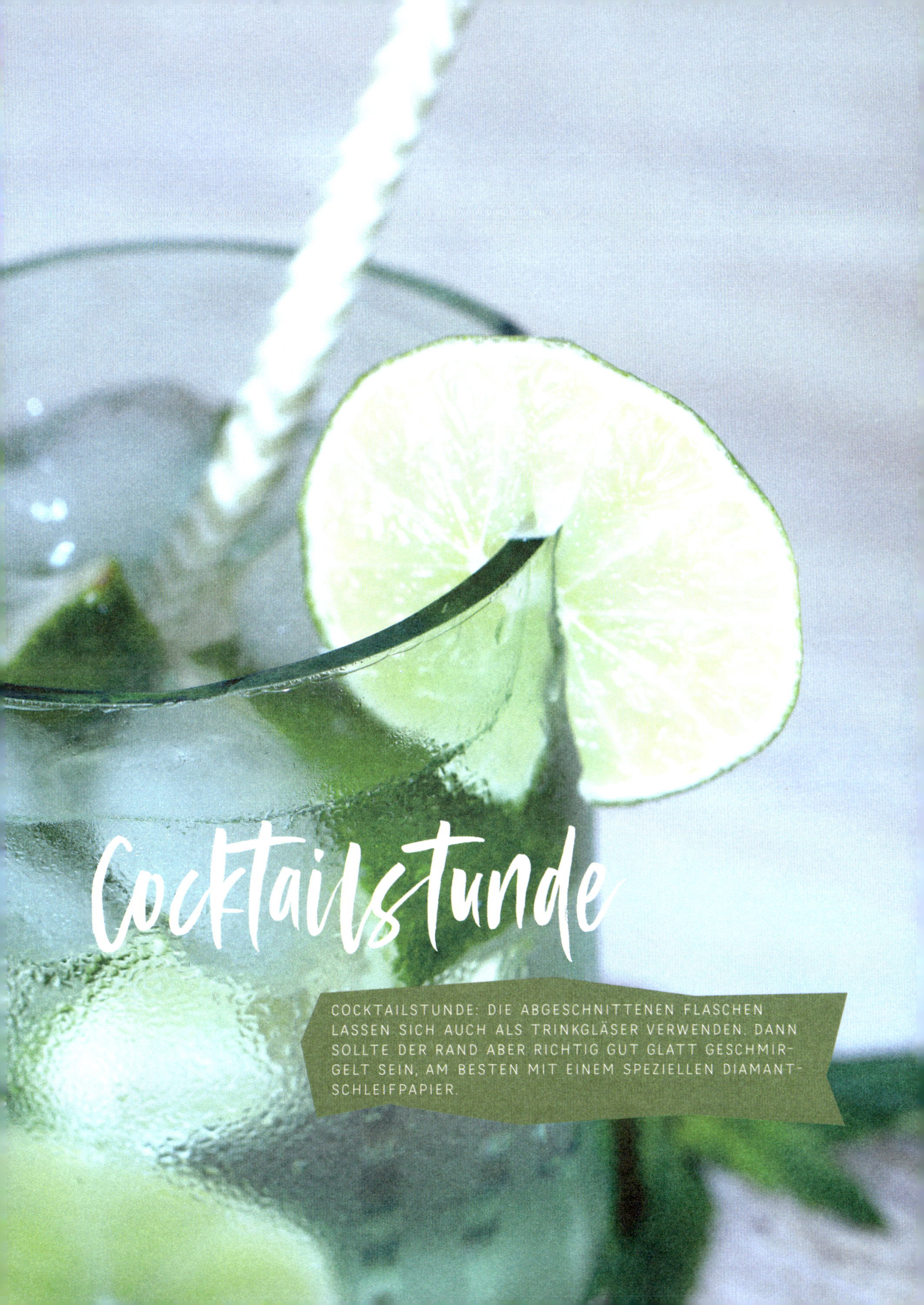

Cocktailstunde

COCKTAILSTUNDE: DIE ABGESCHNITTENEN FLASCHEN LASSEN SICH AUCH ALS TRINKGLÄSER VERWENDEN. DANN SOLLTE DER RAND ABER RICHTIG GUT GLATT GESCHMIRGELT SEIN, AM BESTEN MIT EINEM SPEZIELLEN DIAMANTSCHLEIFPAPIER.

Undercover

MATERIAL:
GETRÄNKEKARTON, LINEAL, SCHERE, CUTTER, GEWEBEKLEBEBAND, EVTL. SCHLAGSTEMPEL UND HAMMER

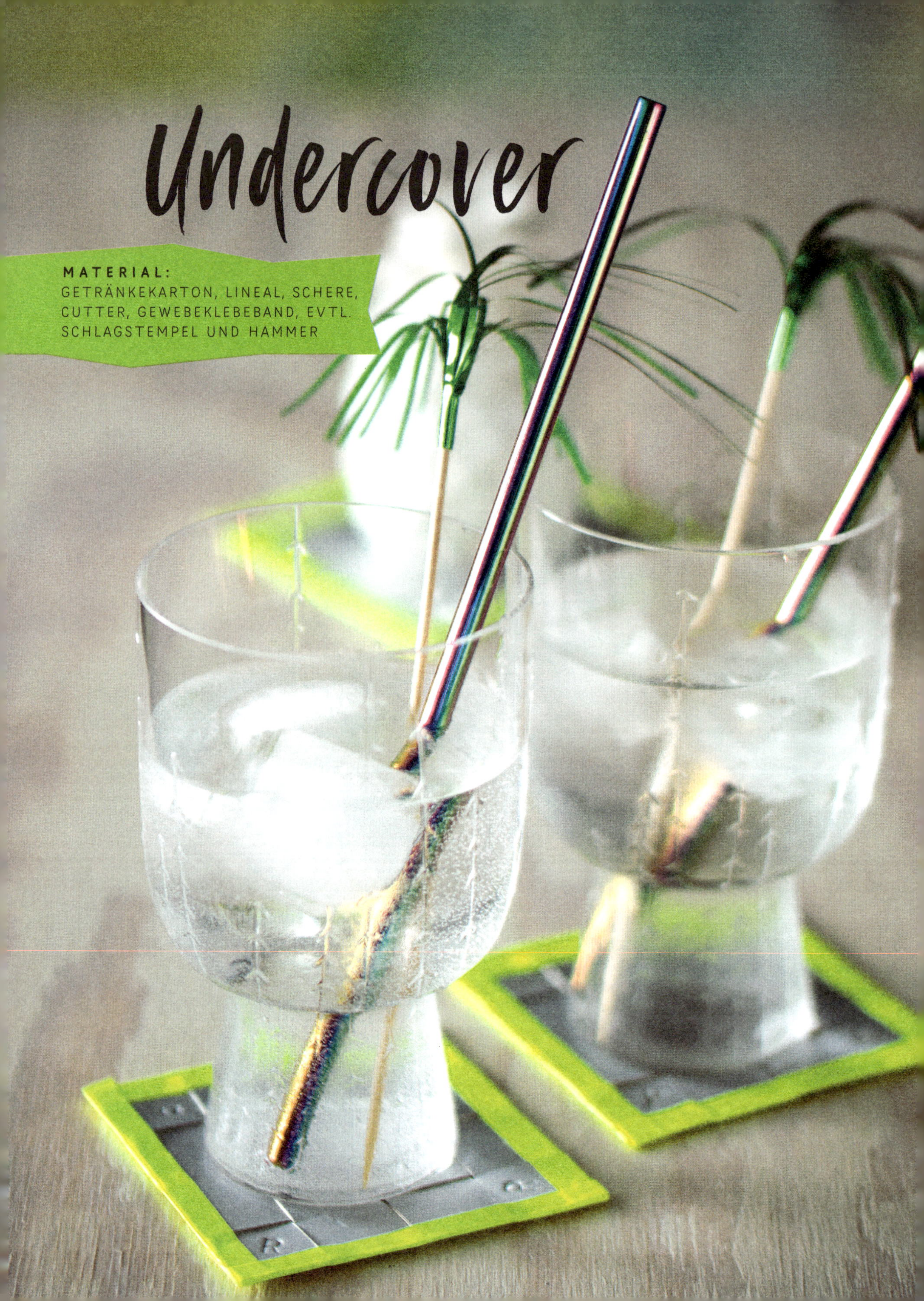

WER SICH SEINEN TISCH NICHT VERKRATZEN MÖCHTE ODER KEINE SAFTRÄNDER MAG, DER KOMMT UM EINEN UNTERSETZER NICHT HERUM. DIESE HIER SIND SCHNELL GEMACHT UND AUCH BEI EINER PARTY GANZ PRAKTISCH – VOR ALLEM, WENN MAN SIE ZUVOR NOCH PERSONALISIERT ;)

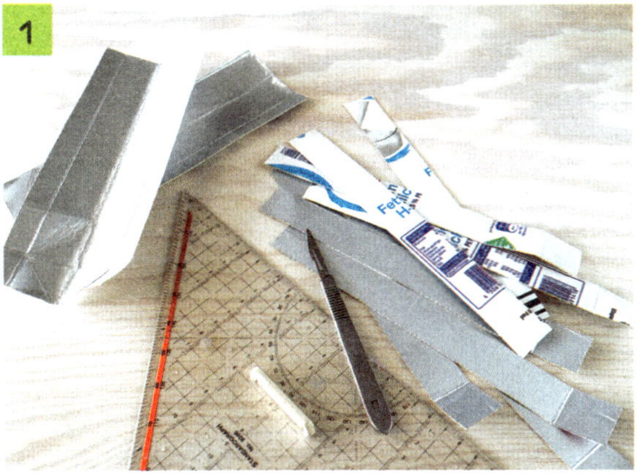

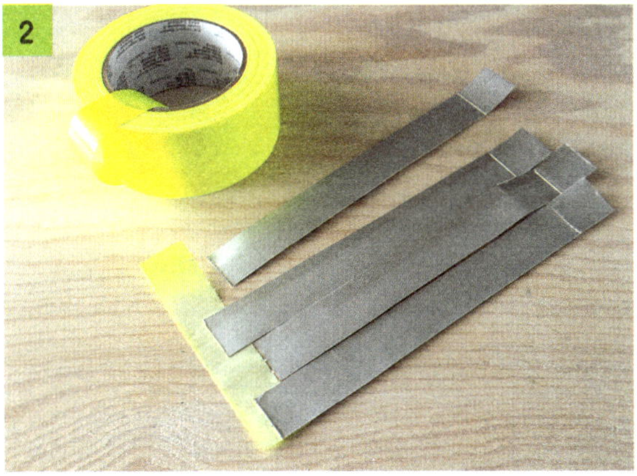

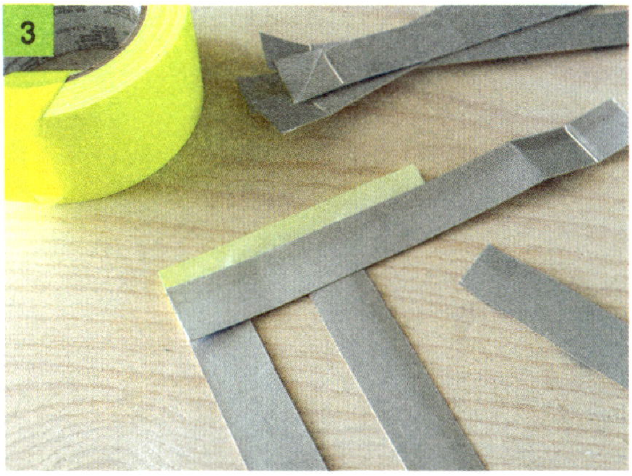

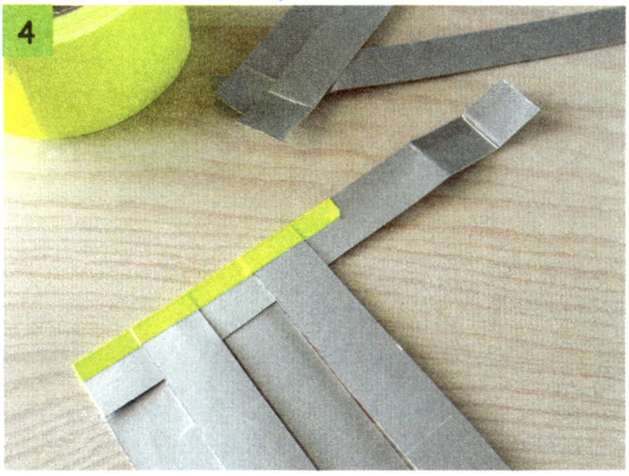

1. Hier darf die bedruckte Seite dran bleiben, da sie den Untersetzer stabiler macht. Man benötigt für diese Version 8 Streifen. Sie sind 2,5 cm breit. Die Länge ist erst mal nicht so wichtig. Wer später noch Muster hineinritzen oder Buchstaben prägen möchte, sollte darauf achten, möglichst Streifen ohne Knicke zu verwenden.

2. Dann schneidet man ein entsprechendes Stück vom Gewebeband ab und teilt es in der Mitte, da es sonst zu breit ist. Auf dieses Stück klebt man den ersten Streifen Karton mit etwas Abstand zum Rand, legt den zweiten versetzt daneben - er dient nur als Abstandshalter - und klebt den dritten Streifen fest.

3. Nun klebt man an den oberen Enden der verklebten Kartonstreifen einen Streifen Karton quer darüber.

4. Anschließend die beiden fehlenden Teile passend dazwischenlegen und die Kante des Klebebandes umknicken und festkleben. Nun kann man das überstehende Stück neben den 4 Streifen abschneiden.

Fortsetzung auf der nächsten Seite

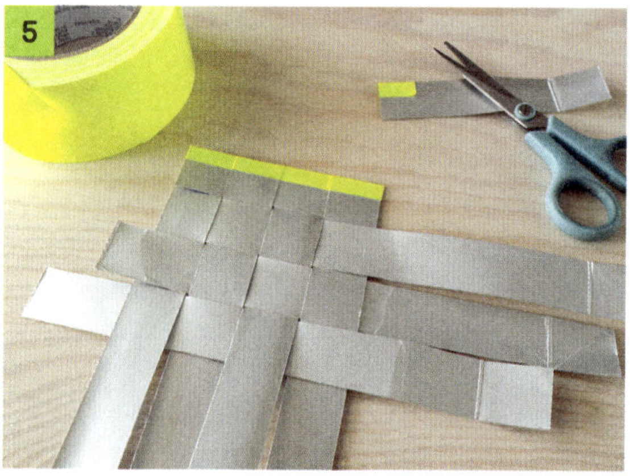

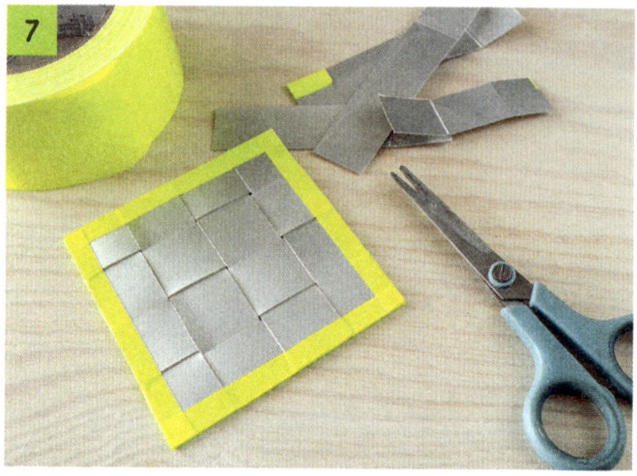

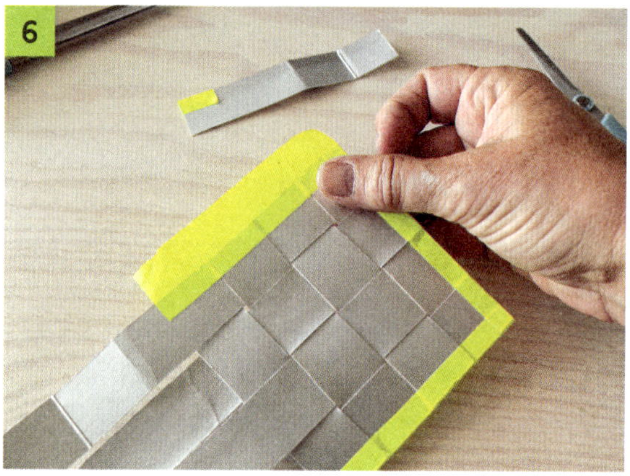

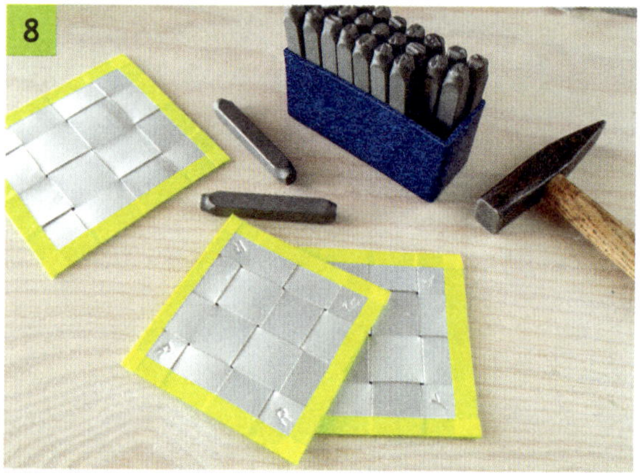

5. Jetzt die fehlenden Streifen Karton ineinanderweben. Fest zusammenschieben, damit es keine Lücken gibt.

6. Die überstehenden Enden rechts und links abschneiden und auch hier einen passenden Streifen Gewebeband aufkleben und wieder umknicken.

7. Dann die restlichen überstehenden Streifen Karton abschneiden und auch hier das Gewebeband aufkleben.

8. Nun kann man die kleinen Untersetzer noch personalisieren. Zum Beispiel mit kleinen Schlagstempeln. Man kann auch mit einer Stopfnadel kleine Muster hineinritzen, oder das Material mit einem wasserfesten Stift beschriften.

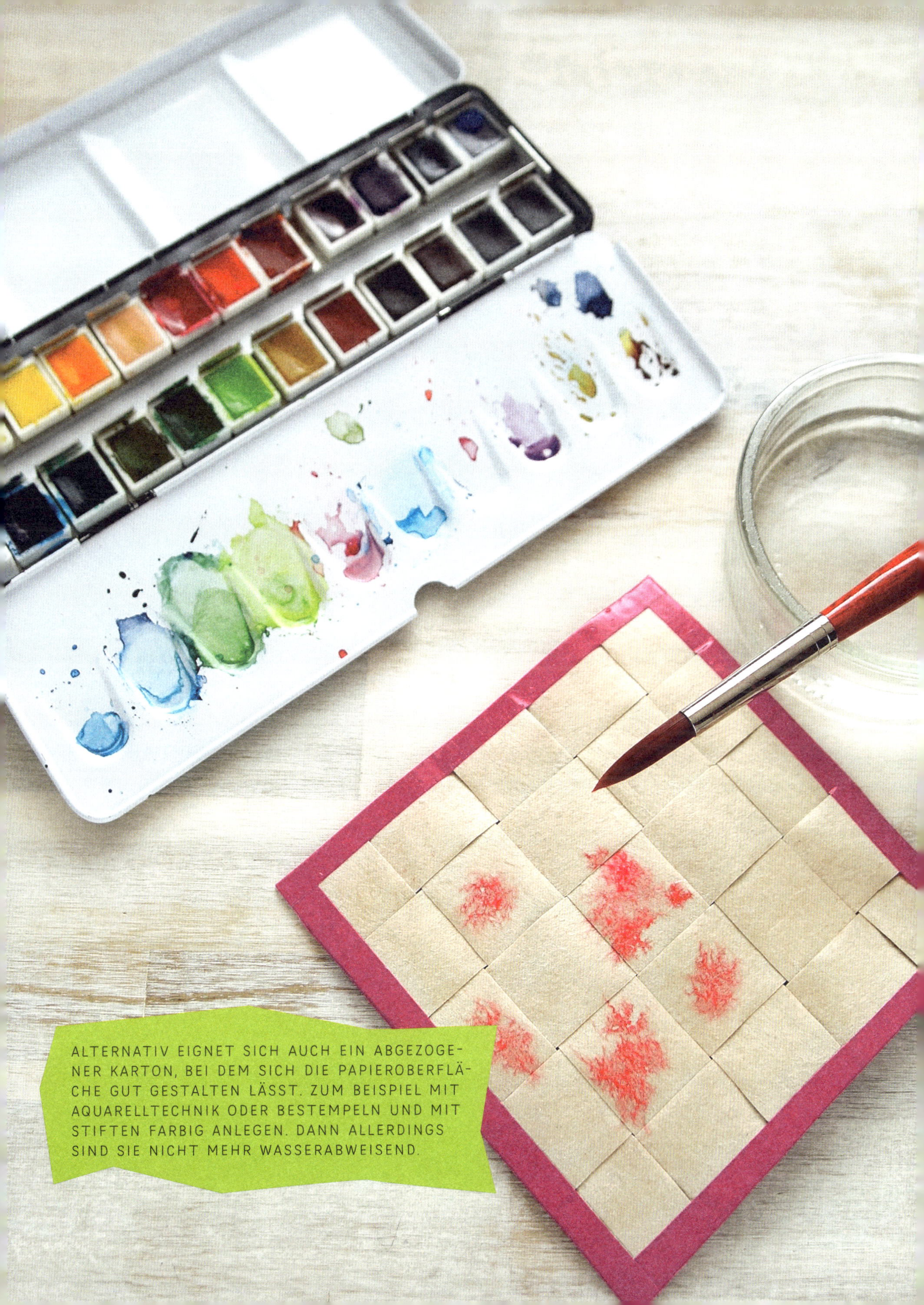

ALTERNATIV EIGNET SICH AUCH EIN ABGEZOGENER KARTON, BEI DEM SICH DIE PAPIEROBERFLÄCHE GUT GESTALTEN LÄSST. ZUM BEISPIEL MIT AQUARELLTECHNIK ODER BESTEMPELN UND MIT STIFTEN FARBIG ANLEGEN. DANN ALLERDINGS SIND SIE NICHT MEHR WASSERABWEISEND.

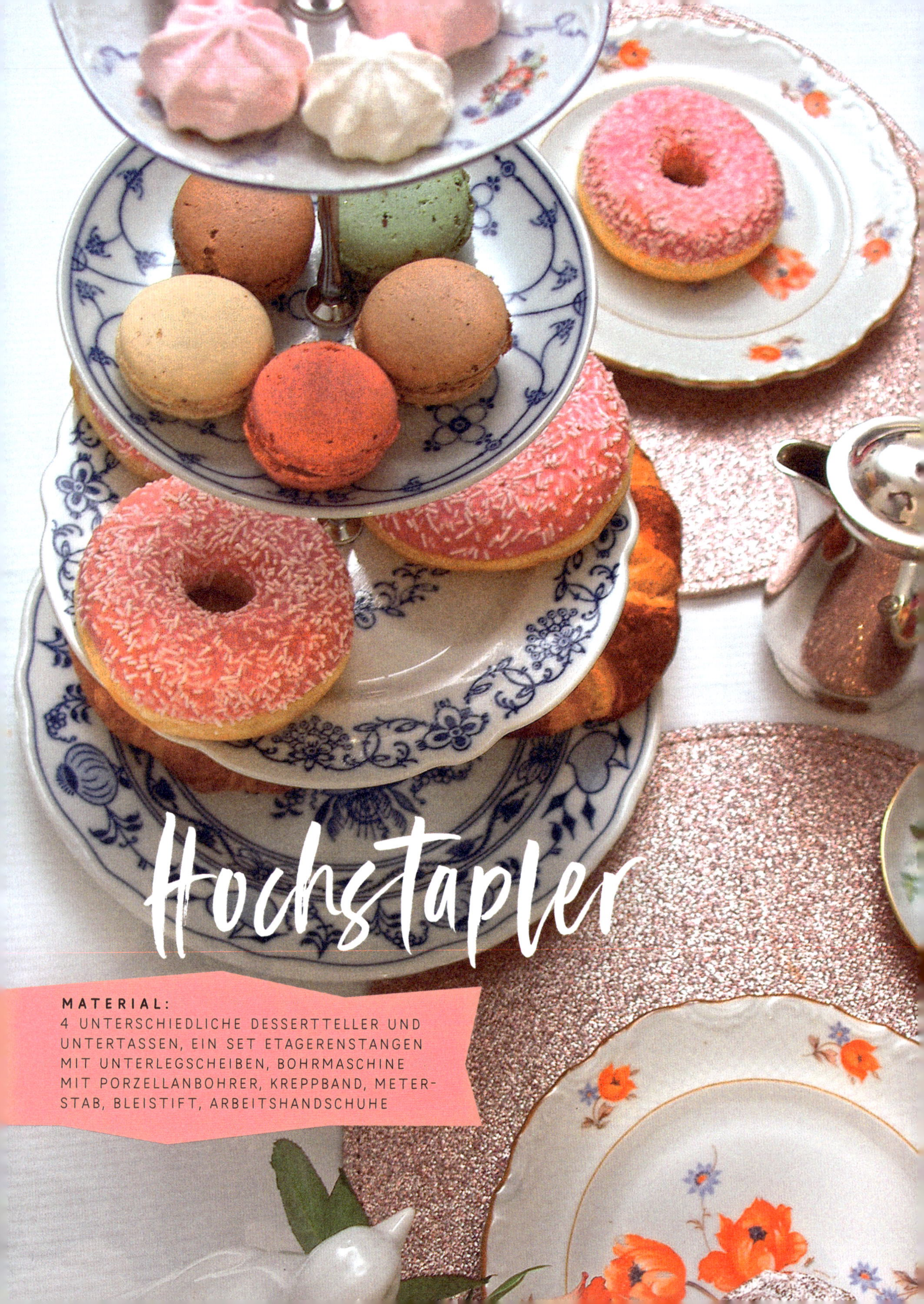

Hochstapler

MATERIAL:
4 UNTERSCHIEDLICHE DESSERTTELLER UND UNTERTASSEN, EIN SET ETAGERENSTANGEN MIT UNTERLEGSCHEIBEN, BOHRMASCHINE MIT PORZELLANBOHRER, KREPPBAND, METERSTAB, BLEISTIFT, ARBEITSHANDSCHUHE

KREATIVE RESTEVERWERTUNG, DENN BEIM ZUSAMMENSTELLEN DER TELLER, UNTERTASSEN UND TELLERCHEN SIND DER FANTASIE KEINE GRENZEN GESETZT: FARBEN UND MUSTER KÖNNEN BUNT GEMIXT WERDEN. BESONDERS FORMSCHÖN WIRD DIE ETAGERE, WENN DIE TELLER NACH OBEN KLEINER WERDEN.

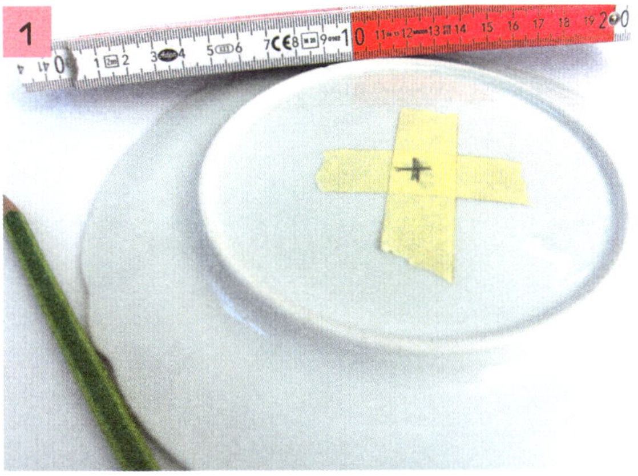

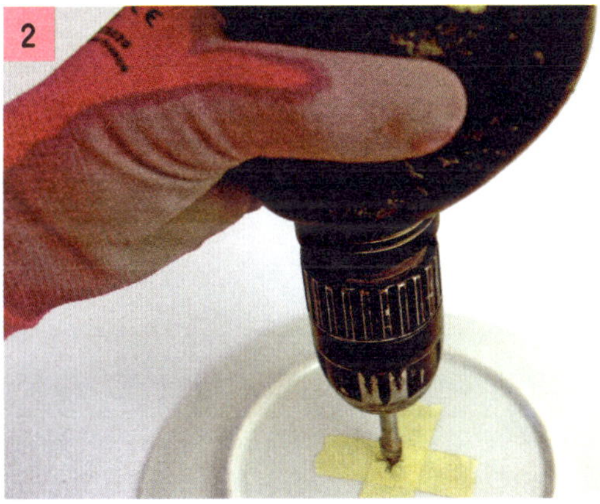

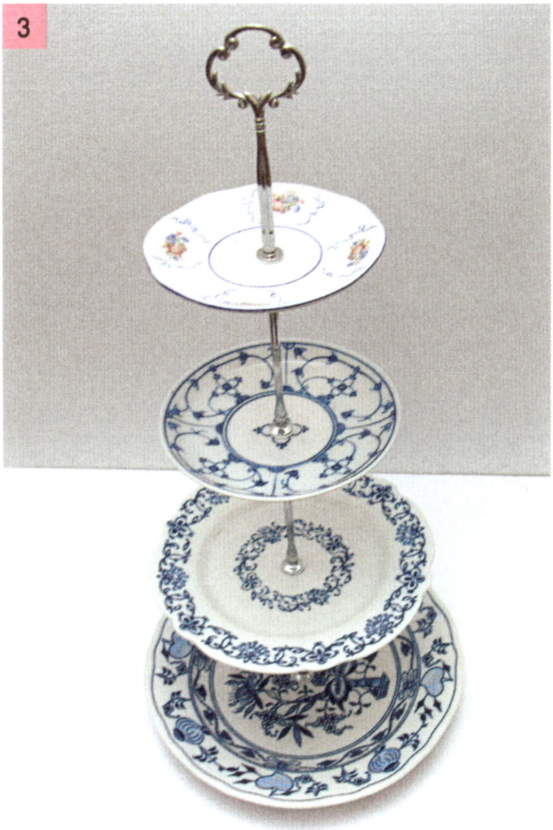

1. Für die Etagerenstangen werden alle Teller in der Mitte durchbohrt. Dazu einen festen Untergrund suchen, mit einem alten Handtuch leicht polstern. Die Position für die Löcher mit dem Meterstab festlegen, mit Kreppband und Stift an der Ober- und Unterseite markieren.

2. Arbeitshandschuhe anziehen und den Bohrer auf der Telleroberseite an der markierten Stelle ansetzen. Kurz anbohren, dann etwas Wasser in die Vertiefung geben, damit der Bohrer nicht zu schnell heiß wird. Alle vier Teller auf diese Art bearbeiten.

3. Der Reihe nach die Teller mit den Etagerenstangen verbinden. Dabei jeweils auf der Ober- und Unterseite des Tellers eine Unterlegscheibe vor das Schraubgewinde legen.

Selbstbedienung

MATERIAL:
RUNDSTAB, HOLZPLATTE, 4 DOSEN, STIFT, SPRÜHLACK, AKKUBOHRSCHRAUBER, HOLZ- UND METALLBOHRER, HOLZSCHRAUBEN, RINGSCHRAUBE, SCHRAUBENDREHER, SELBST KLEBENDES KORKPAPIER, FILZGLEITER

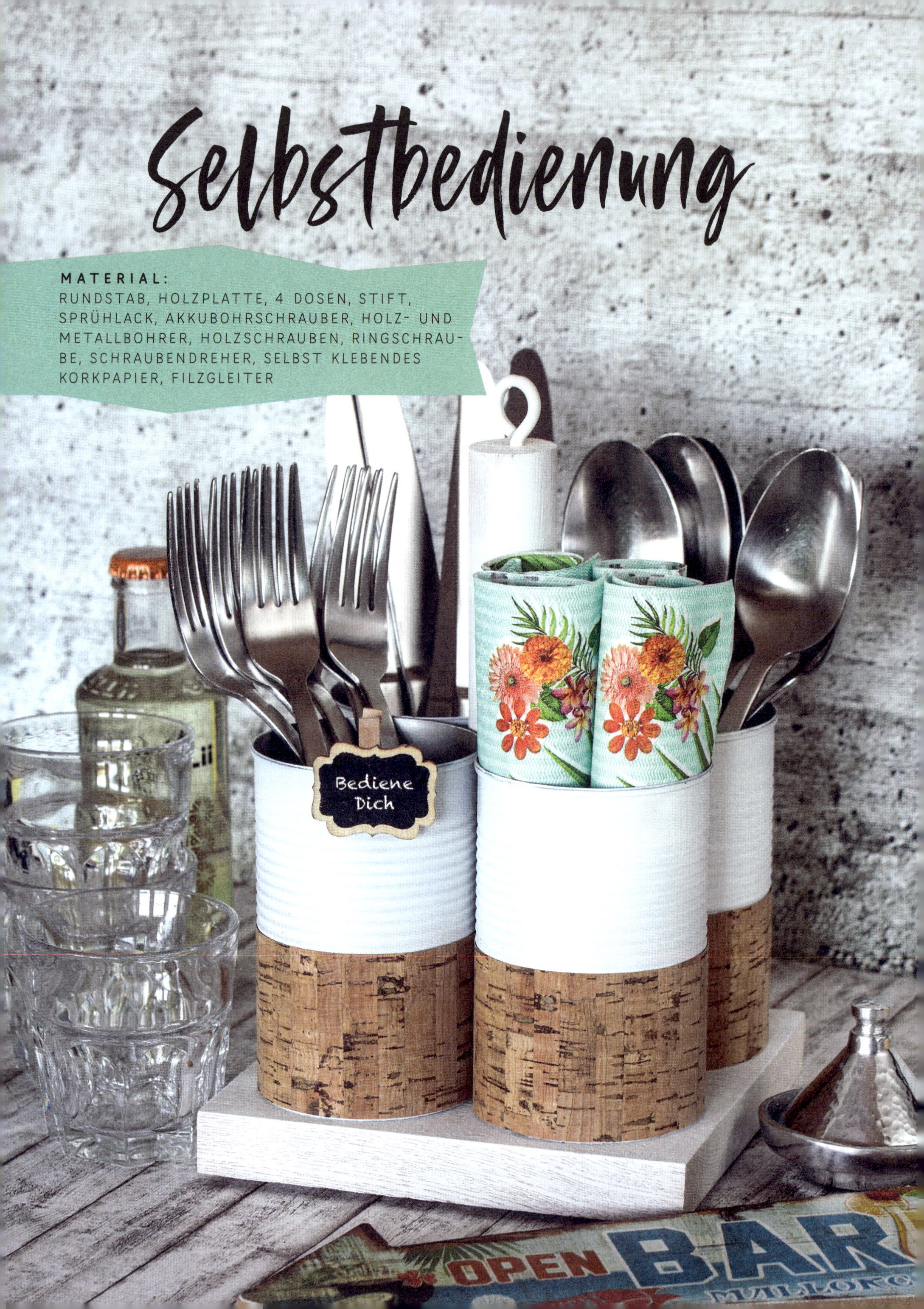

EINLADUNG ZUM GRILLEN. DER EINE BRINGT DEN SALAT, DER ANDERE DAS BROT UND EINER DEN NACHTISCH. JEDER NIMMT SICH SELBST. DAS GILT AUCH FÜRS BESTECK. IST ES ZENTRAL PLATZIERT, FINDET JEDER, WAS ER BRAUCHT.

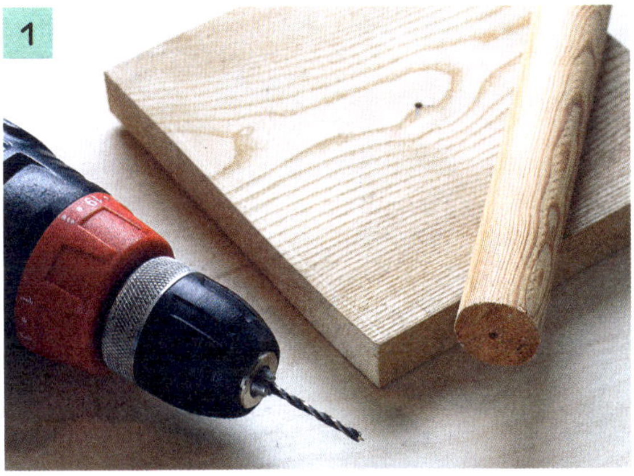

1

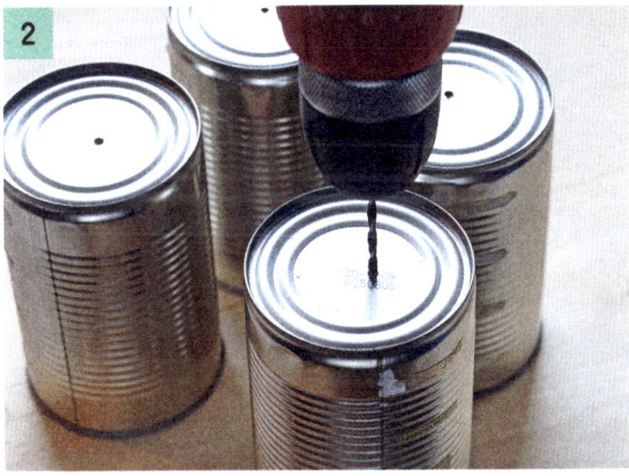

2

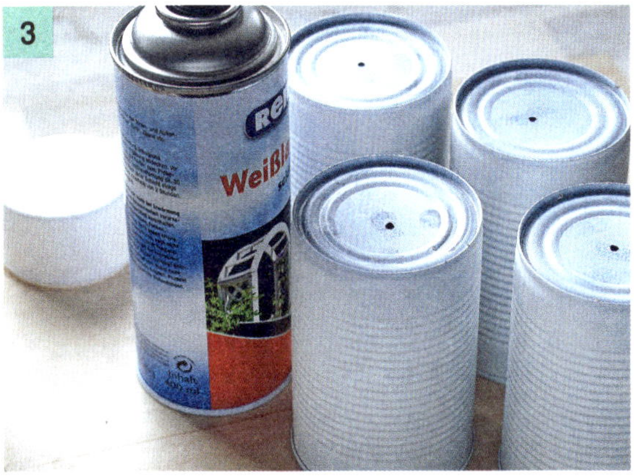

3

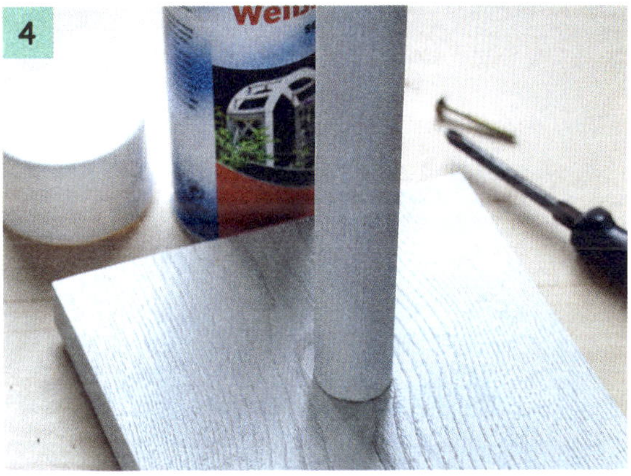

4

1. Die Bodenplatte besteht aus Holz und sollte so groß sein, dass die Dosen genügend Platz finden. Hier haben die Dosen einen Durchmesser von ca. 7,5 cm. Die Platte ist 16,5 cm x 16,5 cm groß. Der Rundstab hat einen Durchmesser von 2,5 cm und ist 20 cm lang. In der Mitte der Platte ein Loch für die Befestigungsschraube bohren. Den Stab von beiden Seiten leicht anbohren.

2. Die Dosen anschließend von unten anbohren. Hier werden sie später am Boden festgeschraubt.

3. Nun die Dosen in der gewünschten Farbe lackieren. Am besten draußen an der frischen Luft. Damit die Dosen innen nicht eingesprüht werden, stellt man sie am besten auf den Kopf.

4. In der Zwischenzeit den Rundstab von unten an das Brett anschrauben und anschließend ebenfalls lackieren. Holz und Dosen gut trocknen lassen.

Fortsetzung auf der nächsten Seite

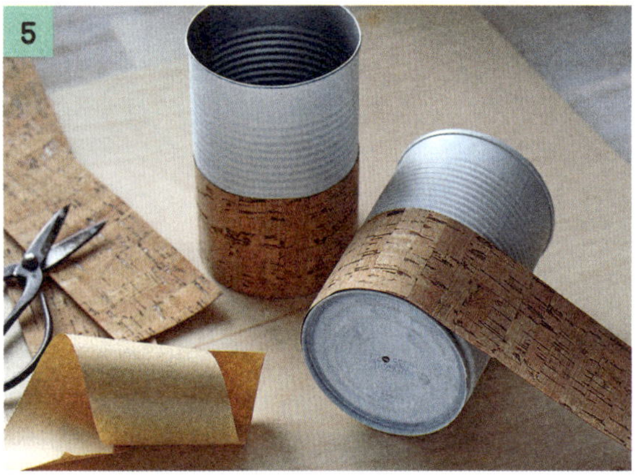

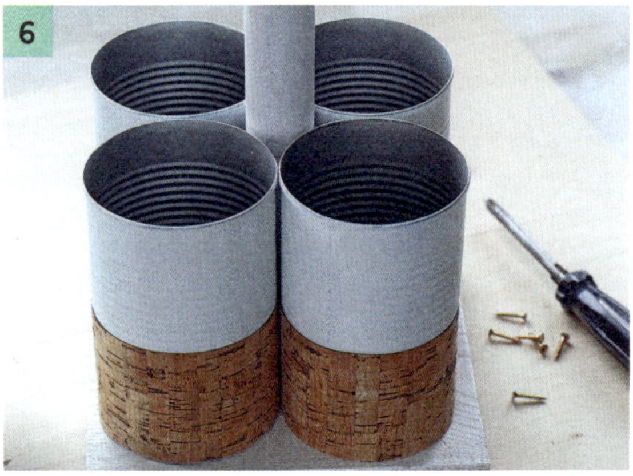

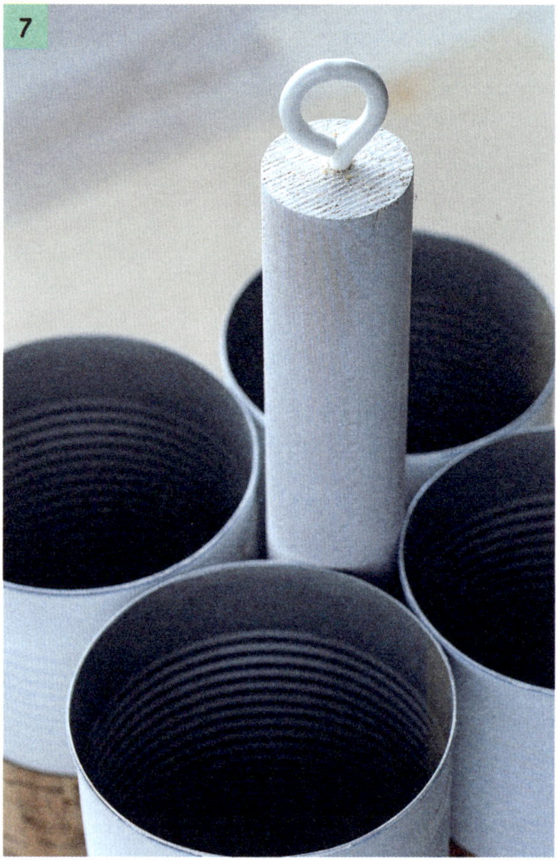

5. Vier gleiche Streifen des Korkpapiers zuschneiden und um die unteren Ränder der Dosen kleben.

6. Nun alle vier Dosen auf der Platte positionieren und von innen die Schrauben anbringen, um die Dosen zu befestigen. Hier ist es ganz praktisch, wenn der Schraubendreher magnetisch ist, da man schlecht in die engen Dosen hineinkommt.

7. Auf der Oberseite des Rundstabes nun noch eine Ringschraube eindrehen. Damit kann man den Besteckhalter gut tragen.

Um die Schraube an der Unterseite der Platte auszugleichen, sollte man unten vier Filzgleiter anbringen (alternativ Gummifüßchen). So wackelt die Platte nicht und verkratzt auch keine empfindliche Oberfläche.

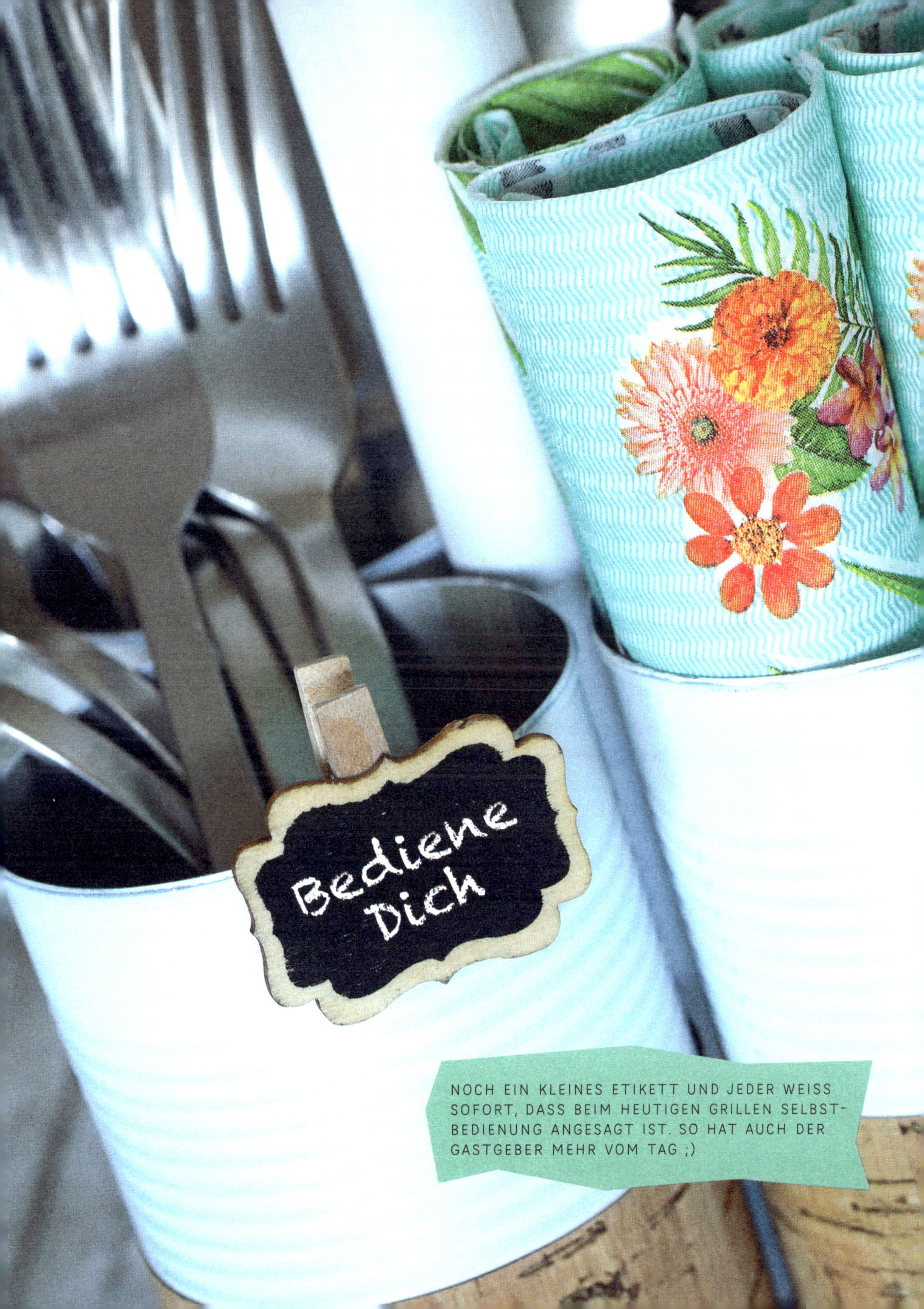

NOCH EIN KLEINES ETIKETT UND JEDER WEISS SOFORT, DASS BEIM HEUTIGEN GRILLEN SELBSTBEDIENUNG ANGESAGT IST. SO HAT AUCH DER GASTGEBER MEHR VOM TAG ;)

Picknick-Zeit

MATERIAL:
GETRÄNKEKARTON, CUTTER ODER SCHERE, LINEAL, AHLE, NÄHNADEL, CLIPS, ECKENSTANZER, WOLLGARN, FILZUNTERLAGE, ETIKETTIERER, ÄHREN

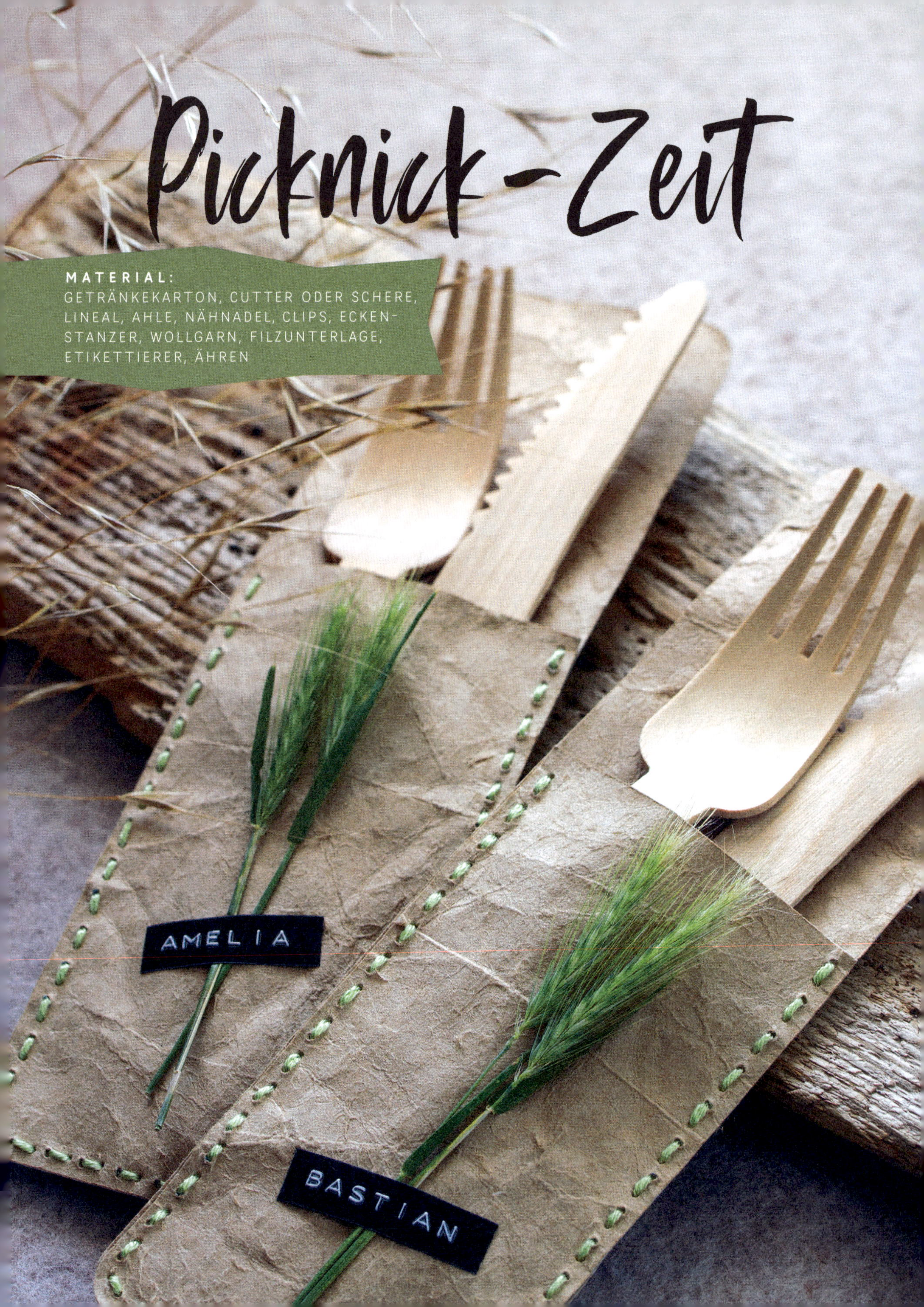

ES IST WARM, ES IST SONNIG – DA WILL MAN DOCH NUR NOCH RAUS. WIE WÄRE ES DENN MAL MIT EINEM PICKNICK IM GRÜNEN? JEDER BEKOMMT SEIN EIGENES HÜBSCH VERPACKTES BESTECK. NATÜRLICH KANN MAN DIESE KLEINEN BESTECKTASCHEN AUCH ALS DEKORATION AUF EINEN GEDECKTEN TISCH ZU HAUSE LEGEN.

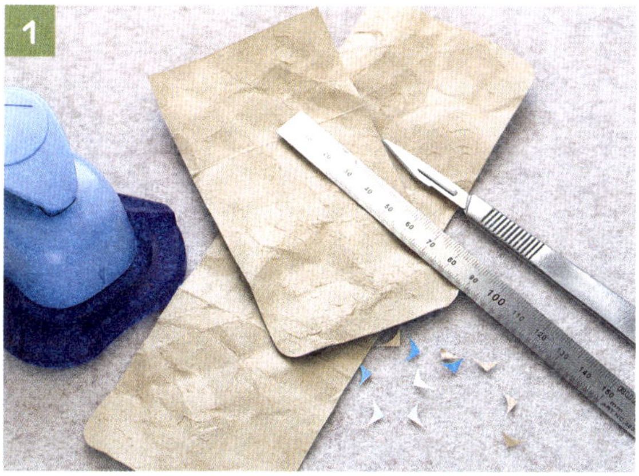

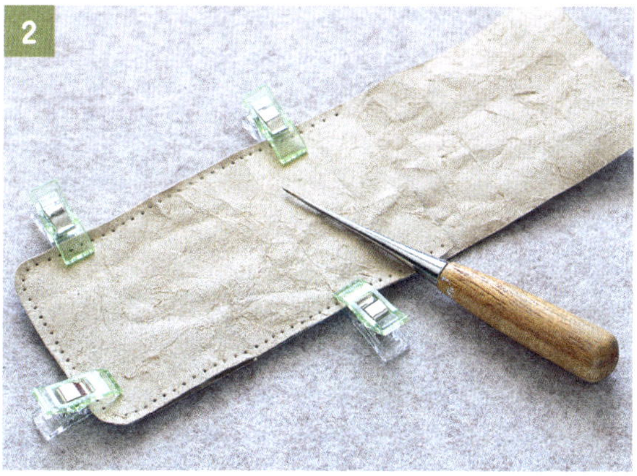

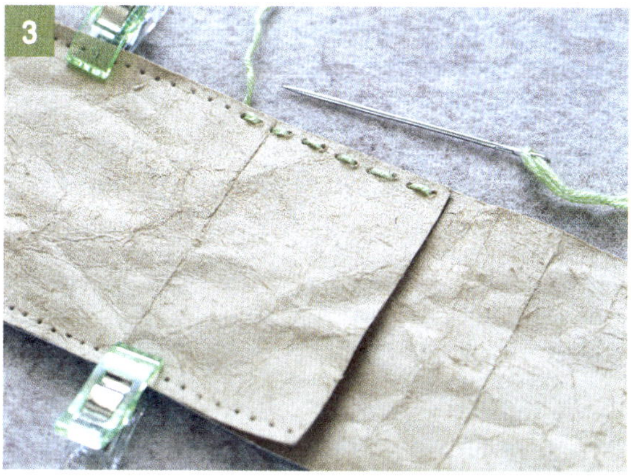

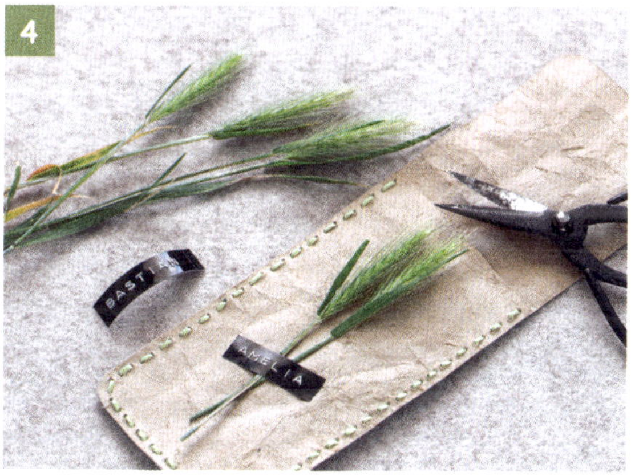

1. Zunächst Vorder- und Rückseite aus einem vorbereiteten Getränkekarton zuschneiden. In diesem Beispiel hat die Rückseite das Maß von 7 cm x 21 cm und die Vorderseite 7 cm x 12 cm. Die Ecken kann man mit einem Eckenstanzer bearbeiten oder mit der Schere abrunden.

2. Das kürzere Vorderteil auf das Rückenteil legen und mit kleinen Clips zusammenhalten. Dann mit einer Ahle die Löcher für die spätere Naht stanzen. Das erleichtert das Nähen. Bei so vielen Löchern, die gleichmäßig gestochen werden sollten, ist die Filzunterlage sehr hilfreich.

3. Einen Wollfaden auf eine dicke Nadel fädeln, das Ende verknoten und die Löcher nachnähen. Den Faden auf der Rückseite ein Stück durch die genähte Naht vernähen.

4. Die Vorderseite kann man nun verzieren. Zum Beispiel mit Namensetiketten und kleinen Ähren. Oder man beschriftet sie einfach mit einem Lackstift. Besteck hinein und ab zum Picknick!

Das Ring-Ding

MATERIAL:
PAPPROLLE, SÄGE, GEHRUNGSLADE, ACRYLLACK, PINSEL, SERVIETTENKLEBER, SERVIETTEN

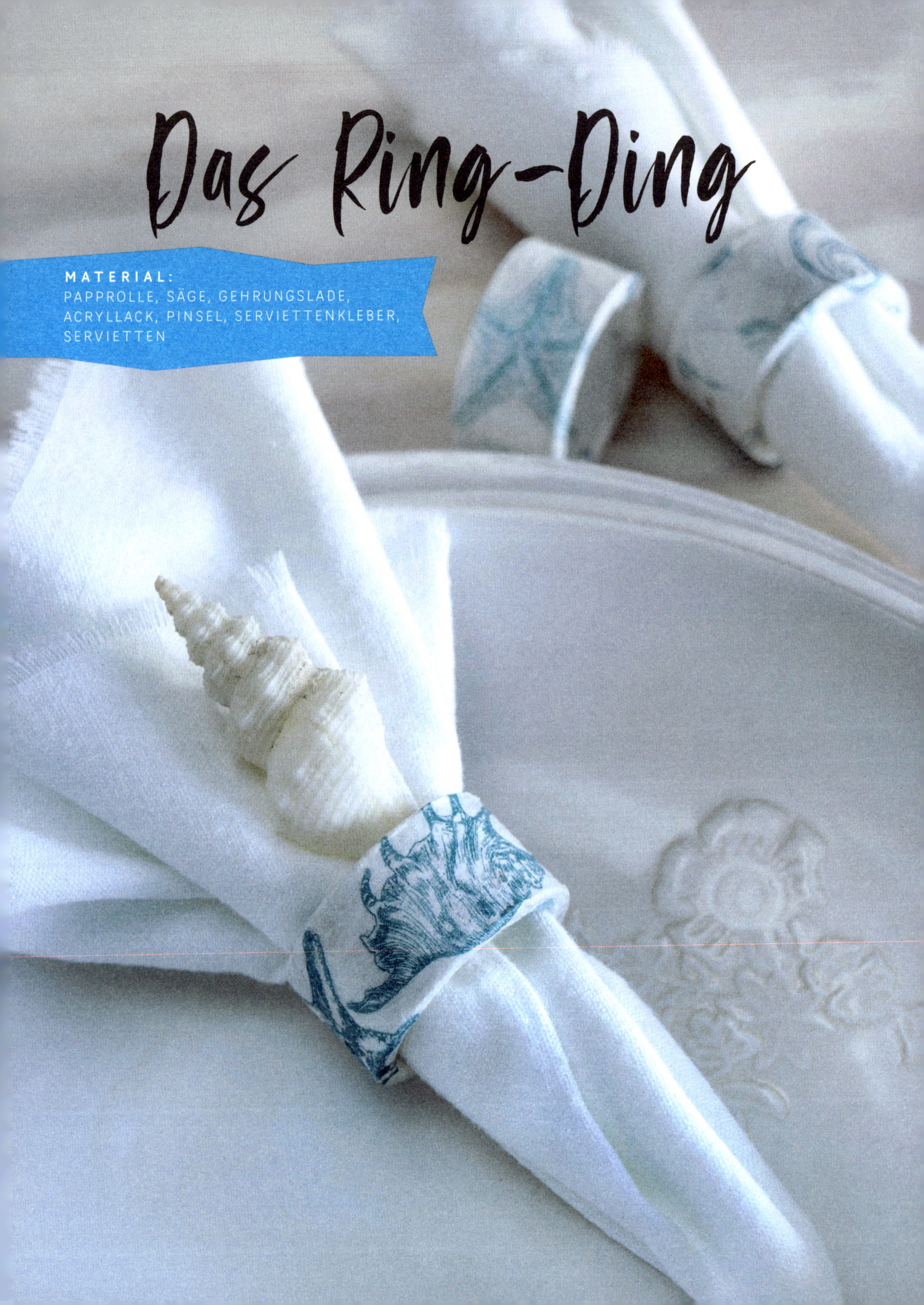

SERVIETTENRINGE KOMMEN NICHT AUS DER MODE – NICHT, WENN MAN SIE SELBST MACHT. FESTE PAPPROLLEN SIND DAFÜR BESTENS GEEIGNET, DA SIE AUSREICHEND STABIL SIND. PERFEKT FÜR EINEN MARITIMEN LOOK AUF DEM SOMMERLICH GEDECKTEN TISCH.

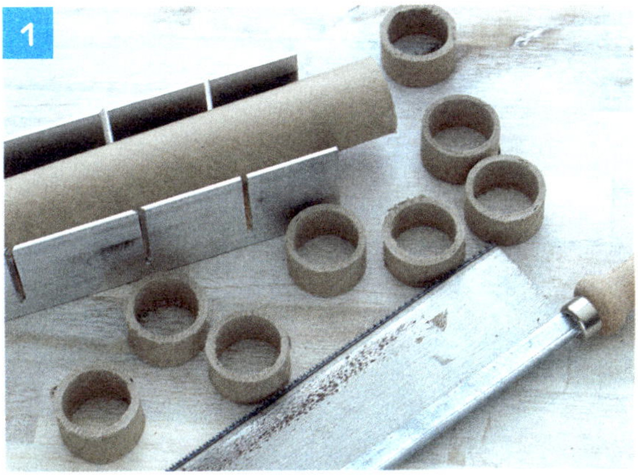

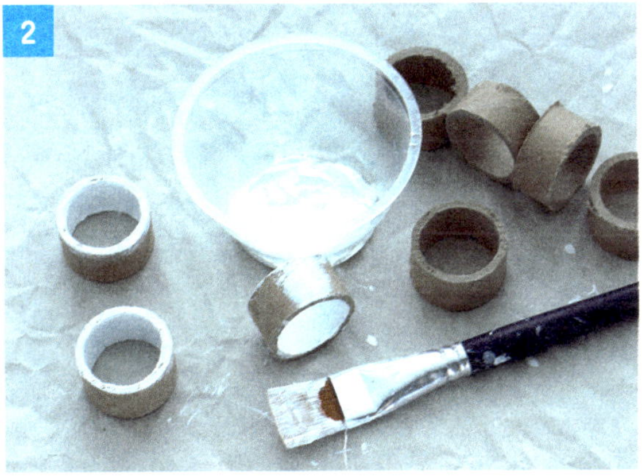

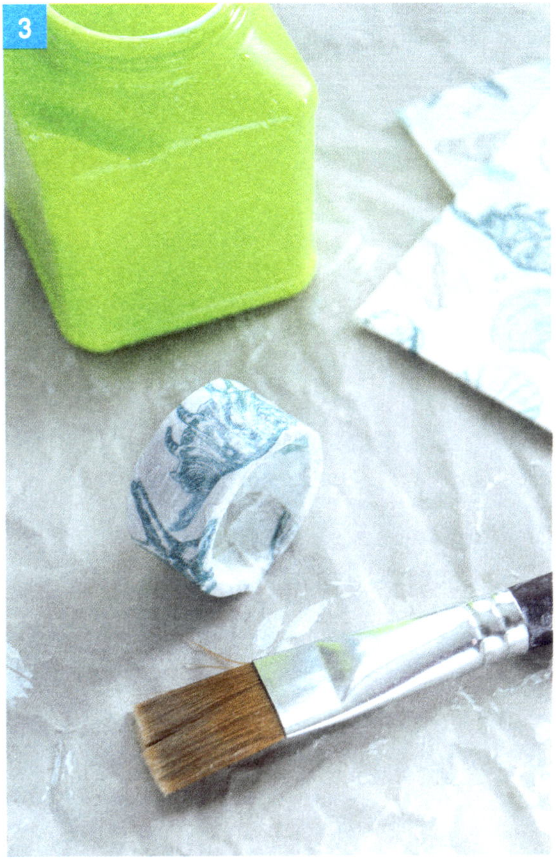

1. Mit einer Handsäge und einer Gehrungslade schneidet man Ringe von der Papprolle ab. So breit, wie man die Serviettenringe gerne haben möchte.

2. Für die Serviettentechnik ist ein weißer Untergrund vorteilhaft, daher sollte man die Ringe zunächst mit weißer Acrylfarbe anpinseln.

3. Dann schneidet man sich kleine Stücke aus der Serviette und teilt die einzelnen Schichten. Verwendet wird die oberste, dünne Schicht. Diese nun vorsichtig mittels Pinsel mit Serviettenkleber aufbringen. Gut trocknen lassen.

Wer mag, überzieht die Ringe am Ende noch einmal mit einer Lackschicht.

AM BESTEN BEKLEBT MAN ZUERST NUR DIE AUSSENSEITE MIT DER DEKOSCHICHT UND DRÜCKT DIE RÄNDER AN. DANN ERST TROCKNEN LASSEN UND AM ENDE INNEN FESTKLEBEN.

Bon appetit!

MATERIAL:
WEINKORKEN, STREUDEKO, PERLEN, BLUMENDRAHT, SCHMIRGELPAPIER, MESSER, BOHRER, SEITENSCHNEIDER, HEISSKLEBER

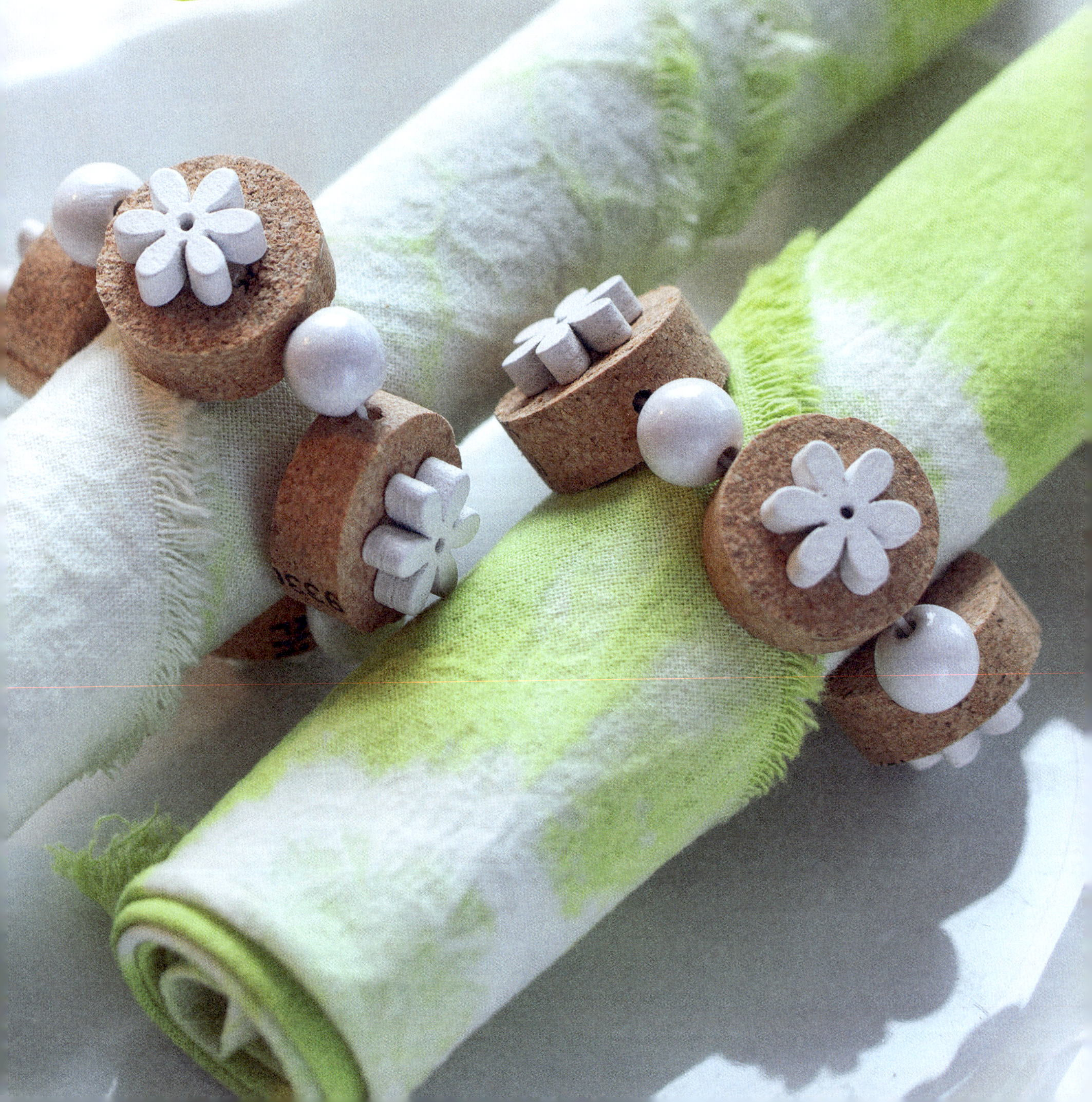

ES GEHT DOCH NICHTS ÜBER EINEN SCHÖN GEDECKTEN TISCH UND EINE HÜBSCHE STOFFSERVIETTE, DIE JEDEN PLATZ SCHMÜCKT. WENN DAZU NOCH EIN SERVIETTENRING DIE ROLLE ORDENTLICH ZUSAMMENHÄLT, STEHT EINEM LECKEREN ESSEN NICHTS MEHR IM WEG.

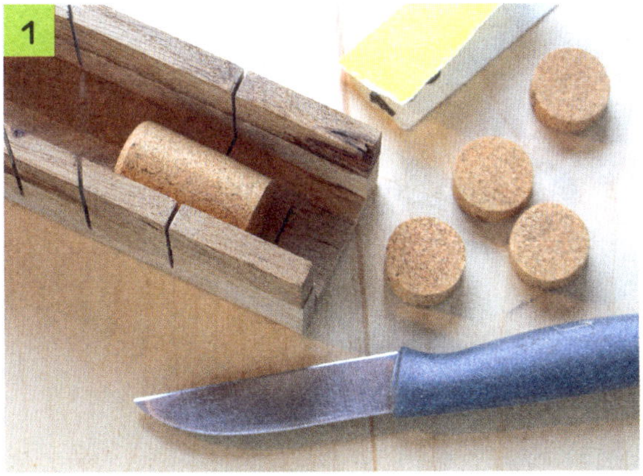

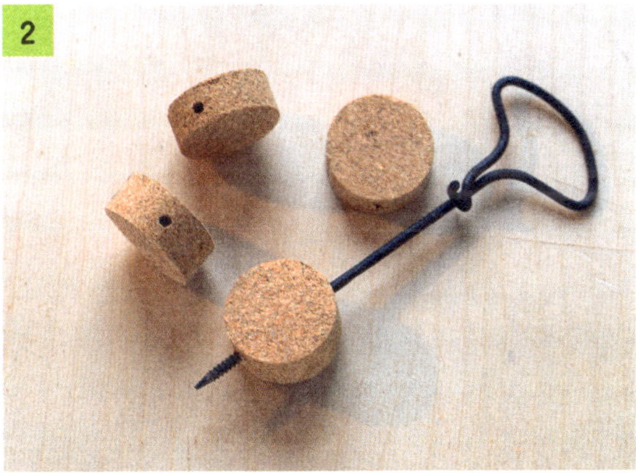

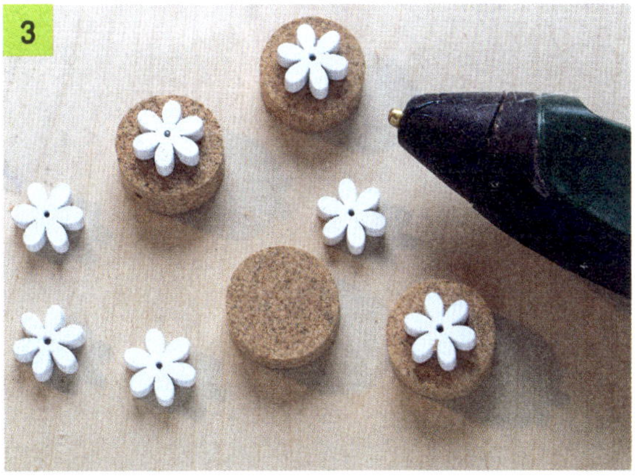

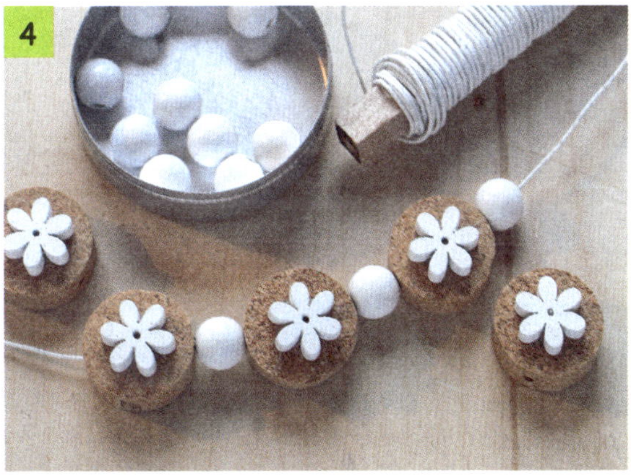

1. Für die Serviettenringe werden zunächst die Korkscheiben zugeschnitten. Sie sollten eine Stärke von mindestens 8–10 mm haben. Die Flächen etwas glatt schmirgeln.

2. Mit einem kleinen Handbohrer seitlich die Löcher für den Draht bohren. (Wer einen elektrischen Bohrer verwendet, sollte die Korkscheiben zur Sicherheit in einen Schraubstock einspannen.)

3. Mit dem Heißkleber nun die Streudeko aufkleben.

4. Dann die Scheiben im Wechsel mit kleinen Perlen auf den Draht fädeln. Ob man 4 oder 5 Scheiben verwendet, hängt von der Größe der Perlen ab und vom gewünschten Durchmesser des Serviettenrings. Im Beispiel sind es 4 Scheiben und 4 Perlen.

Am Ende den Draht verzwirbeln und mit dem Seitenschneider abknipsen. Das Drahtende dann ein wenig nach innen biegen.

Schutzmaßnahmen

MATERIAL:
BESCHICHTETE BAUMWOLLRESTE, GUMMIBAND, STIFT, SCHERE, LINEAL, CLIPS, NÄHMASCHINE, SICHERHEITSNADEL, SCHÜSSEL

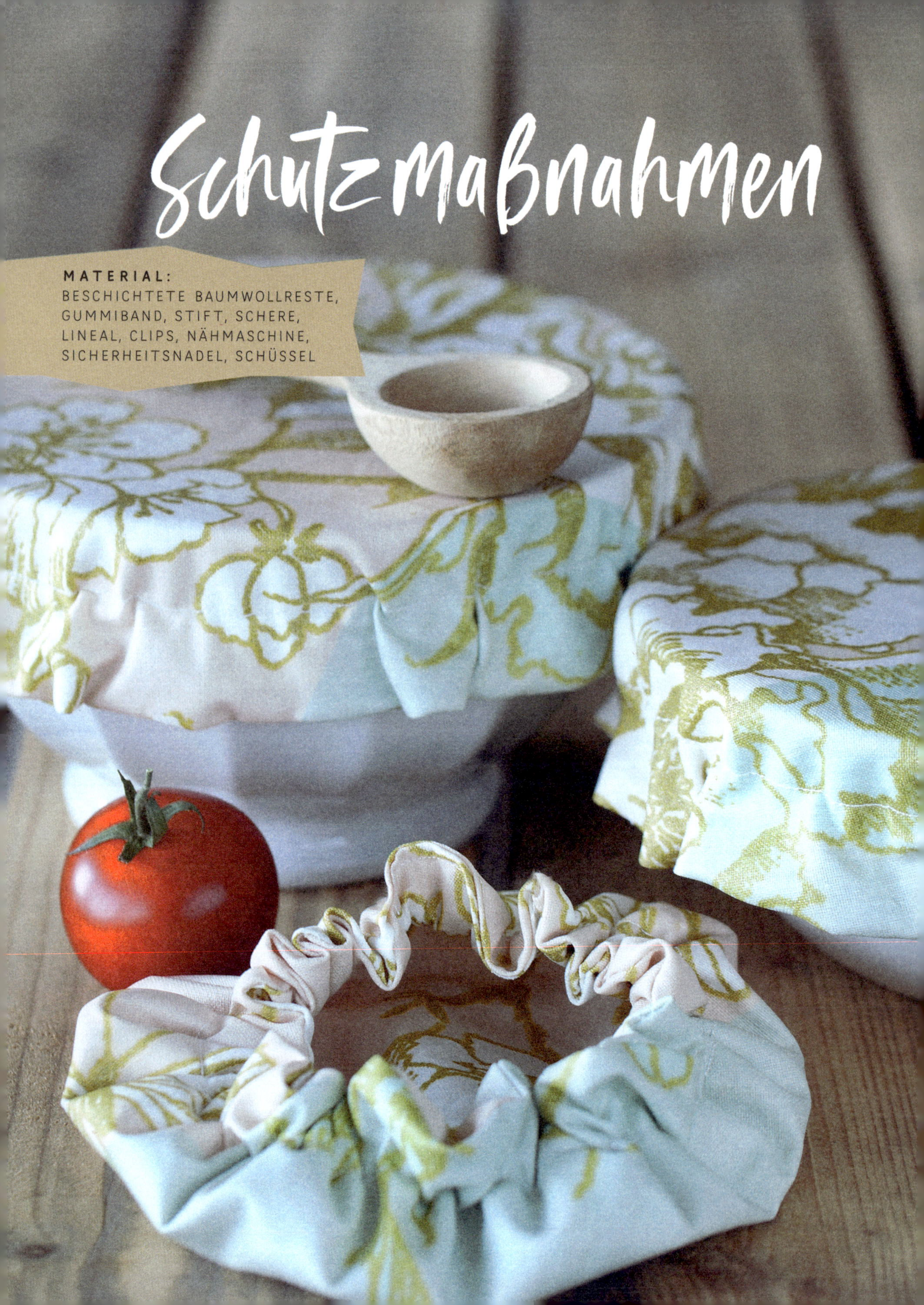

LEBENSMITTEL SCHÜTZEN? O.K. ABER BITTE NICHT MIT PLASTIK- ODER ALUFOLIE. WER EIN BISSCHEN WAS FÜR DIE UMWELT TUN MÖCHTE, DER MACHT SICH DIE ABDECKUNGEN FÜR SEINE SCHÜSSELN SELBST. EIN SUPER ZERO-WASTE-PROJEKT – IMMER WIEDER VERWENDBARE ABDECKUNGEN AUS BESCHICHTETER BAUMWOLLE.

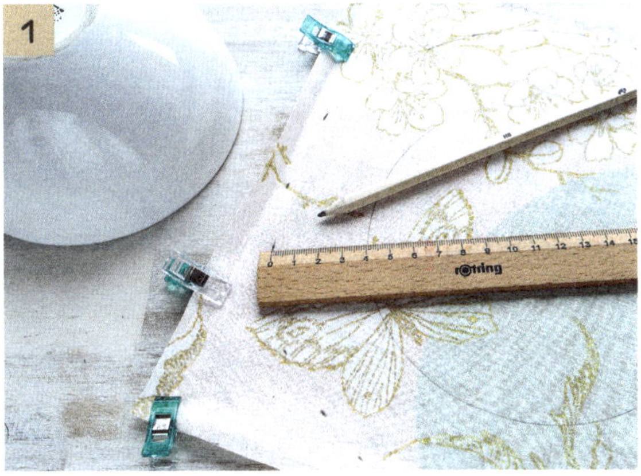

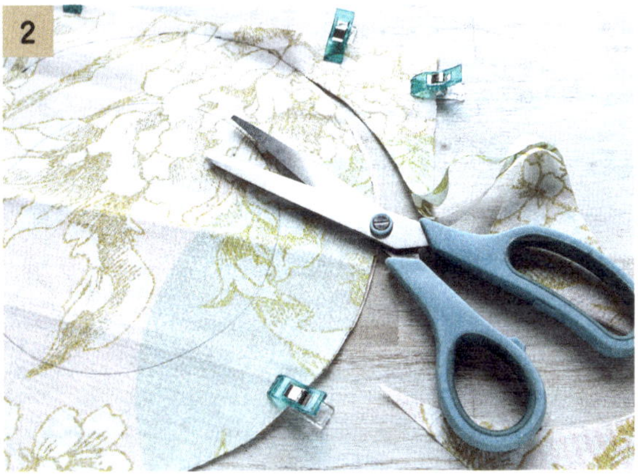

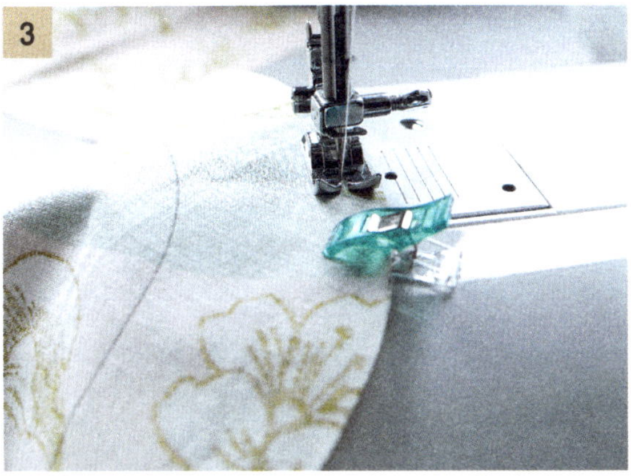

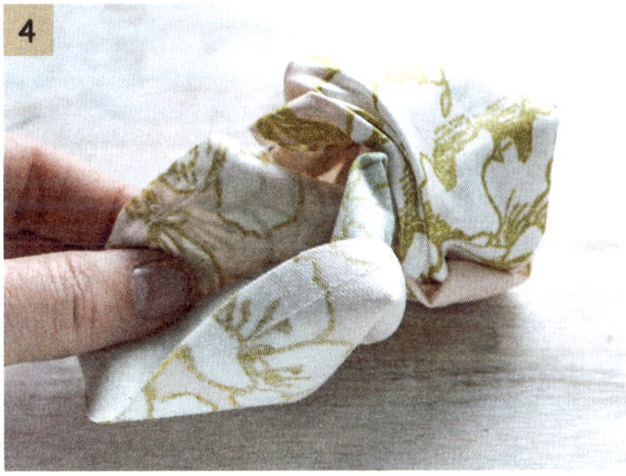

1. Für die Schutzhauben verwendet man besten beschichtete Baumwolle, etwa eine alte Gartentischdecke aus Wachstuch. Das ist abwaschbar.

Für die Form legt man 2 Stoffstücke rechts auf rechts aufeinander. Mit Clips fixieren, damit die Teile nicht verrutschen. Dann stülpt man die Schüssel, die man später abdecken möchte, auf die Stoffe und zeichnet die Form mit einem Bleistift nach. Anschließend zeichnet man im Abstand von 4 cm bis 5 cm außerhalb dieses Kreises einen zweiten Kreis. Dazu misst man die Strecke mit einem Lineal und markiert den Abstand mit kleinen Strichen, die man dann verbindet.

2. An dieser Kante schneidet man den Kreis aus und verwendet wiederum die Clips, damit nichts verrutscht. Diese Clips sind dafür praktischer als Stecknadeln, weil sie keine Löcher im beschichteten Stoff hinterlassen.

3. Anschließend kann man die beiden Stoffstücke mit der Nähmaschine zusammennähen. Dabei eine entsprechend große Öffnung lassen, um den Stoff danach zu wenden. Schließlich ist die beschichtete Seite gerade innen.

4. Durch diese Öffnung wendet man dann den Stoff und formt den Kreis von innen mit den Fingern aus.

Fortsetzung auf der nächsten Seite

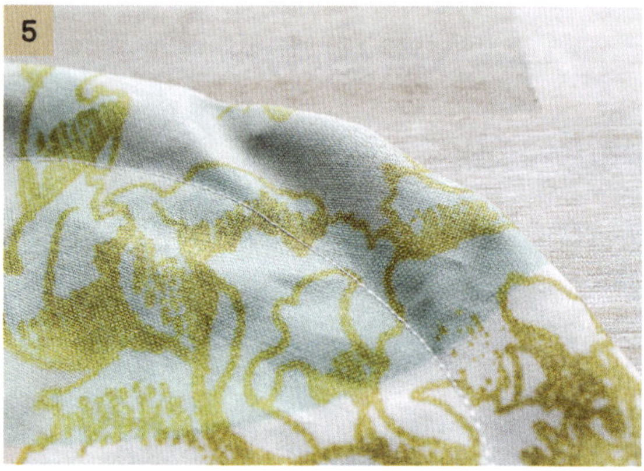

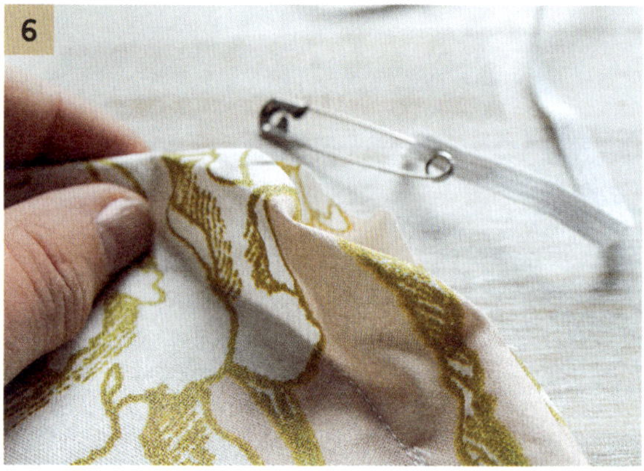

5. Nun kann man mit der Nähmaschine einen ca. 2 cm breiten Rand auf dem Kreis abnähen. Nicht vergessen, die Nähte am Anfang und am Ende zu vernähen.

6. Mit einer Sicherheitsnadel fädelt man nun das Gummi durch den Rand.

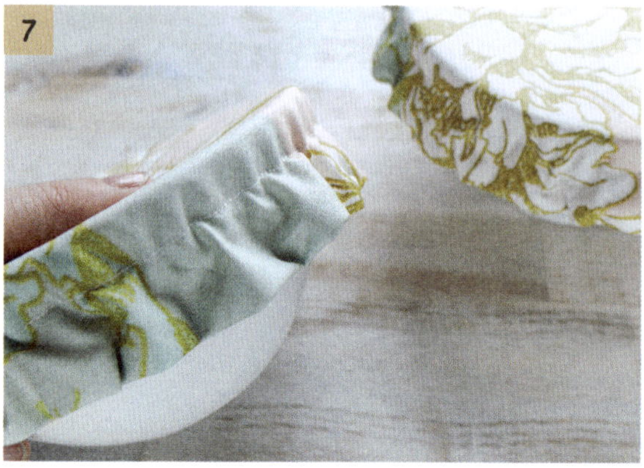

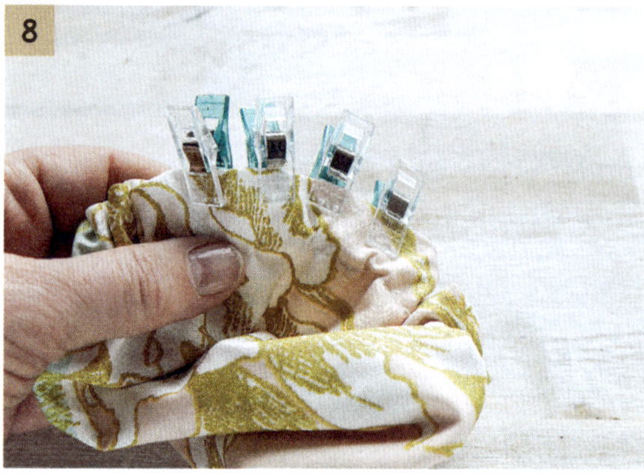

7. Nach einer kurzen Anprobe auf der Schüssel kann man das Gummi entweder verknoten oder mit der Nähmaschine zusammennähen.

8. Zum Schluss muss man noch die offene Kante mit der Nähmaschine schließen. Dabei darauf achten, dass man die Kreisform beibehält.

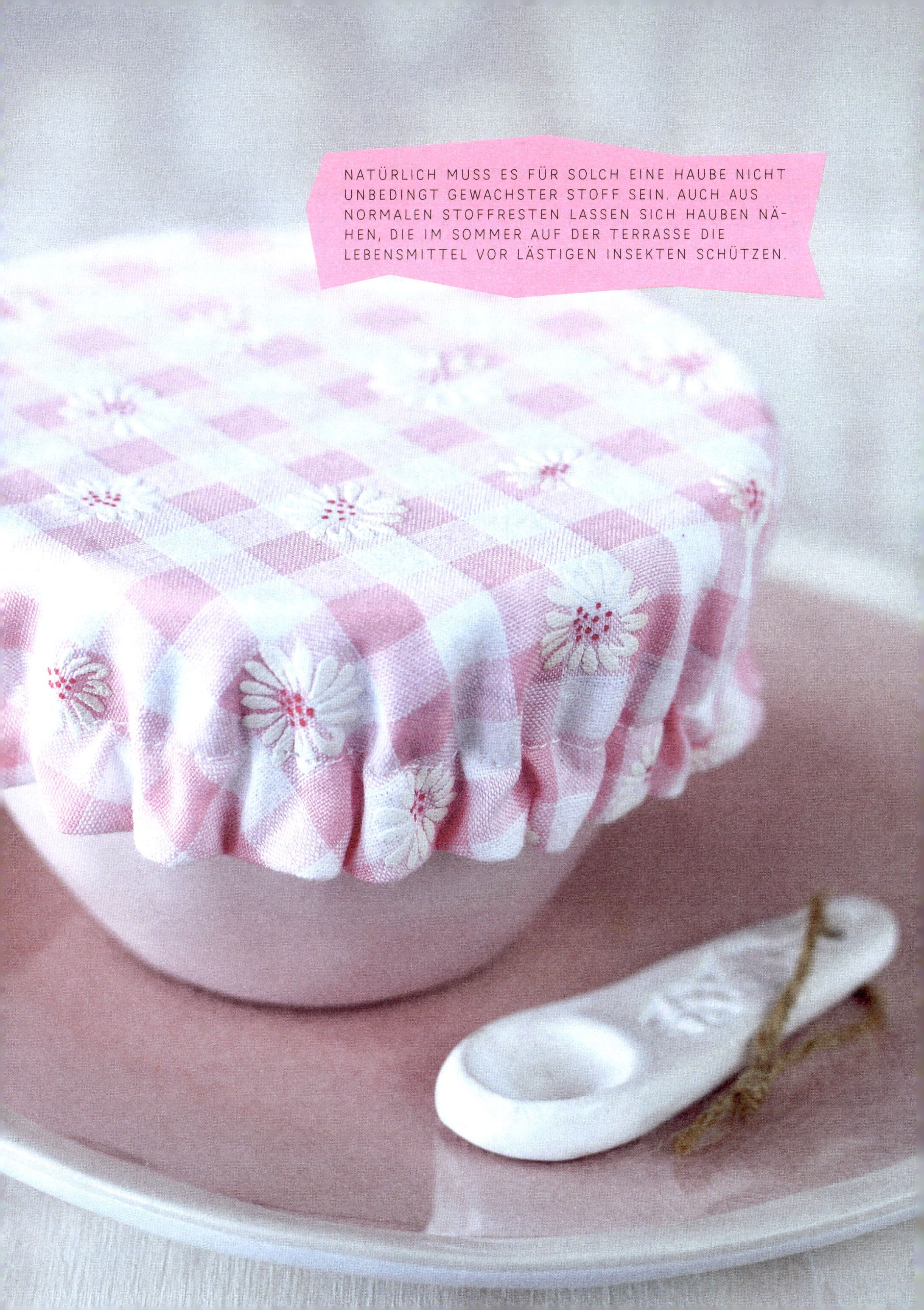

NATÜRLICH MUSS ES FÜR SOLCH EINE HAUBE NICHT UNBEDINGT GEWACHSTER STOFF SEIN. AUCH AUS NORMALEN STOFFRESTEN LASSEN SICH HAUBEN NÄHEN, DIE IM SOMMER AUF DER TERRASSE DIE LEBENSMITTEL VOR LÄSTIGEN INSEKTEN SCHÜTZEN.

Untergeschoben

MATERIAL:
BUCHSEITEN (Z. B. SEITEN AUS EINEM ATLAS), CUTTER, LINEAL, BLEISTIFT, KLEBESTIFT, AHLE, NADEL, SCHNUR, HOLZKUGELN

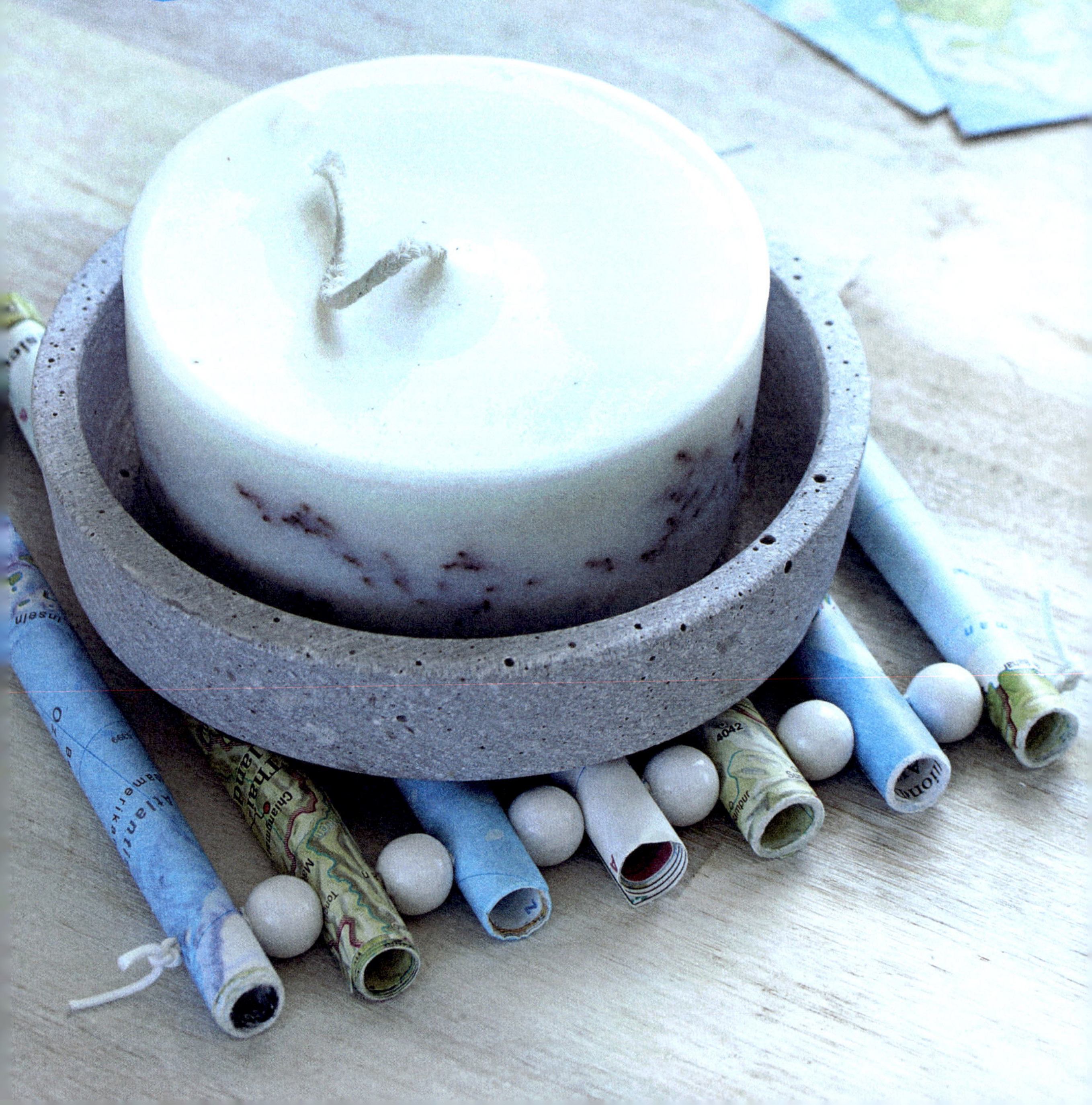

MAN GLAUBT ES JA KAUM, ABER DIESE RÖLLCHEN AUS BUCHSEITEN SIND UNGLAUBLICH STABIL UND HALTEN ORDENTLICH WAS AUS. MIT EIN PAAR HOLZKUGELN AUF ABSTAND GEHALTEN IST SO SCHNELL EIN PRAKTISCHER UNTERSETZER GEBASTELT.

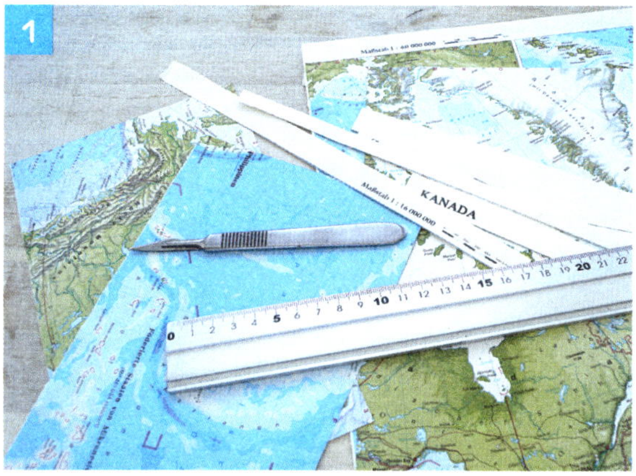

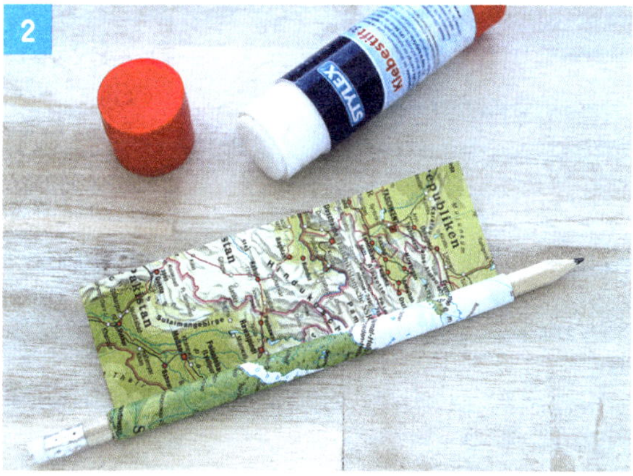

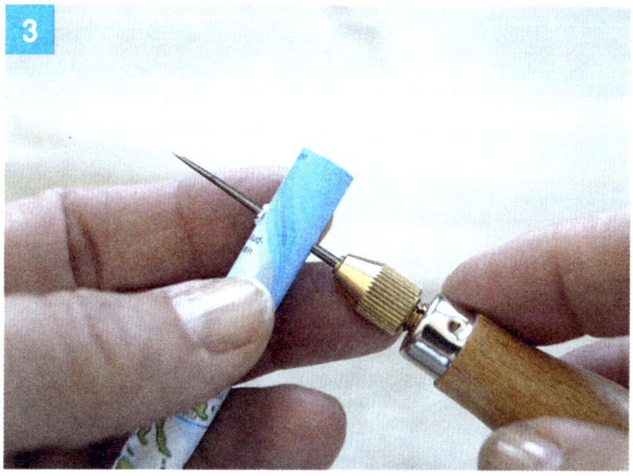

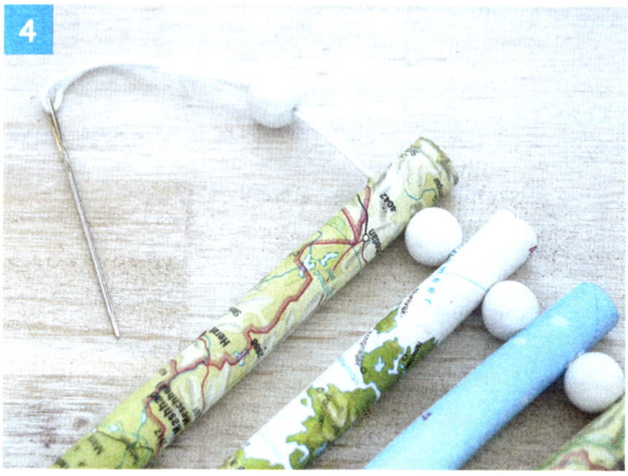

1. Aus einem alten Atlas die Seiten heraustrennen und in entsprechend große Stücke zurechtschneiden. Je nachdem, wie lang die Rollen später sein sollen.

2. Dann das Papier über einem Bleistift gleichmäßig aufrollen und das Ende gut verkleben. Anschließend vom Bleistift ziehen.

3. Mit einer Ahle oder einer Nadel die Rolle an den Enden vorsichtig durchstechen.

4. Schnur auf eine Nadel fädeln und abwechselnd eine Rolle und eine kleine Holzkugel auffädeln. Die Enden dann gut verknoten.

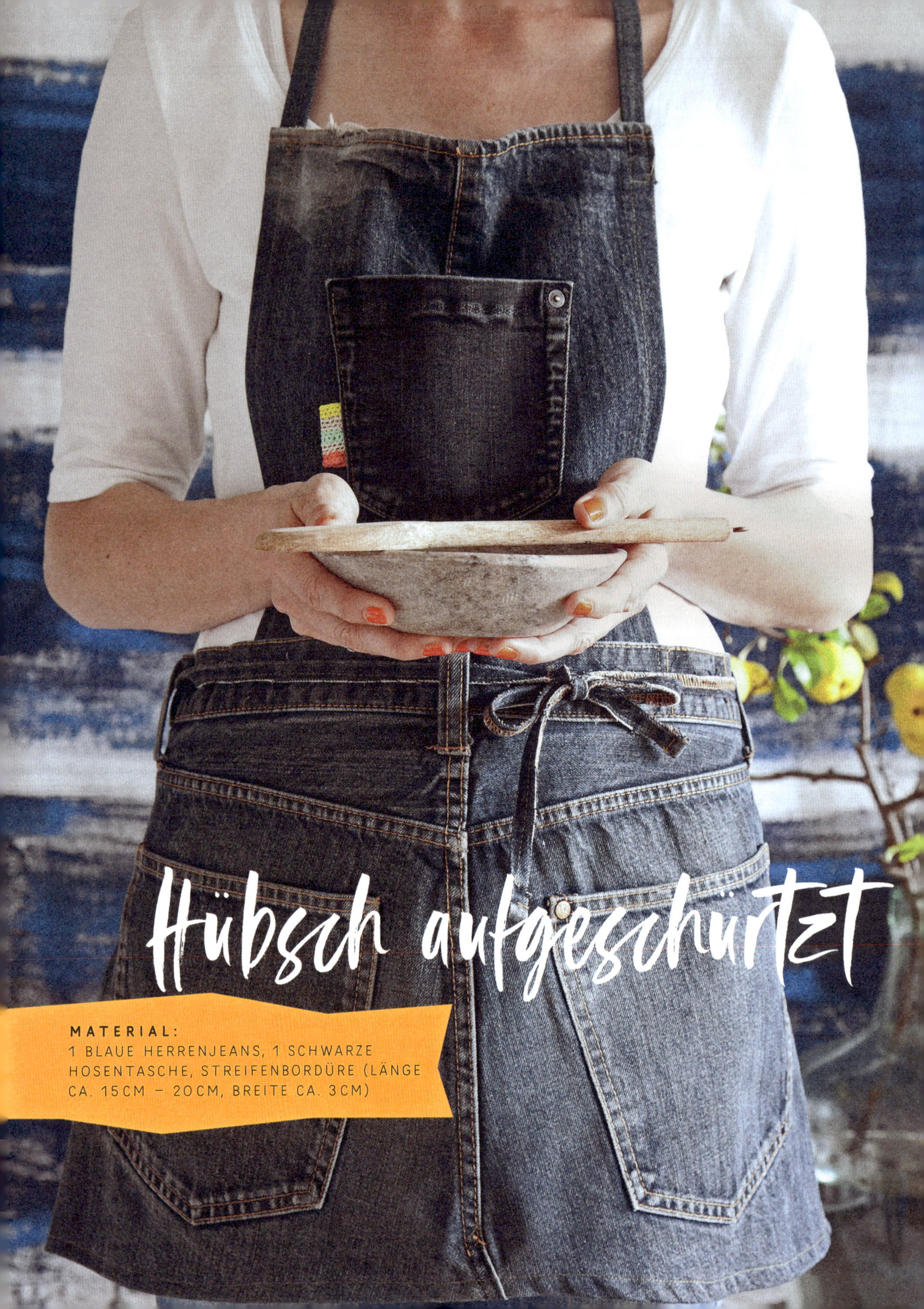

Hübsch aufgeschürtzt

MATERIAL:
1 BLAUE HERRENJEANS, 1 SCHWARZE HOSENTASCHE, STREIFENBORDÜRE (LÄNGE CA. 15CM – 20CM, BREITE CA. 3CM)

DIESE KOCHSCHÜRZE IST ALLES ANDERE ALS ALTBACKEN! MIT EINEM LÄSSIGEN MIX AUS ALTER JEANS UND BUNTEN BORDENDETAILS ERHÄLT DIE SCHÜRZE MINDESTENS DREI STERNE FÜR DAS BESTE OUTFIT IN DER KÜCHE. NA DANN, GUTES GELINGEN!

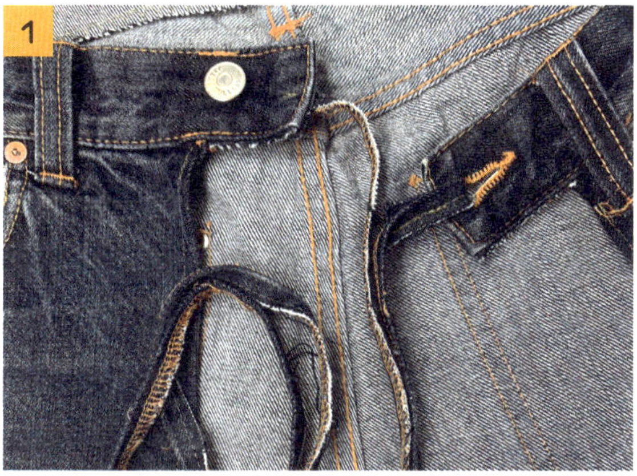

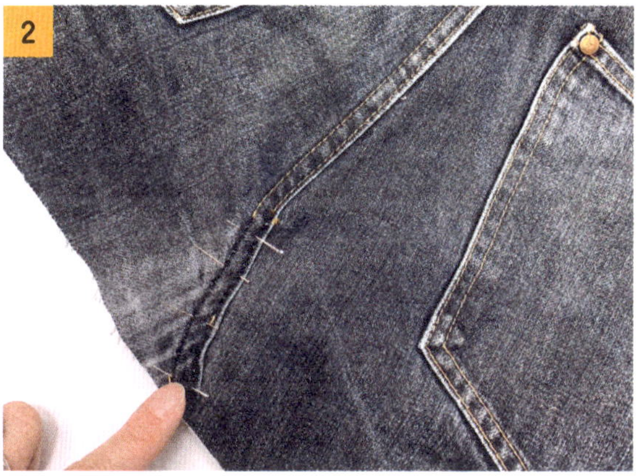

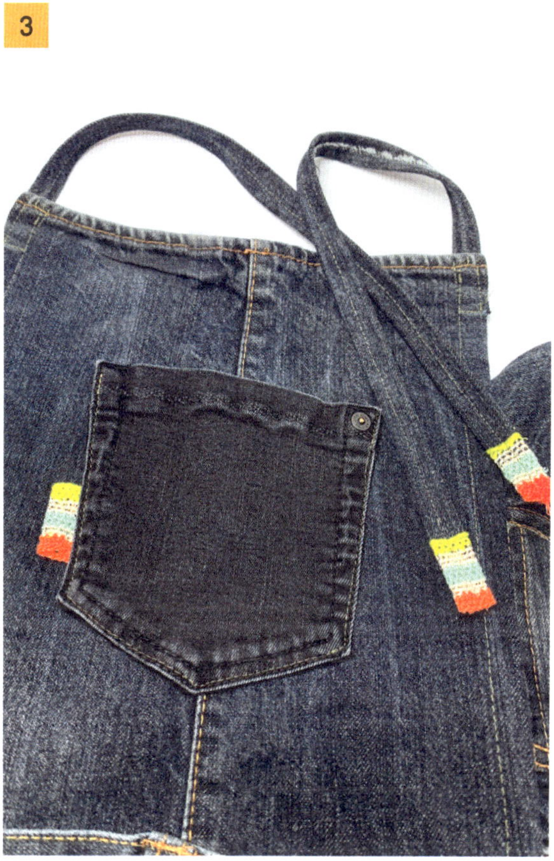

1. Jeans 36 cm unter dem Bund gerade abschneiden. Schritt auftrennen und Reißverschluss heraustrennen. Dabei den Bund mit Knopf und Knopfloch stehen lassen. Den Rest vorne mittig gerade abschneiden und umnähen. Für die Taille 2 x 75 cm lange Bänder fertigen und an den Hosenbund annähen.

2. Geöffneten Schritt hinten übereinander nähen, sodass eine gerade Fläche entsteht. Nun die untere Kante versäumen.

3. Für den Latz ein Stück Hosenbein inkl. Saum abschneiden. Die Kappnaht wird in die Mitte gelegt (14 cm x 30 cm im Bruch gelegt). Kanten versäubern und umnähen. Schwarze Hosentasche mittig 8 cm unterhalb der oberen Latzkante aufnähen. Dabei ca. 6 cm unterhalb der oberen Taschenkante eine Schlaufe aus 5 cm Streifenborde mit einnähen. Die Enden der Latzträger jeweils mit einem Stück Streifenbordüre umnähen.

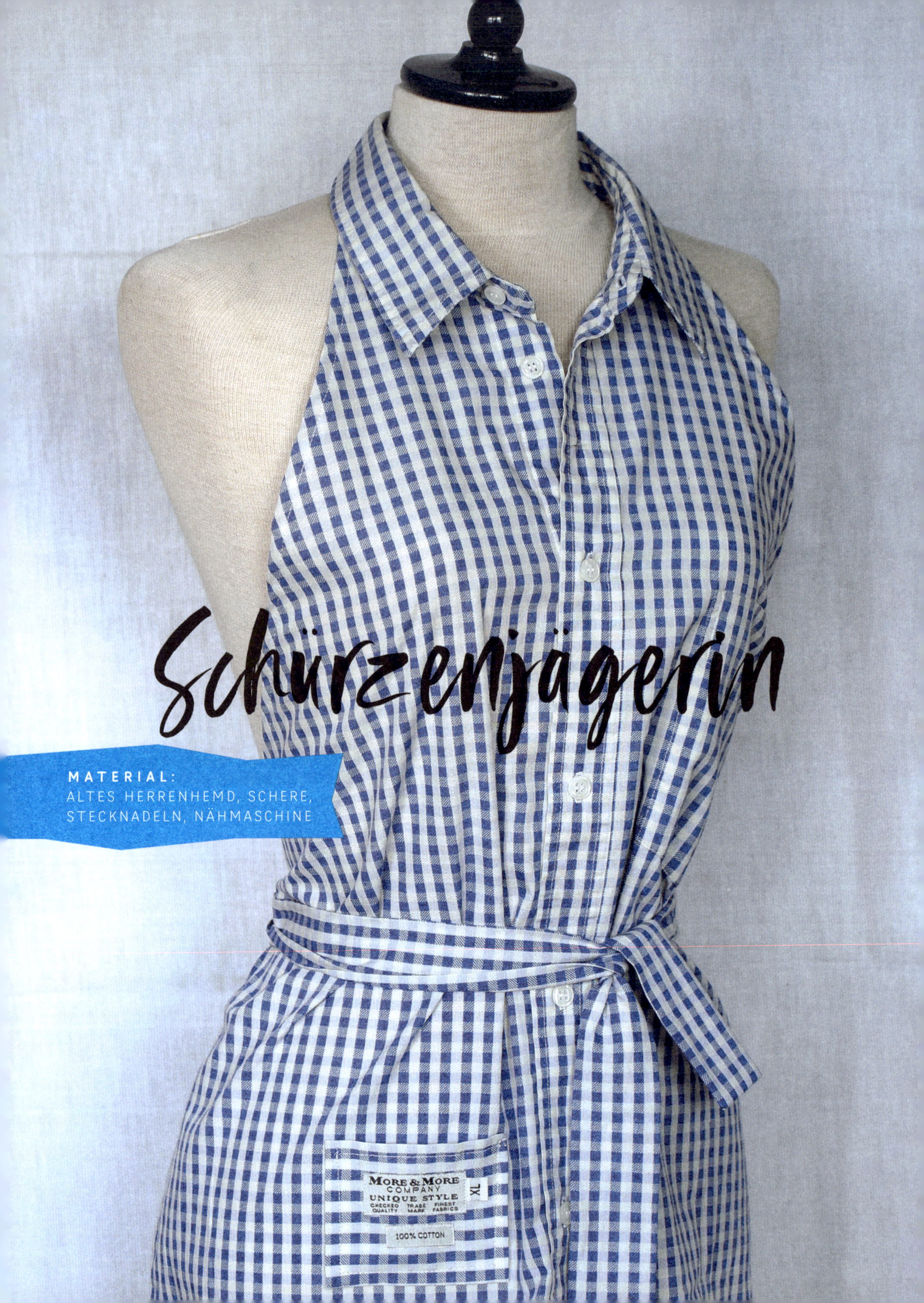

Schürzenjägerin

MATERIAL:
ALTES HERRENHEMD, SCHERE,
STECKNADELN, NÄHMASCHINE

PAPAS ALTES LIEBLINGSHEMD WIRD ZU MAMAS NEUER LIEBLINGSSCHÜRZE. GEHT GANZ EINFACH UND VOR ALLEM SUPER SCHNELL. AUSSERDEM IST DIE SCHÜRZE EIN ECHTER HINGUCKER. UND DIE ALTEN BAUMWOLLHEMDEN LASSEN SICH AUCH IN DER WASCHMASCHINE HEISS GENUG WASCHEN, UM ALLE FLECKEN WIEDER RAUSZUBEKOMMEN.

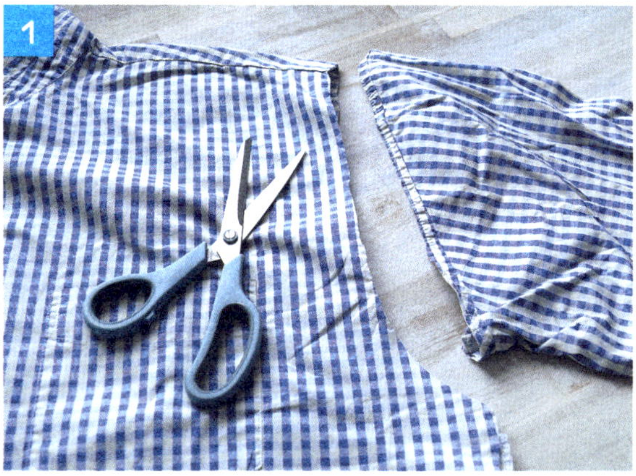

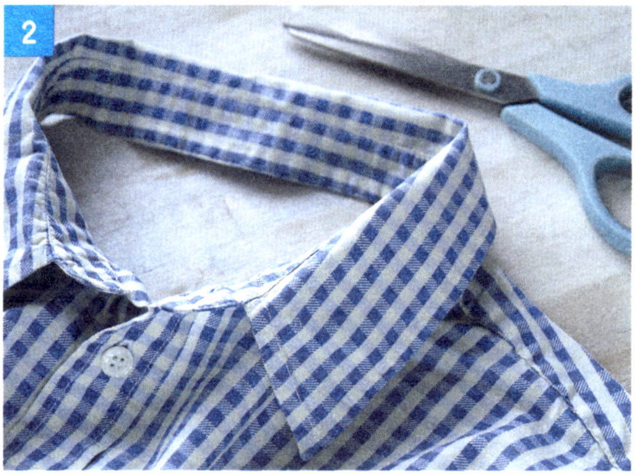

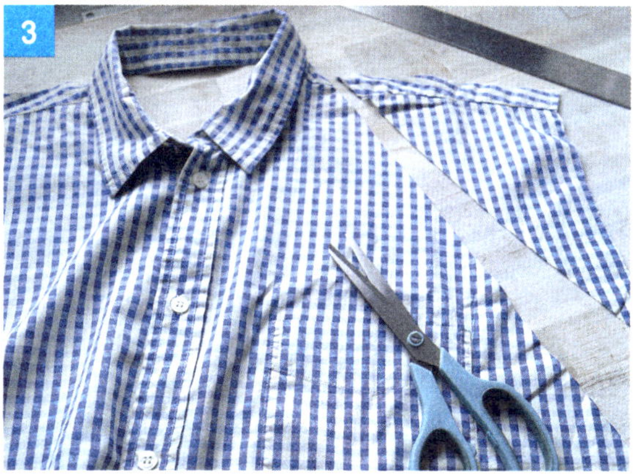

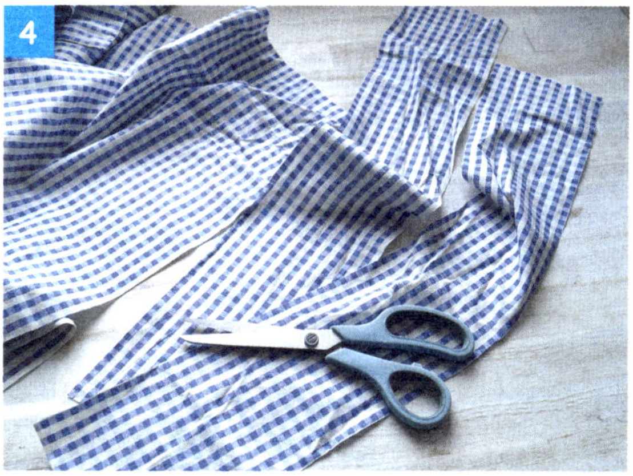

1. Zunächst legt man das Hemd flach hin und schneidet es an den Seiten rechts und links auf und an den Ärmeln entlang ab.

2. Dann mit der Schere von den Ärmelausschnitten bis zum Kragen einschneiden, dabei zunächst ein kleines Stück der Passe stehen lassen. An der Kragennaht entlangschneiden und auf der anderen Seite wieder bis zum Ärmelausschnitt. Somit ist die Rückseite des Hemdes komplett entfernt.

3. Nun schneidet man rechts und links diagonal vom unteren Ärmelausschnitt bis zum Kragen den verbliebenen Ärmelausschnitt ab.

4. Aus dem Rückenteil kann man nun 2 breite Streifen herausschneiden für die Schürzenbänder (ca. 8 cm breit). Sie sollten lang genug sein, dass man die Schürze locker hinten zusammenbinden kann.

Fortsetzung auf der nächsten Seite

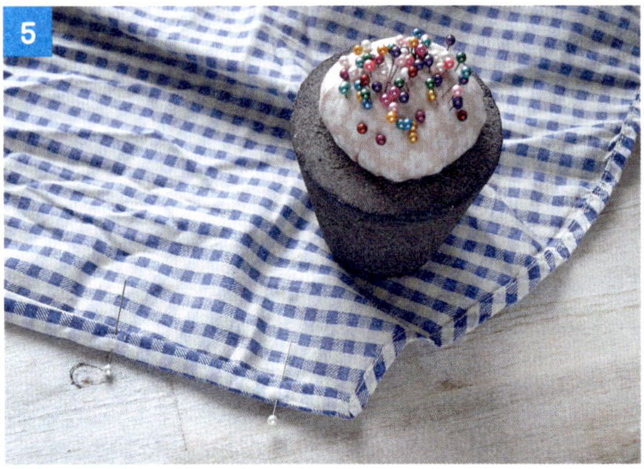

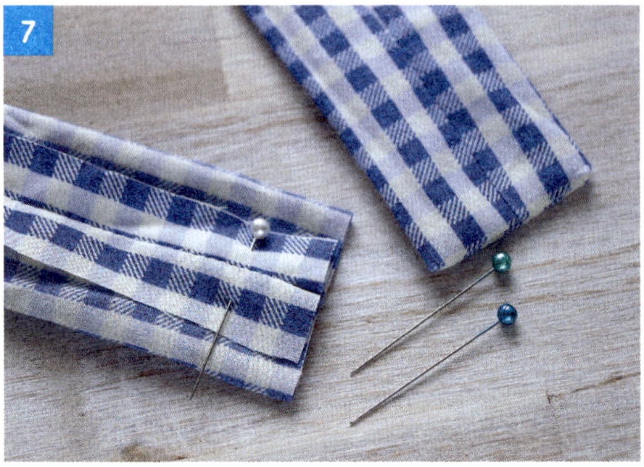

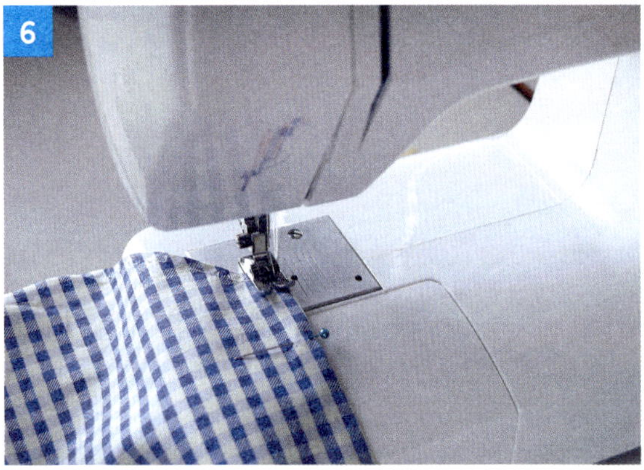

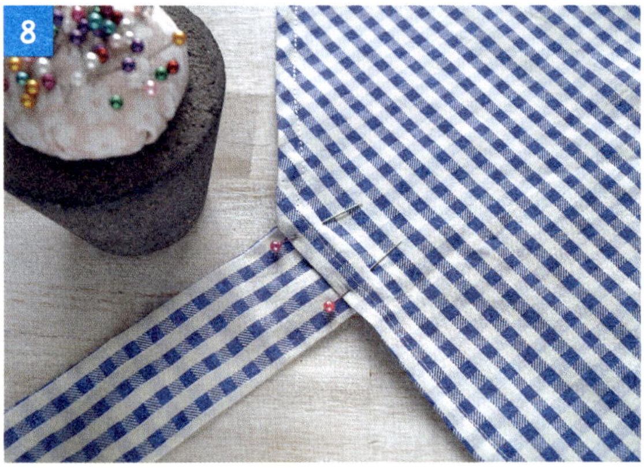

5.-6. Alle Seitennähte müssen noch umgesteckt und abgenäht werden.

7. Die Streifen für die Bänder längs zusammennähen, die Naht auffalten, mittig nehmen und noch einmal an der kurzen Seite abnähen. Dann den so genähten Schlauch auf rechts wenden.

8. Anschließend die beiden Bänder links und rechts unterhalb der Diagonalen an die Schürze nähen.

Wer mag, kann die Bänder so lang machen, dass er sie später auch vorne zusammenbinden kann.

NOCH EIN KLEINES DETAIL? DAS ETIKETT GROSSZÜGIG AUS DER HEMDPASSE SCHNEIDEN UND ALS KLEINE TASCHE AUF DIE SCHÜRZE NÄHEN.

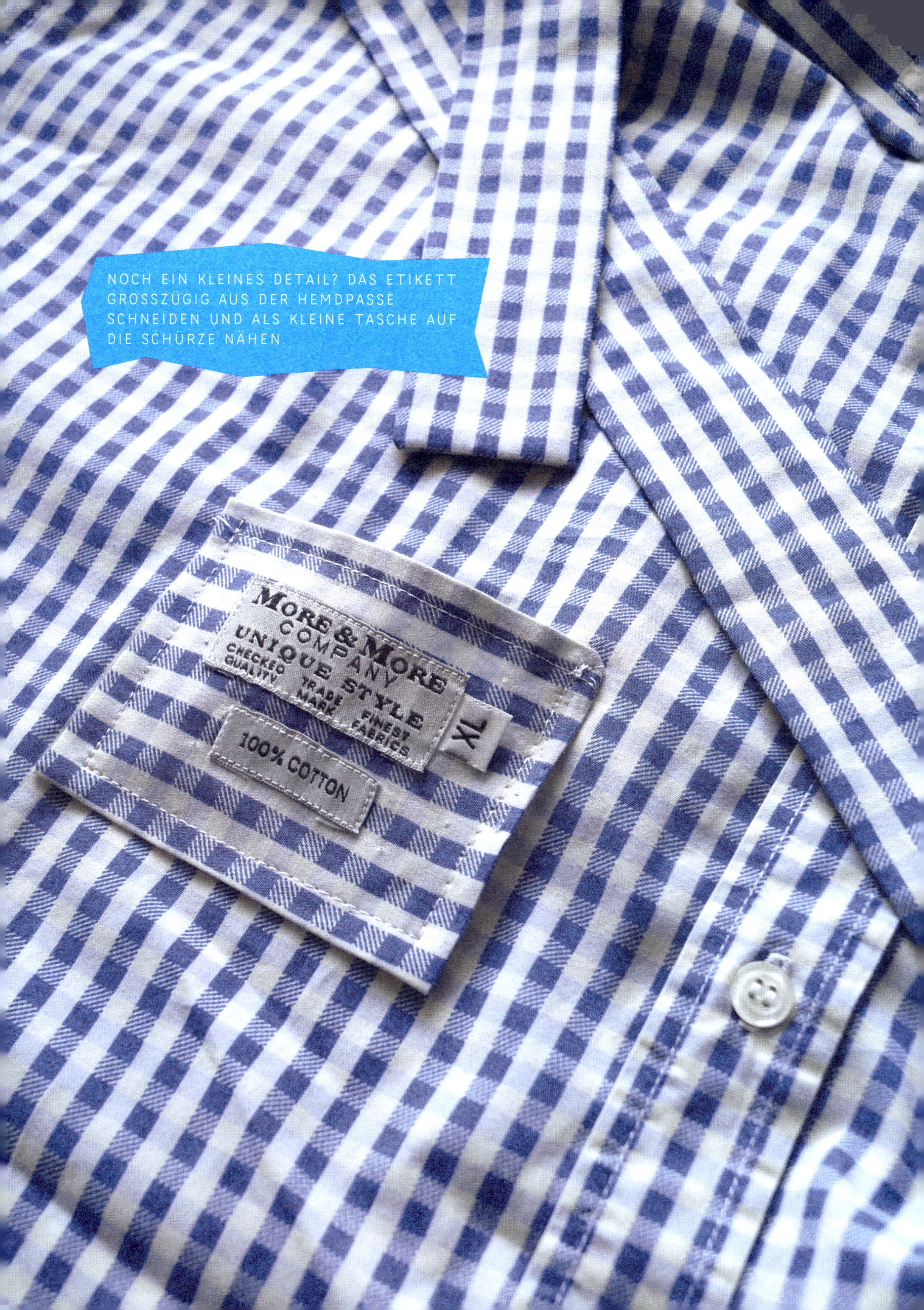

Urlaub für die Füße

MATERIAL:
BLUE JEANS, KLEINE BOMMELBORDE, VERFESTIGTES VOLUMENVLIES, PAPPE, ANTIRUTSCH-SOCKENSTOPP (BSP. RAYHER)

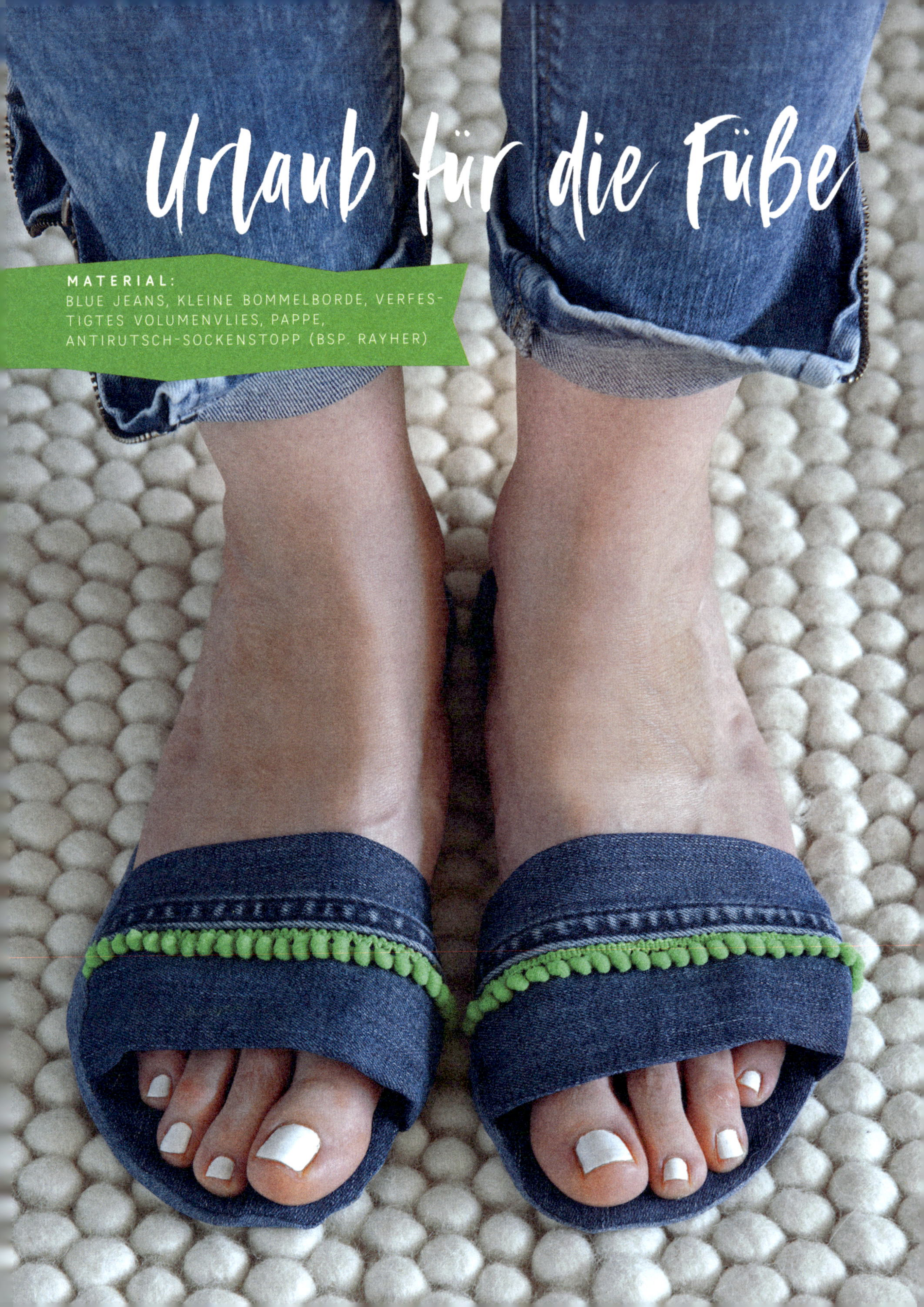

EIN KURZER WOCHENENDTRIPP RUFT! AM BESTEN VERREIST MAN MIT LEICHTEM GEPÄCK. DIESE FEDERLEICHTEN HAUSSCHUHE PASSEN AUF ALLE FÄLLE NOCH IN DIE TASCHE. UND DIE FÜSSE WERDEN DANKBAR SEIN, DENN DIE SCHLÄPPCHEN SIND AUCH NOCH HERRLICH BEQUEM!

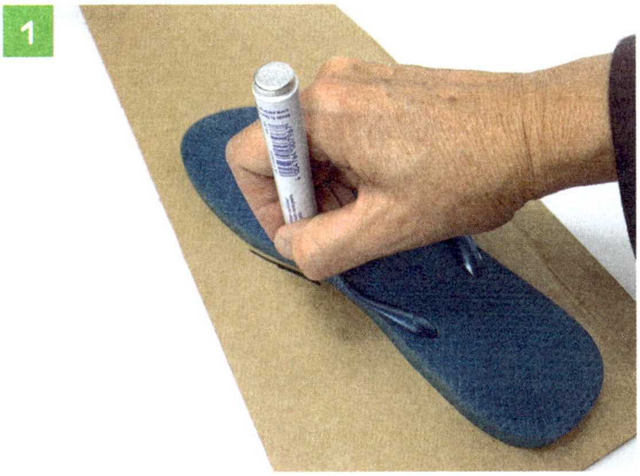

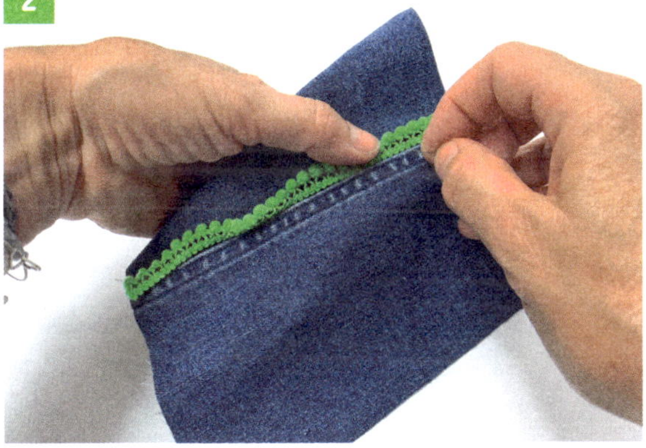

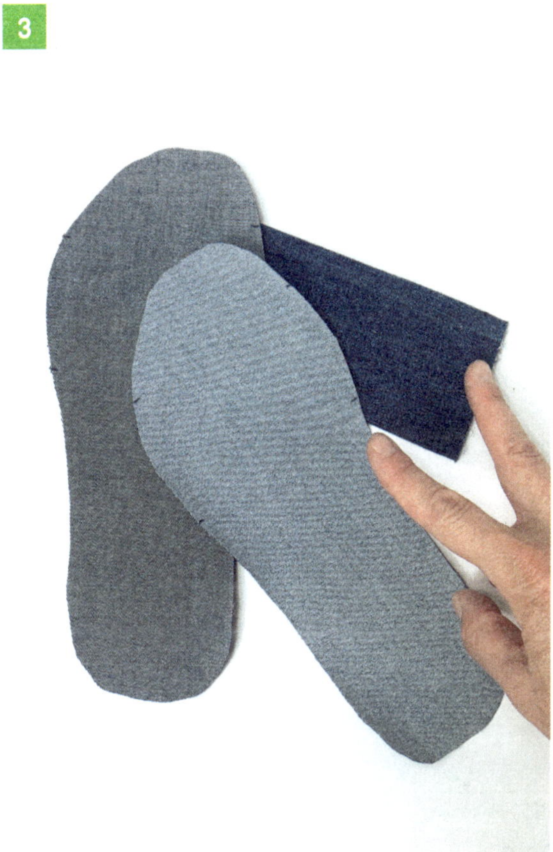

1. Als Erstes fertigt man anhand eines Paares Zehentrennerschuhen zwei Schablonen aus Karton für die Sohlen an. Die Pappe wird später für die Schuhe verwendet.

2. Mit den Schuhschablonen je Schuh aus Jeansstoff 2 x und aus dem Vlies 1 x die Schuhform ausschneiden. Für den Riemen 2 x ein Rechteck, ca. 16 cm (Kappnaht liegt mittig) x 18 cm aus Jeans ausschneiden.

Darauf achten, dass die Kappnaht oben mittig liegt. Borde (ca. 36 cm) direkt neben der Kappnaht aufnähen.

3. Position und Breite der Querriemen der eigenen Füße auf den Sohlen anpassen und markieren.

Fortsetzung auf der nächsten Seite

4

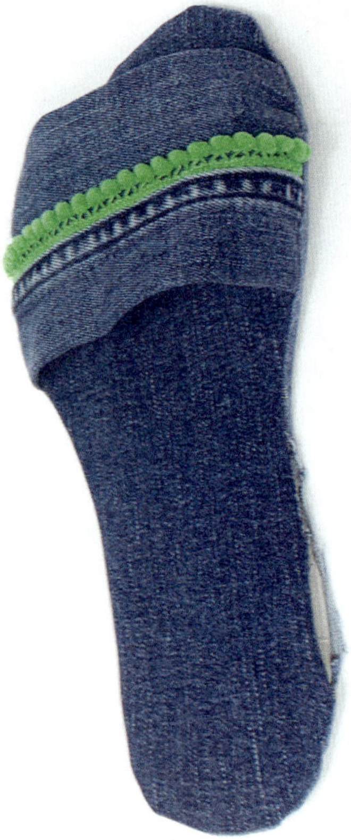

5

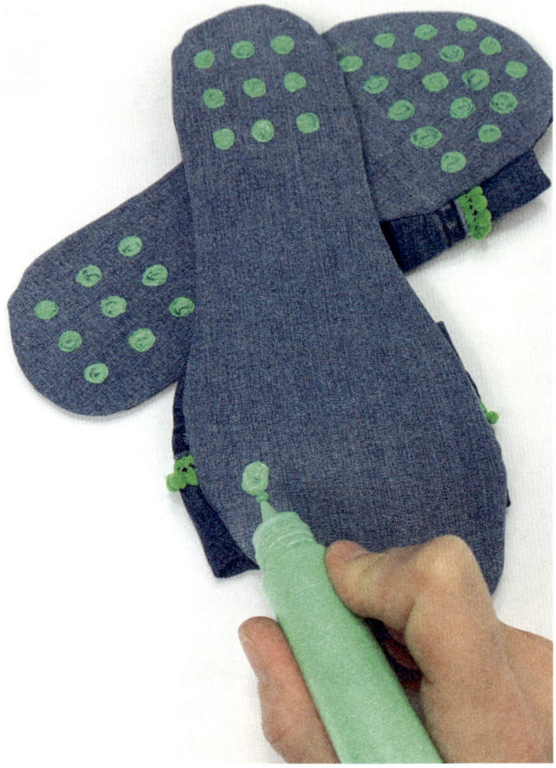

4. Alle Teile zusammennähen. Seitlich ca. 10 cm Naht offenlassen. Stoff verstürzen, Pappe (2 x ca. 14 cm x 28 cm) und Vlies (2 x ca. 14 cm x 28 cm) einlegen. Die Öffnung per Hand zunähen.

5. Damit man sich mit den Schläppchen auch rutschfrei bewegen kann, empfiehlt es sich, etwas Antirutsch-Sockenstopp auf die Sohlen aufzutragen.

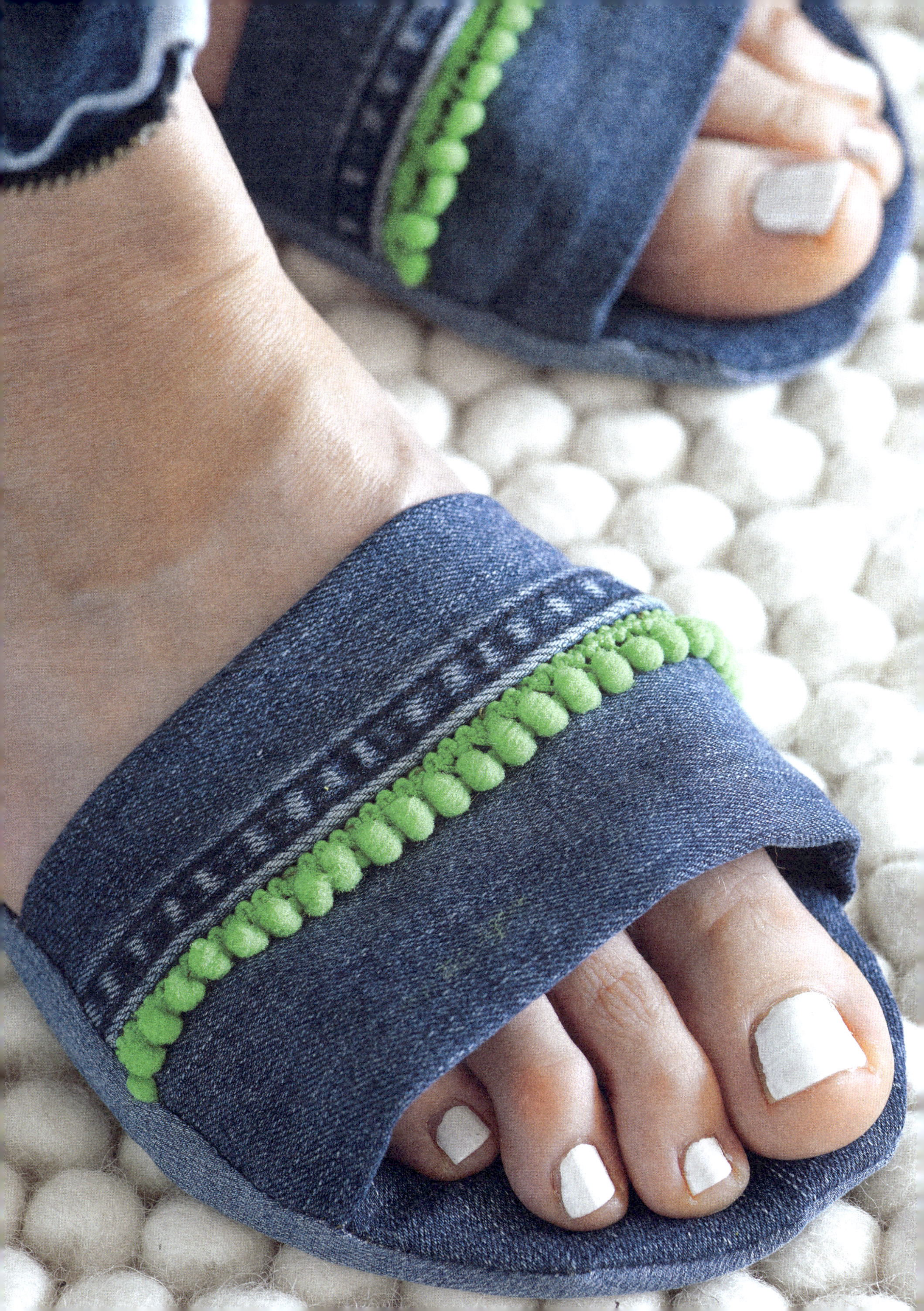

Abgeschminkt

MATERIAL:
ALTES FROTTIERHANDTUCH, BAUMWOLL-STOFFRESTE, SCHERE, EVTL. ZICKZACKSCHERE, STECKNADELN ODER CLIPS, NÄHMASCHINE

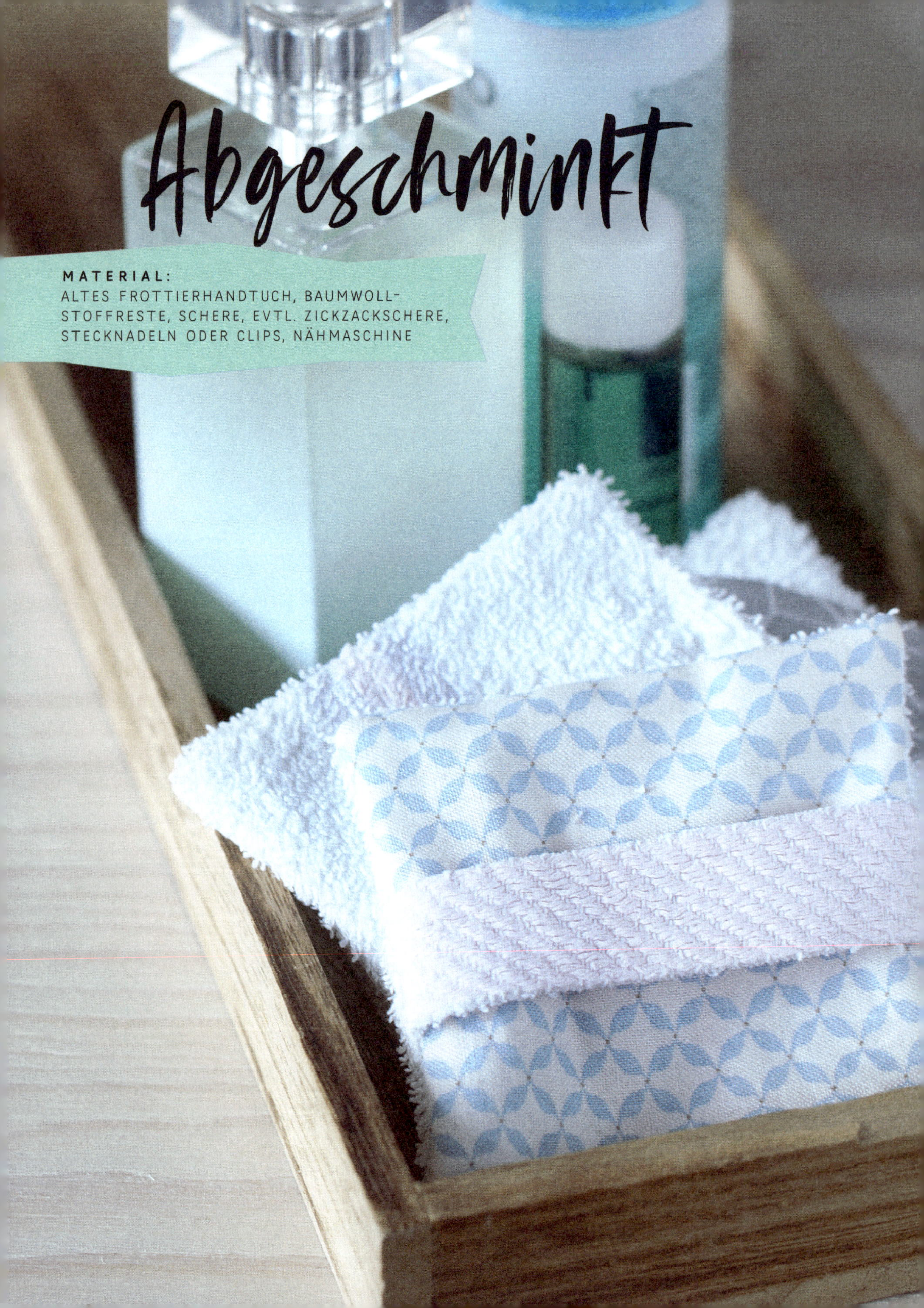

WOHIN MIT ALTEN HANDTÜCHERN? O.K., PUTZLAPPEN GEHEN IMMER. EIN BISSCHEN FEINER UND EBENFALLS NACHHALTIG SIND SELBST GENÄHTE ABSCHMINKPADS, DIE MAN IMMER WIEDER VERWENDEN KANN. BEI SCHÖN RAUEM FROTTEE SPART MAN SICH SOGAR NOCH DAS PEELING ...

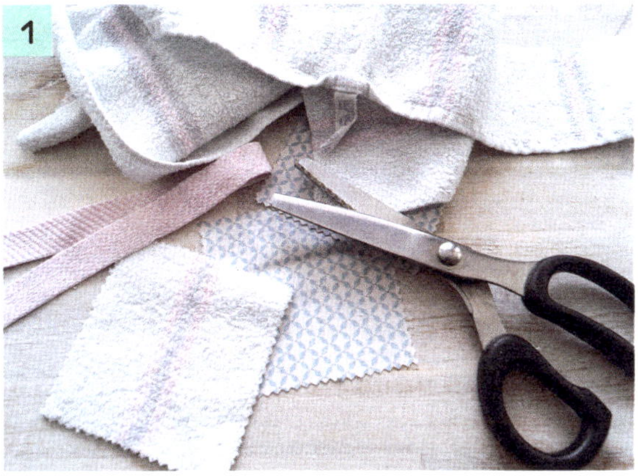

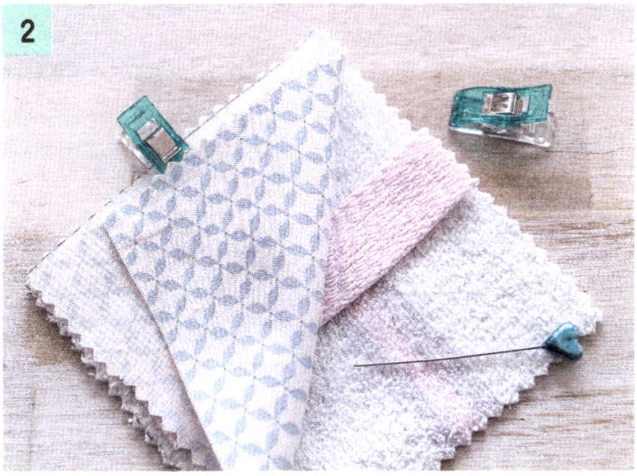

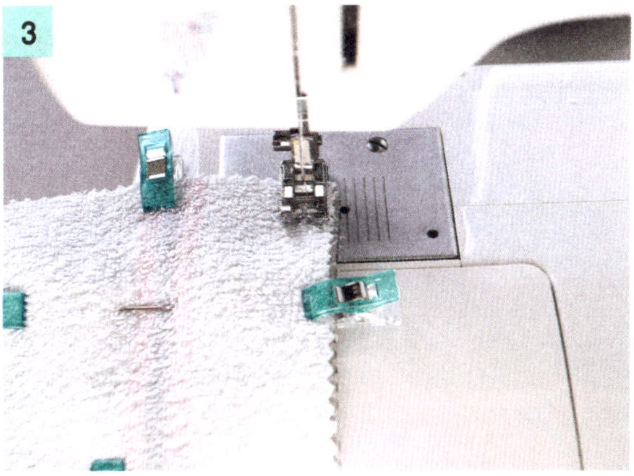

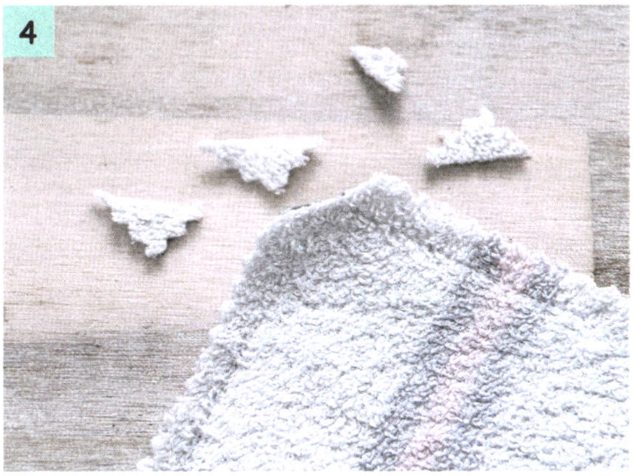

1. Aus einem alten Handtuch schneidet man sich viele kleine Quadrate mit der Zickzackschere zu. Hier in den Maßen von ca. 8 cm x 8 cm.

2. Hat das Handtuch noch eine hübsche, feste Bordüre, kann man diese als Fingerschlaufe verwenden. Diese legt man auf den Frotteestoff und darauf – mit der „guten" Seite nach innen – ein Quadrat aus einem Reststöffchen. (Natürlich kann man auch beide Seiten aus dem Handtuchstoff zuschneiden.) Die Teile dann mit Nadeln feststecken oder Clips verwenden.

3. Dann mit der Nähmaschine im Zickzackstich absteppen. Dabei eine Öffnung zum Wenden lassen.

4. Vor dem Wenden der kleinen Quadrate schneidet man die Ecken ein wenig ab, damit sie sich nach dem Wenden besser ausformen lassen.

Fortsetzung auf der nächsten Seite

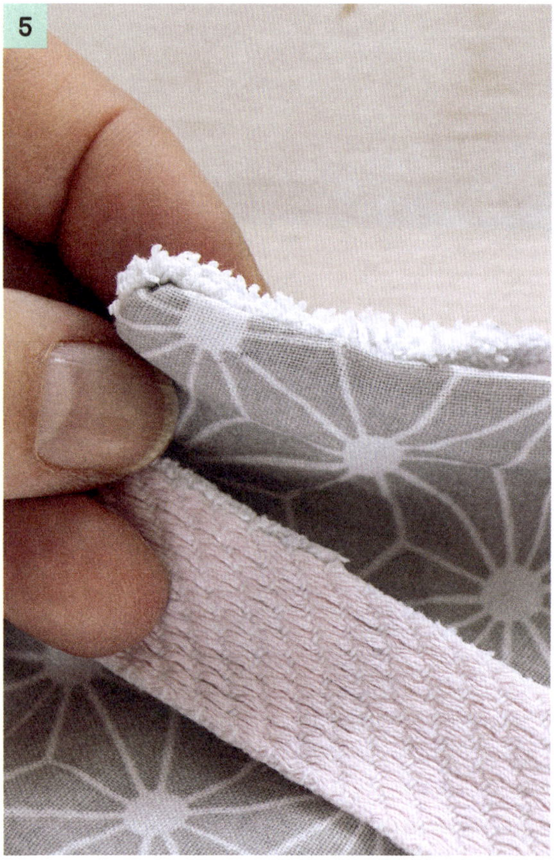

5. Das Stoffteil nun wenden, die Ecken ausformen und evtl. mit dem Bügeleisen aufdämpfen.

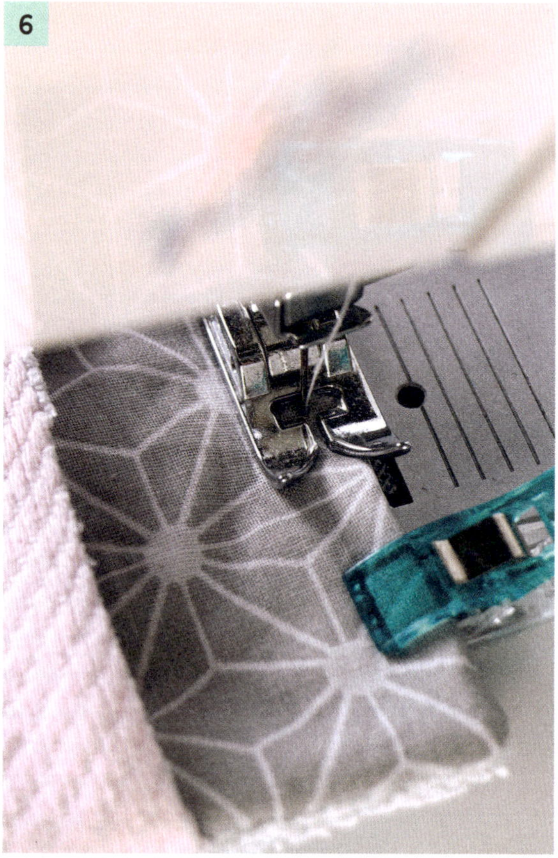

6. Anschließend die noch offene Naht mit der Nähmaschine im Geradstich schließen. Fertig sind ein paar hübsche Zero-Waste-Abschminkpads.

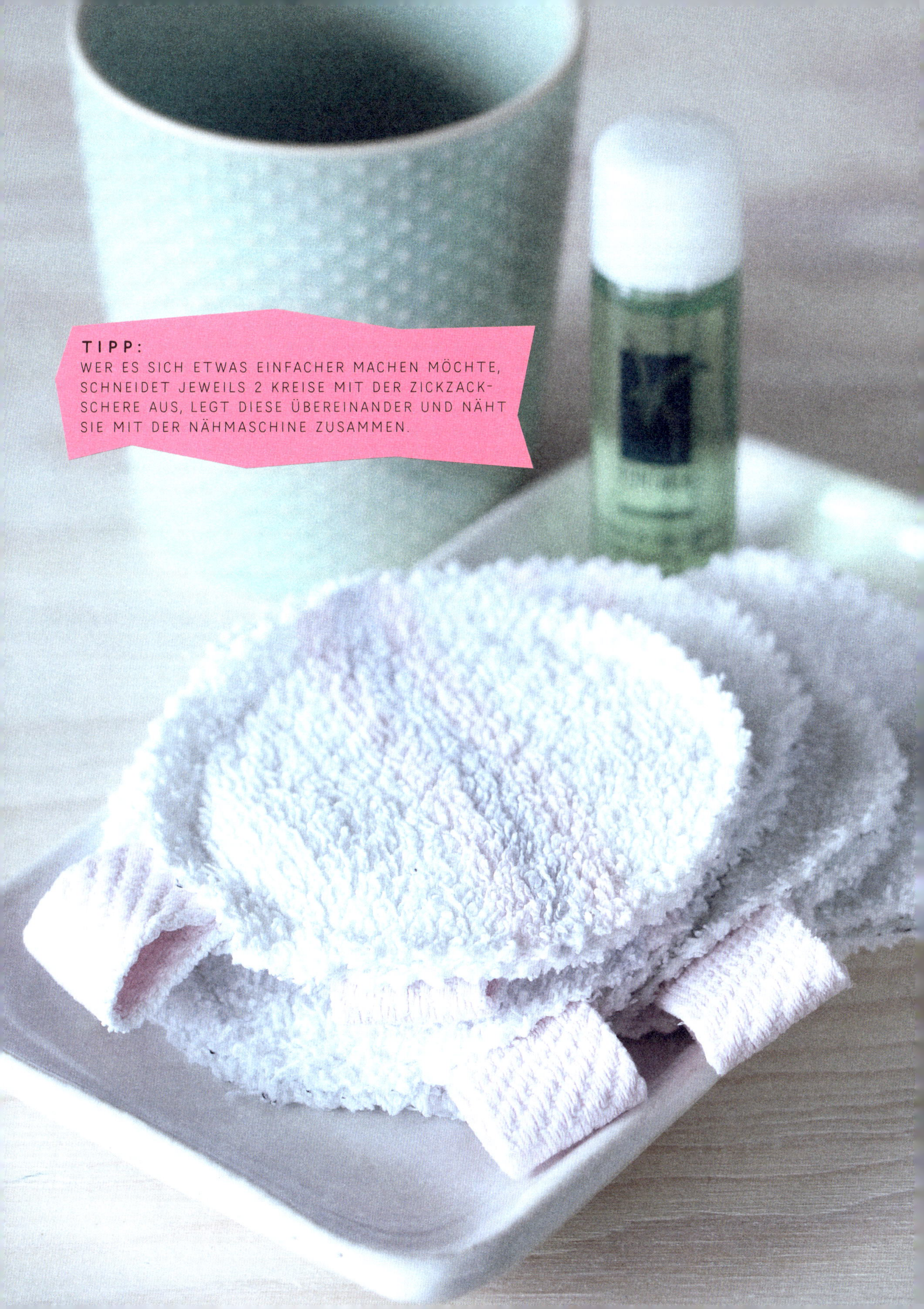

TIPP:
WER ES SICH ETWAS EINFACHER MACHEN MÖCHTE, SCHNEIDET JEWEILS 2 KREISE MIT DER ZICKZACKSCHERE AUS, LEGT DIESE ÜBEREINANDER UND NÄHT SIE MIT DER NÄHMASCHINE ZUSAMMEN.

Eddy the Teddy

MATERIAL:
ALTE KUSCHELDECKE, STOFFREST (ETWA NICKI), STIFT, SCHERE, ZICKZACKSCHERE, STECKNADELN, NÄHMASCHINE, WOLLE, NADEL, EVTL. FÜLLWATTE, BÜGELEISEN

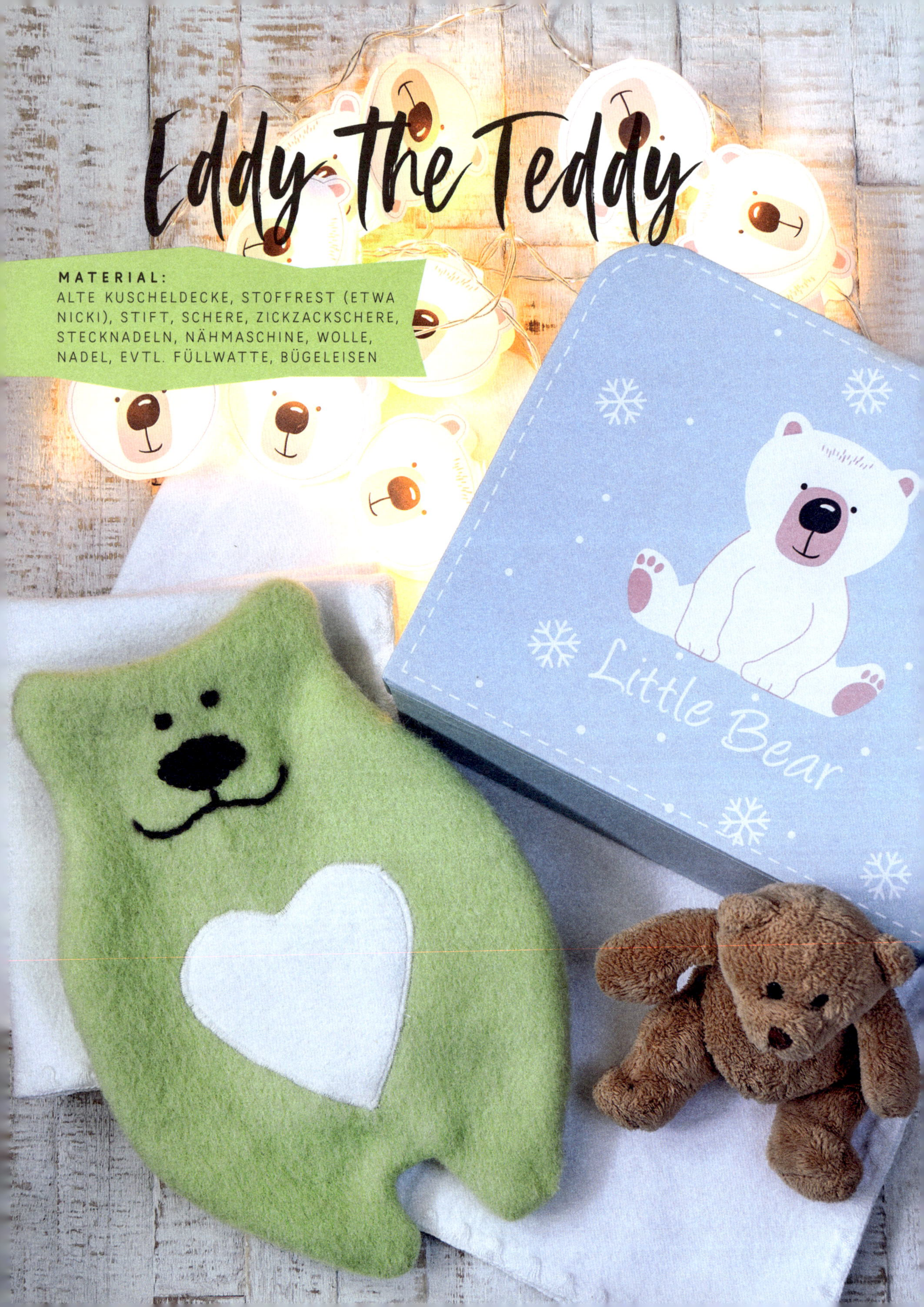

AUCH ALTE AUSGEDIENTE DECKEN KANN MAN WEITERVERWERTEN. DARAUS LASSEN SICH VIELE KLEINE STOFFTIERE HERSTELLEN. AM LIEBSTEN BÄRCHEN. ABER NATÜRLICH GEHT JEDES ANDERE TIER. DAS FREUT DIE KIDS. HÜBSCHE VORLAGEN FINDET MAN IM INTERNET ODER MAN WIRD SELBST KREATIV.

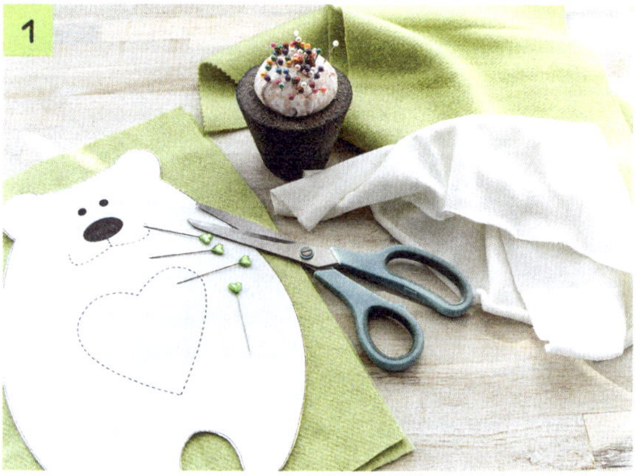

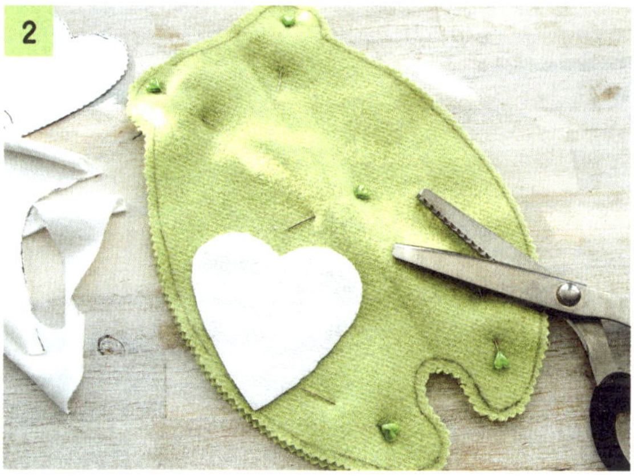

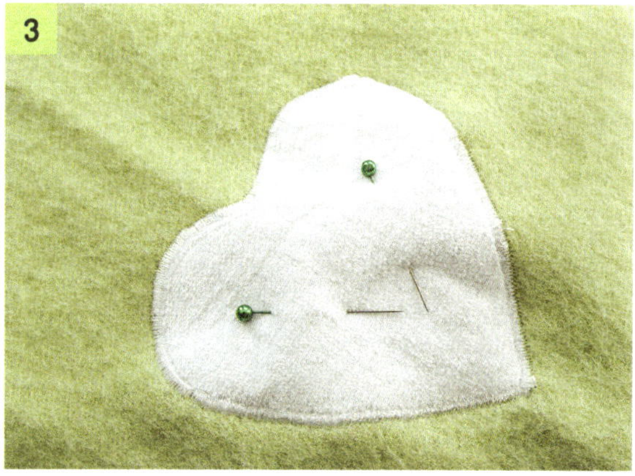

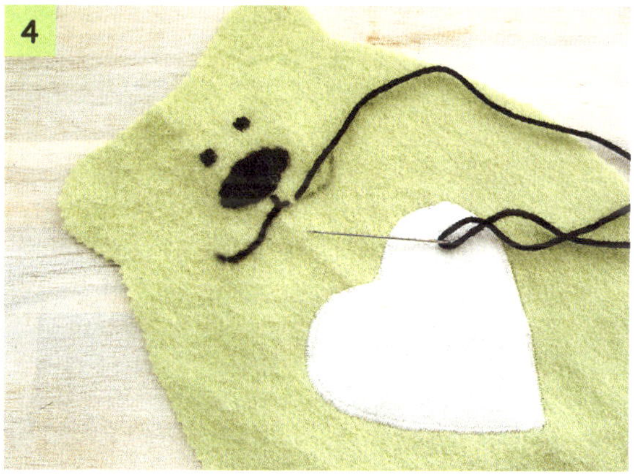

1. Zunächst die Vorlage auf der Seite 266/267 kopieren, zusammenkleben und ausschneiden. Diese Vorlage auf einem Stück Stoff feststecken und mit einem Filzstift oder Magicmarker aufzeichnen.

2. Dann 2 Stoffe übereinanderlegen, mit Nadeln fixieren und mit 1 cm Nahtzugabe mit der Zickzackschere ausschneiden. Das Herz wird auf einen separaten Stoff (hier weißer Nickistoff) aufgezeichnet und ebenfalls ausgeschnitten.

3. Das Herz auf die Vorderseite des Stoffs an entsprechender Stelle auflegen, feststecken und mit der Nähmaschine applizieren.

4. Dann zeichnet man sich mit einem Stift das Gesicht vor und stickt es z. B. mit dicker schwarzer Wolle nach.

Fortsetzung auf der nächsten Seite

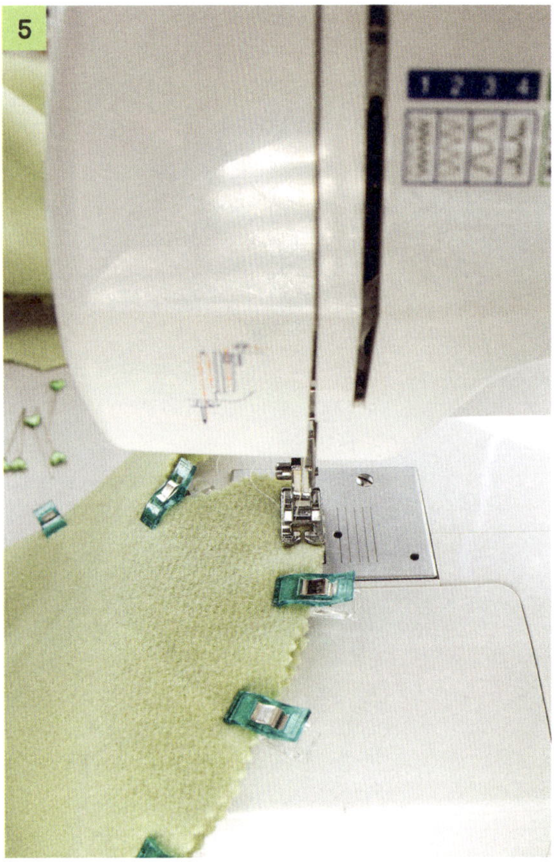

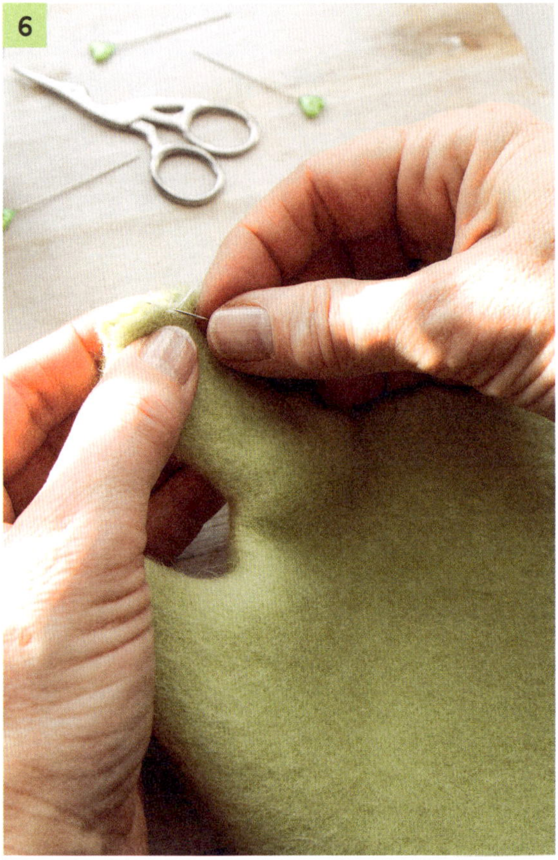

5. Nun legt man die beiden Stoffteile rechts auf rechts aufeinander, um sie mit der Maschine füßchenbreit zusammenzunähen. Dabei unten an einer geeigneten Stelle eine Öffnung zum Wenden lassen.

6. Nach dem Wenden das Bärchen mit den Fingern von innen ausformen und vielleicht mit dem Bügeleisen ein wenig aufdämpfen.

Wer mag, kann nun auch noch etwas Füllwatte hineinstopfen.

Anschließend die offene Naht mit dem Matratzenstich (siehe Seite 54) zunähen.

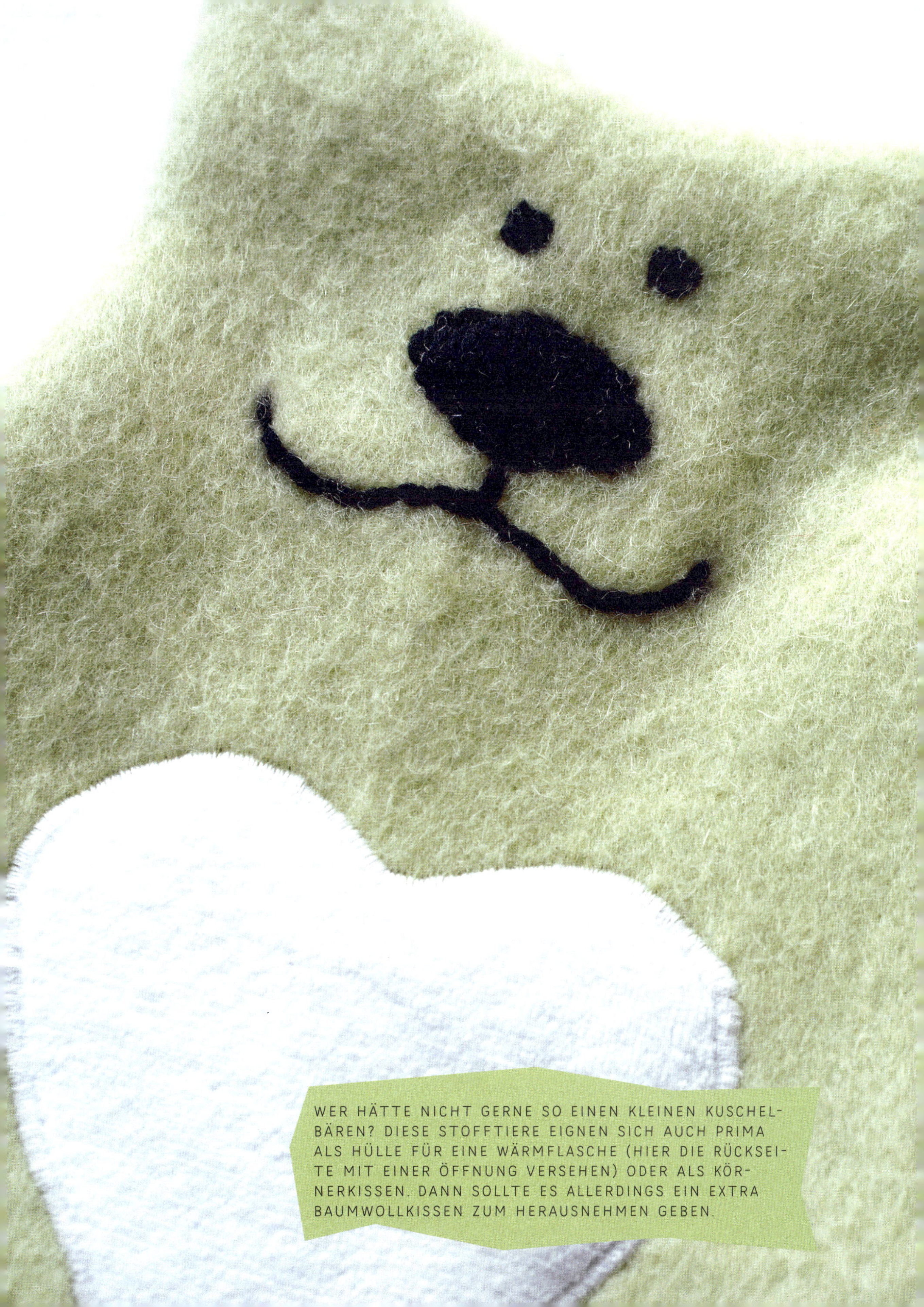

WER HÄTTE NICHT GERNE SO EINEN KLEINEN KUSCHELBÄREN? DIESE STOFFTIERE EIGNEN SICH AUCH PRIMA ALS HÜLLE FÜR EINE WÄRMFLASCHE (HIER DIE RÜCKSEITE MIT EINER ÖFFNUNG VERSEHEN) ODER ALS KÖRNERKISSEN. DANN SOLLTE ES ALLERDINGS EIN EXTRA BAUMWOLLKISSEN ZUM HERAUSNEHMEN GEBEN.

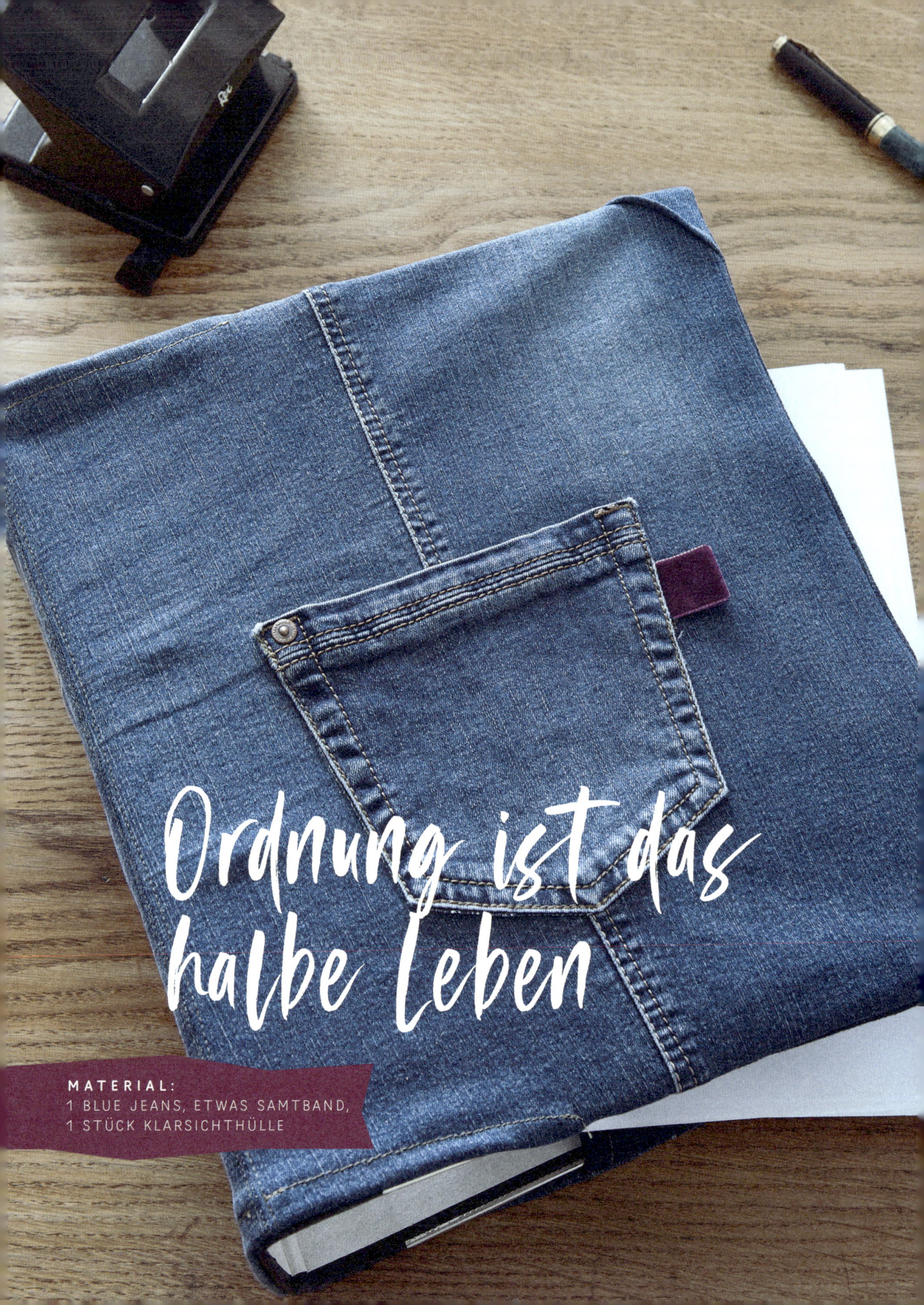

Ordnung ist das halbe Leben

MATERIAL:
1 BLUE JEANS, ETWAS SAMTBAND,
1 STÜCK KLARSICHTHÜLLE

UND AM BESTEN TRÄGT MAN GLEICH ALLES BEI SICH: STIFT, LINEAL, KLEINER BLOCK, VIELLEICHT AUCH EINE SCHERE UND EIN PAAR VISITENKARTEN. ALLES VEREINT IN DIESEM TOLLEN JEANS-ORDNER! AN DIE ARBEIT, FERTIG, LOS!

1

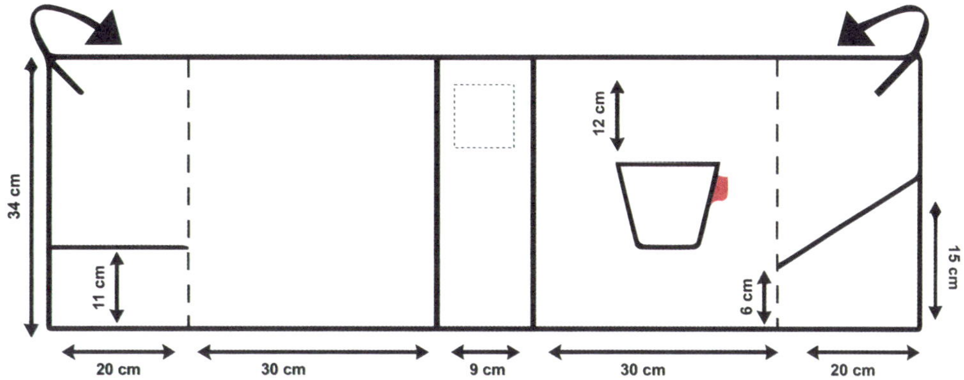

2

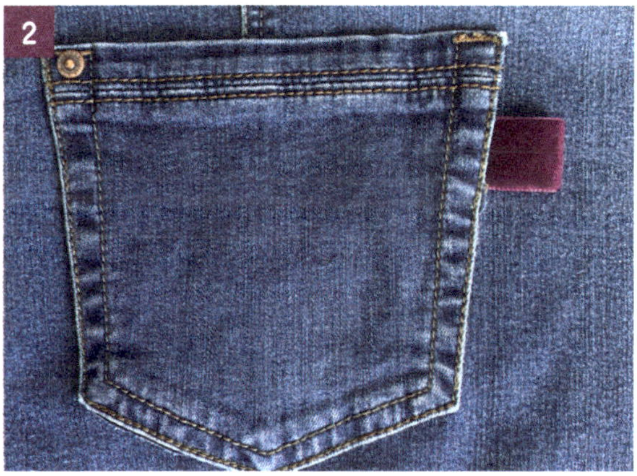

3

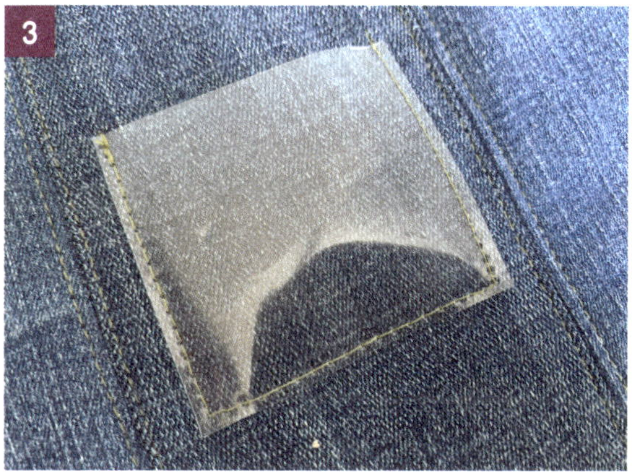

1. Den Stoff für die Vorder- und Rückseite (30 cm x 34 cm), den Ordnerrücken (9 cm x 34 cm) sowie die beiden Innenseiten (20 cm x 34 cm) mit Taschenaufsätzen (Maße siehe Skizze) zuschneiden und alle Teile aneinandernähen. Alle Angaben sind inklusive Nahtzugaben.

2. Jeanstasche aus der Jeans ausschneiden und ca. 12 cm unterhalb der oberen Kante auf das Vorderteil nähen.
Dabei die Samtborde (ca. 5 cm) als Loop unter das rechte obere Drittel der Tasche mit annähen.

3. Die Klarsichtfolie (6,5 cm x 6 cm) zuschneiden und im oberen Drittel des Ordnerrückens festnähen. Folie vorab mit einem Klebestreifen fixieren.

Fortsetzung auf der nächsten Seite

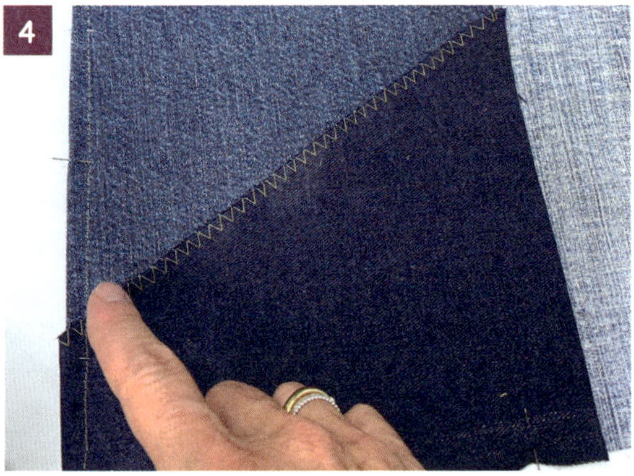

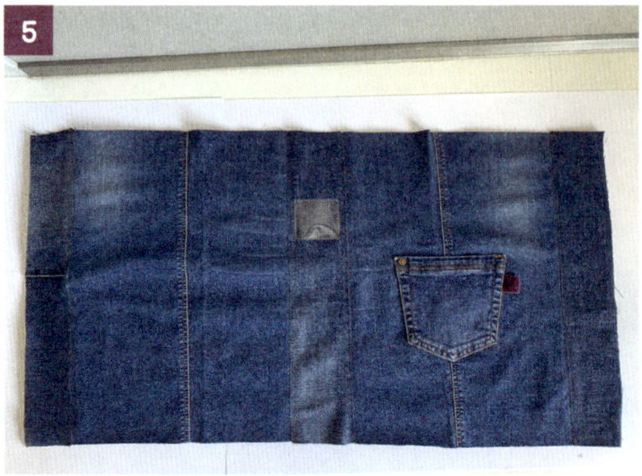

4. Nun die Teile der Innentaschen versäubern und auf die Innenteile der Vorder- und Rückseite aufnähen. (Vordere Einstecktasche Innenseite: 20 cm x 11 cm/hintere Einstecktasche: 6 H x 20 B x 15 H x 20 B cm; siehe Abb. 1 auf Seite 61)

5. Vorder- und Rückenteil mit den Innenseiten an der oberen und unteren Kante zusammennähen, sodass die späteren Außenseiten innen liegen. Umstülpen – fertig ist die Ordnerhülle!

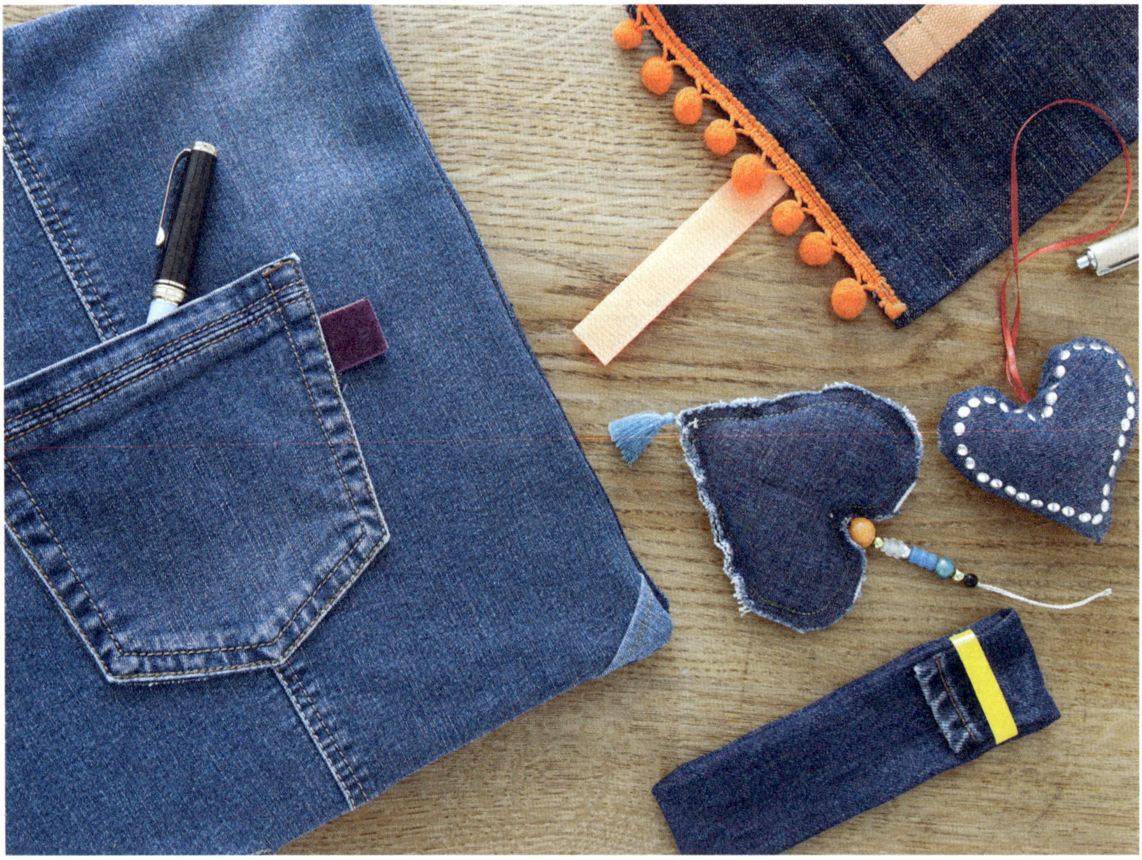

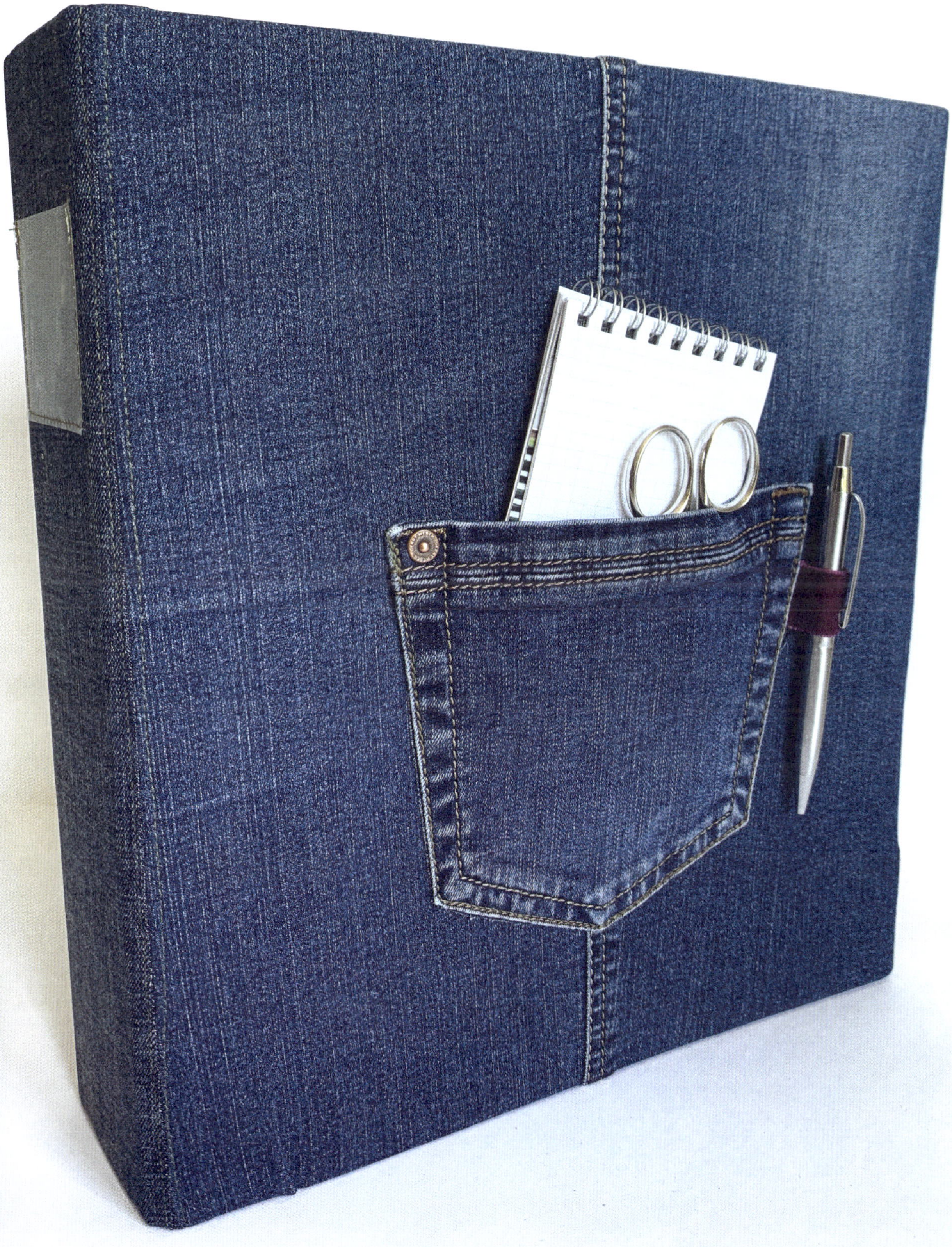

Guter Begleiter

MATERIAL:
METALLREISSVERSCHLUSS (SCHWARZ/GOLD), 2 HOSENBEINE (GRAU), 1 STREIFEN MITTELBLAUE JEANS, 1 STREIFEN SCHWARZE/ANTHRAZITFARBENE JEANS, EINFARBIGER BAUMWOLLSTOFF, SCHWARZE JEANS, 2 RUNDE KARABINER (GOLD), LEDER- UND STOFFKLEBER

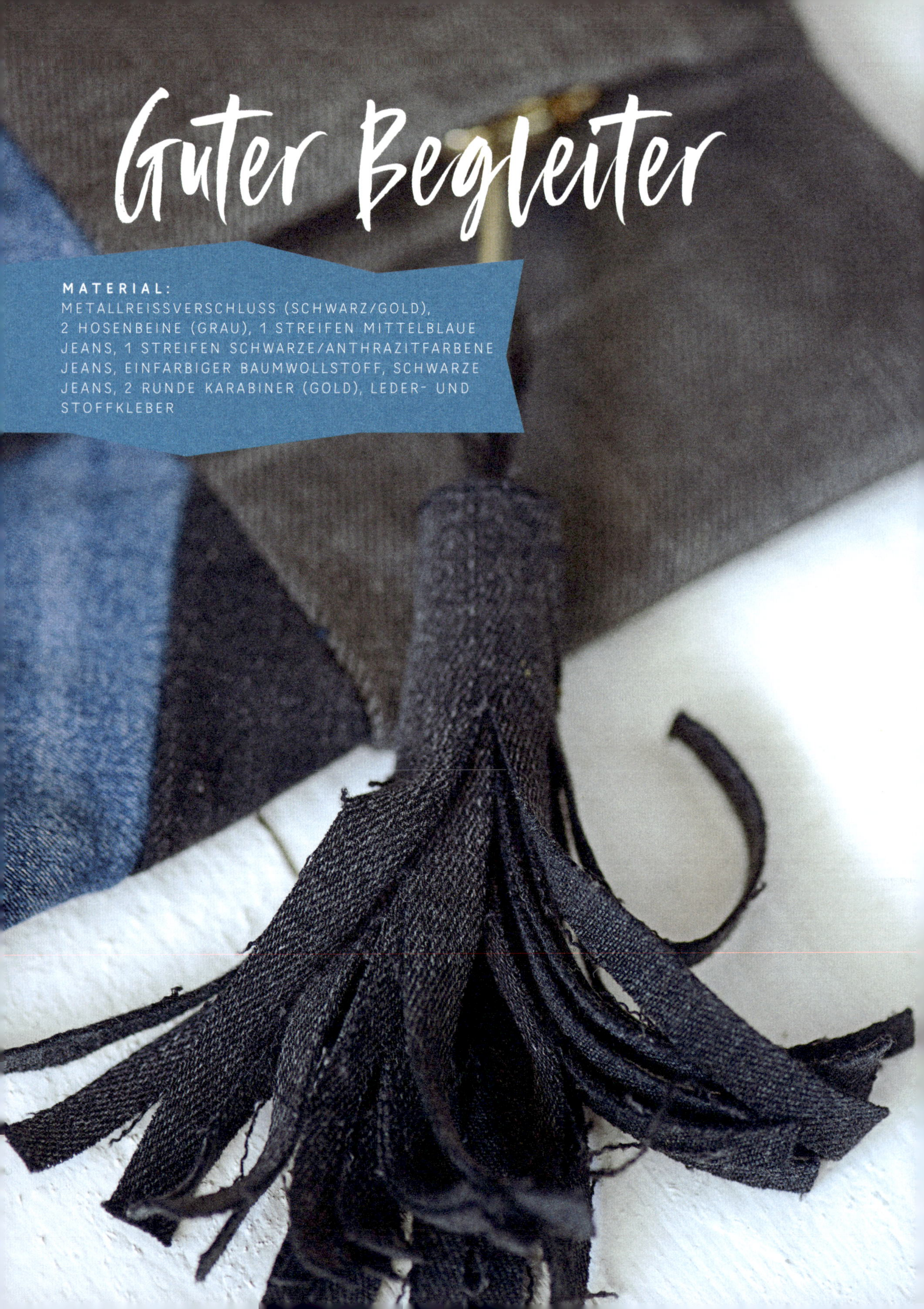

OB FÜR EINEN GLAMOURÖSEN ABEND ODER EINE KLEINE SHOPPINGTOUR, DIESE CLUTCH IST IMMER DER RICHTIGE BEGLEITER. MIT EINFACHEN HANDGRIFFEN VERWANDELT SICH DIE KLEINE UNTERARMTASCHE IN EINE UMHÄNGETASCHE.

1

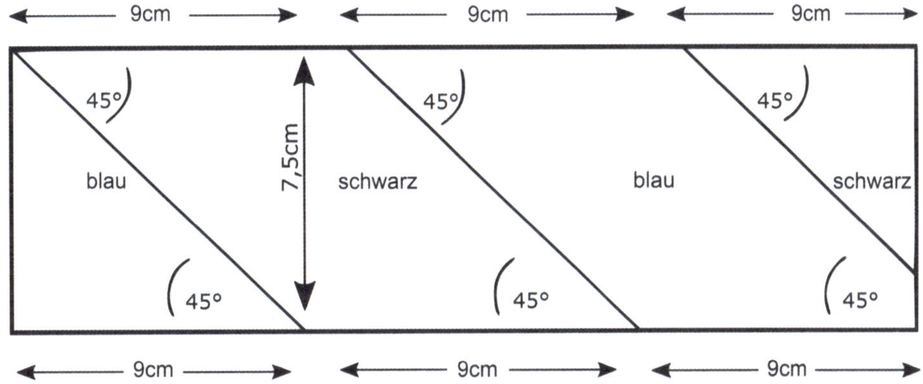

2

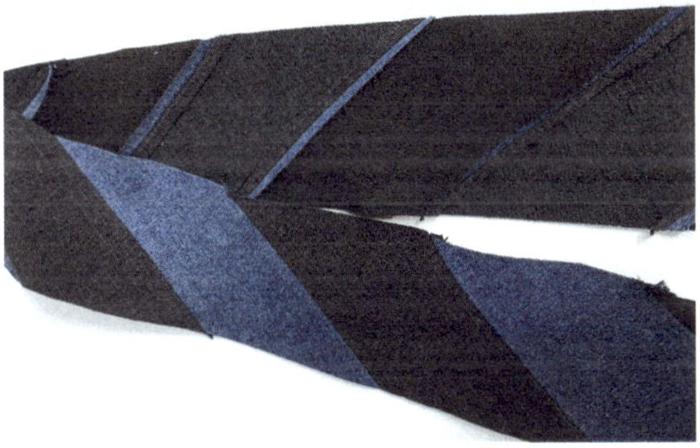

3

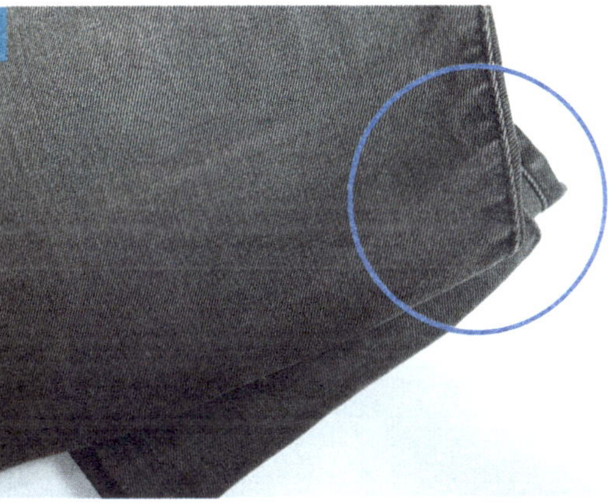

1. Für den zweifarbigen Streifen: je einen Streifen aus schwarzer und blauer Jeans je 27 cm x 7,5 cm zuschneiden. Schräge Linien in 45° und einem Abstand von 9 cm einzeichnen (siehe Skizze in Bild 1).

2. Danach mit dem Rollenschneider auseinanderschneiden und im Farbwechsel zusammennähen. So entsteht die Blockstreifenoptik mit Schräge.

3. Für die grauen Seiten: die Hose an den äußerer Nahtkanten zusammenlegen. 10 cm ab Nahtbruch x 31 cm breite Streifen abschneiden.

Fortsetzung auf der nächsten Seite

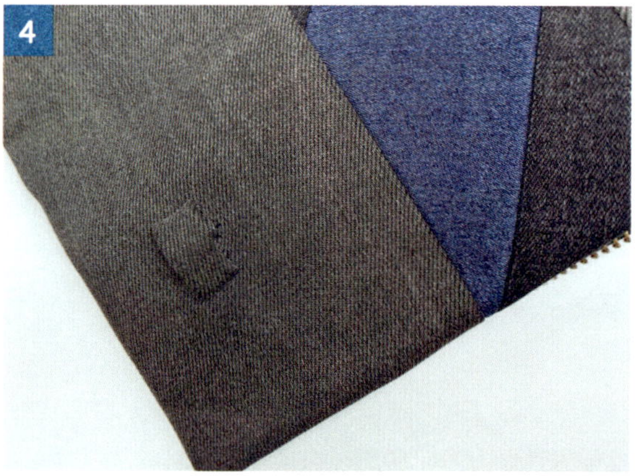

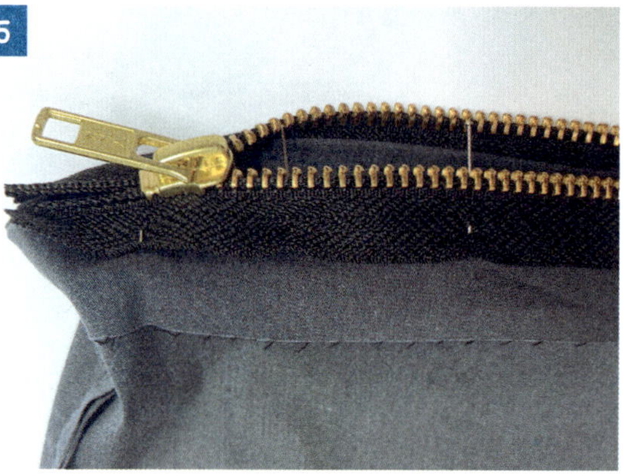

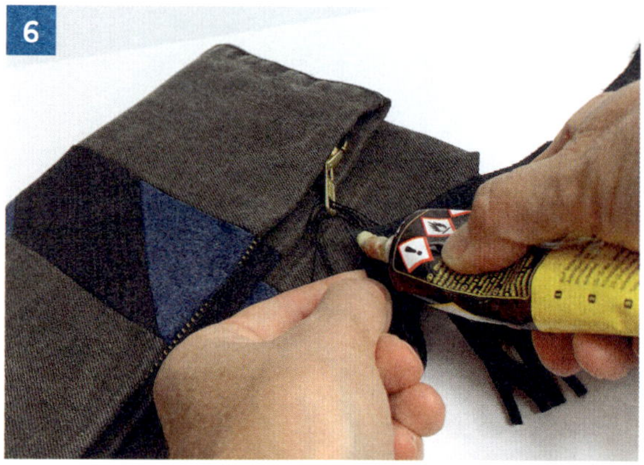

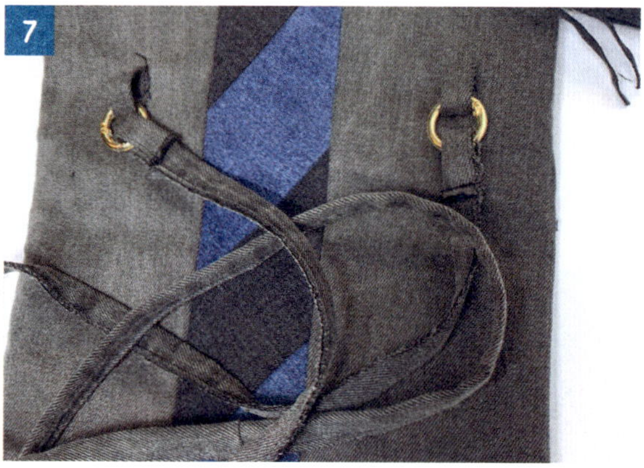

4. Den blau-schwarzen Streifen zwischen die grauen Stücke einnähen und Kanten unten schließen und versäubern, sodass ein Beutel von 24 cm x ca. 30 cm entsteht. Jetzt den Reißverschluss (ca. 22 cm) einnähen und zwei Ösen 4 cm unterhalb der oberen Eingriffkante mittig der grauen Streifen annähen. Diese Ösen fertigt man, indem man zwei Streifen 5 cm x 1,5 cm zuschneidet, zusammennäht und von innen nach außen dreht.

5. Für das Innenfutter: den Baumwollstoff (fertige Größe ca. 23,5 cm x 29,5 cm) zum Beutel zusammennähen. Danach in den Jeansbeutel stecken und mit der Hand an den Reißverschluss nähen.

6. Jetzt wird für die Jeansquaste ca. 9 cm x 17 cm schwarze Jeans mit dem Rollenschneider zugeschnitten. Man schneidet im unteren Stück 6 cm und ca. 0,5 cm Streifen mit dem Rollenschneider ein.

Durch den Reißverschluss-Puller wird nun eine Kordel gezogen. Der vorbereitete Stoff mit den Streifen wird an der geschlossenen Seite mit einem Leder- und Stoffkleber eingestrichen. Man rollt nun den Stoff um die Kordel und fixiert die fertige Quaste mit einer Wäscheklammer, bis sie getrocknet ist.

7. Jetzt fehlt nur noch der Trageriemen für die Tasche. Dafür benötigt man 135 cm x 5 cm (Länge x Breite) grauen Jeansstoff. Dieser wird 3-fach gefaltet und mit einer einfachen Steppnaht auf einer Seite zusammengenäht. Es entsteht ein ca. 1,5 cm breites Band. Überstände abschneiden und die Enden zu einer Schlaufe zusammensteppen. Die Karabiner in die Ösen und in die Trageriemen einhängen.

Zusammengeklappt und ohne Band verwandelt sich das Trägertäschchen in eine Clutch.

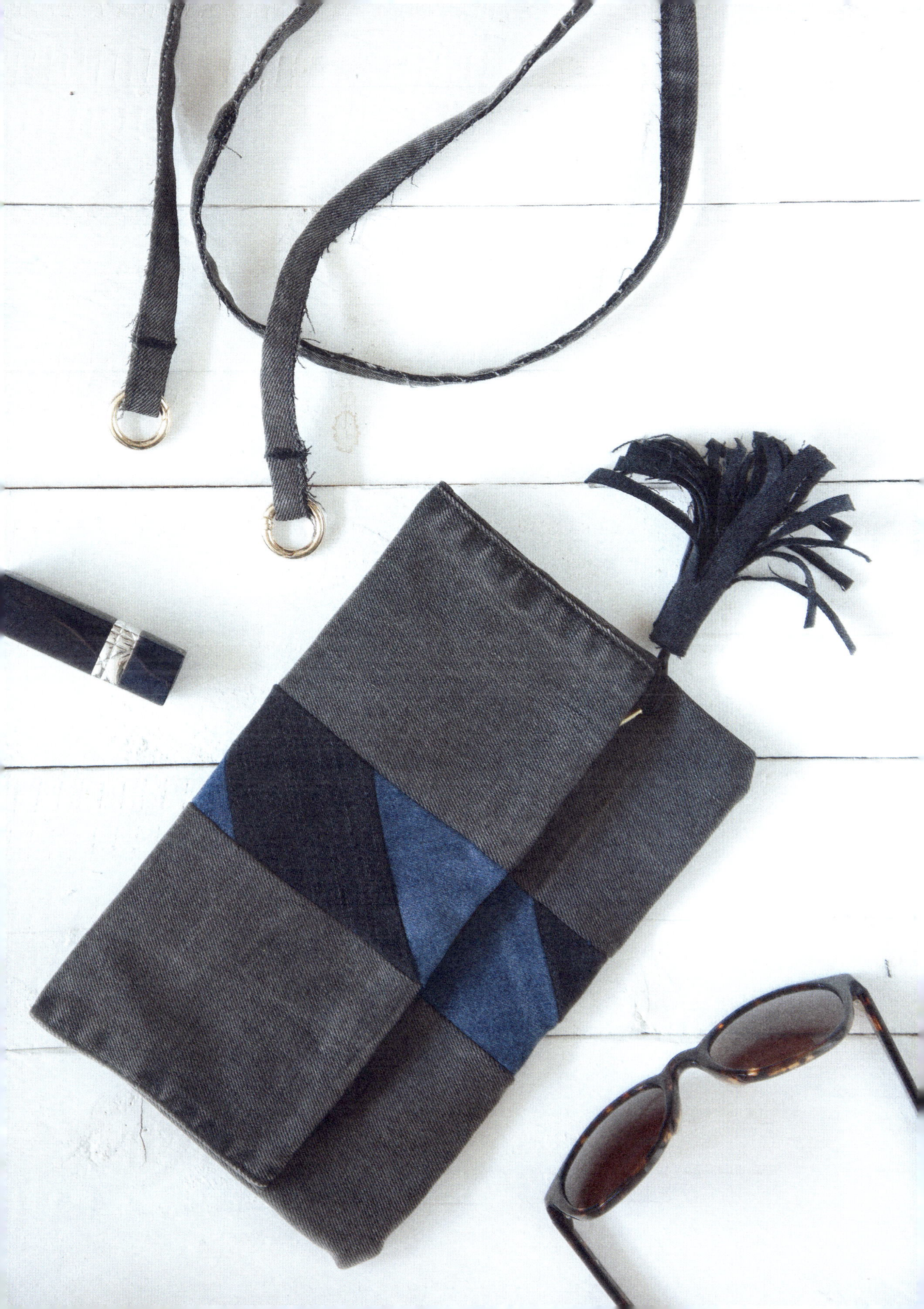

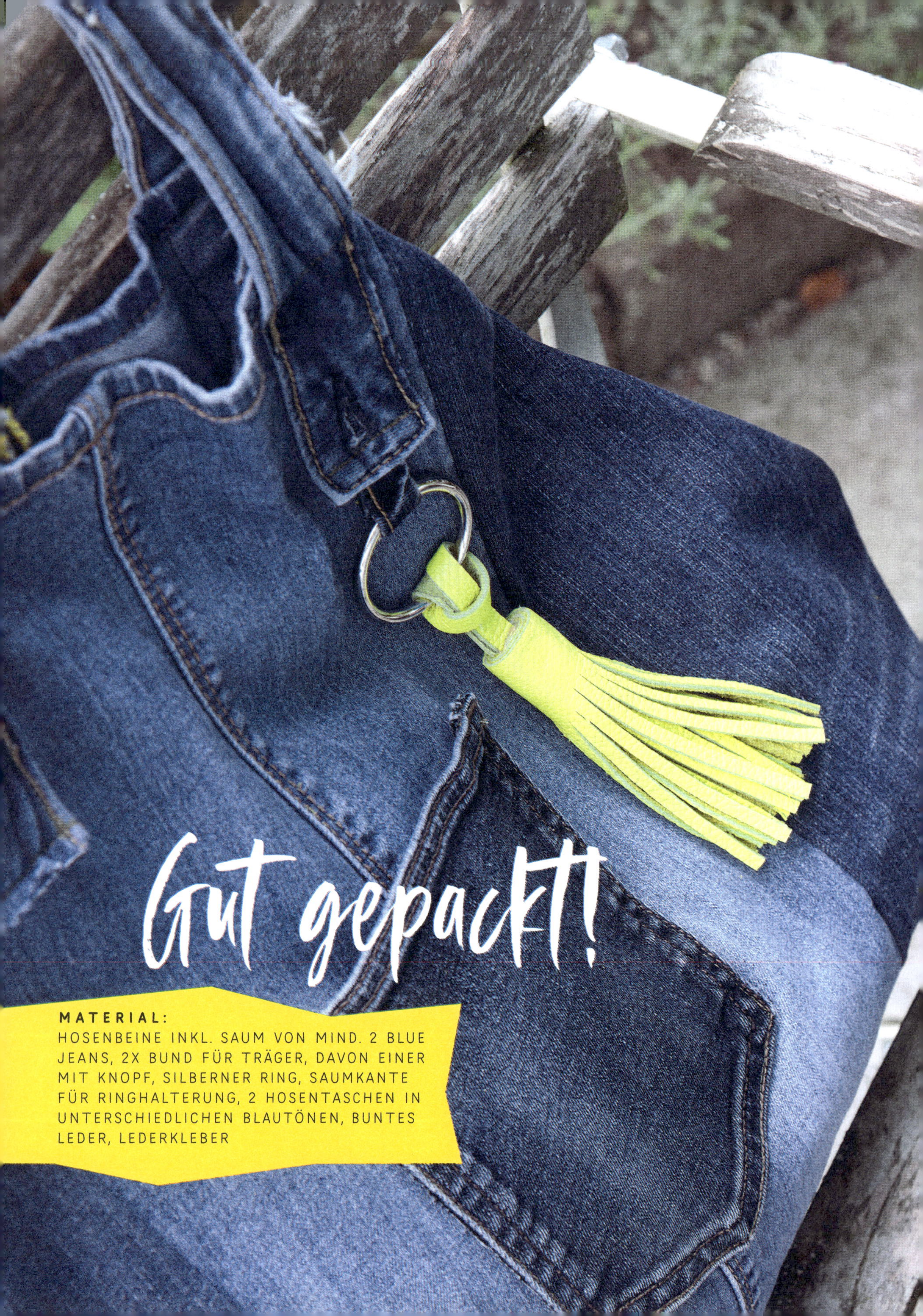

Gut gepackt!

MATERIAL:
HOSENBEINE INKL. SAUM VON MIND. 2 BLUE JEANS, 2X BUND FÜR TRÄGER, DAVON EINER MIT KNOPF, SILBERNER RING, SAUMKANTE FÜR RINGHALTERUNG, 2 HOSENTASCHEN IN UNTERSCHIEDLICHEN BLAUTÖNEN, BUNTES LEDER, LEDERKLEBER

THINK BIG! DAS IST DAS MOTTO DES LÄSSIGEN JEANS-SHOPPERS. SCHNELL NOCH EINE KLEINIGKEIT IN DEN PRAKTISCHEN SEITENTASCHEN VERSTAUT UND LOS GEHT´S. OB ZUM EINKAUFEN, ZUM SCHWIMMEN ODER AUF DEM WEG ZUR ARBEIT – DIESE TASCHE NIMMT ALLES AUF, WAS MIT MUSS! MIT DEN FARBIGEN DETAILS WIRD AUS DEM LIEBLINGSTEIL EIN ECHTER HINGUCKER.

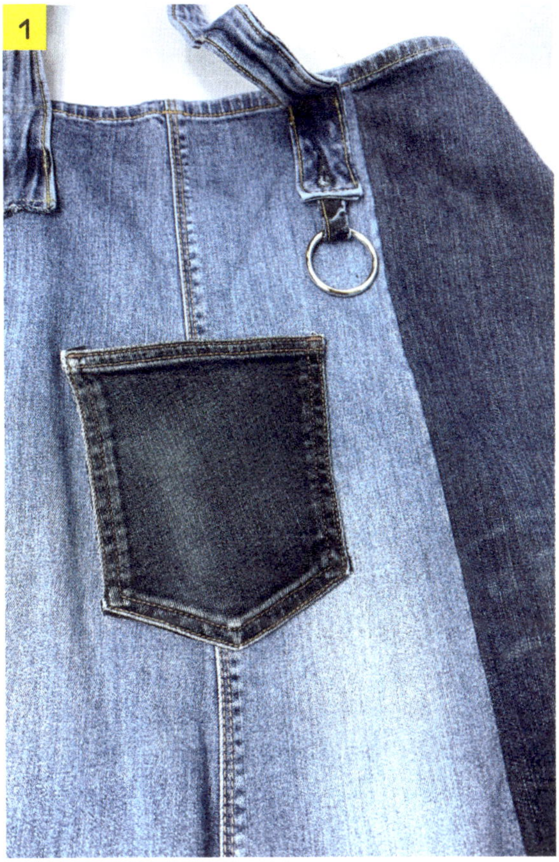

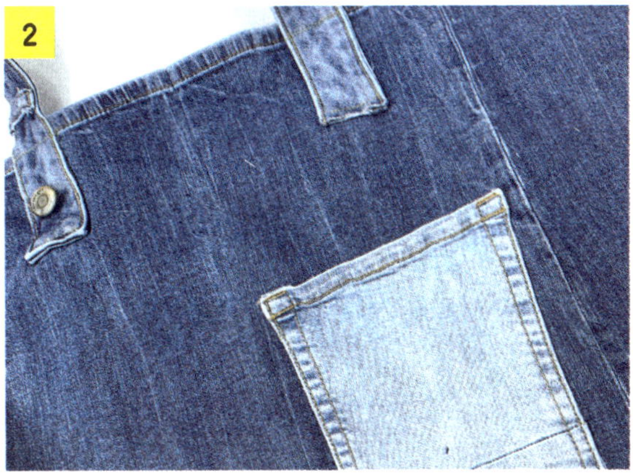

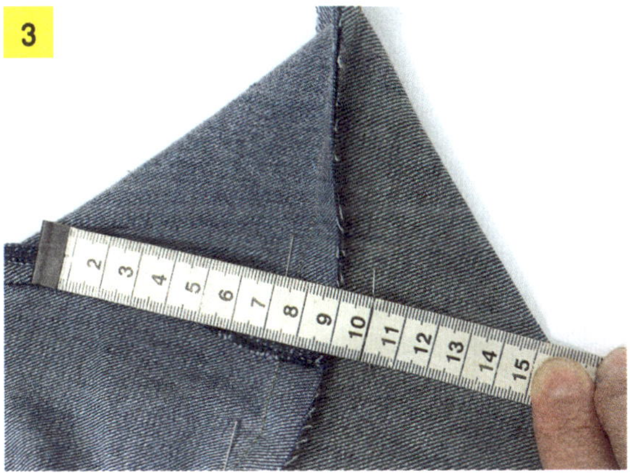

1. Für das Vorderteil ein Hosenbein in 14 cm x 50 cm inkl. Hosensaum für die Mitte zuschneiden. Für die seitlichen Teile werden je 15 cm breite Stücke inkl. Saum zugeschnitten.
Alle Teile zusammennähen. Eine Gesäßtasche 18 cm unterhalb der oberen Saumkante (ca. 10 cm) in der Mitte aufnähen. Die Tasche wird aus der Jeans herausgeschnitten. So bleiben die markanten Jeansnähte erhalten.

2. Für die Rückseite zwei Hosenbeine je 32 cm B x 50 cm L (inklusive Nahtzugabe) an der langen Kante zusammennähen. Eine Gesäßtasche 18 cm unter der oberen Saumkante in die rechte Hälfte 0,5 cm von der mittleren Naht aufnähen. Es entsteht eine Gesamtfläche der Einzelteile von ca. 2 x 56 cm B x 50 cm H. Vorder- und Rückenteil zusammennähen.

3. Die untere Nahtkante auf die seitliche Nahtkante legen, sodass ein Dreieck entsteht. Das Dreieck bei einer Weite von 15 cm abnähen. Danach abschneiden.

Fortsetzung auf der nächsten Seite

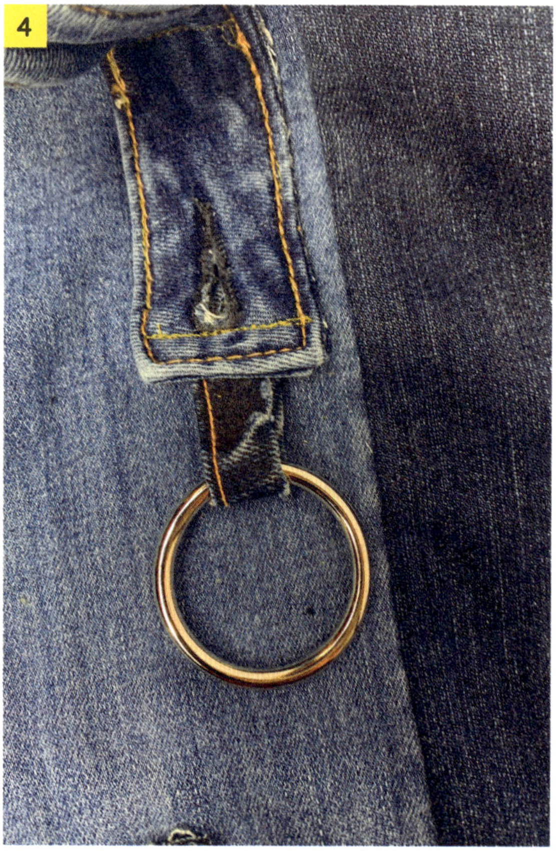

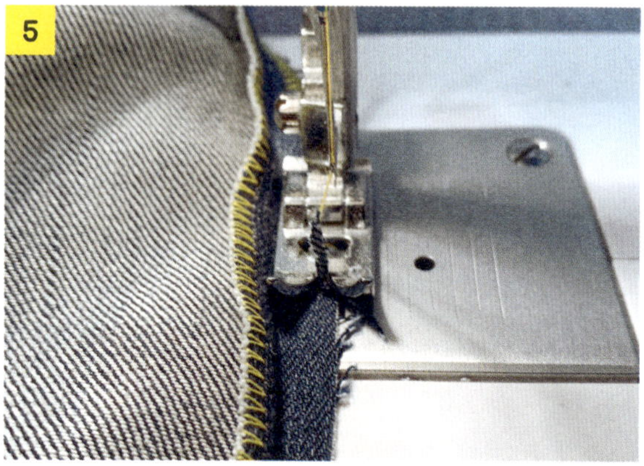

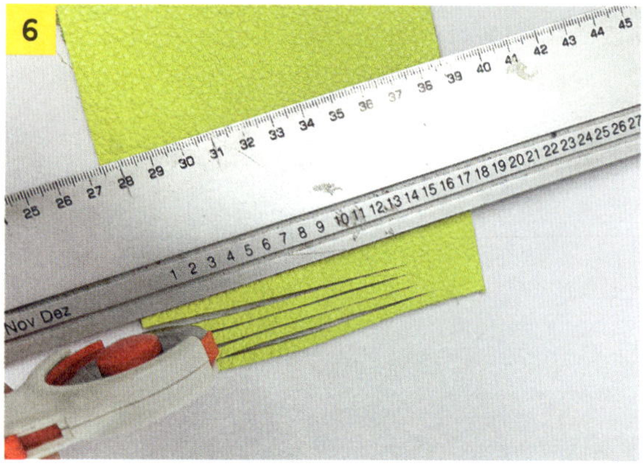

4. Für die Träger den Bund (70 cm) direkt von der Hose abschneiden, damit auch hier die markanten Jeansnähte erhalten bleiben. Träger 9 cm unterhalb der Eingriffkante und 8,5 cm von der mittleren Kante festnähen. Eine Schlaufe aus dem Hosensaum mittig unter dem rechten Träger der Vorderseite zusammen mit dem silbernen Ring (Ø 4,5 cm) festnähen.

5. Innenkanten der Tasche mit Zickzackstich farbig versäubern.

6. Für die Herstellung des Lederanhängers ein Lederstück (Stärke 0,3 cm – Größe ca. 12,5 cm x 8,5 cm) zuschneiden. Jeweils 0,3 mm breite x 8 cm lange Streifen mit dem Rollenschneider einschneiden. Ein Lederband von ca. 25 cm x 0,8 cm zuschneiden. Mit Lederkleber die Innenseite des oberen Lederteils bestreichen und fest die beiden Enden des Lederbandes umwickeln. Mit einer Wäscheklammer zum Trocknen fixieren.

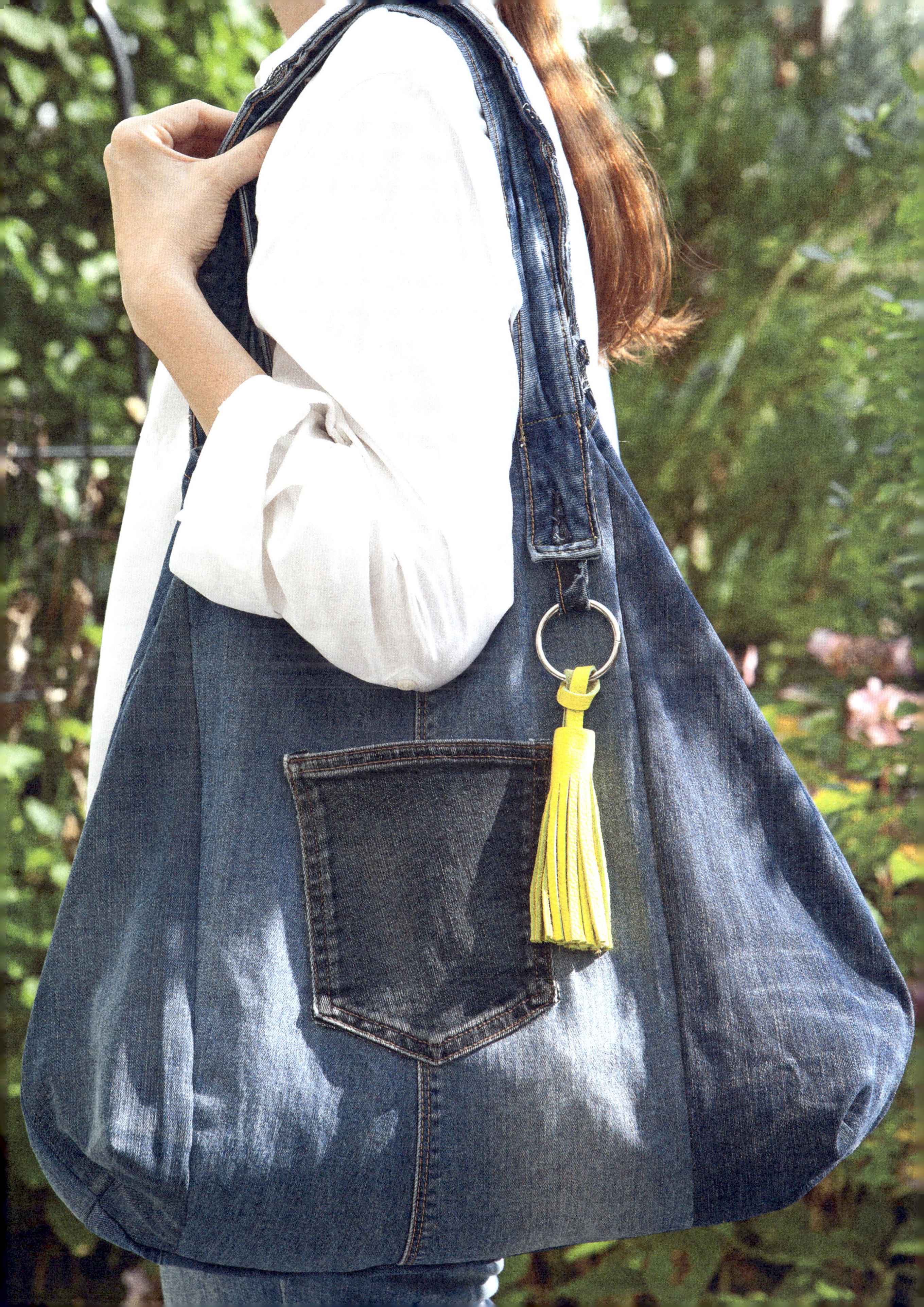

Das etwas andere Taschenbuch

MATERIAL:
EIN BUCH, MESSER, STOFFRESTE, NADEL UND FADEN ODER NÄHMASCHINE, MASSBAND, REISSVERSCHLUSS, KLEBEPISTOLE, LOCHZANGE, ALTER GÜRTEL, ZWEI BUCHRINGE

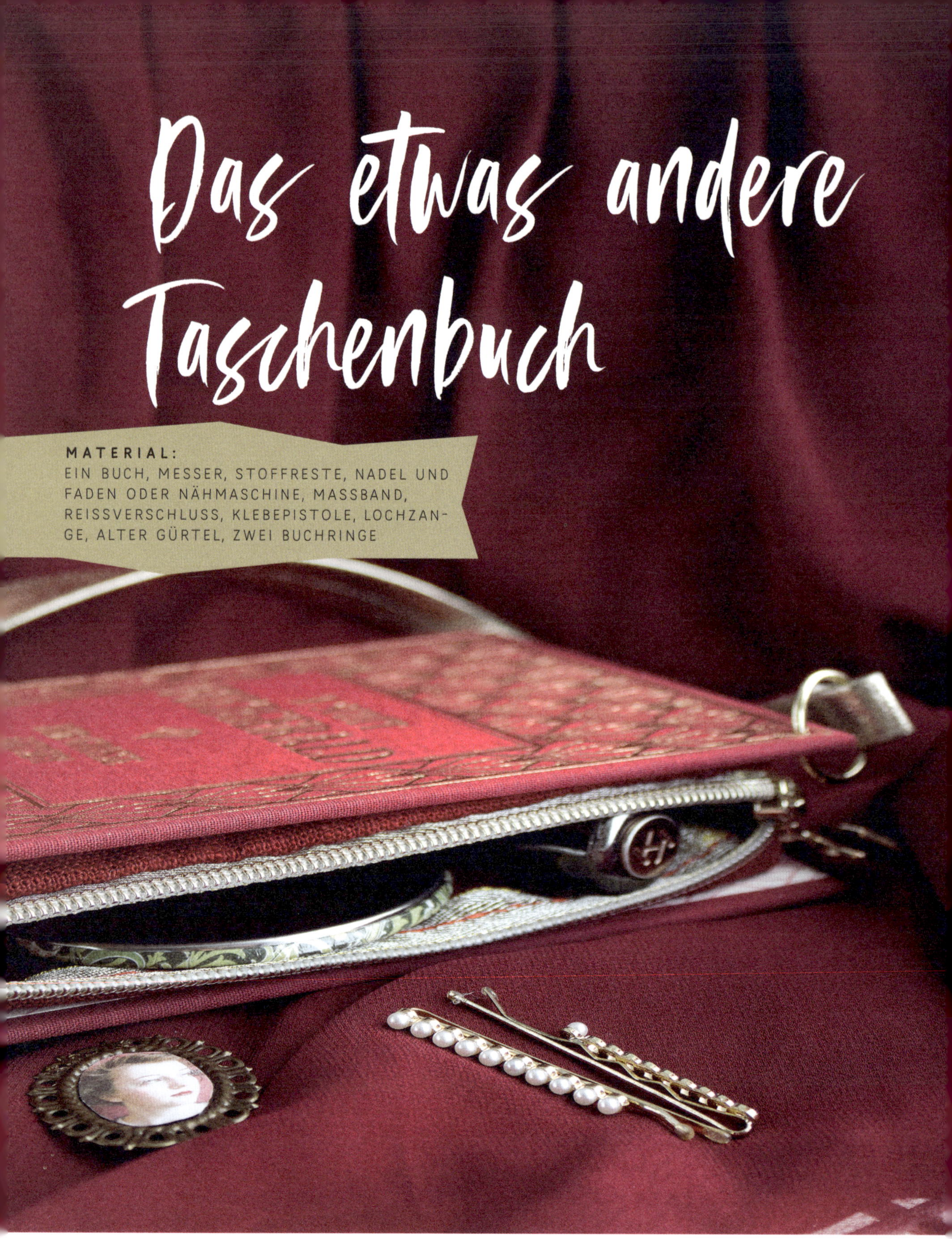

MANCHE BÜCHER SIND VON AUSSEN SO SCHÖN, DASS MAN SIE AM LIEBSTEN ÜBERALL MIT HINNEHMEN WÜRDE. DA TRIFFT ES SICH DOCH GUT, DASS SICH EIN BUCH EINFACH ZU EINER HANDTASCHE UMARBEITEN LÄSST UND DANN LIEBEND GERNE ALS STÄNDIGER BEGLEITER FUNGIERT. WER MUSSE HAT, KANN SICH SOGAR FÜR JEDE GELEGENHEIT DIE PASSENDE TASCHE FERTIGEN.

1

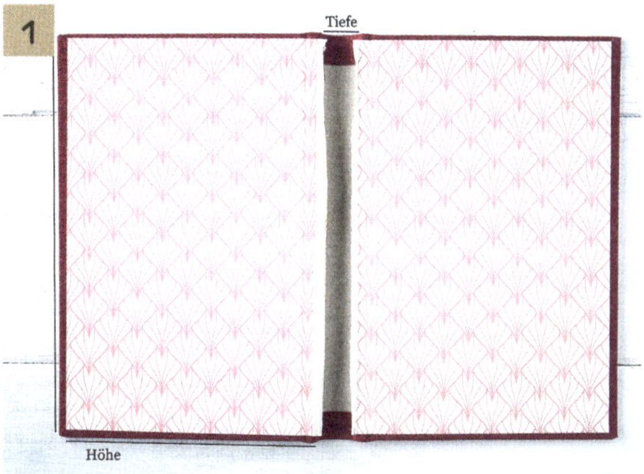

3

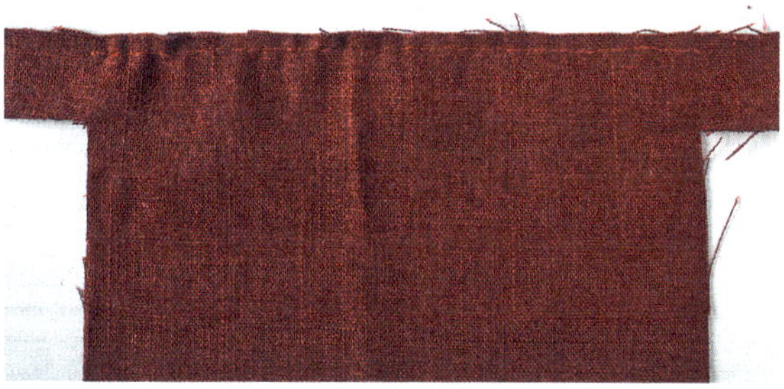

2

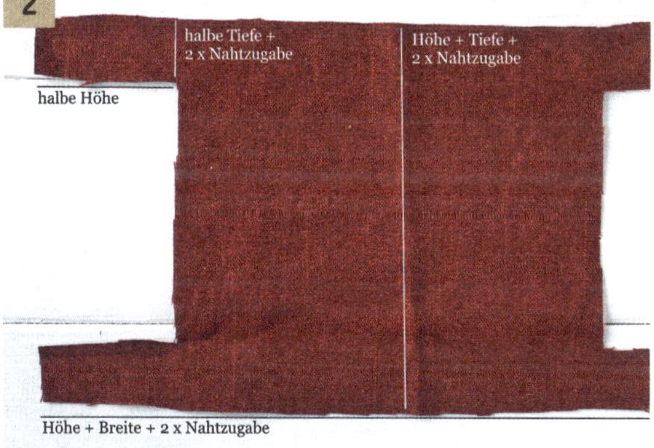

4

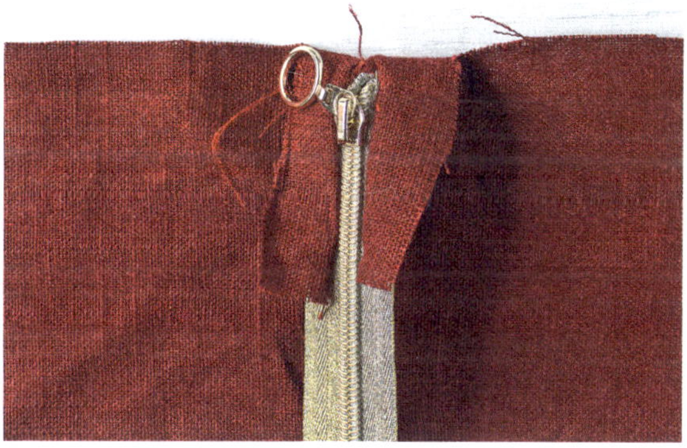

1. Die Seiten aus dem Umschlag heraustrennen und den Buchumschlag ausmessen. Bei diesem Buch ergaben sich folgende Maße: eine Höhe von 11 cm, eine Breite von 16,5 cm und eine Tiefe von 1,5 cm.

2. Zwei gleiche Stücke Stoff zurechtschneiden, am einfachsten zunächst zwei Rechtecke. Hier sind die Maße wie folgt: Die obere Kante misst 11 cm + 16,5 cm + 2 cm Nahtzugabe, also 29,5 cm. Die Seite misst 11 cm + 1,5 cm + 2 cm, also 14,5 cm. Dann rechts und links je ein Rechteck mit den folgenden Maßen herausschneiden (halbe Höhe x Höhe minus 2 x Nahtzugabe): hier 5,5 cm x 9 cm.

3. Die beiden Stoffstücke aufeinanderlegen, an einer Längskante zusammennähen und auseinandergefaltet hinlegen.

4. Ein Ende des Reißverschlusses so auf den Stoff legen, dass es auf der zuvor fertiggestellten Naht liegt, das Stoffteil aber später noch zu sehen ist. Dann den Reißverschluss annähen.

Fortsetzung auf der nächsten Seite

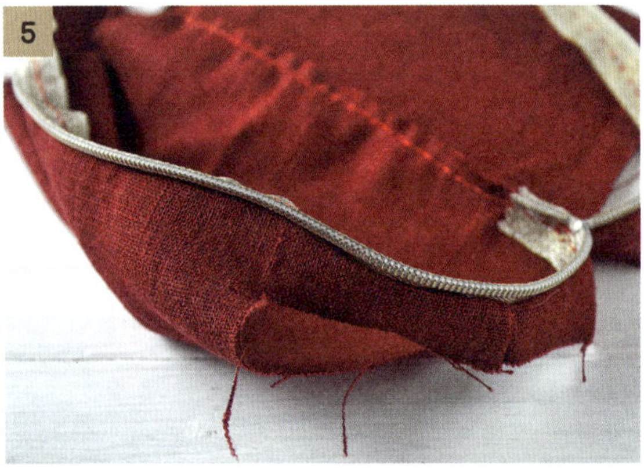

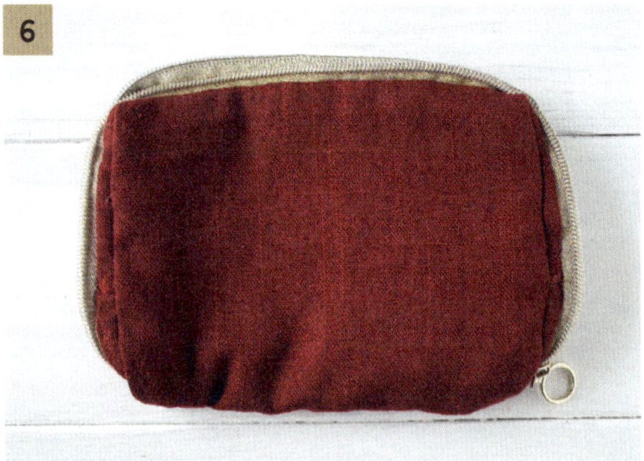

5. Ausgehend von dem schon angenähten Ende das eine Band des Reißverschlusses komplett annähen. Nun das zweite Band des Reißverschlusses ebenfalls annähen - das Ende des Reißverschlusses sollte dann wieder auf der allerersten genähten Naht liegen.

6. Nun alle noch offenen Nähte schließen und die Tasche wenden.

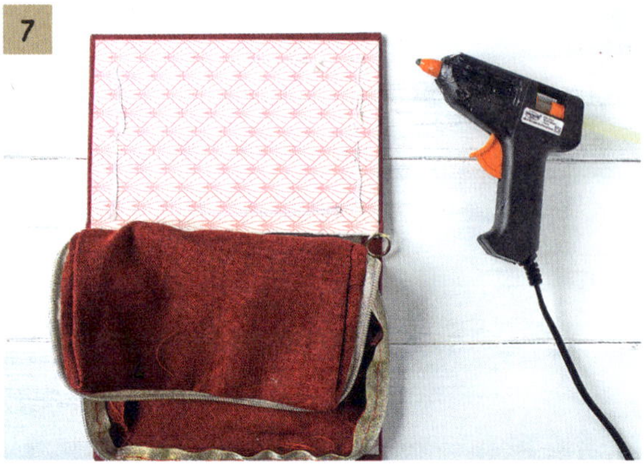

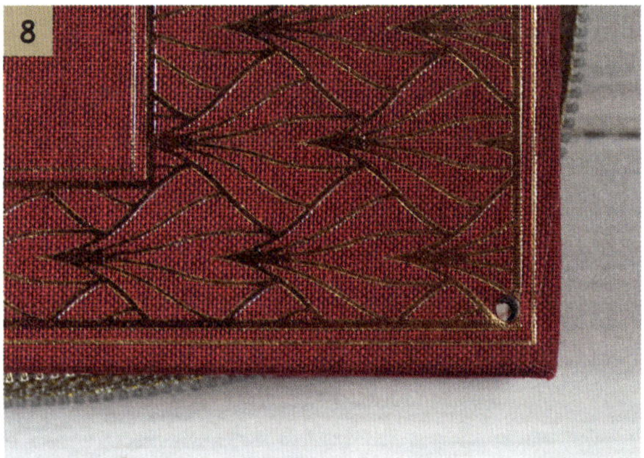

7. Den Buchumschlag offen hinlegen und die Tasche hineinkleben. Dabei am besten zunächst den schmalen Taschenboden in den Buchrücken kleben, dann die beiden Buchdeckel von innen mit Heißkleber versehen und die Tasche andrücken.

8. Das Cover an einer Ecke lochen, dann das Buch drehen und den Rückdeckel bei der gegenüberliegenden Ecke lochen.

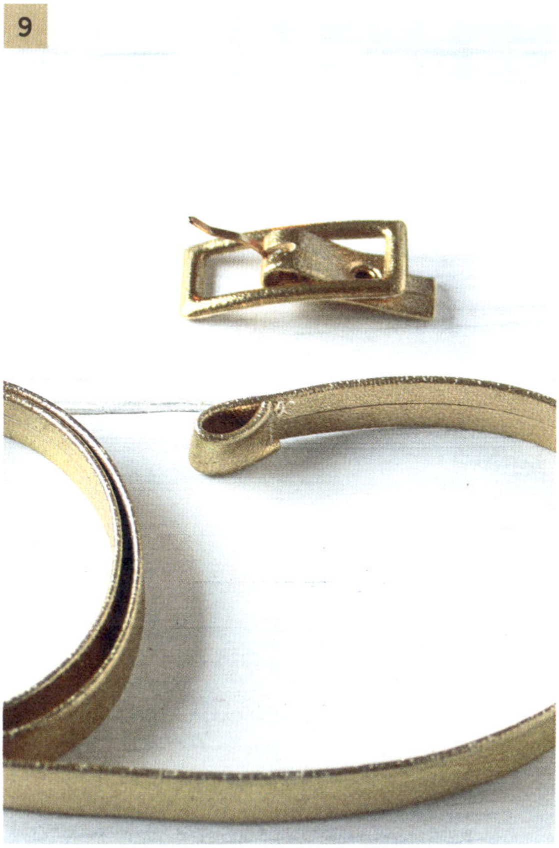

9. Die Schnalle eines alten Gürtels abschneiden und den Gürtel gegebenenfalls kürzen. Beide Enden zu einer Schlaufe umnähen.

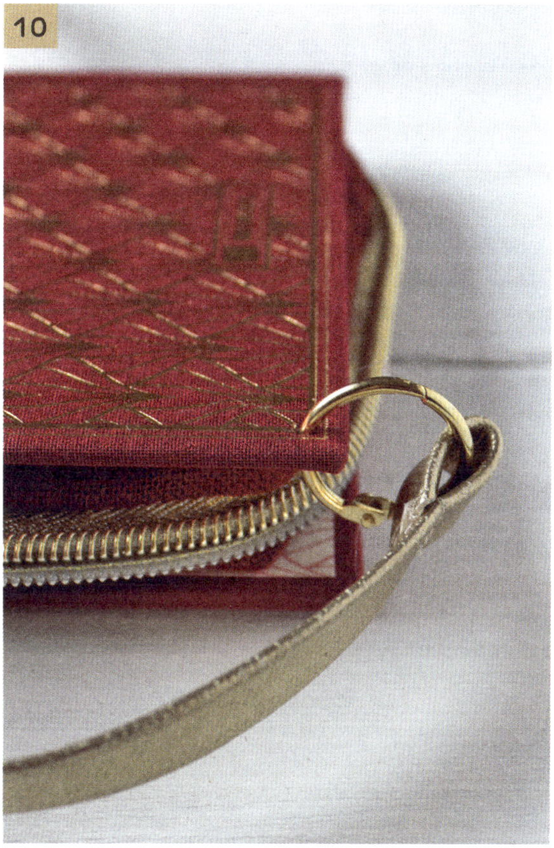

10. Nun den so entstandenen Tragriemen mit zwei Buchringen an der Tasche befestigen. Vor dem ersten Tragen am besten imprägnieren.

Sattelfest

MATERIAL:
WACHSTUCH, GUMMIBAND, LINEAL, SCHERE, STIFT, STECKNADELN ODER CLIPS, NÄHMASCHINE, SICHERHEITSNADEL

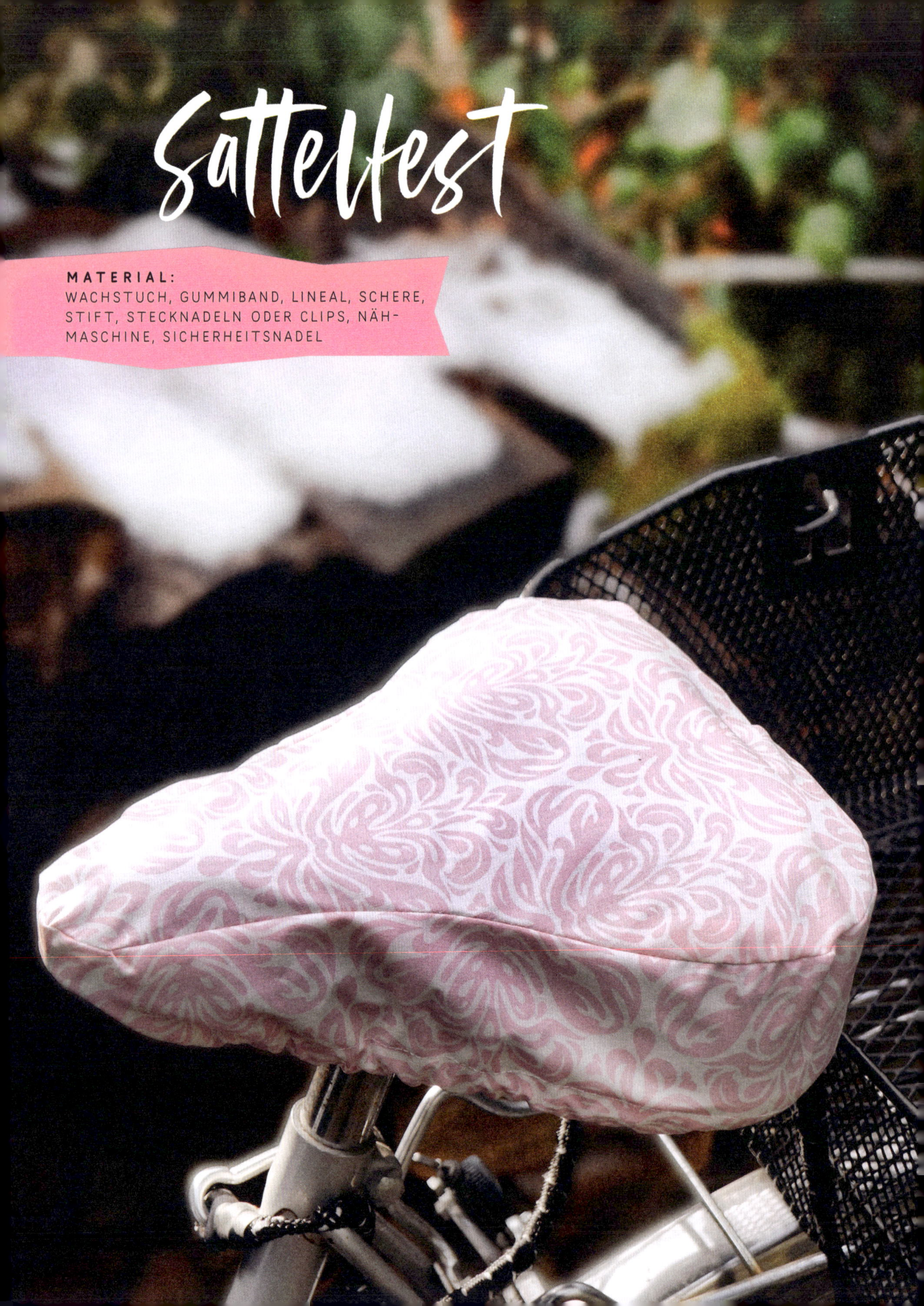

SO EIN SELBST GENÄHTER SATTELBEZUG AUS WACHSTUCH SIEHT NICHT NUR HÜBSCH AUS, ER IST AUCH PRAKTISCH, WENN ES MAL REGNET. WENN DER SATTEL NASS IST, ZIEHT MAN EINFACH DEN BEZUG ÜBER. UND NATÜRLICH FINDET MAN MIT EINEM INDIVIDUELLEN BEZUG DAS EIGENE FAHRRAD SCHNELLER WIEDER.

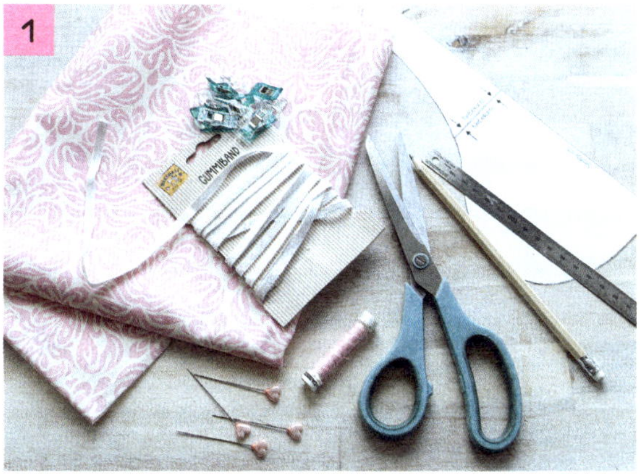

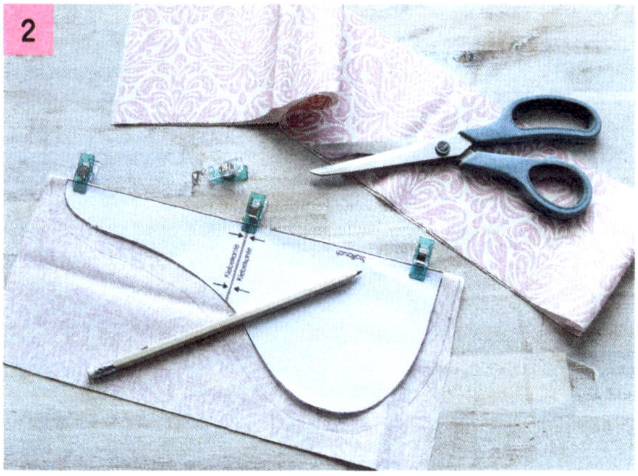

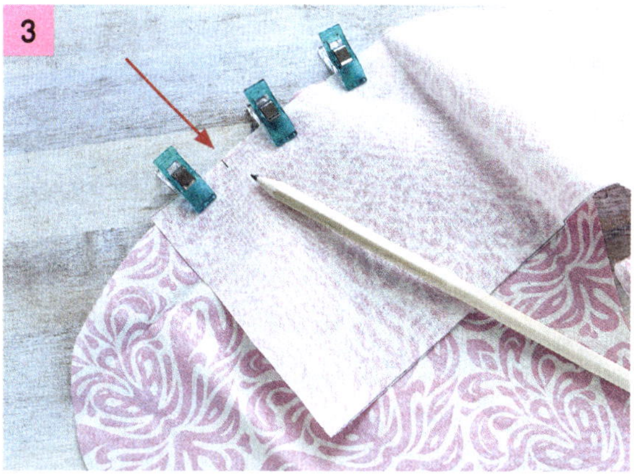

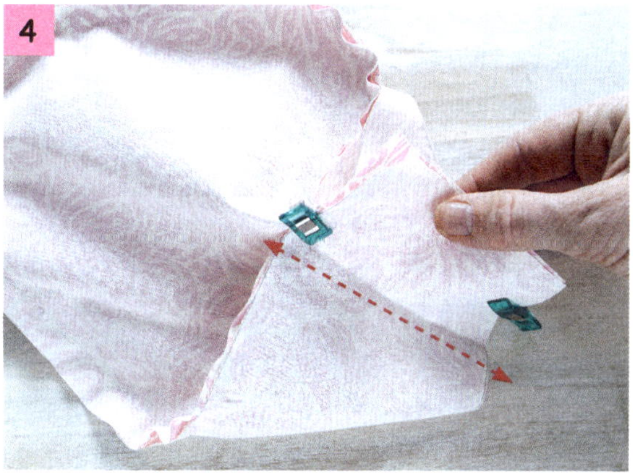

1. Als Stoff für den Sattelbezug eignet sich am besten ein beschichteter Stoff oder Wachstuch, z. B. von einer Gartentischdecke. Zunächst die Vorlage auf Seite 265 kopieren und ausschneiden.

2. Die entsprechende Größe Stoff einmal in der Mitte falten und die Vorlage im Stoffbruch mit Clips festklemmen. Anschließend mit 1 cm Nahtzugabe zuschneiden. Zusätzlich einen Stoffstreifen von 11 cm x 80 cm zuschneiden.

(Wer keine Clips hat, kann auch Stecknadeln verwenden. Diese sollten sehr dünn sein, damit es keine Löcher im Stoff gibt.)

3. Mit einem Stift die Mitte auf der breiten Seite des Sattelbezugs markieren. Auf dem Stoffstreifen 2 cm abmessen und ebenfalls markieren. Nun die Markierungen übereinanderlegen, den Streifen an der Sattelfläche festklemmen und dort zu nähen beginnen.

4. Am Ende den überstehenden Stoff zusammenfassen und zusammennähen. Den Rest abschneiden.

Fortsetzung auf der nächsten Seite

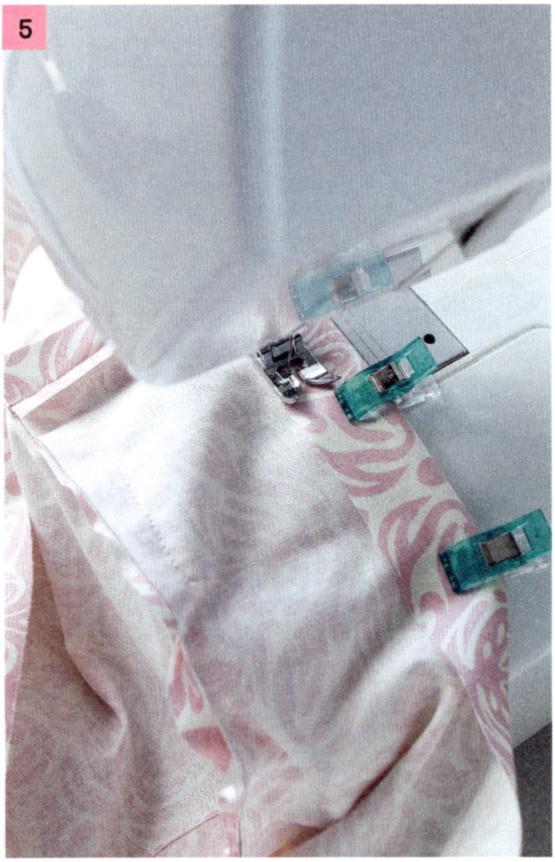

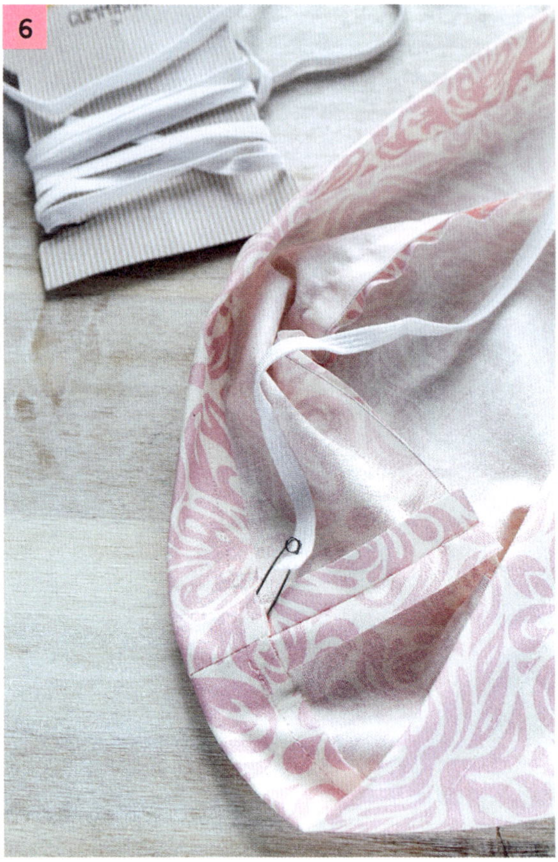

5. Nun die Kante des Stoffstreifens rundherum ca. 1,5 cm umklappen, festklemmen und anschließend mit der Nähmaschine absteppen. Dabei am Ende eine kleine Öffnung für das Gummiband lassen. Anfang und Ende der Naht gut vernähen.

6. Nun das Gummiband von ca. 30 cm mit einer Sicherheitsnadel einfädeln. Die Enden zusammennähen oder einfach verknoten. Fertig!

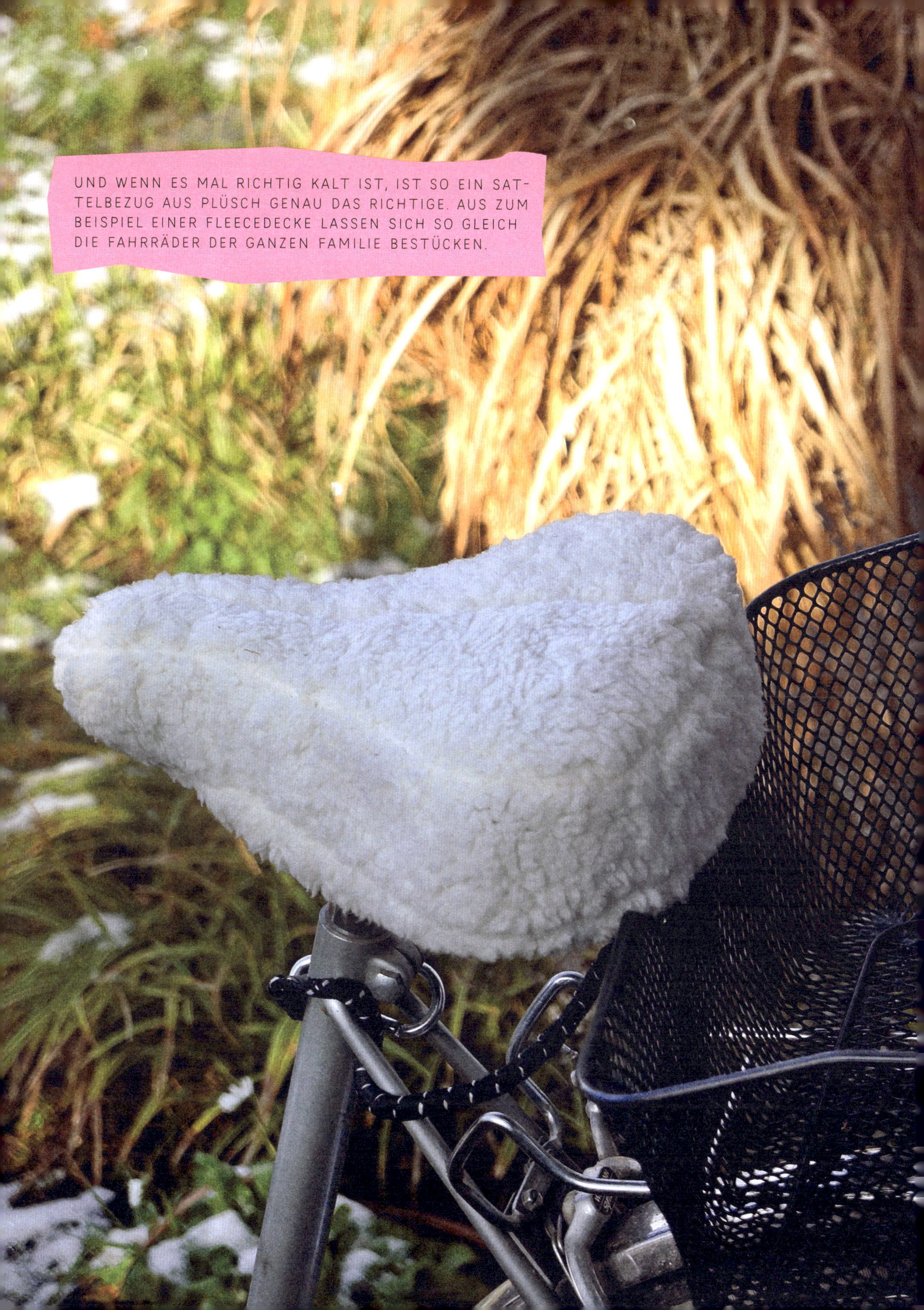

UND WENN ES MAL RICHTIG KALT IST, IST SO EIN SATTELBEZUG AUS PLÜSCH GENAU DAS RICHTIGE. AUS ZUM BEISPIEL EINER FLEECEDECKE LASSEN SICH SO GLEICH DIE FAHRRÄDER DER GANZEN FAMILIE BESTÜCKEN.

Gigantisch entspannend

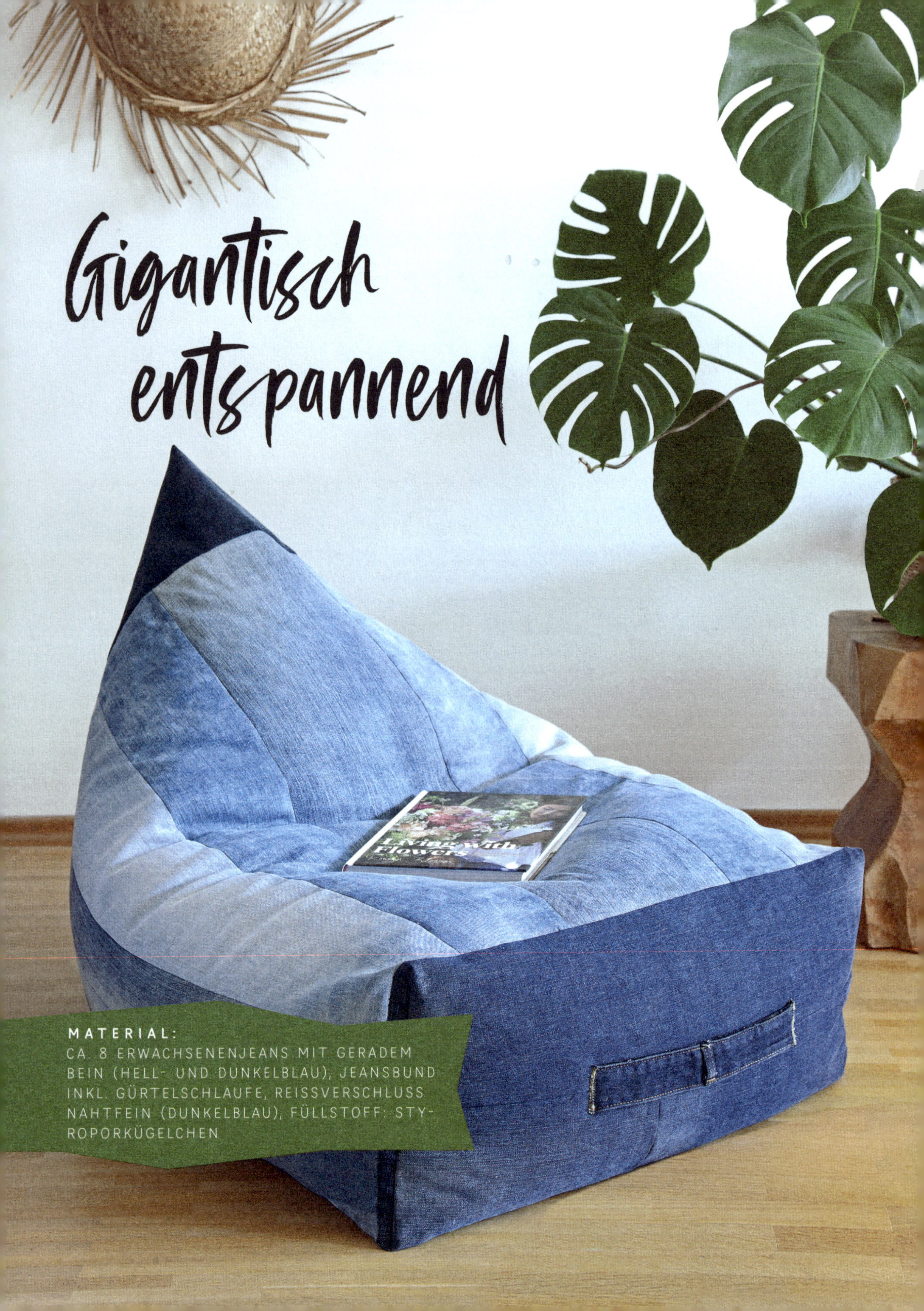

MATERIAL:
CA. 8 ERWACHSENENJEANS MIT GERADEM BEIN (HELL- UND DUNKELBLAU), JEANSBUND INKL. GÜRTELSCHLAUFE, REISSVERSCHLUSS NAHTFEIN (DUNKELBLAU), FÜLLSTOFF: STYROPORKÜGELCHEN

EIN LANGER TAG NEIGT SICH DEM ENDE. JETZT ERST MAL MIT EINER TASSE TEE BEQUEM IM SITZSACK ENTSPANNEN. VORSICHT – EINSCHLAFGEFAHR! HIER IST ES EINFACH ZU GEMÜTLICH ...

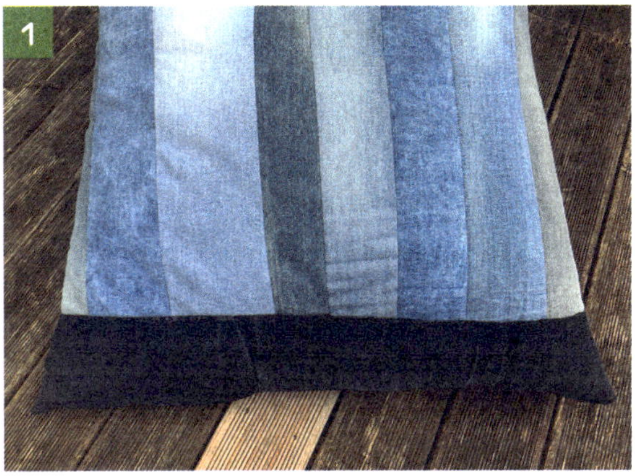

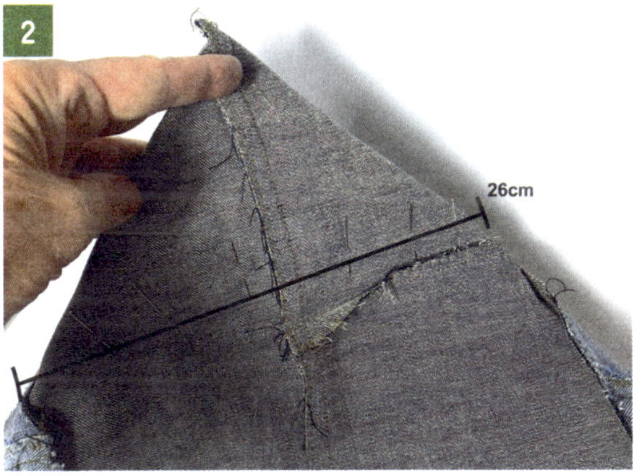

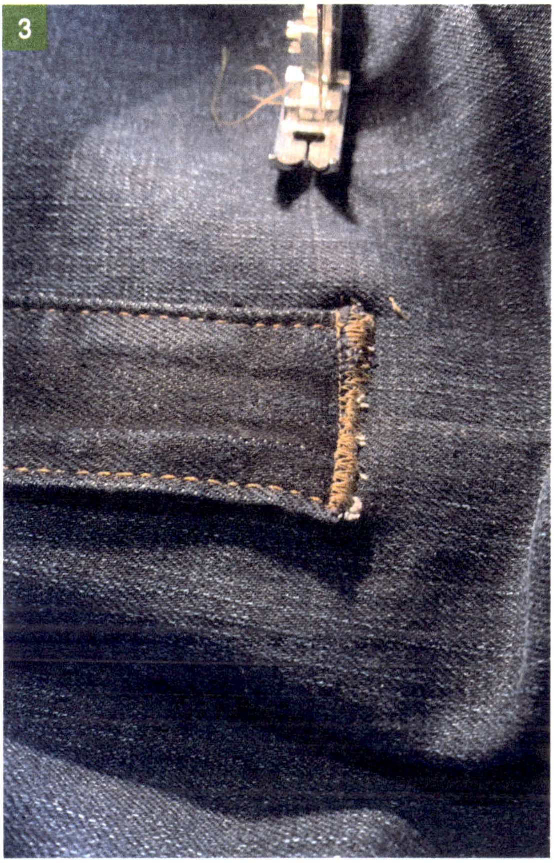

1. Aus den Jeansstoffen 2 riesige Rechtecke zusammennähen. Die Gesamtfläche pro Seite beträgt ca. 85 cm x 110 cm (siehe Zeichnung auf S. 70). Dabei die Vorder- und Rückseite dreifarbig einteilen: Oben und unten wird ein dunkelblauer Streifen von ca. 15 cm plus Nahtzugabe gefertigt. In der Mitte werden je nach Hosenbeinbreite mehrere gerade 80-cm-Stücke in einem Längsstreifenmuster aus hellblauen Jeans angeordnet.

2. Sind beide Flächen komplett zusammengenäht, werden die Seitennähte und die untere Naht geschlossen. Die Ecken der unteren Kante werden abgetrennt, sodass eine 26 cm breite Kante verbleibt.

3. Nun den Hosenbund (Länge 28 cm) als Griff auf der unteren Naht des unteren Teils feststeppen.

Fortsetzung auf der nächsten Seite

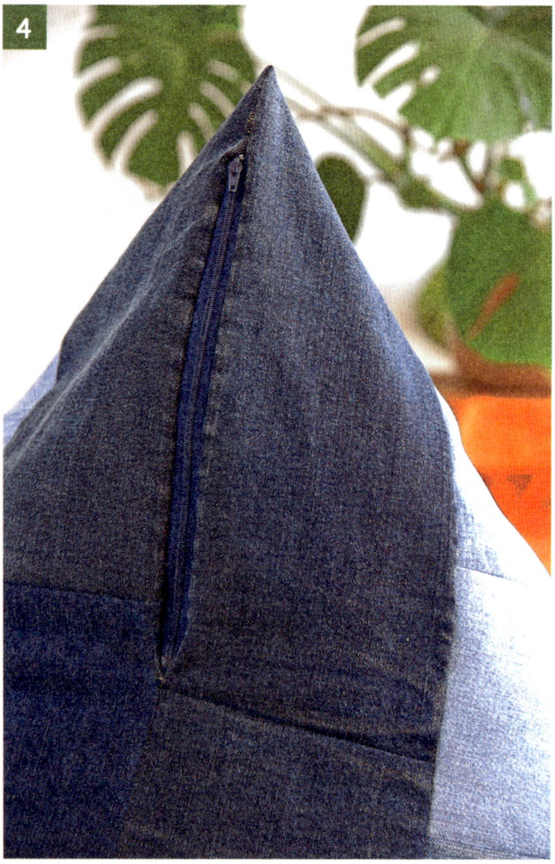

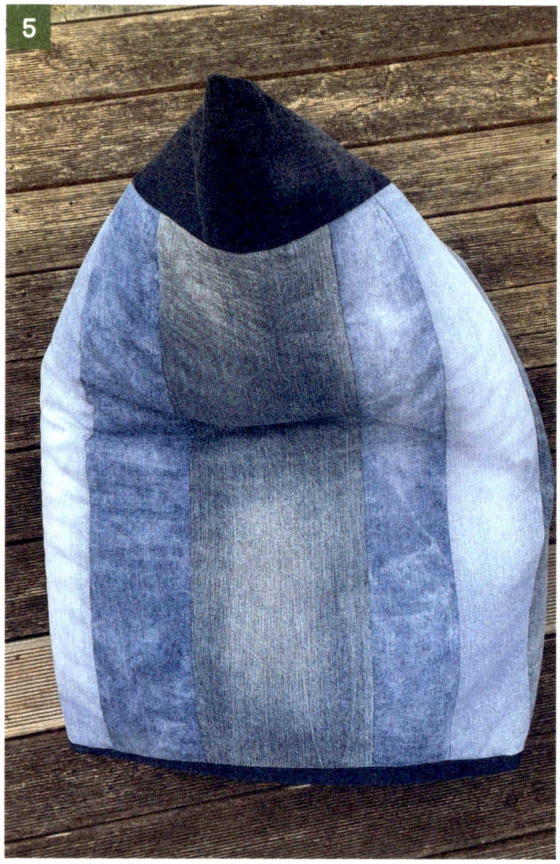

4. Die Mitte der oberen Kanten bildet die Ecken der oberen Nahtkante. So entsteht die spätere Rückenlehne des Sitzsacks. Im oberen Drittel der Naht den Reißverschluss (ca. 30 cm) einarbeiten.

5. Mit Styroporkügelchen (ca. 80 – 100 l) befüllen, bis der Sack schön prall ist, Reißverschluss schließen und relaxen!

Sitzsack

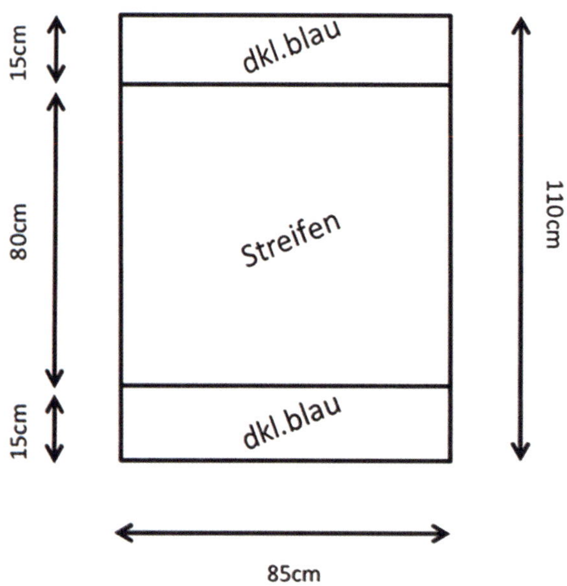

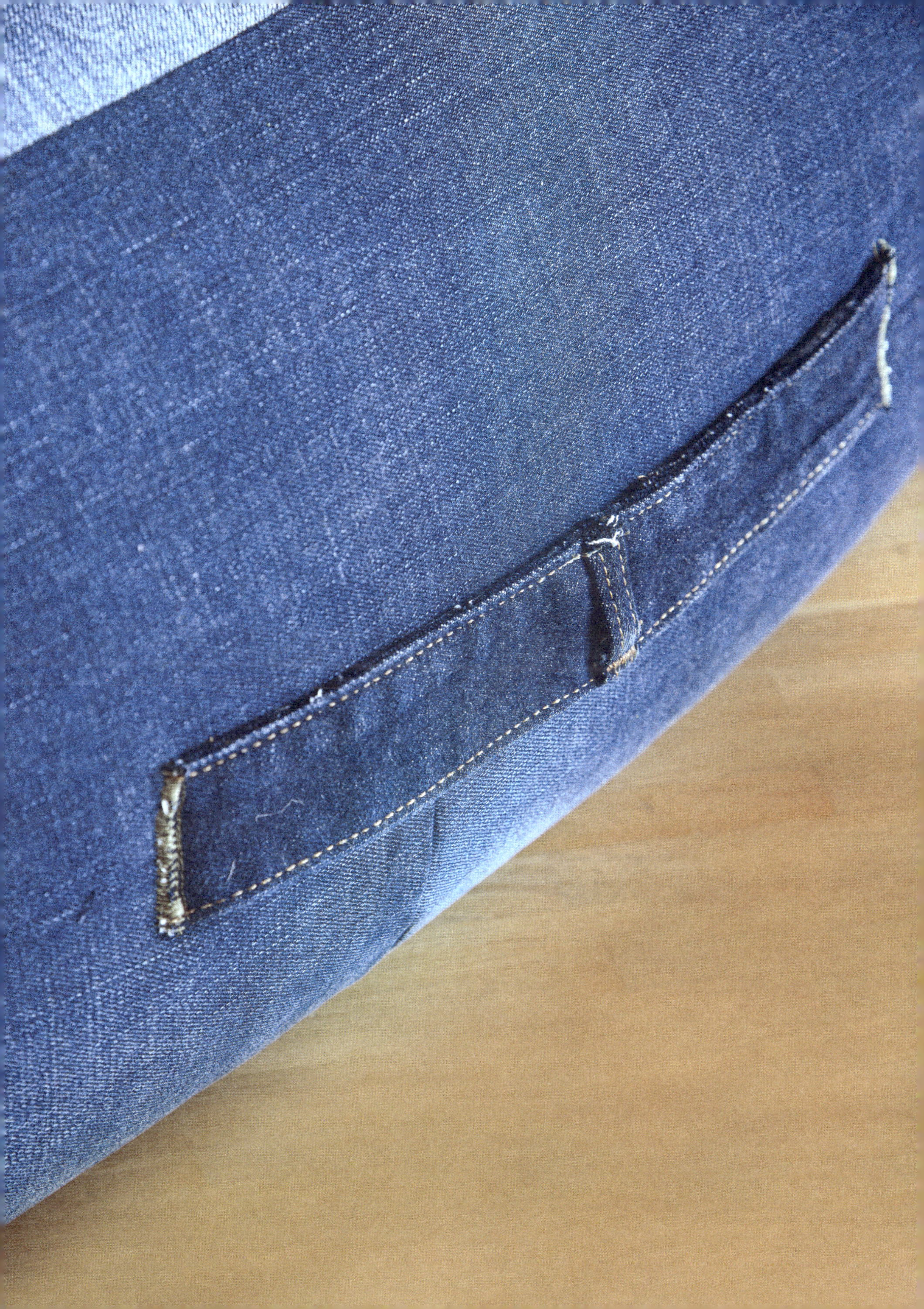

Coffee Table Books

MATERIAL:
10–15 BÜCHER, GEWINDESTANGE (50 CM LÄNGE), PASSENDE SCHRAUBENMUTTERN, BOHRMASCHINE, MESSER, WANDFARBE, DEKOMETALL, ANLEGEMILCH, PINSEL, PAPIER ZUM UNTERLEGEN

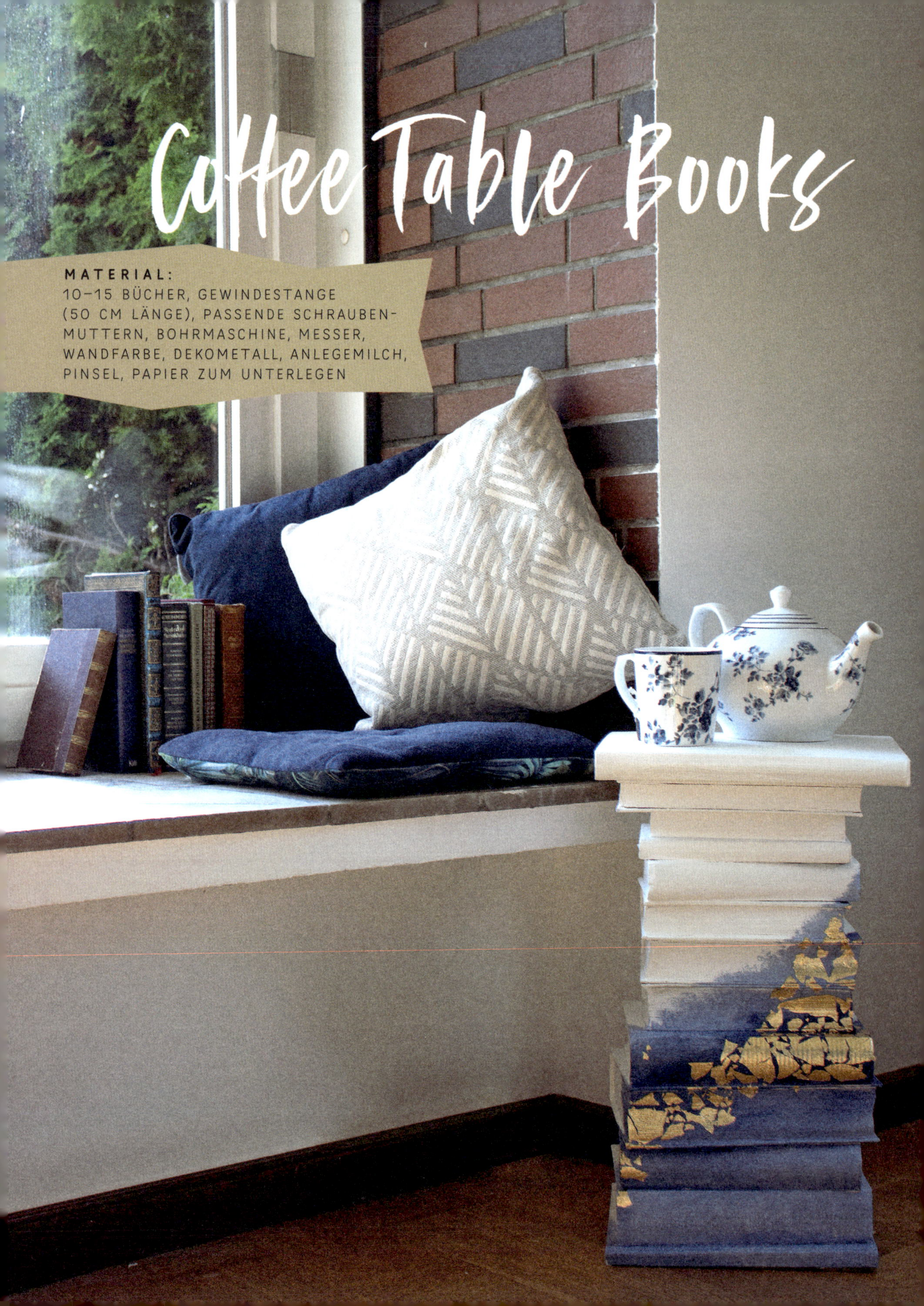

DIE GROSSEN NACH UNTEN, DIE KLEINEN NACH OBEN: MIT DER RICHTIGEN ANORDNUNG GERÄT DIESER BÜCHERTURM GARANTIERT NICHT INS WANKEN. STATTDESSEN DIENT ER ALS PRAKTISCHE ABSTELLFLÄCHE FÜR DIE LESEECKE ODER ALS NACHTTISCH AM BETT.

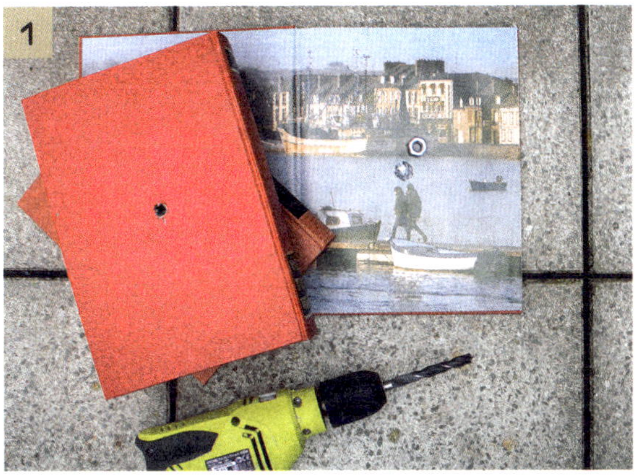

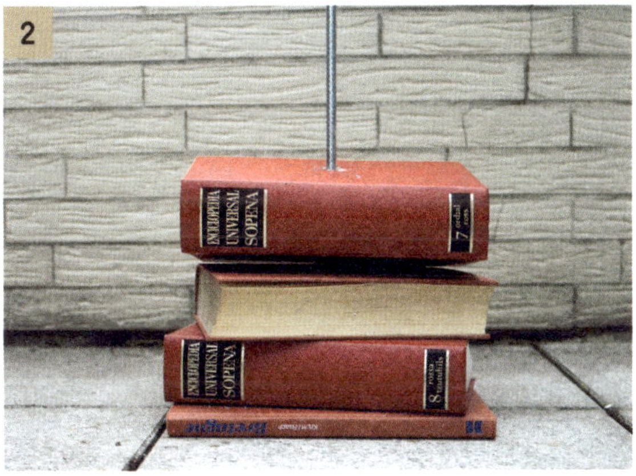

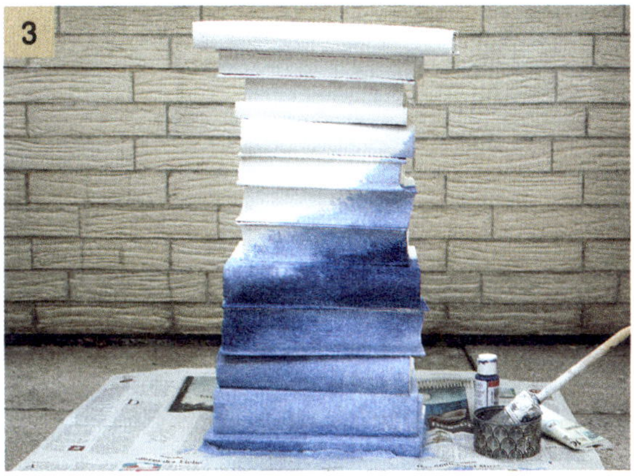

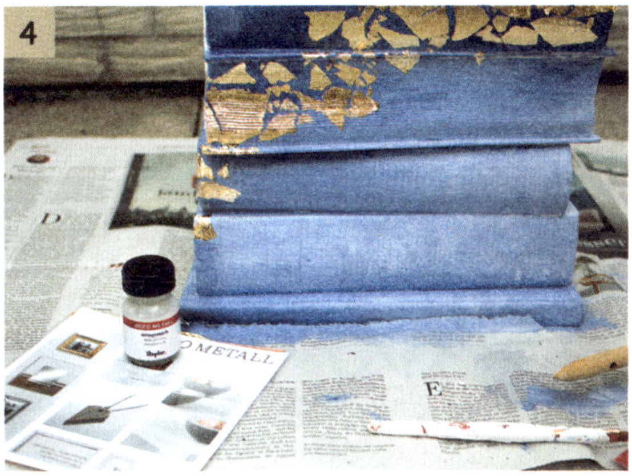

1. Für oben und ganz unten ein flaches, möglichst großes Buch als Abstellfläche bereitlegen. Bei beiden je einen Buchdeckel durchbohren und in die darunterliegenden Seiten ein sechseckiges Loch in der Größe der Schraubenmuttern schneiden. Alle anderen Bücher etwa mittig einmal komplett durchbohren.

2. In das unterste Buch eine Schraubenmutter einlegen, die Gewindestange eindrehen und alle anderen Bücher auf die Stange stecken (größere unten, kleinere eher oben). Als Letztes die zweite Schraubenmutter in das Loch des flachen Buchs drücken und das Buch auf die Stange drehen.

3. Den kompletten Bücherturm mit ein bis zwei Schichten Wandfarbe versehen und gut trocknen lassen. Blaue Acrylfarbe in verschiedenen Nuancen auftupfen und gut trocknen lassen.

4. Mit dem Pinsel Anlegemilch auftragen. Das Deko-Blattgold in unregelmäßige Stücke zupfen, auf die bepinselten Stellen legen und andrücken.

Bestechend einfach

MATERIAL:
KLEINE DOSEN, STOFFRESTE, SPITZENBORDE (SELBSTKLEBEND), GARN, KNOPF, SCHERE, ZICKZACKSCHERE, FÜLLWATTE, NADEL, NÄHMASCHINE, BÜGELEISEN, DOPPELSEITIGES KLEBEBAND

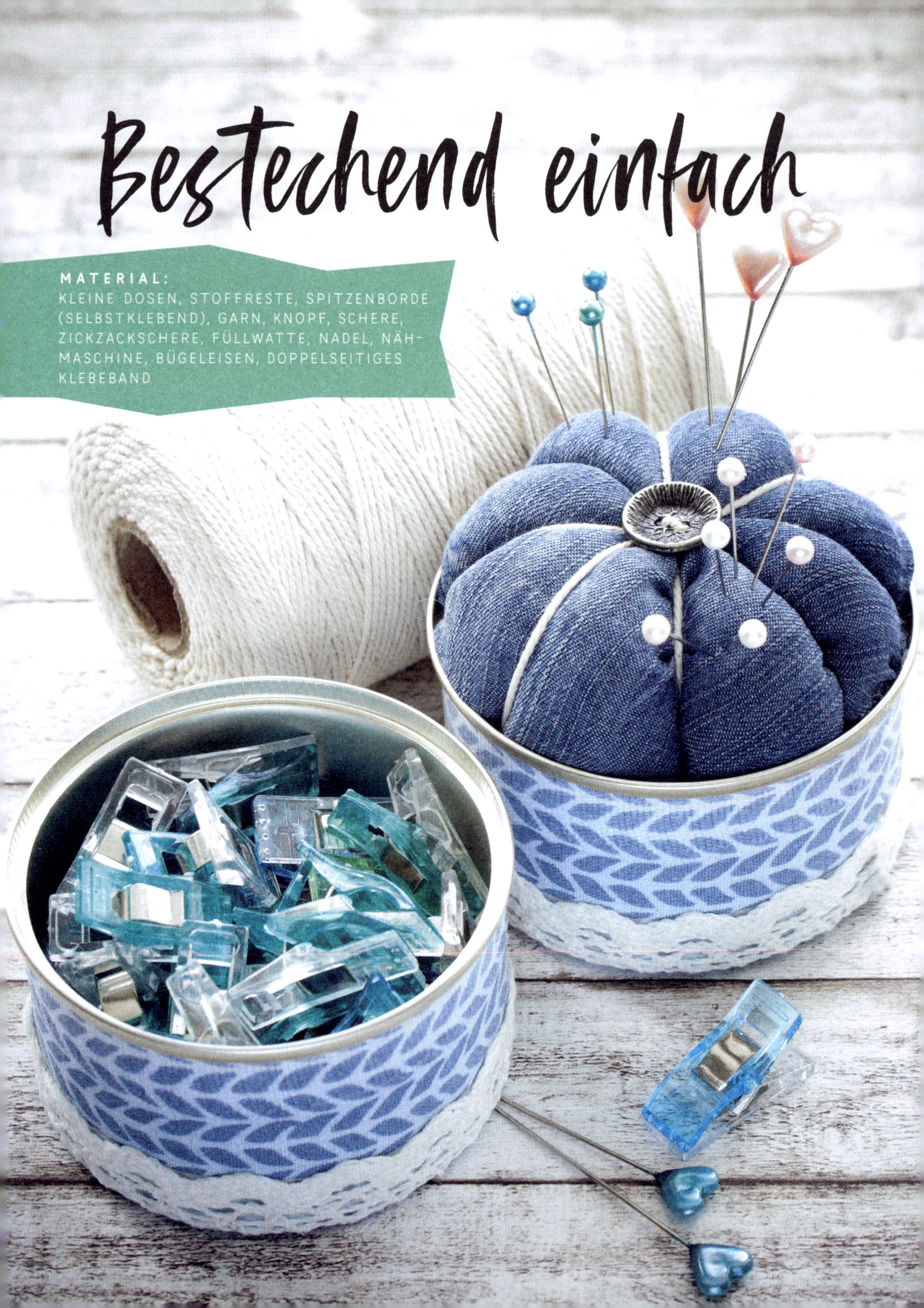

EGAL, OB MAN SEINE STOFFSTÜCKE LIEBER MIT NADELN ODER MIT KLEINEN STOFFKLAMMERN FIXIERT – AM NÄHPLATZ SCHAFFEN KLEINE DOSEN IM NU ORDNUNG FÜRS NÄHZUBEHÖR. SIE EIGNEN SICH SUPER ZUM AUFBEWAHREN VON CLIPS UND ALS BEHÄLTER FÜR EIN KLEINES SELBST GENÄHTES NADELKISSEN.

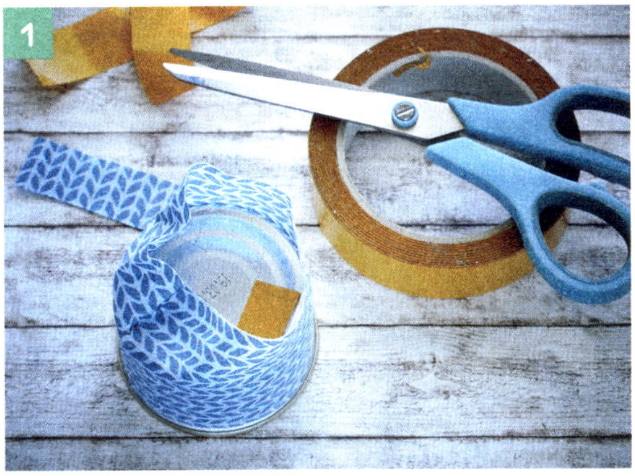

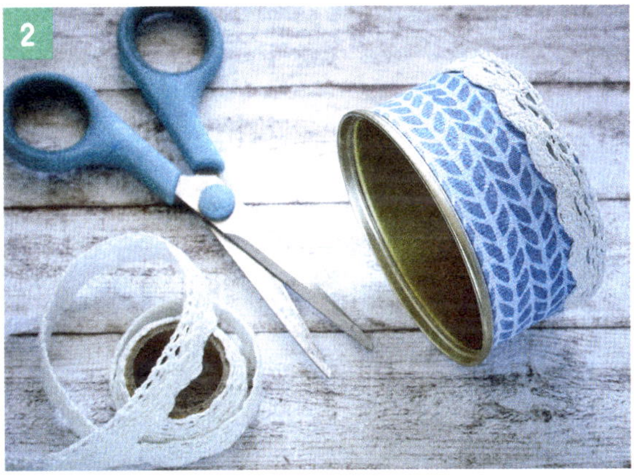

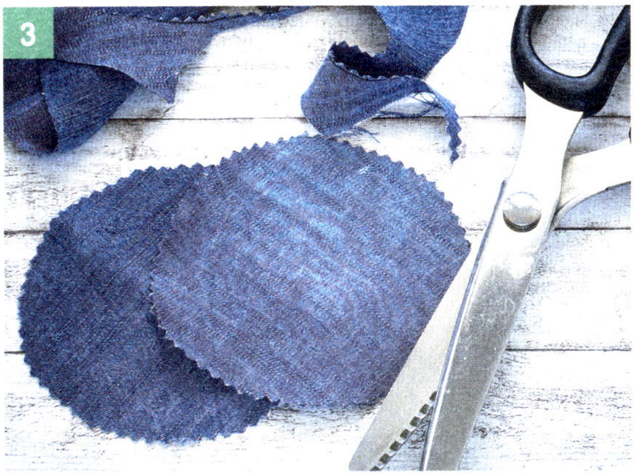

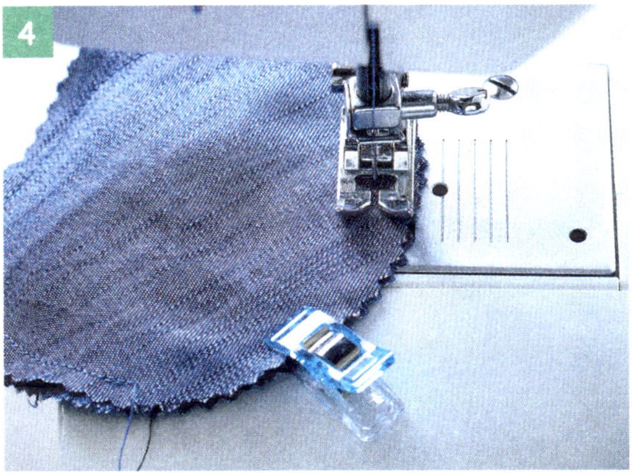

1. Einen passenden Streifen Stoff mit doppelseitigem Klebeband stramm um die Dose kleben. Das Ende ebenfalls mit einem Stück Klebeband fixieren. Dann den überstehenden Stoff auf der Unterseite der Dose Stück für Stück am Dosenboden ankleben.

2. Am unteren Rand der Dose die selbstklebende Spitzenborde anbringen. Wenn man keine selbstklebende Borde bekommt, kann man auch normales Spitzenband mit Stoffkleber anbringen.

3. Nun aus einem anderen Stoffrest 2 Kreise mit der Zickzackschere ausschneiden. (Die Dosen hier haben einen Durchmesser von 7,5 cm und die Stoffkreise haben 12,5 cm.)

4. Die beiden Stoffstücke rechts auf rechts zusammenlegen und mit der Nähmaschine zusammennähen. Am Ende eine Öffnung von 3 - 4 cm lassen.

Fortsetzung auf der nächsten Seite

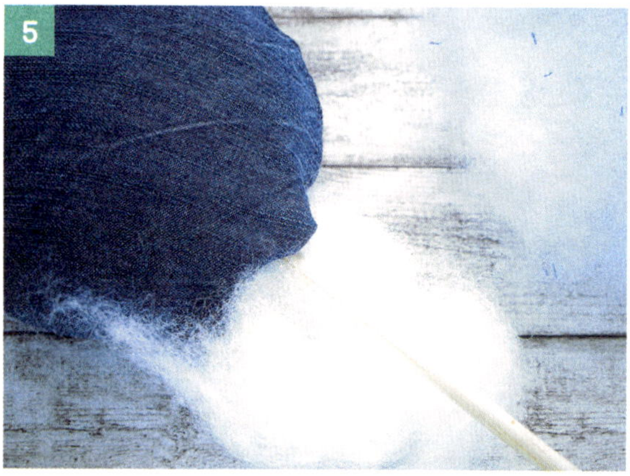

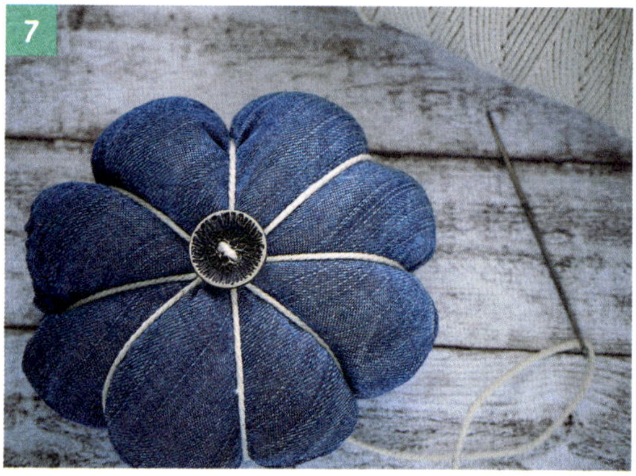

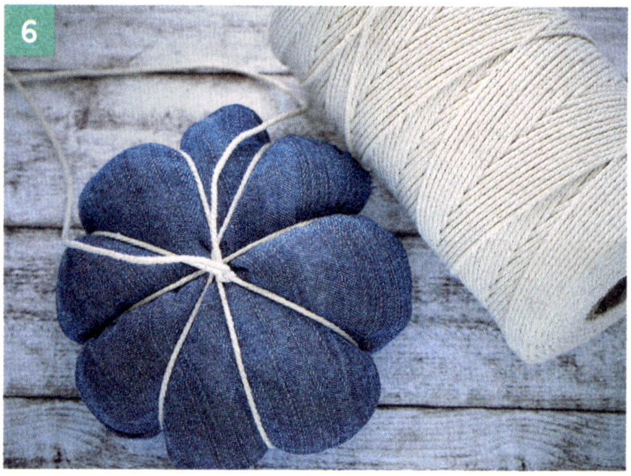

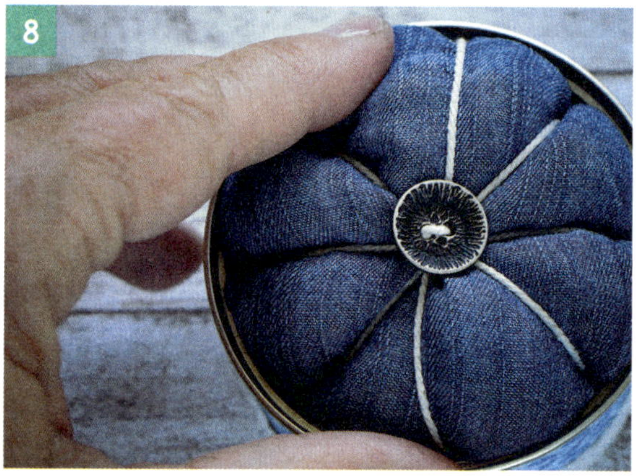

5. Das Stoffstück nun durch die Öffnung wenden und aufbügeln. Dabei den offenen Rand nach innen schlagen, damit er sich später leichter zusammennähen lässt. Anschließend mit der Füllwatte füllen und die offene Naht von Hand schließen.

6. Passendes Garn wählen (z.B. Baumwollschnur oder Stickgarn) und das kleine Kissen gleichmäßig abbinden, sodass es aussieht wie ein kleiner Kürbis. Gut verknoten.

7. Ein Ende der Schnur abschneiden und mit dem anderen Ende einen Knopf auf die Mitte des Kissens aufnähen. Die Schnur mit der Nadel durch das Kissen stecken und an der Unterseite vernähen.

8. Dann das kleine Kissen in die Dose stecken. Sollte die Dose etwas zu tief sein, kann man sie noch ein bisschen mit Watte ausfüllen.

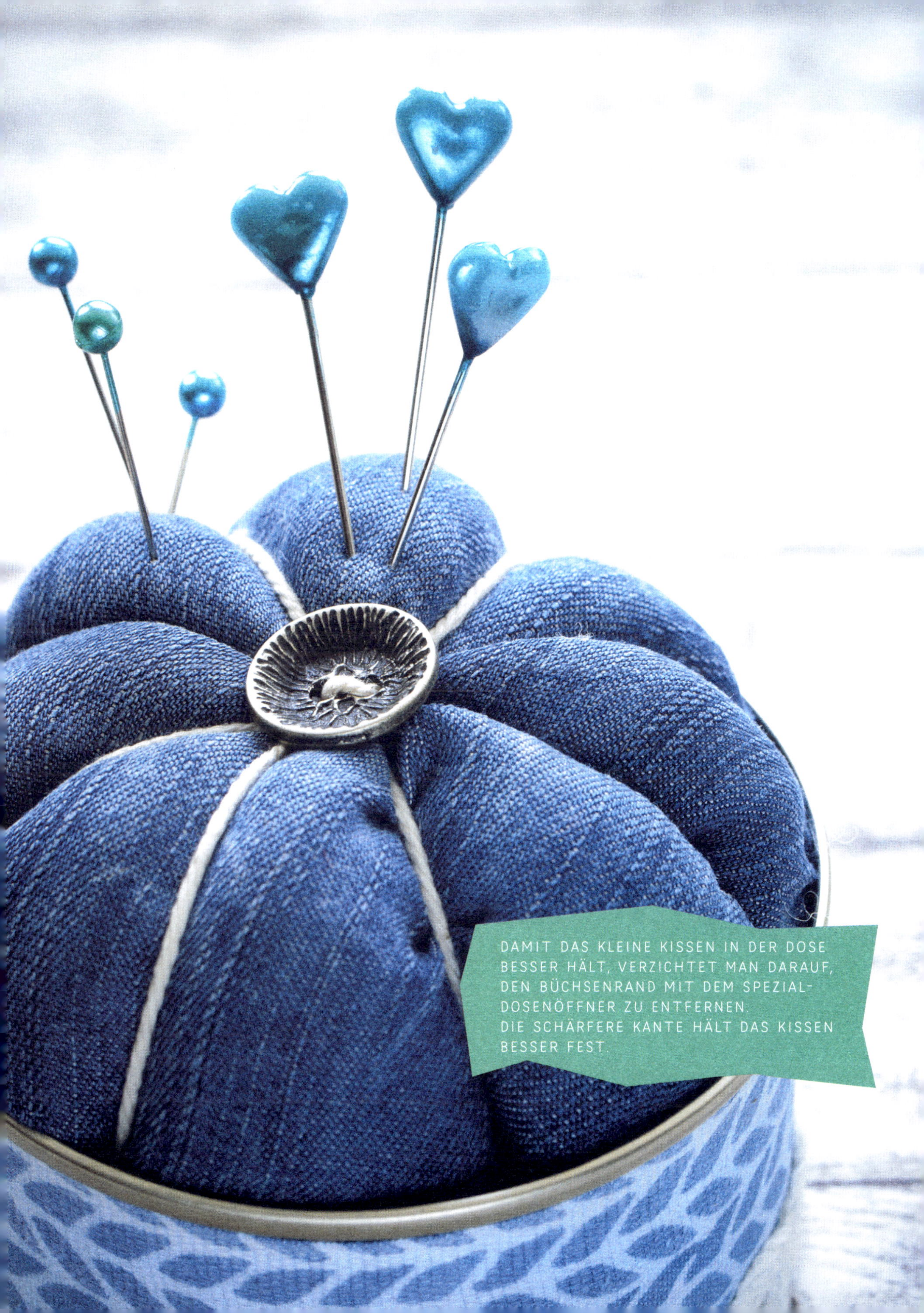

DAMIT DAS KLEINE KISSEN IN DER DOSE BESSER HÄLT, VERZICHTET MAN DARAUF, DEN BÜCHSENRAND MIT DEM SPEZIAL-DOSENÖFFNER ZU ENTFERNEN.
DIE SCHÄRFERE KANTE HÄLT DAS KISSEN BESSER FEST.

Unter Glas gebannt

MATERIAL:
GLASCABOCHONS, PASSENDE EINFASSUNG, PAPIERTAPETE, SCHMUCK- ODER MULTI-KLEBER

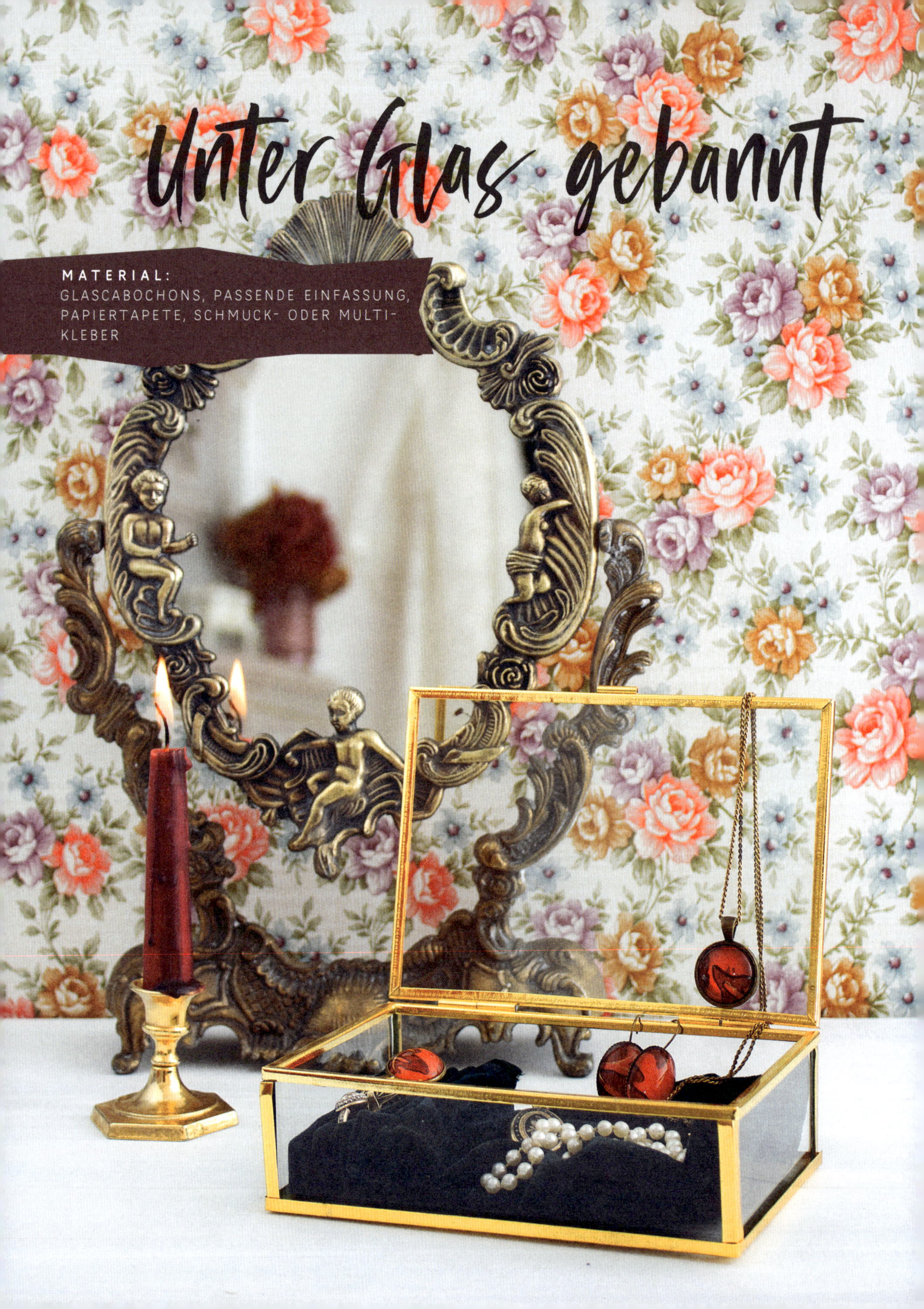

SPIEGLEIN, SPIEGLEIN AN DER WAND, WELCHES IST DER SCHÖNSTE SCHMUCK IM GANZEN LAND? CHANCENREICHE ANWÄRTER AUF DEN TITEL DÜRFTEN SICHER DIESE PREZIOSEN SEIN, DIE SICH ZUM VERSCHENKEN EIGNEN ODER ALTERNATIV DAZU DAS EIGENE SCHMUCKKÄSTCHEN BEREICHERN.

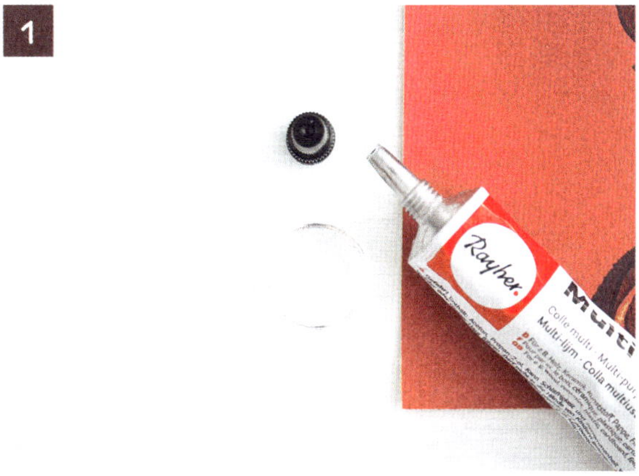

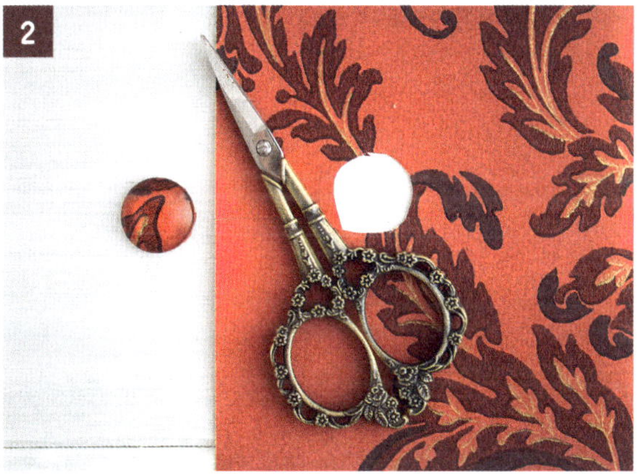

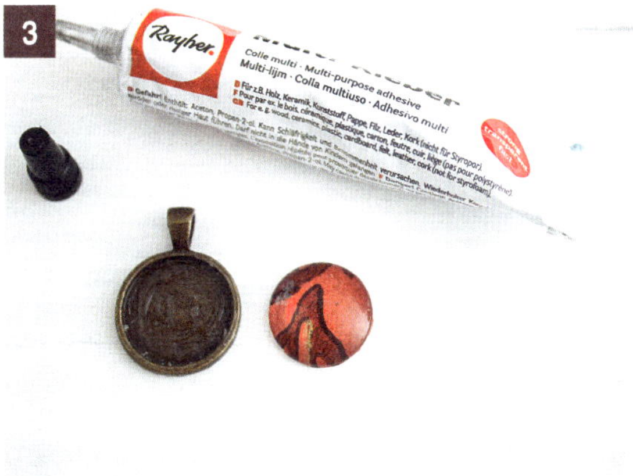

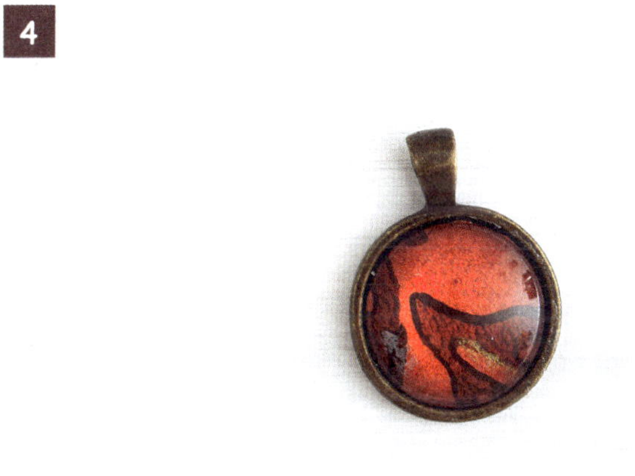

1. Die Tapete auf einen komplett glatten Untergrund legen. Den Cabochon mit der flachen Seite auf die Tapete kleben, fest andrücken und gut trocknen lassen.

2. Den Cabochon samt Tapete ausschneiden.

3. Die Einfassung mit Kleber versehen.

4. Den Cabochon einkleben, andrücken und vor dem Benutzen komplett durchtrocknen lassen.

Schmucke Schatulle

MATERIAL:
2 GLEICH GROSSE UND DICKE BÜCHER, MESSER, KLEISTER, PINSEL, SPERRHOLZ (3 MM DICKE), SCHAUMSTOFFREST (Z. B. VON EINER ALTEN MATRATZE), STOFFREST, ZWEI MÖBELGRIFFE MIT PASSENDEN SCHRAUBEN (CA. 10 MM LÄNGE), LAUBSÄGE, LINEAL, SCHERE, HOLZLEIM, DOPPEL-SEITIGES KLEBEBAND

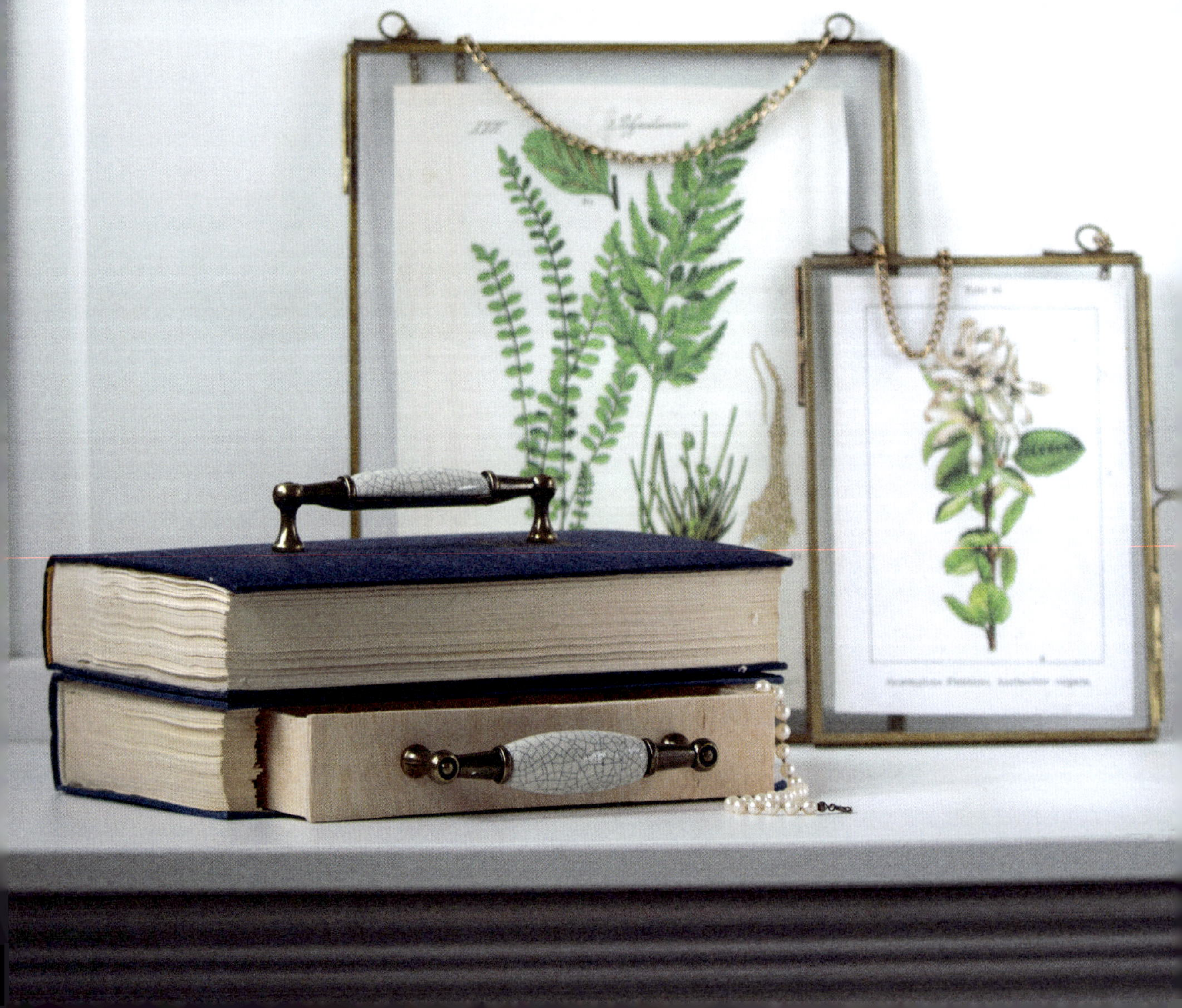

GERNE BEWAHRT DAS KÄSTCHEN FÜR SEINE BESITZERIN ODER SEINEN BESITZER RINGE, KETTEN, OHRRINGE UND ANDERE WERTVOLLE STÜCKE AUF. HIERBEI LASSEN SICH NICHT NUR ALTE BÜCHER, SONDERN AUCH ANDERE MATERIALRESTE PRIMA WIEDERVERWERTEN.

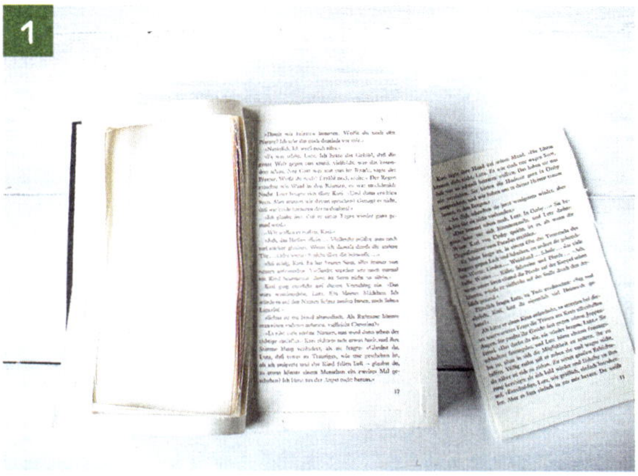

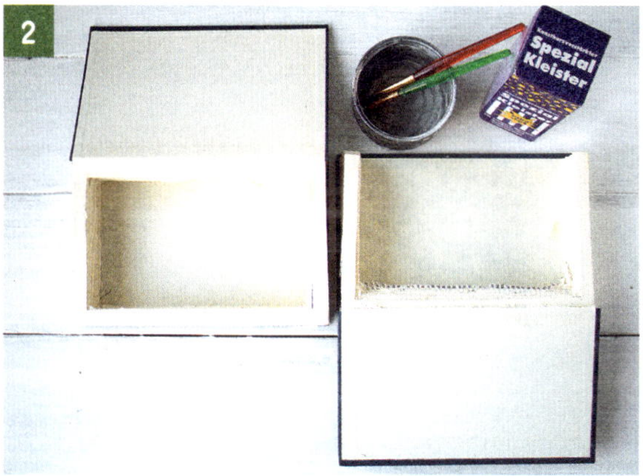

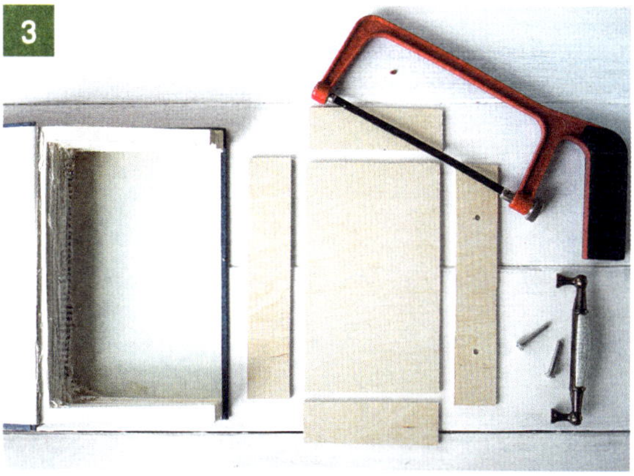

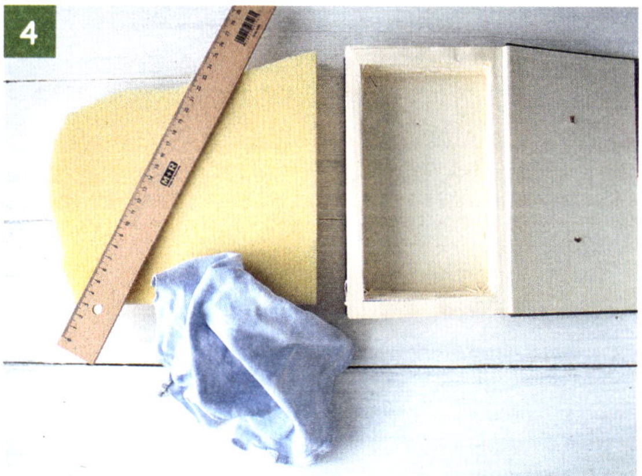

1. Für das obere Fach ein Buch aufschlagen, auf der ersten Seite rundherum einen etwa einen Zentimeter breiten Rand markieren und dann entlang der Markierung das Buchinnere herausschneiden.

2. Für den unteren Teil an drei Seiten des zweiten Buchs einen ein Zentimeter breiten Rand markieren und die Seiten so herausschneiden, dass das Buch vorne offen ist. Kleister anrühren, die Seiten der Bücher von innen und außen einstreichen und trocknen lassen.

3. Nun das Innere des zweiten Buchs vermessen und die einzelnen Teile für die kleine Schublade aus Birkenholz aussägen:

1 x Schubladenboden: (Buchbreite minus 6 mm) x (Buchlänge minus 6 mm)
2 x lange Seitenteile: Buchhöhe x Buchlänge
2 x kurze Seitenteile: (Buchbreite minus 6 mm) x Buchlänge
In eins der beiden Längsteile zwei Löcher für den Griff bohren. Erst dann das Buch zukleben.

4. Die einzelnen Teile der Schublade mit Holzleim zusammenkleben, währenddessen gegebenenfalls mit Tesafilm fixieren und gut trocknen lassen. Zuletzt den Griff anschrauben.

Fortsetzung auf der nächsten Seite

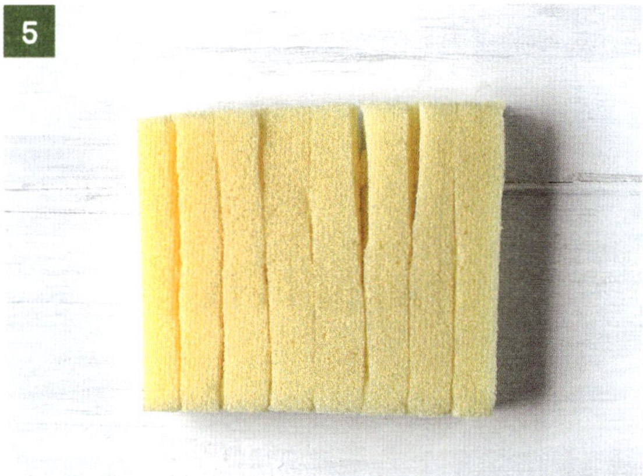

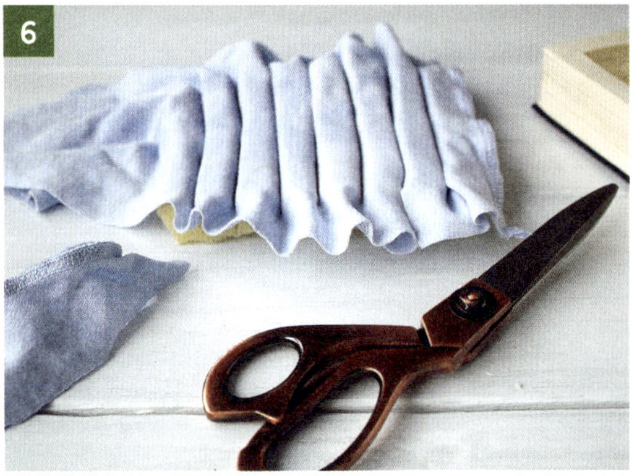

5. Das Innere des ersten Buchs vermessen. Die Maße – die Breite des Buchinneren und etwa ein Drittel der Länge – auf einen Schaumstoffrest übertragen. Wer keinen Schaumstoff zur Hand hat, kann auch einfach einen Allzweckschwamm aus dem Baumarkt nutzen.

6. Den Schaumstoff mit einem scharfen Messer zurechtschneiden und in regelmäßigen Abständen von etwa zwei Zentimetern einschneiden. Dabei aber darauf achten, den Schaumstoff nicht komplett in Streifen zu zerschneiden.

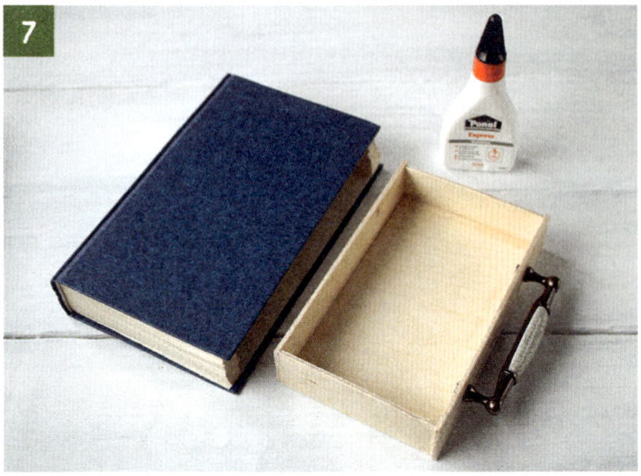

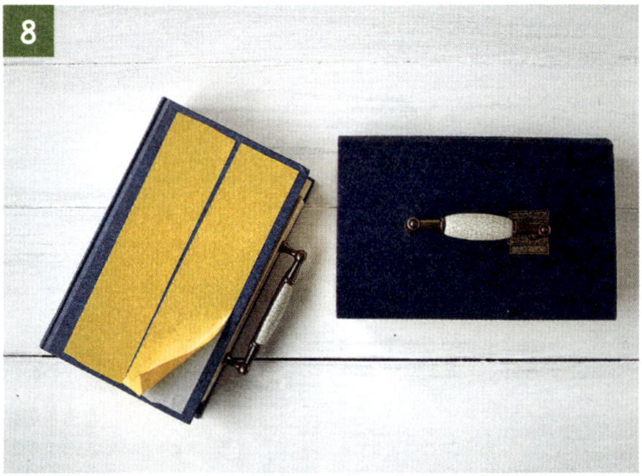

7. Ein Stück Stoff zurechtschneiden, in die Einschnitte legen und rundherum umschlagen. Alles zusammen in das ausgeschnittene Buchinnere klemmen, sodass es von selbst hält.

8. Den Deckel des ersten Buchs ebenfalls mit einem Griff versehen und die beiden Teile des Schmuckkästchens mithilfe von doppelseitigem Klebeband zusammensetzen.

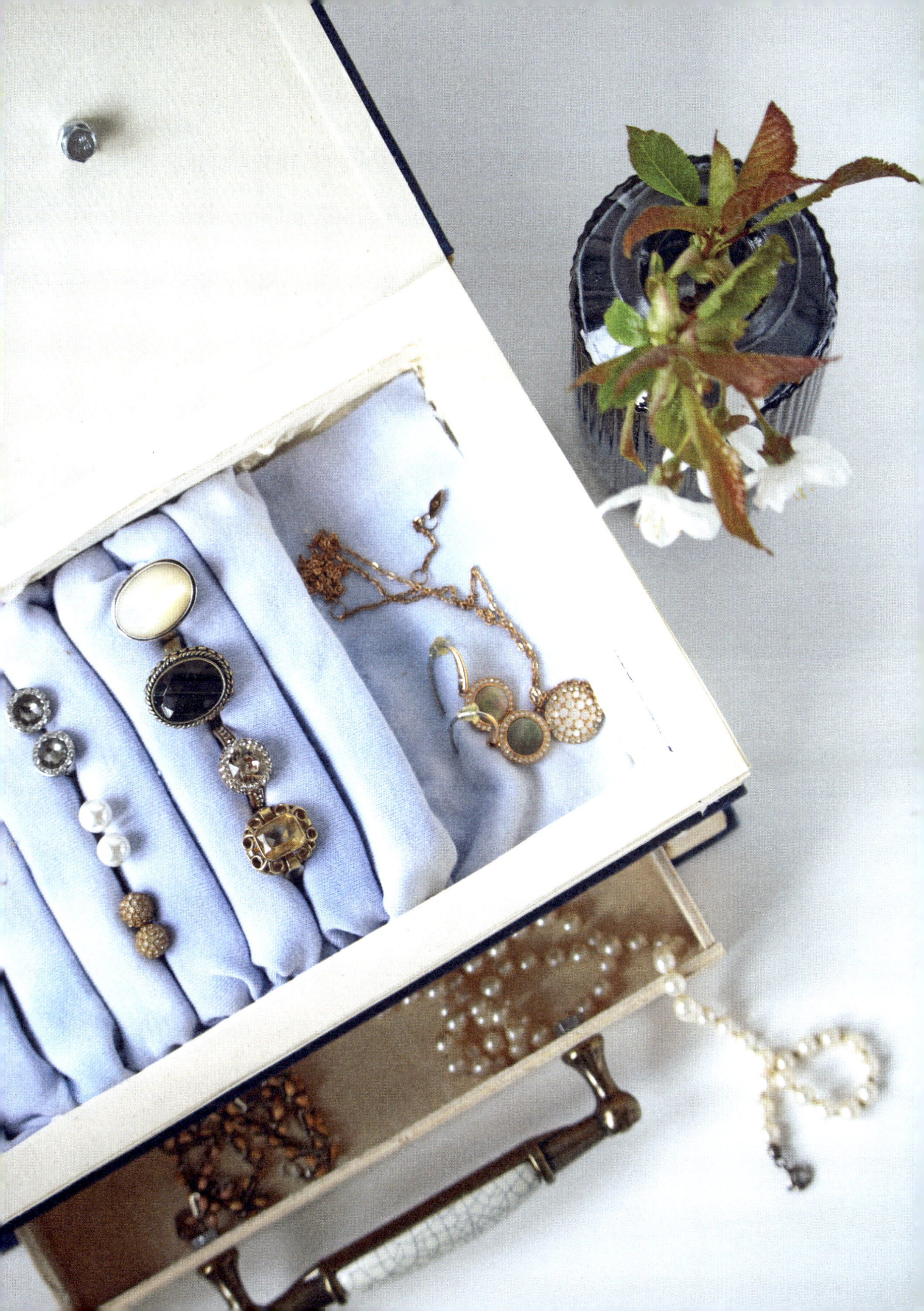

Schatzkiste

MATERIAL:
CUTTERMESSER, PAPPE, NASSKLEBEBAND, GRAUPAPPE, TAPETE, FLÜSSIGKLEBER, KLEISTER, DOPPELSEITIGES KLEBEBAND, BOHRER, HÄNGEGRIFF, ZWEI SECHSKANT-SCHRAUBEN

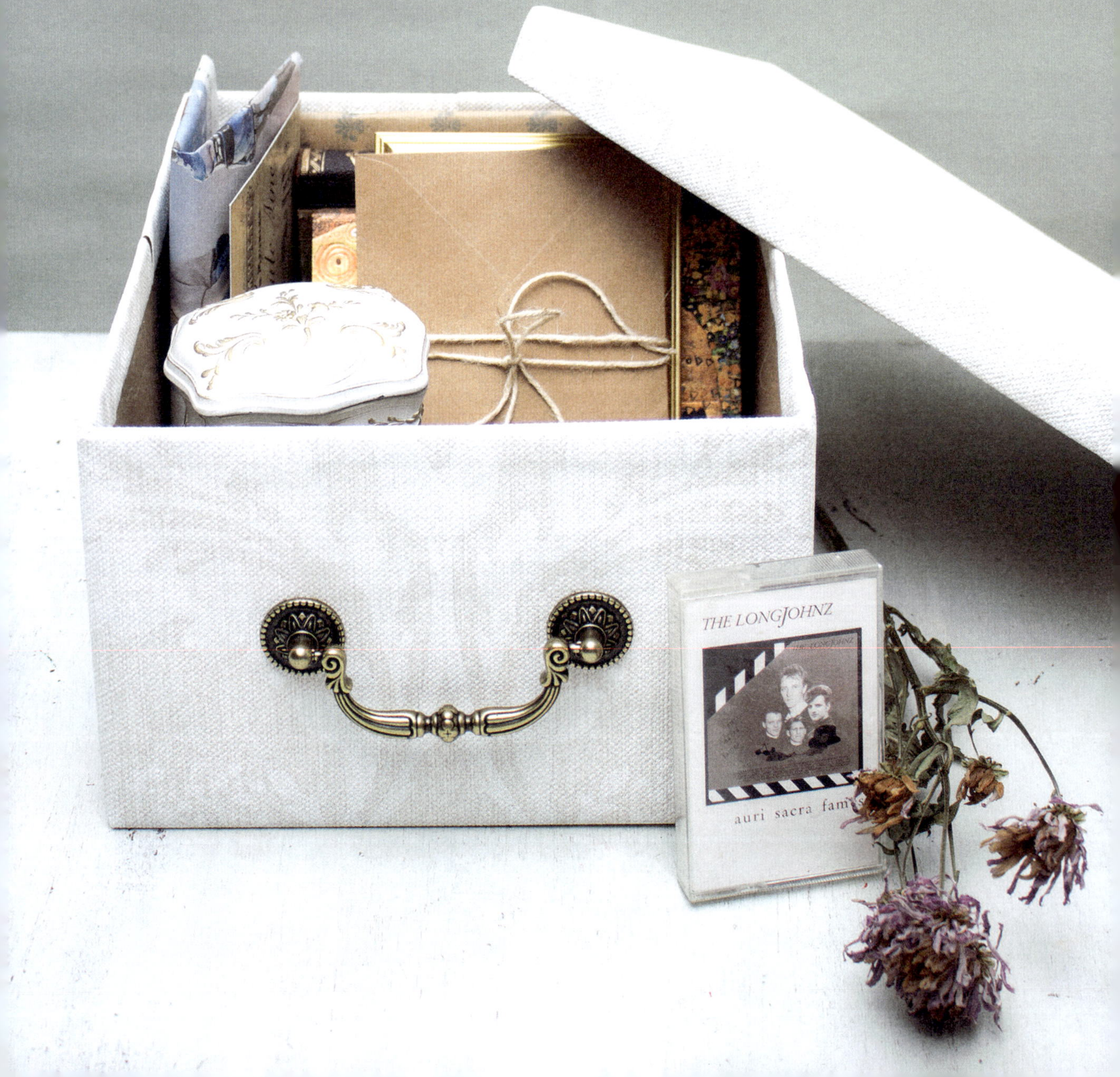

OB ERINNERUNGSSTÜCKE, VOLLGESCHRIEBENE NOTIZBÜCHER ODER ALTE LIEBESBRIEFE – DIE KISTE NIMMT SICH ALLER DINGE AN UND VERWAHRT SIE SICHER. BESONDERS PRAKTISCH: IHRE MASSE LASSEN SICH INDIVIDUELL FESTLEGEN.

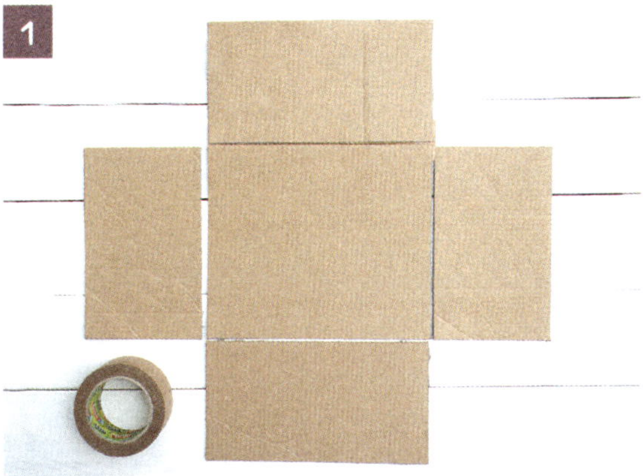

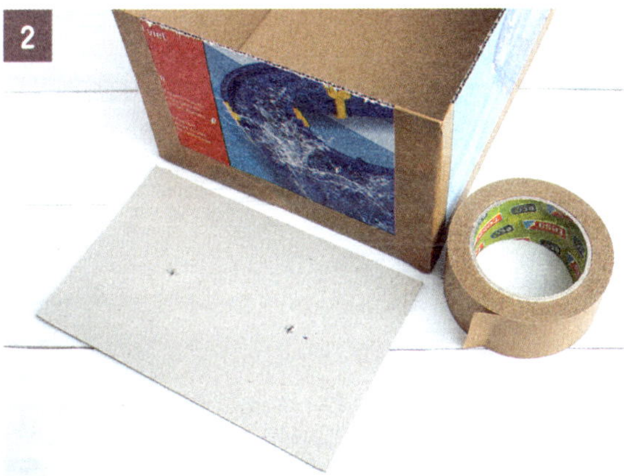

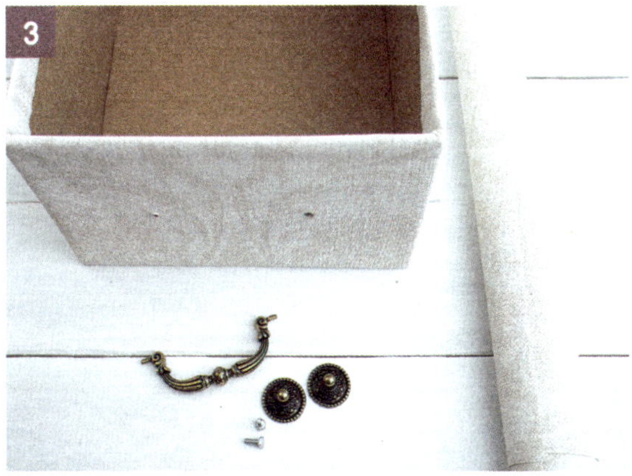

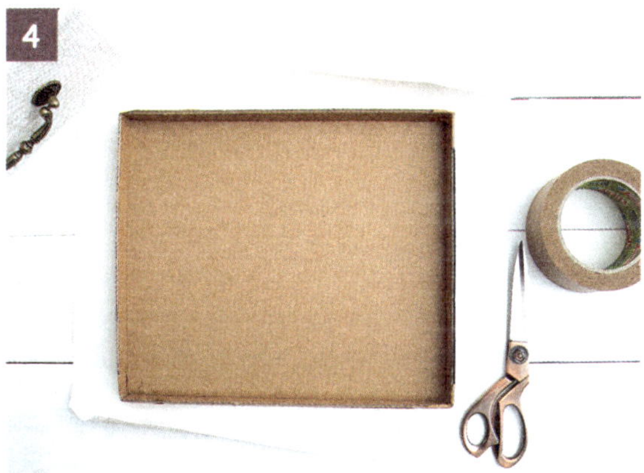

1. Die Höhe, Breite und Tiefe der Kiste festlegen. Aus Pappe – etwa von einem leeren Versandkarton – den Boden und die Seitenteile ausschneiden. Die Teile kreuzförmig anordnen und mit Klebeband verbinden. Dabei zwischen Boden und Seitenteilen immer einige Millimeter Platz lassen, sodass sich das jeweilige Seitenteil später gut hochklappen lässt.

2. Alle Seitenteile hochklappen und die senkrechten Kanten außen mit Klebeband verbinden. Ein Stück Graupappe in der Größe der Vorderseite zurechtschneiden und von innen mit Flüssigkleber dahinterkleben, um sie zu verstärken.

3. Die Kiste mit Tapete bekleben. Dafür möglichst dickflüssigen Kleister anrühren, einen breiten Streifen Tapete abschneiden und diesen ausgehend von der Vorderseite mit Kleister ankleben. Den oberen Rand in der Kisteninnenseite mit doppelseitigem Klebeband versehen und die Tapete nach innen einschlagen. Die Kiste umdrehen und die überstehende Tapete mit doppelseitigem Klebeband am Boden befestigen. Die Kiste wieder richtig herum hinstellen und vorsichtig zwei Löcher in die Vorderseite bohren.

4. Den Hängegriff anschrauben. Für den Deckel genauso verfahren wie bei der Kiste – um die Fläche des Deckels zu bestimmen, die Fläche des Bodens nehmen und rundum einen halben Zentimeter dazu addieren.

Bücherregal

MATERIAL:
EIN GROSSES UND EIN KLEINES BUCH, FARBE, KLEISTER, PINSEL, BOHRMASCHINE, SCHNUR, KLEBEFILM

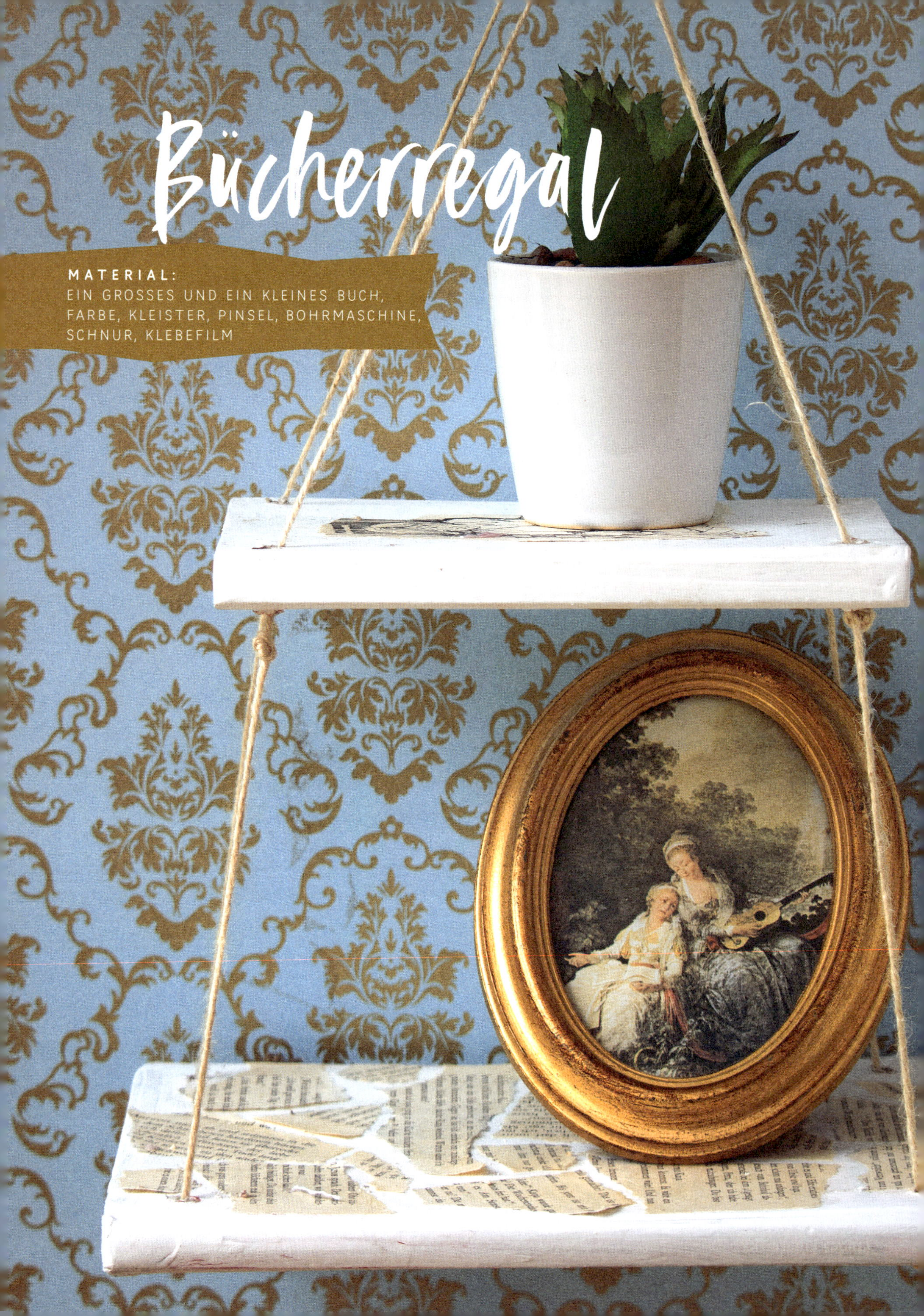

AUF ZWEI EBENEN BIETET DAS HÄNGEREGAL PLATZ, UM SCHÖNES, NÜTZLICHES ODER ESSBARES ABZULEGEN. WER MAG, KANN ES AUCH GUT UM EINE DRITTE EBENE ERWEITERN ODER ES AUS KLEINEREN ODER GRÖSSEREN BÜCHERN BASTELN.

1

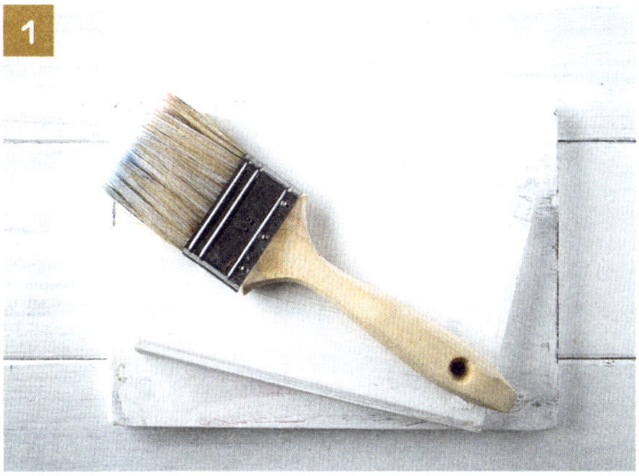

2

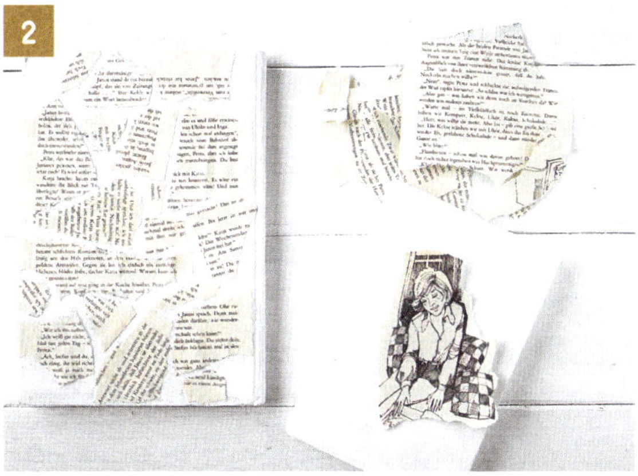

3

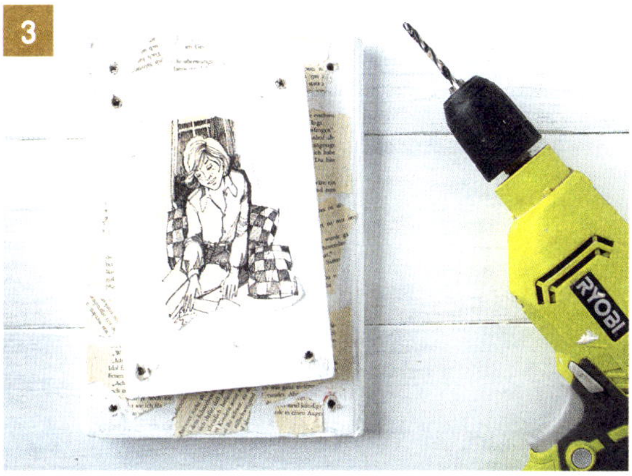

4

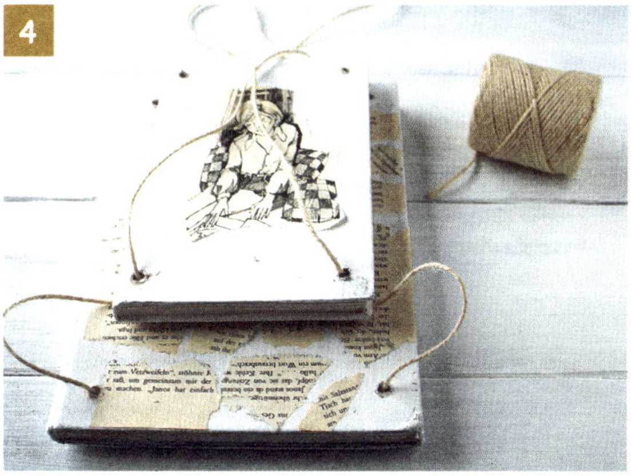

1. Einige Seiten aus den Büchern heraustrennen, dann beide Bücher von allen Seiten anmalen.

2. Die Buchseiten in verschieden große Teile zerreißen und diese mit Kleister aufkleben.

3. In alle vier Ecken beider Bücher je ein Loch bohren.

4. Zwei lange Stücke Schnur abschneiden. Je ein Stück durch eins der Löcher des oberen Buchs fädeln, einen Knoten unter dem Loch machen und die Schnur weiter durch das untere Buch fädeln. Die Schnur am kürzeren Buchrand entlangführen und dann durch das nächste Loch führen, einen Knoten machen und die Schnur wieder durch das obere Buch fädeln. Ein Tipp: Einfacher geht es, wenn man den Schnuranfang mit einem Stück Klebefilm umwickelt.

Stets griffbereit

MATERIAL:
HOLZBRETT, SEKTKORKEN, SCHMIRGELPAPIER, STIFT, LINEAL, BOHRER, SCHRAUBEN, AUFHÄNGER, SCHRAUBENDREHER

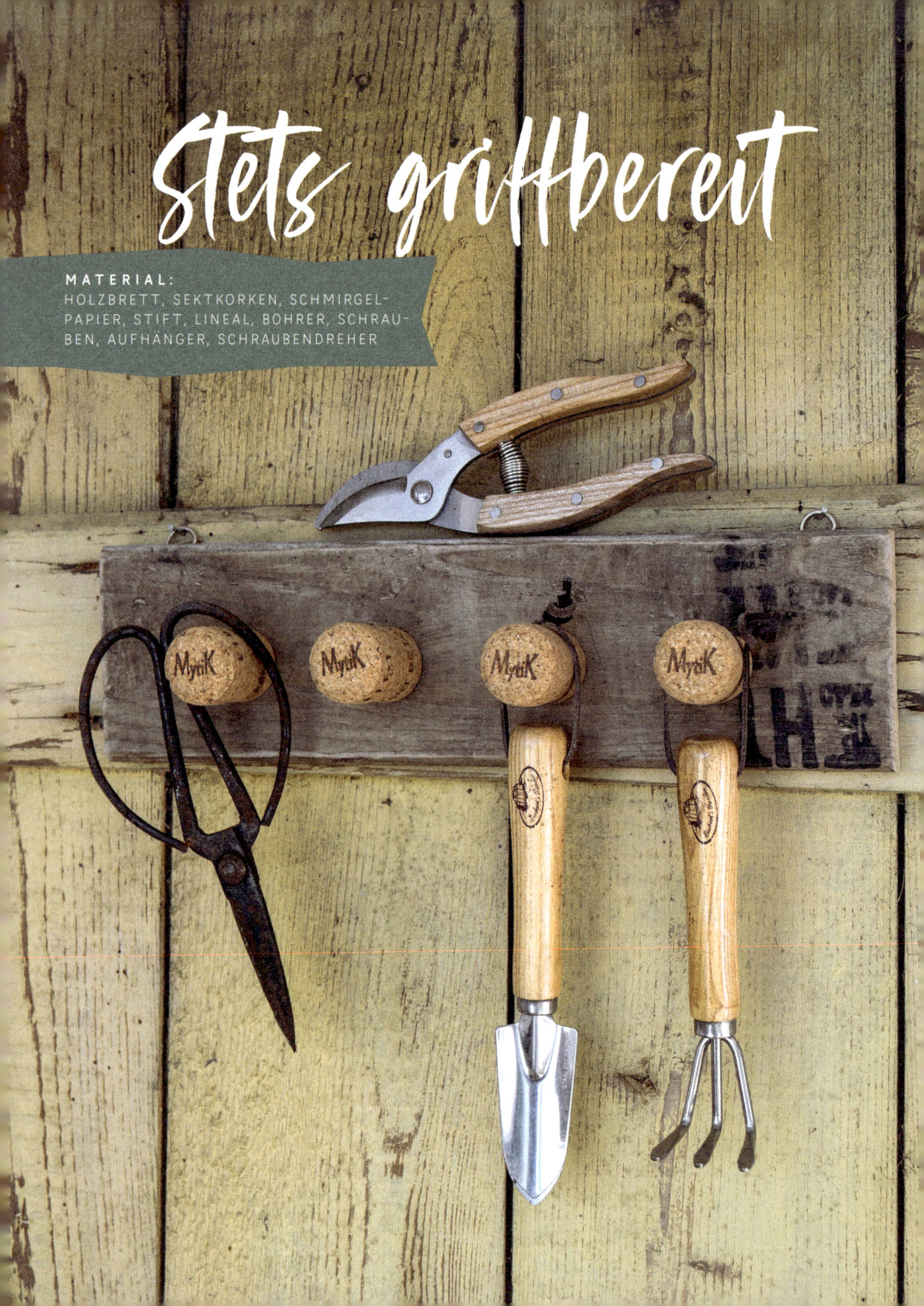

ES MÜSSEN NICHT IMMER HAKEN SEIN, UM ETWAS AUFZUHÄNGEN. DIE DICKEN, KNUBBELIGEN SEKTKORKEN MACHEN SICH AUCH GANZ GUT. VOR ALLEM AUF EINEM ALTEN STÜCK HOLZ. VIELLEICHT VON EINER ALTEN PALETTE ODER EINER WEINKISTE. IDEAL FÜR KLEINE GARTENGERÄTE.

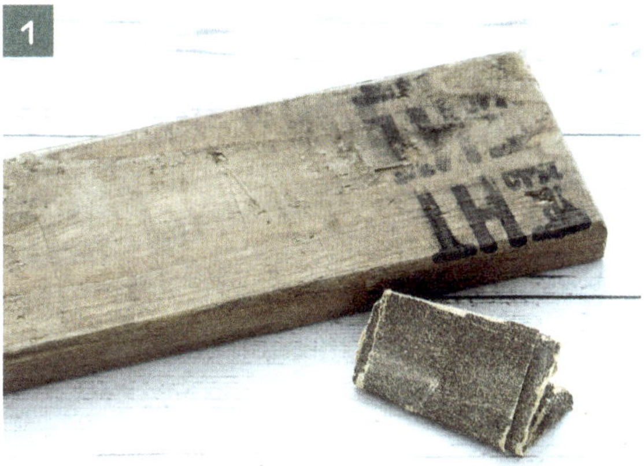

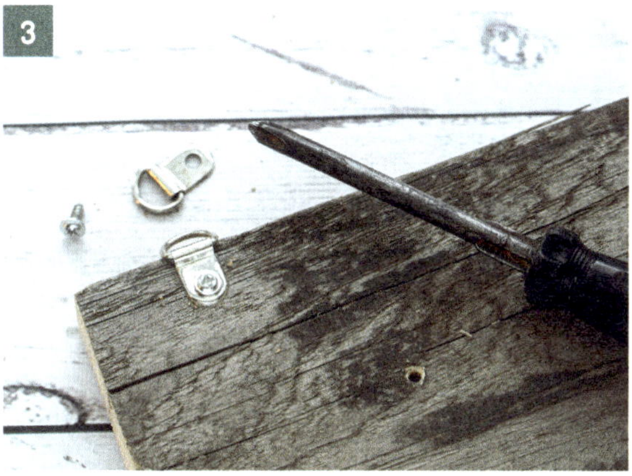

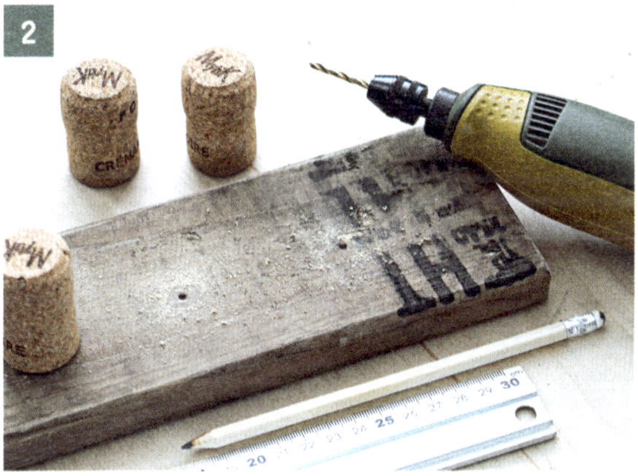

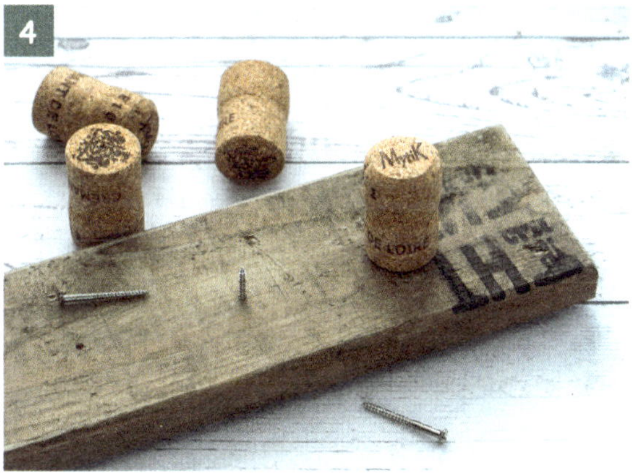

1. Die Größe des Bretts kann man wählen, wie man möchte. Das ist abhängig davon, wie man das kleine Board einsetzen möchte. Hier ist es ein Stück einer alten Palette, 33 cm lang und 9 cm breit. Die Kanten werden mit Schmirgelpapier schön abgerundet.

2. Dann positioniert man seine Korken auf dem Stück Holz und richtet sie aus, markiert die Stellen und bohrt die Löcher passend für die Schrauben.

3. Bevor man die Korken aufschraubt, sollte man die Aufhängung für das Board an der Rückseite anbringen. Dazu zwei kleine Aufhänger rechts und links anschrauben.

4. Nun kann man die Schrauben von hinten durch das Brett stecken und die Korken auf der Vorderseite aufdrehen. Die Schrauben sollten so lang wie möglich sein, damit der Korken auch gut hält. Außerdem kann es hilfreich sein, den Korken mit einem dünneren Bohrer vorzubohren, damit er sich gerade aufdrehen lässt.

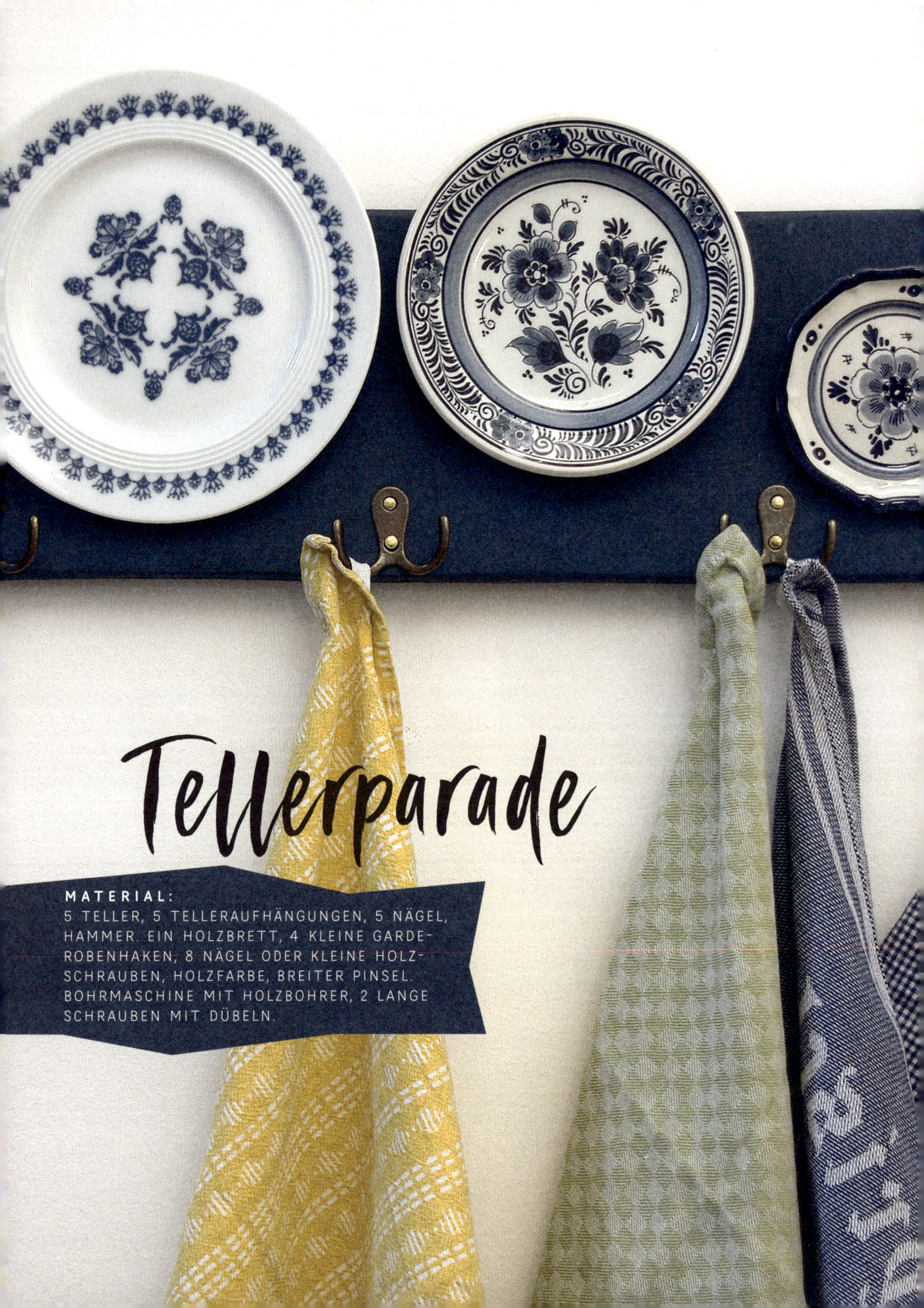

Tellerparade

MATERIAL:
5 TELLER, 5 TELLERAUFHÄNGUNGEN, 5 NÄGEL, HAMMER. EIN HOLZBRETT, 4 KLEINE GARDEROBENHAKEN, 8 NÄGEL ODER KLEINE HOLZSCHRAUBEN, HOLZFARBE, BREITER PINSEL. BOHRMASCHINE MIT HOLZBOHRER, 2 LANGE SCHRAUBEN MIT DÜBELN.

AUF DIESEM HOLZBRETT MIT KLEINEN GARDEROBENHAKEN FINDEN VERWAISTE LIEBLINGSTELLER EINEN PARADEPLATZ, AUF DEM SIE SICH SOGAR NÜTZLICH MACHEN KÖNNEN. DAMIT KEINE UNSCHÖNEN BOHRLÖCHER IN DER MITTE ENTSTEHEN, SIND DIE SCHMUCKSTÜCKE MIT EINFACHEN TELLERAUFHÄNGUNGEN ANGEBRACHT.

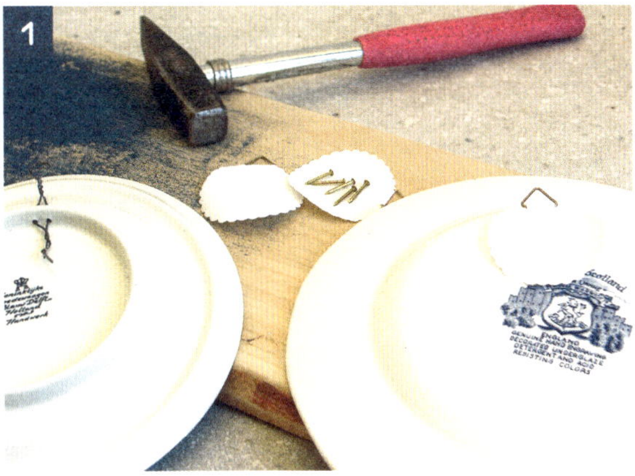

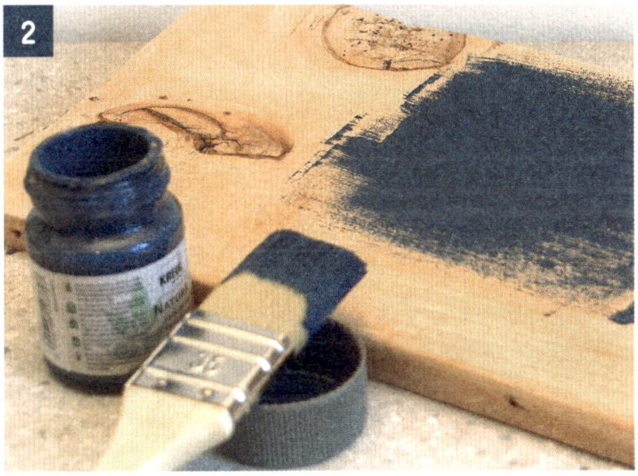

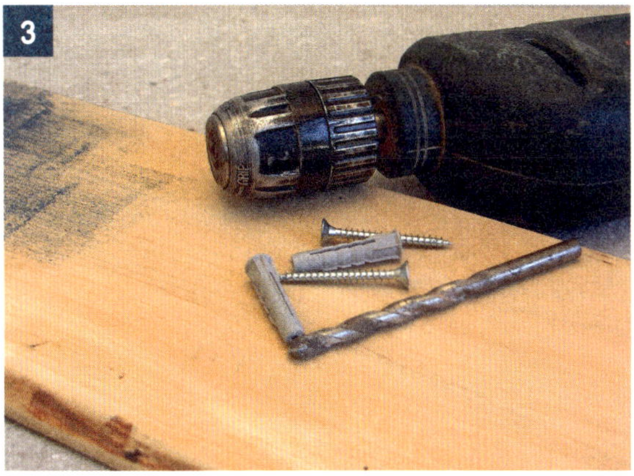

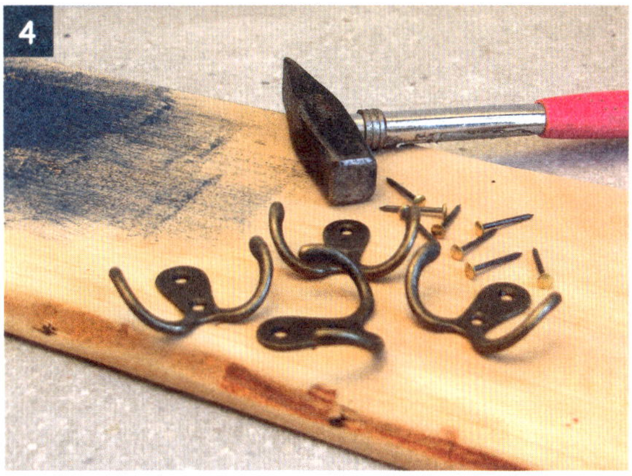

1. Zunächst die Telleraufhängungen auf der Rückseite des Porzellans anbringen. Achtung: Die Trockenzeit beträgt ca. 24 Stunden.

2. Material bereitlegen, Unterlage ausbreiten und das vorbehandelte Brett (ca. 0,87 m x 0,17 m) anstreichen. Die Farbe ist matt und trocknet schnell. (z. B. Nature in der Farbe Ozean von Kreul).

3. Jetzt die Löcher für die Wandbefestigung des Brettes bohren, und zwar so, dass die Schrauben später von Tellern verdeckt sind.

Die Teller (z. B. 4 Dessertteller und ein kleiner Untersetzer) auf dem Brett verteilen und die Markierungen für die Nägel zum Aufhängen des Porzellans einzeichnen. Dabei darauf achten, dass an der unteren Kante zwischen den Tellern genug Platz für die Garderobenhaken bleibt. Die Nägel für die Teller einschlagen.

4. Anschließend die Teller nochmals auf das Brett legen und die Stellen für die Garderobenhaken markieren. Teller wieder abnehmen. Die Nägel für die Garderobenhaken einschlagen.

Das Brett mit Schrauben und Dübeln an der gewünschten Stelle an der Wand anbringen, Teller aufhängen.

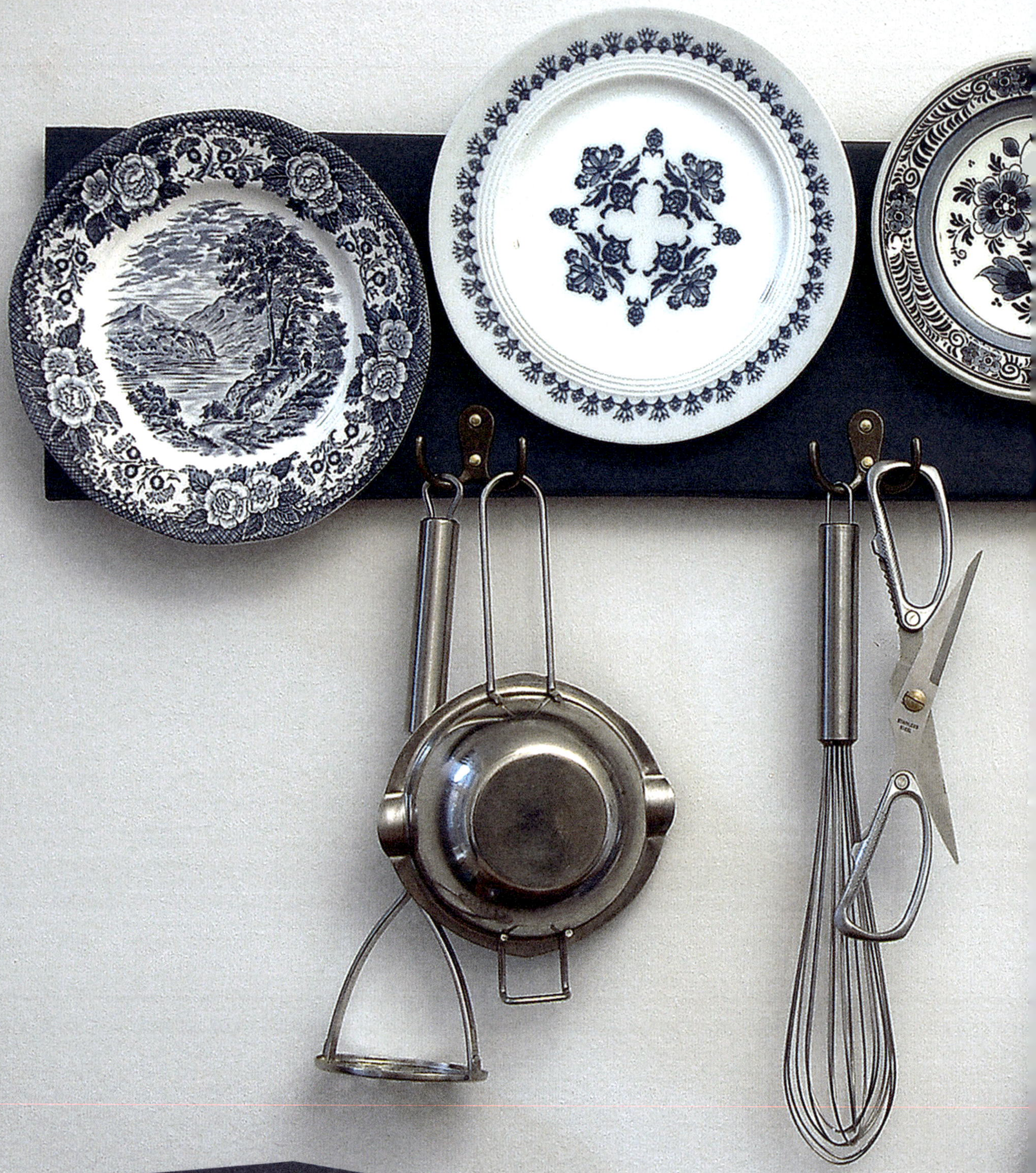

IMMER GRIFFBEREIT. DIE SCHÖNSTEN UND WICHTIGSTEN KÜCHENUTENSILIEN HABEN JETZT EINEN NEUEN STAMMPLATZ! GRÖSSE UND FARBE DES BOARDS KANN MAN NATÜRLICH GANZ INDIVIDUELL GESTALTEN.

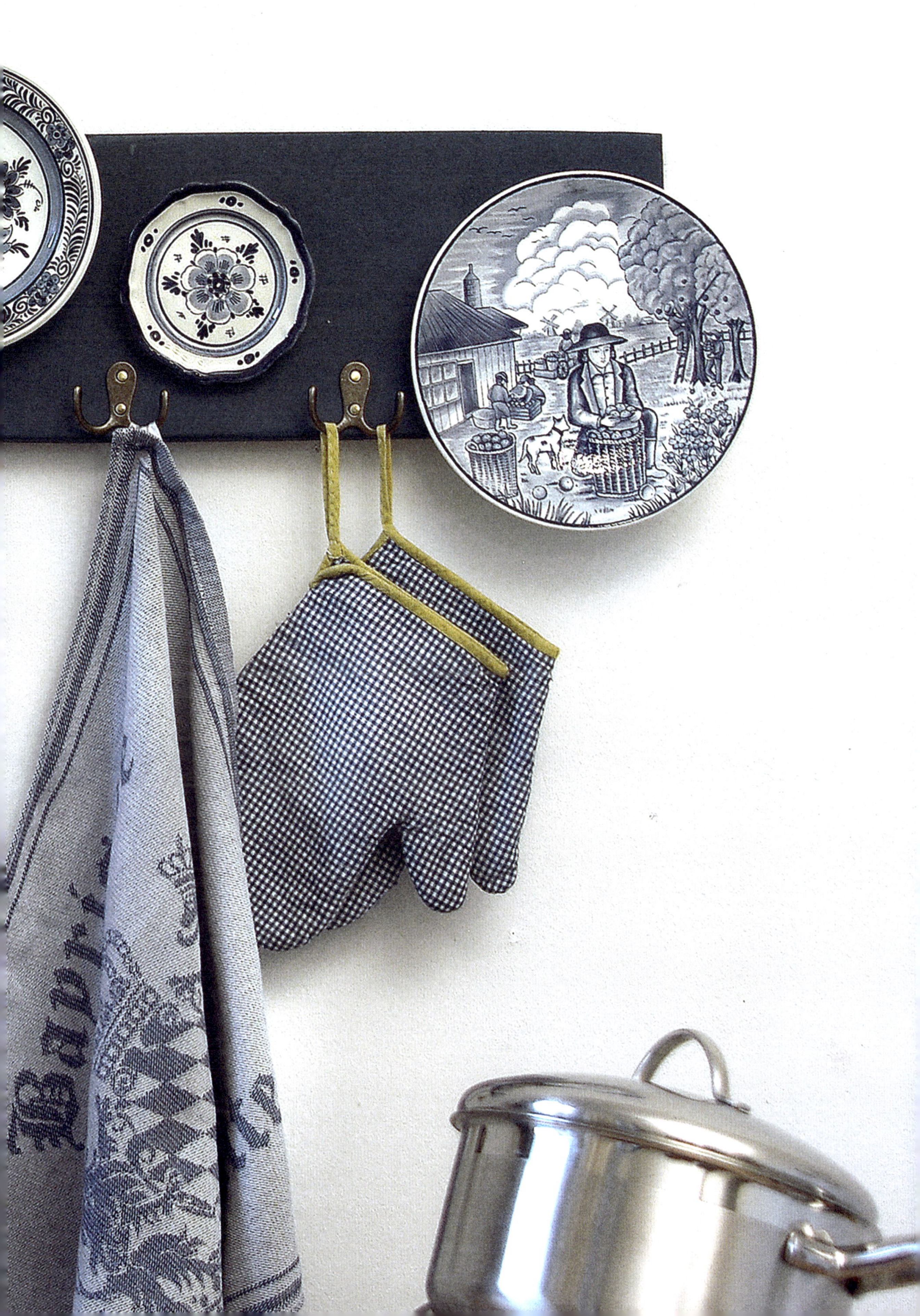

Blickdicht

MATERIAL:
TAPETE, NÄHMASCHINE, VORSTECHER, BLUMENDRAHT, BINDEDRAHT (1,4 MM)

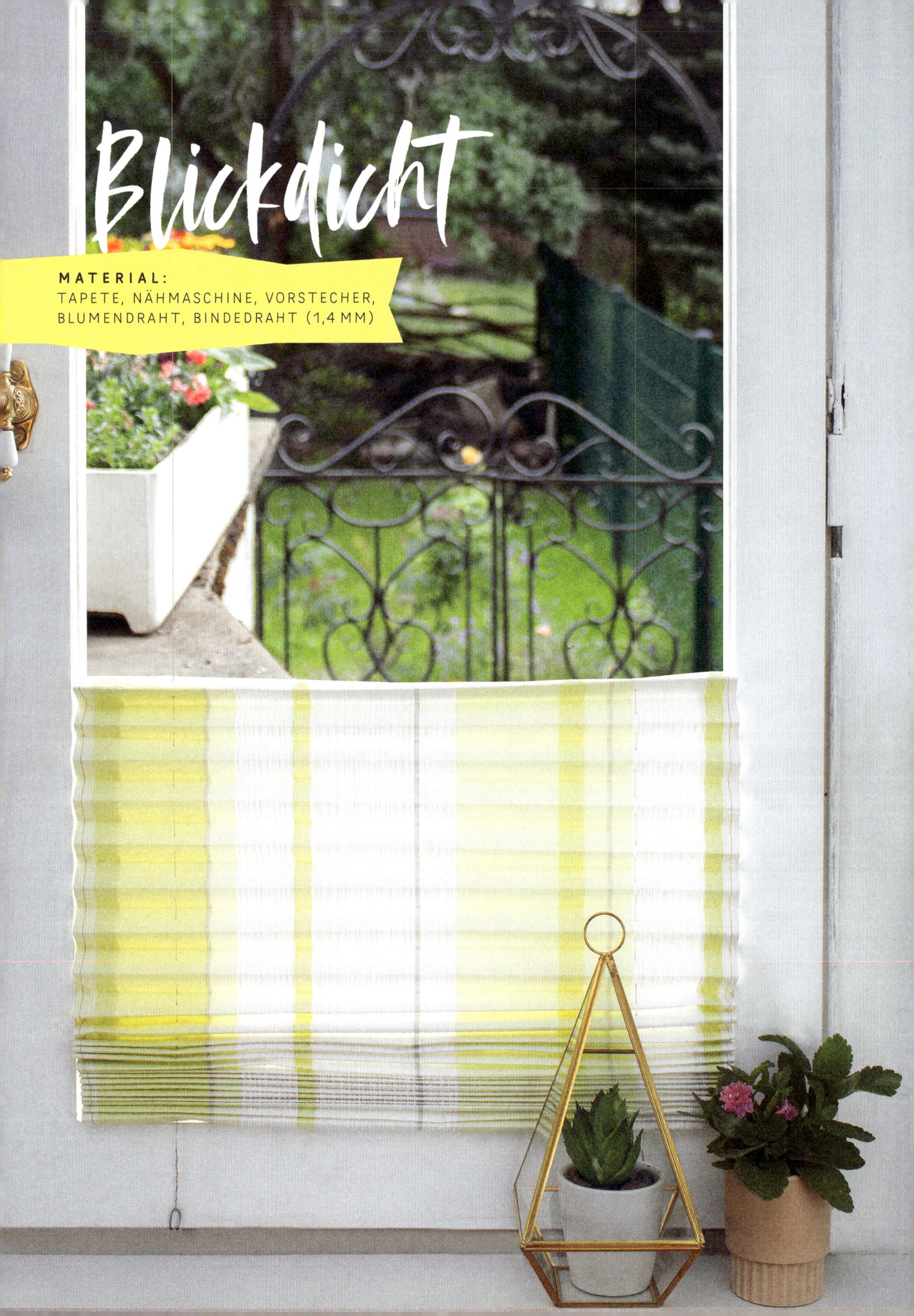

GERADE IN DER KÜCHE ODER IM BAD, WO VORHÄNGE EHER UNPRAKTISCH SIND, STELLT EIN PLISSEE EINE GUTE ALTERNATIVE DAR. SO SCHÜTZT ES VOR NEUGIERIGEN BLICKEN ODER ZU VIEL SONNE UND GIBT GLEICHZEITIG EINE WUNDERBARE FENSTERDEKORATION AB.

1

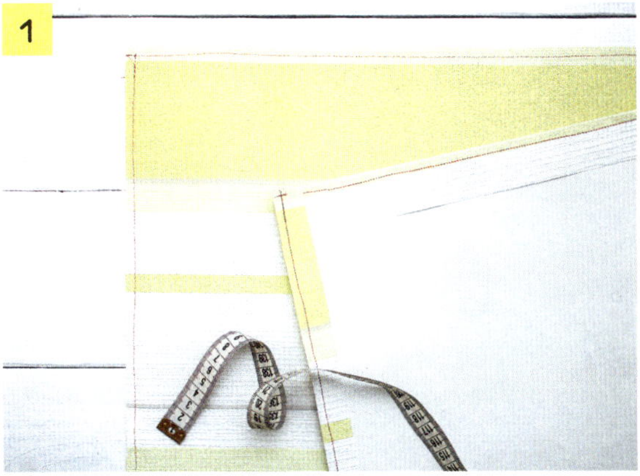

3

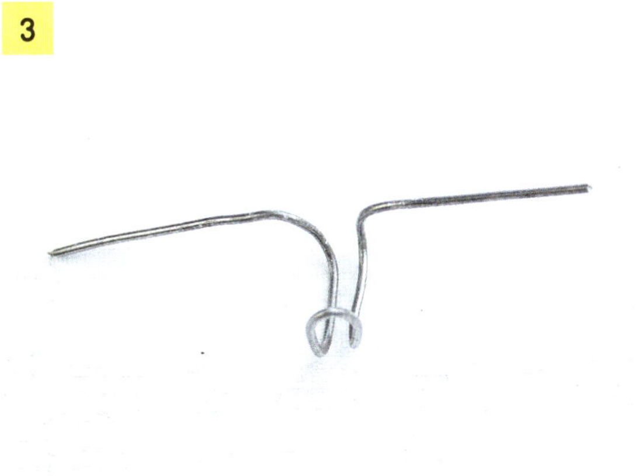

2

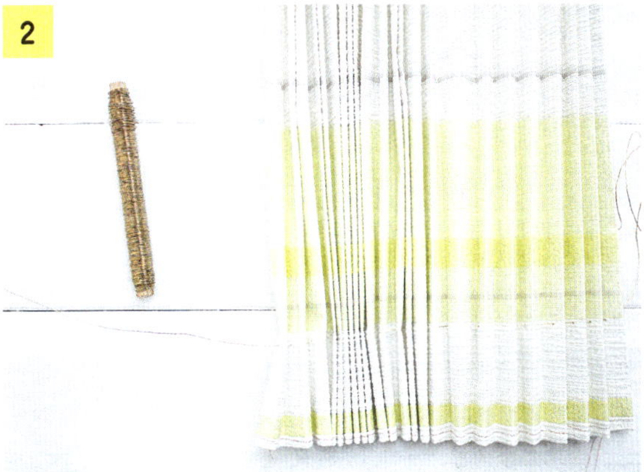

4

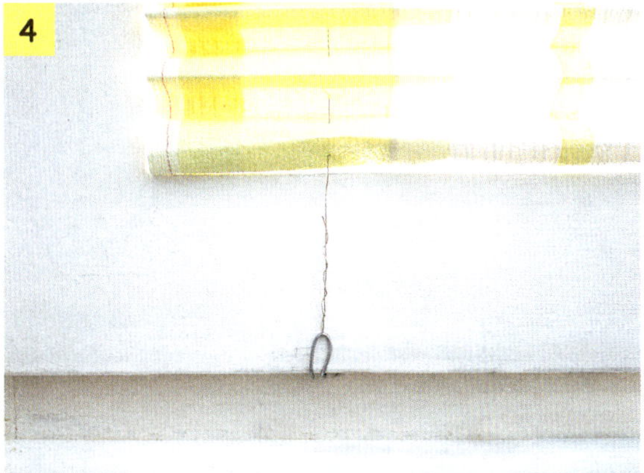

1. Einen Tapetenstreifen zurechtschneiden: dafür das Maß des Fensters nehmen und rundum 3 cm dazugeben. Den zugegebenen Rand überall umschlagen und festnähen.

2. Den Streifen ziehharmonikaartig falten. Nun rechts und links einige Zentimeter von den beiden Rändern entfernt Löcher vorstechen. Blumendraht hindurchziehen und diesen etwa 10 cm länger lassen, als das Fenster mitsamt Rahmen hoch ist.

3. Aus Draht vier Klemmhalter anfertigen: dafür jeweils ein 20 cm langes Stück Draht nehmen, die Mitte markieren und dort zu einer Rundung biegen. Die Rundung und die Drahtenden jeweils nach oben biegen – dazwischen entsteht eine gerade Seite. Die Drahtenden zu beiden Seiten nach außen biegen. Am Ende sollten sich die Klemmhalter eng um den Flügelrahmen legen lassen.

4. Die Klemmhalter am Fenster befestigen und das Rollo dazwischensetzen: die unteren Blumendrahtenden durch die Schlaufe der unteren Klemmhalter führen und verzwirbeln. Die oberen Enden durch die gegenüberliegenden Halter führen und den Draht fest spannen, dann befestigen.

Belenchtung garantiert

MATERIAL:
FLASCHENOBERTEIL, LAMPENSET, SCHRAUBENZIEHER, KORKEN, BOHRER

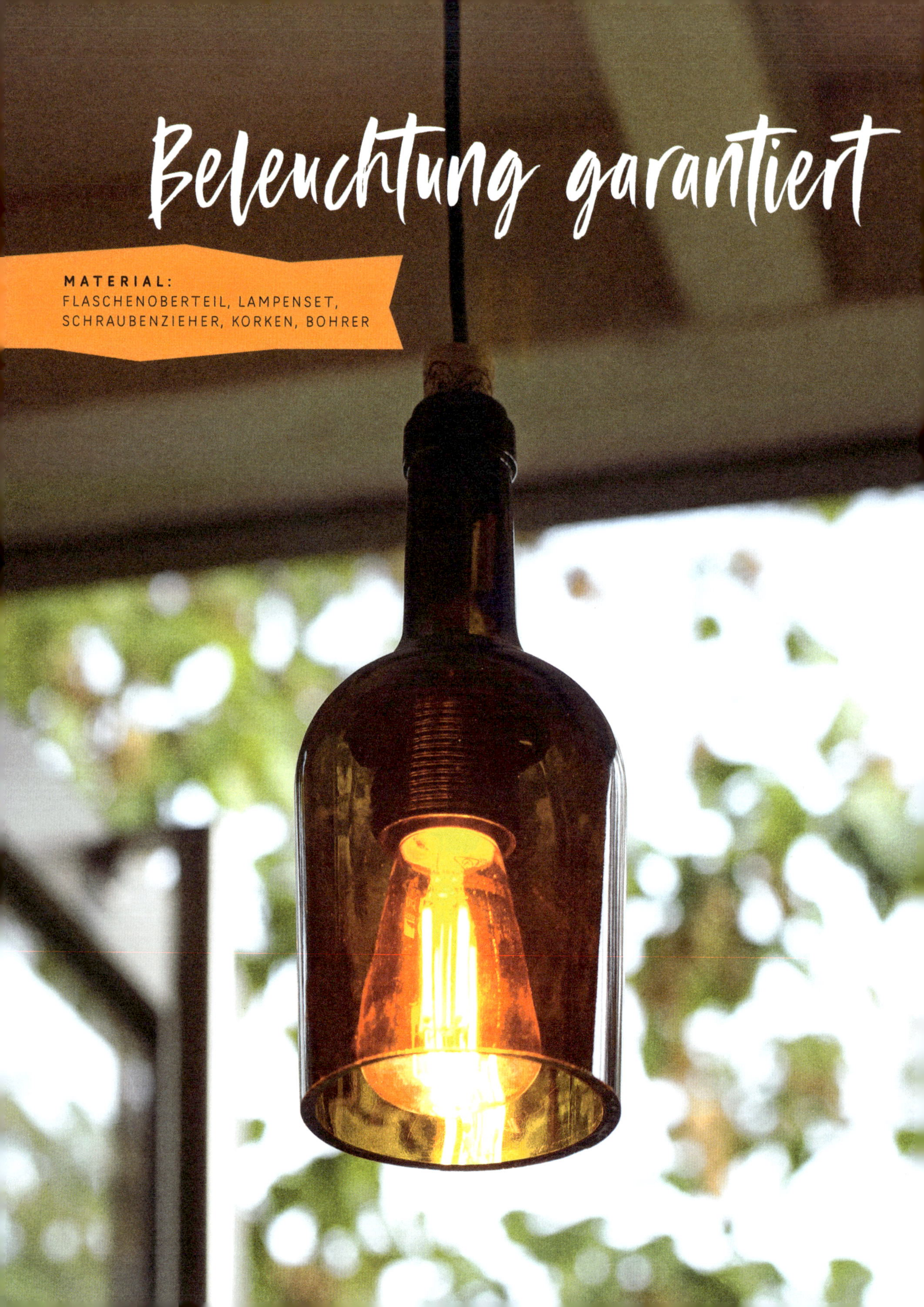

EINMAL EIN LAMPENDESIGNER SEIN? DAS IST GANZ EASY. DIE SETS FÜR DIE ANSCHLÜSSE GIBT ES IM ELEKTROFACHHANDEL ODER IM BAUMARKT. DIE FLASCHE MUSS MAN ENTWEDER VORHER LEER TRINKEN ODER SICH SCHENKEN LASSEN.

1

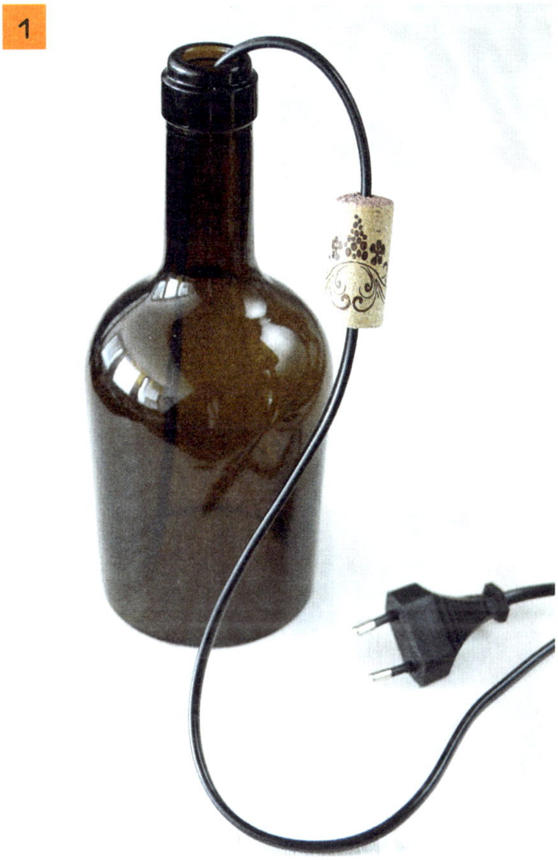

2

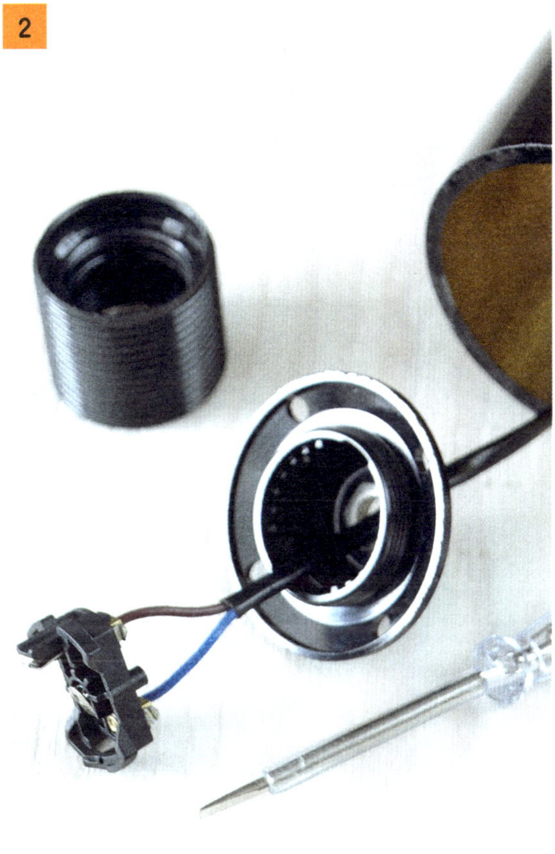

1. Am einfachsten besorgt man sich ein fertiges Set für den Bau von Lampen, vielleicht auch schon mit eingebautem Schalter und einem Stecker. Der Vorteil ist, dass meist die entsprechende Anleitung dabei ist.

Wichtig ist, die richtige Reihenfolge zu beachten. Das heißt in diesem Fall, zuerst die Schnur durch den gebohrten Korken stecken und das Kabel von oben in die Flasche einführen.

2. Dann erst die Fassung gemäß Anleitung zusammenschrauben. Wer sich unsicher ist, lässt sich von einem Fachmann helfen.

Fortsetzung auf der nächsten Seite

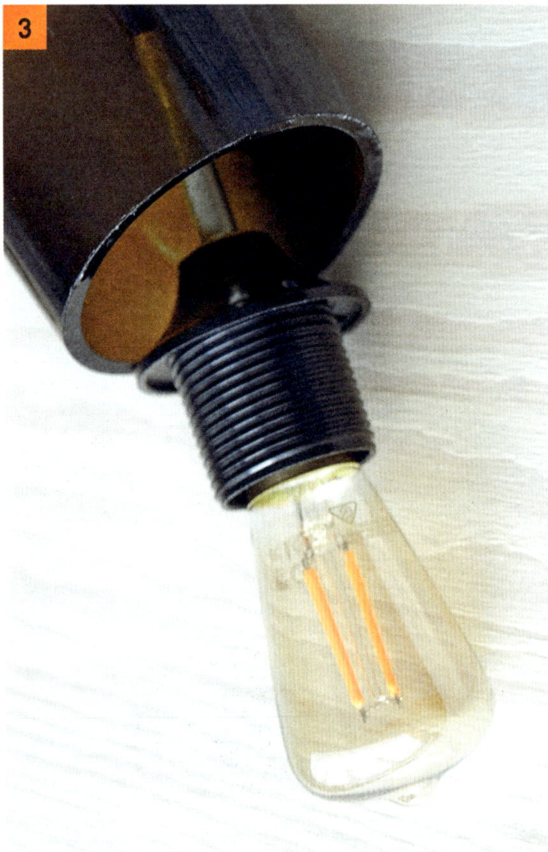

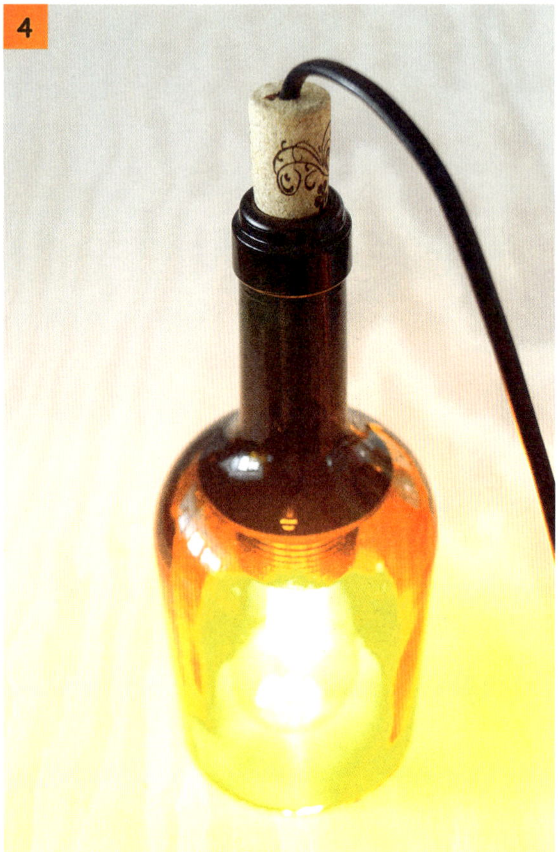

3. Manchmal enthalten die Sets auch noch eine kleine Gewindestange, durch die das Kabel geführt werden kann. Ist alles am richtigen Platz, schraubt man eine passende Glühbirne in die Fassung.

4. Nun das Kabel vorsichtig nach oben ziehen und den Korken fest in die Flasche stopfen. Sicherheitshalber kann man den Korken mit Sekundenkleber oder der Heißklebepistole am Glasrand verkleben, damit er nicht aus der Flasche rutscht, wenn die Lampe hängt. Das Kabel kann man in der Bohrung weiterhin verschieben. Es sollte allerdings sehr stramm sitzen.

Die Flasche kann man nun z. B. mit einem Knoten an einem Haken aufhängen.

NATÜRLICH KANN MAN DIE LAMPEN NOCH VERZIEREN ODER LACKIEREN. WER MAG, VERWENDET SEIN DESIGNERSTÜCK ALS NACHTTISCHLAMPE.

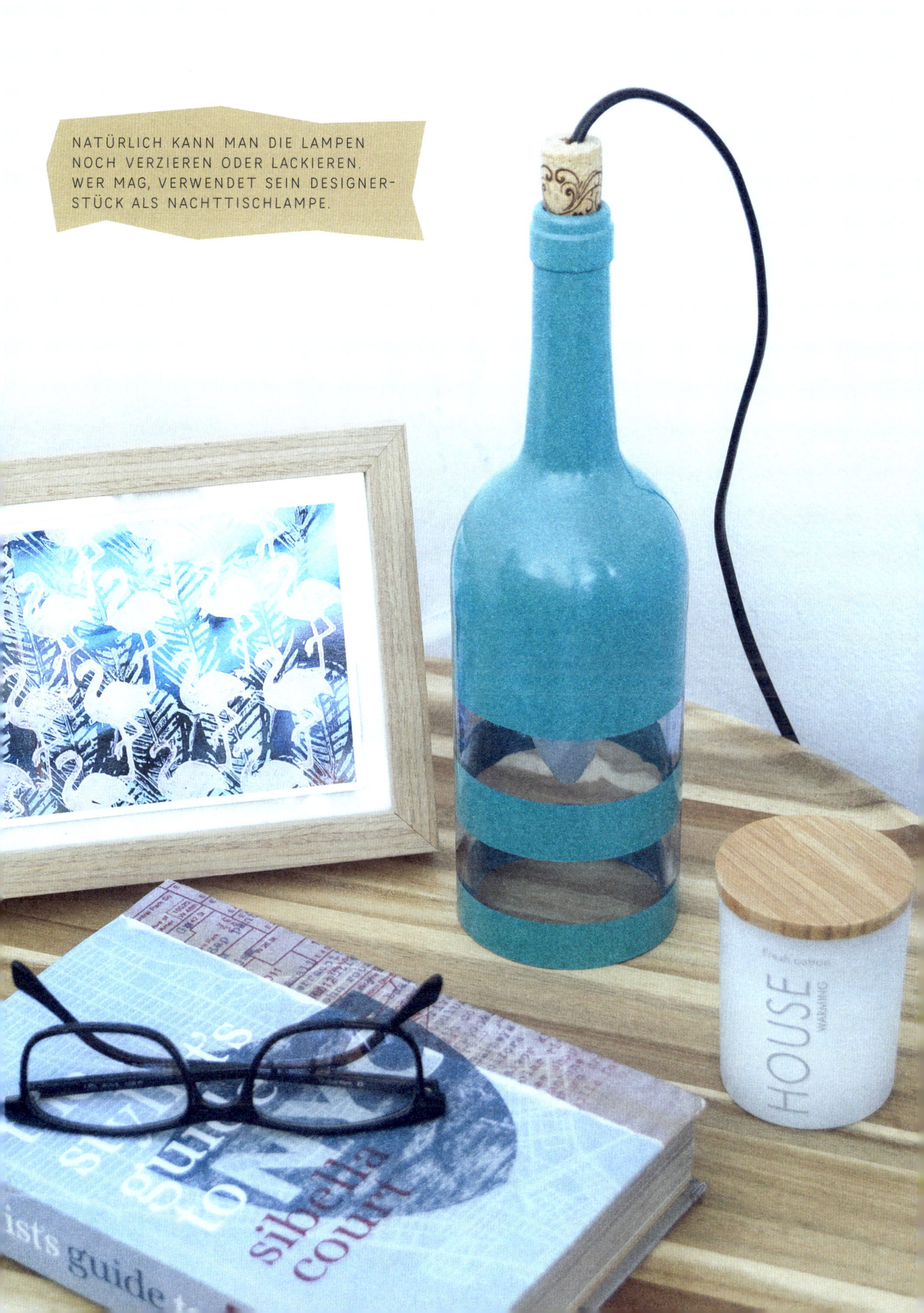

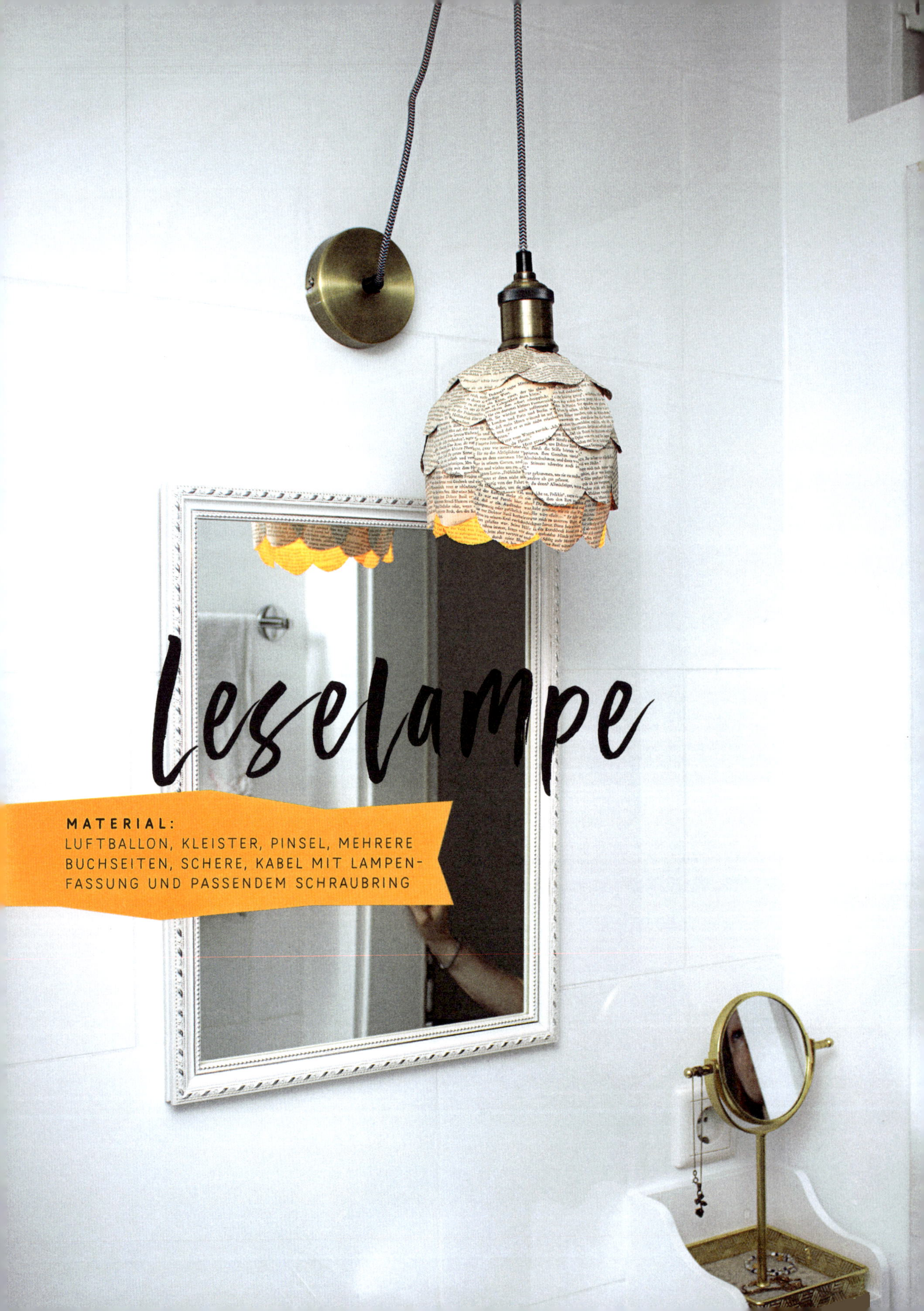

Leselampe

MATERIAL:
LUFTBALLON, KLEISTER, PINSEL, MEHRERE BUCHSEITEN, SCHERE, KABEL MIT LAMPENFASSUNG UND PASSENDEM SCHRAUBRING

WER SEINE LATERNEN FRÜHER SELBST GEBASTELT HAT, KENNT DIE TECHNIK: MITHILFE EINES LUFTBALLONS, KLEISTER UND PAPIER ENTSTEHT EINE GLEICHMÄSSIGE RUNDE FORM. AUCH FÜR EINEN LAMPENSCHIRM AUS BUCHSEITEN EIGNET SIE SICH PRIMA.

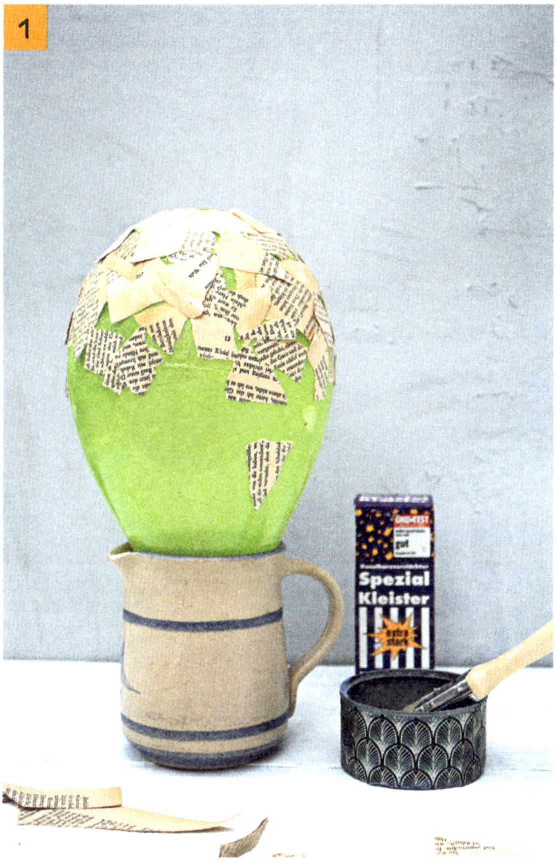

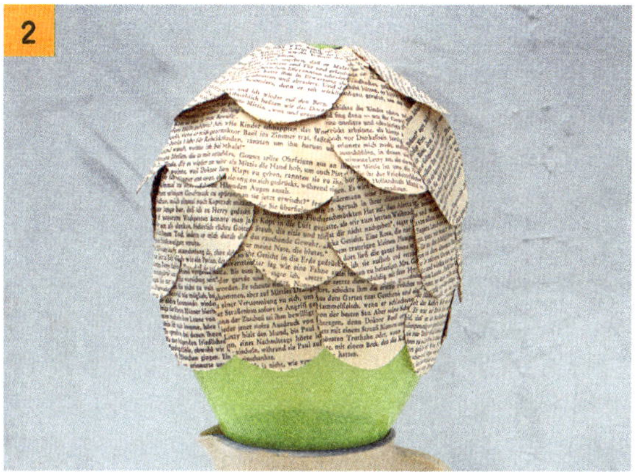

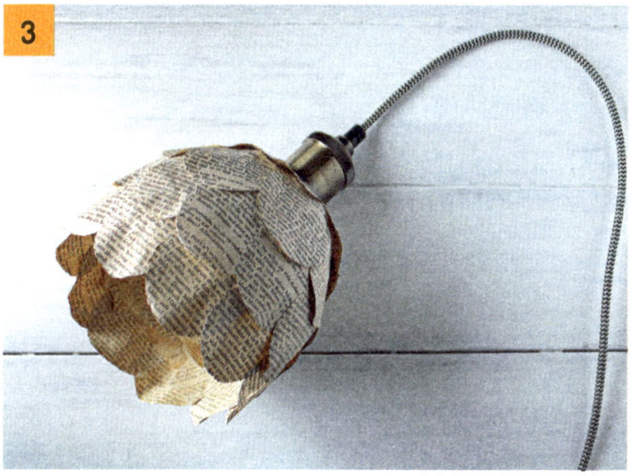

1. Einen Luftballon aufblasen und oben einen Kreis markieren – dieser sollte für die Lampenfassung frei bleiben. Buchseiten in kleine Stückchen zerreißen und mit Kleister mehrere Schichten davon auf den Ballon kleben.

2. Aus weiteren Buchseiten Kreise ausschneiden und diese überlappend auf den Ballon kleben.

3. Nach dem Trocknen den Ballon aufschneiden und vorsichtig aus dem Inneren der Form ziehen. Diese dann mithilfe des Schraubrings an der Fassung befestigen.

Bezugsfertig

MATERIAL:
LAMPENFUSS, GESTELL MIT KABEL, CUTTER, TAPETE, HEISSKLEBER, SPITZENBAND

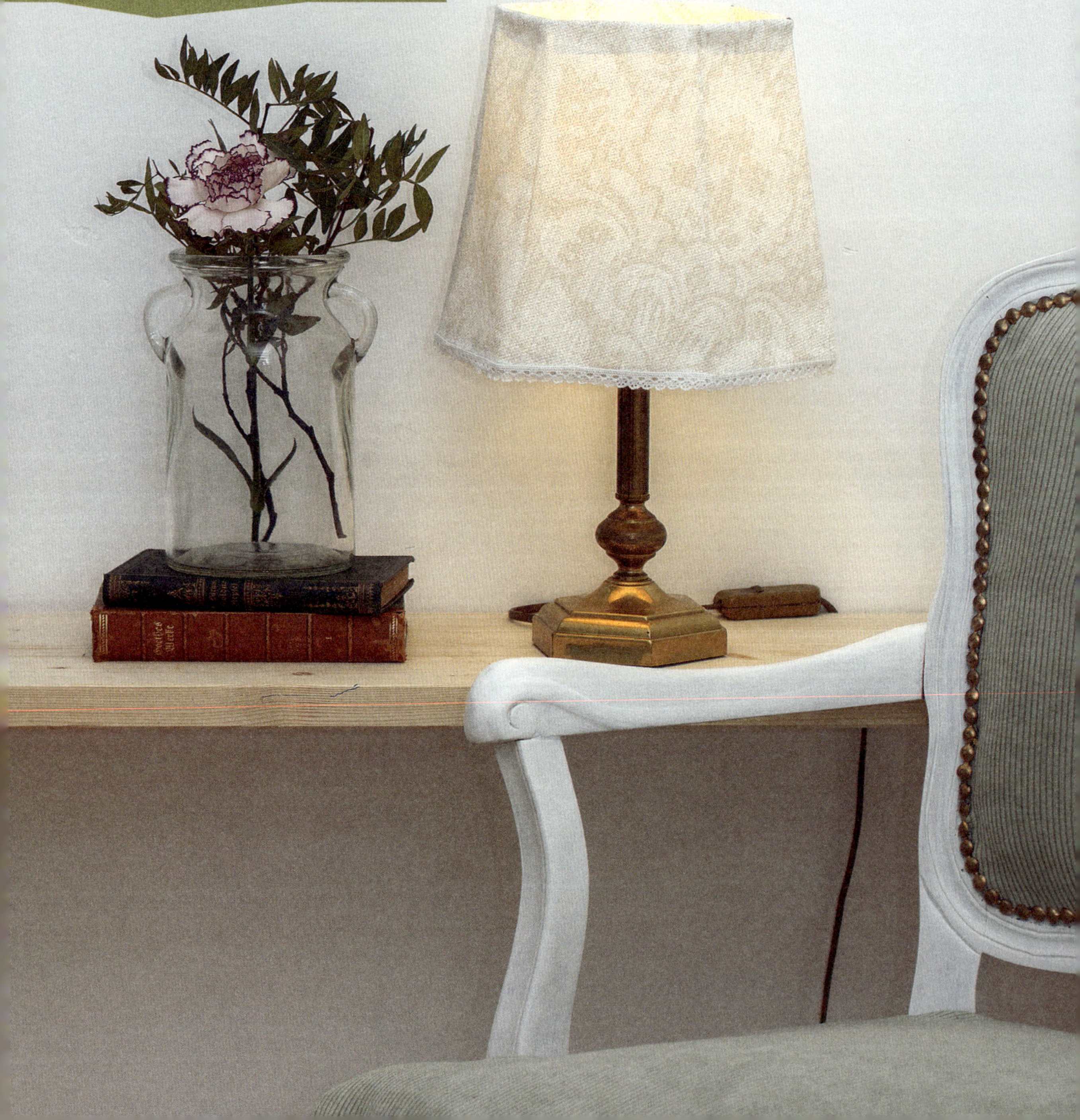

AUF OMAS DACHBODEN, IN GEBRAUCHTWARENLÄDEN ODER AUF DEM FLOHMARKT FINDEN SICH OFT TISCHLAMPEN, DIE NOCH KOMPLETT INTAKT SIND. EINZIG AM STOFFSCHIRM ZEIGEN SICH MEIST DIE SPUREN DER ZEIT. KLAR, DASS DA EIN NEUER BEZUG HER MUSS!

1

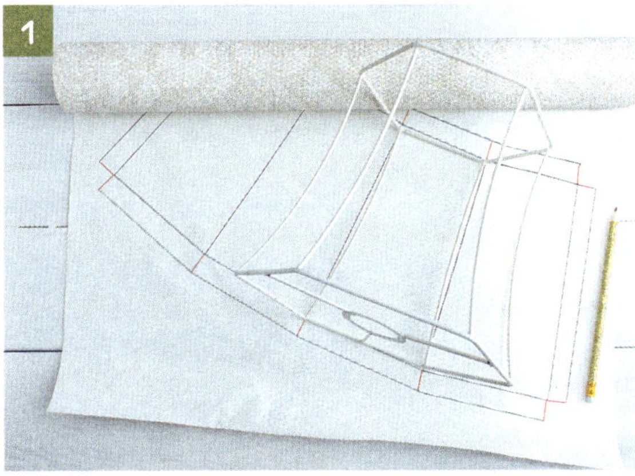

2

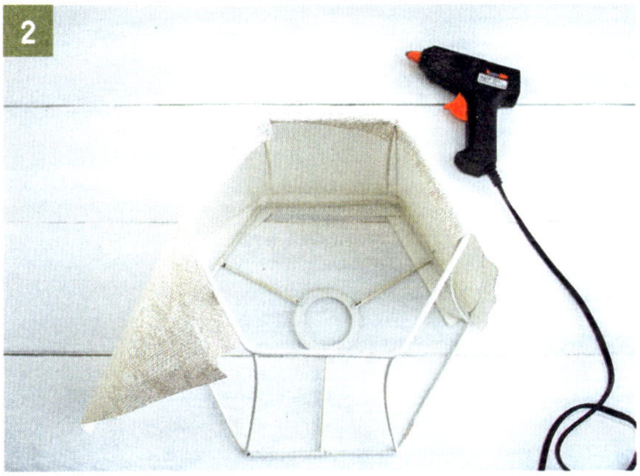

3

1. Den Lampenschirm abnehmen und den Stoffbezug mit einem Cutter abschneiden. Das Gestell auf die Tapete legen und den Umriss übertragen. Das funktioniert gut, indem man das Gestell Seite für Seite über die Tapete rollt und dabei jeweils mit einem Stift die Kanten nachfährt. Bei einer Mustertapete reicht die Rollenbreite meist nicht aus, um den Bezug aus einem Stück zu fertigen: daher zwei Tapetenstücke nehmen. Etwa bei dem hier gezeigten sechseckigen Schirm wurden vier Seiten auf ein Stück Tapete übertragen, die restlichen zwei auf ein zweites Stück. Bei einer unifarbenen Tapete die Rolle quer nehmen. Bei dem Umriss – oder den beiden Umrissen – rundum zwei Zentimeter zugeben, dann ausschneiden. Die Ecken herausschneiden, die Verlängerungen der Kantenlinien am oberen und unteren Rand einschneiden.

2. Die Kanten knicken, damit sie sich später besser in die vorgesehene Form fügen. Das erste Tapetenstück um das Gestell legen und bei jeder Seite die Oberkante befestigen: dafür Heißkleber auf die Innenseite geben und das jeweils oben überstehende Tapetenstück nach innen einschlagen. Besteht der Bezug aus zwei Teilen, während dieses Arbeitsschritts das zweite Stück mit Heißkleber an das erste kleben.

3. An der noch offenen Seite die Tapete überlappend zusammenkleben.

Fortsetzung auf der nächsten Seite

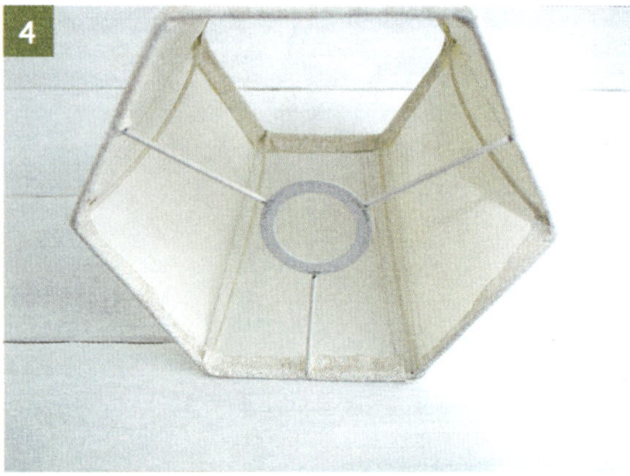

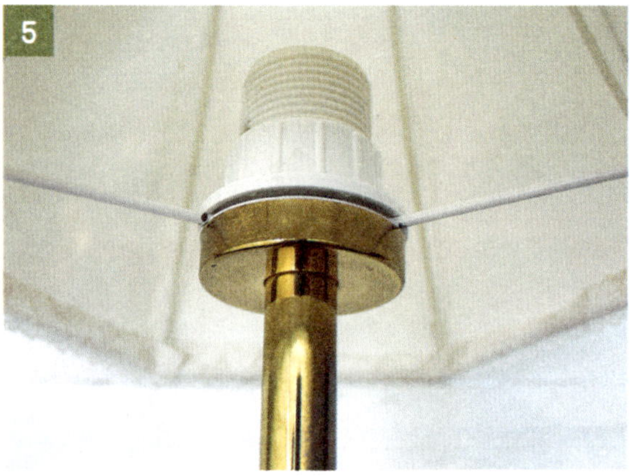

4. An den unteren Kanten genauso verfahren wie an den oberen, dabei die Tapete etwas spannen. An den senkrechten und hier leicht gebogenen Streben sollte die Tapete im Übrigen nicht befestigt werden – denn anders als Stoff lässt sie sich nicht dehnen und könnte durchs Anlegen reißen.

5. Den Lampenschirm auf den Lampenfuß setzen und mithilfe des Schraubrings befestigen.

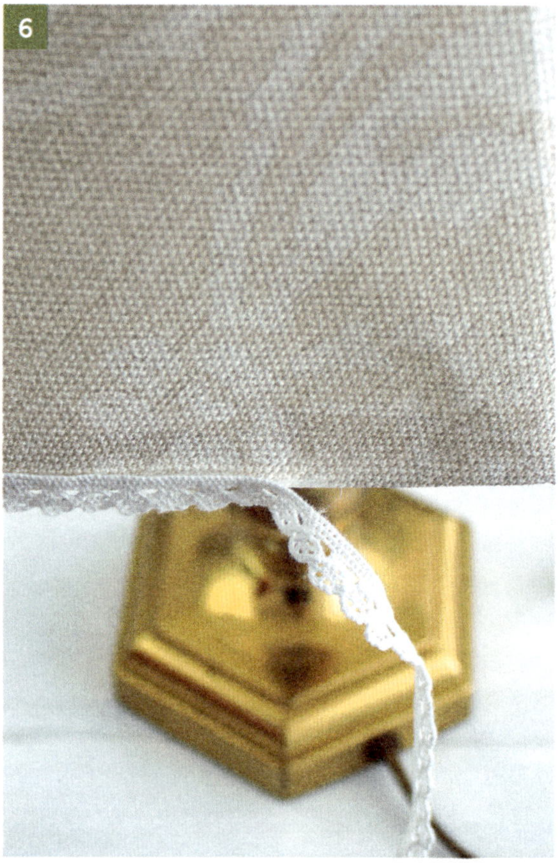

6. Zuletzt mit Heißkleber an der unteren Kante des Lampenschirms rundum Spitzenband ankleben.

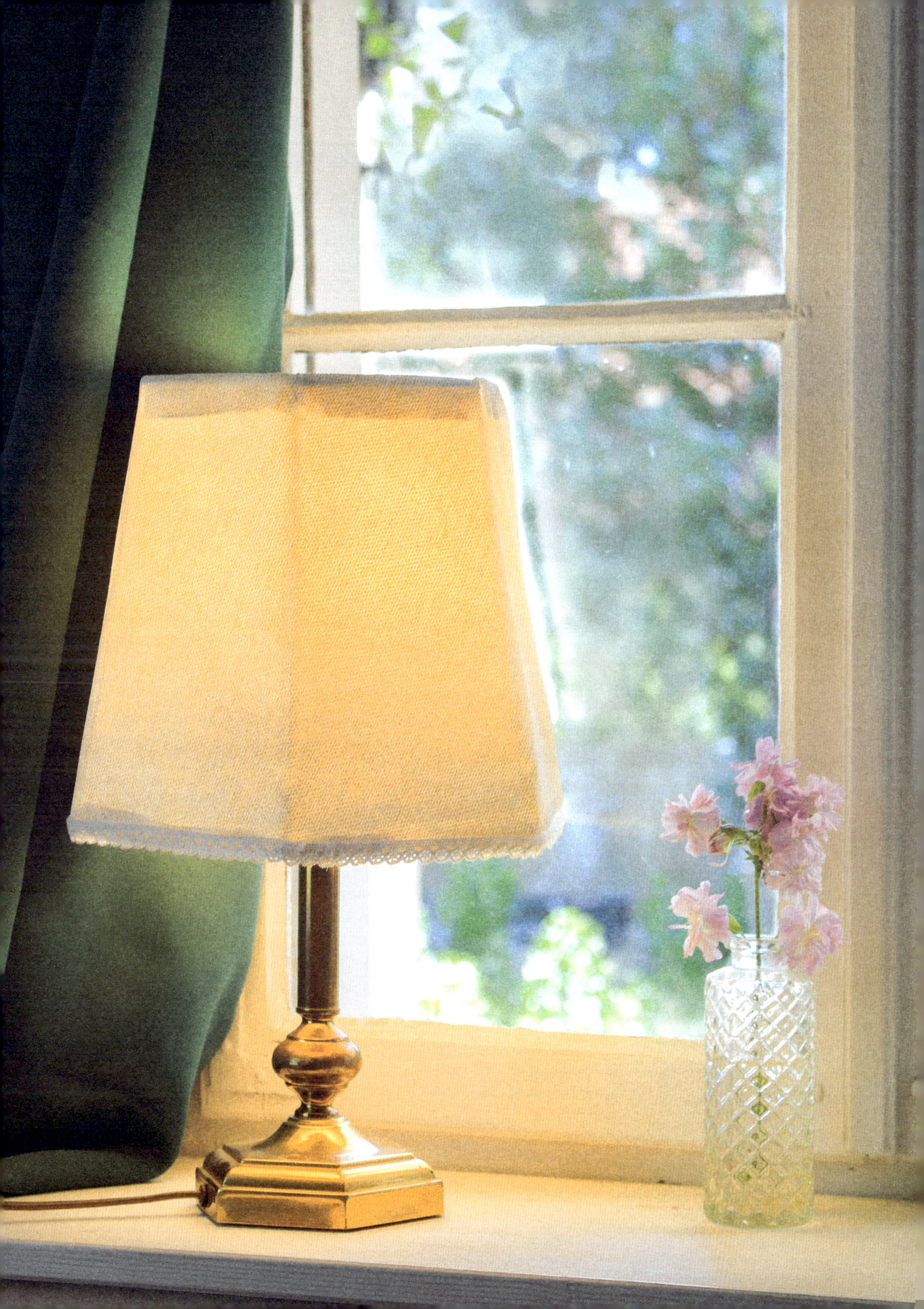

Pretty in Pink

MATERIAL:
DOSE, LAMPENFASSUNG E14 MIT SCHALTER, GLÜHBIRNE, CA. 8 EASY STICKS, HAMMER, NAGEL, SÄGE, GEHRUNGSLADE, BOHRSCHRAUBER, METALLBOHRER, HOLZLEIM, SEITENSCHNEIDER, SPRÜHLACK, 2 GEWINDESCHRAUBEN, 2 UNTERLEGSCHEIBEN, 2 FLÜGELMUTTERN

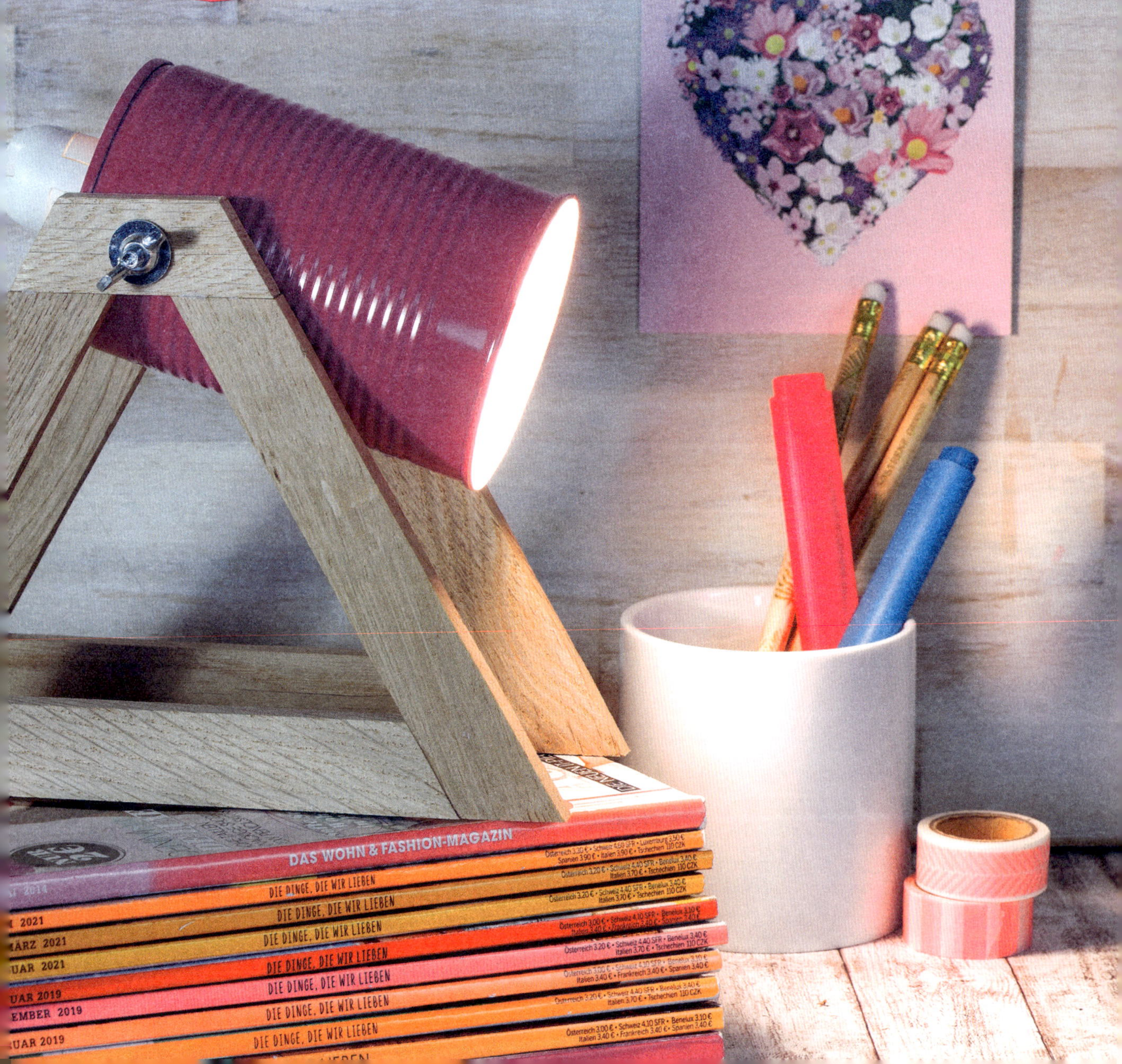

DIE KLEINE POPPIGE TISCHLAMPE MACHT NICHT NUR LICHT, SONDERN AUCH GUTE LAUNE. OB AUF DEM SCHREIBTISCH ODER DEM NACHTTISCH – HIER LIEGT DER HOTSPOT GANZ KLAR AUF DER LIEBLINGSFARBE DES BESITZERS ...

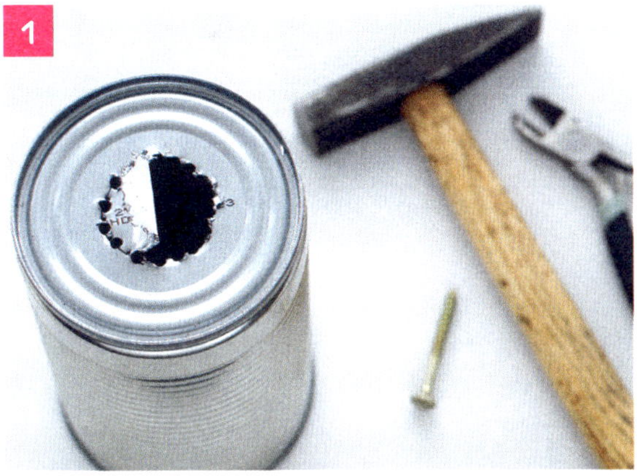

1

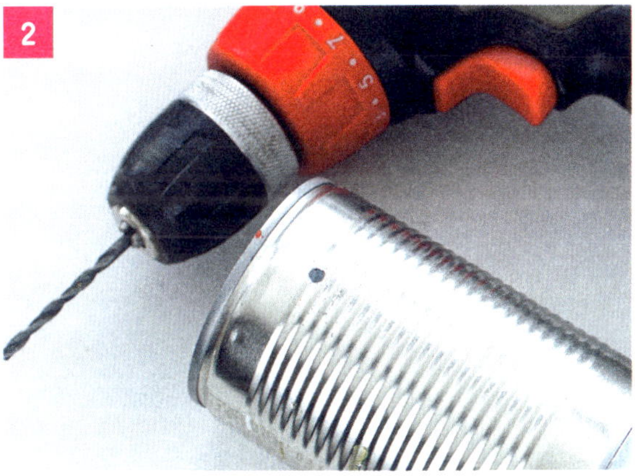

2

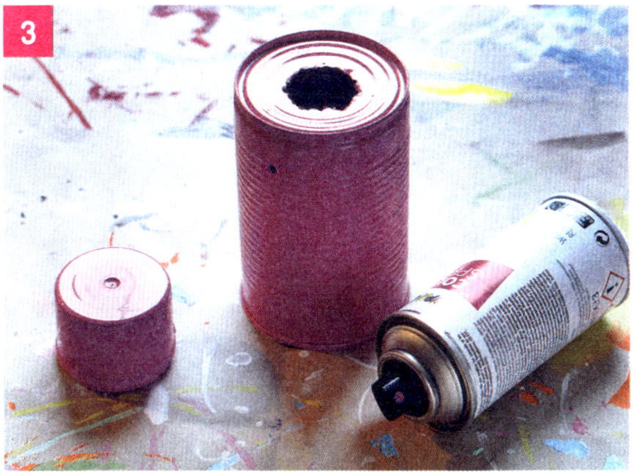

3

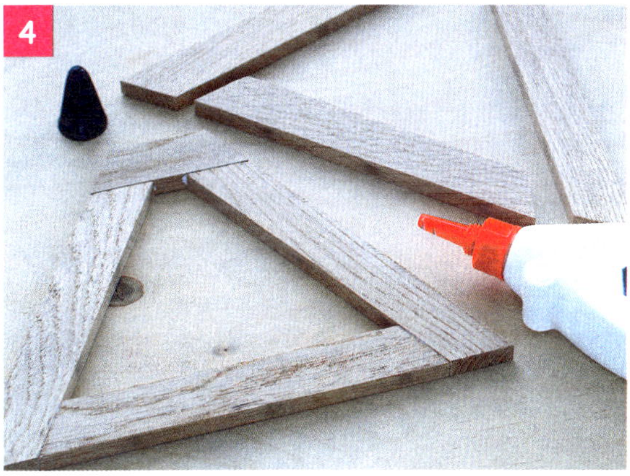

4

1. Mit Nagel und Hammer schlägt man zunächst im Kreis viele kleine Löcher in den Boden der Dose, um so die Öffnung für die Lampenfassung vorzubereiten. Mit einem Seitenschneider schneidet man anschließend den Metallkreis heraus. Vorsicht, die Kanten sind sehr scharf!

2. Rechts und links in die Dose ca. 2–2,5 cm vom Dosenboden entfernt je ein Loch für die Gewindeschrauben bohren.

3. Jetzt kann man die Dose lackieren. 1- bis 2-mal, bis die Farbe richtig gut deckt.

4. In der Zwischenzeit sägt man das Gestell für die Lampe zu, orientiert an den Maßen in der Zeichnung auf der nächsten Seite.

Hier wurden Easy Sticks, also kleine kurze Holzleisten, verwendet. Natürlich kann man auch andere Leisten nutzen.
Die Winkel betragen alle 60 ° und lassen sich am besten in einer Gehrungslade zuschneiden. Entsprechend der Zeichnung auf der nächsten Seite die zwei Seitengestelle zusammenkleben.

(Da es zu Ungenauigkeiten beim Sägen kommen kann, sind die angegebenen Maße nur Richtwerte.)

Fortsetzung auf der nächsten Seite

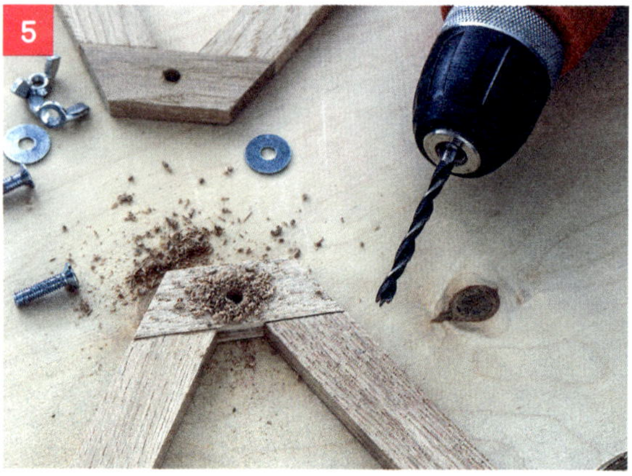

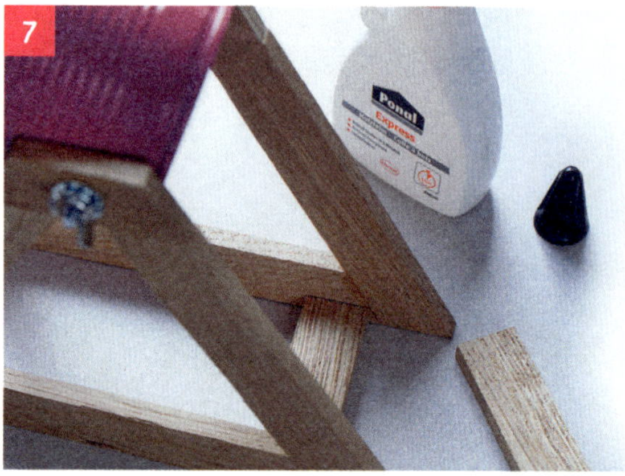

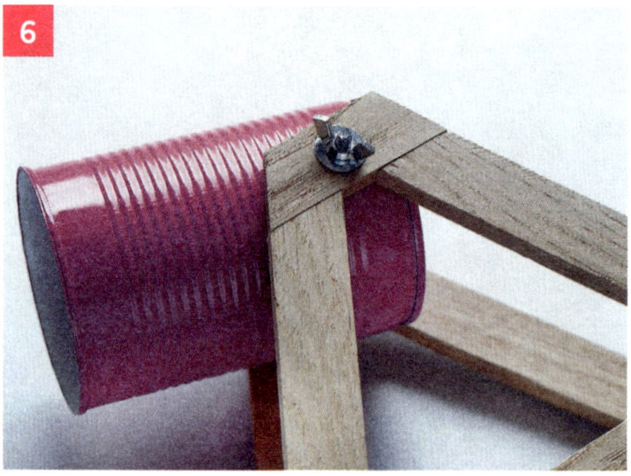

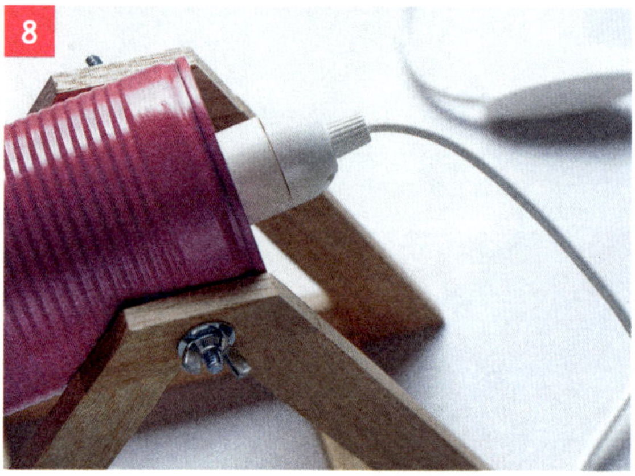

5. In die oberen Querstücke bohrt man nun je ein Loch, passend für die ausgewählten Gewindeschrauben.

6. Nun steckt man die Gewindeschrauben von innen in die Dose, dann durch die Bohrung im Holz, legt eine Unterlegscheibe unter und dreht die Flügelmuttern fest.

7. Zur Stabilisierung der Lampenhalterung sägt man nun zwei passende Holzstücke zu und klebt sie mit Holzleim zwischen die unteren Leisten.

8. Nun steckt man die Lampenfassung von hinten durch das Loch der Dose und schraubt innen den Fassungsring dagegen. Glühbirne rein. Licht an!

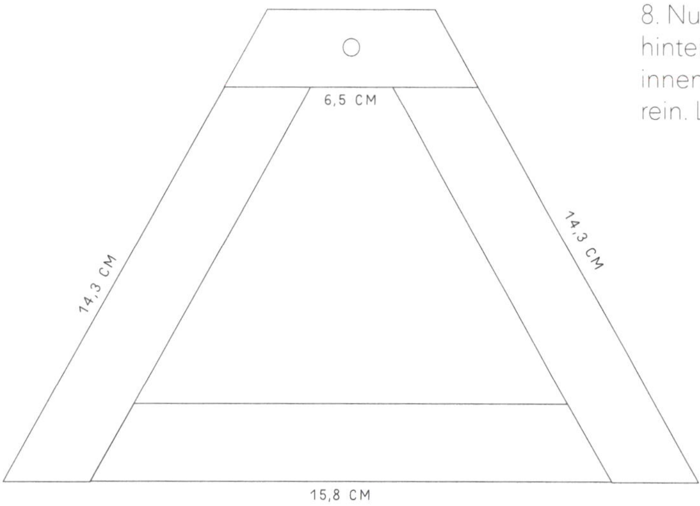

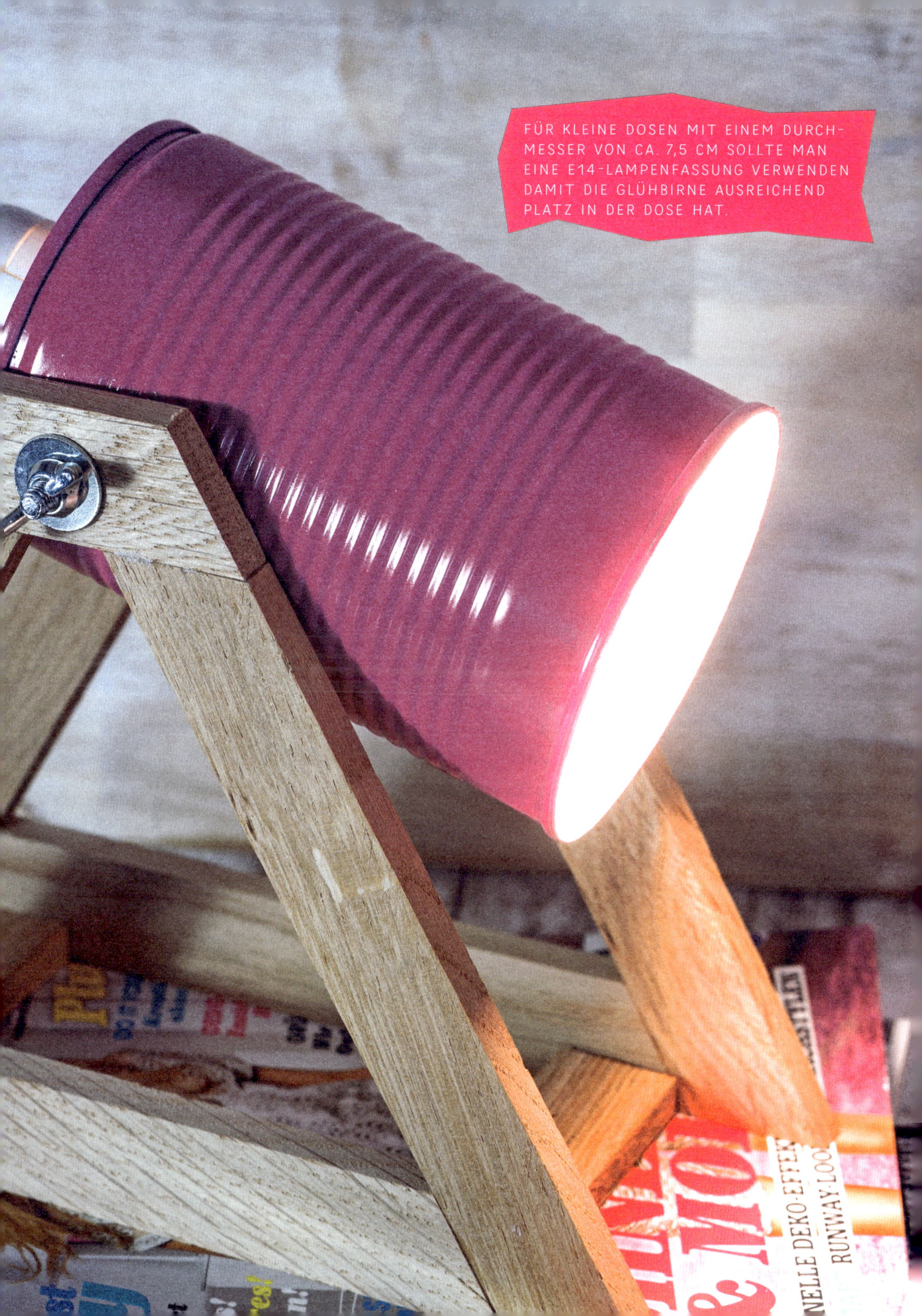

FÜR KLEINE DOSEN MIT EINEM DURCHMESSER VON CA. 7,5 CM SOLLTE MAN EINE E14-LAMPENFASSUNG VERWENDEN DAMIT DIE GLÜHBIRNE AUSREICHEND PLATZ IN DER DOSE HAT.

Volle Kanne Licht

MATERIAL:
2 SCHÄLCHEN, 2 KANNEN, BOHRMASCHINE MIT DIAMANTBOHRER, TESAKREPP, GEWINDESTANGE, SCHRAUBEN UND UNTERLEGSCHEIBEN, TRANSPARENTES KABEL, KIPPSCHALTER, STECKER, HALOGENLEUCHTMITTEL, SEITENSCHNEIDER

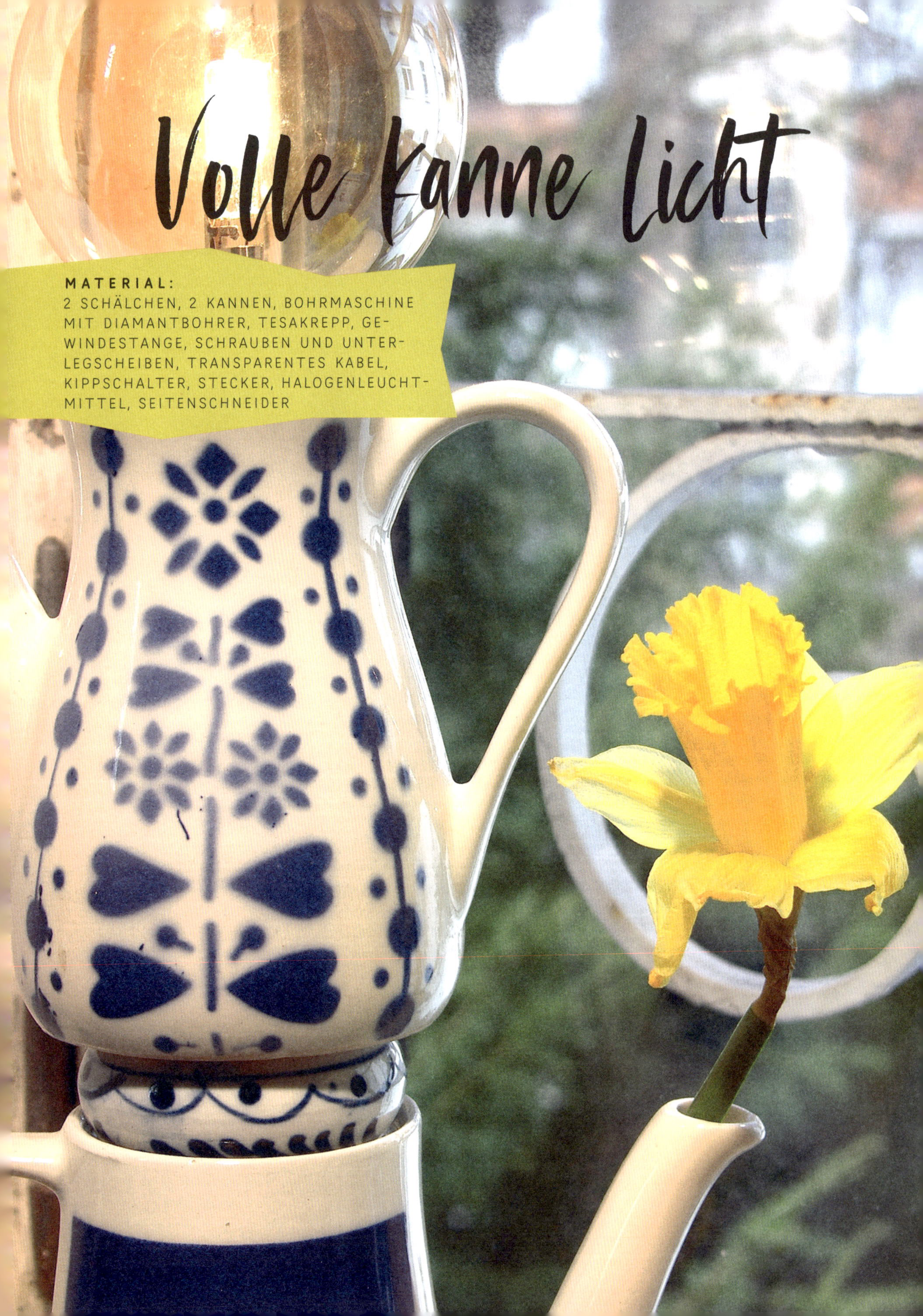

DIE TISCHLAMPE WIRD BESONDERS STANDFEST DURCH PORZELLAN MIT MÖGLICHST GROSSEM DURCHMESSER, WIE Z. B. EINE MÜSLISCHALE, SUPPENTASSE ODER EINEN ZUCKERTOPF. DANACH WIRD NACH LUST UND LAUNE SOWIE VORHANDENEM PORZELLAN GESTAPELT.

1

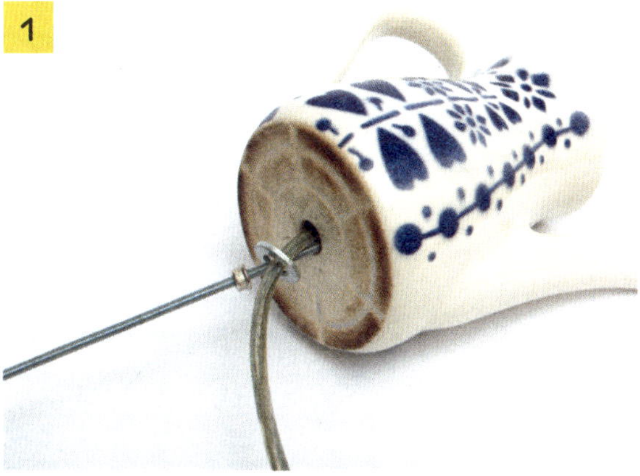

3

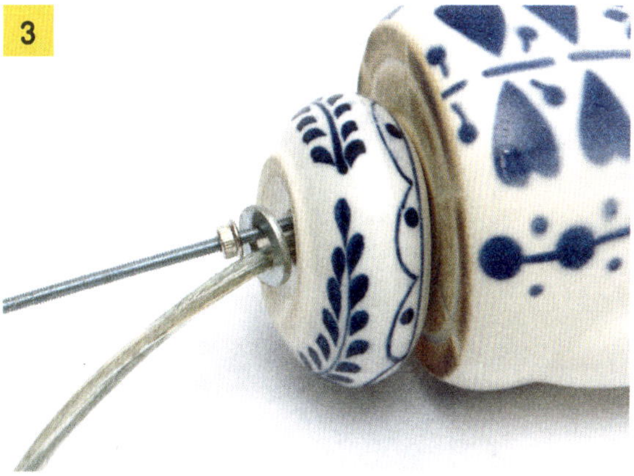

2

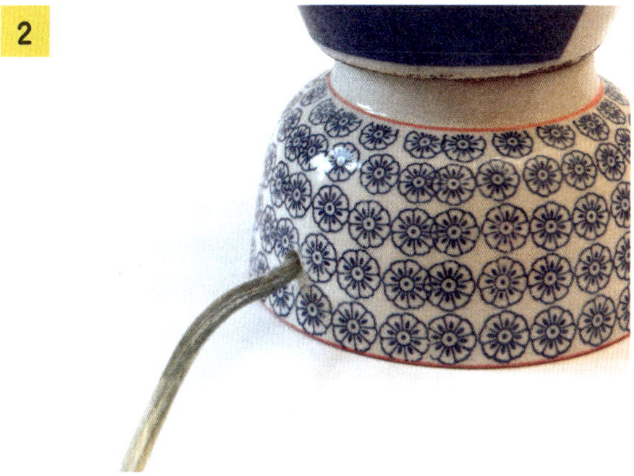

4

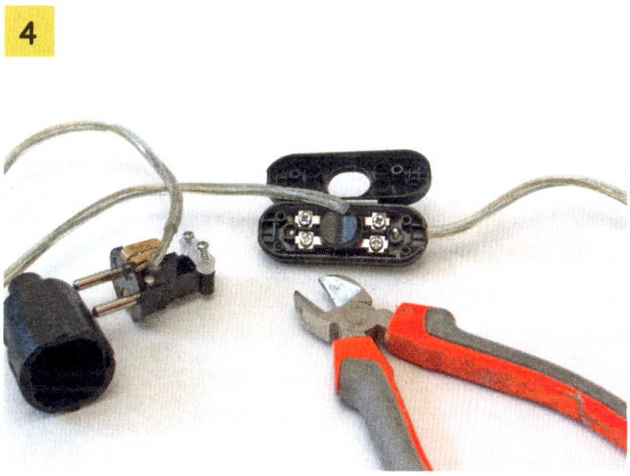

1. Zuerst bohrt man die Löcher für die Gewindestange (hier ca. 0,78 cm) und das Kabel. Dazu jeweils mittig auf der Unterseite des Porzellans mit Tesakrepp das Bohrloch markieren. Arbeitshandschuhe anziehen und den Bohrer jeweils auf der Porzellanunterseite an der Markierung ansetzen. Kurz anbohren, dann etwas Wasser dazugeben, damit der Bohrer nicht zu schnell heiß wird. So bohrt man alle vier Porzellane.

2. Die Müslischale bekommt seitlich für den Kabelausgang ein zusätzliches Loch.

3. Wichtig ist, dass man von oben nach unten arbeitet. Man führt die Gewindestange (Länge wie aufgestapeltes Objekt) und das Kabel durch das Bohrloch der oberen Kanne, nach jedem Porzellan wird dann eine Unterlegscheibe über die Gewindestange geschoben und mit einer Mutter fixiert. So arbeitet man sich durch alle Porzellane. Die Muttern dürfen nicht zu fest angezogen werden, denn das Porzellan könnte dadurch zerspringen.

4. Wenn alle Porzellanteile miteinander verbunden sind und das Kabel (hier ca. 1,80 m) durch den seitlichen Rand der Müslischale gezogen ist, wird die Elektrik fertiggestellt (Länge wie aufgestapeltes Objekt).

Dazu benötigt man die vorher angesprochenen Werkzeuge. Die entsprechenden Pole müssen gleichermaßen miteinander verbunden werden. Wer sich da nicht herantraut, kann auch fertig konfektionierte Kabel mit Schalter benutzen.

Nicht lange fackeln...

MATERIAL FÜR 2 FACKELN:
2 THUNFISCHDOSEN, RUNDE HOLZSTÄBE,
2 REDUZIERMUFFEN, 2 LANGE SCHRAUBEN,
BOHRMASCHINE, SÄGE, HAMMER, NAGEL,
SCHRAUBENDREHER, SPRÜHLACK, KLEBEBAND,
HITZEBESTÄNDIGES GLAS, TEELICHTER

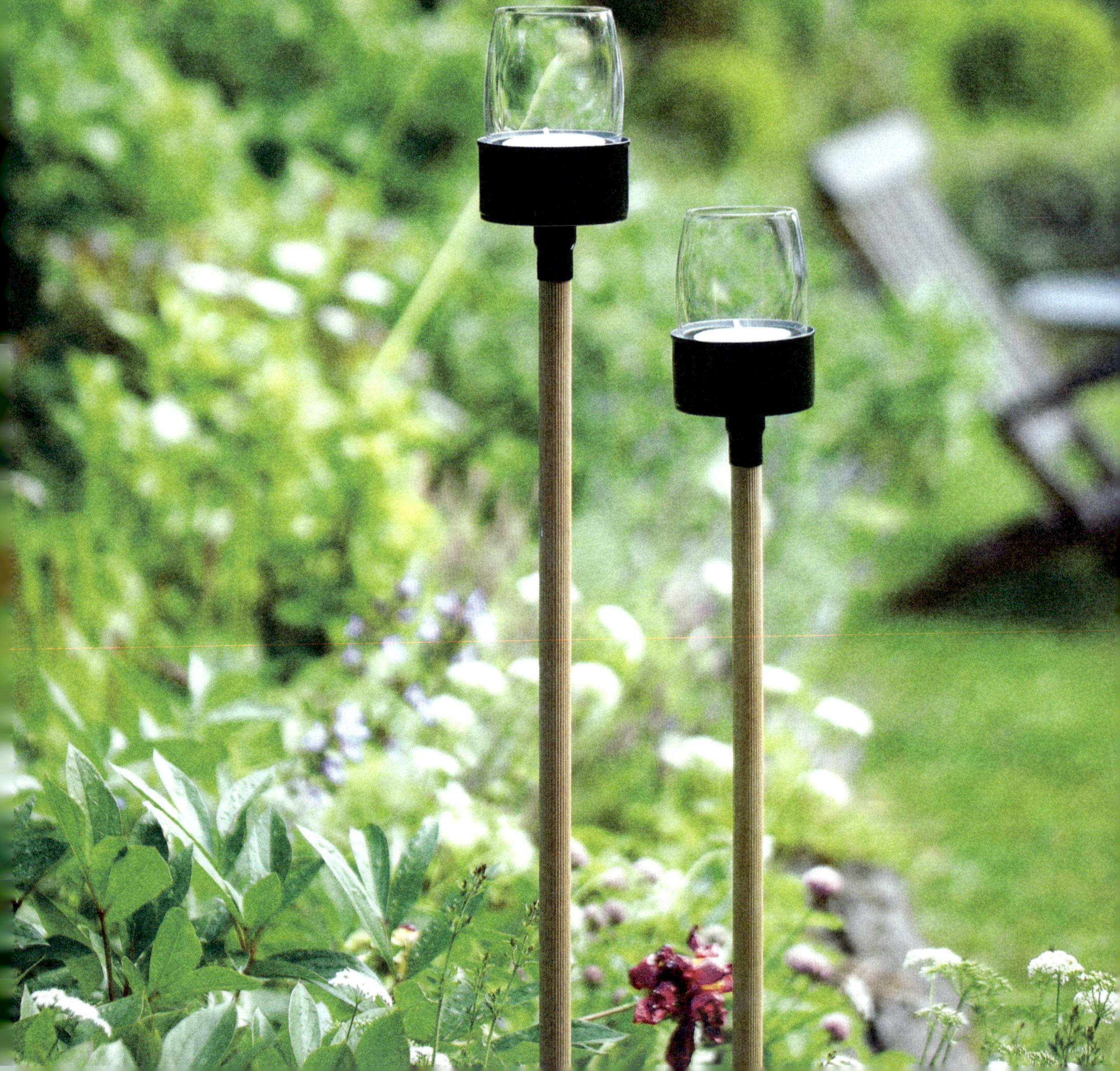

TAGSÜBER WIRKEN SIE WIE ZARTE SKULPTUREN, ABENDS BRINGEN SIE SO RICHTIG STIMMUNG IN DEN GARTEN. OB MIT GROSSEN TEELICHTERN ODER KLEINEN STUMPENKERZEN: MIT EINEM PASSENDEN GLAS WIRD DIE THUNFISCHDOSE ZUM DESIGNOBJEKT.

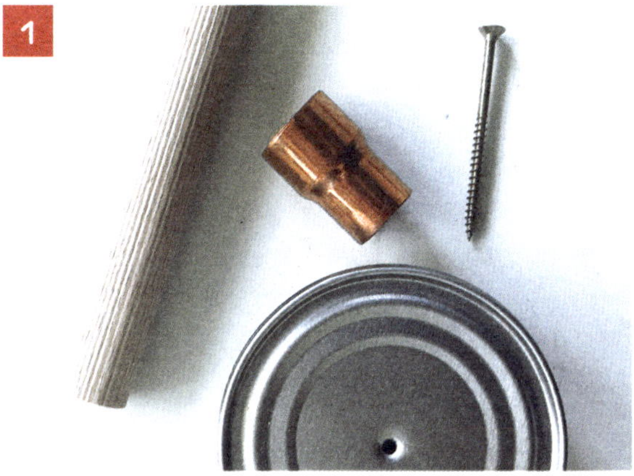

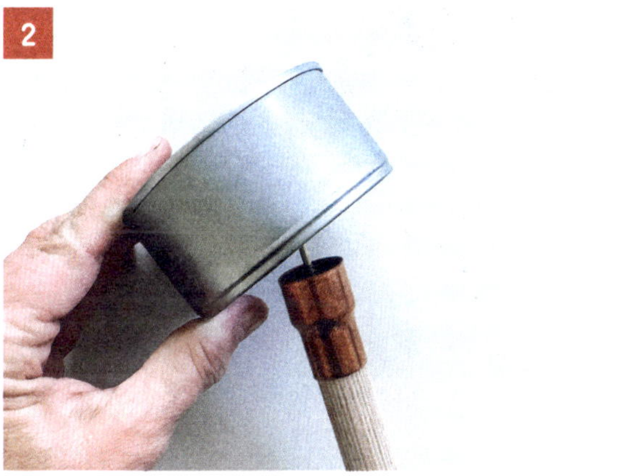

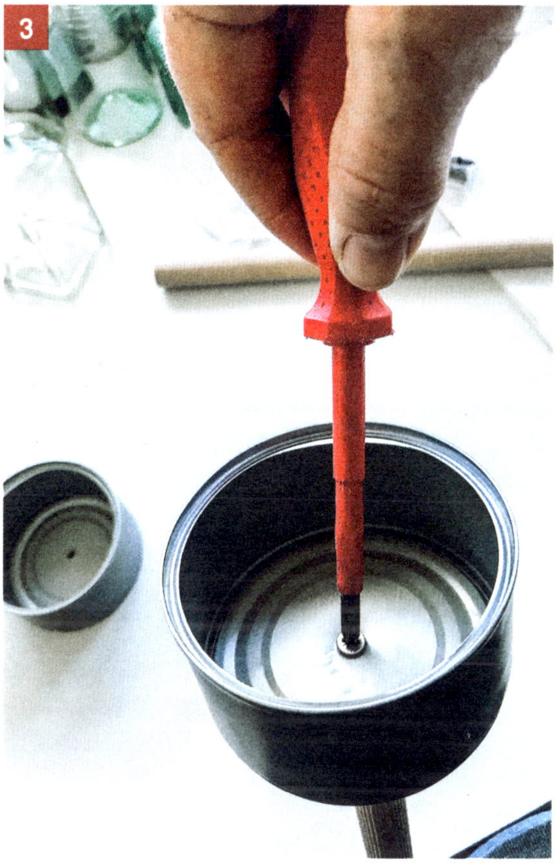

1. Die Reduziermuffen müssen einen Durchmesser haben, der auf die Holzstäbe passt. Die Stäbe hier sind ca. 2 cm dick. Die Länge kann jeder selbst bestimmen und entsprechend zusägen.

Mit einem Nagel schlägt man zunächst ein Loch in die Mitte des Dosenbodens. Den Holzstab sollte man von oben anbohren, damit sich die Schraube besser festdrehen lässt.

2. Die Reduziermuffe steckt man auf den Holzstab. Eventuell mit dem Hammer etwas festschlagen. Dann setzt man von oben die lange Schraube durch die Dose.

3. Mit einem Schraubendreher wird nun die Schraube in den Holzstab geschraubt, bis die Dose fest auf der Muffe sitzt.

Fortsetzung auf der nächsten Seite

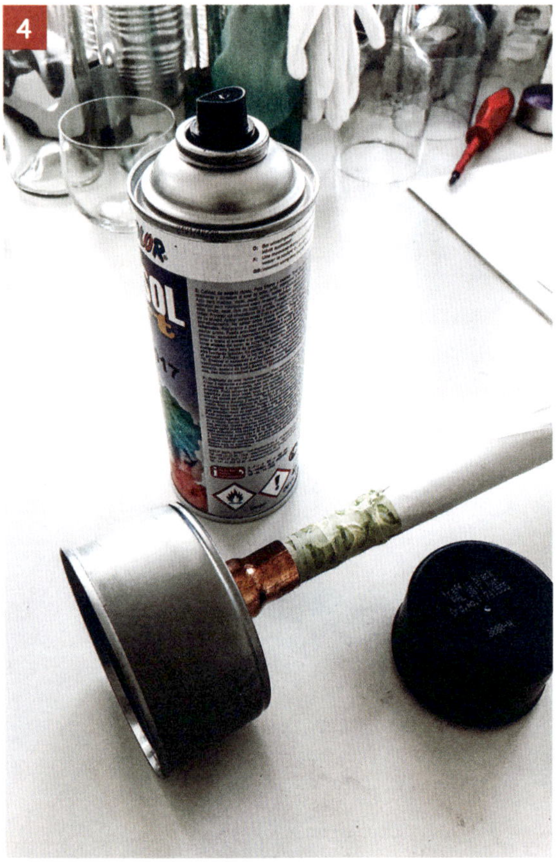

4. Da der Holzstab nicht mitlackiert wird, kebt man ihn mit etwas Klebeband ab.
(Wer mag, kann natürlich auch alles komplett lackieren, oder auch die Kupfermuffe lassen, wie sie ist.)

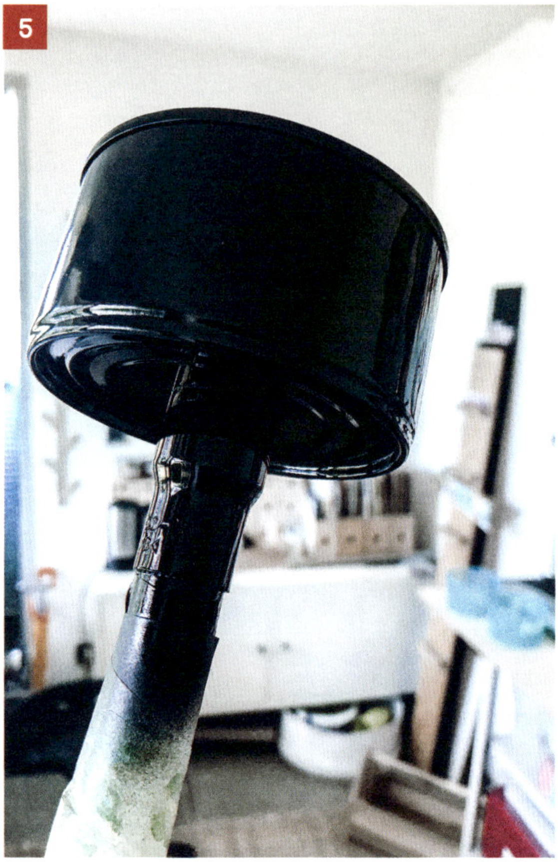

5. Dann die Dosen in der gewünschten Farbe lackieren und die Farbe anschließend gut trocknen lassen. Später stellt man ein passendes Glas hinein, mit einem Teelicht oder einer Kerze. Aus Sicherheitsgründen sollte man ein hitzebeständiges Glas verwenden.

Den Stab kann man dann im Garten in die Erde stecken oder in einen Eimer mit Sand auch auf der Terrasse aufstellen.

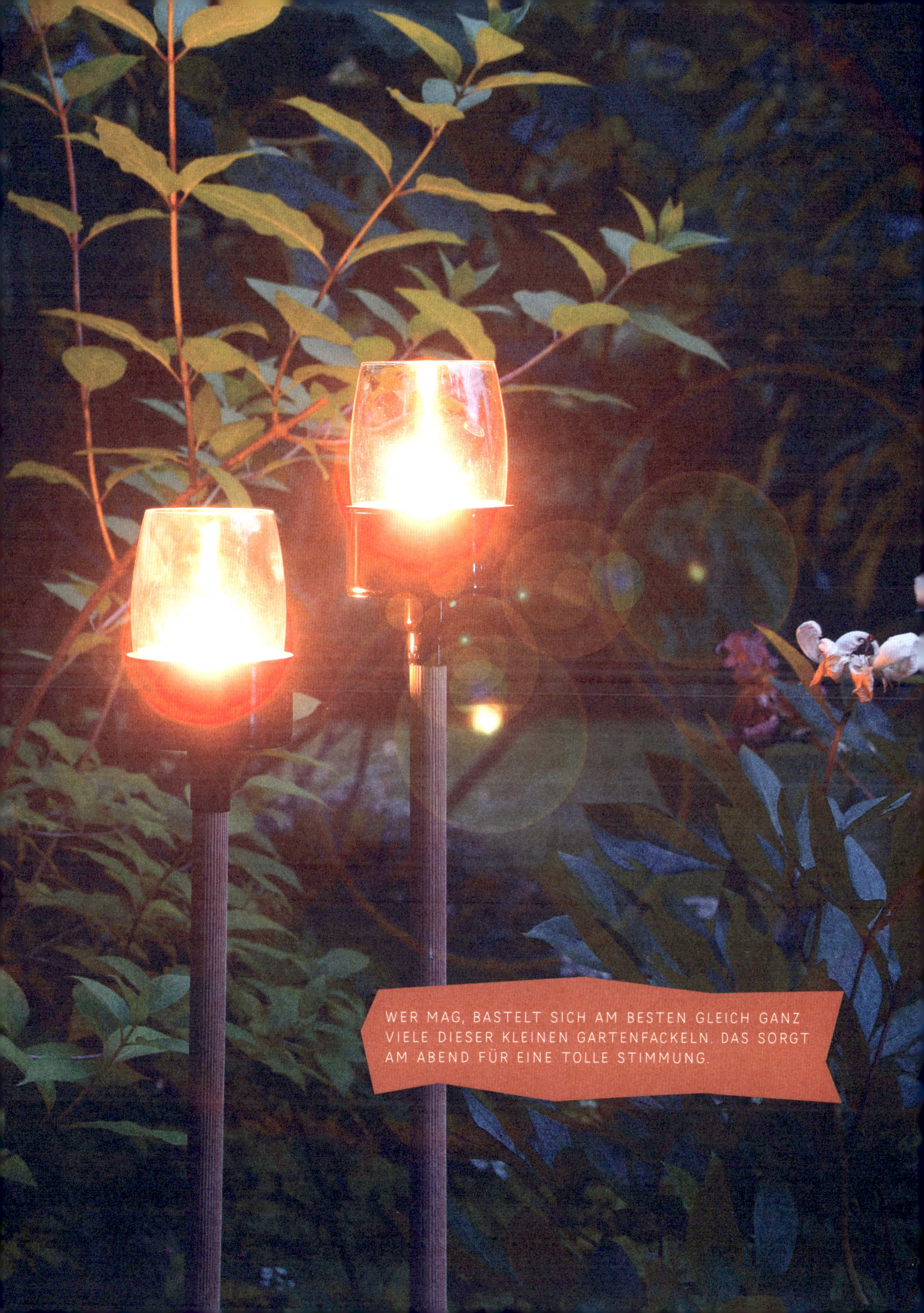

WER MAG, BASTELT SICH AM BESTEN GLEICH GANZ VIELE DIESER KLEINEN GARTENFACKELN. DAS SORGT AM ABEND FÜR EINE TOLLE STIMMUNG.

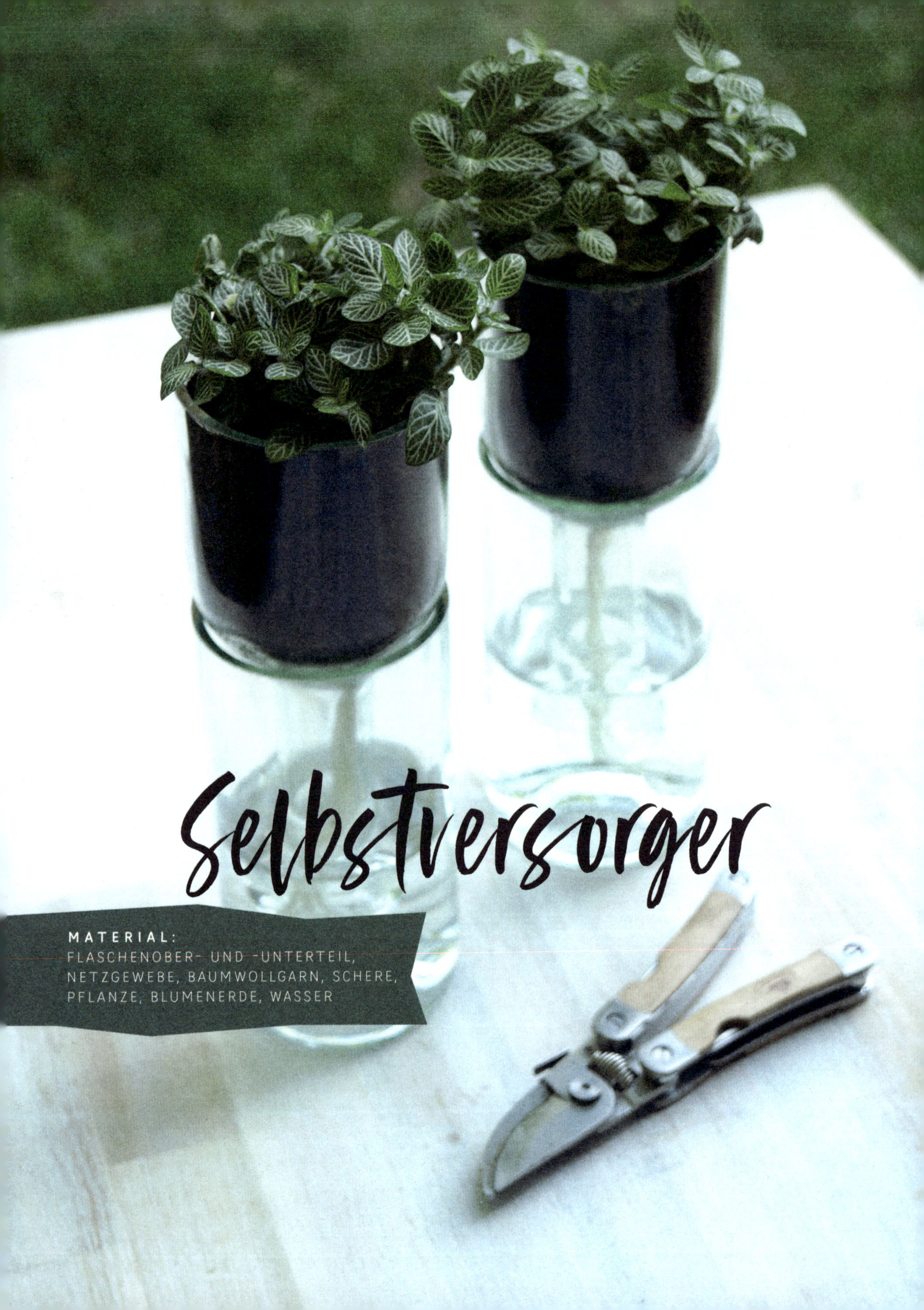

Selbstversorger

MATERIAL:
FLASCHENOBER- UND -UNTERTEIL, NETZGEWEBE, BAUMWOLLGARN, SCHERE, PFLANZE, BLUMENERDE, WASSER

WEM DER GRÜNE DAUMEN FEHLT, DER FINDET IN DIESEM PROJEKT EINE PRIMA LÖSUNG. BLUMENGIESSEN WAR GESTERN. NUR HIN UND WIEDER DEN UNTEREN TEIL EIN WENIG MIT WASSER AUFFÜLLEN. DER REST ERGIBT SICH VON SELBST.

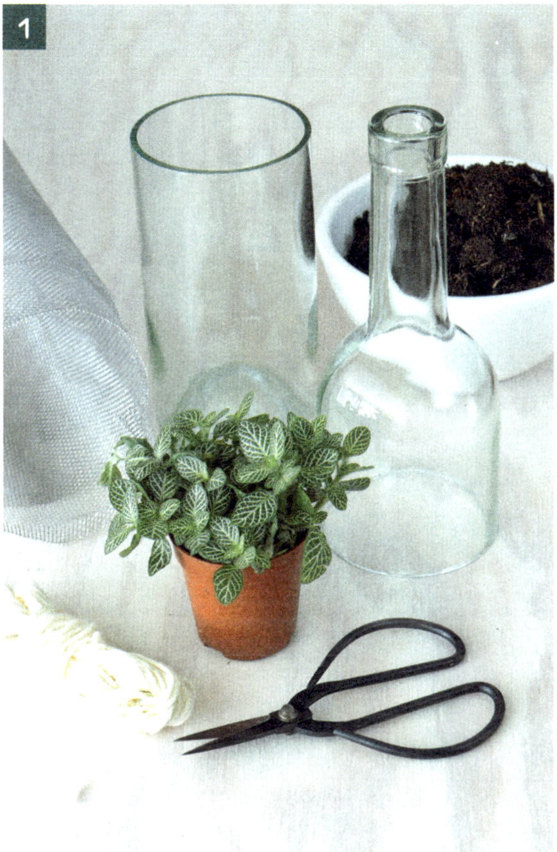

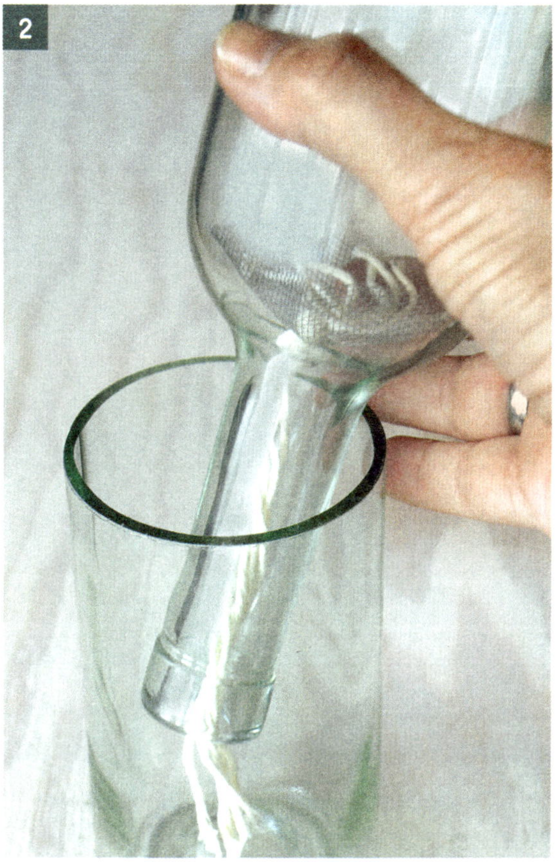

1. Hierfür benötigt man beide Teile einer zerschnittenen Flasche. Der obere Teil sollte aber nicht zu lang sein.

Ein kleines genügsames Pflänzchen, vielleicht eine Sukkulente, die eignet sich sehr gut.

2. Von dem feinen Netzgewebe schneidet man 2 kleine Stücke heraus, legt sie übereinander und schneidet in der Mitte ein kleines Loch hinein. Dort hindurch fädelt man ein paar Stränge der Baumwolle. Sie sollten unten aus dem Flaschenhals herausschauen. Die Fäden oberhalb des Gewebes verknoten.

Fortsetzung auf der nächsten Seite

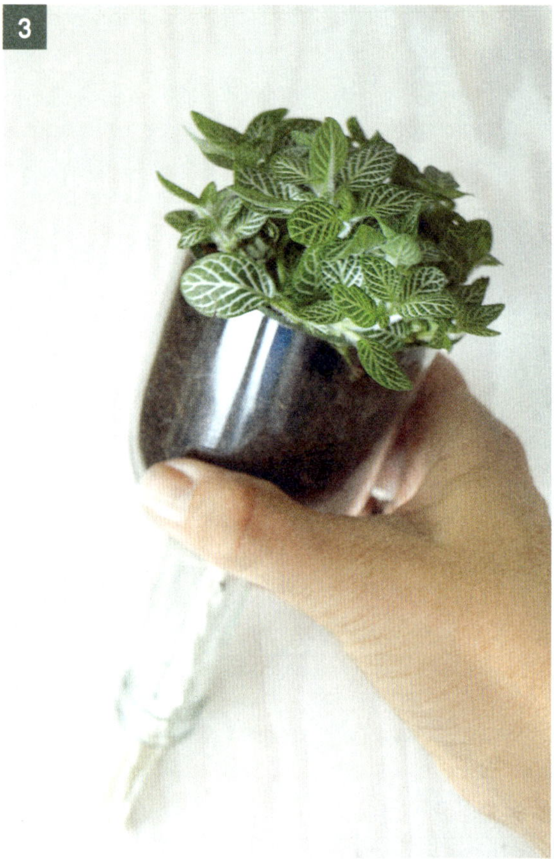

3. Das Glas vorsichtig mit Erde befüllen und die kleine Pflanze einsetzen.

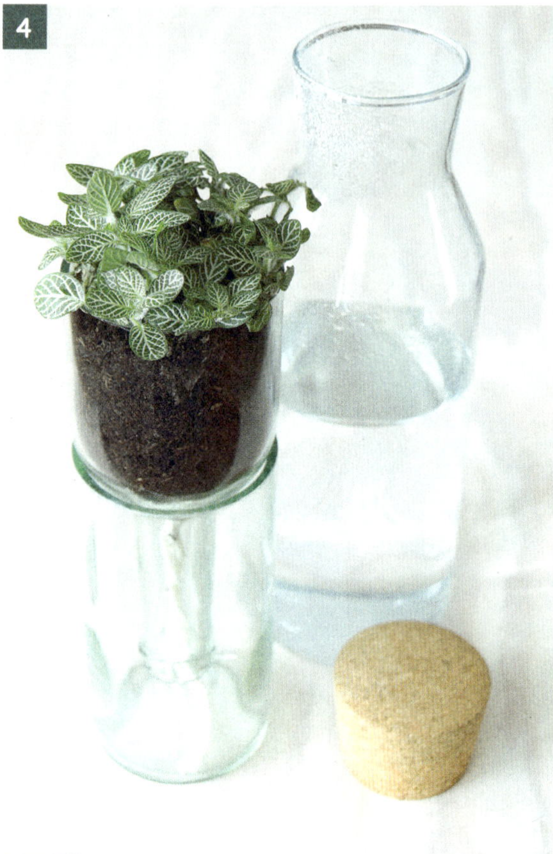

4. Den unteren Teil der Flasche zur Hälfte mit Wasser füllen und den oberen Teil mit der Pflanze hineinstellen.

Da es eine Weile dauert, bis die Fäden wirklich Wasser ziehen, sollte man die Pflanze nun doch erst einmal ein wenig von oben gießen.

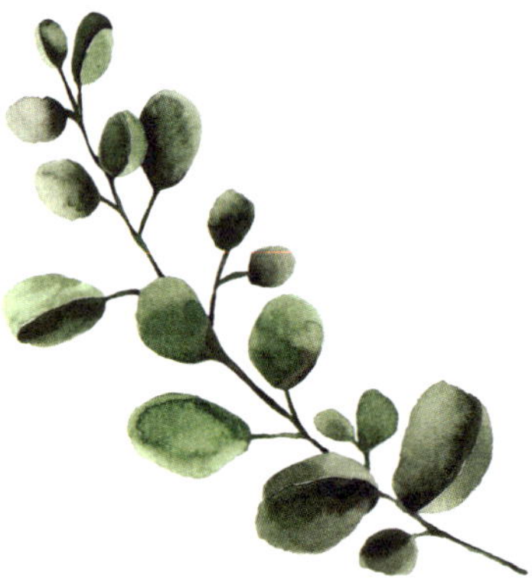

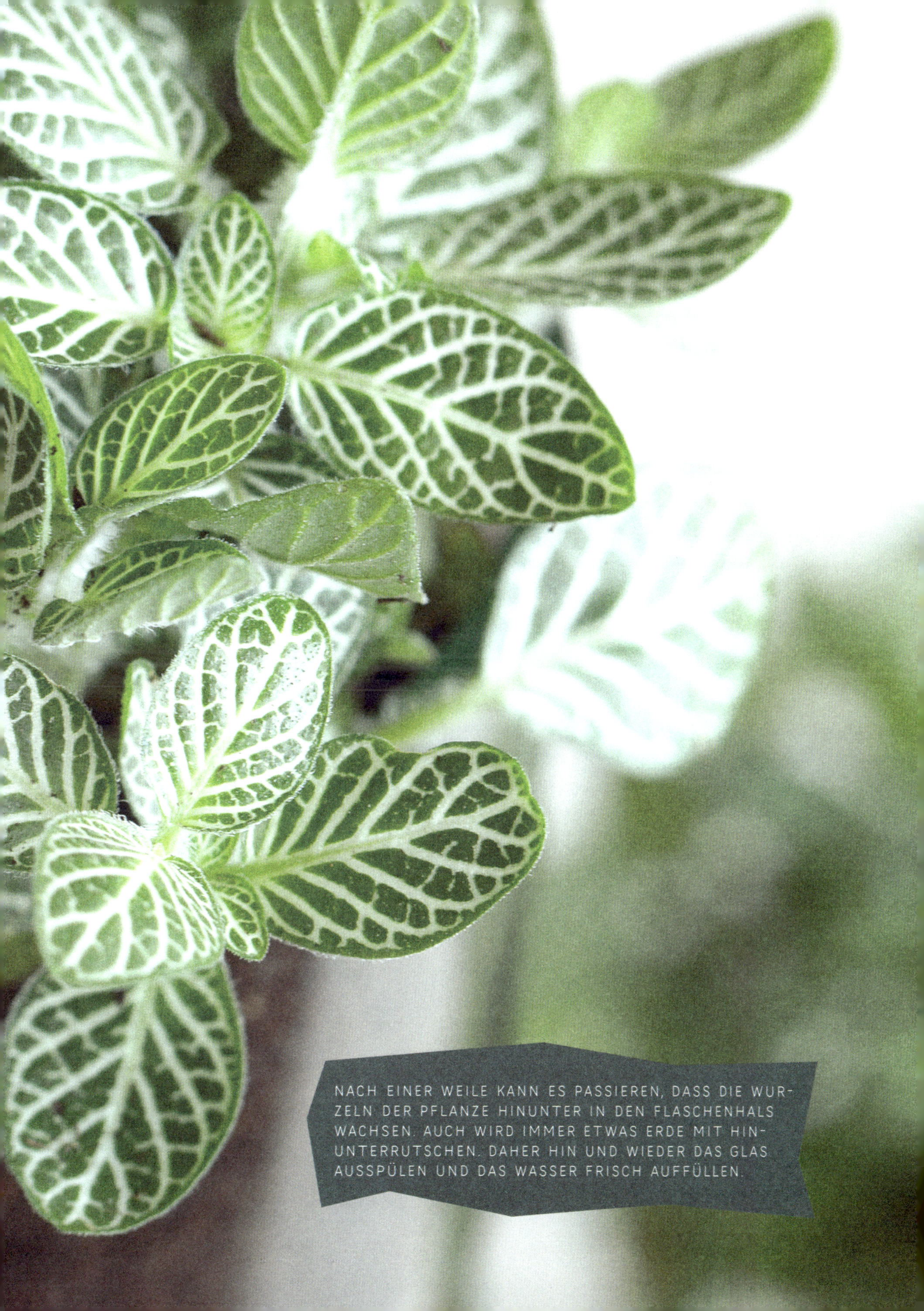

NACH EINER WEILE KANN ES PASSIEREN, DASS DIE WURZELN DER PFLANZE HINUNTER IN DEN FLASCHENHALS WACHSEN. AUCH WIRD IMMER ETWAS ERDE MIT HINUNTERRUTSCHEN. DAHER HIN UND WIEDER DAS GLAS AUSSPÜLEN UND DAS WASSER FRISCH AUFFÜLLEN.

Frühstückspension

MATERIAL:
KAFFEEKANNE, TASSE UND UNTERTASSE, DICKES HOLZBRETT, BOHRMASCHINE MIT HOLZ- UND PORZELLANBOHRER, ARBEITSHANDSCHUHE, KREPPBAND, 5 SCHRAUBEN, MUTTERN, SCHRAUBENZIEHER, UNTERLEGSCHEIBEN, ZANGE, DRAHT

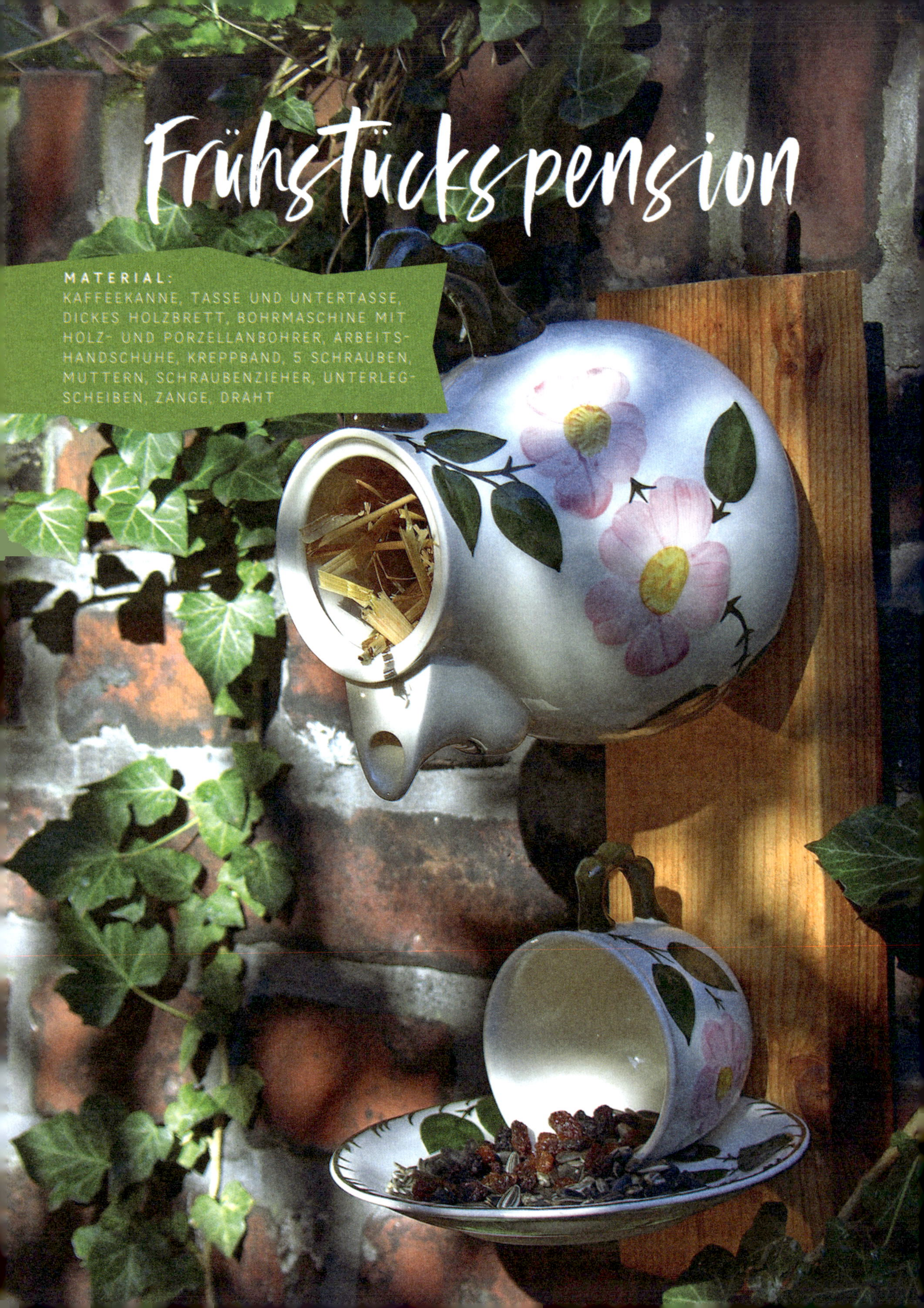

SELBST DIE SCHÖNSTE KAFFEEKANNE IST OHNE PASSENDEN DECKEL LEIDER NUTZLOS FÜR UNS, ABER MIT DEM PASSENDEN KAFFEEGEDECK WIRD AUS DIESEM PORZELLANREST EIN SCHÖNER NIST- UND FUTTERPLATZ FÜR VÖGEL.

1

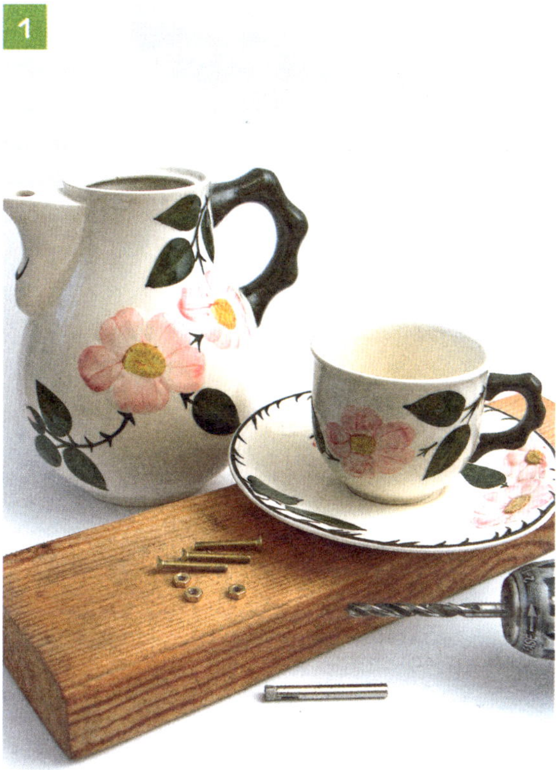

2

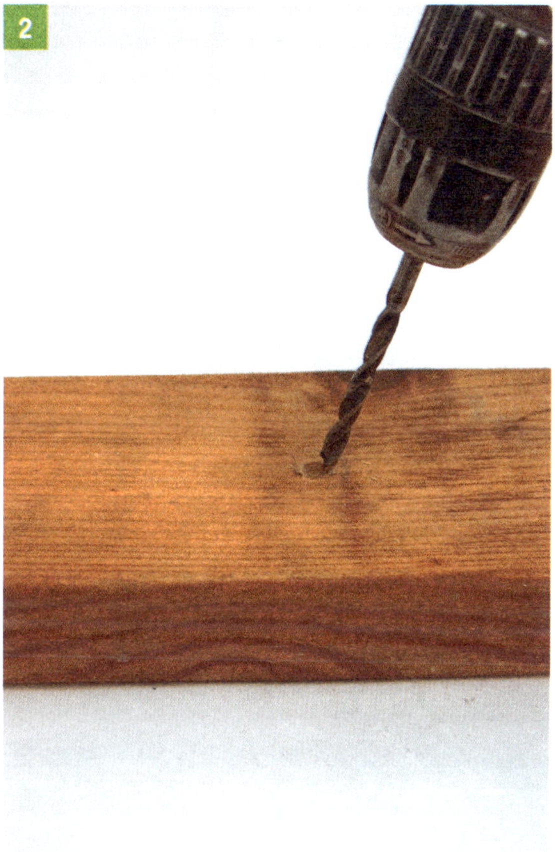

1. Das Holzbrett (ca. 0,10 cm x 0,34 cm) nach Geschmack bearbeiten. Dieses hier wurde geschmirgelt und dann geölt. Oder man streicht es farblich passend zum Geschirr.

2. Nun den Platz für die Kanne und die Tasse festlegen. Dazu die Stellen markieren und beide Löcher bohren.

Nun geht es ans Porzellan. Man benötigt ein Loch mittig im Boden der Kanne, ein Loch seitlich in der Untertasse und zwei Löcher in der Tasse, jeweils eins mittig im Tassenboden und eins an der Tassenwand, genau gegenüber dem Henkel. Mit Kreppband an Ober- und Unterseite markieren.

Mit dem Porzellanbohrer weiterarbeiten. Einen festen Untergrund suchen, mit einem alten Handtuch leicht polstern. Arbeitshandschuhe anziehen und den Bohrer auf der Porzellanoberseite an der markierten Stelle ansetzen. Kurz anbohren, dann etwas Wasser in die Vertiefung geben, damit der Bohrer nicht zu schnell heiß wird.

Zuerst die Untertasse mit der Kaffeetasse verbinden. Dafür eine kleine Schraube durch die Seitenwand der Tasse und das Loch in der Untertasse führen und mit einer Mutter fixieren.

Fortsetzung auf der nächsten Seite

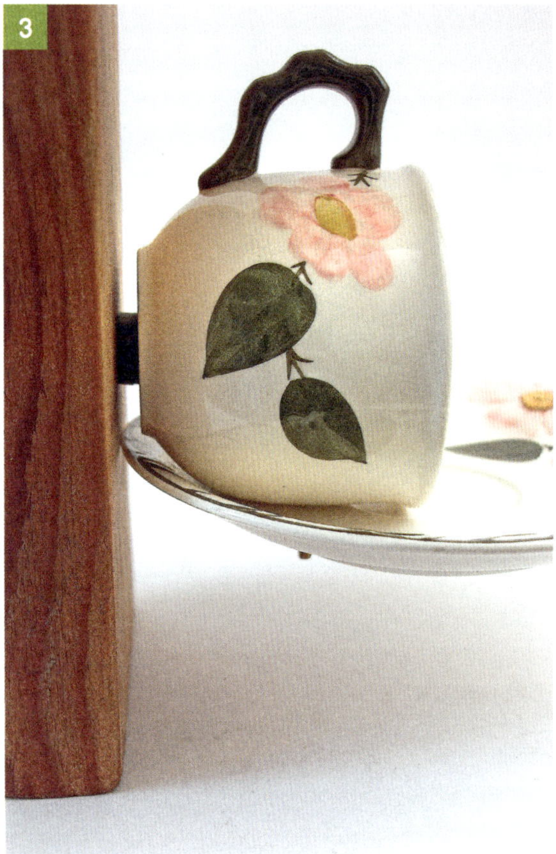

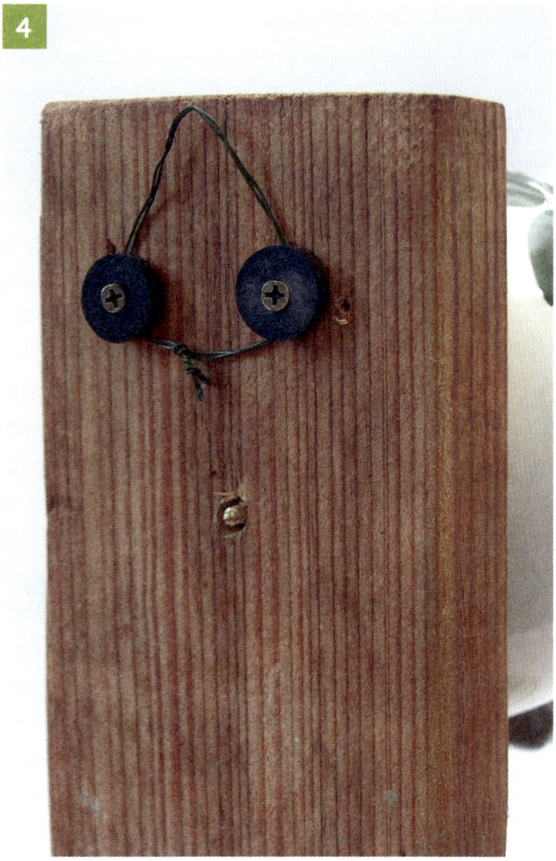

Jetzt wird die Kanne am Brett befestigt. Kanne auf dem vorgebohrten Loch platzieren, nun die Schraube mithilfe der Zange durch das Loch führen, mit dem Schraubenzieher festziehen und auf der Rückseite mit der Mutter fixieren. Dabei darauf achten, dass der Henkel nach oben zeigt.

3. Das Set aus Tasse und Untertasse mit einer Schraube durch den Tassenboden am Brett befestigen. Mit einer Mutter festziehen.

4. Als Aufhängung werden auf der Rückseite des Bretts zwei Schrauben befestigt, diese mit Draht verbinden.

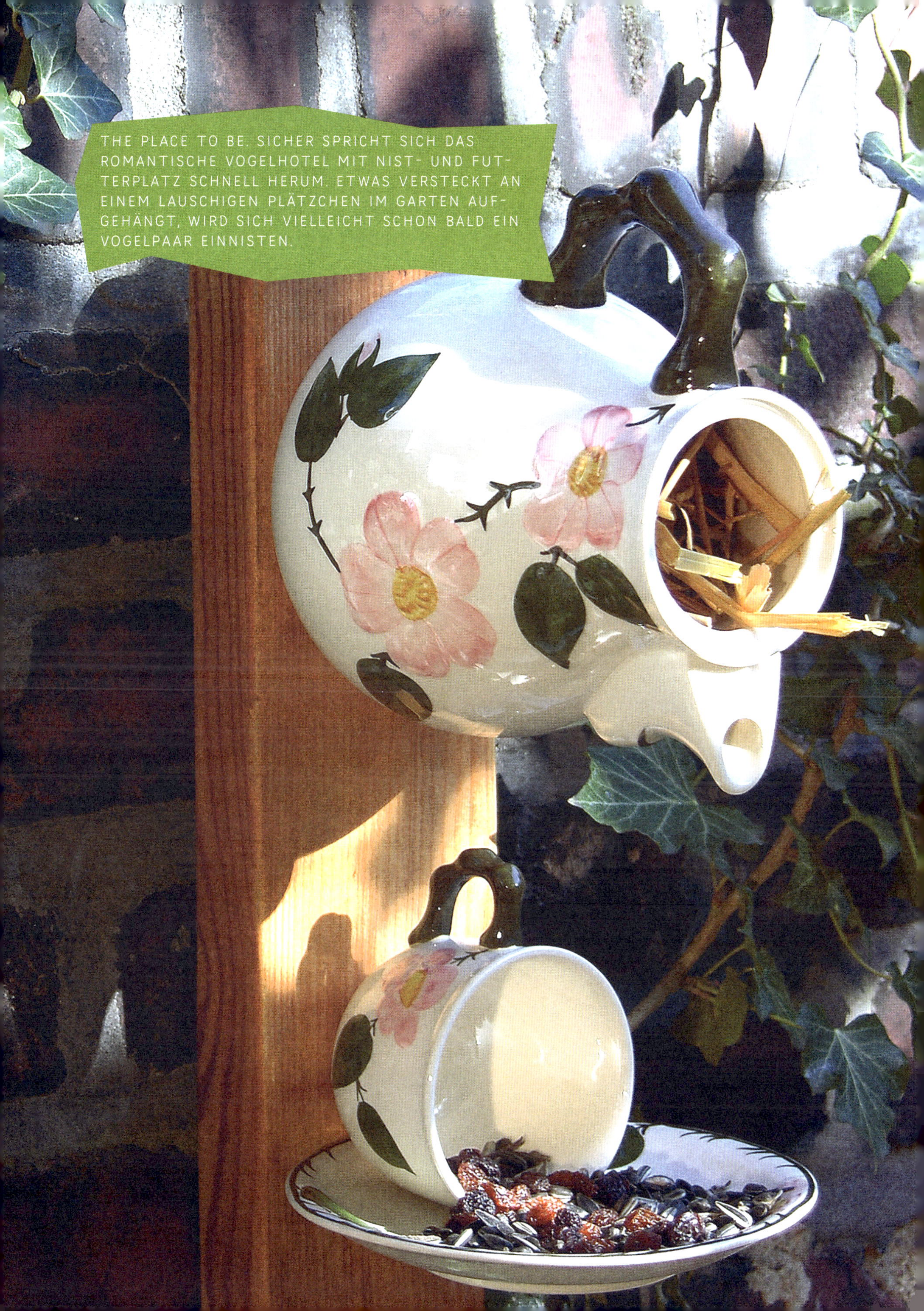

THE PLACE TO BE. SICHER SPRICHT SICH DAS ROMANTISCHE VOGELHOTEL MIT NIST- UND FUTTERPLATZ SCHNELL HERUM. ETWAS VERSTECKT AN EINEM LAUSCHIGEN PLÄTZCHEN IM GARTEN AUFGEHÄNGT, WIRD SICH VIELLEICHT SCHON BALD EIN VOGELPAAR EINNISTEN.

Indoor Farming

MATERIAL:
ZEITUNGSPAPIER (HALBE SEITEN), BÜROKLAMMERN, ANZUCHTERDE, SAMEN

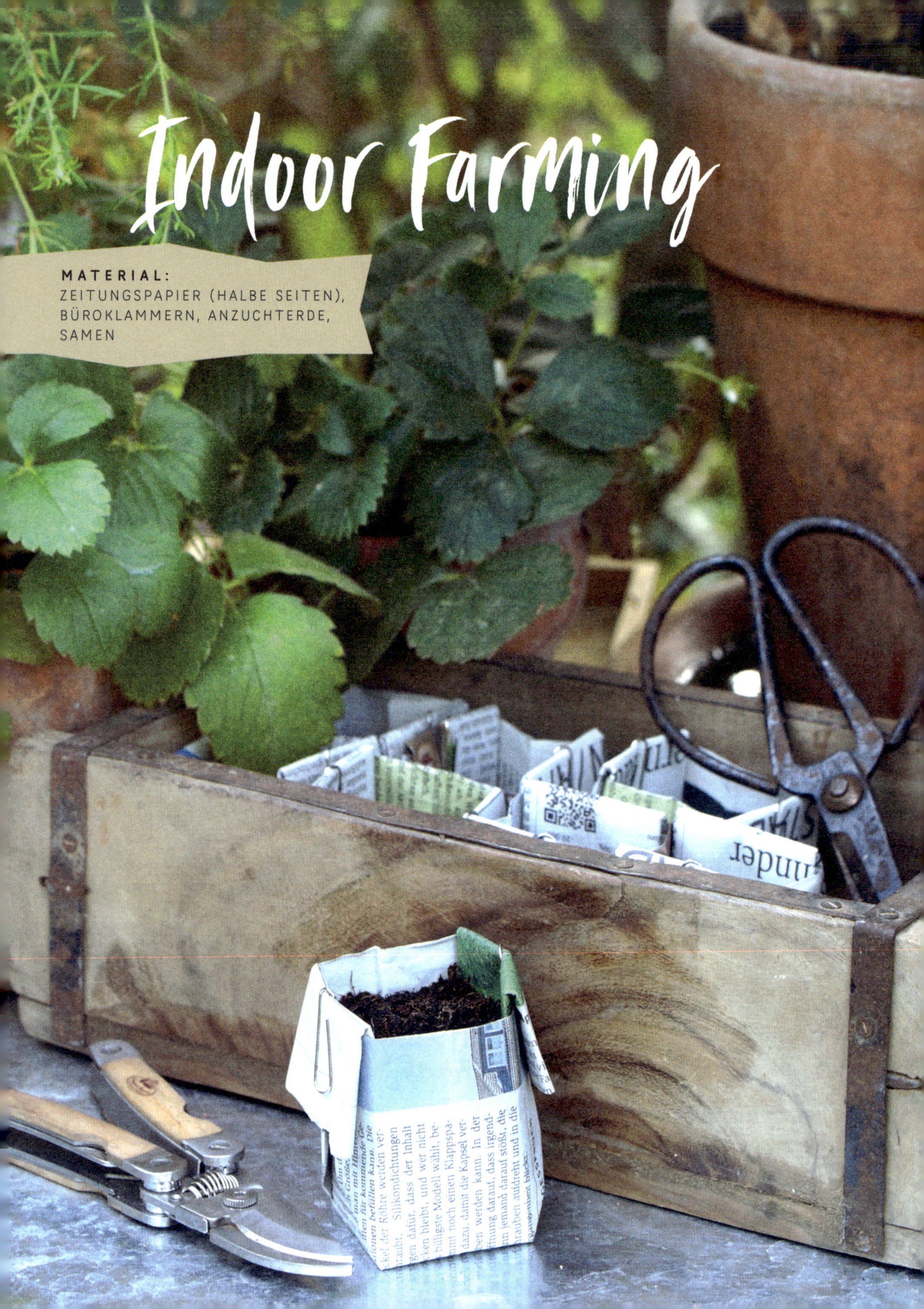

GEKAUFTE ANZUCHTTÖPFCHEN MÜSSEN NICHT SEIN. KLEINE TÜTCHEN AUS ZEITUNGSPAPIER EIGNEN SICH EBENSO. DIE SIND OHNE GROSSEN AUFWAND FIX GEFALTET. AUSSERDEM LASSEN SICH HIER SEHR VIELE KLEINE TÖPFCHEN AUF VORRAT HERSTELLEN UND ZEITUNGSPAPIER IST LEICHT ZU BESORGEN.

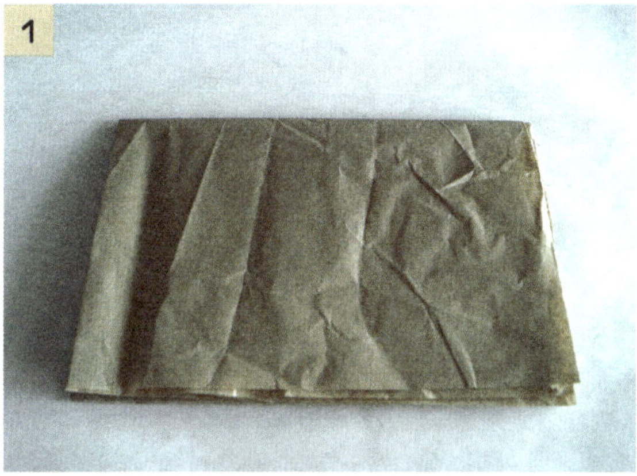

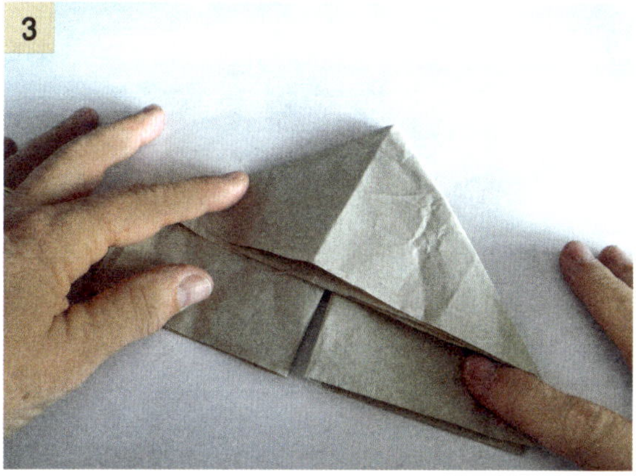

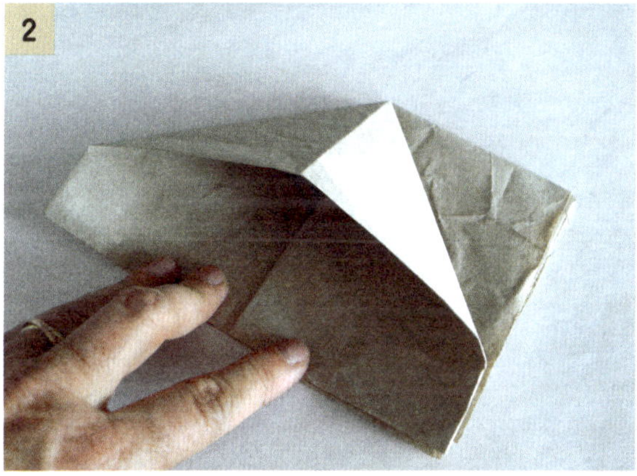

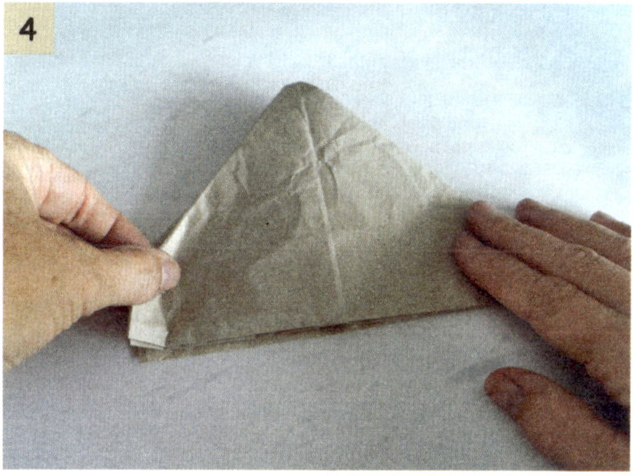

1. Für die kleinen Töpfchen mit einer Höhe von ca. 8 cm benötigt man eine halbe Seite einer großen Zeitung (ca. 35 x 50 cm). Diese Seite faltet man zunächst dreimal jeweils mit den kurzen Seiten zueinander. Dann legt man das Teil mit der geschlossenen Seite nach oben hin. Alle offenen Kanten zeigen nach unten und rechts.

2. Nun noch einmal nach rechts falten und wieder öffnen. Dies erleichtert den nächsten Schritt. Die linke Seite öffnen und den oberen Bogen zu einem Dreieck nach rechts zusammenlegen. Nach unten drücken und glattstreichen. Anschließend das Objekt seitlich wenden.

3. Das Gleiche wiederholt man auf der anderen Seite. Dann sollte es wie in Abb. 3 aussehen.

4. Nun faltet man das Dreieck auf beiden Seiten auseinander, sodass vorne und hinten eine geschlossene Fläche entsteht.

Fortsetzung auf der nächsten Seite

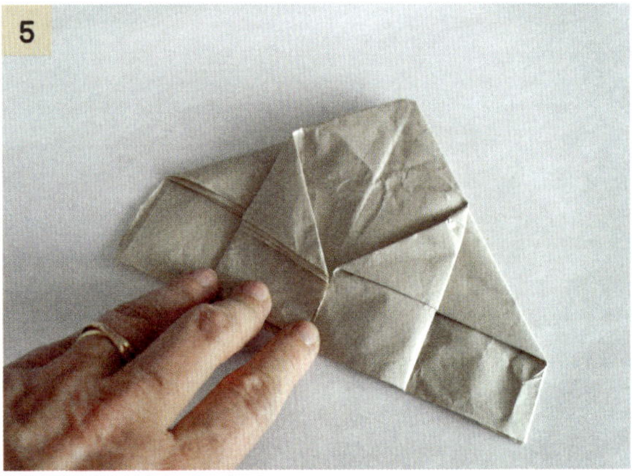

5. Dann faltet man die linke und rechte Seite zur Mitte.

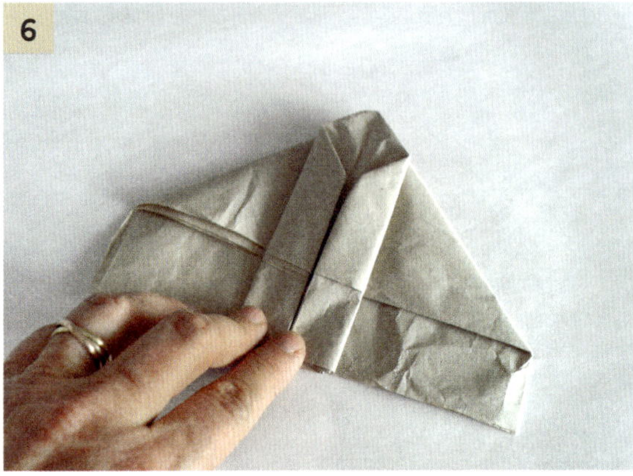

6. Und dann gleich noch einmal.

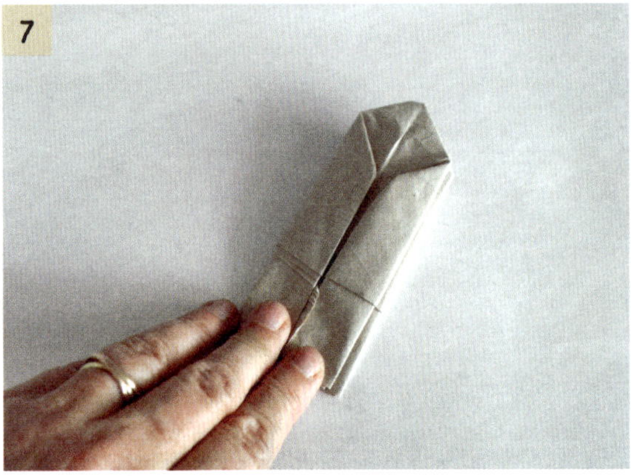

7. Das Ganze wenden und auf der anderen Seite wiederholen.

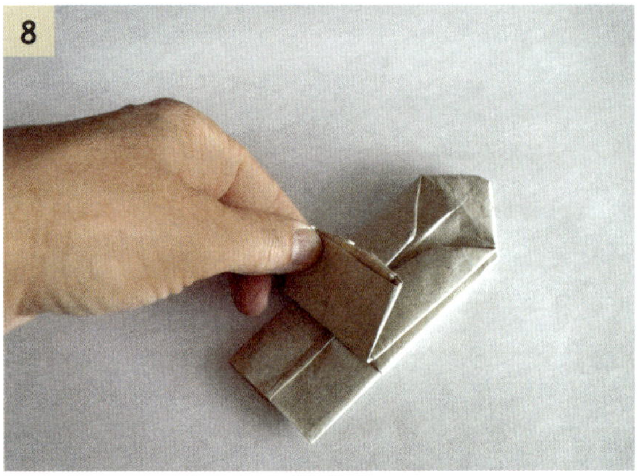

8. Die überstehenden unteren Kanten nun auf beiden Seiten nach oben falten.

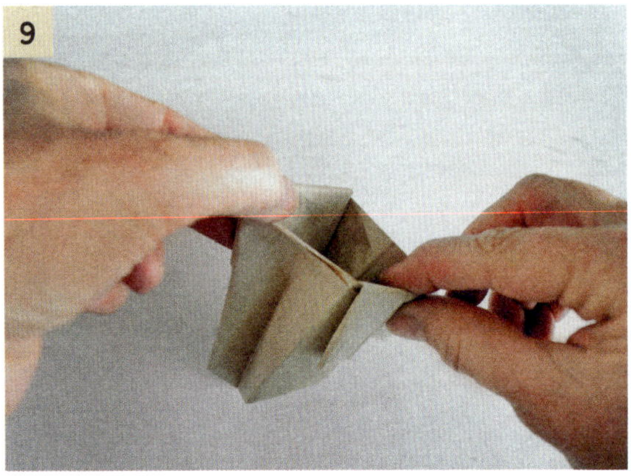

9. Nun lässt sich das kleine Tütchen öffnen und man drückt den Boden flach.

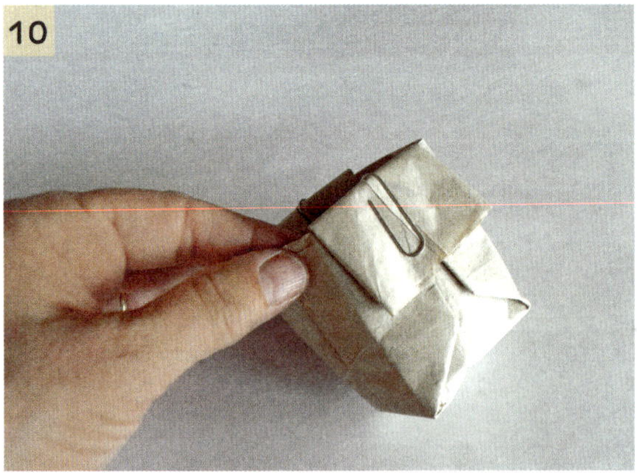

10. Die überstehenden Seitenteile klemmt man einfach mit einer Büroklammer fest.

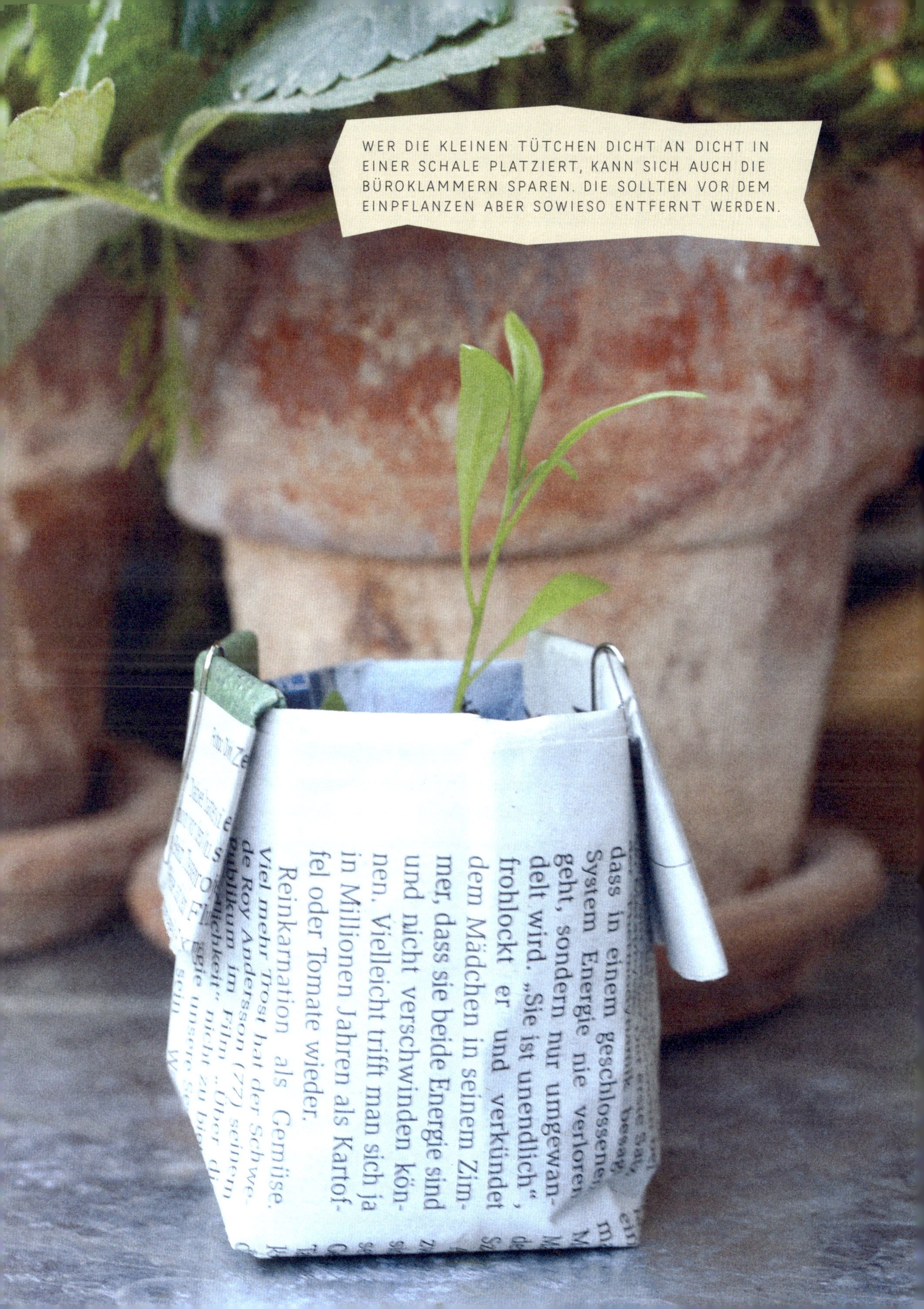

WER DIE KLEINEN TÜTCHEN DICHT AN DICHT IN EINER SCHALE PLATZIERT, KANN SICH AUCH DIE BÜROKLAMMERN SPAREN. DIE SOLLTEN VOR DEM EINPFLANZEN ABER SOWIESO ENTFERNT WERDEN.

Zarte Pflänzchen

MATERIAL:
GETRÄNKEKARTONS, SCHERE, SCHNUR, ETIKETT, PFLANZENERDE, PFLANZEN

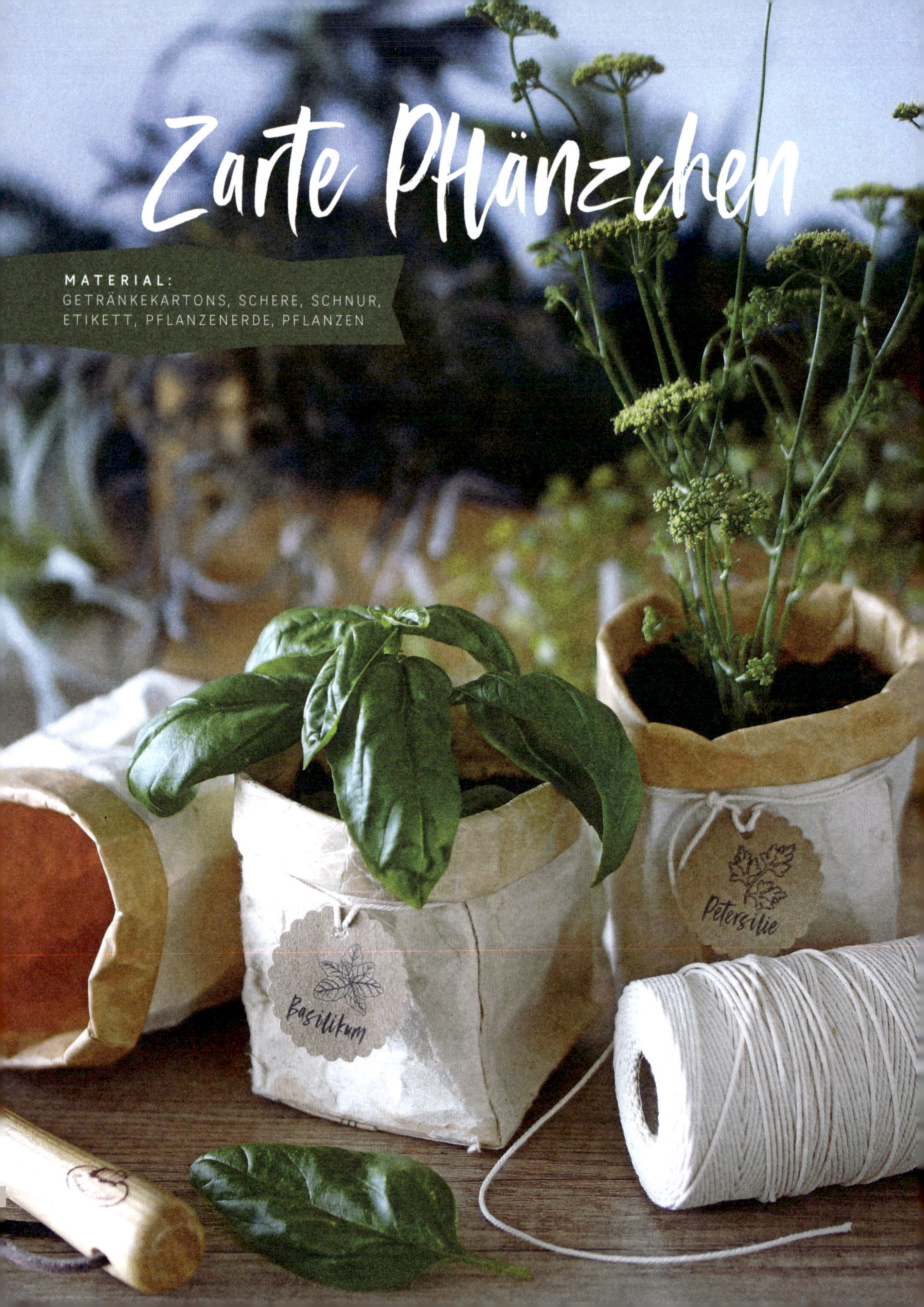

DIESE KLEINEN ANZUCHTTÖPFCHEN LASSEN SICH SPÄTER ZWAR NICHT IN DIE ERDE PFLANZEN, ABER SIE HALTEN EINE WEILE DURCH, BIS DAS PFLÄNZCHEN STARK GENUG IST ZUM AUSSETZEN. AUCH ALS GESCHENKVERPACKUNG FÜR GRÜNES SIND SIE SUPER PRAKTISCH.

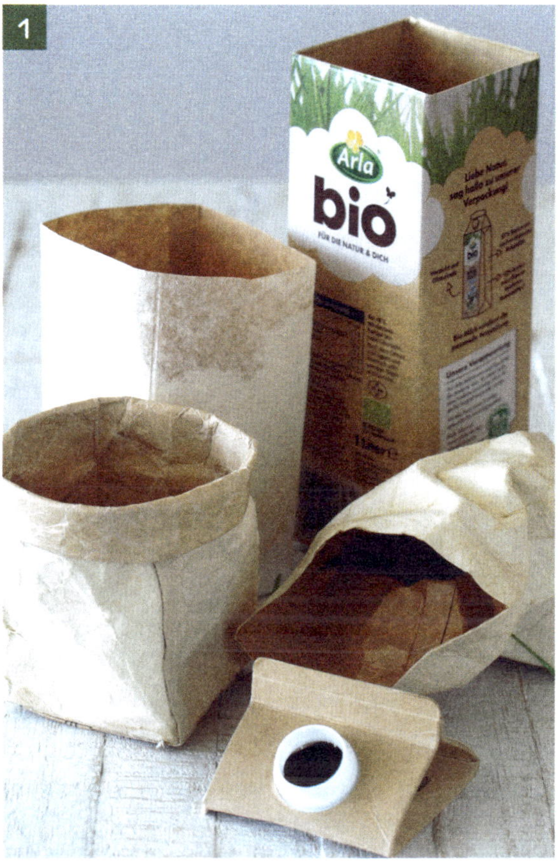

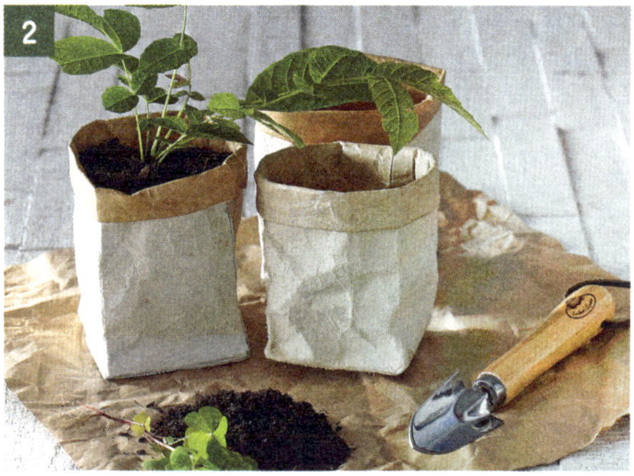

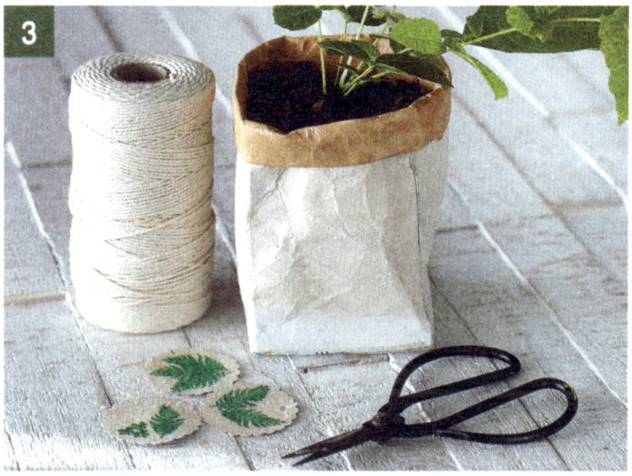

1. Hierfür eignen sich prima Getränkekartons, die innen keine silberne Folie haben. Ist aber kein Muss.
Den oberen Teil mit der Schere abschneiden und auf die richtige Höhe kürzen. Dann anfeuchten und ein wenig knautschen. Anschließend trocknen lassen und den oberen Rand vorsichtig zweimal einschlagen.

2. Dann kann man auch schon die Tüten mit Erde füllen und die kleinen Pflanzen (oder Samen) einpflanzen. Mit dem Gießen immer ein bisschen vorsichtig sein, damit es keine Staunässe gibt.

3. Nach dem Bepflanzen mit einem kleinen Etikett versehen, damit man auch später noch weiß, was man gepflanzt hat.

Tipp: Um Staunässe zu vermeiden, kann man an der Unterseite Löcher hineinstechen. Dann stellt man die Tüten zum Gießen in eine flache Schale.

Yummie! Yummie!

MATERIAL:
GANZE FLASCHE, HOLZZUSCHNITT, HOLZLEIM, SEIL, KORDELSTOPPER, BOHRMASCHINE, SÄGE, SCHRAUBENZIEHER, HOLZSCHRAUBEN, LACKFARBE, PINSEL

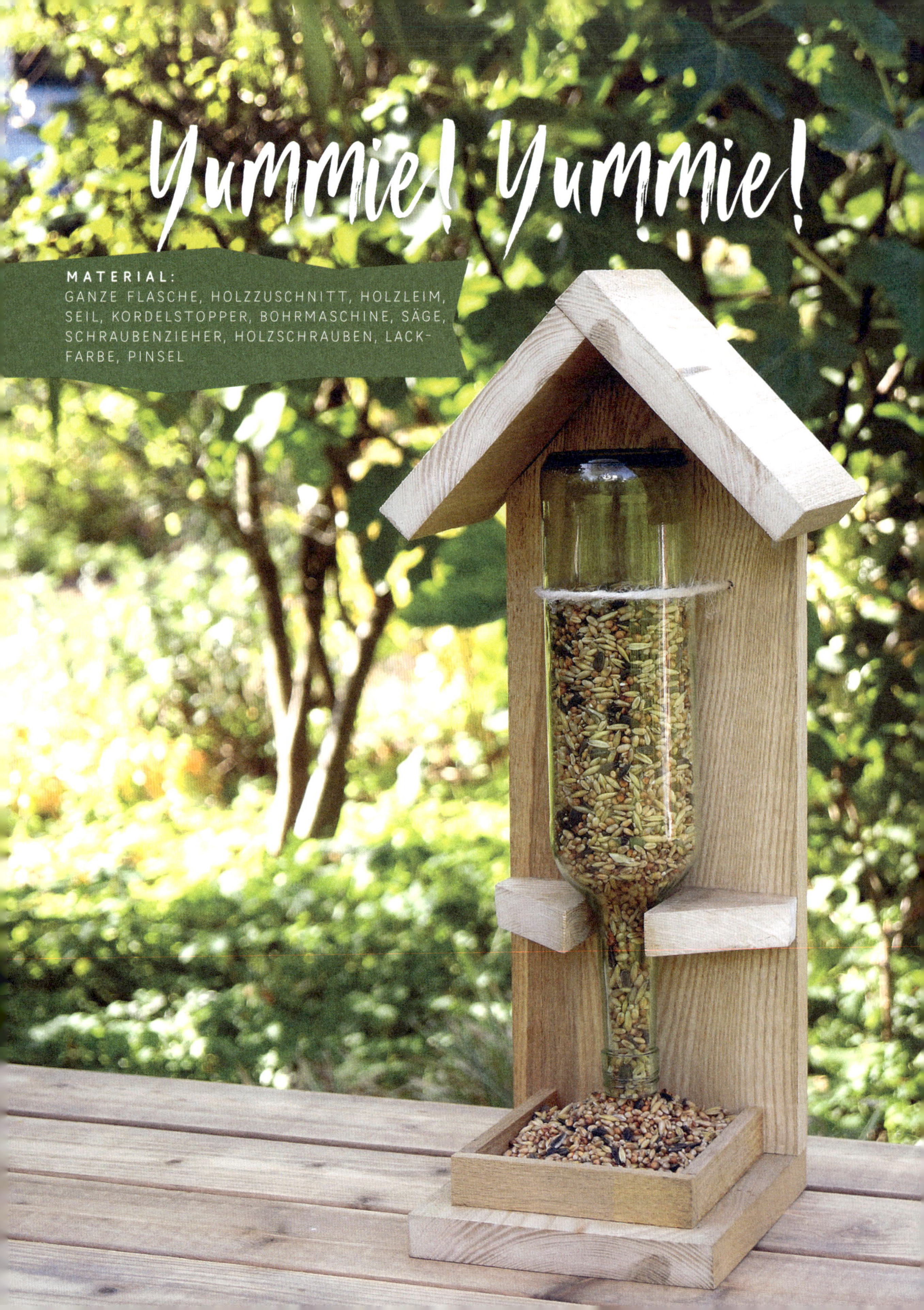

BITTE FÜTTERN! WENN DIE WINTER KALT UND FROSTIG SIND, KÖNNEN WIR AUCH ETWAS FÜR UNSERE GEFIEDERTEN FREUNDE TUN. SO EINE FUTTERSTATION IST DANN IMMER SEHR WILLKOMMEN. AUSSERDEM IST ES DOCH ZU NIEDLICH, DIE VÖGEL BEIM FUTTERN ZU BEOBACHTEN.

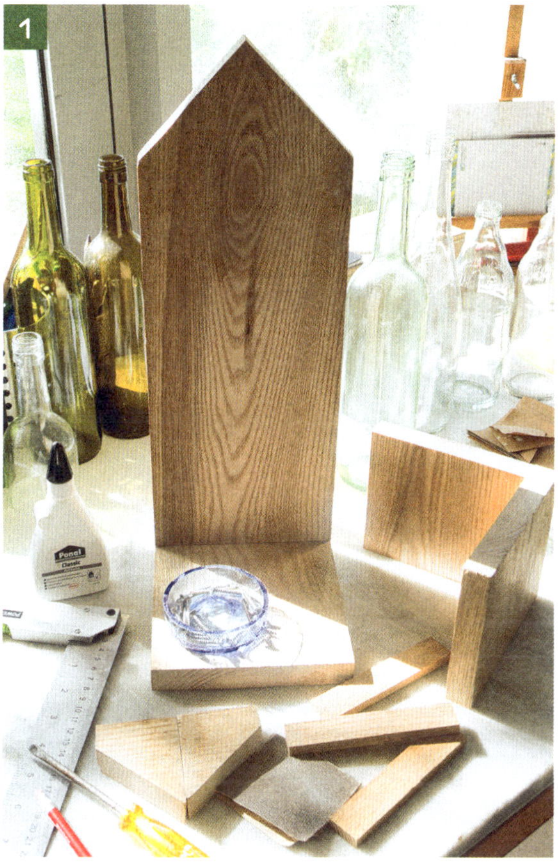

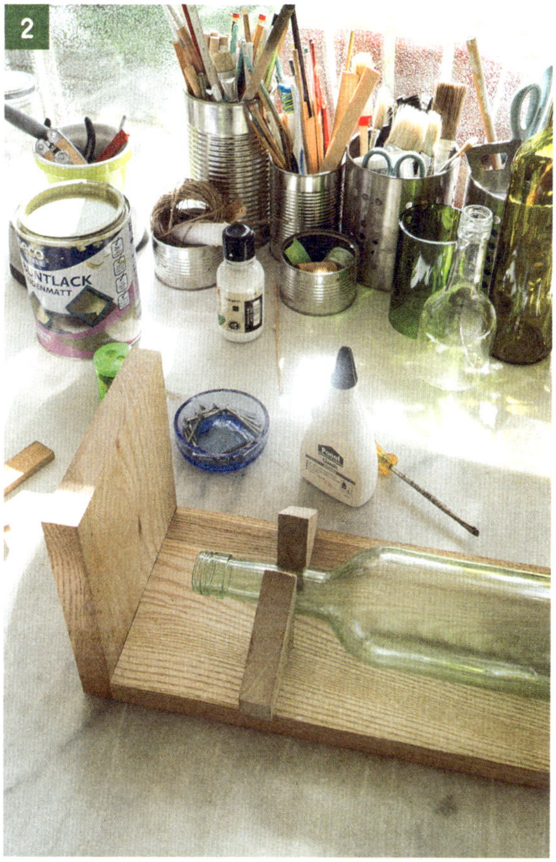

Holzzuschnitt:
1 x (15 x 40 cm) 2 cm stark – Rückseite
1 x (15 x 17 cm) 2 cm stark – Boden
1 x (15 x 12 cm) 2 cm stark – Dachschräge 1
1 x (13 x 12 cm) 2 cm stark – Dachschräge 2
3 x (2 x 12 cm) 0,5 cm stark – Auffangschale
Flaschenstopper aus Resten der Rückseite
Eine Konstruktionsskizze befindet sich auf der folgenden Seite.

Für dieses Projekt wurde ein altes Brett verwendet, daher war die Breite von 15 cm hier vorgegeben.

1. Das längste Brett muss noch an der oberen Kante mit zwei 45°-Winkeln abgesägt werden. Dann werden der Boden (15 x 17 cm) und die Rückseite (15 x 40 cm) miteinander verklebt bzw. verschraubt.

2. Aus den Winkeln des Daches kann man den Flaschenstopper bauen. Dazu einfach an den Seiten noch mal ein Stück absägen und an die entsprechende Stelle kleben. Die Flasche sollte ein Stück über dem Boden schweben, damit die Körner später immer gut nachrutschen können.

Rechts und links der Flasche muss man im oberen Drittel noch 2 Löcher für das Seil bohren.

Fortsetzung auf der nächsten Seite

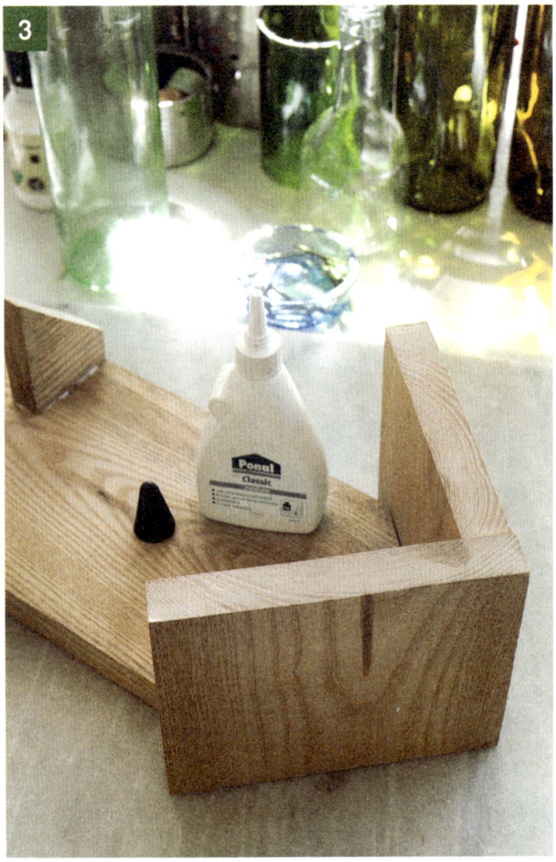

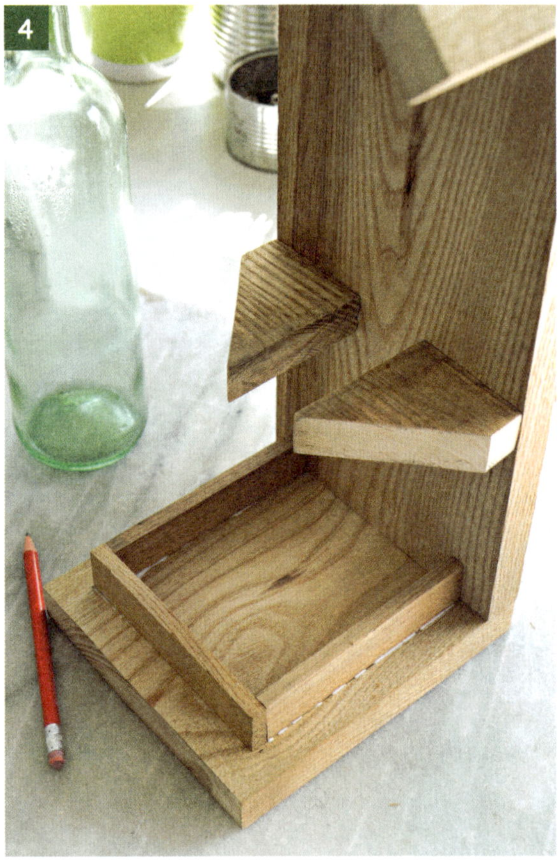

3. Anschließend kann man das Dach aufkleben und verschrauben.

4. Fehlt nur noch die kleine Auffangschale für die Körner. Die klebt man aus den 3 Leisten auf.

Wenn die Futterstation Wind und Wetter ausgesetzt ist, sollte man sie mit einer Lackfarbe für den Außenbereich schützen.

Dann die Flasche mit Körnern füllen, zunächst verschließen und in der Futterstation anpassen. Mit einem Seil wird dann die Flasche oben festgebunden. Dazu ein Stück Seil rechts und links der Flasche durch das Loch im Holz stecken und auf der Rückseite mit einem Kordelstopper zusammenziehen. So lässt sich das Seil beim Herausnehmen der Flasche wieder leicht lösen. Alternativ lässt sich auch ein Gummi verwenden.

Nun den Stopfen der Flasche entfernen. Yummie yummie, ihr Vöglein!

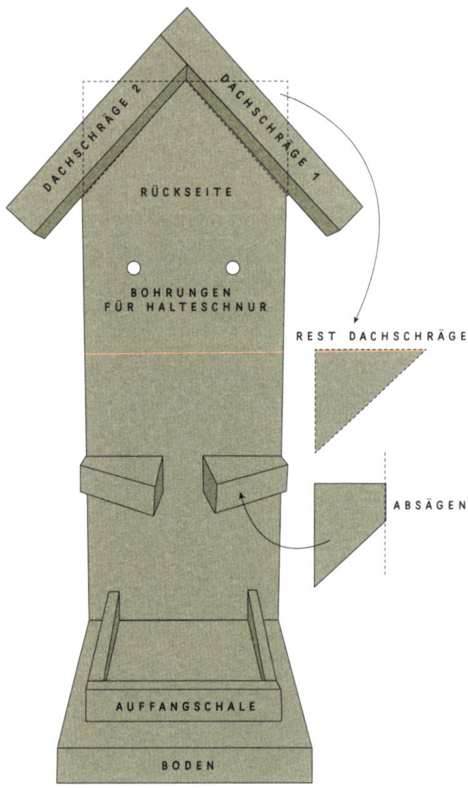

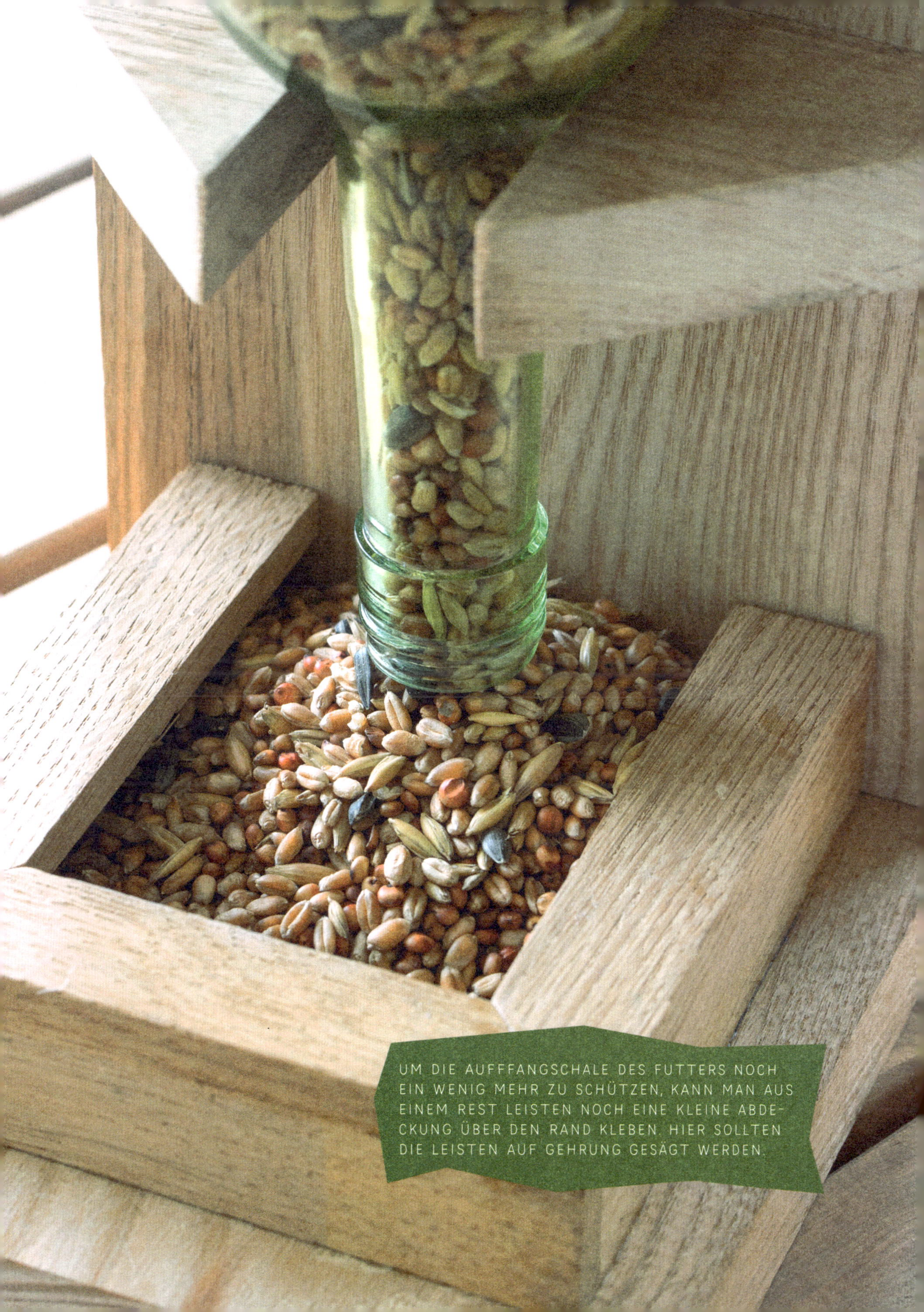

UM DIE AUFFFANGSCHALE DES FUTTERS NOCH EIN WENIG MEHR ZU SCHÜTZEN, KANN MAN AUS EINEM REST LEISTEN NOCH EINE KLEINE ABDECKUNG ÜBER DEN RAND KLEBEN. HIER SOLLTEN DIE LEISTEN AUF GEHRUNG GESÄGT WERDEN.

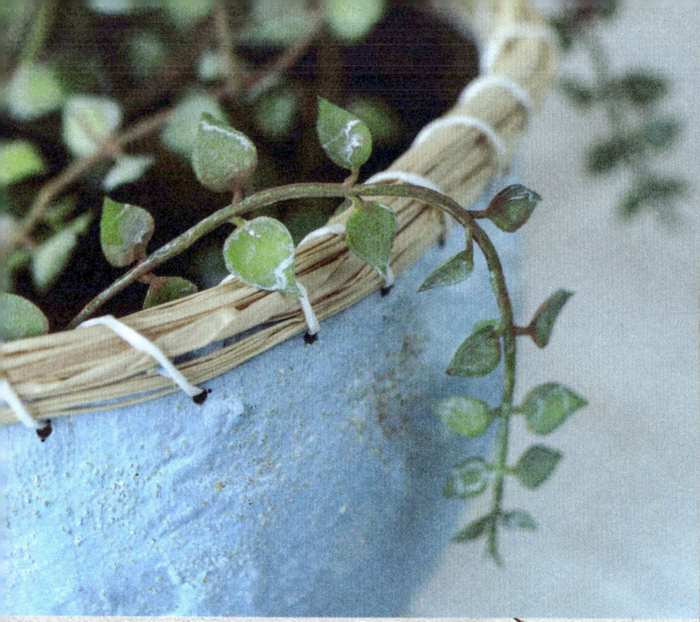

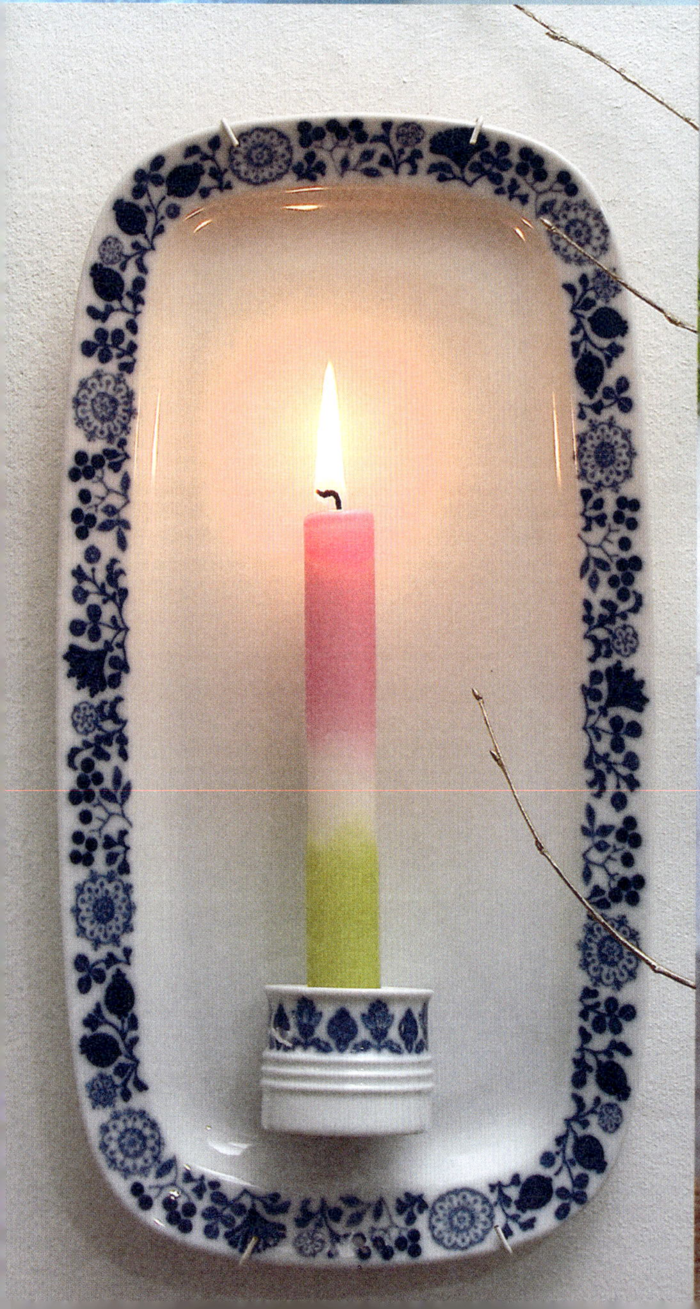

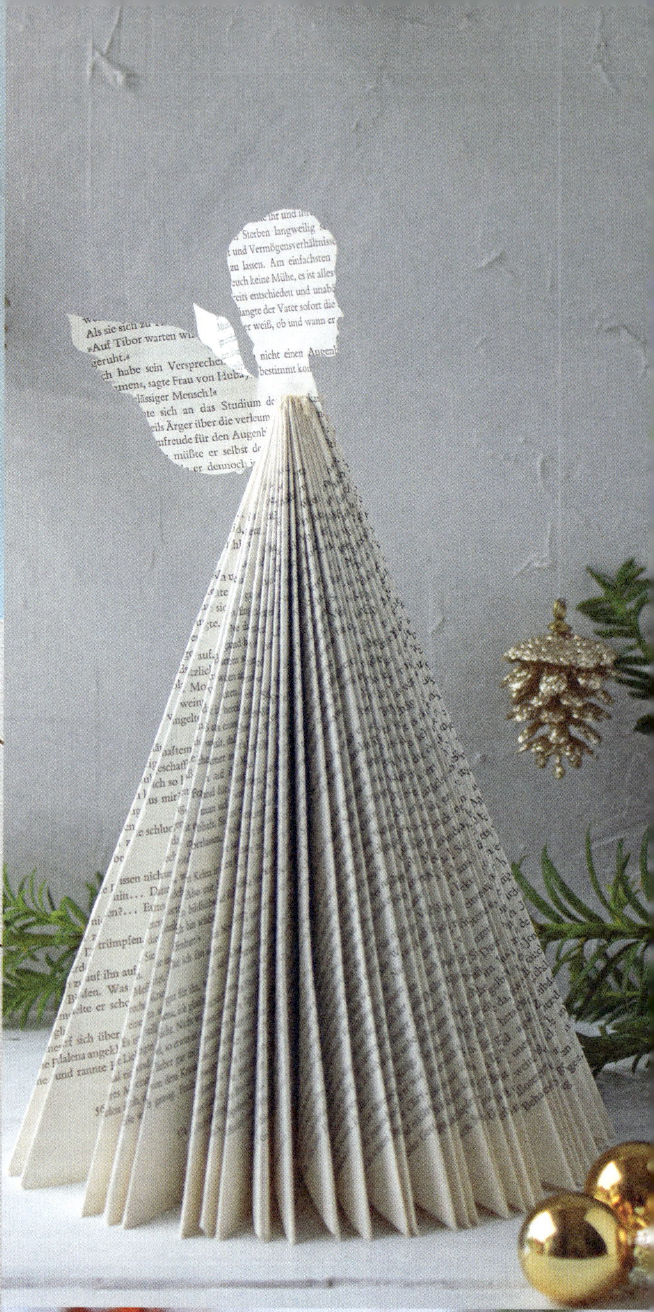

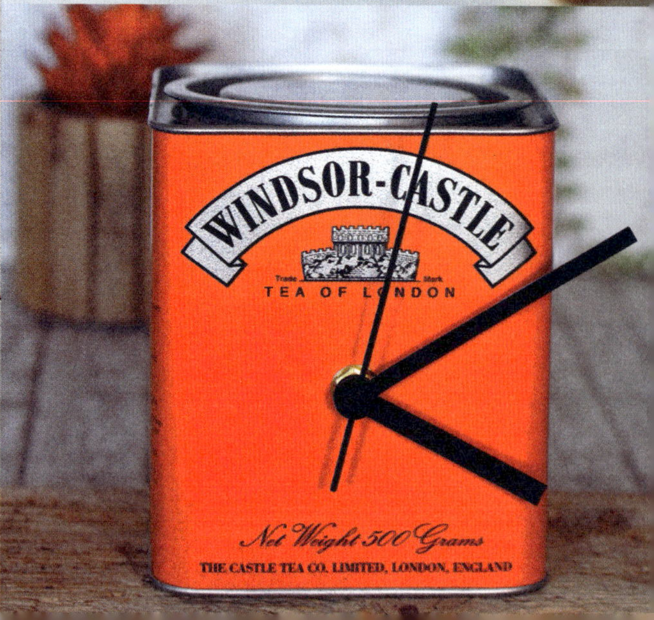
WINDSOR-CASTLE
TEA OF LONDON
Net Weight 500 Grams
THE CASTLE TEA CO. LIMITED, LONDON, ENGLAND

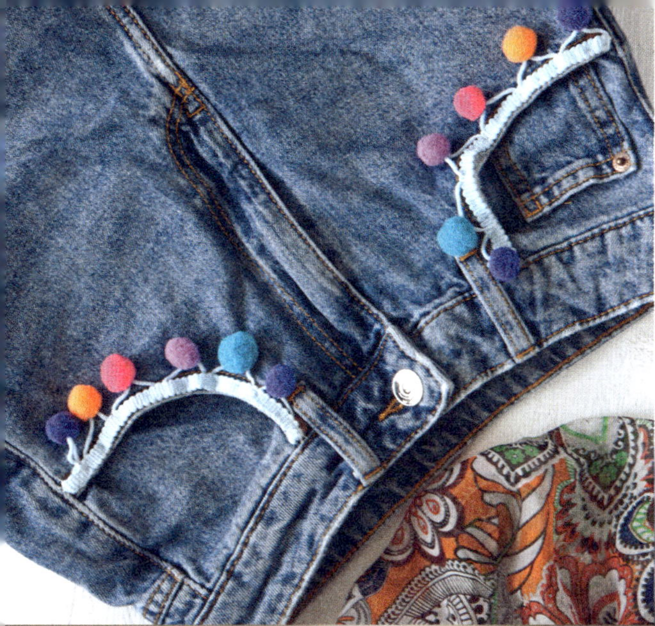

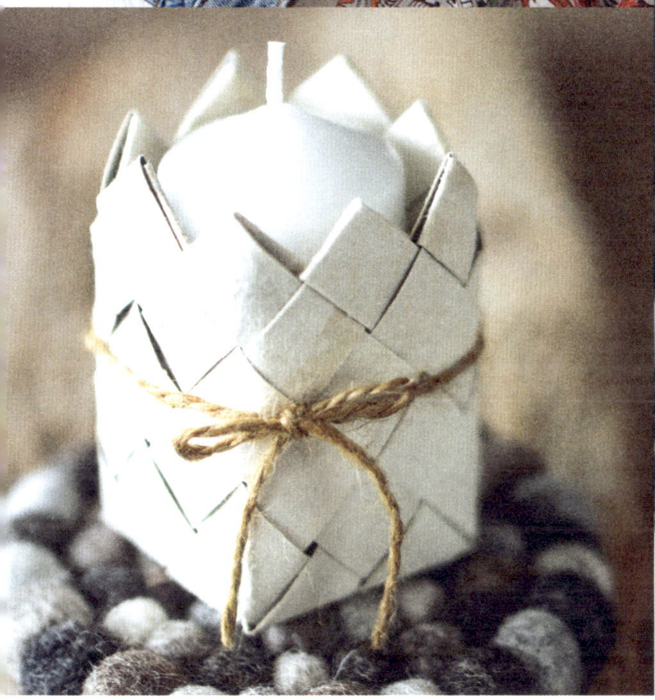

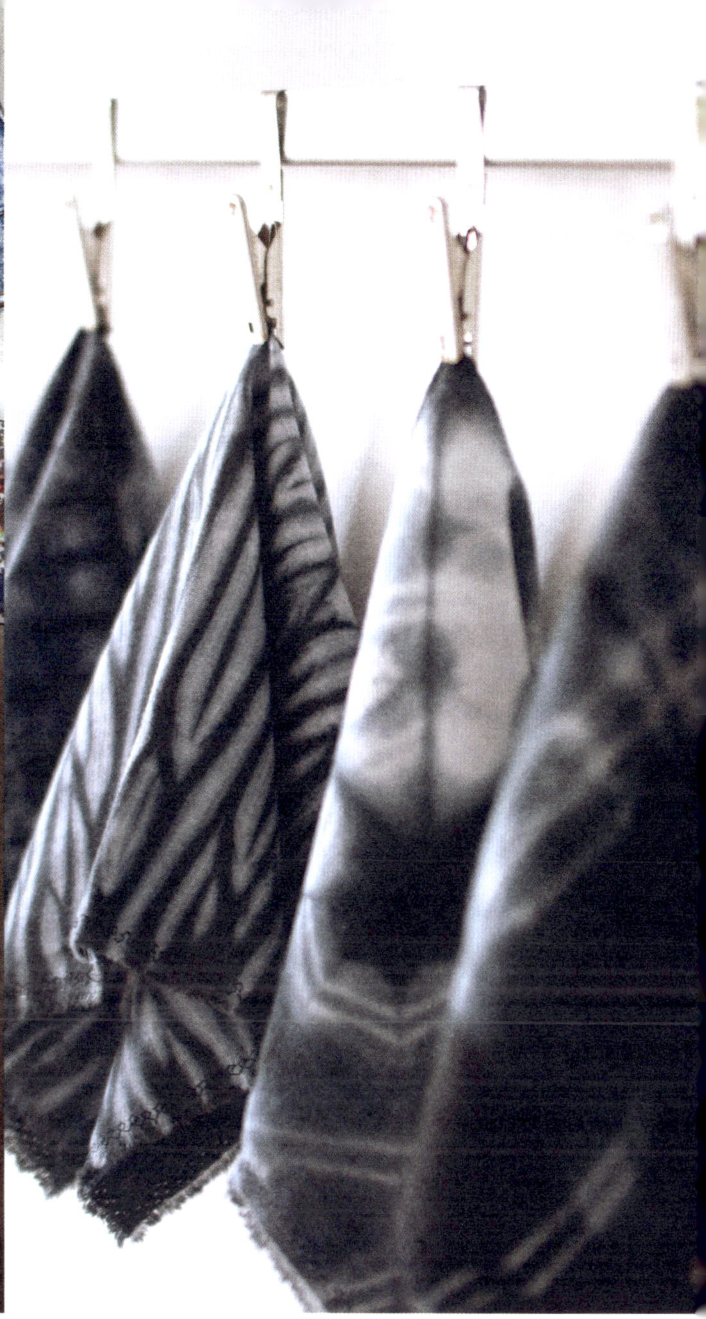

Dekoratives

Candlelight Coffee

MATERIAL:
UNTERSCHIEDLICHE MOKKATASSEN, WACHSLINSEN, FARBTABLETTEN FÜR WACHS IN ROT, BLAU UND GRÜN (Z.B. VON RAYHER), KERZENDOCHT, LEERE DOSE, STROHHALME UND HOLZSTÄBCHEN.

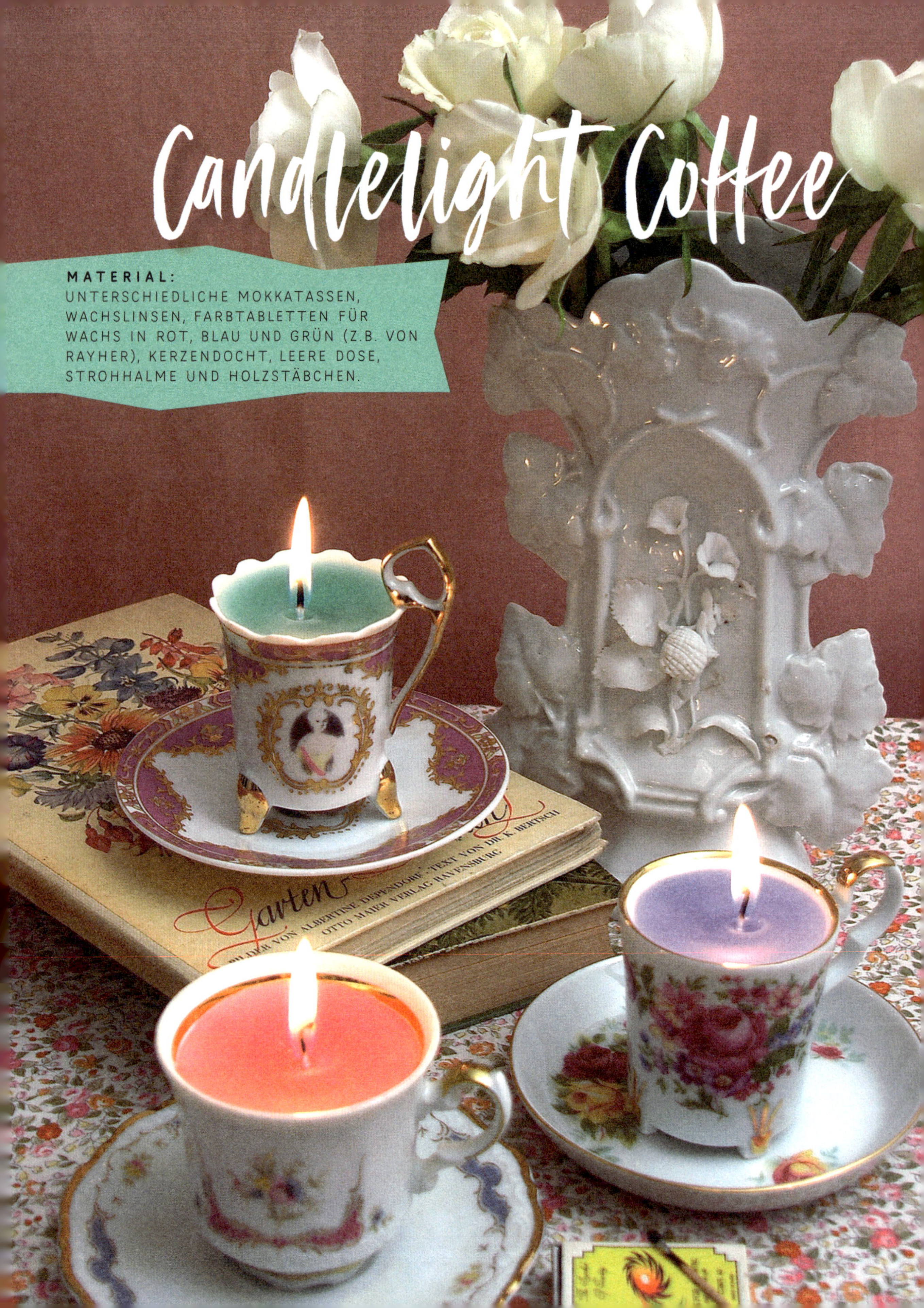

KERZEN SELBST HERZUSTELLEN IST DER GROSSE DIY-TREND. KEIN WUNDER, DENN DER KREATIVITÄT BEI FARBE UND FORM SIND KAUM GRENZEN GESETZT. ÜBRIGENS HABEN AUCH KINDER, NATÜRLICH UNTER AUFSICHT, GROSSEN SPASS BEIM KERZENGIESSEN.

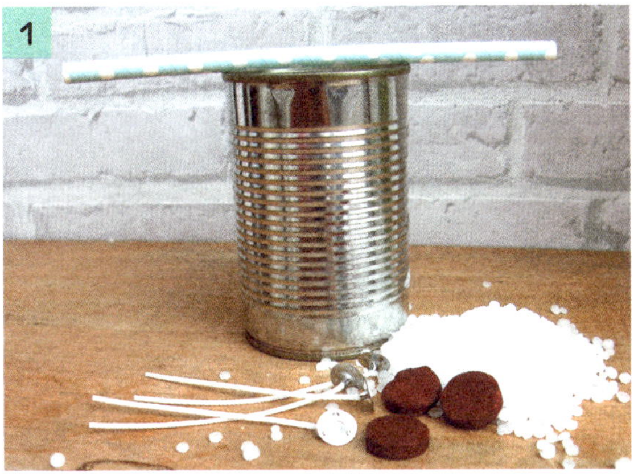

1

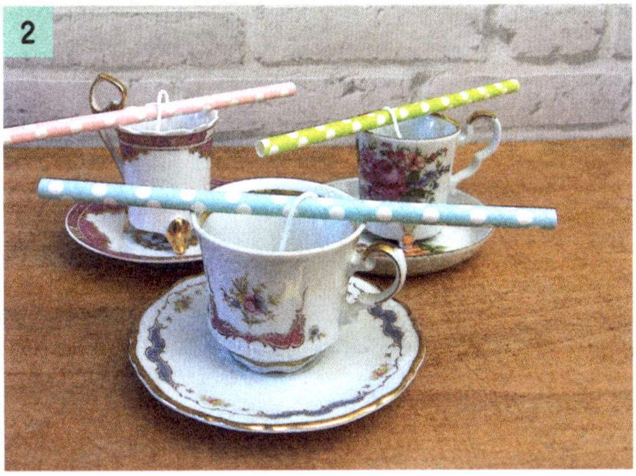

2

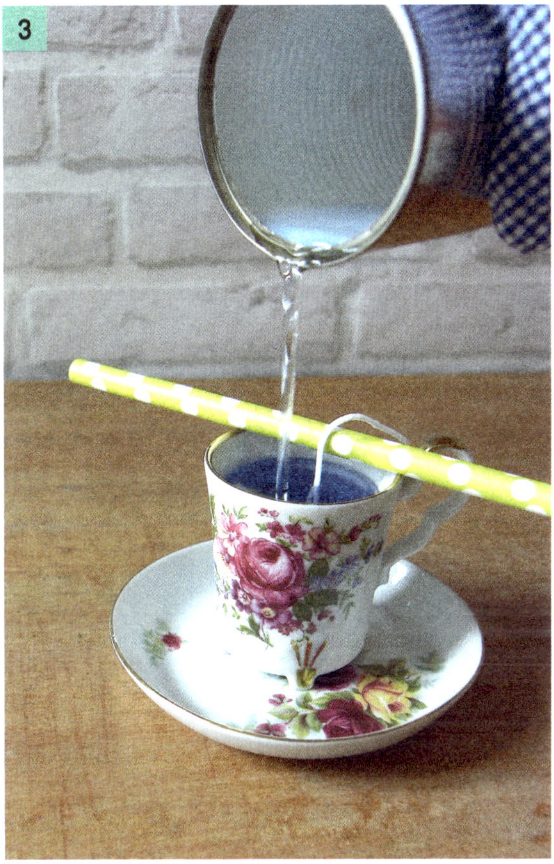

3

1.-2. Alle Utensilien auf Zeitungspapier neben dem Herd bereitstellen. Jeweils einen Strohhalm auf die Tasse legen, den Docht mittig in die Tasse stellen und über den Strohhalm biegen.

Nun in einem kleinen Topf etwas Wasser zum Kochen bringen. Die Blechdose mit Wachslinsen füllen und in den Wassertopf stellen. Für eine Mokkatasse benötigt man ca. 6 Teelöffel Wachslinsen.

Um pastellige Farbtöne zu erzielen, nimmt man sehr wenig Farbe. Dazu schneidet man von der Farbtablette eine ganz dünne Scheibe ab und gibt sie zu den Wachslinsen. Alles mit einem Holzstäbchen verrühren.

3. Ist das Wachs flüssig, Dose mit einem Topflappen anfassen und Inhalt vorsichtig in die vorbereitete Mokkatasse füllen.

TIPP:
BEIM ZU SCHNELLEN ERKALTEN DES WACHSES BILDET SICH EIN TIEFES LOCH UM DEN DOCHT HERUM. MAN VERHINDERT DAS, INDEM MAN DAS WACHS SEHR LANGSAM ERKALTEN LÄSST. AM BESTEN DIE KERZE AN EINEN WARMEN ORT STELLEN ODER SIE VORSICHTIG IN EIN KÜCHENTUCH PACKEN.

Stimmungsmacher

MATERIAL:
FLASCHENBODEN, KLEBEBAND, SPRÜHLACK GOLD, KERZENRESTE ODER WACHSPASTILLEN, GEFÄSS ZUM EINSCHMELZEN, KERZENDOCHTE, EVTL. PINZETTE

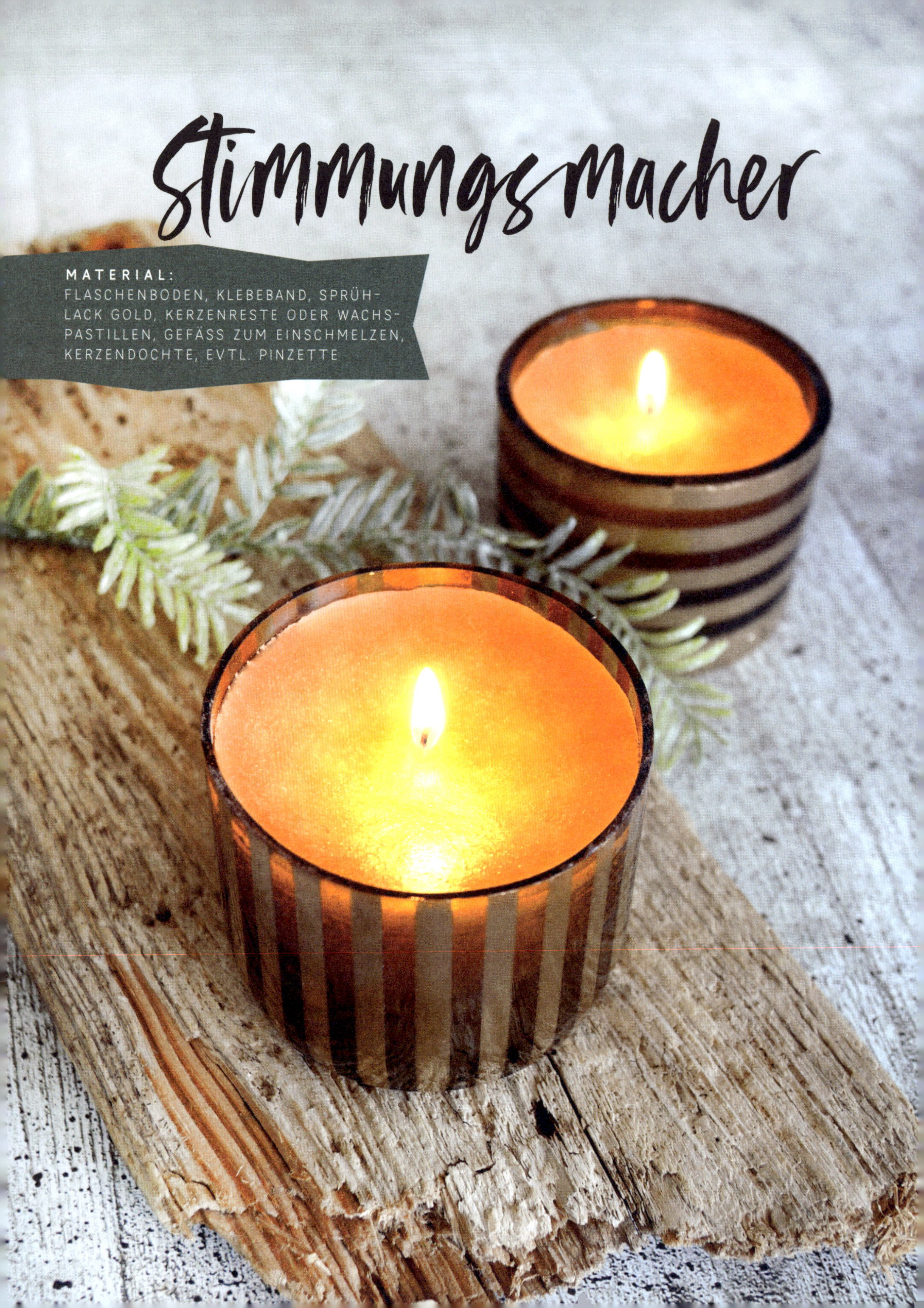

KERZEN KANN MAN BEKANNTLICH NIE GENUG HABEN. OB IM SOMMER DRAUSSEN AUF DER TERRASSE UND IM GARTEN ODER DRINNEN, WENN MAN ES SICH AUF DEM SOFA GEMÜTLICH MACHT. IRGENDWIE SIND DIESE KLEINEN WARMEN LICHTER BERUHIGEND, ODER?

1

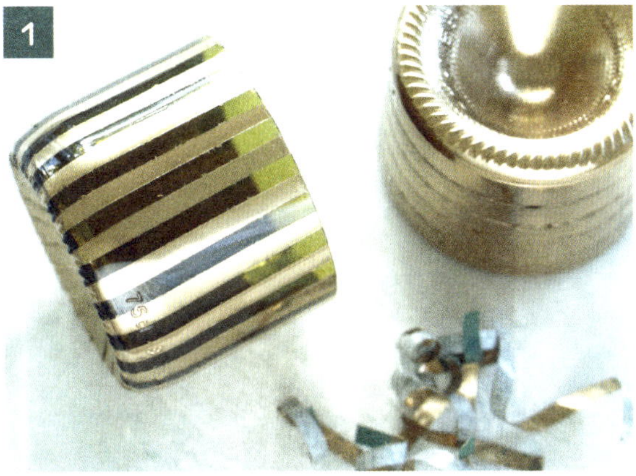

2

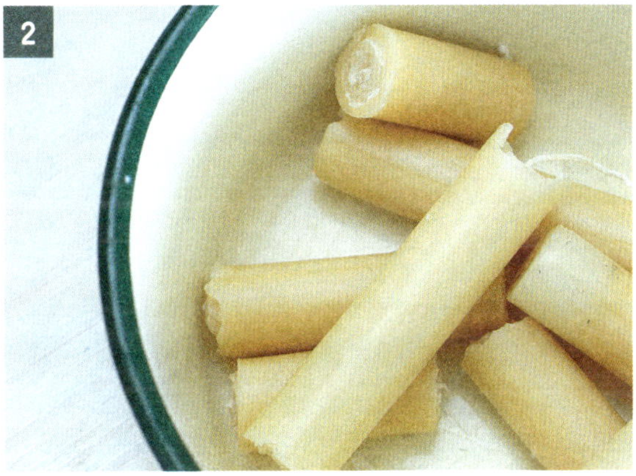

3

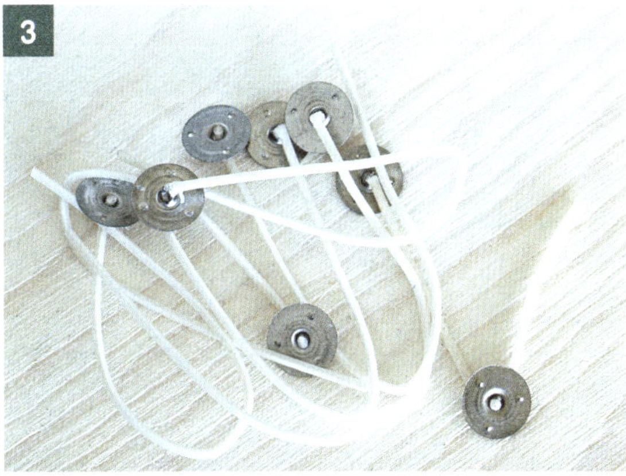

4

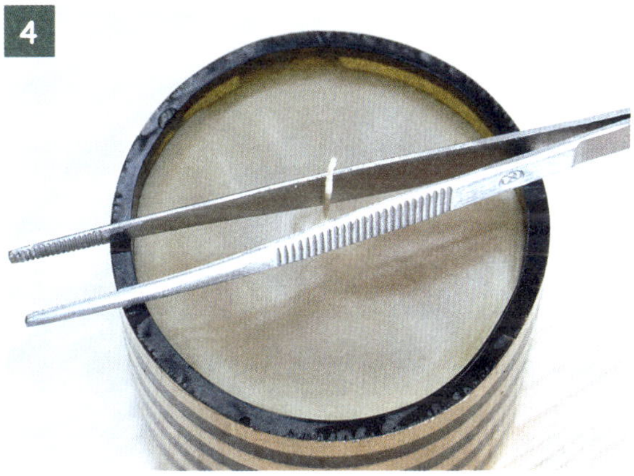

1. Die präparierten Gläser werden zunächst mit sehr schmalem Klebeband, z. B. Maskingtape, rundherum abgeklebt und mit Sprühlack überzogen. Ist die Farbe gut angetrocknet, entfernt man die Klebestreifen wieder vorsichtig.

2. In einem alten Topf kann man dann Kerzenreste oder Wachspastillen einschmelzen.

3. Zum Kerzengießen gibt es spezielle Flachdochte, die einen kleinen Boden haben, um sie positionieren zu können.

4. Solch einen Docht stellt man nun in das Glas. Der Docht sollte so lang sein, dass er ein Stück weit über den Glasrand hinausschaut. Da die meisten Flaschenböden gewölbt sind, muss man den Docht anfangs festhalten. Wenn genügend Wachs im Glas ist, lässt sich der Docht auch mit einer Pinzette stabilisieren.

Wenn man nur einfache Runddochte ohne Metallplättchen hat, knotet man sie um einen kleinen Holzspieß und hängt die Kordel in das Glas.

Wandlicht

MATERIAL:
LÄNGLICHE KUCHENPLATTE, EIERBECHER, KREPPBAND, BOHRMASCHINE MIT PORZELLANBOHRER, ARBEITSHANDSCHUHE, VIER UNTERLEGSCHEIBEN, SCHRAUBE UND PASSENDE MUTTER, ZUR AUFHÄNGUNG EINEN TELLERSPANNER

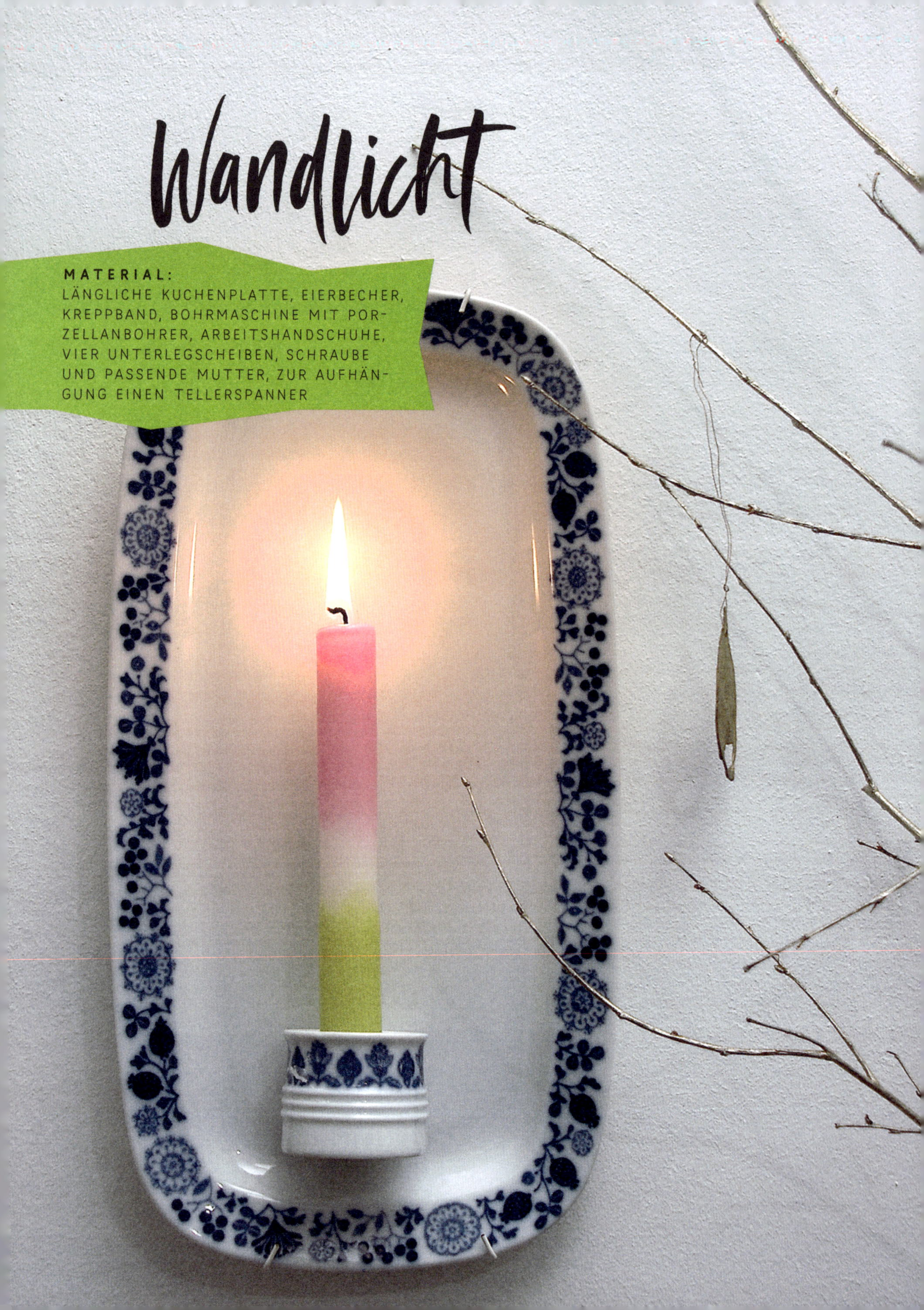

FARBLICH HÜBSCH KOMBINIERT WIRD HIER AUS EINER KUCHENPLATTE UND EINEM EIERBECHER EIN SCHÖNER KERZENLEUCHTER. NATÜRLICH KANN MAN ALS RÜCKWAND AUCH EINE RUNDE TORTENPLATTE, ODER, ODER, ODER ... NEHMEN.

1

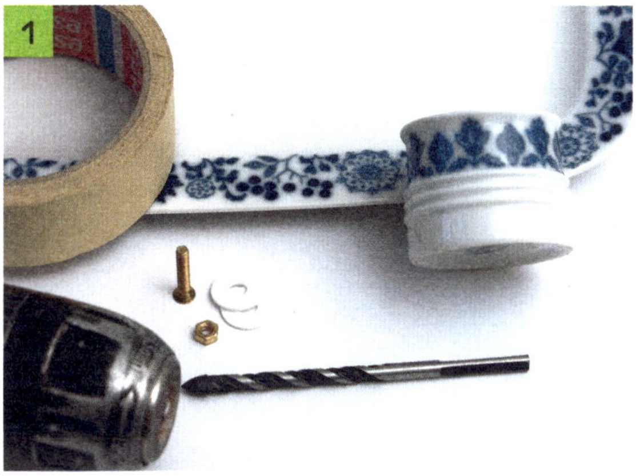

2

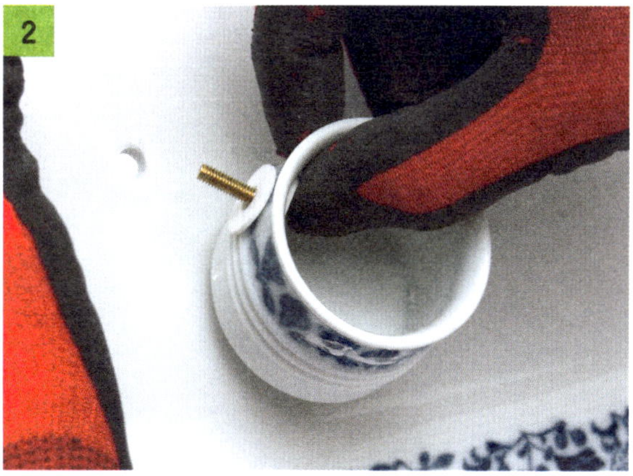

3

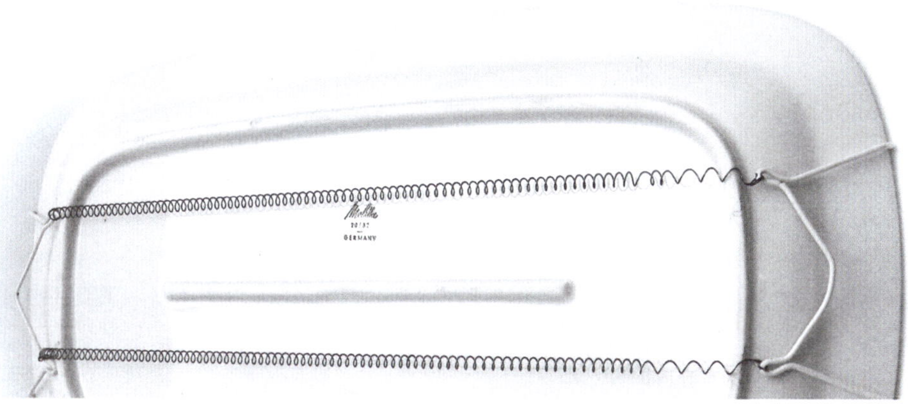

1. Zuerst bohrt man die Löcher in die Platte und den Eierbecher. Hierfür einen festen Untergrund suchen und mit einem alten Handtuch leicht polstern. Dann die Position für die Löcher festlegen. Die Platte im unteren Viertel markieren, sodass genug Abstand für den Eierbecher ist, dann diesen am oberen Rand mit Kreppband markieren.

2. Arbeitshandschuhe anziehen und den Bohrer jeweils auf der Porzellanoberseite an der markierten Stelle ansetzen. Nun kurz anbohren, dann etwas Wasser dazugeben, damit der Bohrer nicht zu schnell heiß wird.

Wenn beide Löcher gebohrt sind, verbindet man die Porzellane miteinander. Dazu jeweils an der Innen- und Außenseite eine Unterlegscheibe anbringen, dann die Schraube durchziehen. Anschließend auf der Rückseite der Platte mit der Mutter fixieren.

3. Tellerspanner an der Rückseite befestigen.

Pop Cup

MATERIAL:
WEISSE TASSEN, EIN AUSGEDIENTER PLASTIKBEHÄLTER (EIS, ETC.), PAPIER ZUM UNTERLEGEN, EINWEGHANDSCHUHE, HOLZSTÄBCHEN, KÜCHENPAPIER, MARMORIERFARBEN

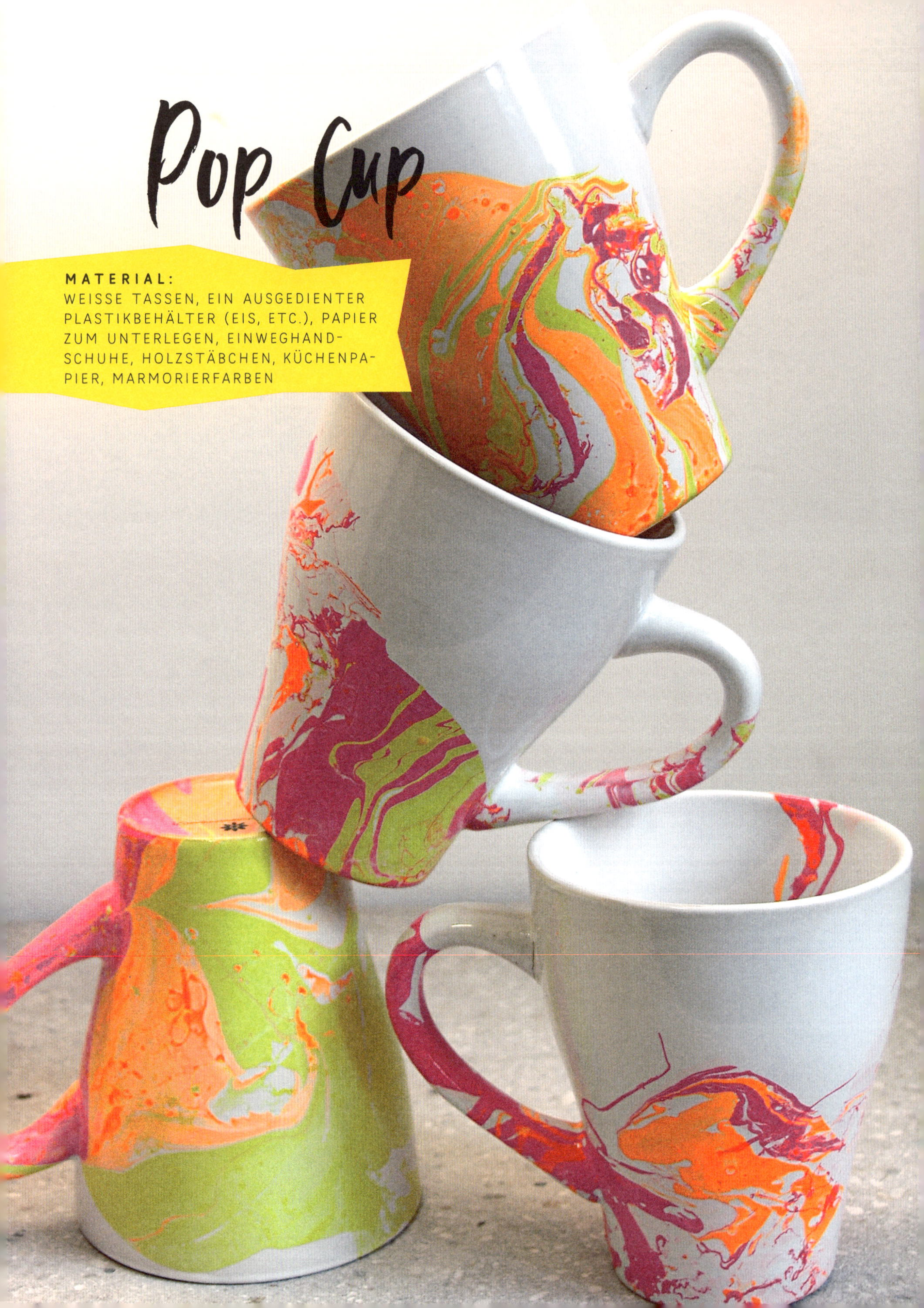

AUCH AUSGEDIENTE, LANGWEILIGE KAFFEEBECHER KANN MAN GANZ EASY PIMPEN. MIT DER MARMORIERTECHNIK IST ES KINDERLEICHT, TOLLE EFFEKTE AUF DIE TASSEN ZU ZAUBERN.

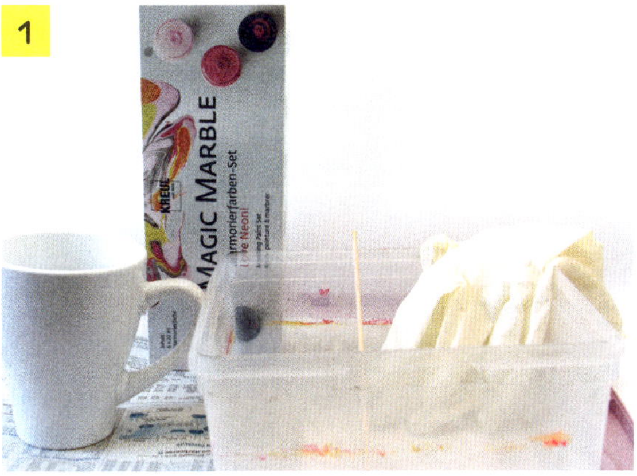

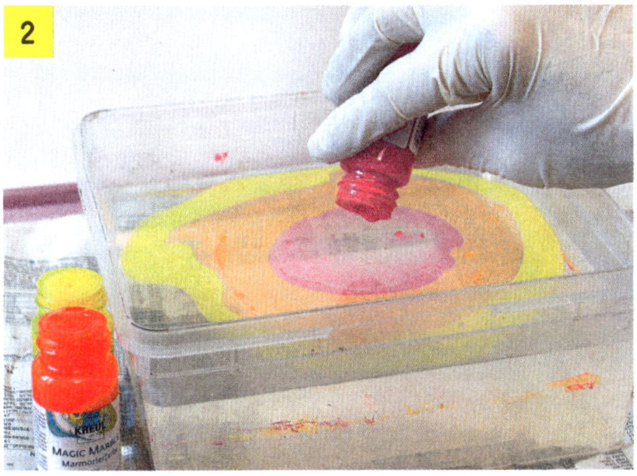

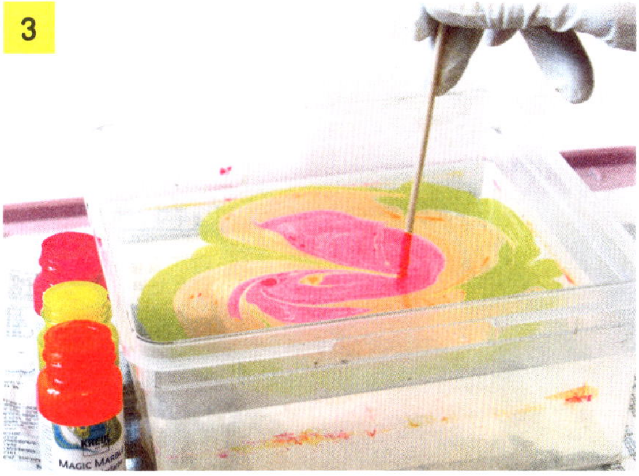

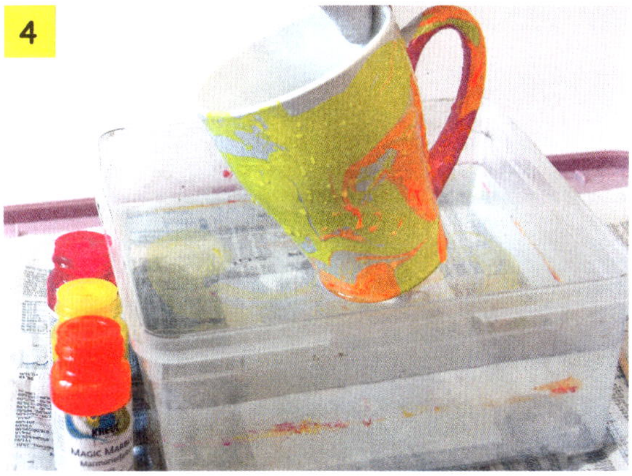

1. Arbeitsfläche mit altem Zeitungspapier auslegen und Material bereitstellen. Der Plastikbehälter wird mit kaltem Wasser gefüllt.

2. Die Farben Neonpink, Neongelb und Neonorange gut schütteln, Einweghandschuhe anziehen und die Farbe tröpfchenweise dicht an der Oberfläche in das Wasser geben. Dabei beginnt man mit der Hauptfarbe, hier Neongelb, danach kommt die erste Schmuckfarbe, hier Neonpink, und als Akzent Neonorange (s. Foto). Die hier verwendeten Marmorierfarben sind nicht lebensmittelecht und nicht spülmaschinenfest.

3. Nun mit dem Holzstäbchen die einzelnen Farben nach Wunsch ineinander ziehen, so entsteht das Marmormuster.

4. Jetzt die Tasse bis ca. 4 cm unter dem oberen Rand eintauchen. Objekt dabei gut festhalten und leicht drehen, sodass es rundherum Farbe annimmt (s. Foto). Aus dem Wasser ziehen.

Überschüssiges Wasser von der Tasse wegpusten, alternativ vorsichtig mit dem Küchenpapier trockentupfen. Nach ca. 8 Stunden ist die Farbe komplett durchgetrocknet. Alternativ lassen sich die Tassen im Backofen trocknen, ohne Vorheizen bei 70 Grad für ca. 60 Minuten.

Nach dem Marmorieren wird die restliche Farbe aus dem benutzen Wasser mit Küchenpapier aufgesaugt, dann das Wasser entleeren.

White Beauty

MATERIAL:
GANZE FLASCHE, KLEBEBAND, SPRÜHLACK

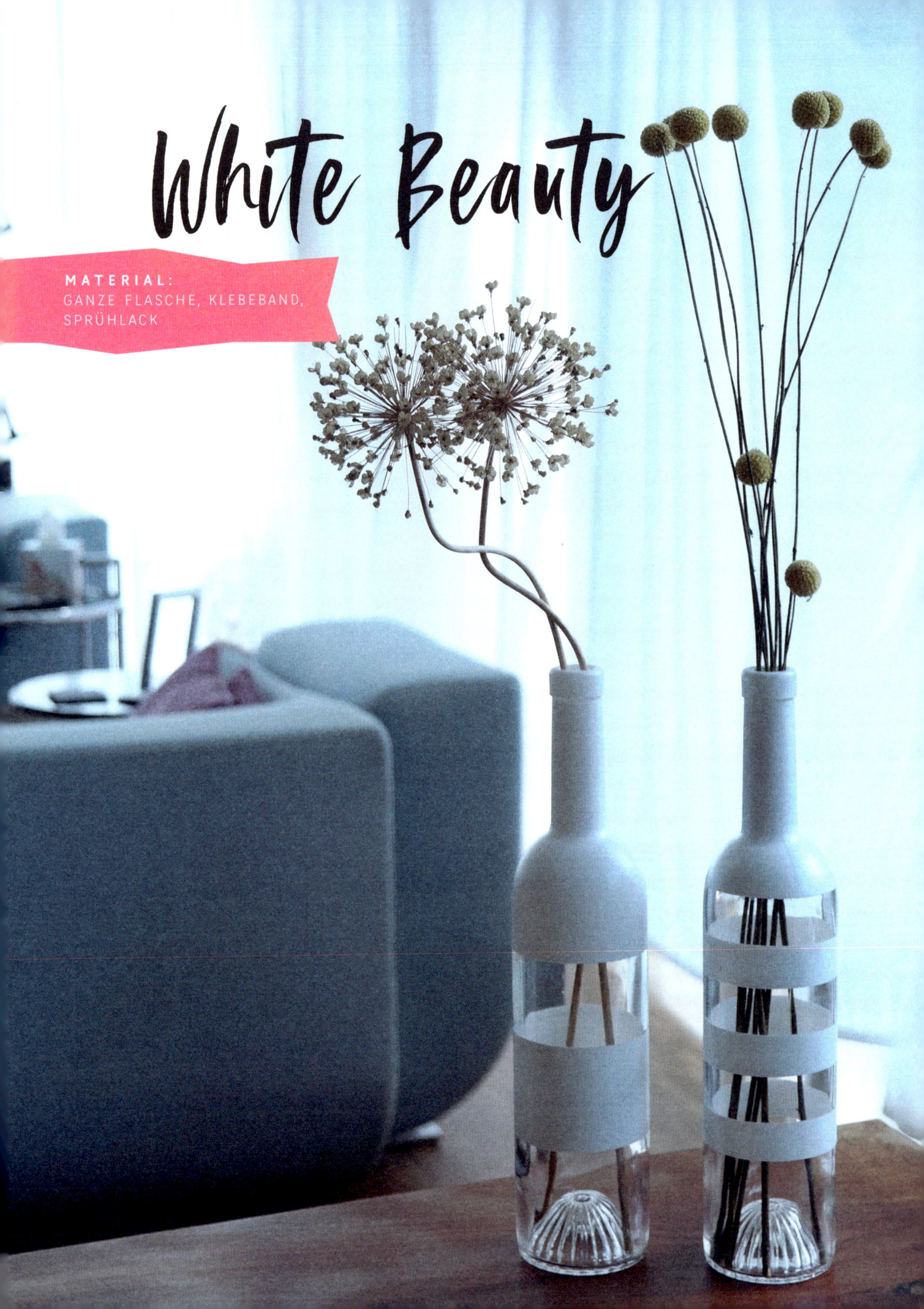

SOLCHE SCHICKEN VASEN LASSEN SICH SCHNELL UND EINFACH HERSTELLEN. SEHR EDEL SEHEN DIE FLASCHEN IN WEISS AUS, DANN PASST JEDE BLUME ODER JEDES GRAS HINEIN, OHNE MIT DER FLASCHE ZU KONKURRIEREN. MAN SOLLTE AUSSCHAU HALTEN NACH FLASCHEN MIT EINEM BESONDERS GEWÖLBTEN BODEN.

1

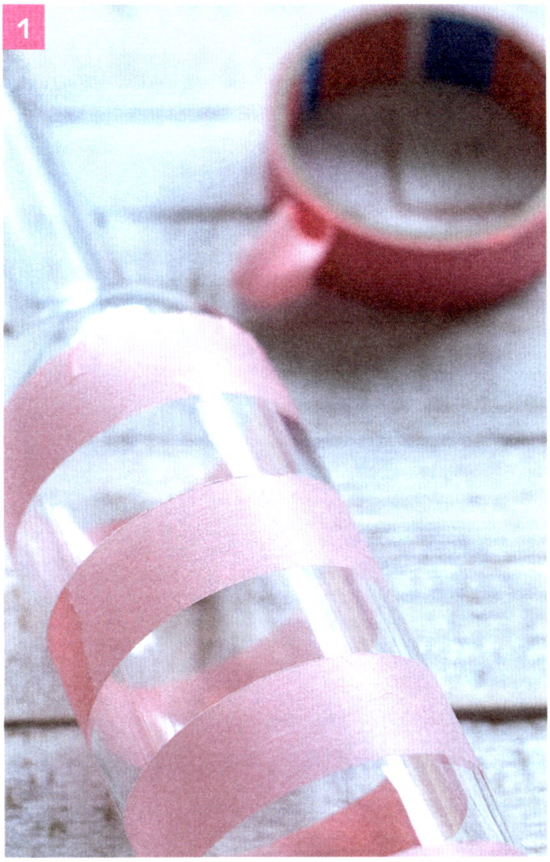

2

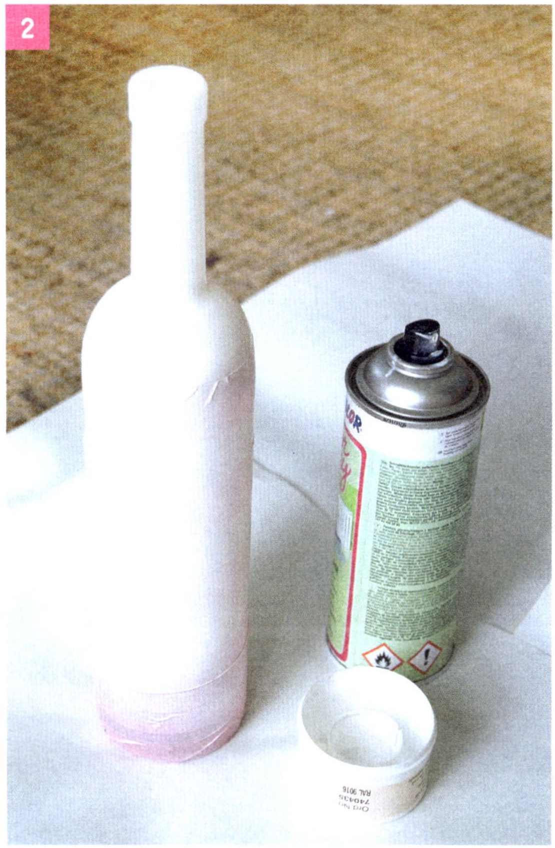

1. Die gereinigten Flaschen mit Malerkrepp abkleben. Die Ränder gut andrücken, damit keine Farbe unter das Band laufen kann.

2. Dann die Flaschen auf einer Unterlage und bei ausreichend Frischluft lackieren. Anschließend gut trocknen lassen.

Später das Klebeband vorsichtig wieder abziehen. Hat die Flasche einen besonders schönen, gewölbten Boden, sollte man den unteren Bereich frei lassen.

Hell in Pastell

MATERIAL:
GANZE FLASCHEN, KREIDEFARBEN, SCHWÄMMCHEN ODER PINSEL, GOLDFOLIE, ANLEGEMILCH, EVTL. PINZETTE, PINSEL

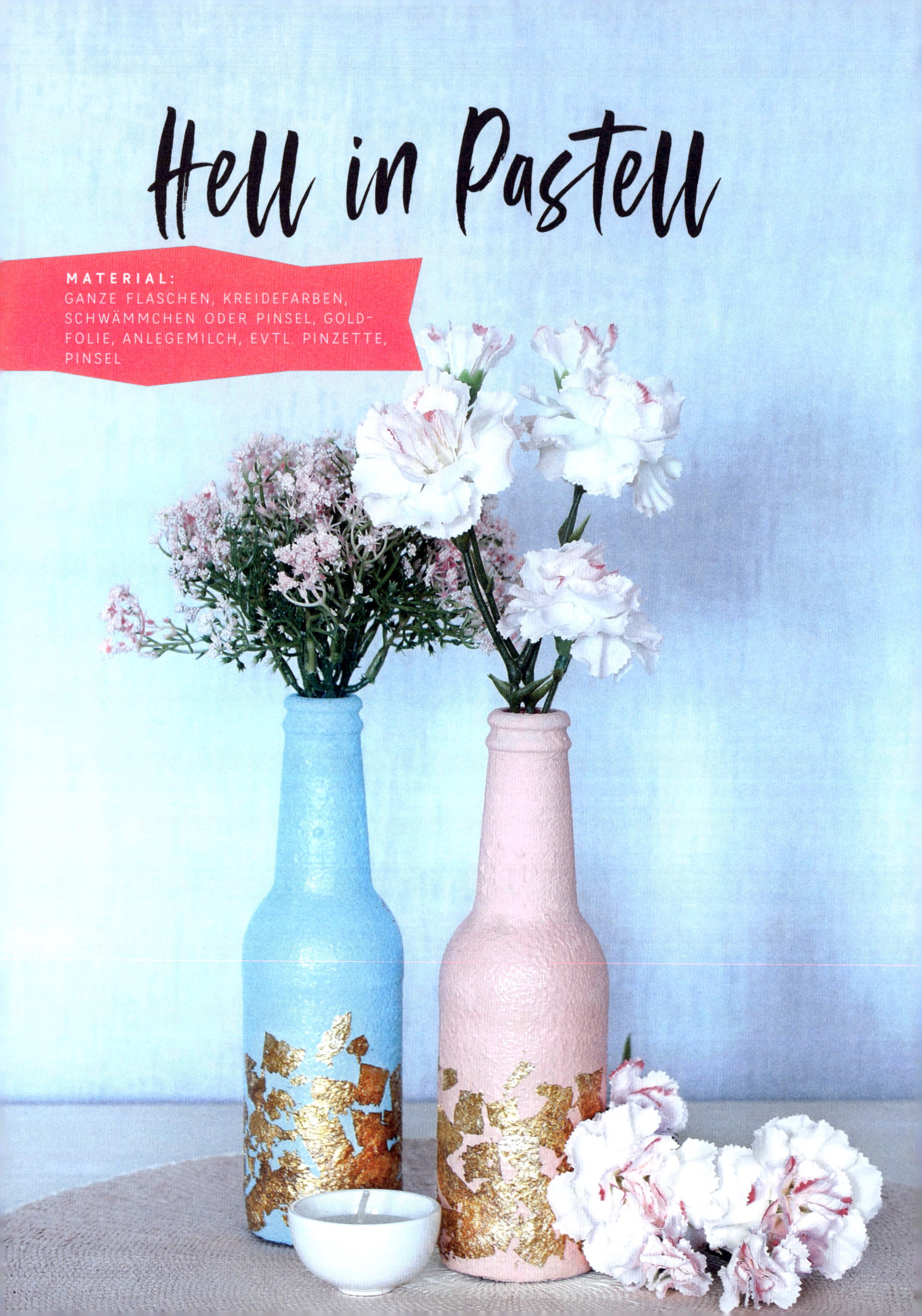

FÜR ALLE, DIE ES ETWAS PASTELLIGER MÖGEN, SIND DIESE VASEN GENAU DAS RICHTIGE. MIT KREIDEFARBE BETUPFT BEKOMMT DAS GLAS EINE GANZ EIGENE STRUKTUR UND AUCH DIE AUFGEBRACHTE GOLDFOLIE WIRKT VIEL PLASTISCHER.

1

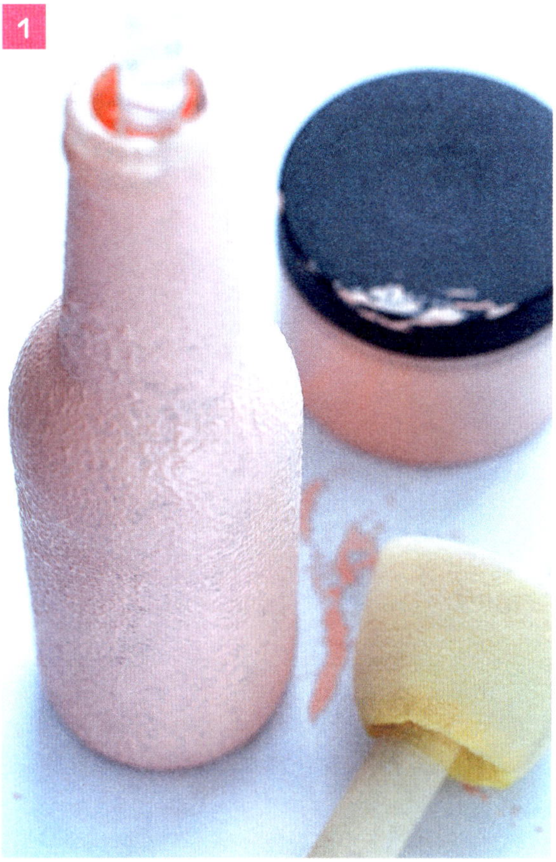

2

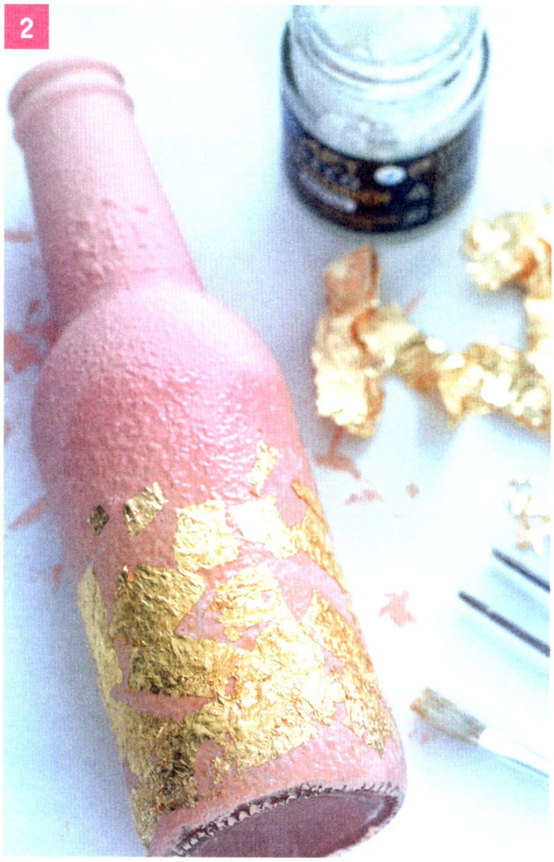

1. Nachdem die Etiketten von der Flasche entfernt sind, kann man das Glas mit der Kreidefarbe betupfen. Danach sollte die Farbe erst einmal richtig durchtrocknen.

2. Die Goldfolie wird mit einem Pinsel und der entsprechenden Anlegemilch auf die Flasche geklebt.

Hier kann eine Pinzette hilfreich sein, denn die Folie ist so fein, dass sie sofort zerreißt, wenn man sie zu grob anfasst. Außerdem sollten die Finger nicht klebrig sein.

Nach dem Antrocknen kann man die komplette Flasche noch einmal mit einem Lack überziehen, um die Goldfolie besser zu schützen.

Klare Rollenverteilung

MATERIAL:
PAPPROLLEN, EINDRÜCKDECKEL, SÄGE, GEHRUNGSLADE, SCHMIRGELPAPIER, ACRYLFARBE, PINSEL, SERVIETTENKLEBER, SERVIETTEN, REAGENZGLÄSER

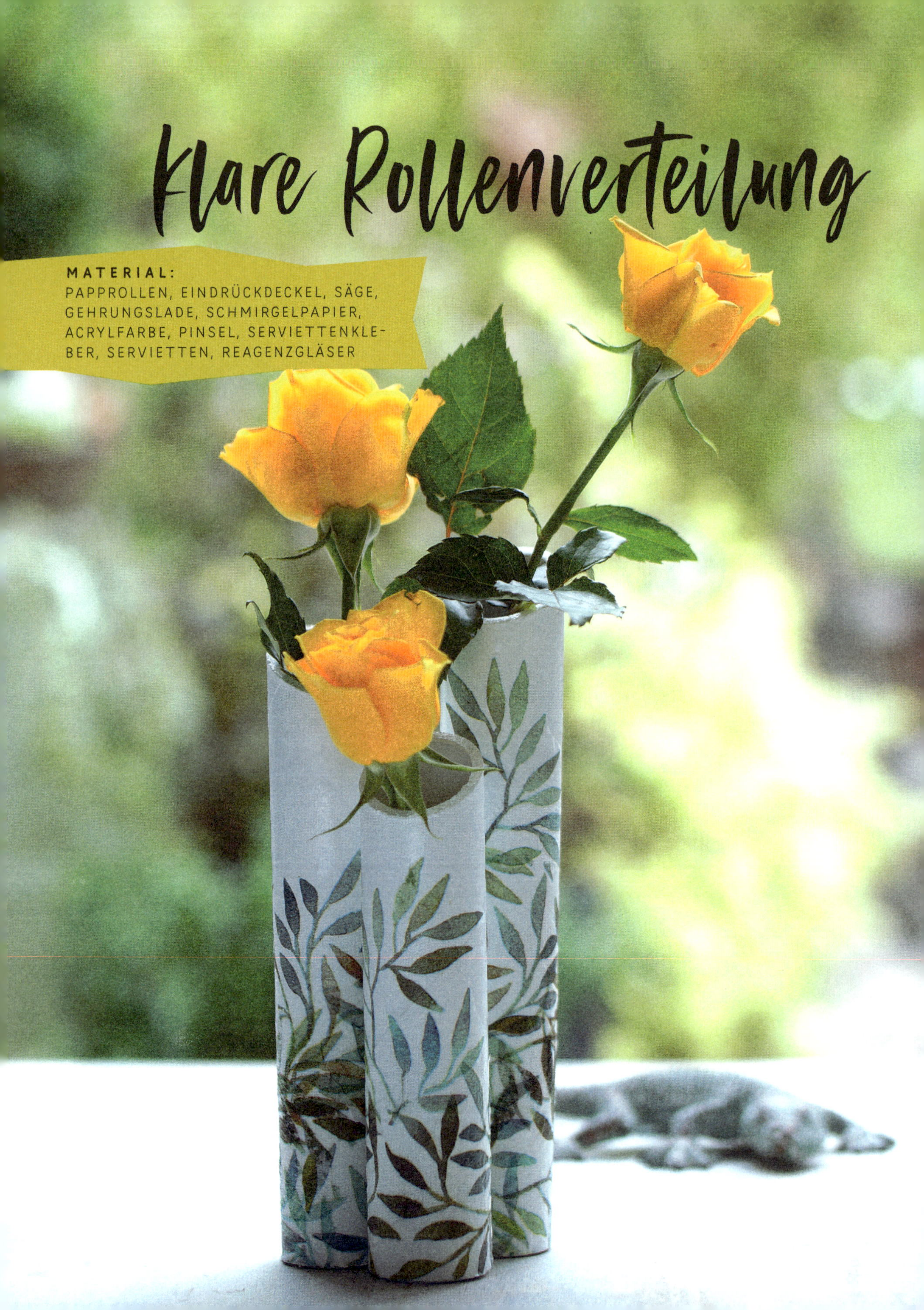

JA SIND DIE DENN AUCH DICHT? NATÜRLICH NICHT. DIE PAPPROLLEN DIENEN NUR ALS VERSTECK FÜR KLEINE REAGENZGLÄSCHEN. DIE STEHEN FREI IN DEN UNTEN VERSCHLOSSENEN PAPPRÖHREN UND BIETEN PLATZ FÜR EIN PAAR KLEINE ZWEIGE ODER EINZELNE BLUMEN.

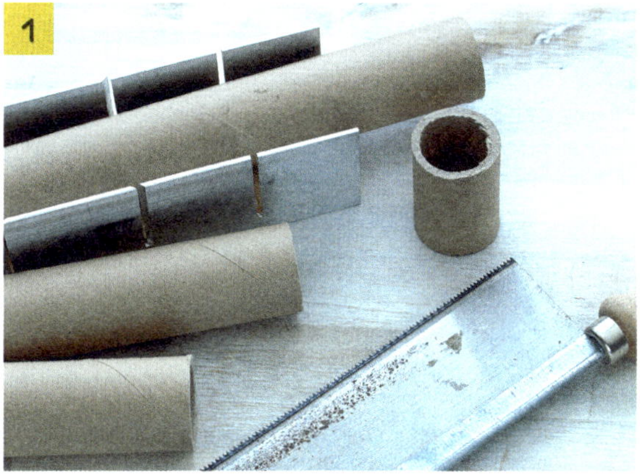

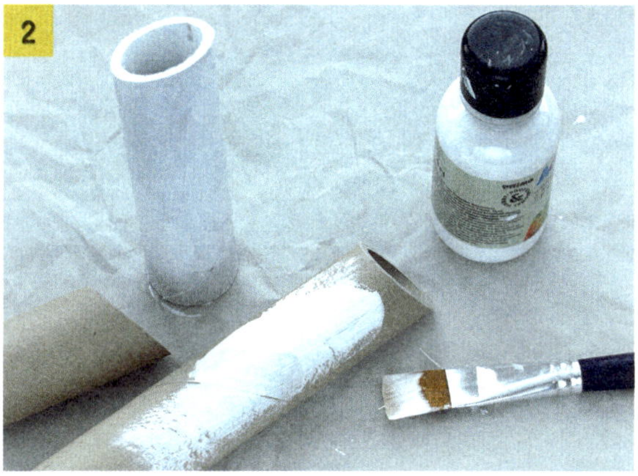

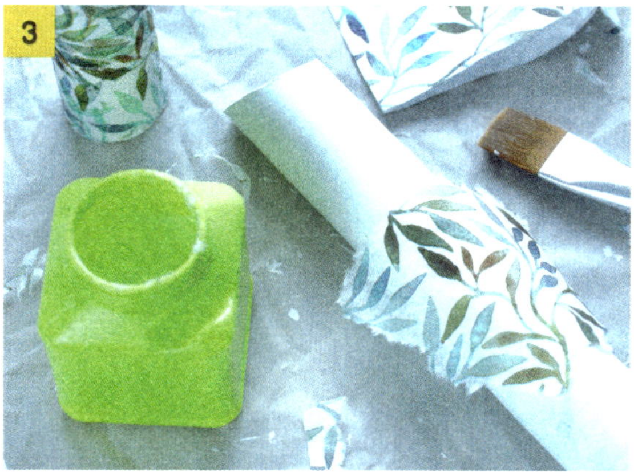

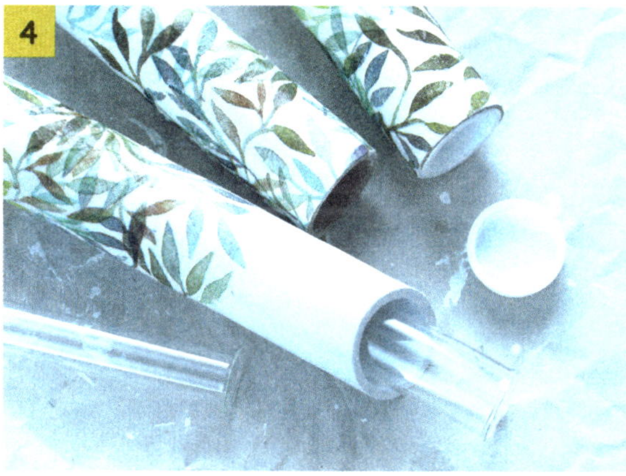

1. Die Papprollen in der gewünschten Länge absägen. Gerade oder schräg - ganz wie man mag. Die Kanten anschließend mit Schmirgelpapier etwas glätten.

2. Mit weißer Acrylfarbe die Papprollen anstreichen. (Alternativ kann man die Rollen auch mit weißer Lackfarbe einsprühen.) Der weiße Untergrund ist notwendig, damit die Muster der Servietten gut zur Geltung kommen.

3. Aus den Servietten nun das gewünschte Muster herausreißen oder schneiden. Dann die oberste Schicht der Serviette lösen (es sind meistens 3 Schichten). Diese auf die Rolle legen und mit dem Pinsel den Serviettenkleber vorsichtig von innen nach außen auftragen. So Schritt für Schritt das gewünschte Muster anlegen.

4. Zum Schluss den Boden der Papprolle mit einem passenden Deckel (Eindrückdeckel für Papphülsen) verschließen und ein Reagenzglas hineinstellen. Alternativ den Boden mit einer kleinen Pappscheibe zukleben.

Die Vasen kann man einzeln verwenden oder mit der Heißklebepistole zu einer Gruppe zusammenkleben.

An Land gespült …

MATERIAL:
BAUCHIGE FLASCHE, EVTL. KORDEL, VOGELSAND, KLEINE MUSCHELN, „GEHEIME BOTSCHAFT", SCHATZKARTE ODER GUTSCHEIN, STOPFEN

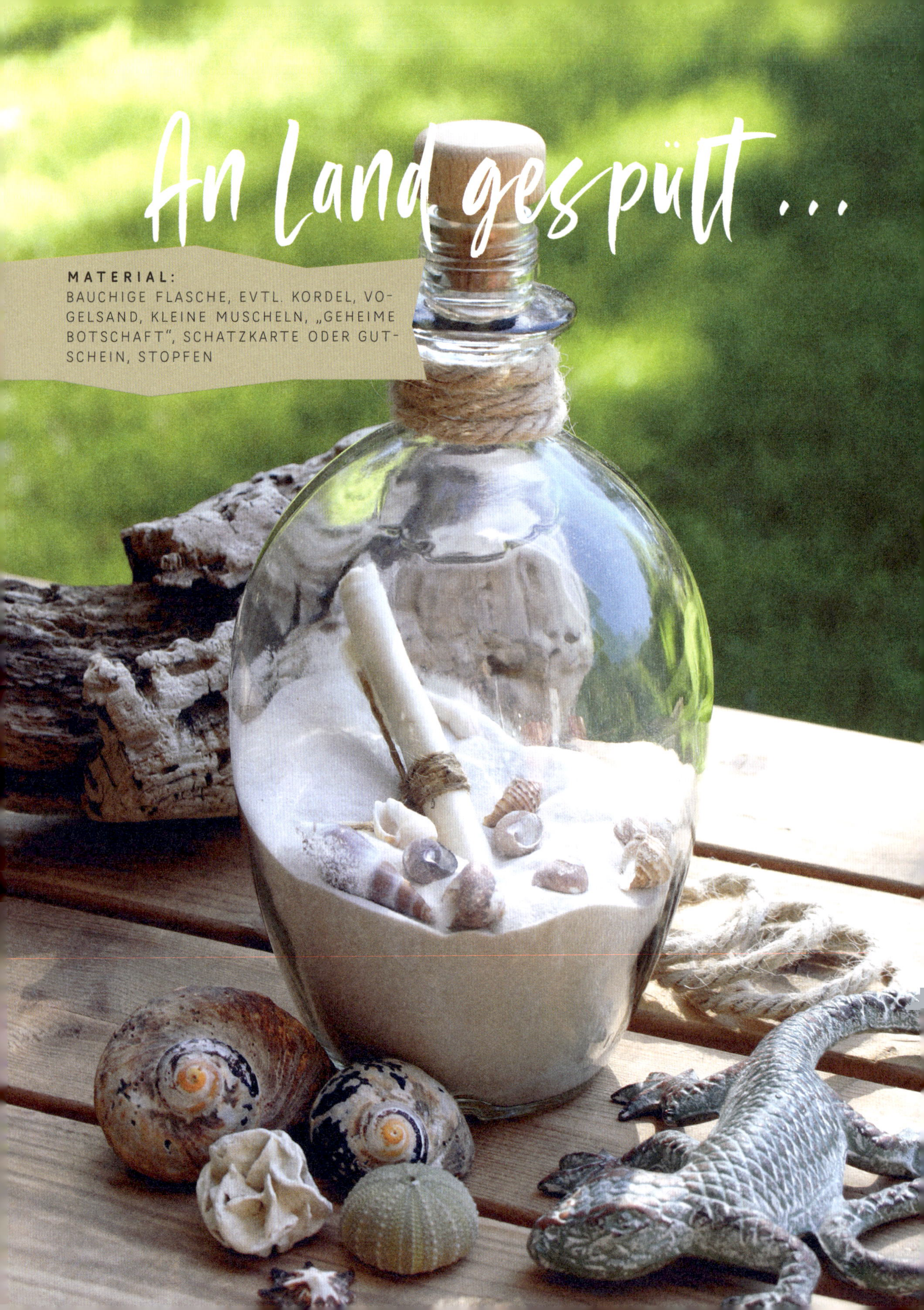

FLASCHENPOST MIT SCHATZKARTE. EIGENTLICH MÖCHTE MAN DIE FLASCHE JA GAR NICHT ÖFFNEN, UM AN DIE KARTE ZU GELANGEN, ODER? ABER WENN DAS GANZE EIN GESCHENK MIT EINEM GUTSCHEIN IST? DANN VIEL SPASS BEIM RAUSFISCHEN ...

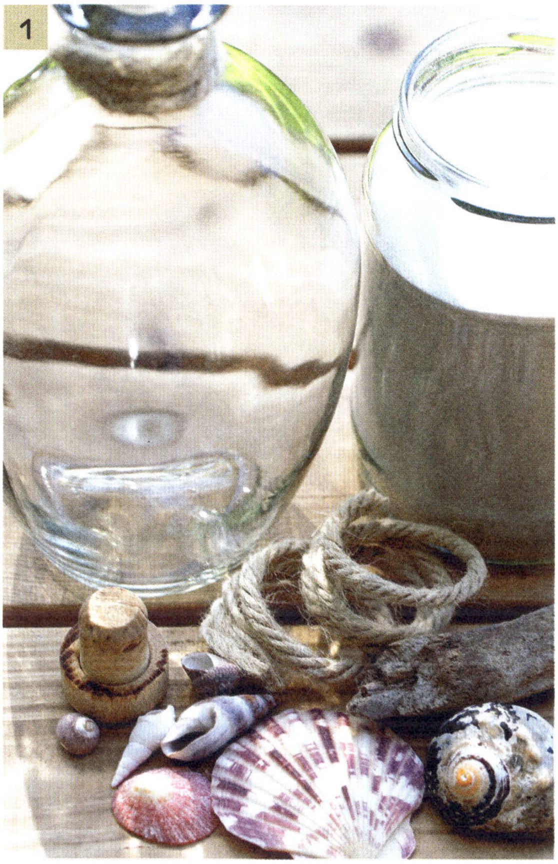

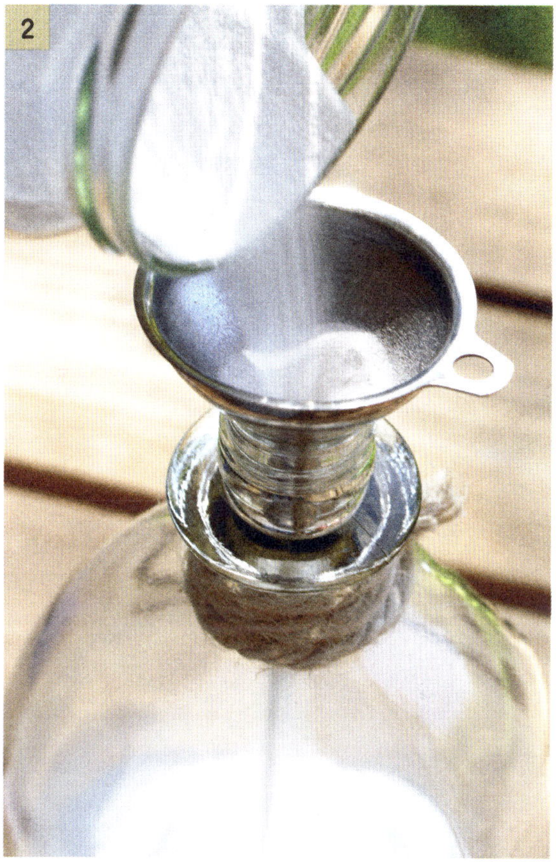

1. Die Flasche sollte sauber und innen trocken sein. Den Hals der Flasche kann man mit etwas Kordel verzieren.

2. Den Sand am besten mit einem Trichter einfüllen. Anschließend vorsichtig kleine Muscheln, Steinchen oder Holzstückchen in die Flasche füllen.

Und natürlich die geheime Botschaft, die Schatzkarte oder den Gutschein hineinstecken.

Stopfen drauf und nach Möglichkeit nicht mehr schütteln!

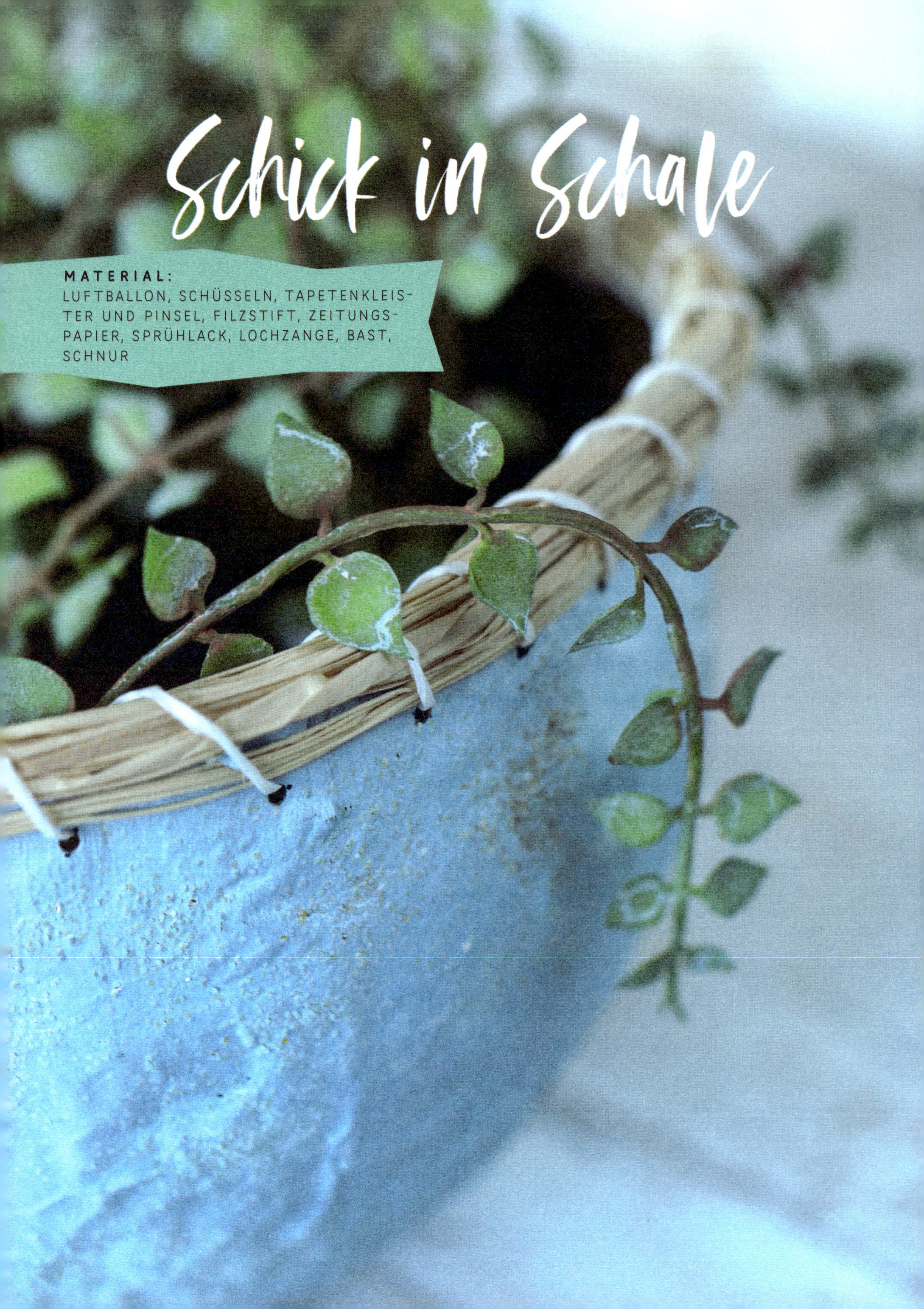

Schick in Schale

MATERIAL:
LUFTBALLON, SCHÜSSELN, TAPETENKLEISTER UND PINSEL, FILZSTIFT, ZEITUNGSPAPIER, SPRÜHLACK, LOCHZANGE, BAST, SCHNUR

PAPIERSCHALEN SIND SUPER EINFACH HERZUSTELLEN UND SO VIELFÄLTIG ZU GESTALTEN. MAN KANN SIE BEMALEN ODER MIT MUSTERN BEKLEBEN, DAS MACHT AUCH KINDERN SPASS. ODER MIT EINEM GANZ SPEZIELLEN RAND VERSEHEN, ZUM BEISPIEL MIT BASTELBAST.

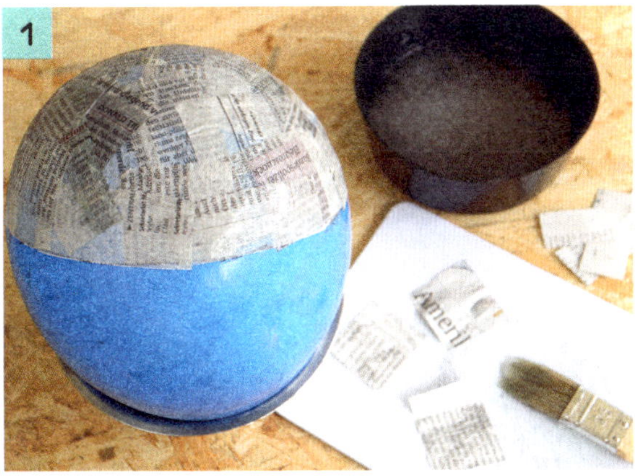

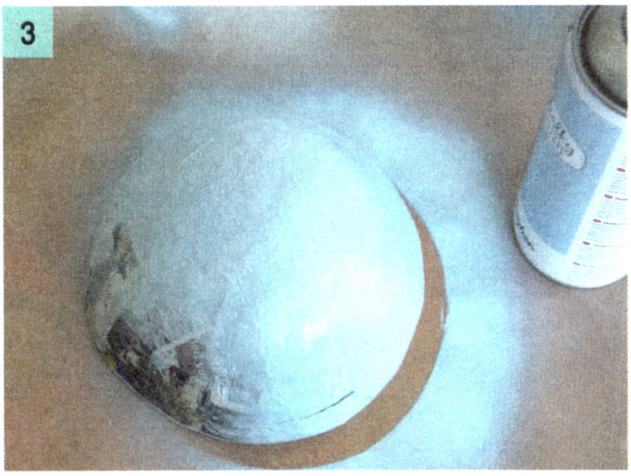

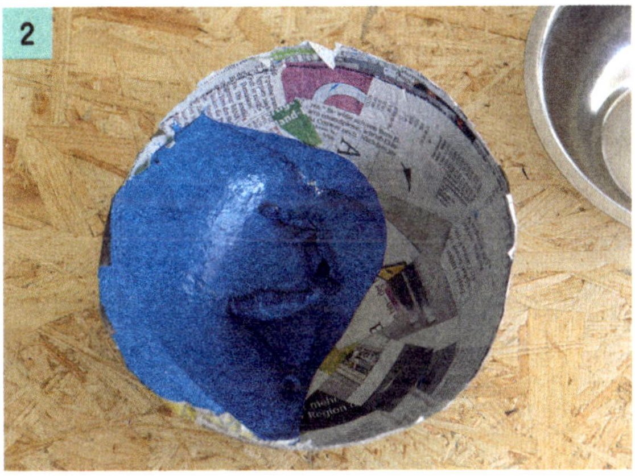

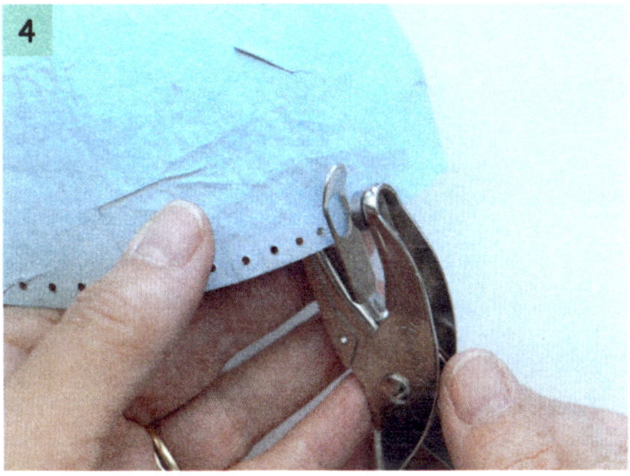

1. Für die Herstellung der Schale bläst man einen Luftballon in der gewünschten Größe auf und stellt ihn in eine Schüssel. So lässt sich die Schale besser verarbeiten. Für die Form der Schale ist es sinnvoll, mit einem wasserfesten Filzstift den Rand der Schale auf den Ballon zu zeichnen. Dann rührt man eine kleine Menge Kleister an, bepinselt die zu beklebenden Stellen des Ballons damit und legt die erste Schicht Zeitungspapierschnipsel auf. Für jede Schicht wiederholen. Nach 3 Schichten die Form erst einmal antrocknen lassen. 5–6 Schichten sollten es schon sein, damit die Schale später stabil ist.

2. Ist die Form vollständig ausgetrocknet, bringt man den Luftballon zum Platzen und entfernt die Gummireste aus der Schale.

3. Innen- und Außenseiten der Schale nach Lust und Laune lackieren. Es muss nicht unbedingt Sprühlack sein. Einfache Acrylfarbe ist ebenfalls geeignet.

4. Mit einer Lochzange nun am Rand die Löcher stanzen. Nicht zu dicht an der Kante, damit sie dort später beim Einfädeln nicht einreißen können.

Fortsetzung auf der nächsten Seite

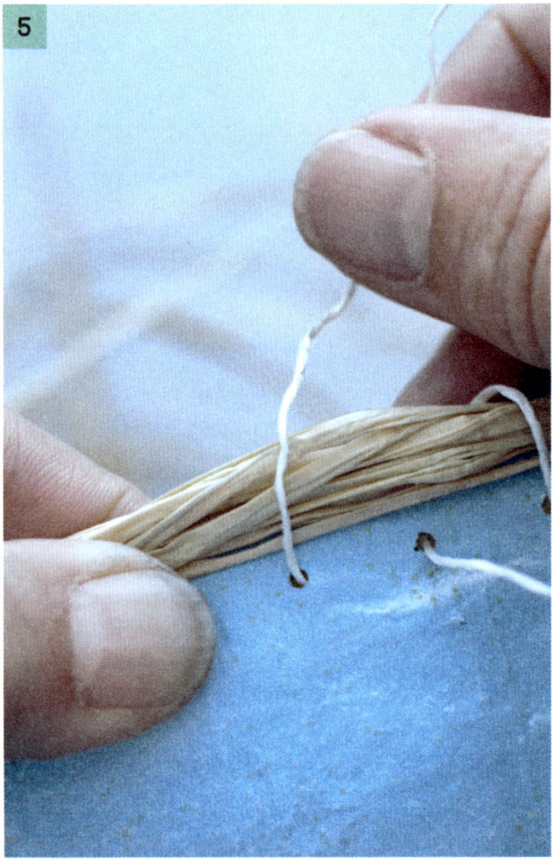

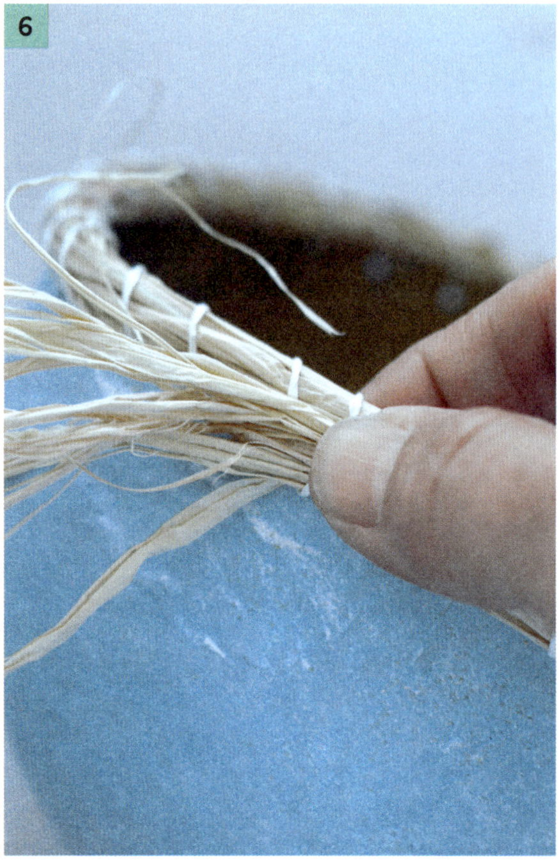

5. Aus dem Baststrang löst man eine kleine Menge, die man an die Schale anpasst. Dann fädelt man eine Schnur durch die Löcher, um den Bast anzubinden. Darauf achten, dass die Schnur lang genug ist. Innen ein Stück zum Verbinden überstehen lassen.

6. Am Ende sollte der Baststrang ein wenig überlappen. Er wird noch einmal durch die ersten 2 Löcher festgebunden. Dann die Schnurenden miteinander verknoten.

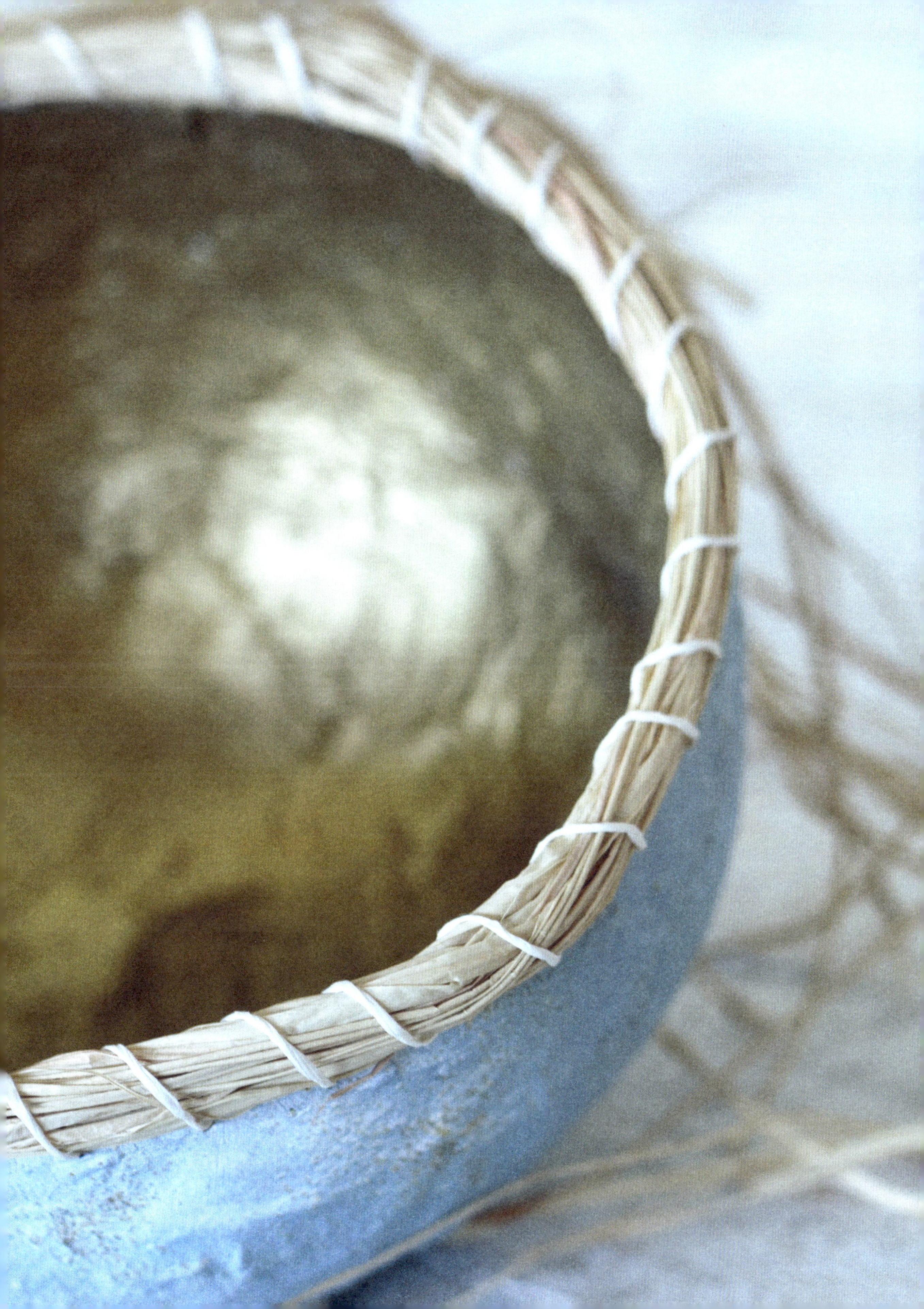

Zackige Schale

MATERIAL:
GETRÄNKEKARTON, STIFT, SCHERE, AHLE, LOCHZANGE, NIETENZANGE, NIETEN

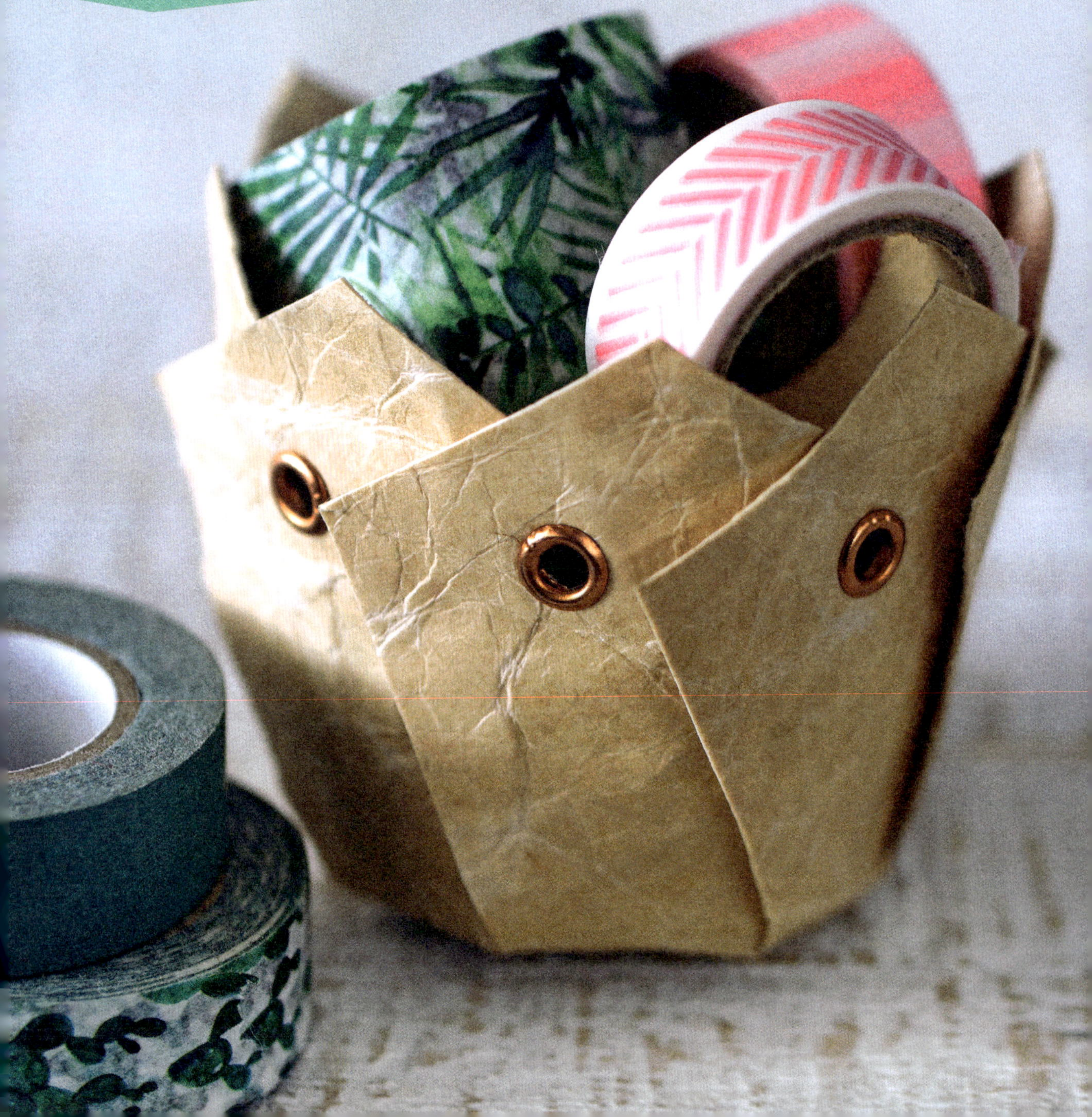

KLEINE SCHÄLCHEN ZUR AUFBEWAHRUNG KANN MAN NIE GENUG HABEN. UND MANCHMAL FEHLT EINFACH NUR EINE HÜBSCHE VERPACKUNG FÜR EINE KLEINIGKEIT, DIE MAN VERSCHENKEN MÖCHTE. BEVOR MAN DAFÜR TEURE BOXEN KAUFT – WIE WÄRE ES MIT EINER EX-SAFTTÜTE?

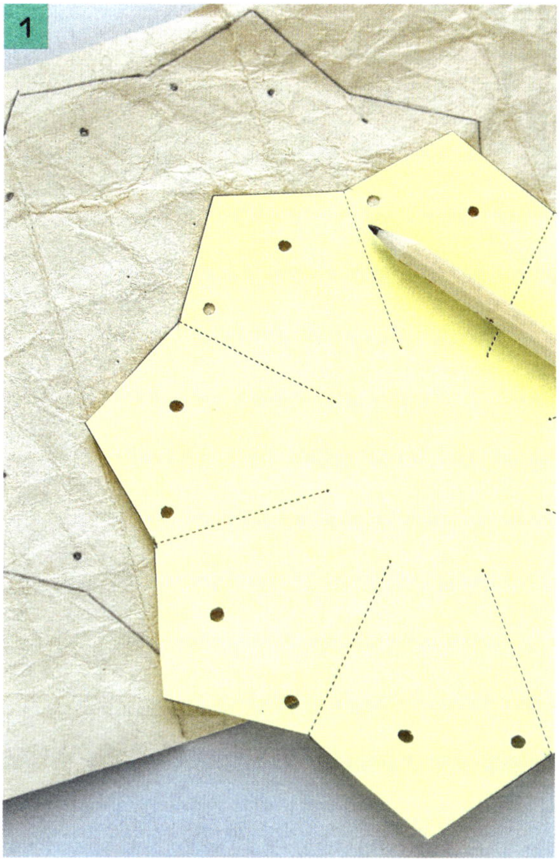

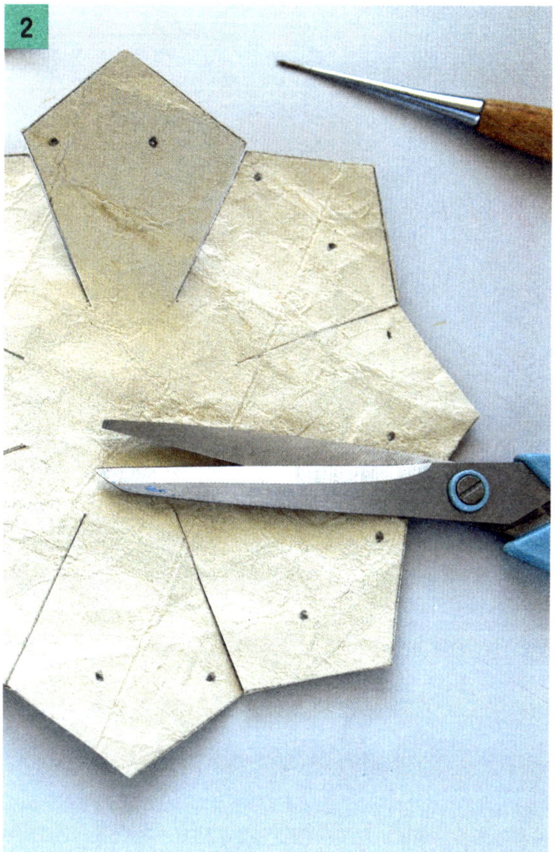

1. Für dieses Körbchen die Vorlage von Seite 268 verwenden. Diese mit einem Stift auf den Karton übertragen. Am besten schon in der Vorlage die Löcher ausstanzen, dann lassen sie sich ebenfalls leicht auf den Karton zeichnen. Die Punkte, bis zu denen man das Körbchen einschneidet, kann man mit der Ahle markieren.

2. Anschließend mit der Schere ausschneiden und an den vorgesehenen Stellen einschneiden.

Fortsetzung auf der nächsten Seite

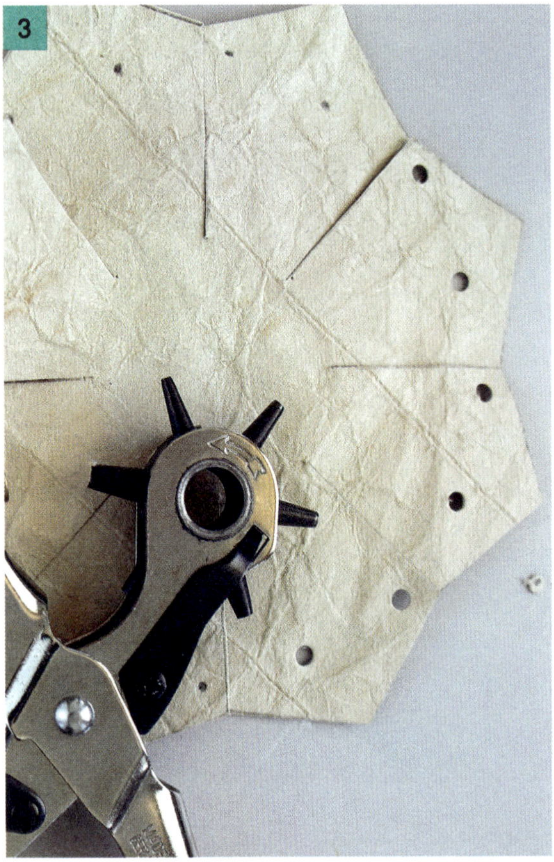

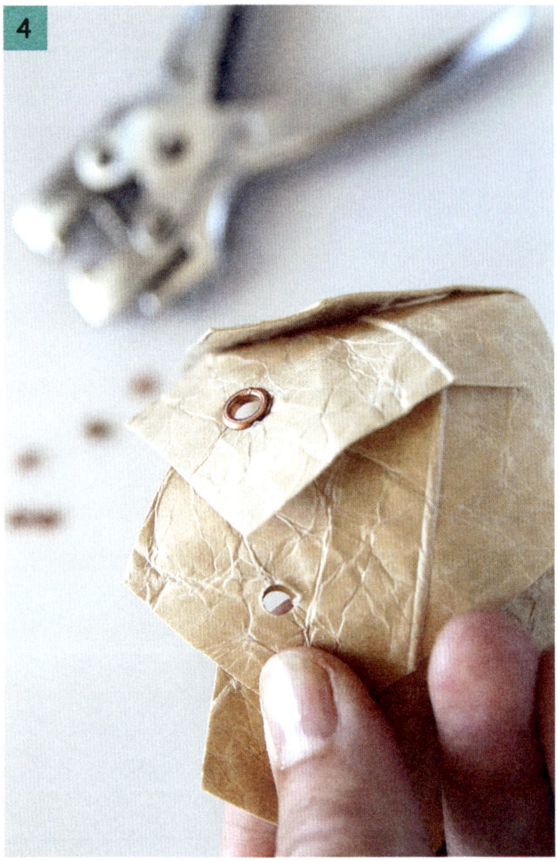

3. Nun die Löcher für die Nieten stanzen.

4. Die einzelnen Löcher dann in einer Richtung übereinanderschieben und jeweils mit einer Niete verbinden, bis die Schale rundum geschlossen ist.

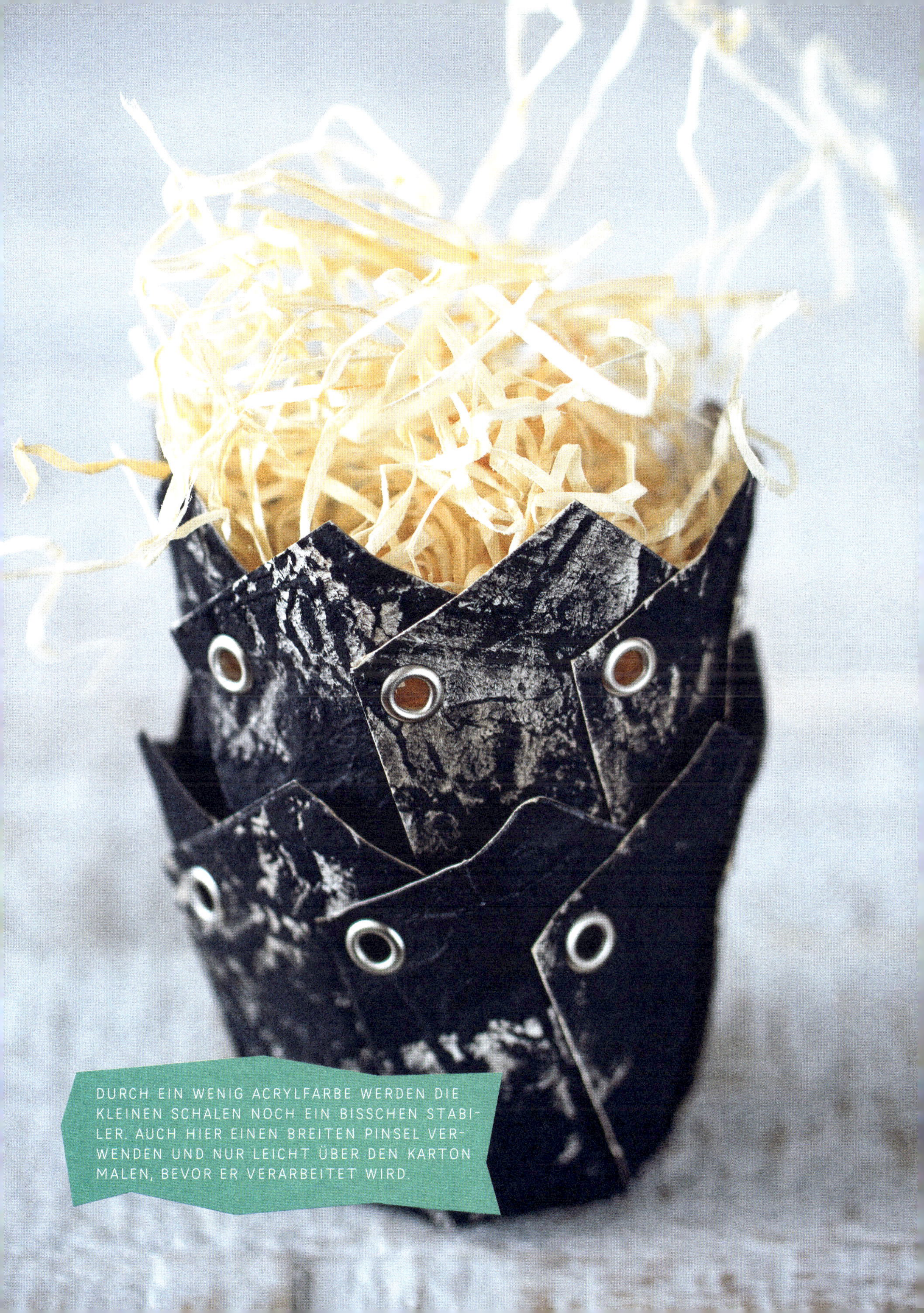

DURCH EIN WENIG ACRYLFARBE WERDEN DIE KLEINEN SCHALEN NOCH EIN BISSCHEN STABILER. AUCH HIER EINEN BREITEN PINSEL VERWENDEN UND NUR LEICHT ÜBER DEN KARTON MALEN, BEVOR ER VERARBEITET WIRD.

Papier selber schöpfen

MATERIAL:
PAPIERSCHNIPSEL (Z.B. ZEITUNGSPAPIER ODER EIERKARTON), 2 EINFACHE BILDERRAHMEN, FLIEGENGITTER AUS METALL, SCHERE, TACKER, SCHÜSSEL, WASSER, MIXSTAB, KLEINE FLACHE WANNE, KÜCHENTÜCHER, EVTL. HANDTUCH, SCHWAMM

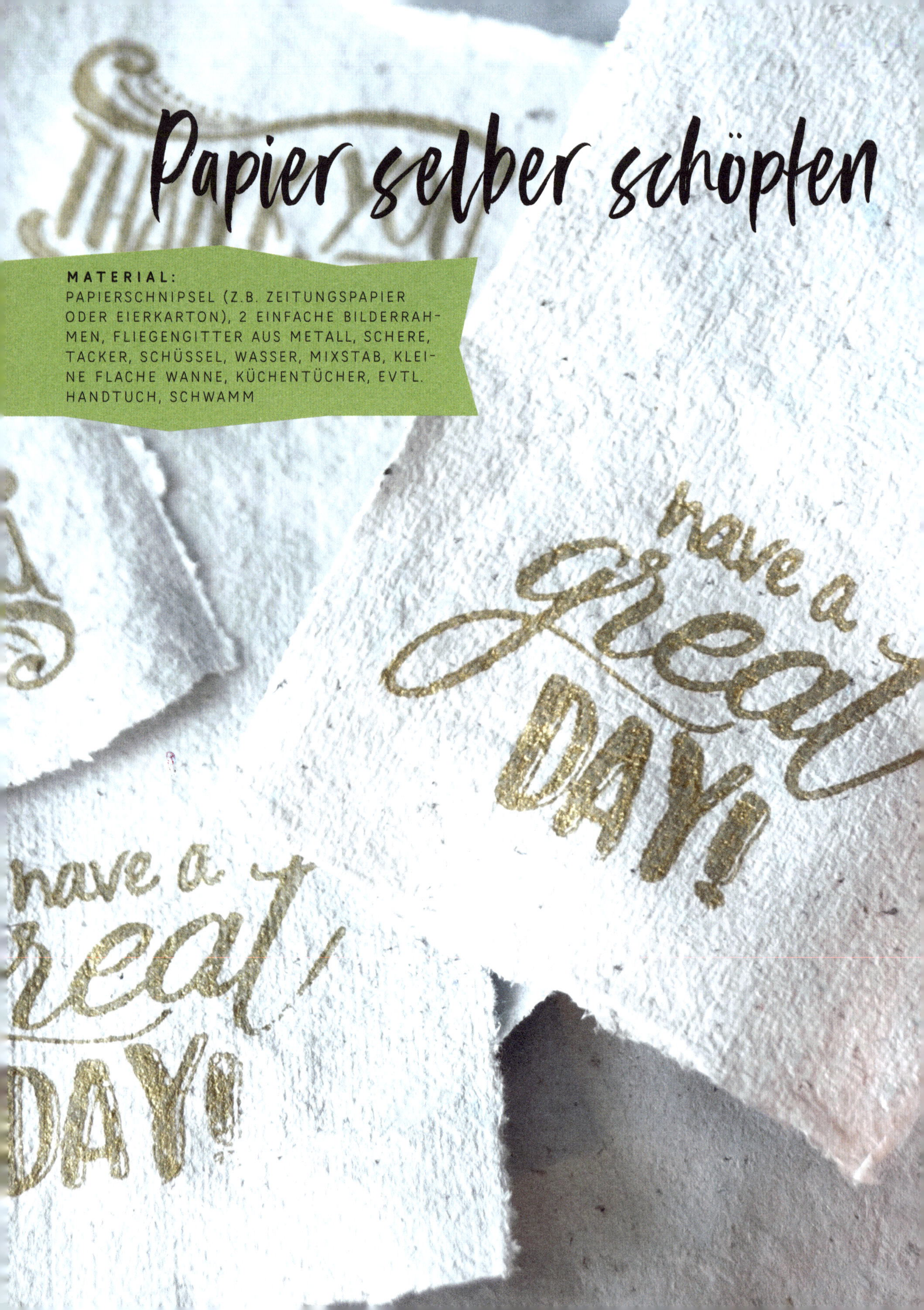

NEUES PAPIER AUS ALTEM PAPIER: SELBER PAPIERSCHÖPFEN IST EINE SUPER SPANNENDE SACHE. HIER KANN MAN ALLES ZERSCHNIPSELN, WAS MAN FINDET. EIERKARTONS, BEERENSCHACHTELN, KOPIERPAPIER, ZEITUNGSPAPIER, BÜCHER ... DAS ERGEBNIS IST AUF JEDEN FALL IMMER WIEDER ÜBERRASCHEND.

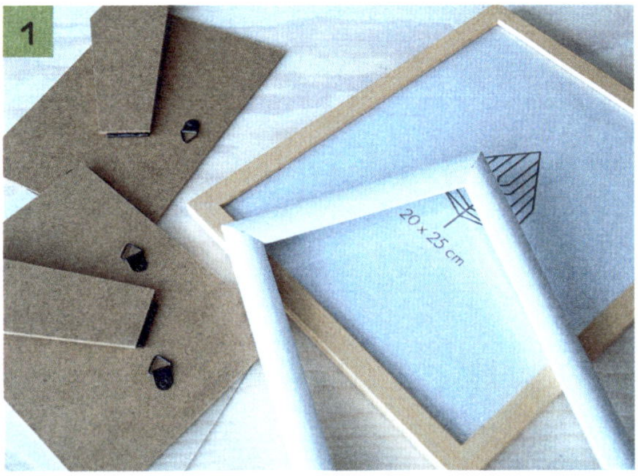

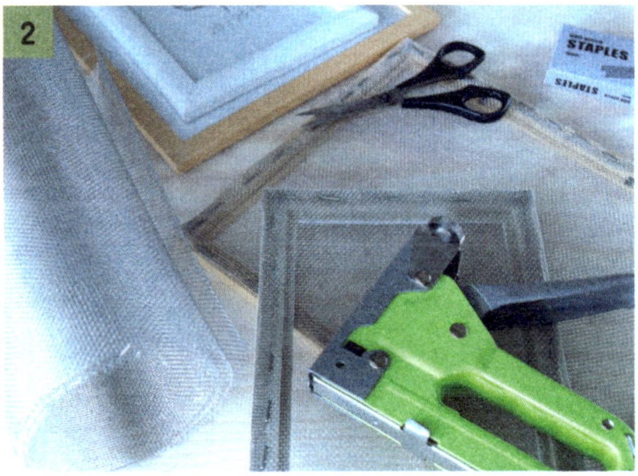

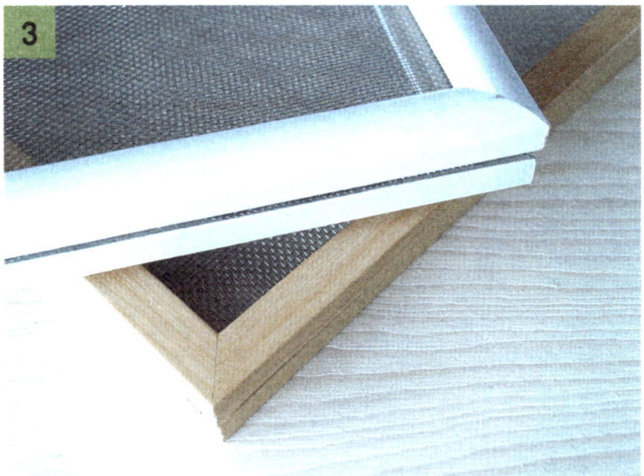

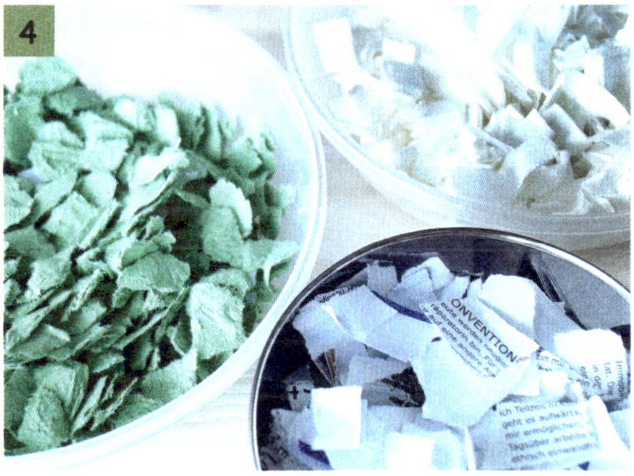

1. Aus den 2 Bilderrahmen entfernt man das Glas und die Rückseiten, ebenso die kleinen Clips, die die Rückseite festhalten.

2. Aus dem Fliegengitter schneidet man passende Stücke und tackert sie auf die Rückseite eines der beiden Rahmen. Dabei am besten die Kanten umschlagen.

Vorsicht mit dem Draht. Die kleinen Metalldrähte können ziemlich piksen.

3. Am besten gleich mehrere Größen anlegen. z. B. A6 für Postkarten oder A5 für faltbare Grußkarten.

4. Dann wird geschnipselt. Das Papier schön klein rupfen. Man kann das Papier ein wenig nach Farben sortieren, wenn man mag. Dann ist das Ergebnis vorhersehbarer. Wer sich überraschen lassen will, mischt alles zusammen. Die Schnipsel mit Wasser übergießen und erst einmal eine Weile einweichen lassen.

Fortsetzung auf der nächsten Seite

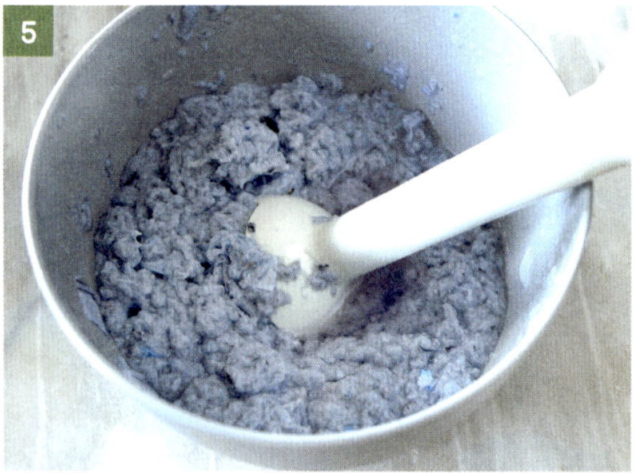

5. Ist die Masse aufgeweicht, wird sie mit einem Mixstab gleichmäßig zerkleinert.

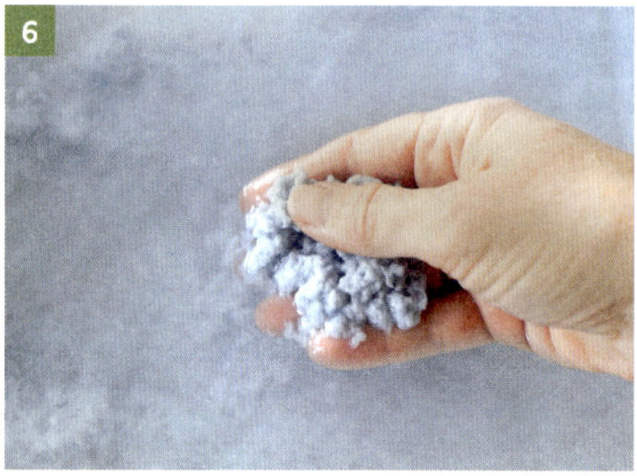

6. Dann gibt man einen Teil der Masse in die flache, mit Wasser gefüllte Wanne und verteilt sie.

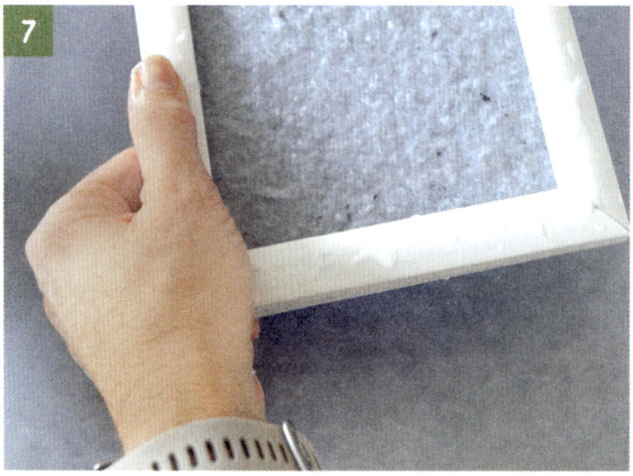

7. Auf das erste Sieb - mit der bespannten Drahtseite nach oben - legt man den zweiten Rahmen ohne Gitter. Beides nun vorsichtig durch das Wasser ziehen.

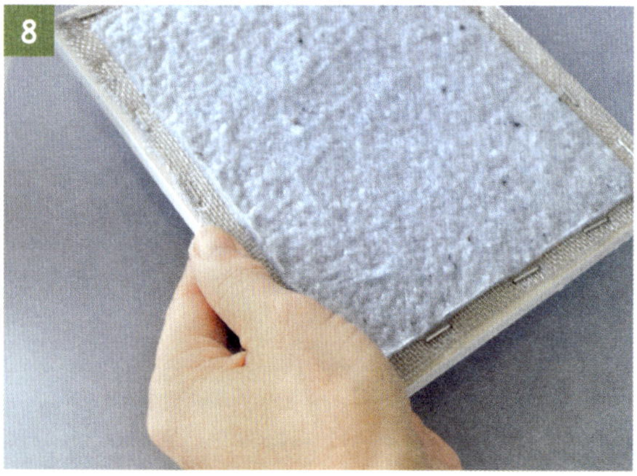

8. Das Wasser ein wenig abtropfen lassen und den zweiten, oberen Rahmen abnehmen.

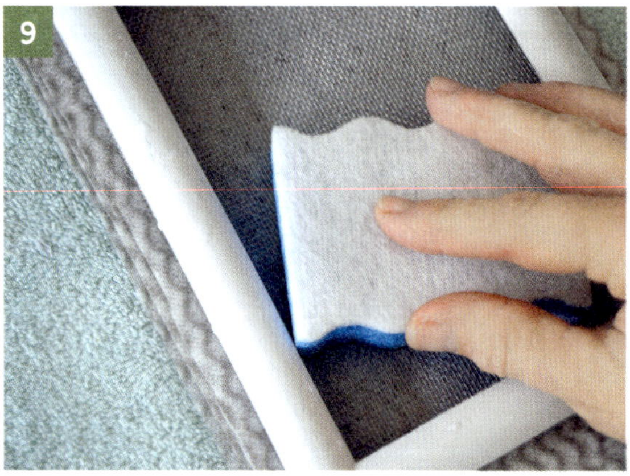

9. Anschließend stülpt man den Rahmen auf ein Küchentuch und tupft mit einem Schwamm das überschüssige Wasser aus dem Sieb heraus.

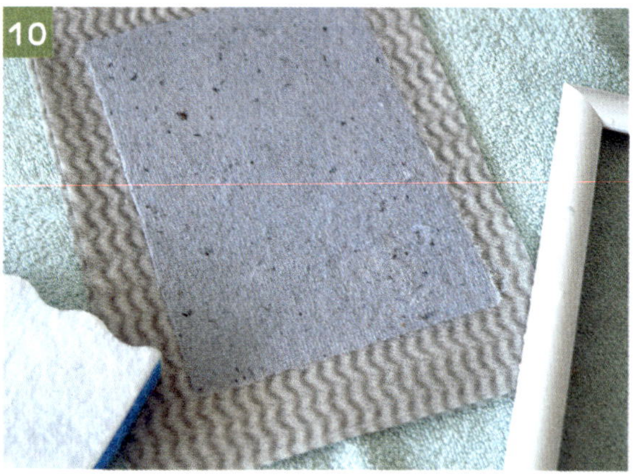

10. Dann das Sieb vorsichtig abnehmen. Das Papier eine Weile so trocknen lassen. Später auf einer Leine zum Trocknen aufhängen.

EINE SCHÖNE VARIANTE IST, WENN MAN ZUVOR NOCH BLÜTEN MIT IN DAS PAPIER EINARBEITET. AUCH GRÄSER ODER KLEINE BLÄTTER HABEN EINEN TOLLEN EFFEKT. EINFACH EIN WENIG HERUMEXPERIMENTIEREN.

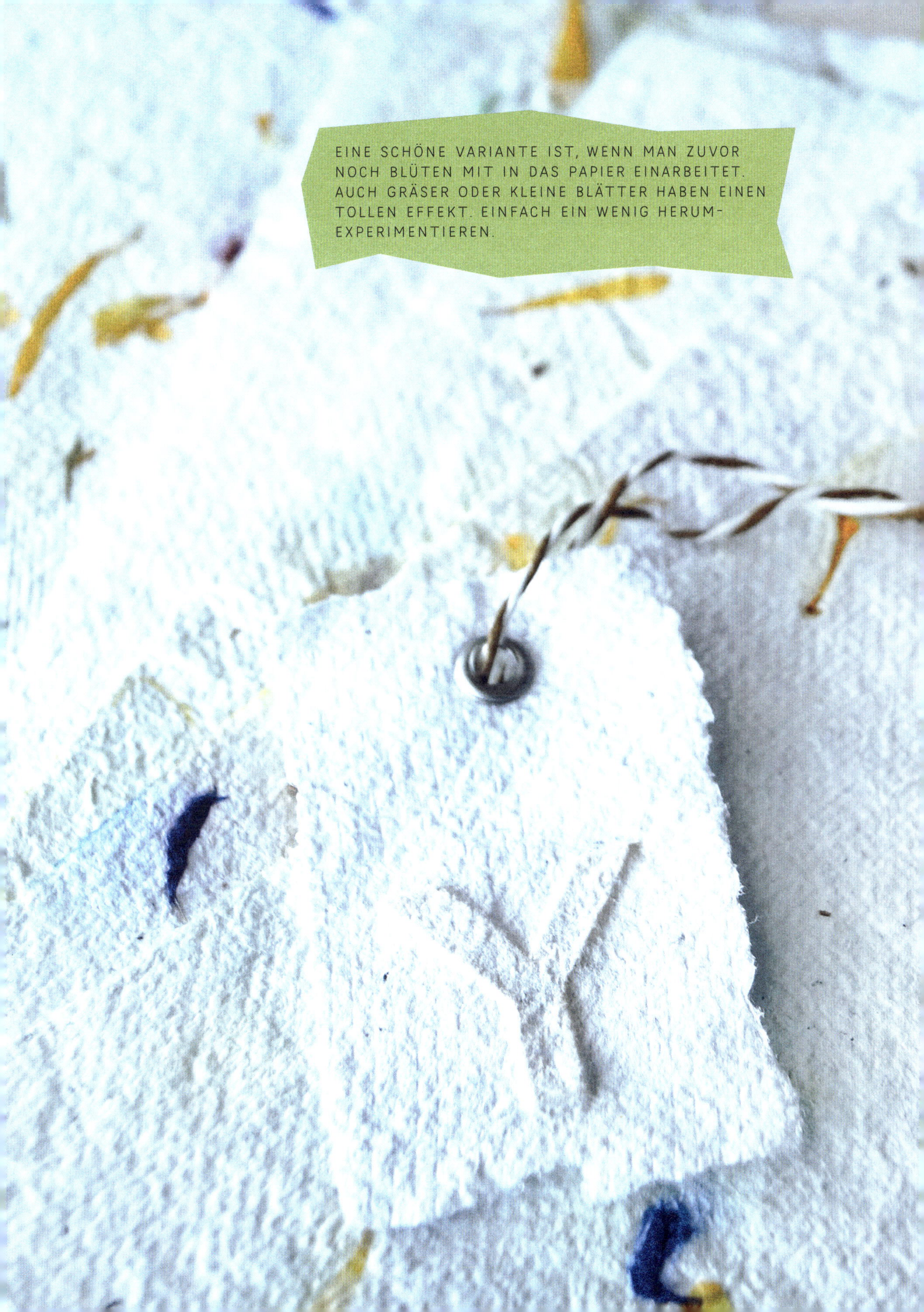

Walparade

MATERIAL:
QUADRATISCHER BOGEN HELLES PACK-PAPIER, WASSERMALFARBEN, PINSEL, NYLONSCHNUR, NADEL

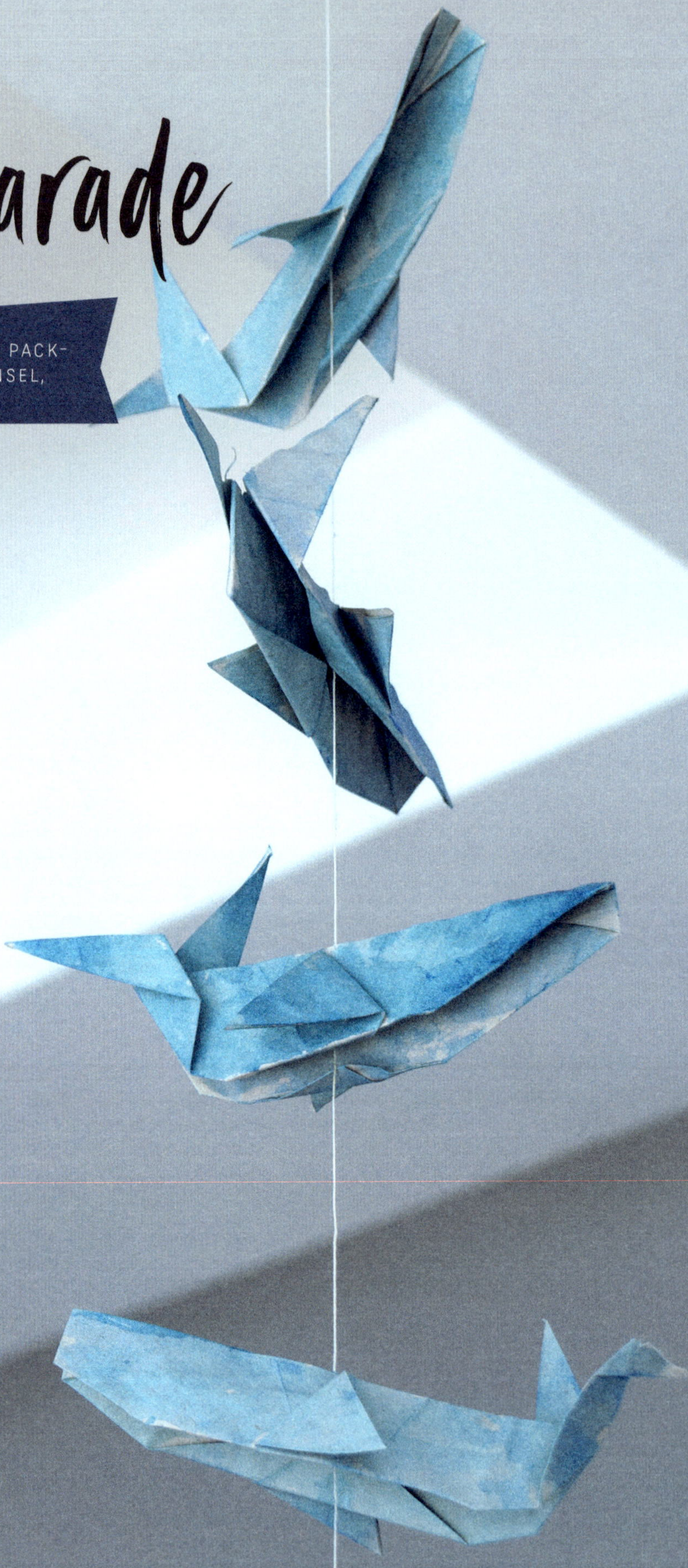

EIGENTLICH IST DER WAL JA EIN MEERESSÄUGETIER. ABER IN DIESEM FALL DARF ER AUCH MAL FLIEGEN ODER BESSER: SCHWEBEN. AN EINEM MOBILE WIRD DER WAL ZUM LEICHTGEWICHT.

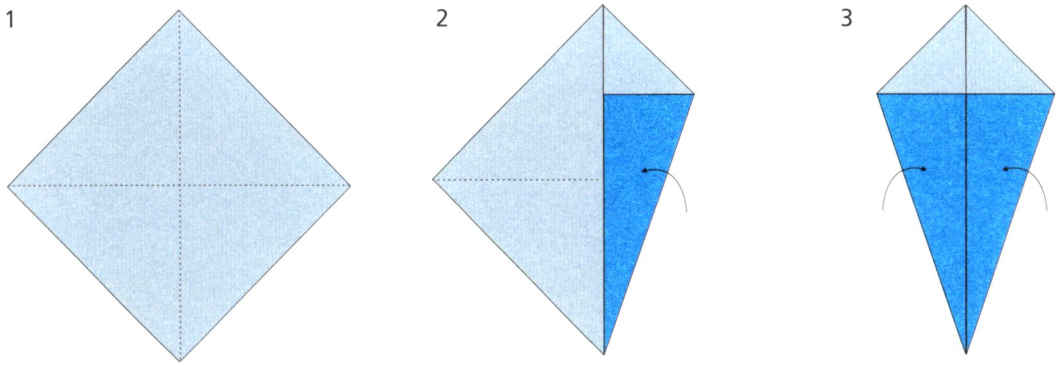

1. Den quadratischen Bogen erst einmal zu jeder Ecke falten, wieder öffnen und mit einer Spitze nach oben hinlegen. (Hat das Papier bereits ein Muster, das man verwenden möchte, liegt diese Seite auf der Tischplatte auf, hier immer gekennzeichnet durch Blau.) 2.–3. Die rechte und linke Seite jeweils zur Mitte hin falten wie in den Abb. 2 und 3 gezeigt.

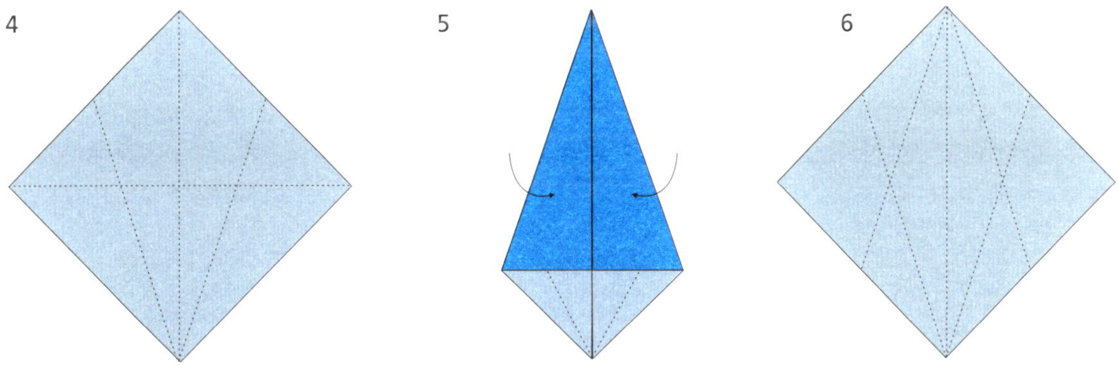

4. Wieder auseinanderfalten. 5. Anschließend Schritt 2 und 3 an der oberen Seite des Quadrats wiederholen. 6. Wieder auseinanderfalten.

Fortsetzung auf der nächsten Seite

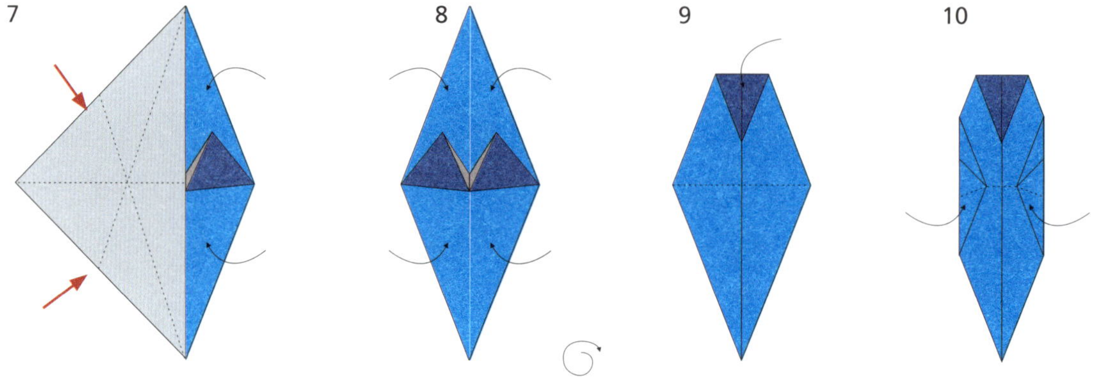

7. Nun wird die rechte Kante, wie an den roten Pfeilen links angezeigt, zur Mittellinie geknickt und die kleine Spitze nach oben gezogen. 8. Das Gleiche wiederholt man mit der linken Seite und knickt die kleinen Dreiecke nach oben weg. 9. Anschließend das ganze Objekt wenden. Die obere Spitze ein Stück nach unten falten. 10. Die linke und rechte Seite dann ein kleines Stück zur Mittellinie falten.

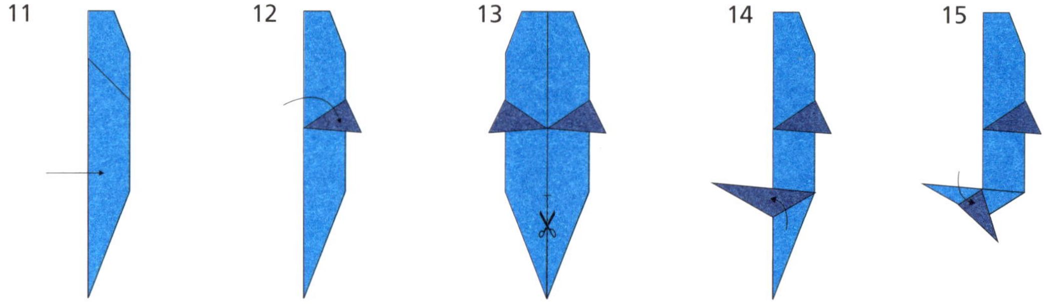

11. Dann alles komplett nach rechts zusammenfalten. 12. Die kleine Spitze (Flosse) nach unten wegknicken. 13. Das Objekt wieder auseinanderfalten und mit der Schere am unteren Teil wie in der Abb. einschneiden. 14. Wieder so zusammenlegen, dass die kleinen Flossen nach rechts zeigen und beide hinteren Flossen nach links wegknicken. 15. Abschließend eine der Flossen wieder ein Stück zurückfalten.

Zum Schluss kann man seine kleine Walparade noch mit etwas blauer Wasserfarbe anmalen. Anschließend mit einer Nadel auf eine Nylonschnur auffädeln.

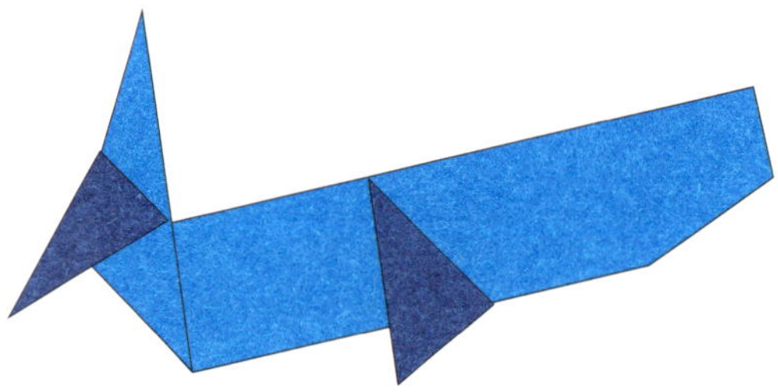

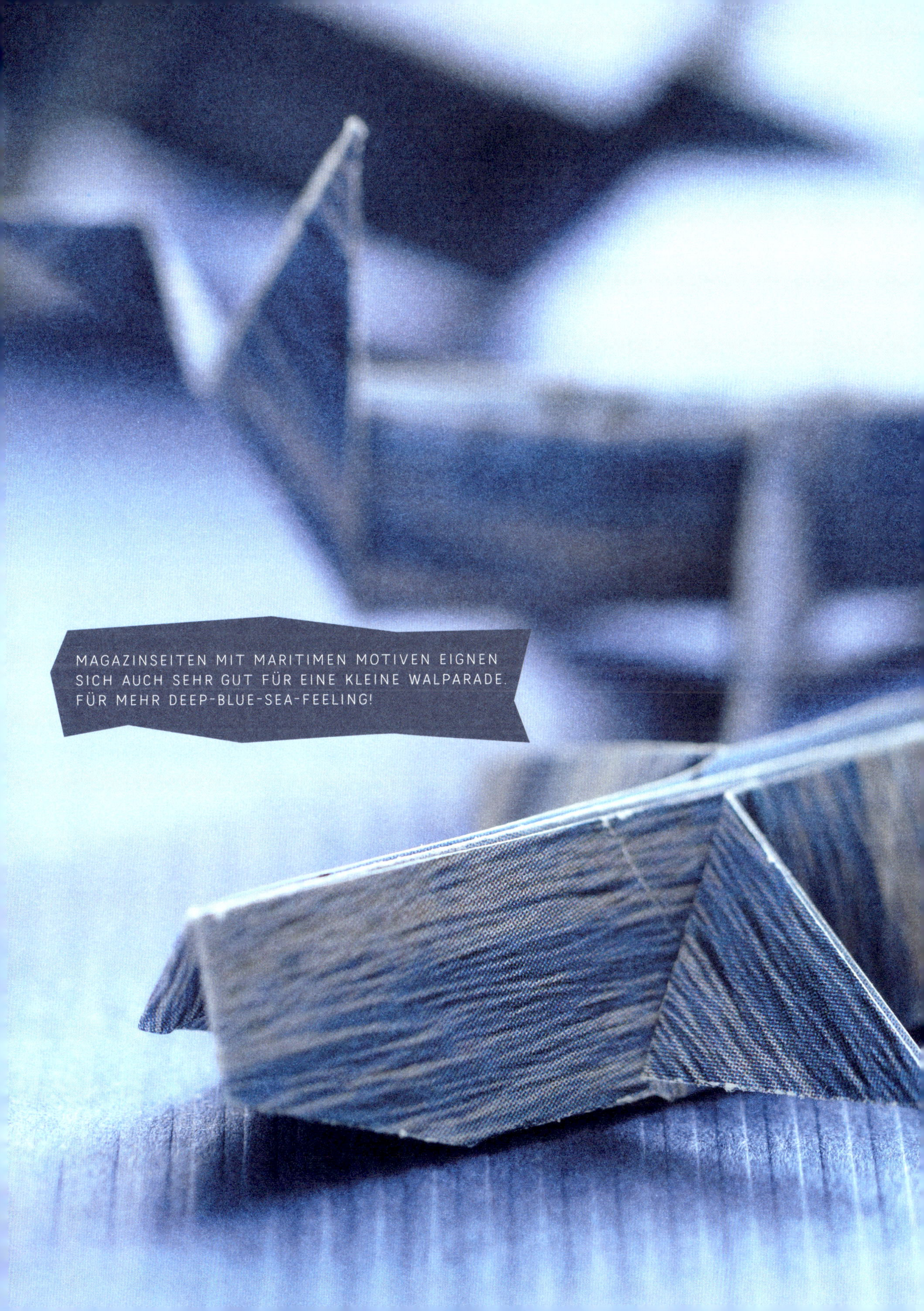

MAGAZINSEITEN MIT MARITIMEN MOTIVEN EIGNEN SICH AUCH SEHR GUT FÜR EINE KLEINE WALPARADE. FÜR MEHR DEEP-BLUE-SEA-FEELING!

Wer will Meer?

MATERIAL:
BOGEN A4 AUS ATLASSEITEN, ZAHNSTOCHER, MASKINGTAPE, SCHERE

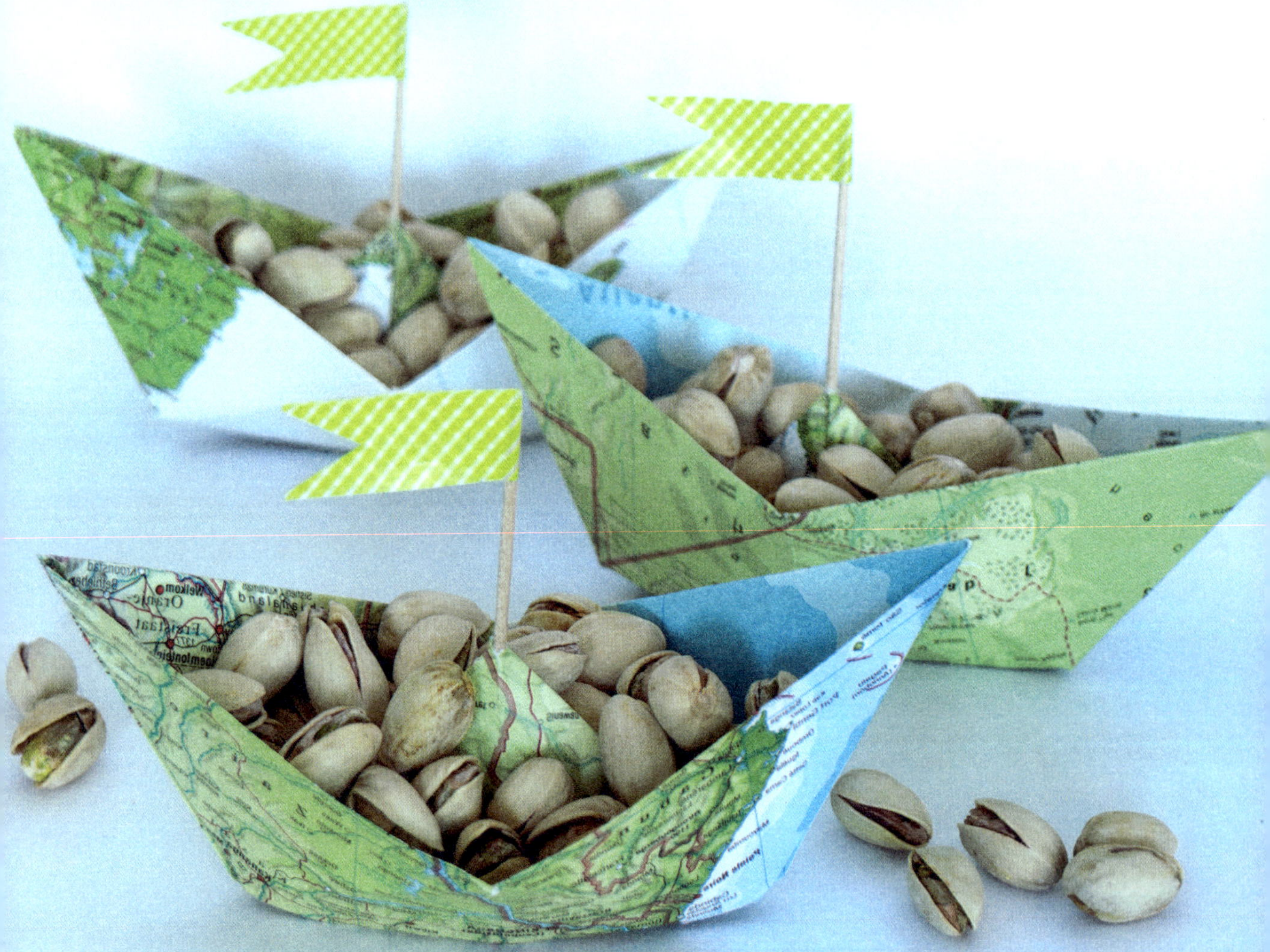

NÜSSCHEN AHOI! AUCH HIER GIBT ES FÜR JEDEN SEINE EIGENE PORTION. ALS PARTYBOAT. DIE KLEINEN SCHIFFCHEN KANN MAN SUPER AUF DEN TISCHEN VERTEILEN. WER MAG, KANN SICH SEIN EIGENES PARTYBOAT AUCH BESCHRIFTEN, DAMIT ER ES IMMER WIEDER FINDET.

Die blaue Seite bezeichnet hier die ausgewählte Seite, die man später im Inneren des Bootes sieht.

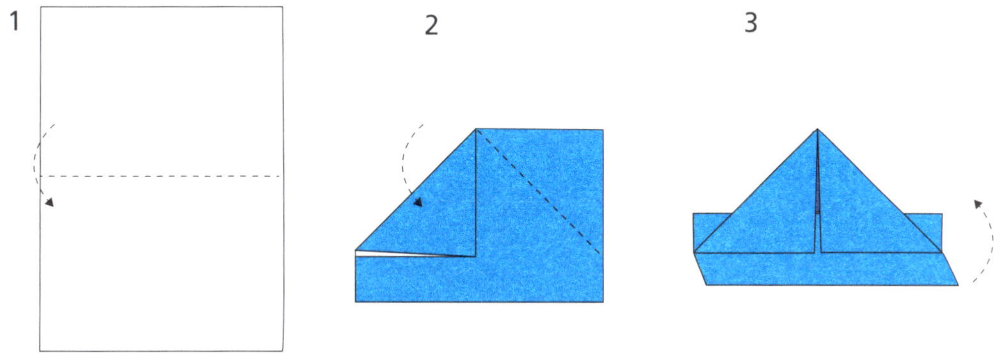

1. Papierbogen A4 einmal nach unten falten.
2. Dann die linke und rechte Seite zur Mitte. 3. Nun den unteren, überstehenden Streifen auf beiden Seiten nach oben falten.

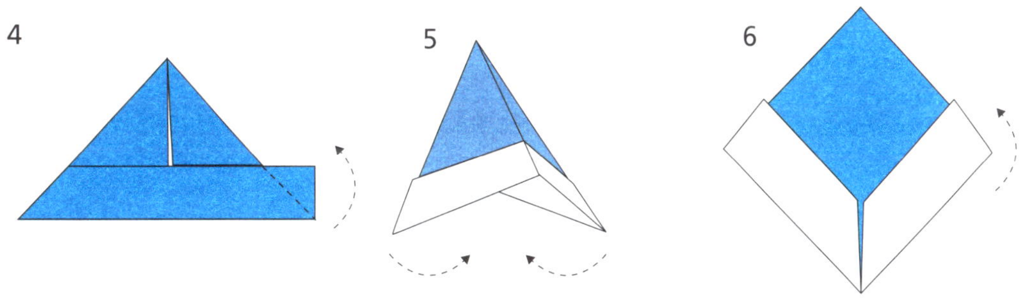

4. Die kleinen Ecken an den Seiten jeweils nach hinten wegfalten. 5. Nun die kleine entstandene Tüte wie in Abb. 5 zusammenlegen. 6. Das sieht dann aus wie hier.

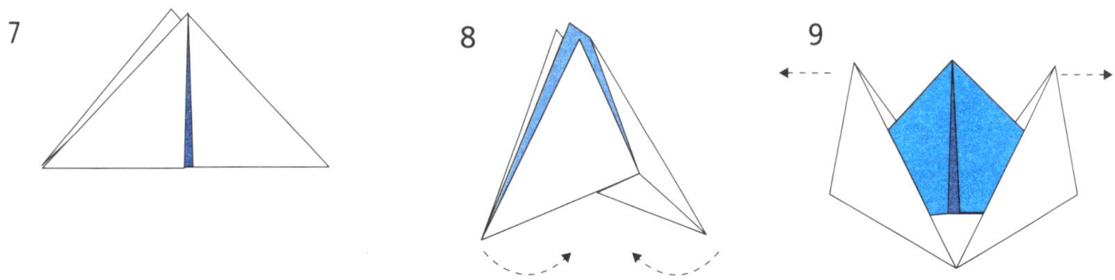

7. Die untere Kante wird nun auf beiden Seiten nach oben gefaltet. 8. Und anschließend die kleine Tüte wie in Abb. 8 zusammengelegt. 9. Zum Schluss an den äußeren Spitzen vorsichtig auseinanderziehen. Ahoi!

Pop-up-Karte

MATERIAL:
ZWEI BUCHDECKEL, MESSER, SCHERE, SELBSTKLEBENDES BUCHBINDERLEINEN, VORLAGE (SIEHE SEITE 269), TONPAPIER, FLÜSSIGKLEBER

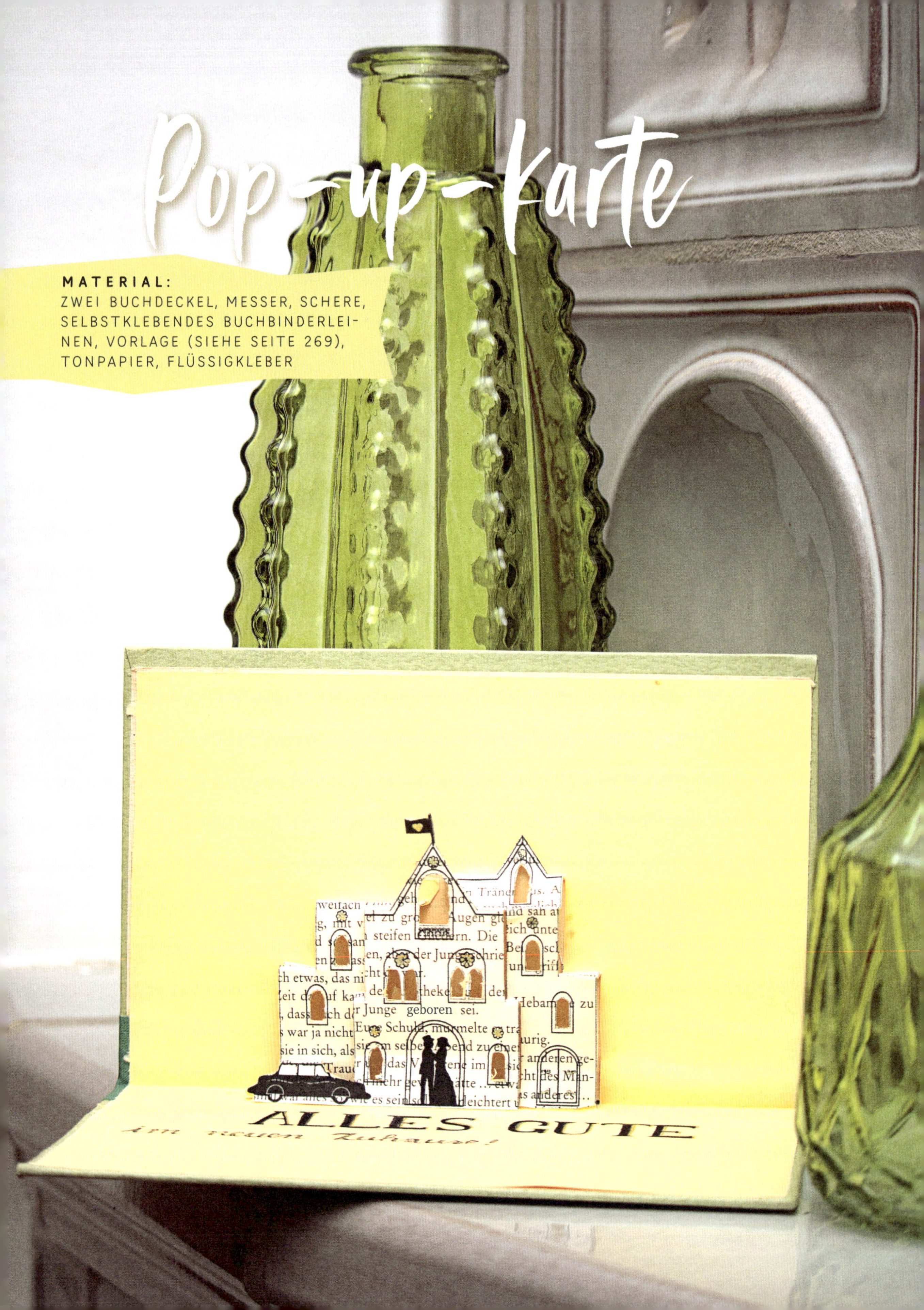

KIRIGAMI ZÄHLT WIE DIE BEKANNTE TECHNIK ORIGAMI ZU DEN JAPANISCHEN PAPIERKÜNSTEN. MITHILFE EINER VORLAGE, EINES SCHARFEN MESSERS UND EINIGER FALZNÄHTE ENTSTEHEN DABEI KLEINE DREIDIMENSIONALE KUNSTWERKE – SO WIE BEI DIESER KARTE, DIE ORIGINELLE GLÜCKWÜNSCHE ZUR HOCHZEIT ODER ZUM UMZUG ÜBERBRINGT.

1

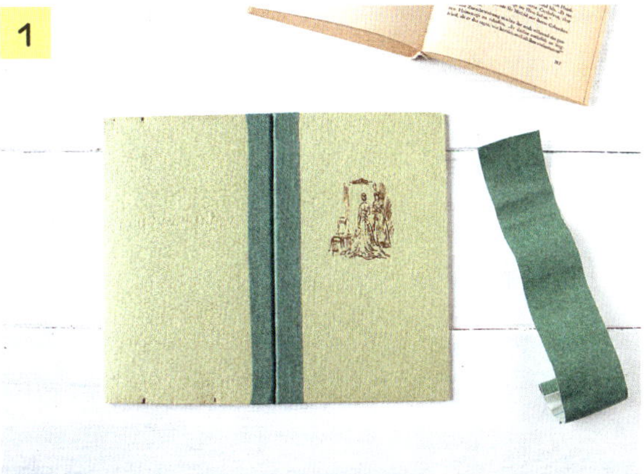

3

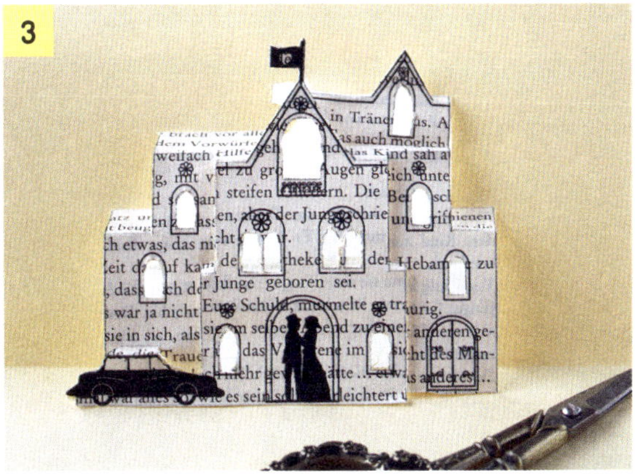

2

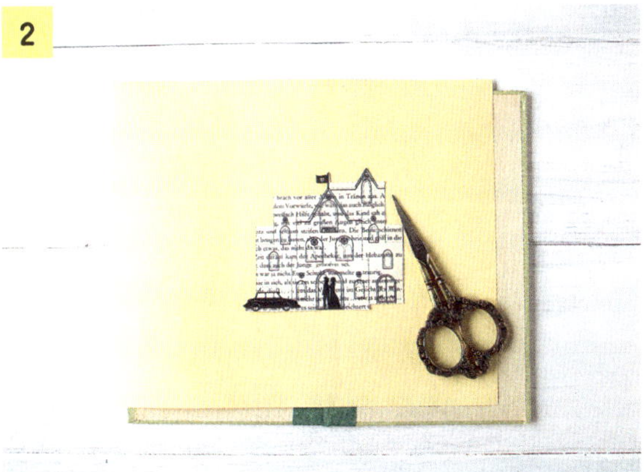

4

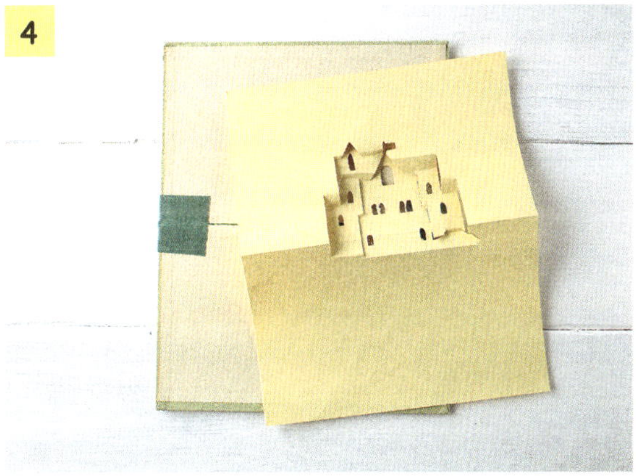

1. Die Buchdeckel nebeneinanderlegen und mit Buchbinderleinen zusammenkleben.

2. Das aufgeklappte Buch ausmessen und ein passendes Rechteck aus Tonpapier zurechtschneiden. Die Vorlage in Schwarz-Weiß auf eine Buchseite kopieren und ausschneiden.

3. Das vorbereitete Tonpapier mittig knicken und das Motiv aufkleben – dabei darauf achten, dass die in der Vorlage gezeigte Falzlinie genau auf dem Knick im Tonpapier liegt. Die Originalvorlage, wie sie hinten in diesem Buch abgebildet ist, neben den Ausdruck legen und auf der Kopie die entsprechenden Linien entweder falzen oder mit schneiden. Blaue Linien werden eingeschnitten, rote gefalzt. Am einfachsten geht es mit einem Cutter, für die Fenster ist auch eine kleine Schere praktisch. Beim Falzen hilft ein schmales Messer: dieses hinter das Papier direkt unter die zu falzende Naht schieben und dann das Papier zusammendrücken.

4. Die Rückseite des Tonpapiers rund um das Pop-up-Motiv herum mit Kleber versehen, in den Buchumschlag kleben und gut trocknen lassen.

Im Reisefieber

MATERIAL:
GETRÄNKEKARTON, SCHERE/CUTTER, (EVTL. ZICKZACKSCHERE), NADEL, STERNCHENZWIRN, FALZBEIN, LINEAL, STIFT, KREISSTANZE, LOCHER, SPANNGUMMIS, PAPIER, STEMPEL, STEMPELFARBE, KLEBER, FOTOECKEN, CLIPS, AHLE

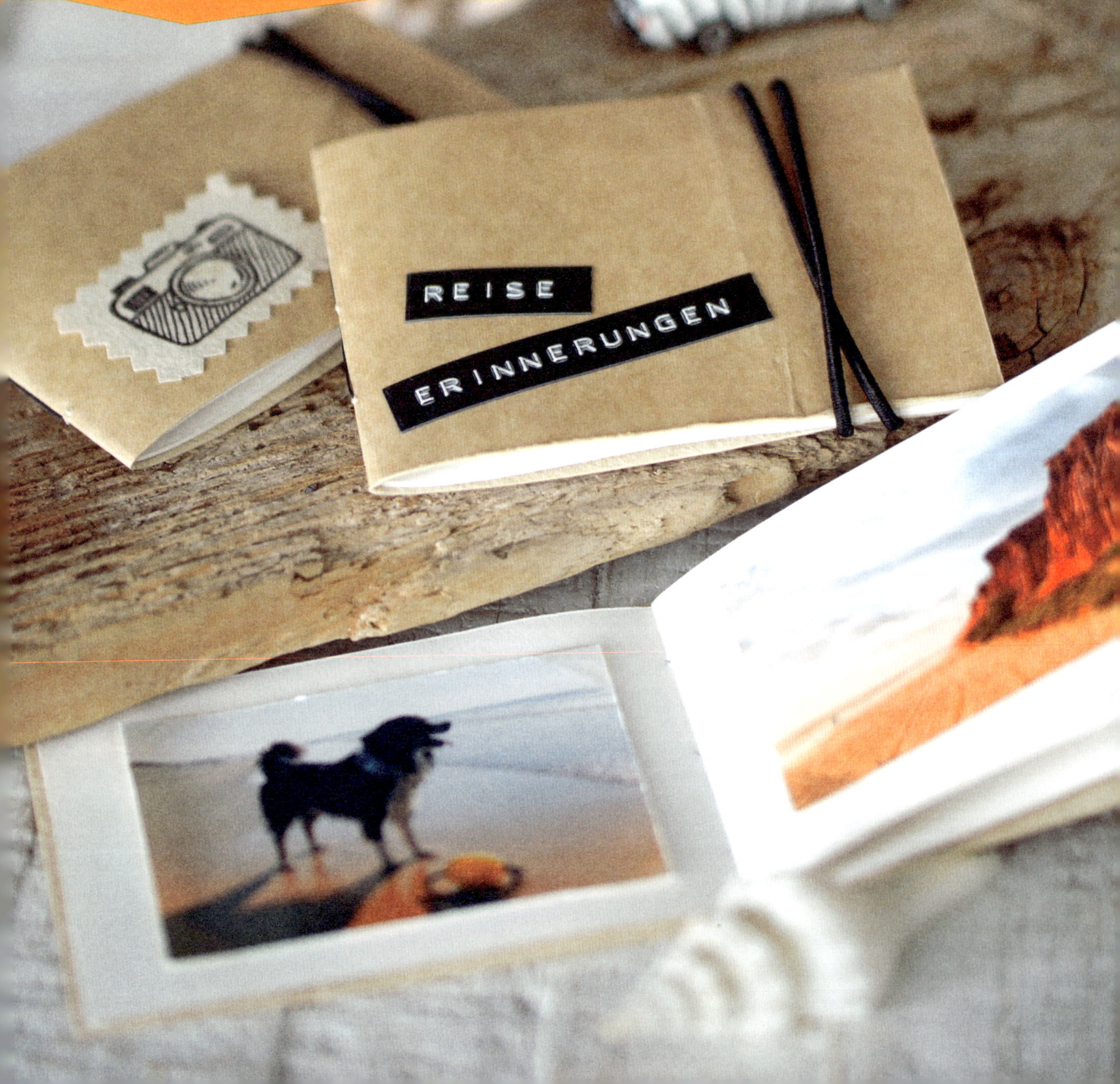

DIE SCHÖNSTEN ERINNERUNGEN HAT MAN IM KOPF – HEISST ES. ABER SO EINE KLEINE GEDANKENSTÜTZE IN FORM EINES FOTOBÜCHLEINS, DAS DIE BESTEN MOMENTE DES URLAUBS NOCH EINMAL ZUSAMMENFASST, KANN MAN IMMER WIEDER HERVORHOLEN UND VOR ALLEM AUCH DEN FREUNDEN ZEIGEN.

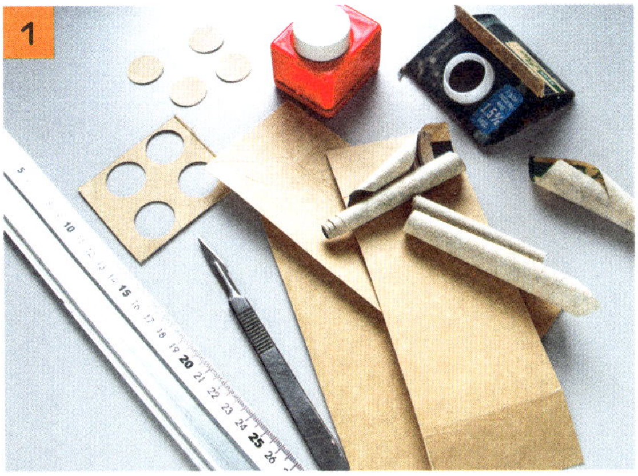

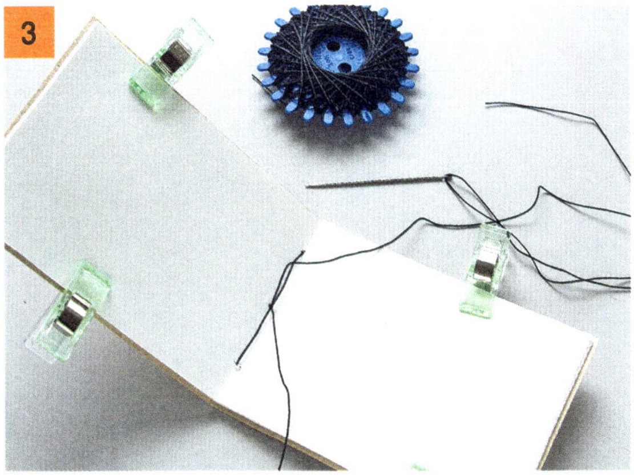

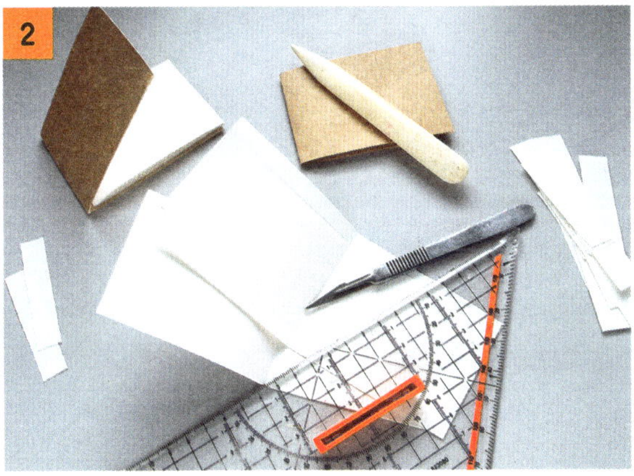

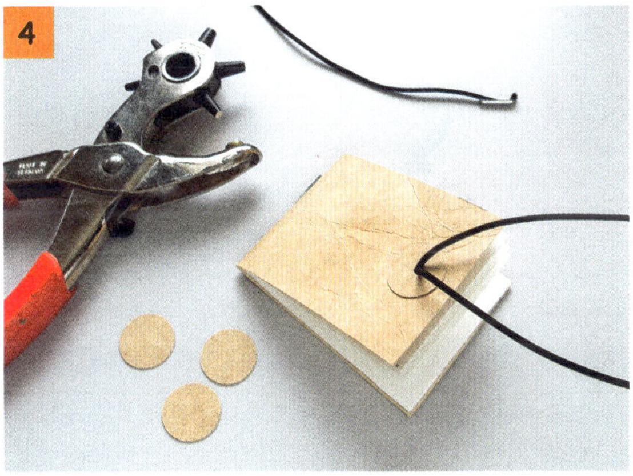

1. Für dieses Projekt (3 Fotoheftchen) eignet sich ein Getränkekarton mit quadratischer Grundform am besten. Zudem sollte er innen braun sein, denn hier ist später die Innenseite außen. Den Karton aufschneiden und aus drei Seitenflächen die Streifen für die Umschläge mit Cutter und Lineal herausschneiden. Sie haben in etwa die Größe 6,8 cm x 18,0 cm. Die bedruckte Schicht vorsichtig abziehen. Aus dem 4. Reststreifen mit der Klebenaht stanzt man drei Kreise aus.

2. Für den Innenteil kann man ganz normales Kopierpapier zurechtschneiden. Hier sind es 5 Blätter. Die Größe so wählen, dass die Innenseiten etwas kleiner als der Umschlag sind. Den Umschlag einmal in der Mitte falten und mit einem Falzbein glätten.

3. Die Innenseiten in den Umschlag legen und mit Clips befestigen, die Löcher mit einem Stift markieren und mit einer Ahle durchstechen. Dann mit der Nadel und dem Sternchenzwirn die Bögen einnähen (genaue Anleitung auf Seite 269).

4. Auf der Rückseite einen der ausgestanzten Kreise auflegen und mit dem Locher lochen. Anschließend das Spanngummi von außen hindurchstecken.

Fortsetzung auf der nächsten Seite

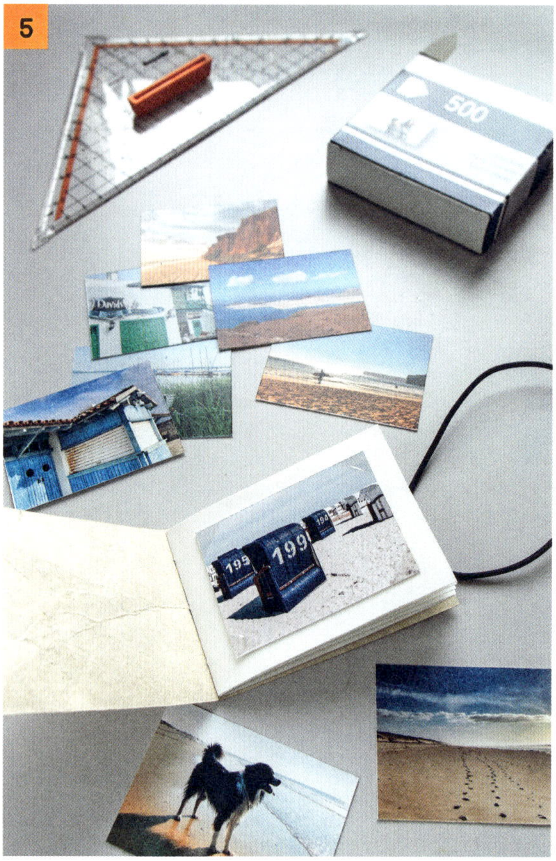

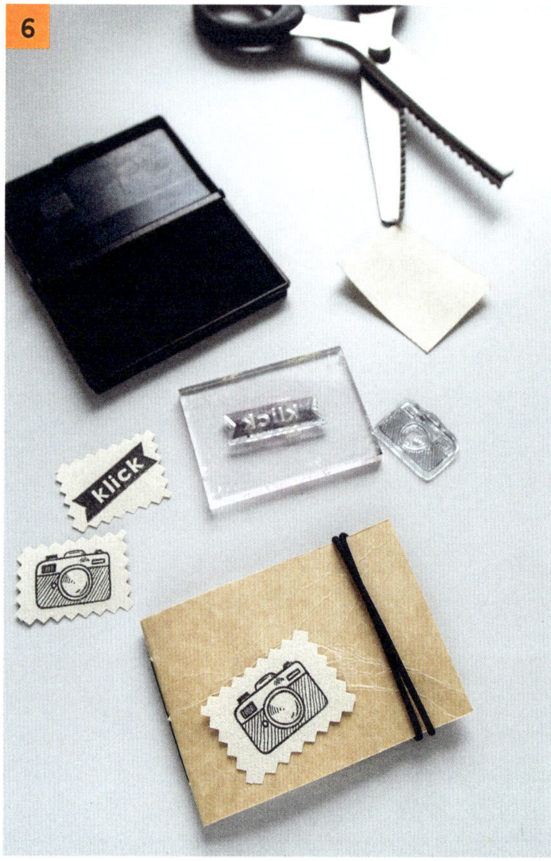

5. Nun kann man das kleine Fotobuch mit Erinnerungen füllen. Kleine Fotos in der passenden Größe zuschneiden und auf die Innenseiten kleben. Hierfür kann man auch Fotoecken verwenden, dann lassen sich die Fotos später auch mal austauschen.

6. Auf der Außenseite fehlt nun nur noch der Titel. Da die Stempelfarbe auf dem glatten Karton nicht hält, kann man ein Stück verwenden, wo zuvor die bedruckte Seite abgezogen wurde. Hier nun den Stempel anbringen, ausschneiden und auf den Umschlag kleben. Die Mappe dann mit dem Spanngummi schließen.

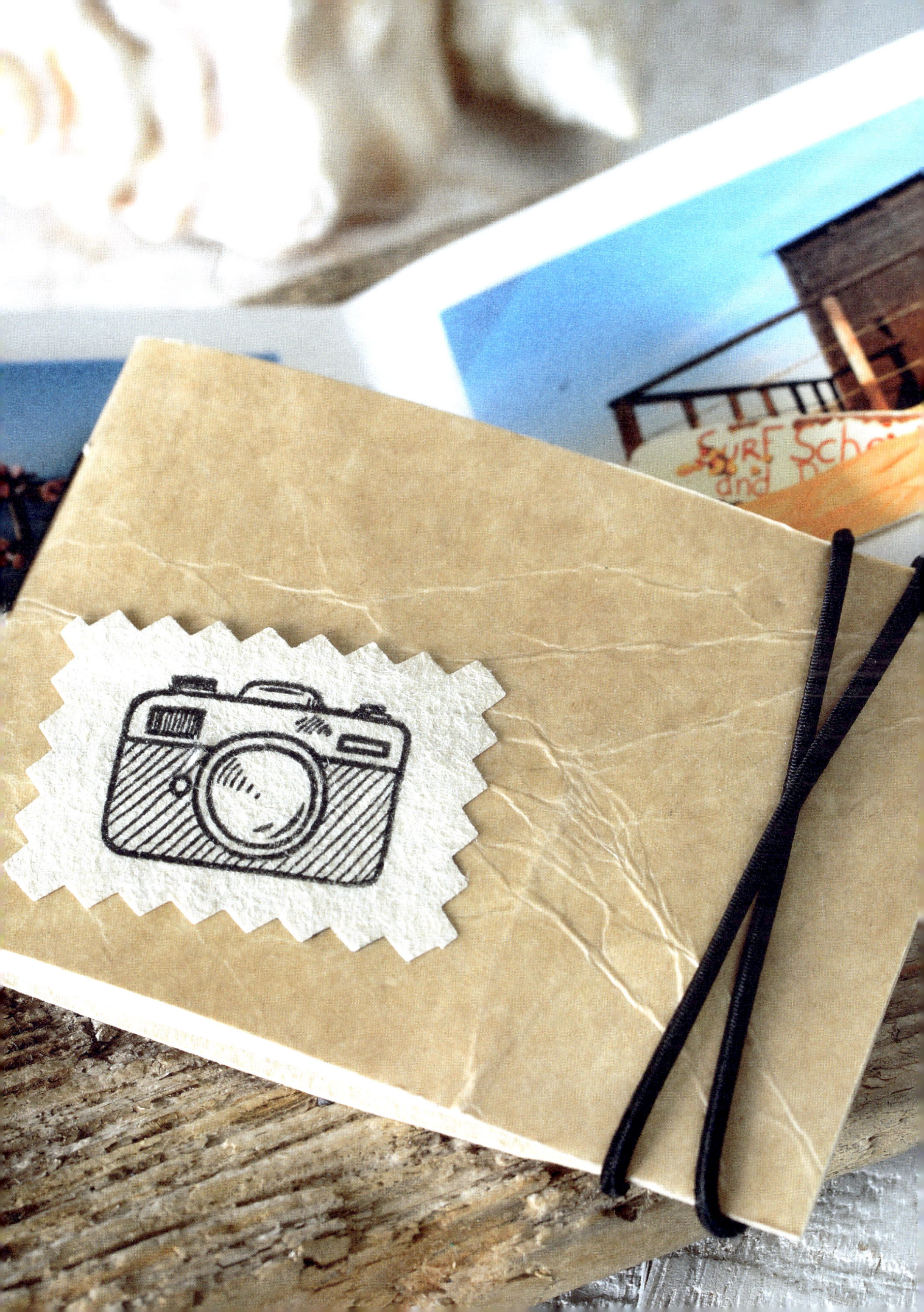

Nicht vergessen!

MATERIAL:
PAPPKARTONRESTE, LINEAL, CUTTER, LOCHZANGE, BLEISTIFT, NIETENZANGE, NIETEN, SCHLAGSTEMPEL, HAMMER, PAPIER FÜR INNENSEITEN, LEDERBAND

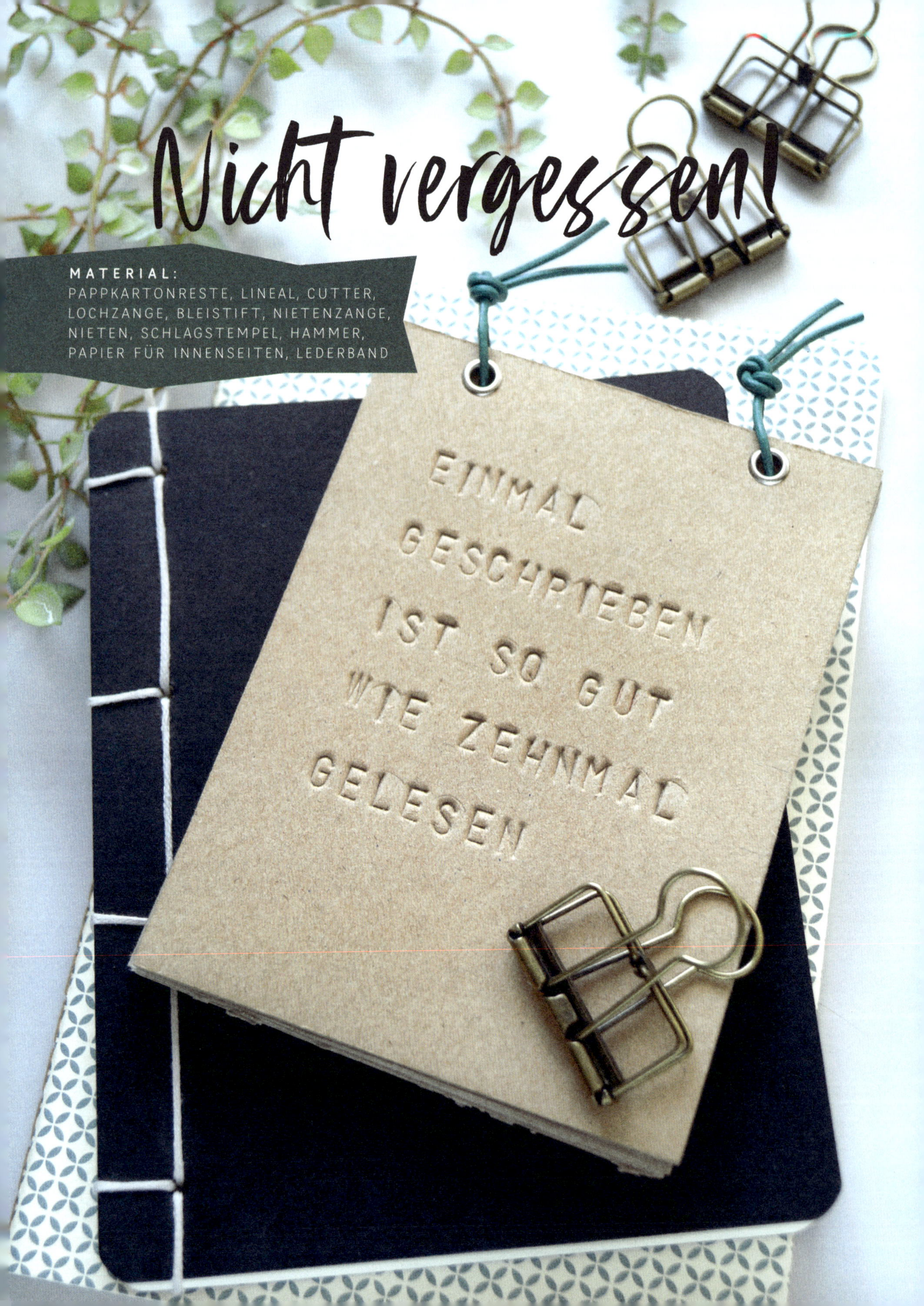

GESCHRIEBENES KANN MAN SICH BESSER MERKEN! ALSO SOLLTE MAN IMMER EIN KLEINES NOTIZBUCH BEI SICH TRAGEN. FÜR EINKAUFSLISTEN, GESCHENKIDEEN ODER WENN EINEM EINFACH MAL WAS SCHÖNES DURCH DEN KOPF GEHT, WAS MAN SICH UNBEDINGT MERKEN MÖCHTE.

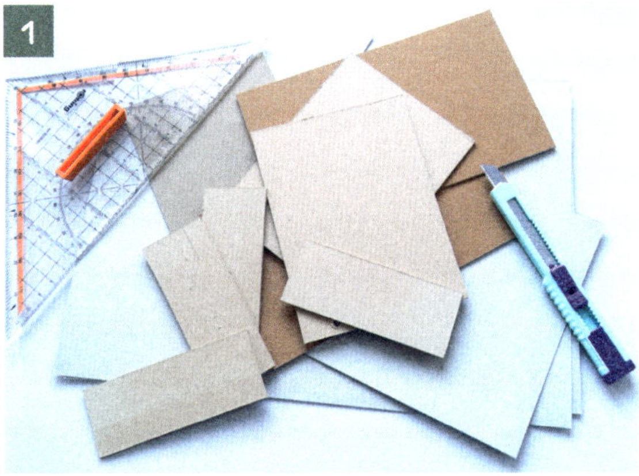

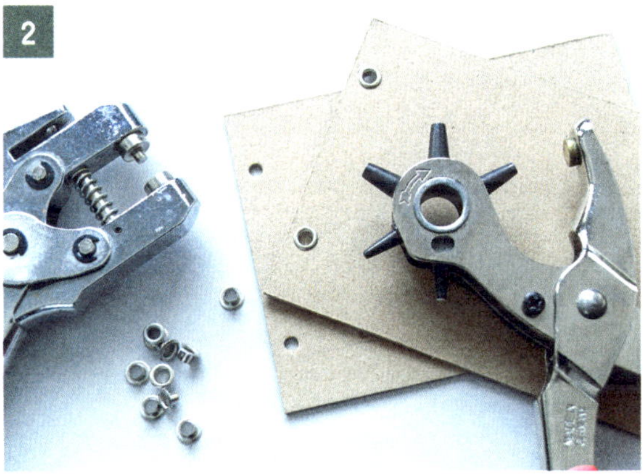

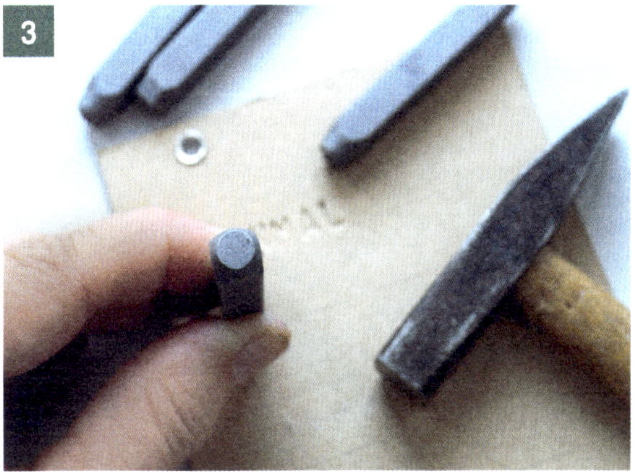

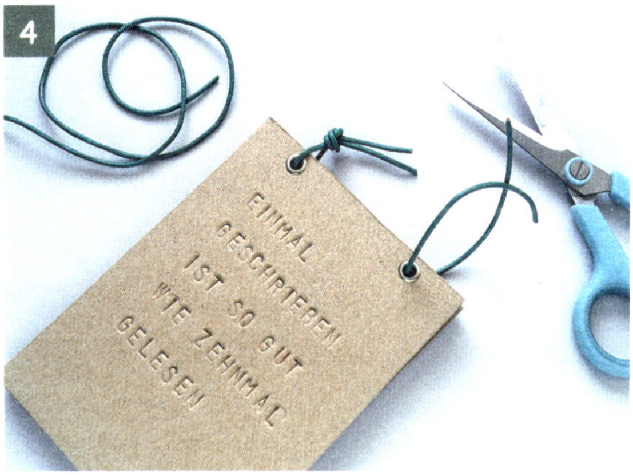

1. Aus festen Kartonresten zwei Stücke in der passenden Größe für ein kleines Notizbuch schneiden. Am besten mit Lineal und einem Cutter.

2. Für die Bindung einfach mit einer Lochzange an einer Seite jeweils 2 Löcher stanzen.

3. Mit Lineal und Bleistift zieht man sich für den Text eine feine Linie, die man später wieder wegradieren kann. Anschließend Text überlegen und mit Schlagstempeln (Punzen) und Hammer in die Pappe schlagen.

Immer darauf achten, dass die Buchstaben auch in die richtige Richtung zeigen!

4. Für den Innenteil, also die eigentlichen Notizzettel, kann man alles zurechtschneiden, wo noch irgendwie Platz ist für Notizen.
Die Seiten an die Pappe anpassen und ebenfalls an der gleichen Stelle lochen.
Dann ein kleines Stück Lederband auffädeln und verknoten. Aber nicht zu fest, sonst lassen sich die Seiten nicht mehr umschlagen.

Fernost-Flair

MATERIAL:
EIN BUCH, MESSER, SCHERE, ZANGE, SCHNUR, BASTELDRAHT, PERLEN, FLÜSSIGKLEBER

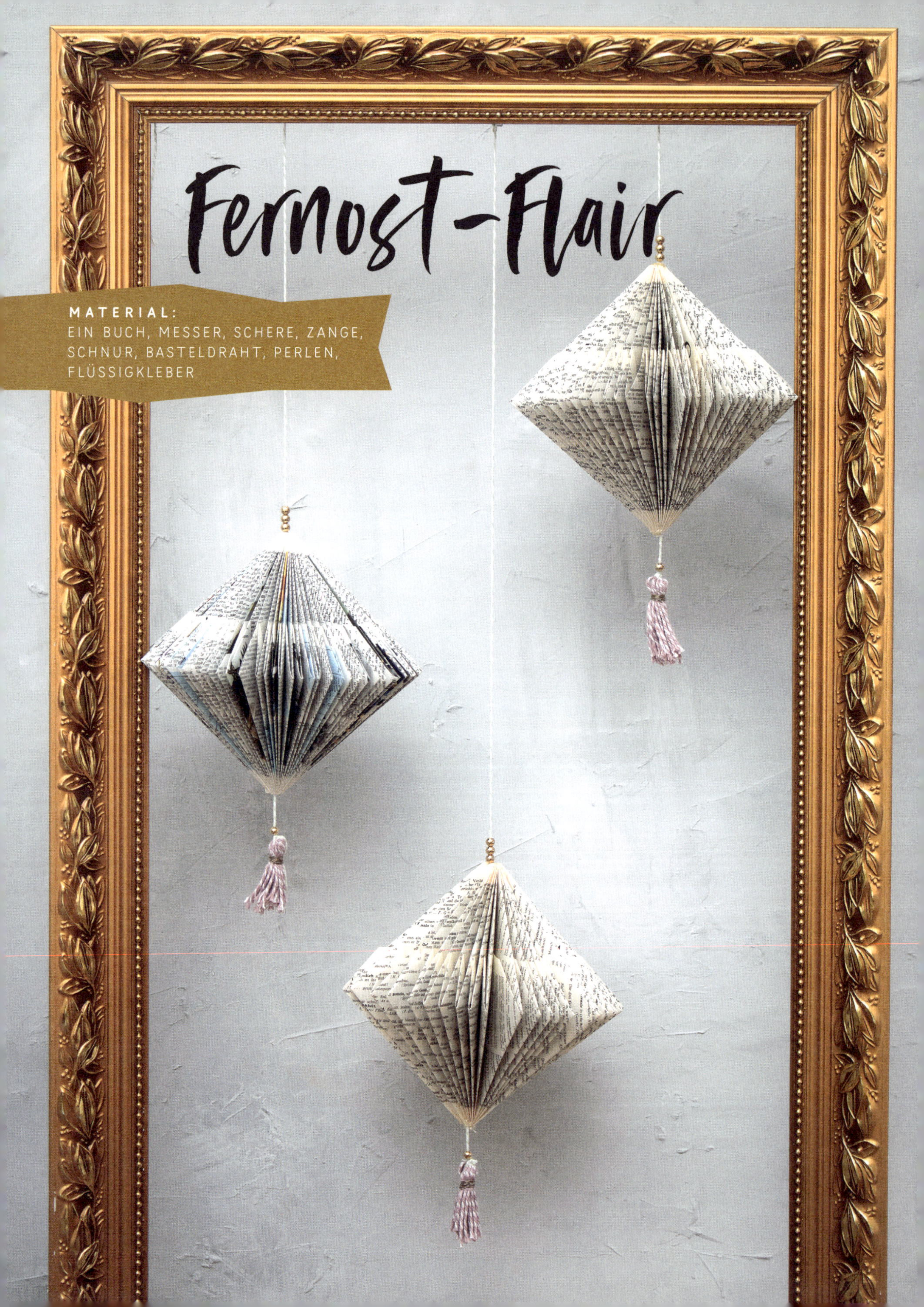

MIT IHRER QUASTE, DEN PERLEN UND DER FORM MUTEN DIE DEKOOBJEKTE FAST EIN WENIG ORIENTALISCH AN. AM SCHÖNSTEN SIEHT ES AUS, WENN GLEICH MEHRERE VON IHNEN NEBENEINANDER HÄNGEN.

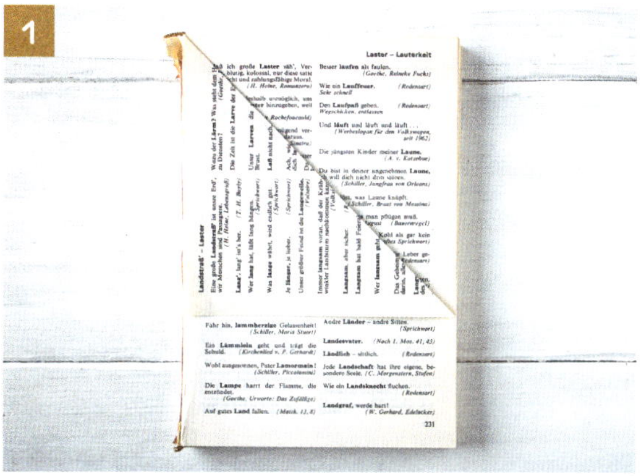

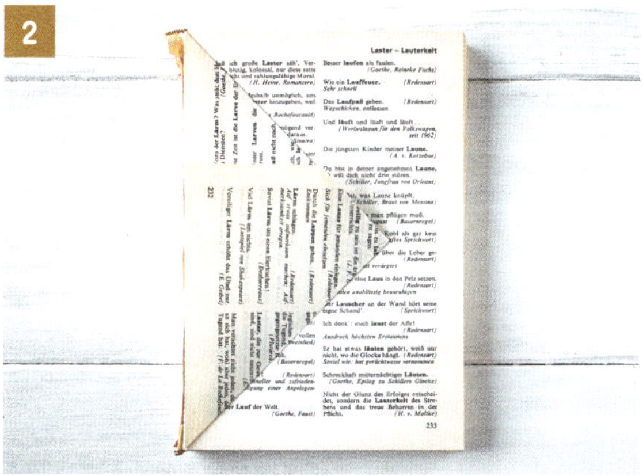

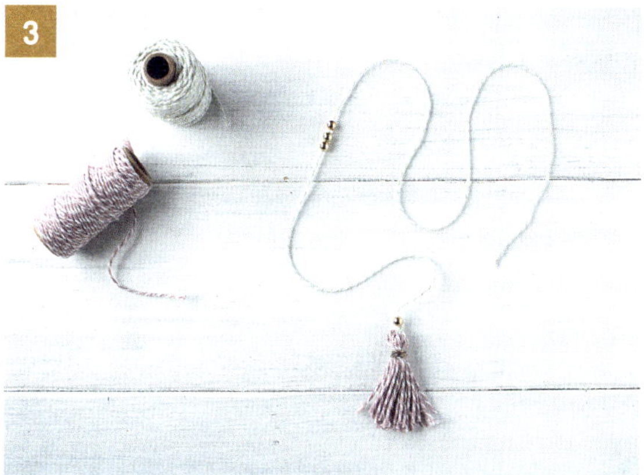

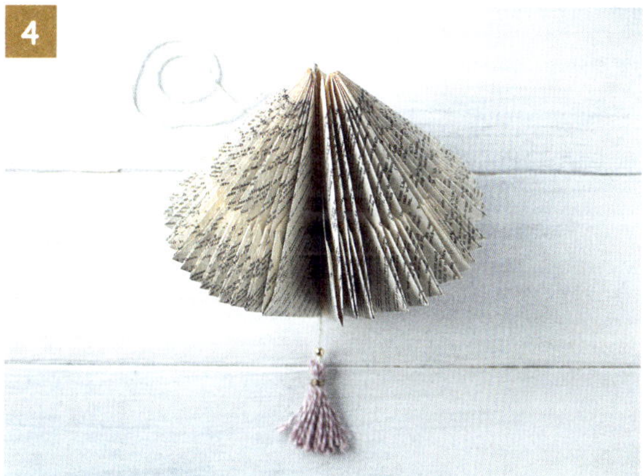

1. Den Umschlag des Buchs entfernen und die erste Seite von oben nach unten zum Dreieck falten.

2. Die gleiche Seite von unten nach oben falten.

3. Eine Quaste herstellen. Dabei das erste Stück Schnur gleich recht lang lassen – so dient es später zum Aufhängen. Zum Abbinden statt Schnur Basteldraht nehmen.

Auf die Schnur mit der fertigen Quaste noch einige Perlen fädeln.

4. Die Schnur in die noch offene Seite des gefalteten Buchs legen und diese zukleben.

Abhängen!

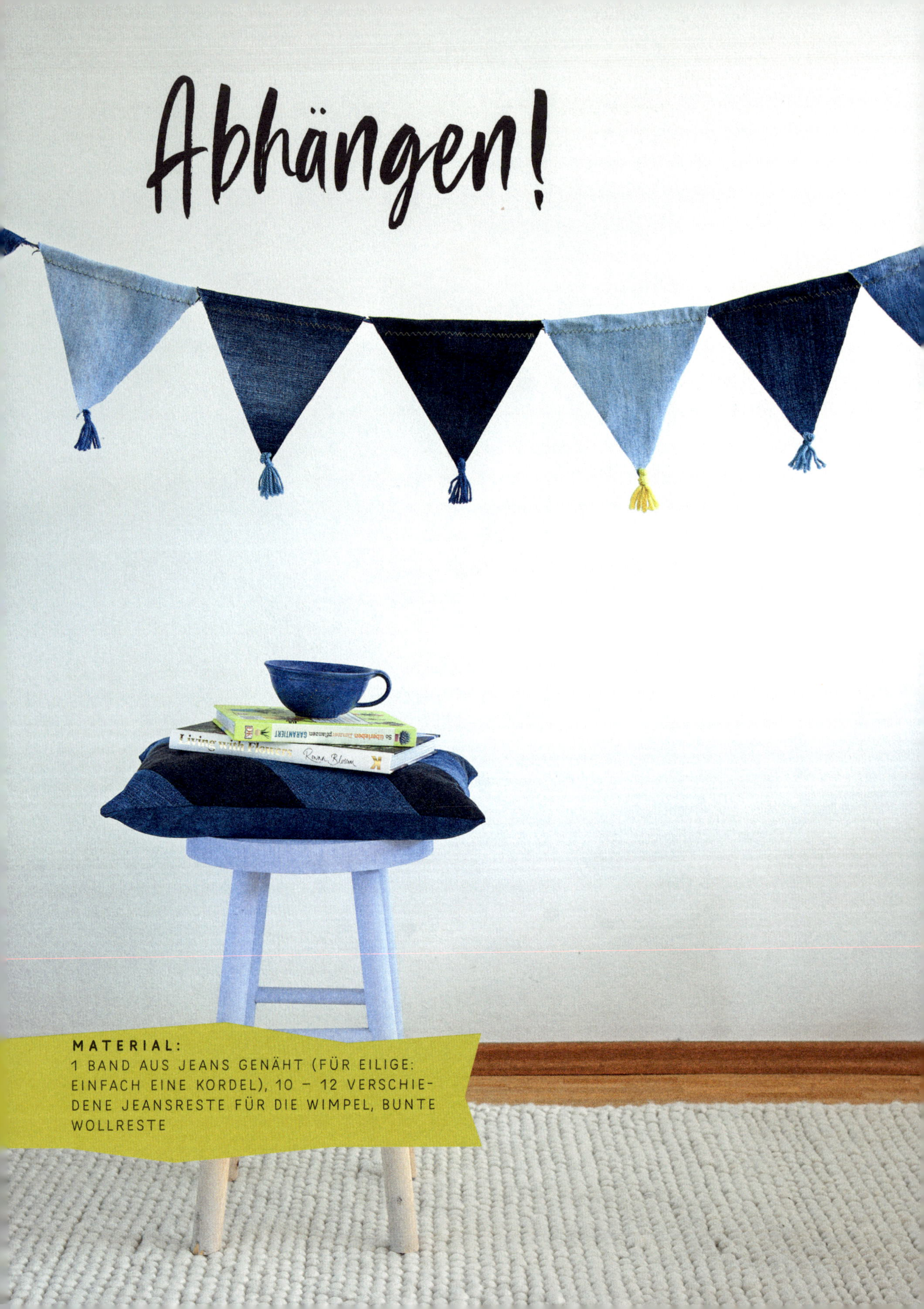

MATERIAL:
1 BAND AUS JEANS GENÄHT (FÜR EILIGE: EINFACH EINE KORDEL), 10 – 12 VERSCHIEDENE JEANSRESTE FÜR DIE WIMPEL, BUNTE WOLLRESTE

EINMAL QUER DURCHS ZIMMER ODER DOCH LIEBER VOR DER GARTENLAUBE IM WIND FLATTERN LASSEN? DIESE WIMPEL PASSEN IMMER! EGAL OB OUTDOOR ODER INDOOR, DIE FLOTTEN DREIECKE PASSEN SICH IHRER UMGEBUNG FABELHAFT AN.

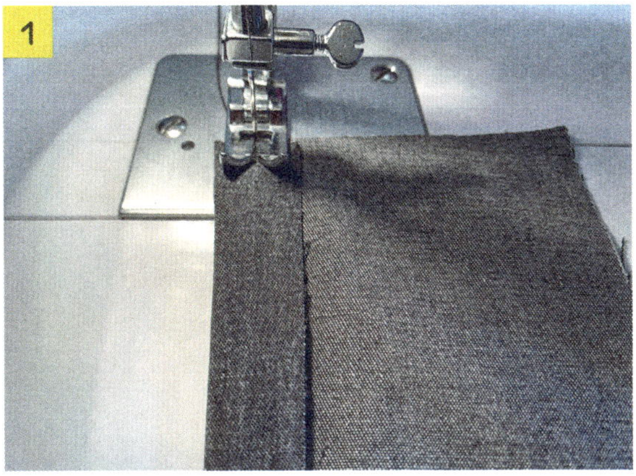

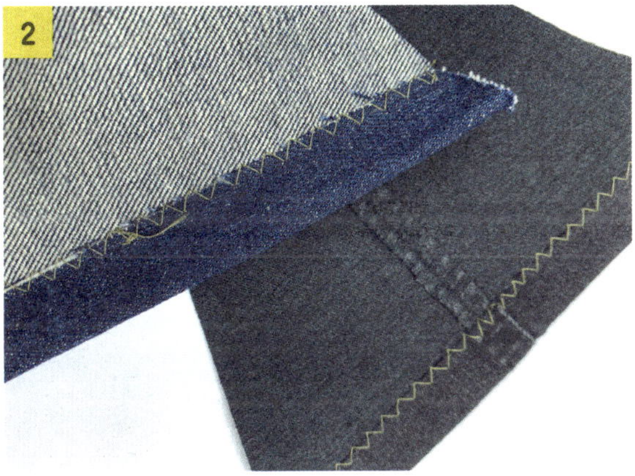

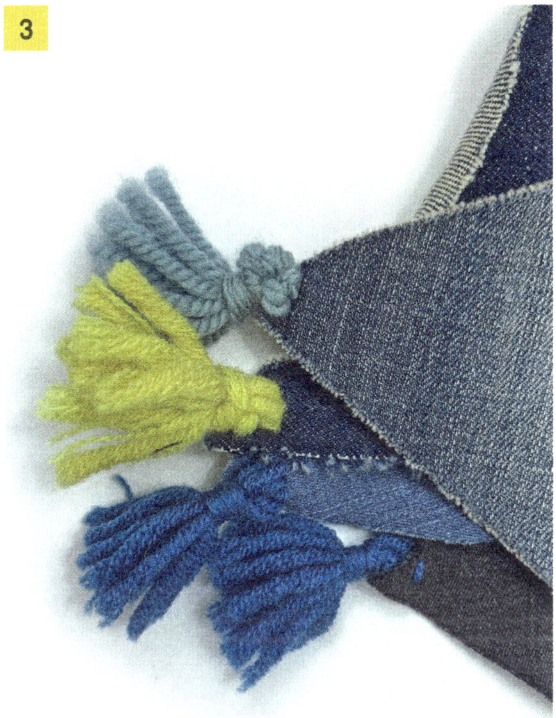

1. Kette (230 cm) aus langen Jeansstücken selber nähen: ca. 3 cm breite Streifen ausschneiden und diese bis zu 230 cm aneinandernähen. Längs falten und ca. 0,4 cm vom Bruch eine Naht setzen. Danach mit dem Rollenschneider eine saubere Kante in ca. 0,8 cm Breite schneiden.

2. Die Wimpel aus Jeansresten (ca. 20 cm x 22cm) mithilfe der Vorlage auf der nächsten Seite ausschneiden. Seiten bleiben hier mit offenen Kanten.

An der Bruchlinie den Stoff umklappen und mit einem Zickzackstich feststeppen.

3. Verschiedene Farben aus Wollresten zusammenstellen, um daraus die kleinen Quasten anzufertigen.

Fortsetzung auf der nächsten Seite

4

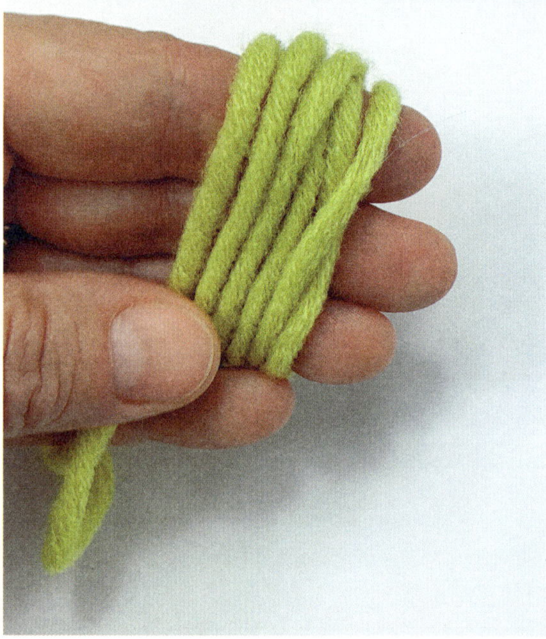

5

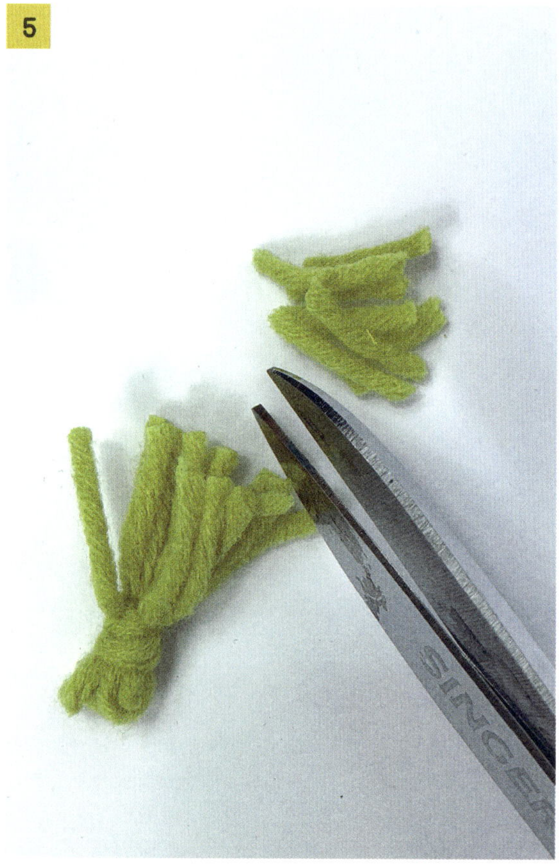

4. Wollfaden ca. 5-mal um drei Finger wickeln. Im oberen Drittel eine kleine Schlaufe abbinden.

5. Langes Schlaufenende gerade abschneiden. Quasten an der unteren Spitze anheften. Wimpel auf die Schnur auffassen. Fertig!

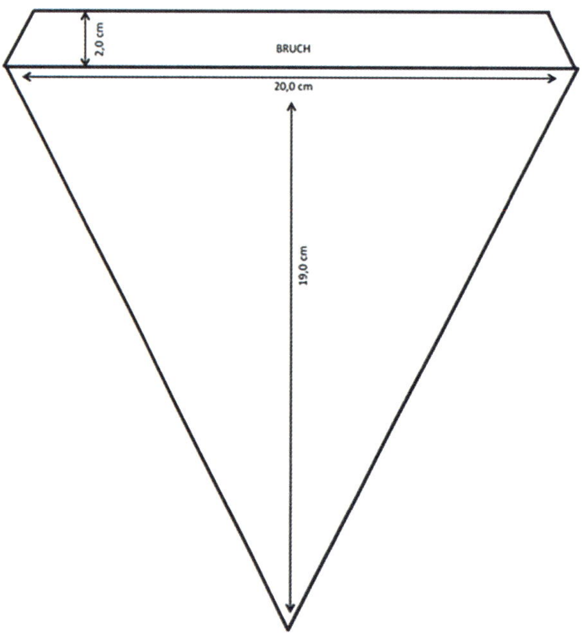

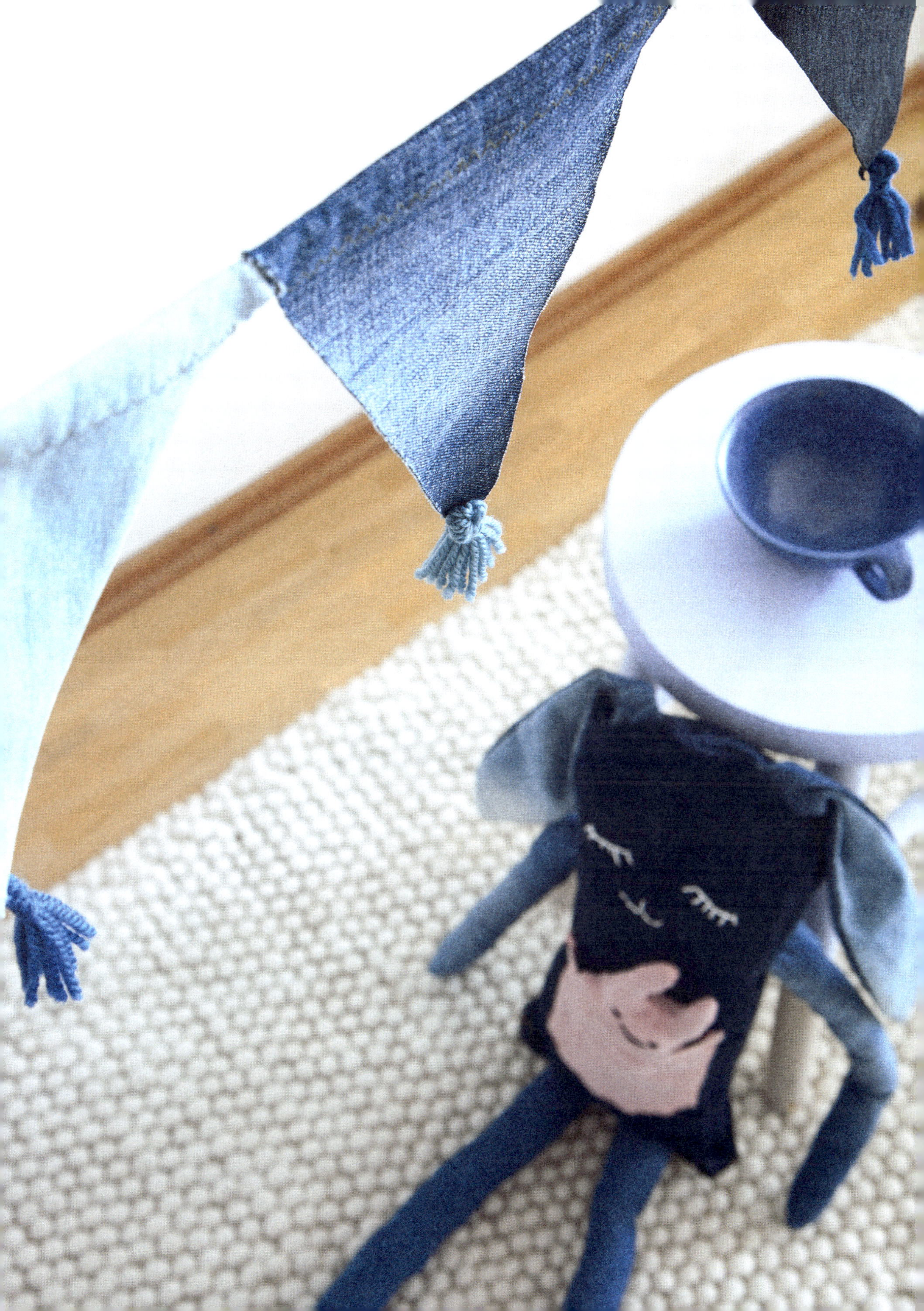

Sonnig und duftig

MATERIAL:
ALTES WEISSES BETTLAKEN, KURKUMAPULVER, ALTER TOPF, HOLZLÖFFEL, SCHERE, NÄHMASCHINE, STEMPEL, STEMPELFARBE, ORANGENSCHALEN (ODER ANDERE BLÜTEN UND GEWÜRZE), BÜGELEISEN

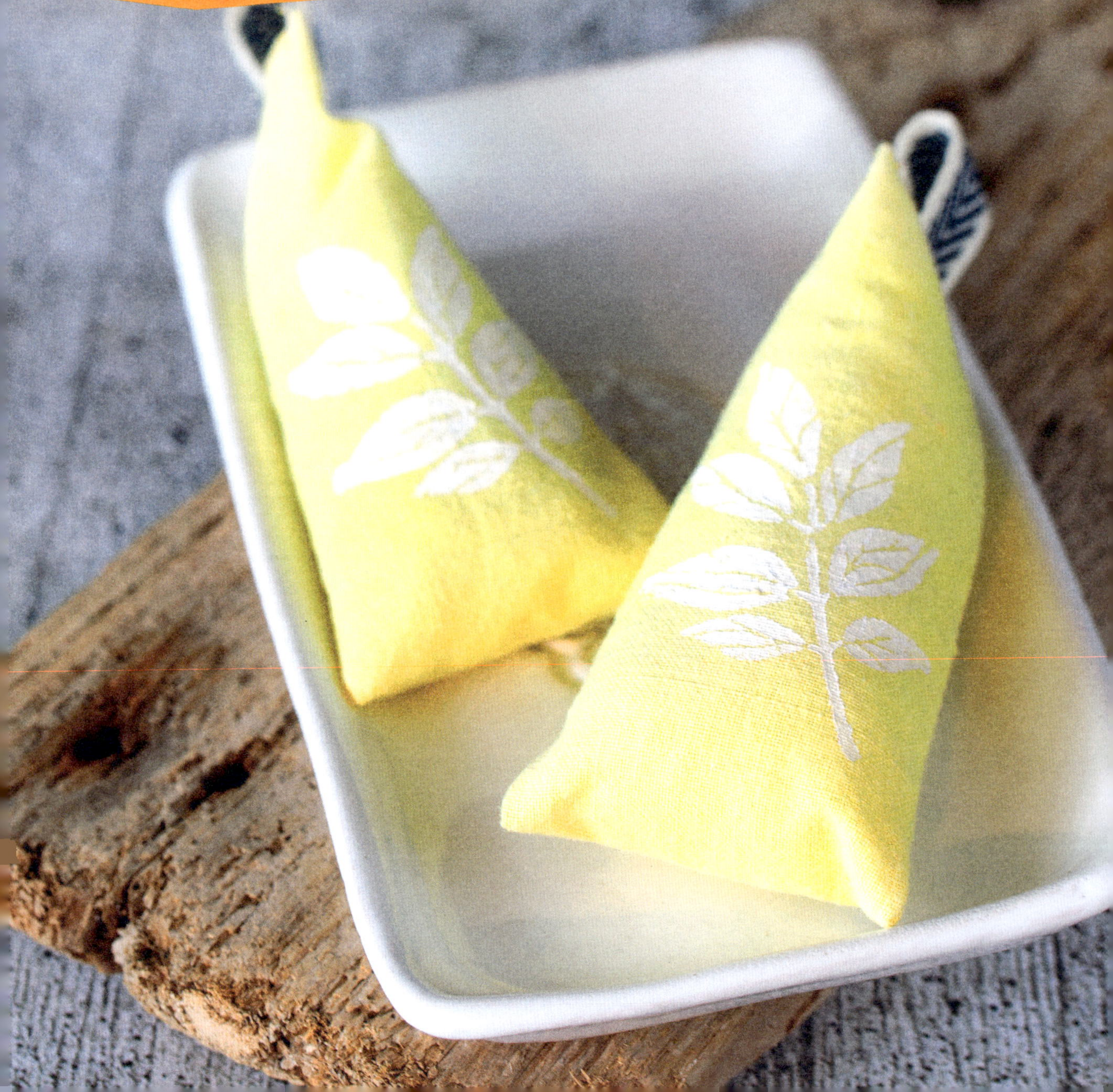

SELBST FÄRBEN MIT KURKUMA IST SO EINFACH UND SO SCHÖN. DIESE FARBE ZAUBERT EINEM GLEICH EIN LÄCHELN INS GESICHT. SIE IST SONNIG UND WARM UND VON EINER TOLLEN INTENSITÄT. AUS DEN GEFÄRBTEN STOFFEN KLEINE DUFTSÄCKCHEN NÄHEN UND DAMIT DEN SOMMER VERLÄNGERN.

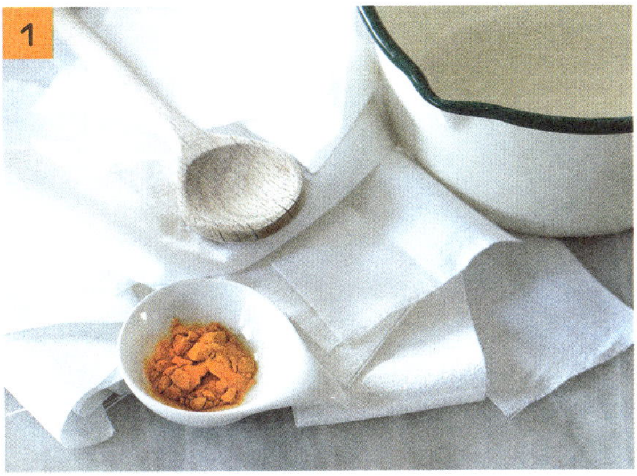

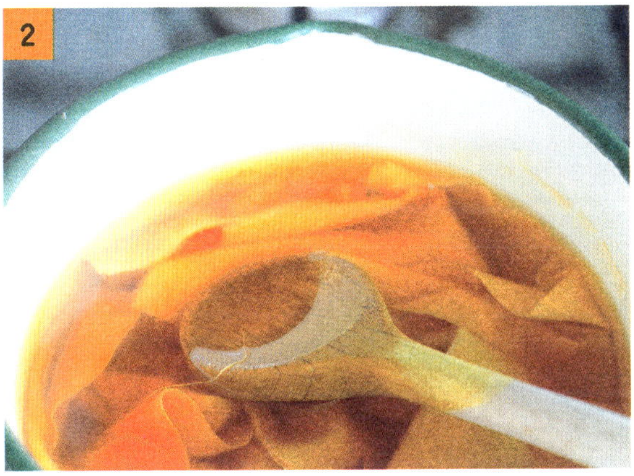

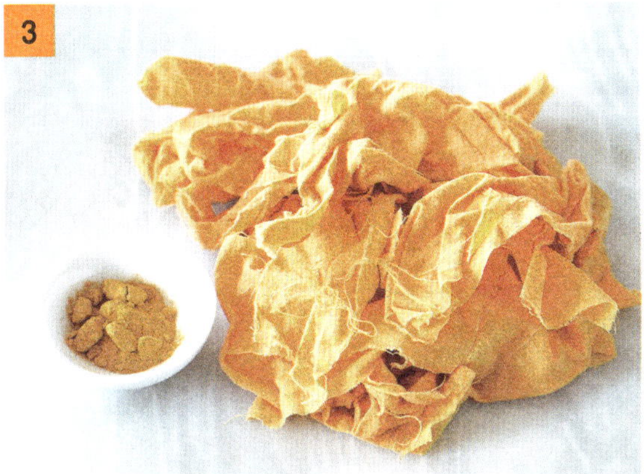

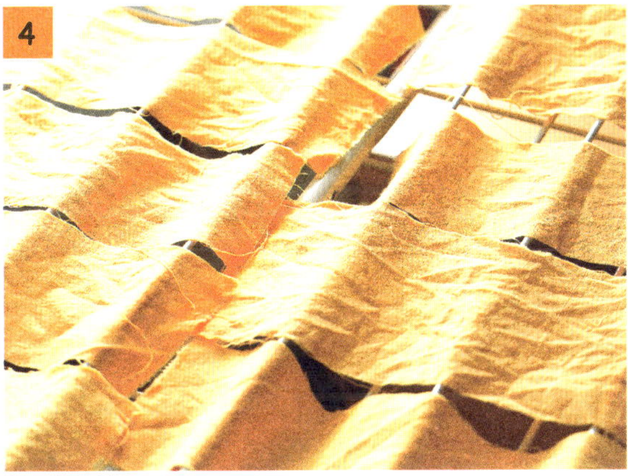

1. Neue Stoffe müssen entschlichtet, das heißt, von ihrem Schutzfilm befreit werden. Am besten geht das mit einem pH-neutralen Biowaschmittel und Waschsoda. Alte Stoffe, die schon oft gewaschen wurden, kann man dagegen auch so verwenden.

2. Für diese Minibeutel reicht ein Topf mit wenig Wasser. In dieses rührt man ein kleines Schälchen Kurkumapulver ein. Das Ganze auf dem Herd ein wenig köcheln lassen. Dann die Stoffstücke hineinlegen und ca. 1 Stunde ziehen lassen. Unbedingt hin und wieder umrühren und darauf achten, dass der Stoff immer gut mit Flüssigkeit bedeckt ist. (Der Holzlöffel ist übrigens hinterher auch gelb!)

3.–4. Die Stoffstücke gut auswaschen, bis das Wasser klar ist, und dann auf eine Leine zum Trocknen hängen. Anschließend glatt bügeln.

Fortsetzung auf der nächsten Seite

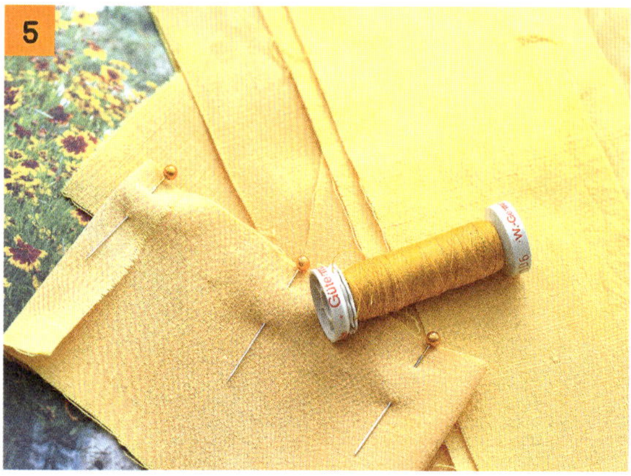

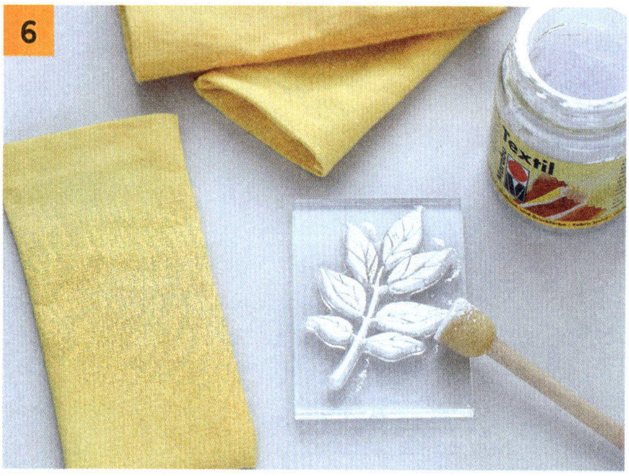

5. Nun kann man aus dem gefärbten Stoff kleine Beutel nähen.

6. Wer die Stoffe noch mit Stofffarbe bedrucken möchte, sollte ein Stück Pappe hineinschieben, damit sich die Farbe nicht durchdrückt.

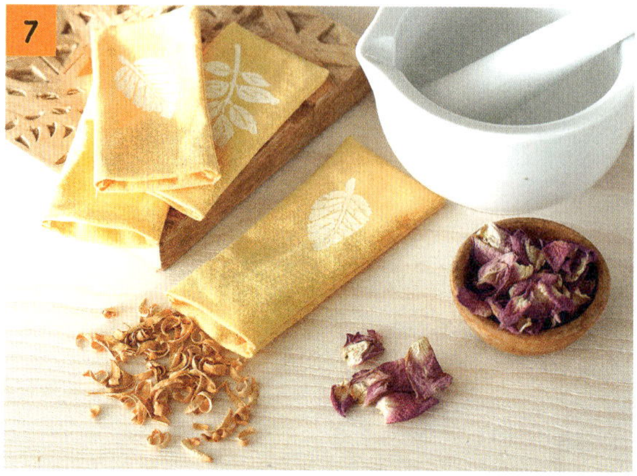

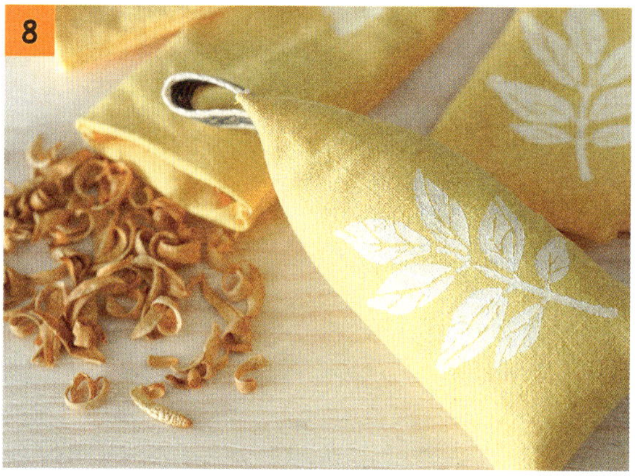

7. Die Füllung ist Geschmacksache. Lavendel, Rosenblüten oder wie in diesem Fall Orangenschalen.

8. Nach dem Befüllen das Säckchen an der Oberkante noch zunähen. Vielleicht mit einem kleinen Aufhänger, so kann man den Duft auch an einem Kleiderbügel befestigen.

NEUE STOFFE ZUVOR „BEIZEN“:
DEN STOFF ZUNÄCHST PER HAND OHNE WASCHMITTEL AUSWASCHEN UND TROCKNEN LASSEN. FÜR DIE BEIZE BENÖTIGT MAN WASSER UND ESSIG, AUF 2 LITER WASSER ETWA 500 ML ESSIG. IN EINEM TOPF ERHITZEN, NICHT AUFKOCHEN. DEN STOFF HINEINGEBEN, BEI GERINGER HITZE 1 STUNDE ZIEHEN LASSEN. DANN GRÜNDLICH AUSWASCHEN, BIS ER NICHT MEHR NACH ESSIG RIECHT. ANSCHLIESSEND TROCKNEN LASSEN. DURCH DAS BEIZEN NIMMT DER STOFF DIE FARBE SPÄTER BESSER AN.

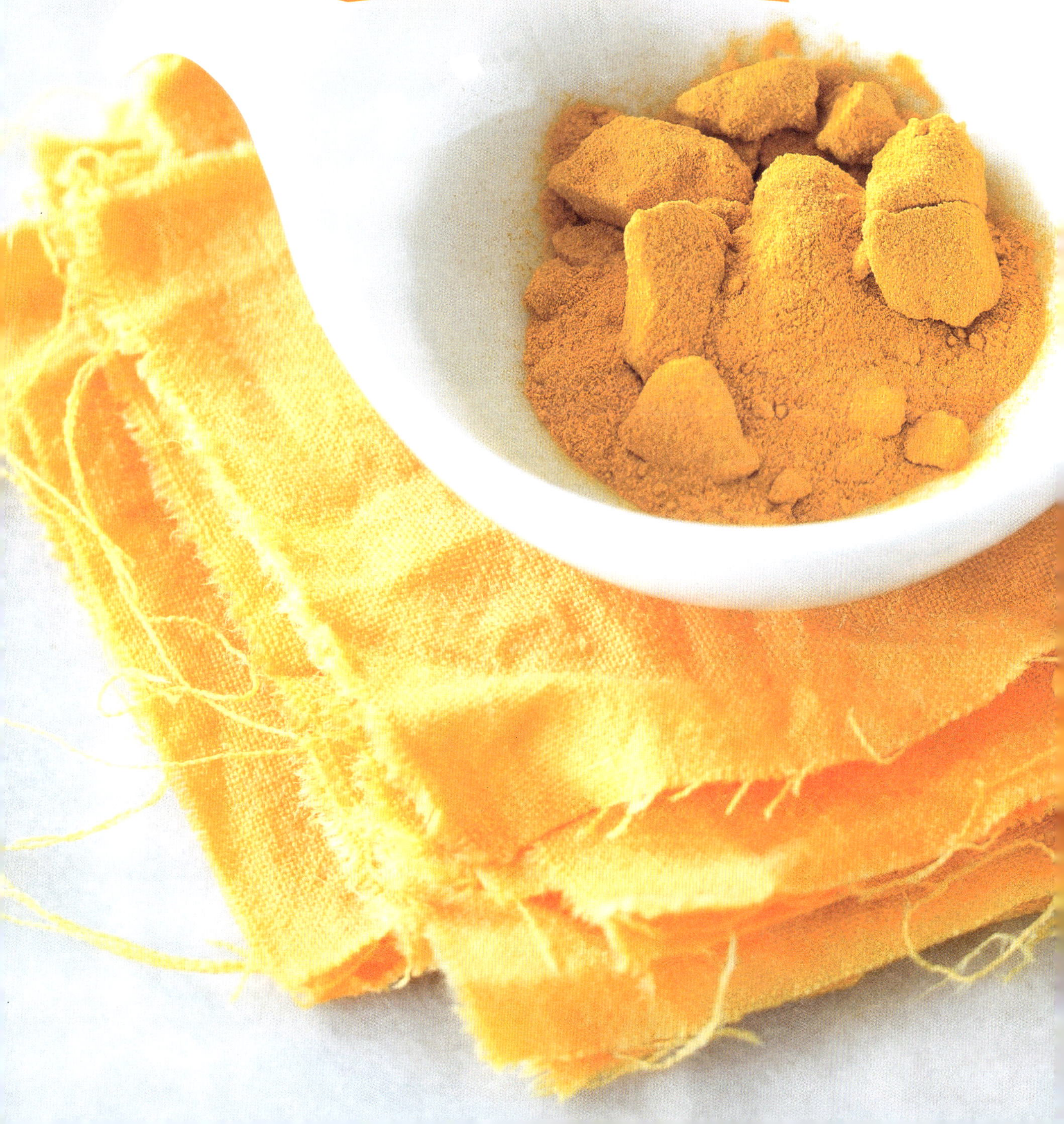

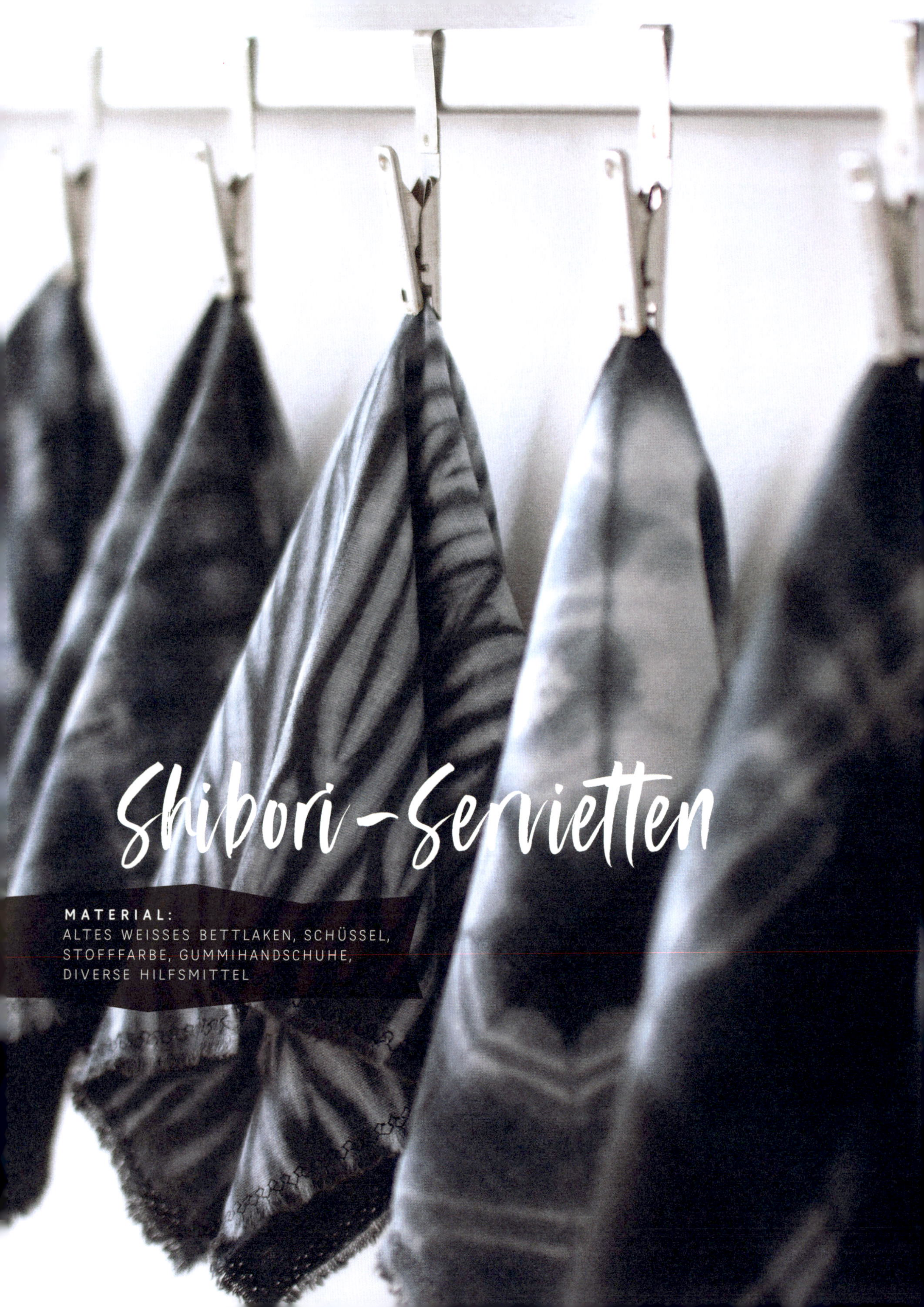

Shibori-Servietten

MATERIAL:
ALTES WEISSES BETTLAKEN, SCHÜSSEL, STOFFFARBE, GUMMIHANDSCHUHE, DIVERSE HILFSMITTEL

WEIL SO EIN BETTLAKEN JA SEHR GROSS IST UND MAN VIELE SERVIETTEN BENÖTIGT, GIBT ES DIE ORIGINELLE MÖGLICHKEIT, DEN STOFF AUF JAPANISCHE ART EINZUFÄRBEN. SHIBORI – HIER WIRD GEWICKELT UND GEKNOTET, GEKLEMMT UND GESCHOBEN.

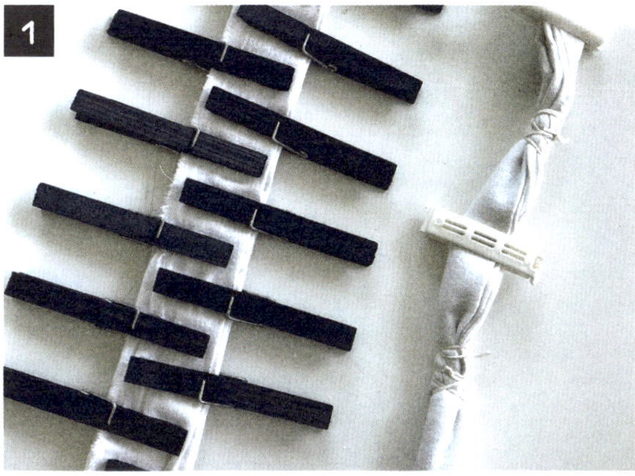

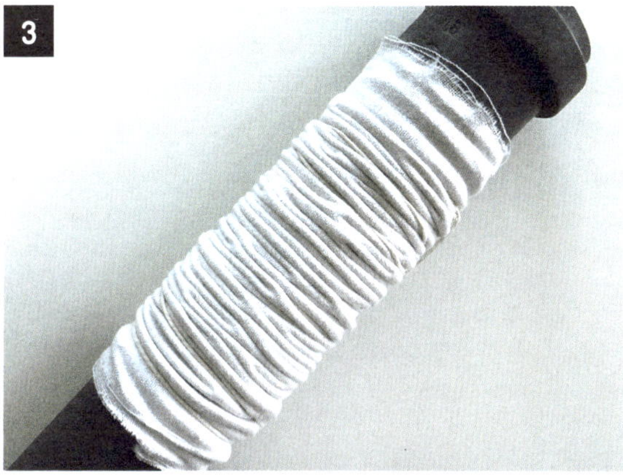

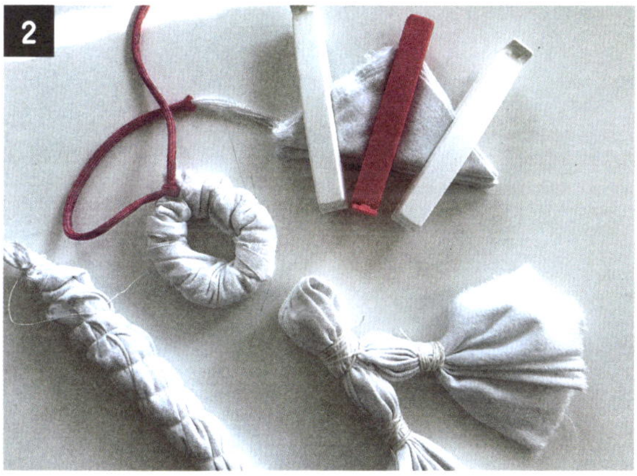

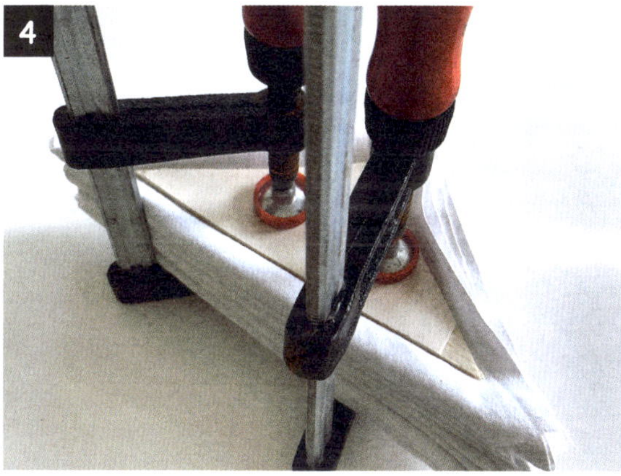

1. Für die verschiedensten Muster gibt es unzählige Varianten des Abbindens und Abklemmens. Eine Möglichkeit ist es, ein Stück Stoff wie einen Fächer zu falten und an beiden Seiten versetzt Wäscheklammern anzubringen. Oder den gefalteten Stoff mit Schnur abzubinden und dazwischen Plastikklemmen zu verwenden.

2. Man kann auch den Stoff auf eine dicke Schnur aufrollen. Anschließend schiebt man den Stoff zusammen und verknotet die Schnur zu einem Kreis. Oder den gefalteten Stoff über Eck falten, sodass ein kleines Dreieck übrigbleibt, das dann mit großen Plastikklemmen zusammengehalten wird.

3. Ein weiteres, ganz tolles Muster entsteht, wenn man den Stoff auf einer Plastikrolle (oder einem dicken Holzstab) aufrollt, das Ganze mit Garn umwickelt und anschließend zusammenschiebt.

4. Ein größeres Stück Stoff kann man auch wieder fächerartig falten, zu einem Dreieck zusammenlegen, dann oben und unten Holzdreiecke auflegen und mit Schraubzwingen richtig festdrücken.

Fortsetzung auf der nächsten Seite

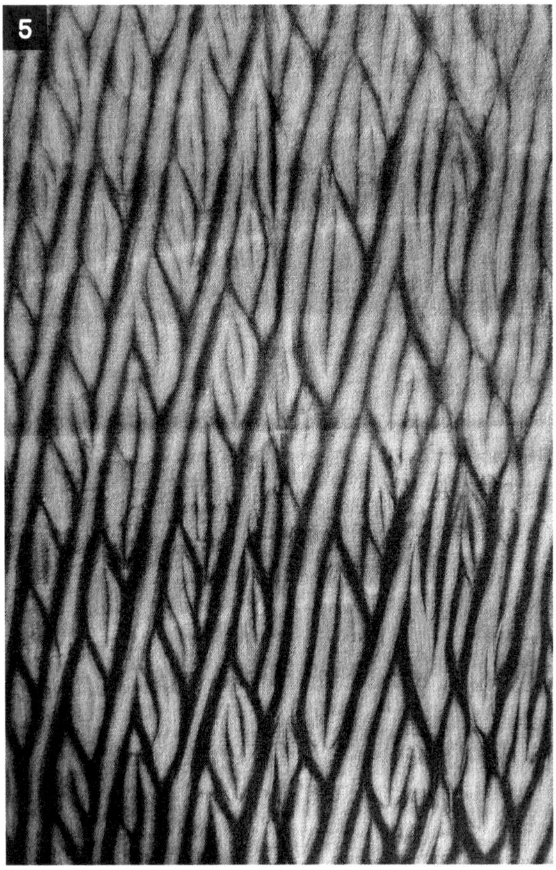

5. So sieht das Muster später aus, wenn man den Stoff auf ein Plastikrohr oder einen dicken Holzstab wickelt und zusammenschiebt.

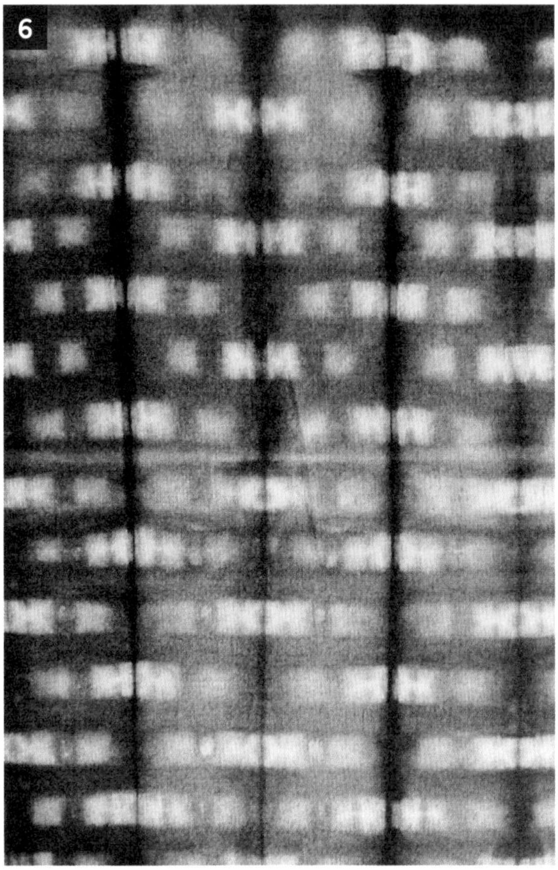

6. Und so sieht der Stoff aus, wenn man ihn abwechselnd faltet und mit Wäscheklammern abklemmt.

Nach dem Abbinden, Verknoten oder Wickeln kommen die Stoffstücke ins Färbebad. Hier reicht eine handelsübliche Batik- und Färbefarbe. (Genaue Angaben der Packung entnehmen.) Danach gut auswaschen, bis das Wasser klar ist. Ein Bad in einem Fixiermittel verbessert die Waschbeständigkeit.

Egal, wie man wickelt, bindet oder presst, das Ergebnis ist immer wieder eine Überraschung.

Anschließend zum Trocknen aufhängen und später bügeln.

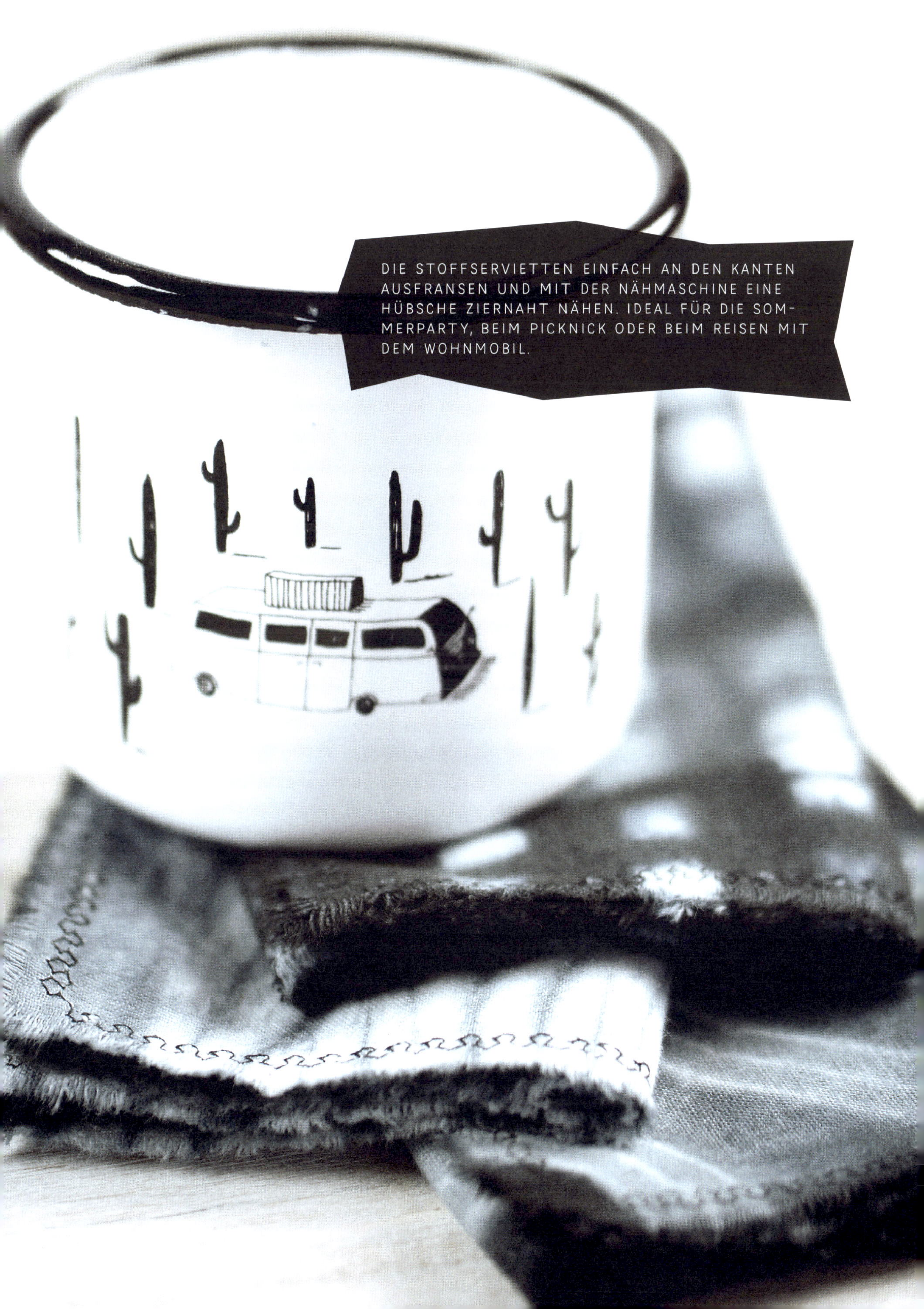

DIE STOFFSERVIETTEN EINFACH AN DEN KANTEN AUSFRANSEN UND MIT DER NÄHMASCHINE EINE HÜBSCHE ZIERNAHT NÄHEN. IDEAL FÜR DIE SOMMERPARTY, BEIM PICKNICK ODER BEIM REISEN MIT DEM WOHNMOBIL.

It's Bording-Time

MATERIAL:
1 LIEBLINGSJEANS
1 STÜCK BOMMELBORDE

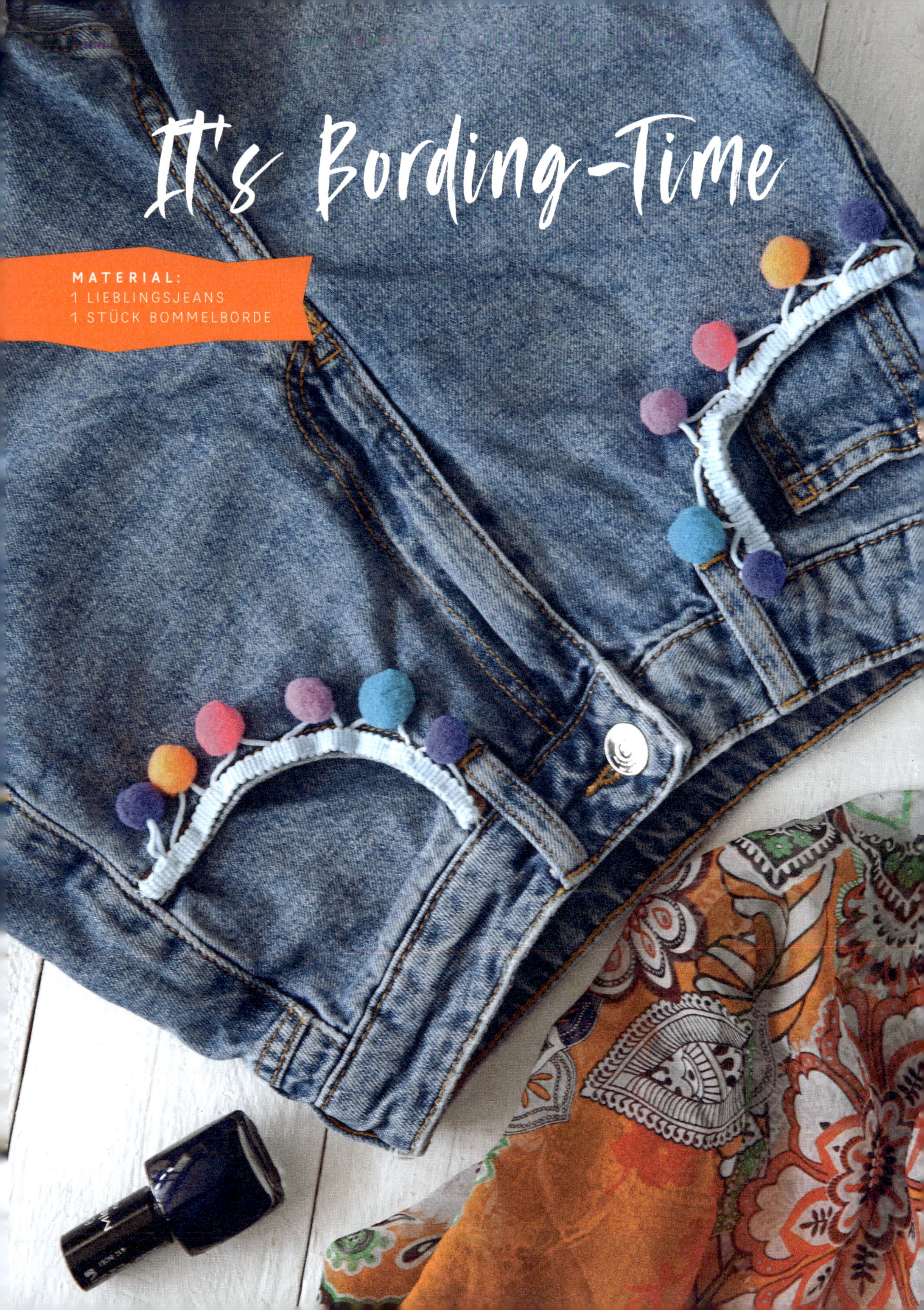

WIEDER MAL EIN NEUER LOOK GEFÄLLIG? DIESE VERSCHÖNERUNG IST SCHNELL UND EASY UMZUSETZEN. OB KUNTERBUNT ODER UNIFARBEN – DIE BOMMELBORDE MACHT IMMER ETWAS HER.

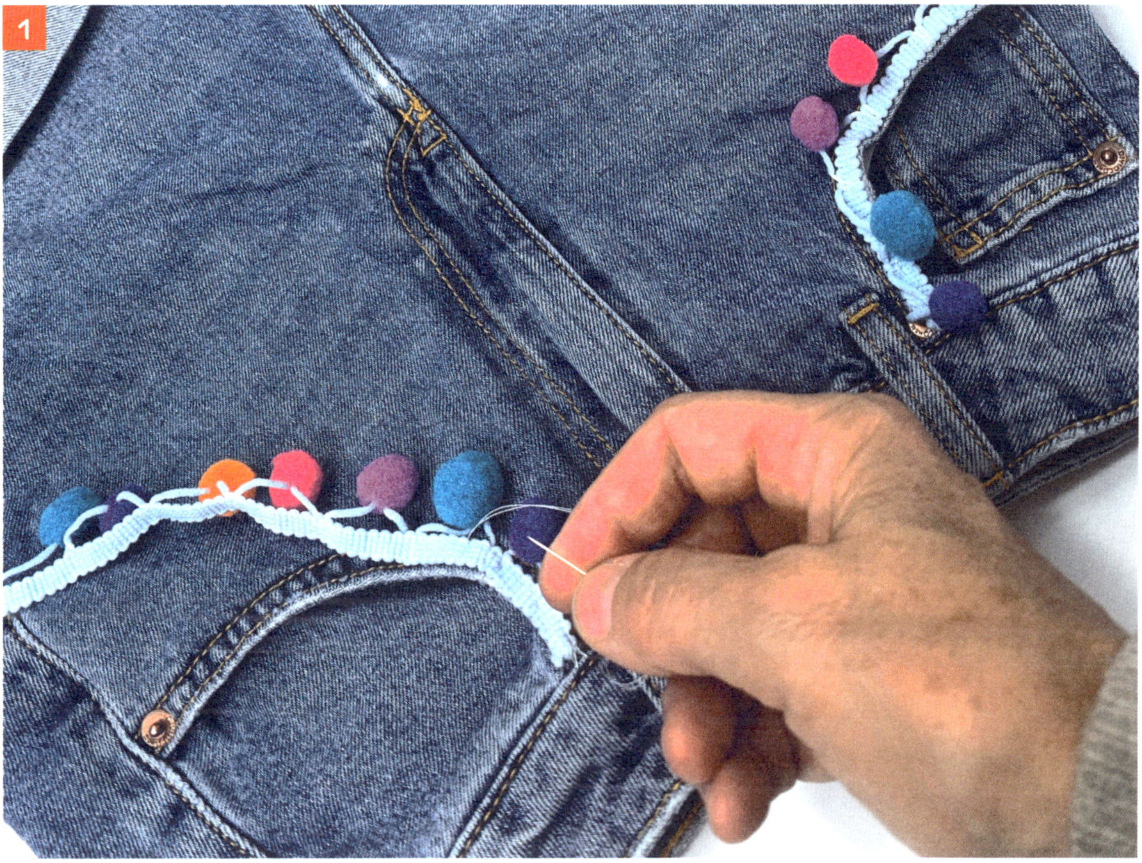

1. Borde (ca. 30 cm - 40 cm) auf die Länge der Taschenöffnung zuschneiden und mit der Hand aufnähen. Fertig!

Goldmarie

MATERIAL:
DOSEN, HAMMER, GOLDSPRAY, KLEINE KIESEL ODER BLÄHTON, PFLANZEN

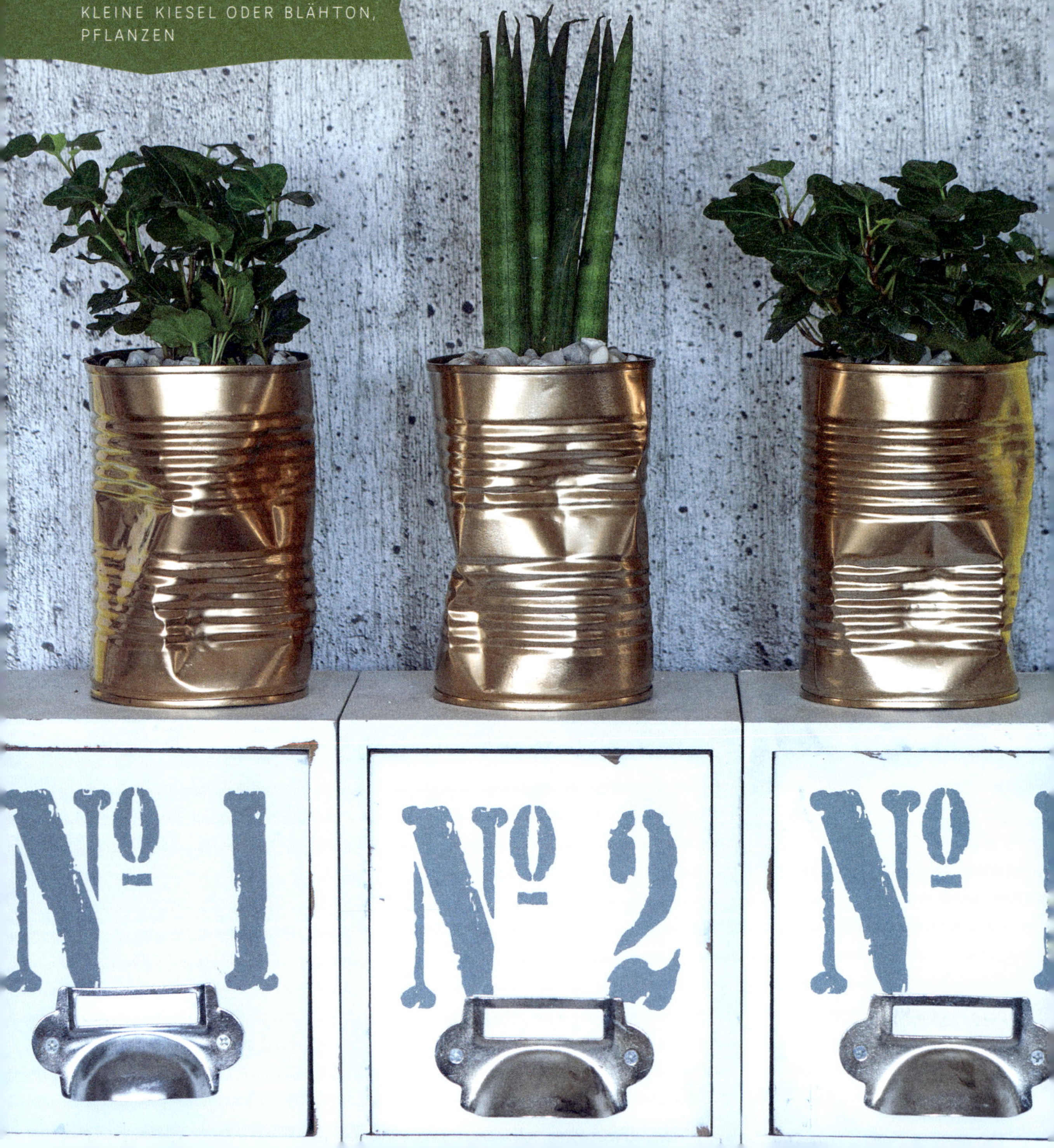

EASY PEASY ÜBERTOPF. EIN GOLDIGES DIY, WENN'S MAL EIN BISSCHEN SCHNELLER GEHEN SOLL. DAS PFLÄNZCHEN ALS GASTGESCHENK HAT KEINEN PASSENDEN ÜBERTOPF? BESONDERS ORIGINELL LASSEN SICH HIER AUCH DOSEN VERWENDEN, DIE SCHON VORHER EIN PAAR BEULEN HATTEN.

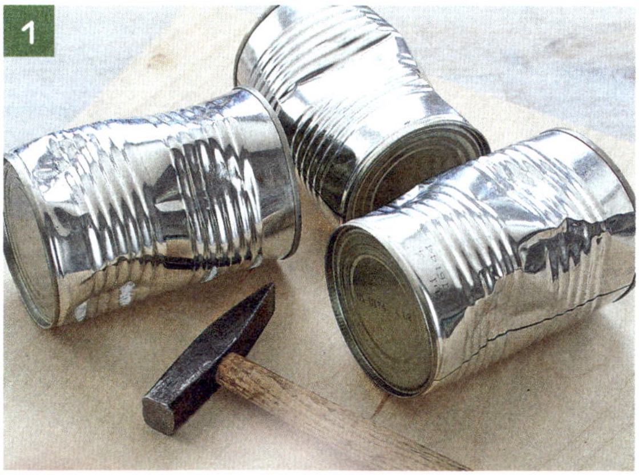

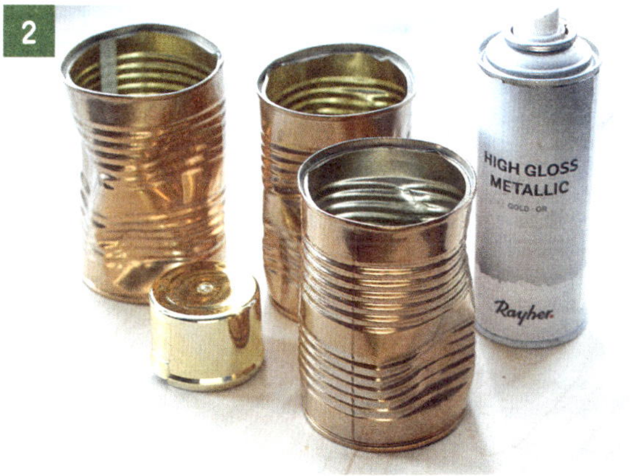

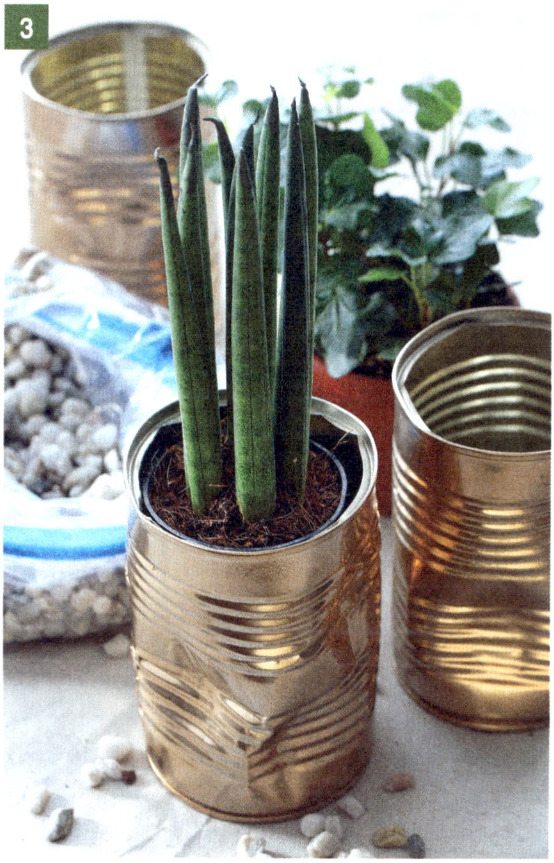

1. Die Dosen von allen Seiten mit dem Hammer bearbeiten, so lange, bis man mit dem Ergebnis zufrieden ist.

2. Dann an einem geeigneten Ort, am besten an der frischen Luft, die Dosen mit Metallic-Lack in Gold einsprühen. Mit einer dünnen Schicht beginnen und nach leichtem Antrocknen noch einmal wiederholen. Dann den Lack gut trocknen lassen.

3. Jetzt kann man die Dosen bepflanzen. Dazu mit kleinen Kieseln oder Blähton teilweise befüllen. Entweder stellt man anschließend die kleinen Plastiktöpfchen komplett in die Büchse, oder man bepflanzt die Dose und füllt den Rest mit Kieseln oder Blähton auf.

Die Steinchen sollen den Nässestau beim Gießen verhindern. Alternativ kann man die Dosen natürlich auch an der Unterseite mehrmals anbohren. Dann sollte man sie aber später auf kleine Untersetzer stellen.

Goldschmiede

MATERIAL:
PORZELLANSCHERBEN ODER -TELLER, EVTL. PORZELLANZANGE UND ARBEITSHANDSCHUHE. KORKEN, GEEIGNETE ÖSEN ALS AUFHÄNGER. KINTSUGI-SET, ALTERNATIV: ZWEIKOMPONENTENKLEBER, SEHR FEINER GOLDGLITZER, HOLZSTÄBCHEN, EINWEGHANDSCHUHE, DOSENDECKEL

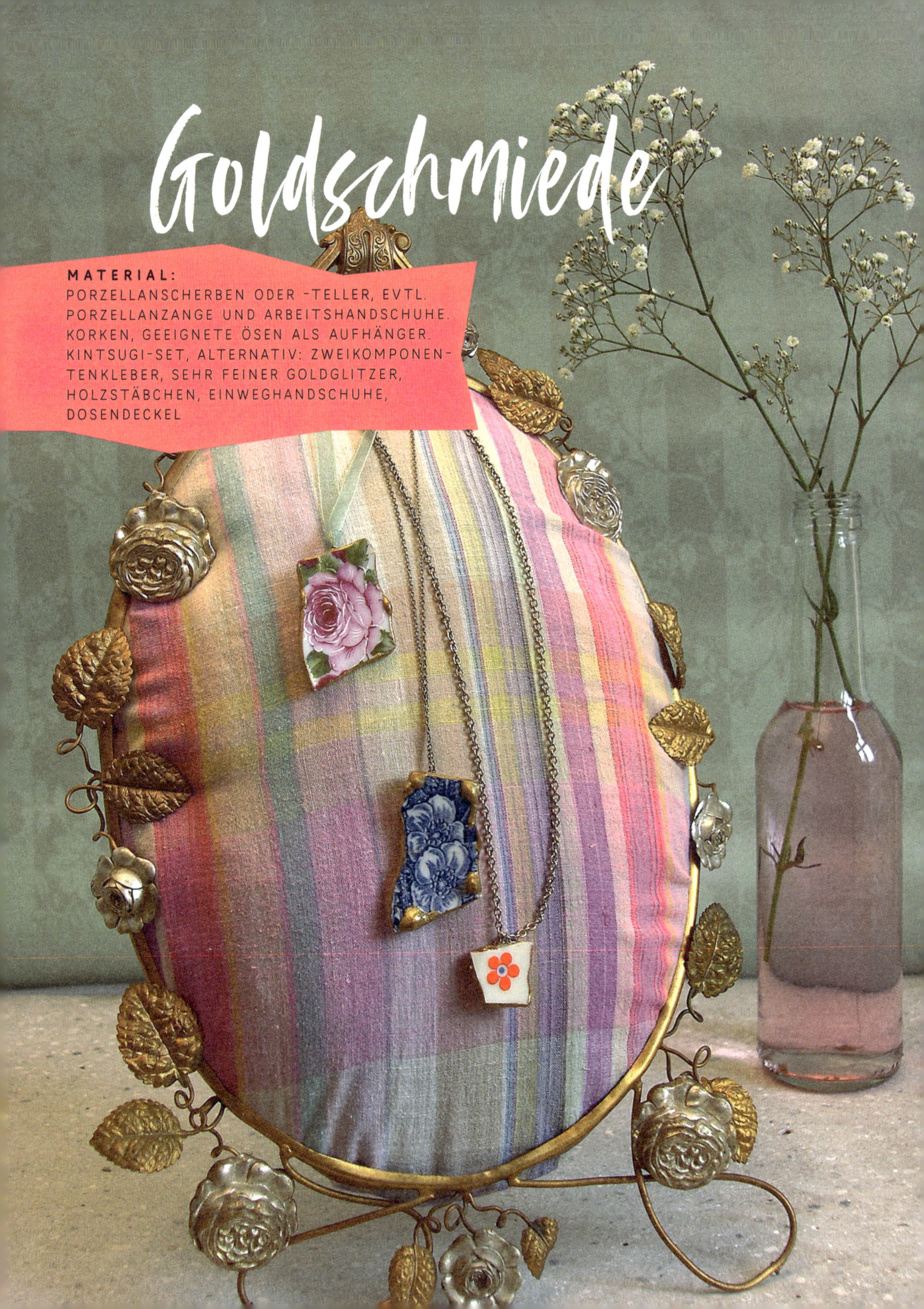

SIE MÜSSEN KEINE GOLDSCHMIEDIN SEIN, UM DIESEN INDIVIDUELLEN SCHMUCK ZU DESIGNEN. SCHERBE, ÖSE, KLEBSTOFF UND GOLDSTAUB REICHEN AUS, UM DIESE INDIVIDUELLEN KETTENANHÄNGER HERZUSTELLEN.

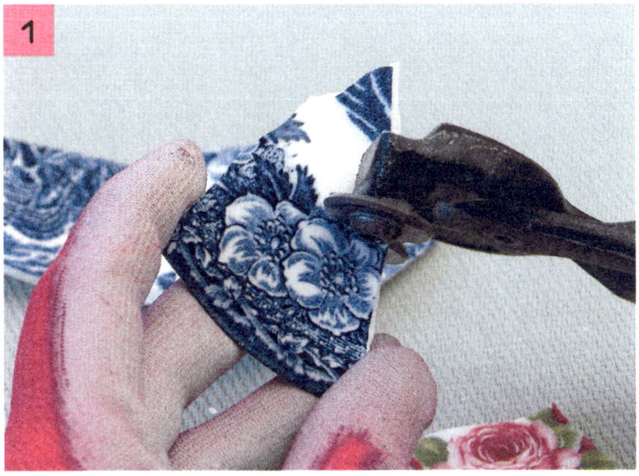

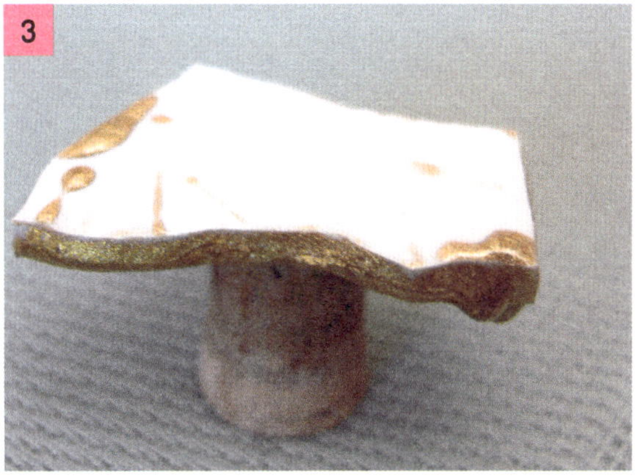

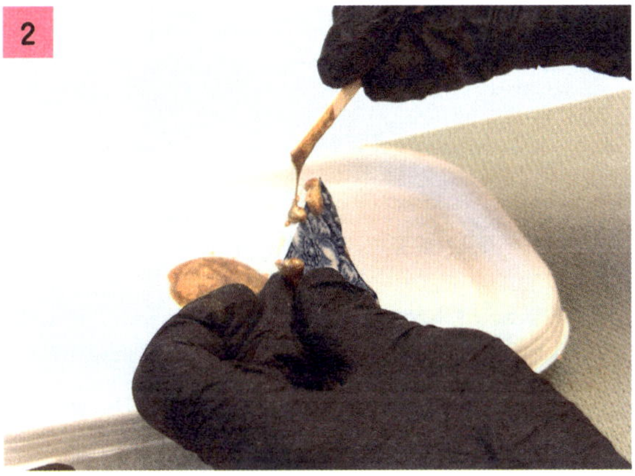

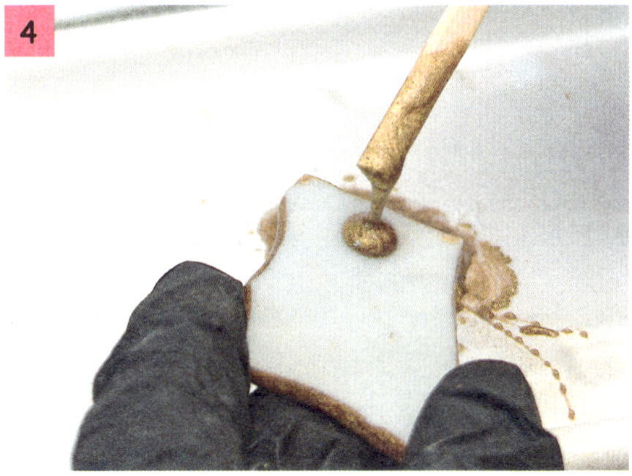

1. Falls man keine passenden Scherben parat hat: Arbeitshandschuhe anziehen und die Zange am gewünschten Motiv des Tellers anlegen, zudrücken. So arbeitet man nach und nach sein Motiv aus dem Porzellan heraus. Besonders eignen sich Teller mit hübschem Muster.

2. Einweghandschuhe anziehen. Den Zweikomponentenkleber auf den Deckel drücken, dann eine kleine Menge Goldstaub unterrühren. Den Klebstoff mit dem Holzstäbchen großzügig auf die Bruchkante der Scherbe auftragen.

3. Nun legt man die Scherbe mit der Motivseite auf den Korken. So bilden sich die schönen Goldtropfen.

4. Wenn die „Goldfassung" getrocknet ist, klebt man die Öse auf der Rückseite der Scherbe fest. Das funktioniert auch mit normalem Sekundenkleber.

Königinnen-Style

MATERIAL:
DOSEN, MASSBAND, PAPIER, STIFTE, SCHERE, BLECHSCHERE, PERLEN, HEISSKLEBEPISTOLE, ACRYLFARBEN (SCHWARZ, GRAU UND WEISS) PINSEL, BABYPUDER

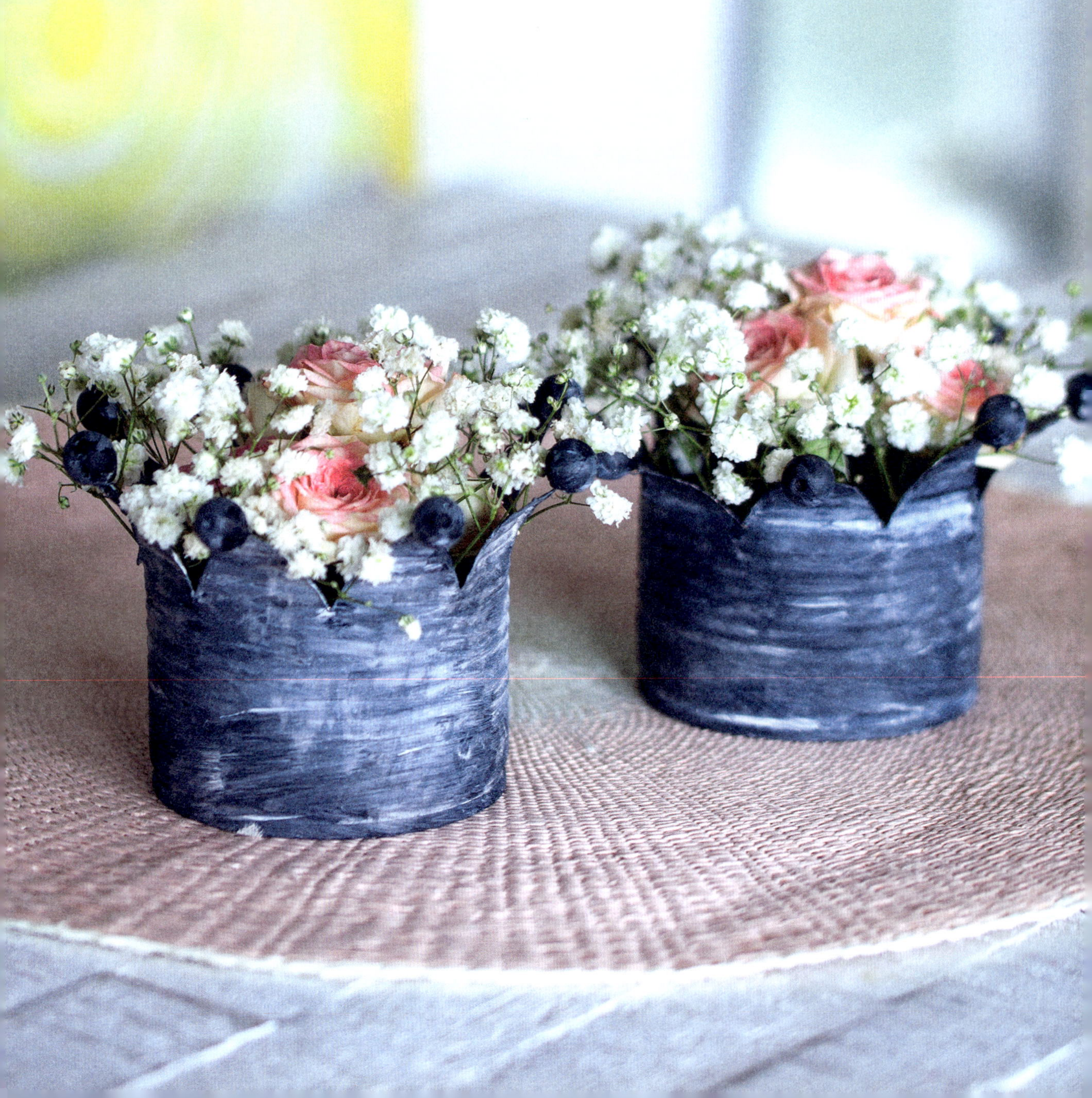

DA BRICHT SICH NIEMAND EINEN ZACKEN AUS DER KRONE, WENN ALS DEKORATION OLLE KONSERVENDOSEN AUF DEM TISCH STEHEN. WAHRSCHEINLICH MERKEN DAS DIE GÄSTE NOCH NICHT MAL UND WUNDERN SICH NUR ÜBER DIE TOLLEN ANTIKEN BLUMENHALTER.

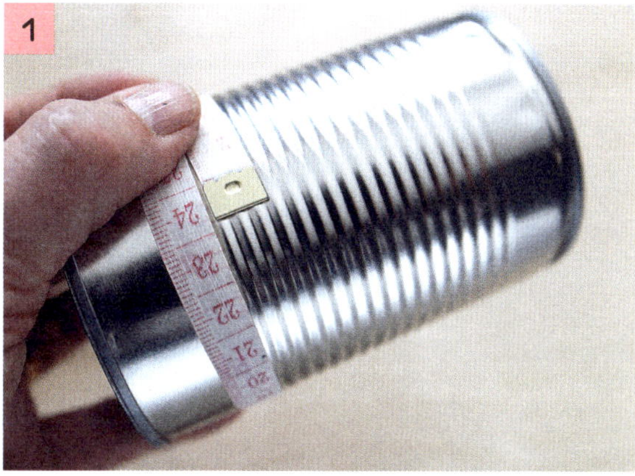

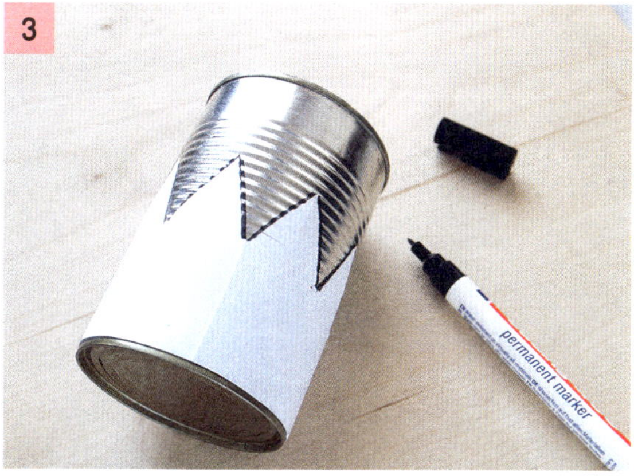

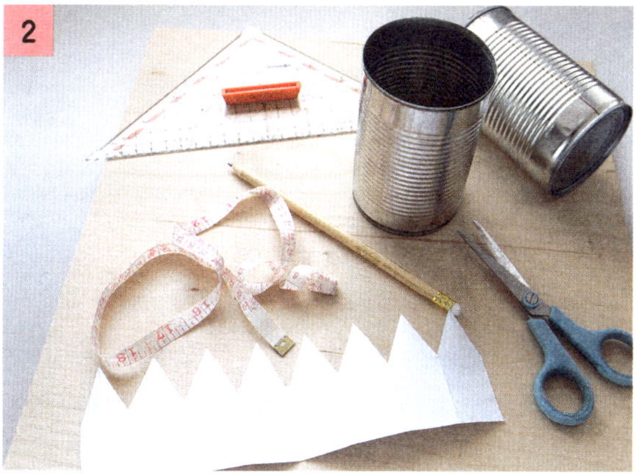

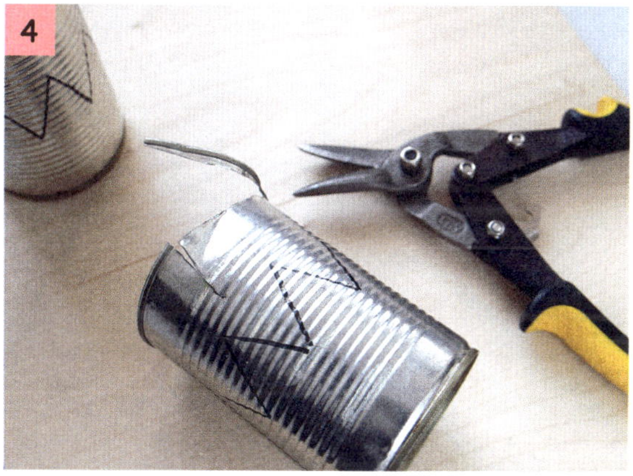

1. Nach dem Reinigen der Dose ermittelt man mit einem Maßband ihren Umfang und überträgt das Maß auf einen Bogen Papier. Anschließend legt man noch die gewünschte Höhe fest.

2. Für eine gerade Zahl von Zacken faltet man den Streifen Papier nun einfach immer wieder in der Mitte, bis die gewünschte Anzahl erreicht ist. In diesem Beispiel sind es acht Zacken.
Dann legt man noch die Länge der Zacken fest, zeichnet sie mit einem Stift auf das Papier und schneidet die Schablone anschließend aus.

3. Mit einem Klebestreifen kann man nun die Schablone an der Dose befestigen und mit einem Permanentmarker die Zacken auf die Dose übertragen.

4. Mit einer Blechschere schneidet man dann zunächst in den dicken oberen Rand der Dose, den man komplett abtrennt. Am besten ist es, wenn man einen recht breiten Steifen bis kurz oberhalb der Zacken abschneidet. Vorsicht: Die Kanten sind sehr scharf.

Fortsetzung auf der nächsten Seite

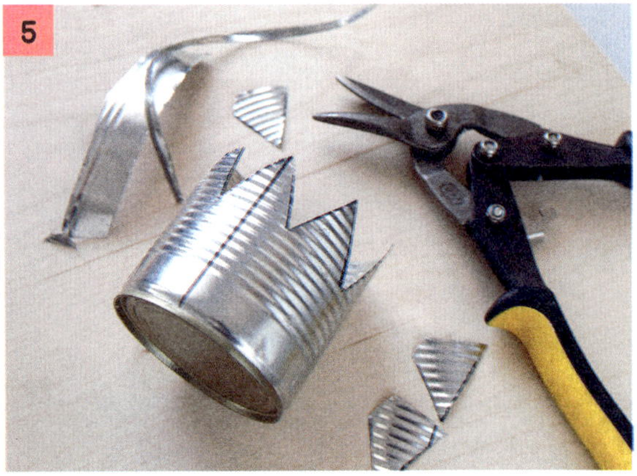

5. Nun schneidet man Stück für Stück die Zacken aus. Auch hier vorsichtig vorgehen. Wer mag, kann dabei Handschuhe tragen.

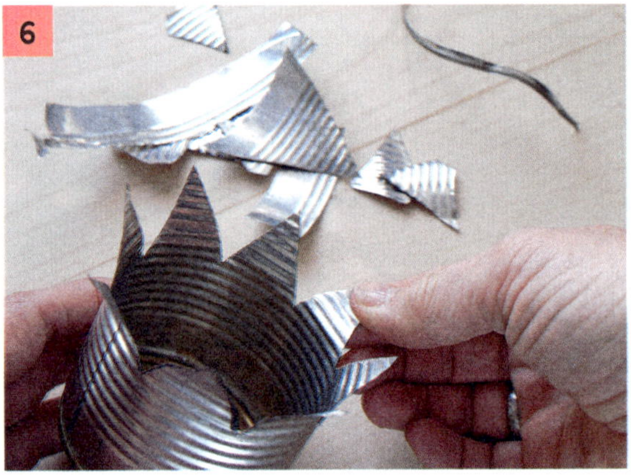

6. Sind alle Zacken ausgeschnitten, biegt man sie leicht nach außen.

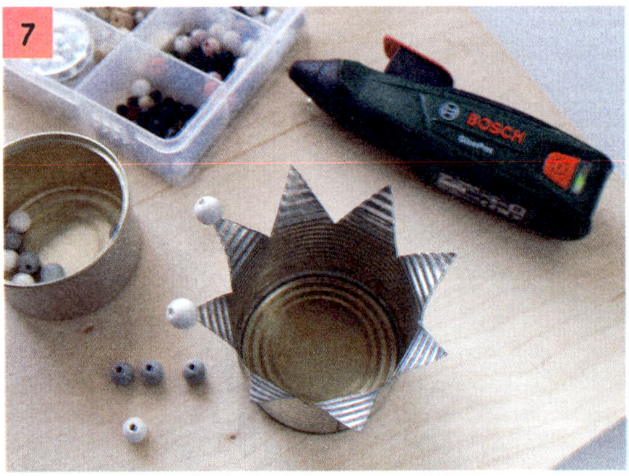

7. Nun mit der Heißklebepistole (oder Sekundenkleber) die Perlen auf die Spitzen kleben.

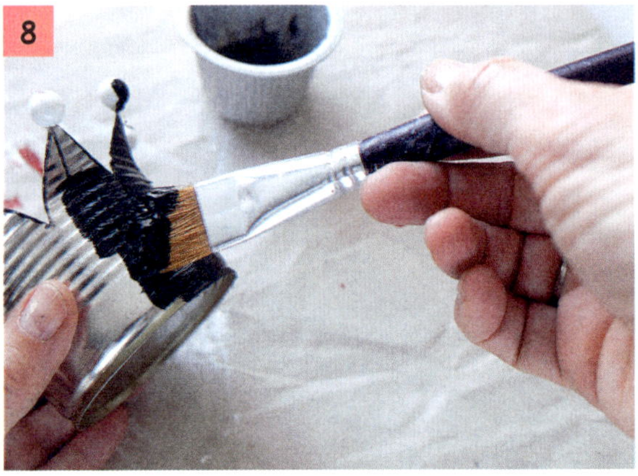

8. Die erste Farbe, die außen und innen aufgetragen wird, ist Schwarz. Dabei auch die Löcher der Perlen nach und nach schließen.

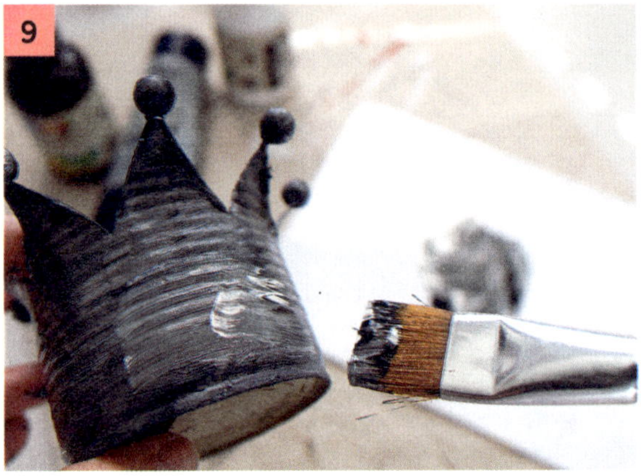

9. Dann vermischt man vorsichtig Schwarz, Grau und Weiß auf einer Palette und trägt die Farbe unregelmäßig auf.

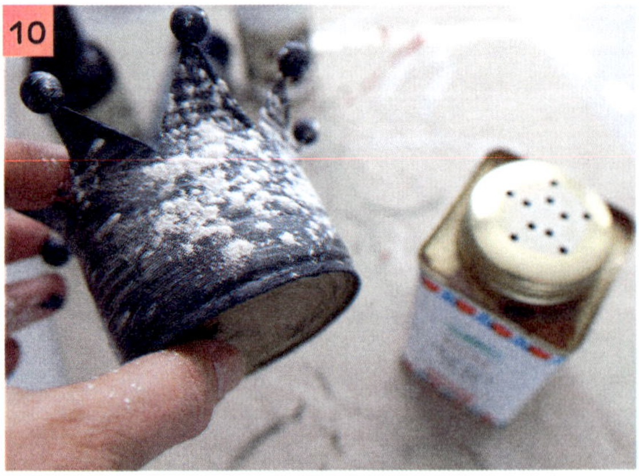

10. Auf die noch feuchte Farbschicht bringt man nun großzügig Puder auf. Die Farbe gut trocknen lassen. Später den Puder mit einem großen Pinsel abfegen.

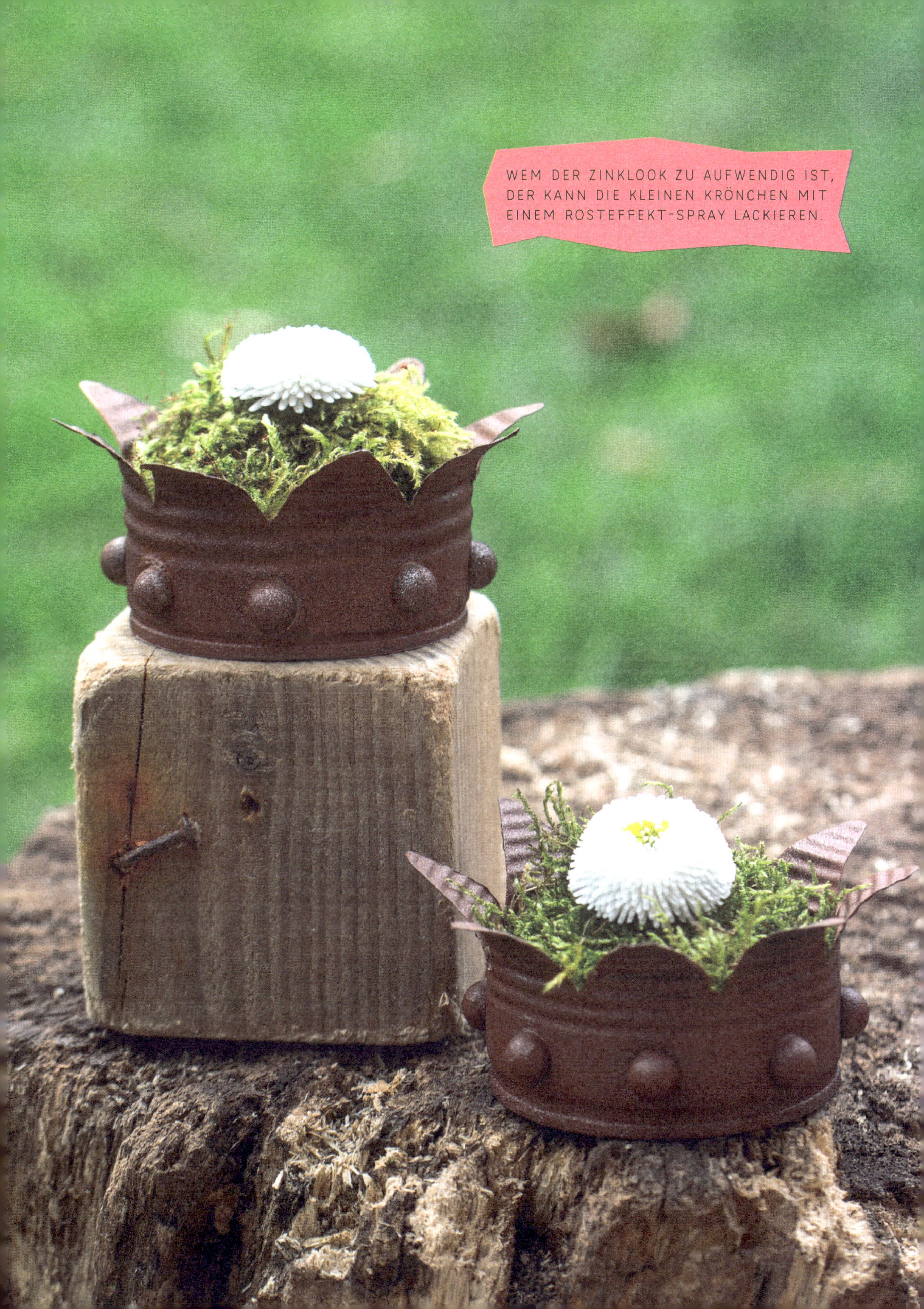

WEM DER ZINKLOOK ZU AUFWENDIG IST, DER KANN DIE KLEINEN KRÖNCHEN MIT EINEM ROSTEFFEKT-SPRAY LACKIEREN.

Vorgartenromantik

MATERIAL:
GETRÄNKEKARTON, CUTTER/SCHERE, LINEAL, ACRYLFARBE, PINSEL, WASSERFESTER FILZSTIFT, HEISSKLEBEPISTOLE, KRESSESCHALE

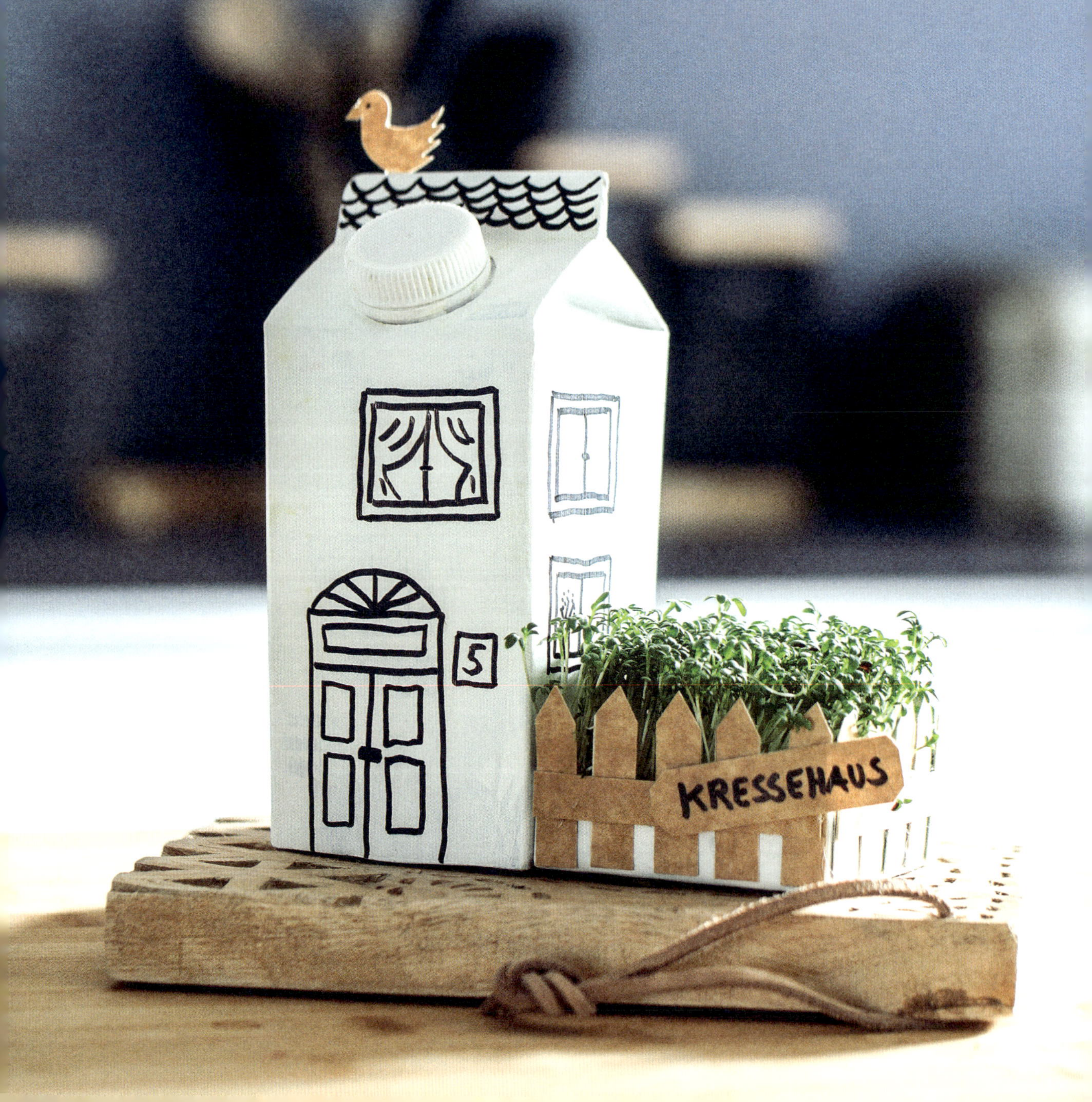

EIN KLEINER KRESSEGARTEN IN DER KÜCHE IST LECKER UND PRAKTISCH. DEN KANN MAN FERTIG KAUFEN UND ALS VORGARTEN FÜR EIN KLEINES HÄUSCHEN VERWENDEN. WER DEN DINGEN GERNE BEIM WACHSEN ZUSCHAUT, KANN IHN SICH NATÜRLICH AUCH SELBST ZIEHEN. DAS IST BESONDERS FÜR DIE KIDS EINE SPANNENDE SACHE.

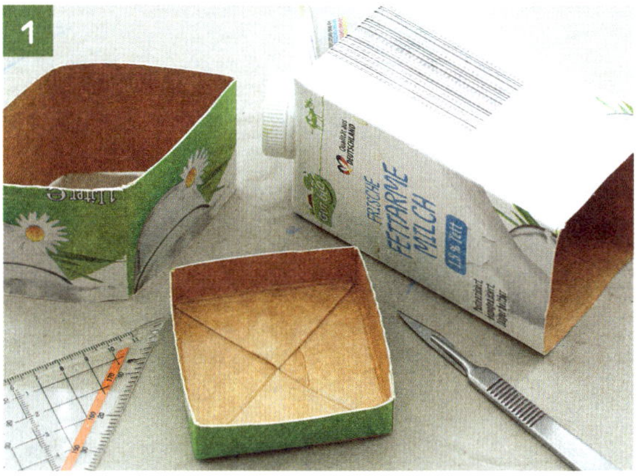

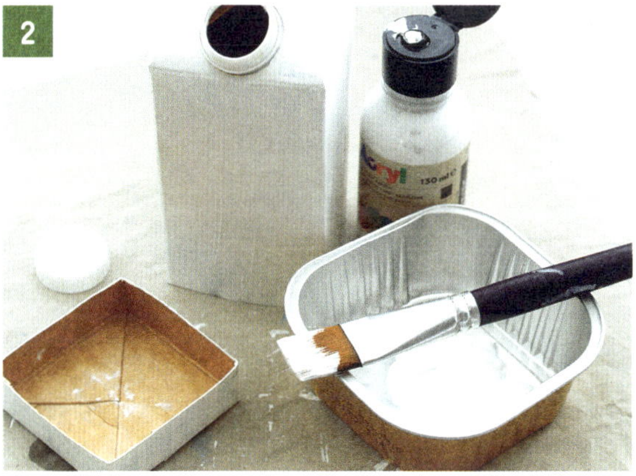

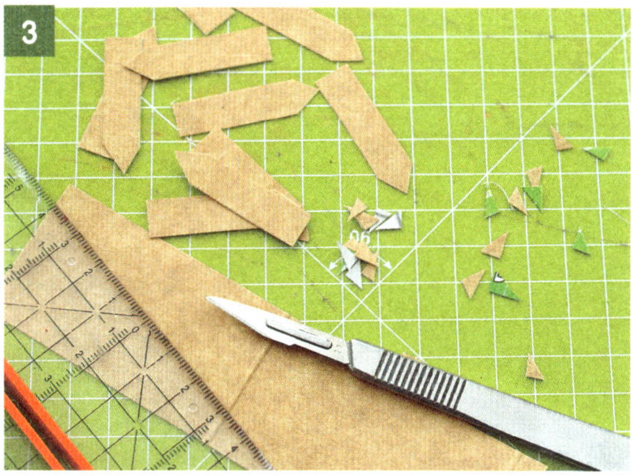

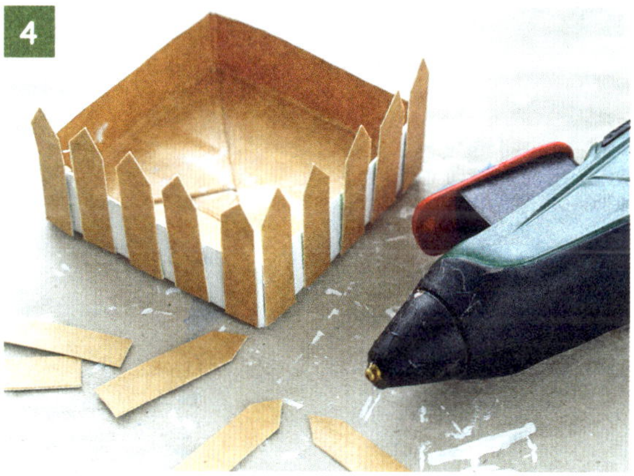

1. Die Tüte mit Schere oder Cutter in drei unterschiedlich große Teile schneiden. In den flachen, unteren Teil kommt später die Kresse. Das große Oberteil wird das Haus. Das mittlere Stück aufheben, denn es wird ebenfalls benötigt.

2. Im zweiten Schritt nun das Haus und die Gartenschale farbig anlegen. Bei weißer Acrylfarbe muss man mindestens 2x die Farbe auftragen, damit sie richtig deckt. Gut trocknen lassen.

3. In der Zwischenzeit aus dem Mittelstück den Lattenzaun schneiden. Zuvor die Höhe bestimmen und die Kanten mit der Schere dann spitz zuschneiden.

4. Mit der Heißklebepistole den Zaun auf den unteren Teil aufkleben. (Es geht auch mit einem guten Bastelkleber.)

Fortsetzung auf der nächsten Seite

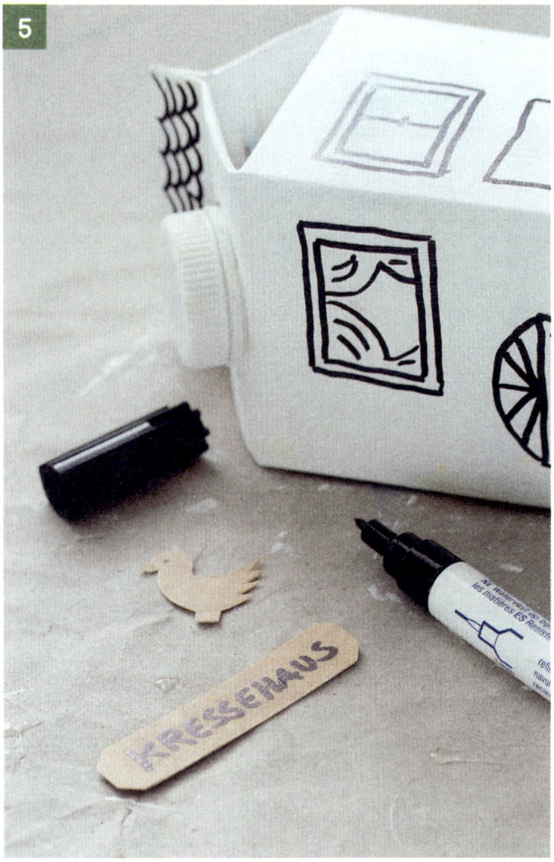

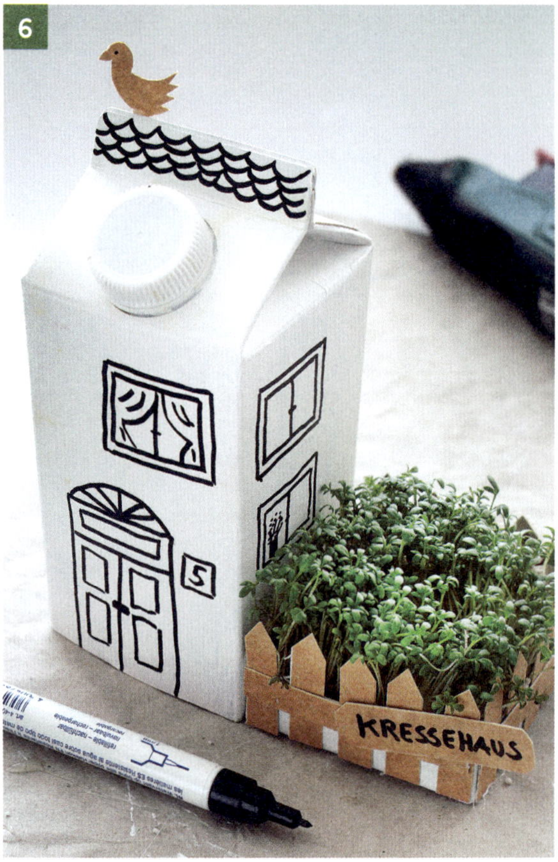

5. Nun fehlen noch ein paar Fenster und die Tür für das Kressehaus. Die kann man mit einem dicken, wasserfesten Filzstift aufmalen. Wer mag, malt den Schraubverschluss an, der wie ein kleiner Schornstein auf dem Dach sitzt. Oder man malt noch ein paar Dachziegel auf.

6. Jetzt kann man den Kressegarten einsetzen und den Vorgarten mit Kleber am Haus befestigen. Ein kleines Schild und ein Vögelchen auf dem Dach runden das Ganze ab.

Einen kühlen Platz in der Küche suchen und hin und wieder ein wenig gießen.

EINEN KLEINEN KRESSEGARTEN KANN MAN AUCH SELBST AUSSÄEN. MAN BRAUCHT NUR KRESSESAMEN UND KÜCHENPAPIER ODER HANDELSÜBLICHE WATTE. AUF DEM GEWÄHLTEN UNTERGRUND VERTEILT MAN DIE SAMEN UND HÄLT ALLES GLEICHMÄSSIG FEUCHT. SCHON NACH CA. EINER WOCHE KANN MAN DAS ERSTE MAL VOM KRESSEGARTEN ERNTEN.

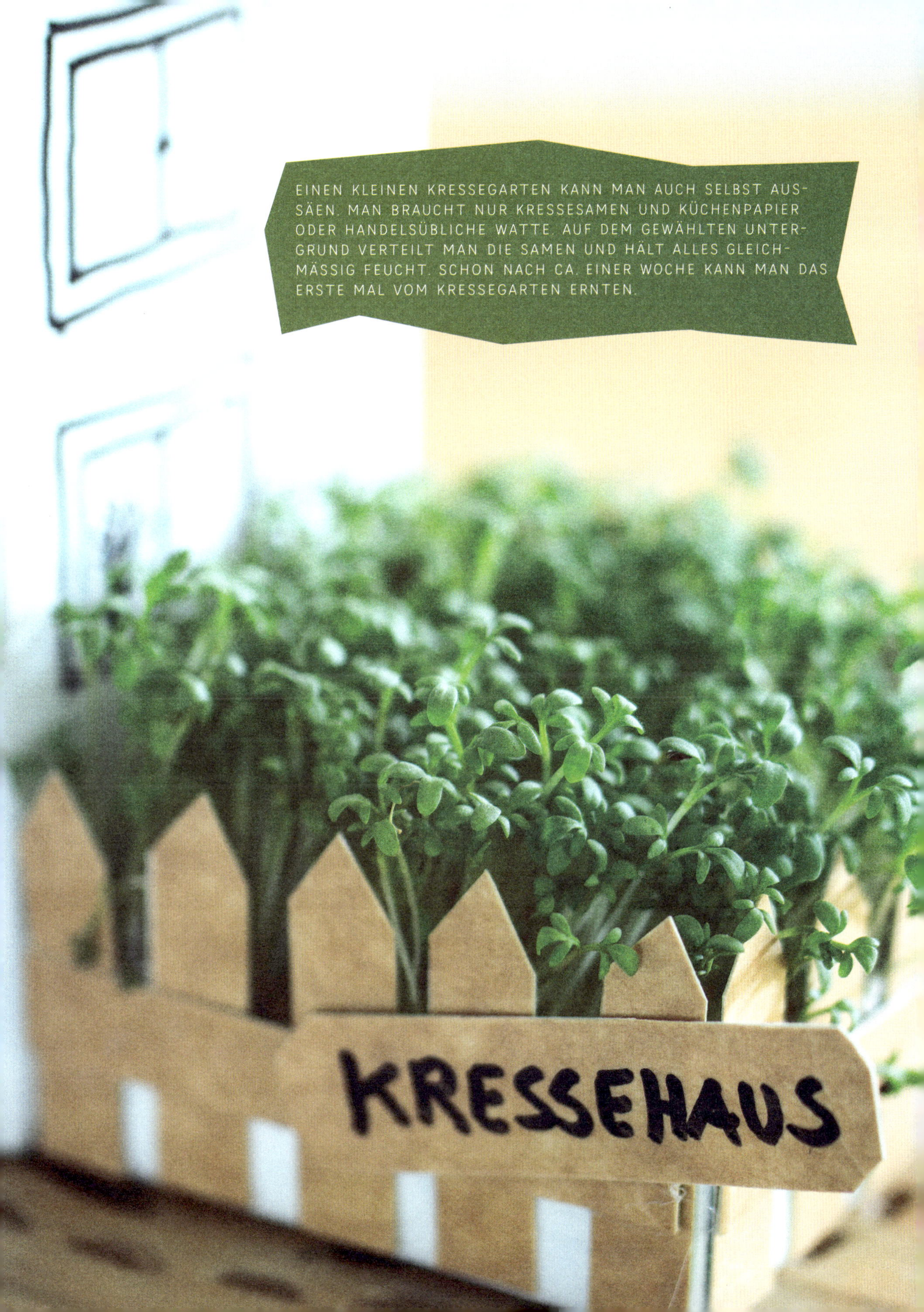

Frühlingserwachen

MATERIAL:
DOSENDECKEL, AKKUSCHRAUBER, METALLBOHRER, ESSSTÄBCHEN, DRAHT, ACRYLFARBEN, PINSEL, SEITENSCHNEIDER, OPTIONAL: SERVIETTEN, SERVIETTENKLEBER, RELIEFPASTE, STEMPEL ETC.

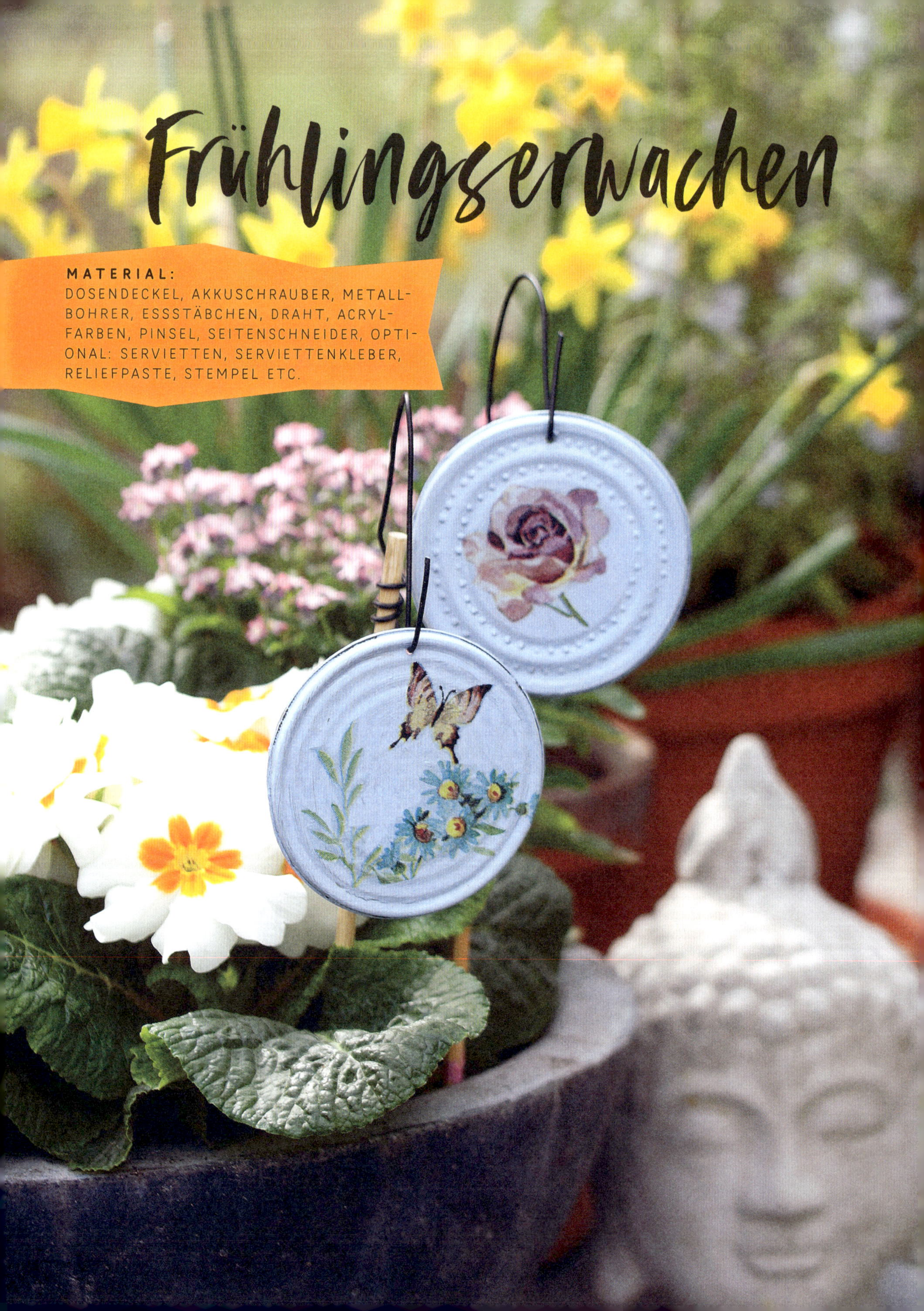

DIE DOSENDECKEL MACHEN SICH AUCH SUPER GUT IM FREIEN. WIE WÄRE ES ZUM BEISPIEL MIT HÜBSCHEN SCHILDCHEN FÜR DEN GARTEN ODER DIE TERRASSE. AUCH ALS PFLANZENSTECKER FÜR DIE KÜCHENKRÄUTER KANN MAN SIE PRIMA EINSETZEN.

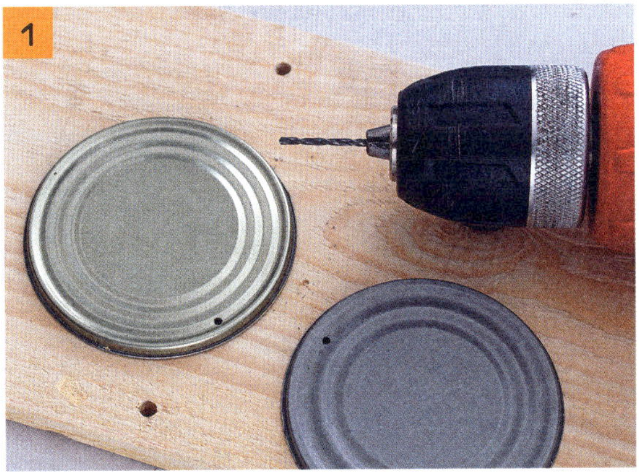

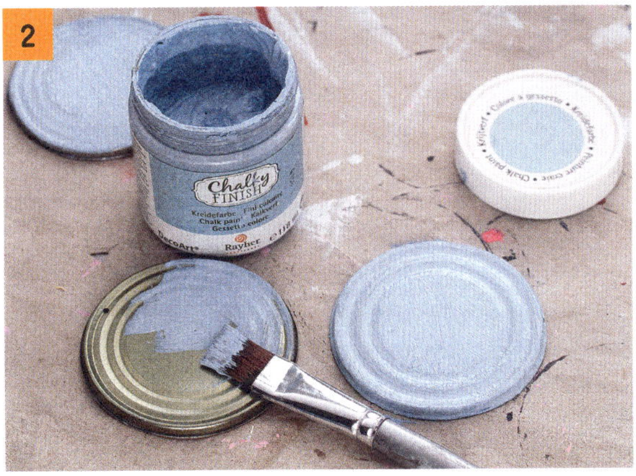

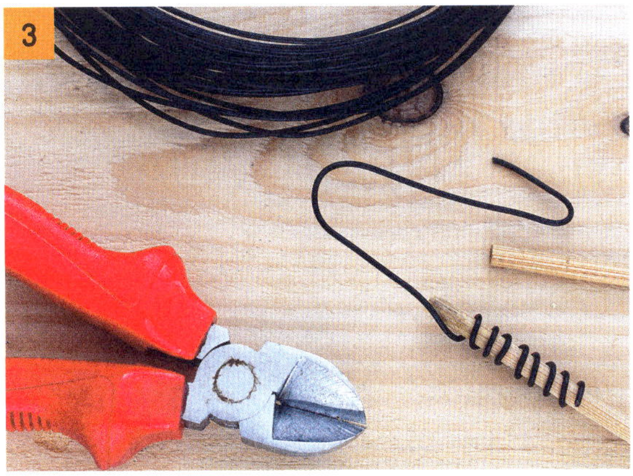

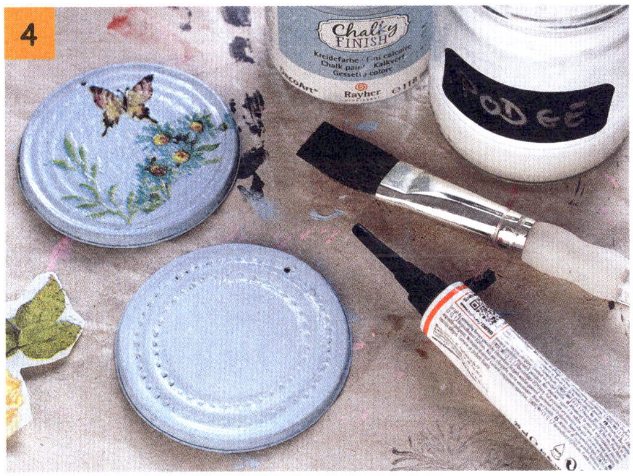

1. Die Deckel zunächst mit dem Metallbohrer (oder einem Nagel) lochen.

2. Dann in der gewünschten Farbe anstreichen. Am besten zwei Schichten, damit die Farbe gut deckt.

3. In der Zwischenzeit biegt man den Draht für die Aufhängung. Dafür den Draht mit dem Seitenschneider lang genug abschneiden und ein paarmal um das Essstäbchen wickeln. Dann oben eine große Schlaufe biegen und das Ende nach oben abknicken, sodass ein kleiner Haken entsteht.

4. Nun kann man die vorbereiteten Dosendeckel gestalten. Zum Beispiel mit Serviettenblumen bekleben. Dafür den Serviettenkleber von Seite 12 verwenden.

Auch mit Reliefpaste lassen sich tolle Muster auf die Deckel malen. Auch Stempeln ist möglich, wenn der Deckel genügend glatte Fläche bietet.

Zum Schluss am besten nach dem Trocknen noch eine Lackschicht auftragen, damit im Blumenbeet beim Gießen kein Malheur passiert.

Flechtkörbchen

MATERIAL:
GETRÄNKEKARTON, LINEAL, CUTTER, SCHERE, KLEBEBAND, FALZBEIN, KLAMMERN, HEISSKLEBEPISTOLE

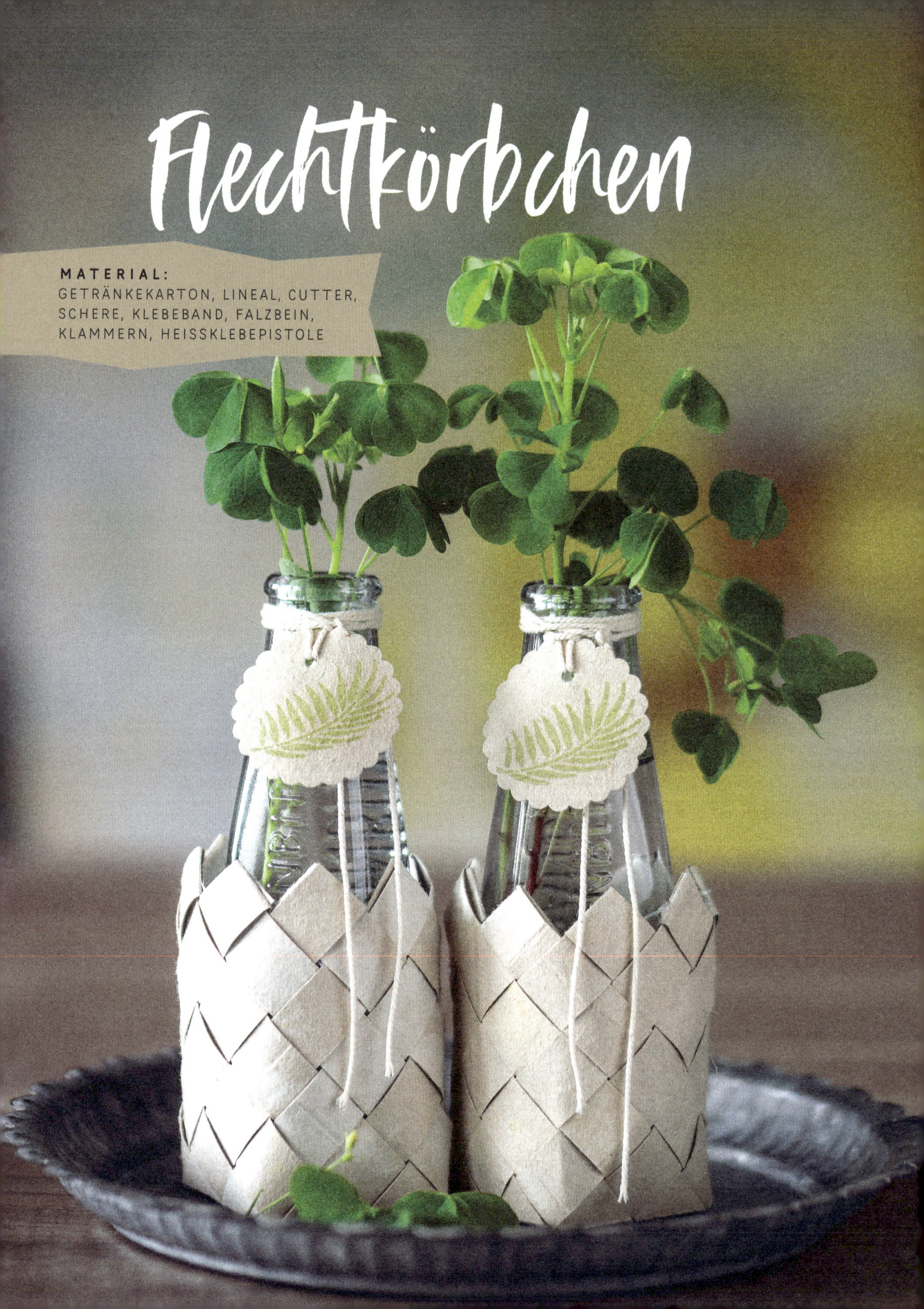

NICHTS FÜR UNGEDULDIGE, ABER AUF JEDEN FALL EIN SCHÖNES DIY AUS NUR ACHT SCHMALEN STREIFEN. SO ENTSTEHT EIN KÖRBCHEN FÜR KLEINE GESCHENKE, EINE HÜLLE FÜR EINEN NETTEN BLUMENGRUSS ODER EINFACH EINE AUFBEWAHRUNG FÜR CLIPS, KLAMMERN UND CO.

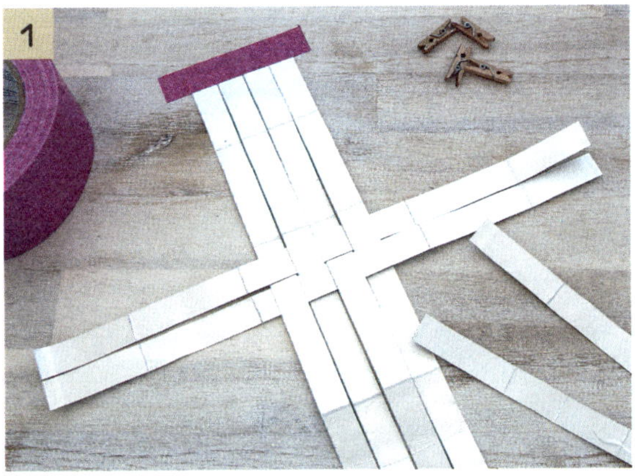

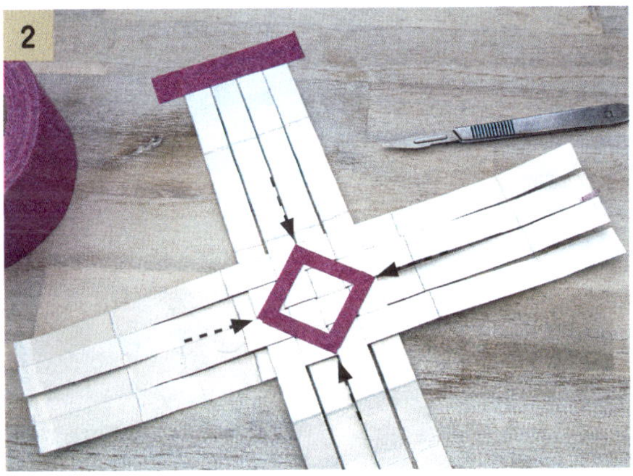

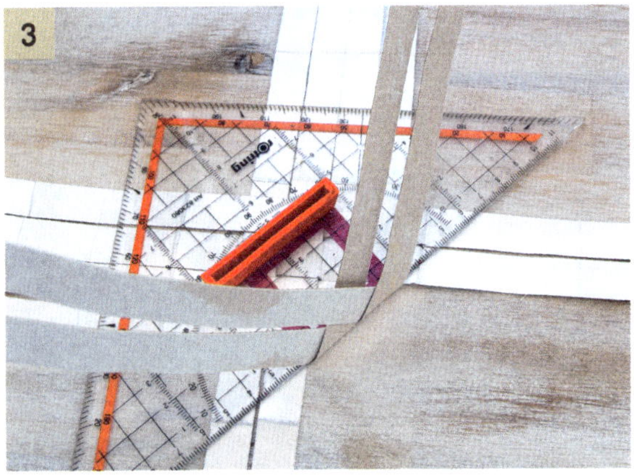

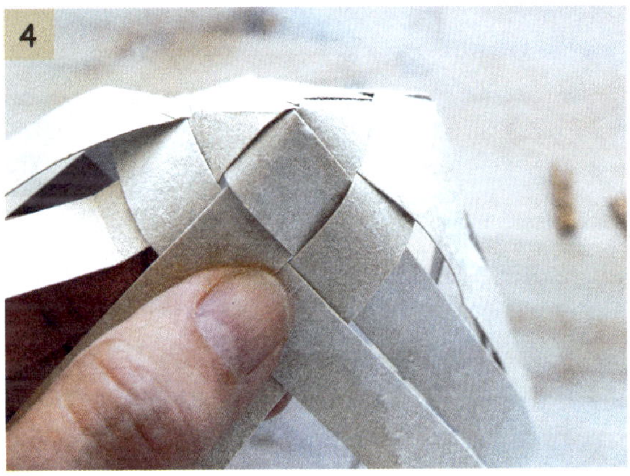

1. Aus der auseinandergefalteten, vorbereiteten Tüte schneidet man sich zunächst 8 Streifen à 1,5 cm Breite. Die Tüte der Länge nach zerschneiden. Soll die silberne Seite innen liegen, zeigt sie beim Falten zunächst nach oben. 4 Streifen mit etwas Klebeband auf der Unterlage fixieren und nach und nach die anderen 4 Streifen hineinweben. Die einzelnen Streifen gut zusammenschieben.

2. Nun klebt man 4 kleine Klebestreifen auf den geflochtenen Untergrund. (Alternativ kann es auch ein passendes Quadrat sein.) Wichtig ist, dass die Ecken jeweils vor den Kanten enden. Siehe Pfeile Abb. 2. Jetzt kann der Boden nicht mehr verrutschen.

3. Über diese Kanten biegt man nun die Streifen an allen vier Seiten nach innen. Das geht am besten über ein Lineal. Anschließend mit dem Falzbein noch einmal gut andrücken.

4. Nun beginnt man die Ecken zu falten. Das geht tatsächlich besser, wenn der Boden nach oben zeigt. An allen vier Ecken jeweils ein paar Streifen verweben und mit kleinen Klammern festklemmen.

Fortsetzung auf der nächsten Seite

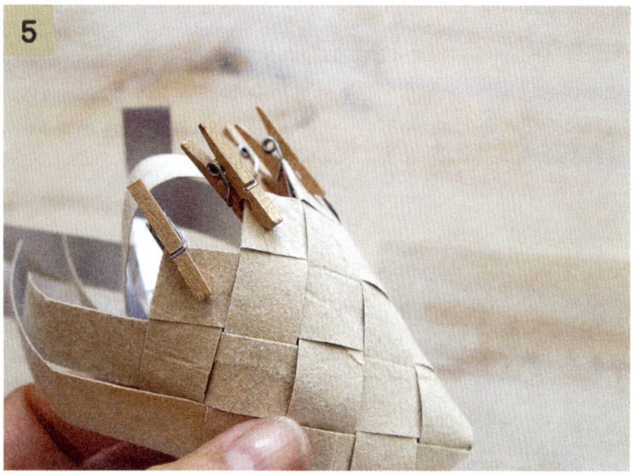

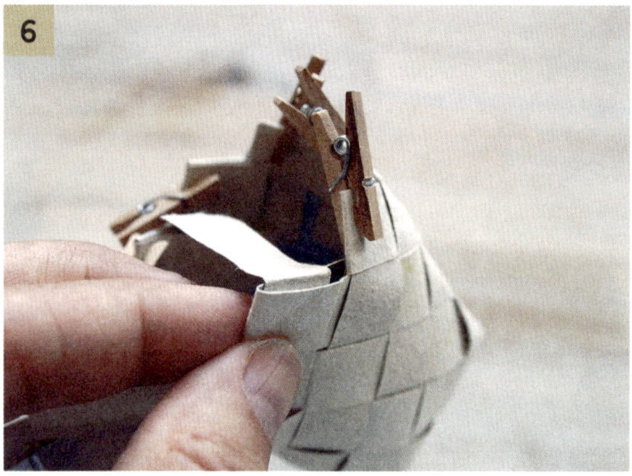

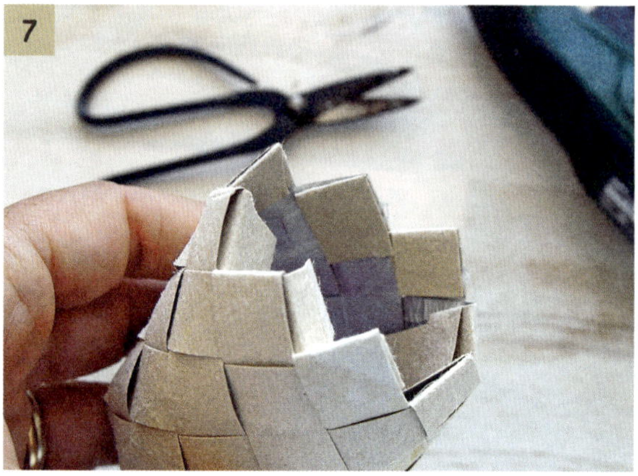

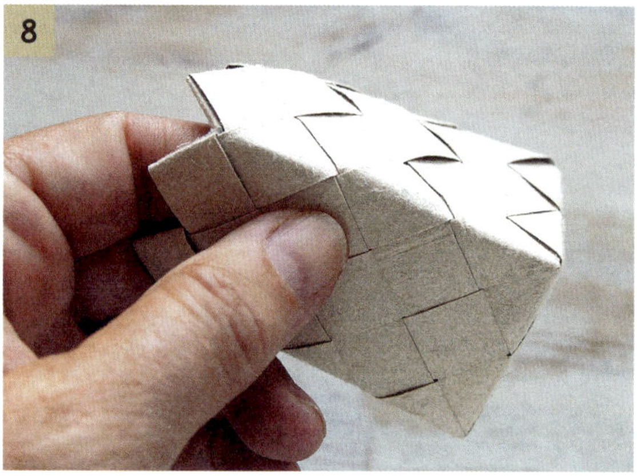

5. Jetzt kommt der pfriemelige Teil – das Verweben der restlichen Streifen. Da die Höhe durch die Länge der Streifen begrenzt ist, kann man nach ein paarmal flechten nach und nach die oberen Kanten einschlagen.

6. Ich persönlich fand es am einfachsten, nach und nach immer wieder bis oben zu falten und gleich die fertige Kante festzuklemmen.

7. Die Streifenenden haben unterschiedliche Längen und müssen mit der Schere gekürzt werden. Anschließend klebt man die kleinen übrig gebliebenen Stücke mit der Heißklebepistole innen fest.

8. Wer mag, arbeitet die Ecken noch heraus. Man kann dem Körbchen aber auch seine eher runde Form lassen.

MANCHMAL SUCHT MAN EIN KLEINES GESCHENK ALS MITBRINGSEL. WIE WÄRE ES MIT EINER HÜBSCH VERPACKTEN KLEINEN KERZE?

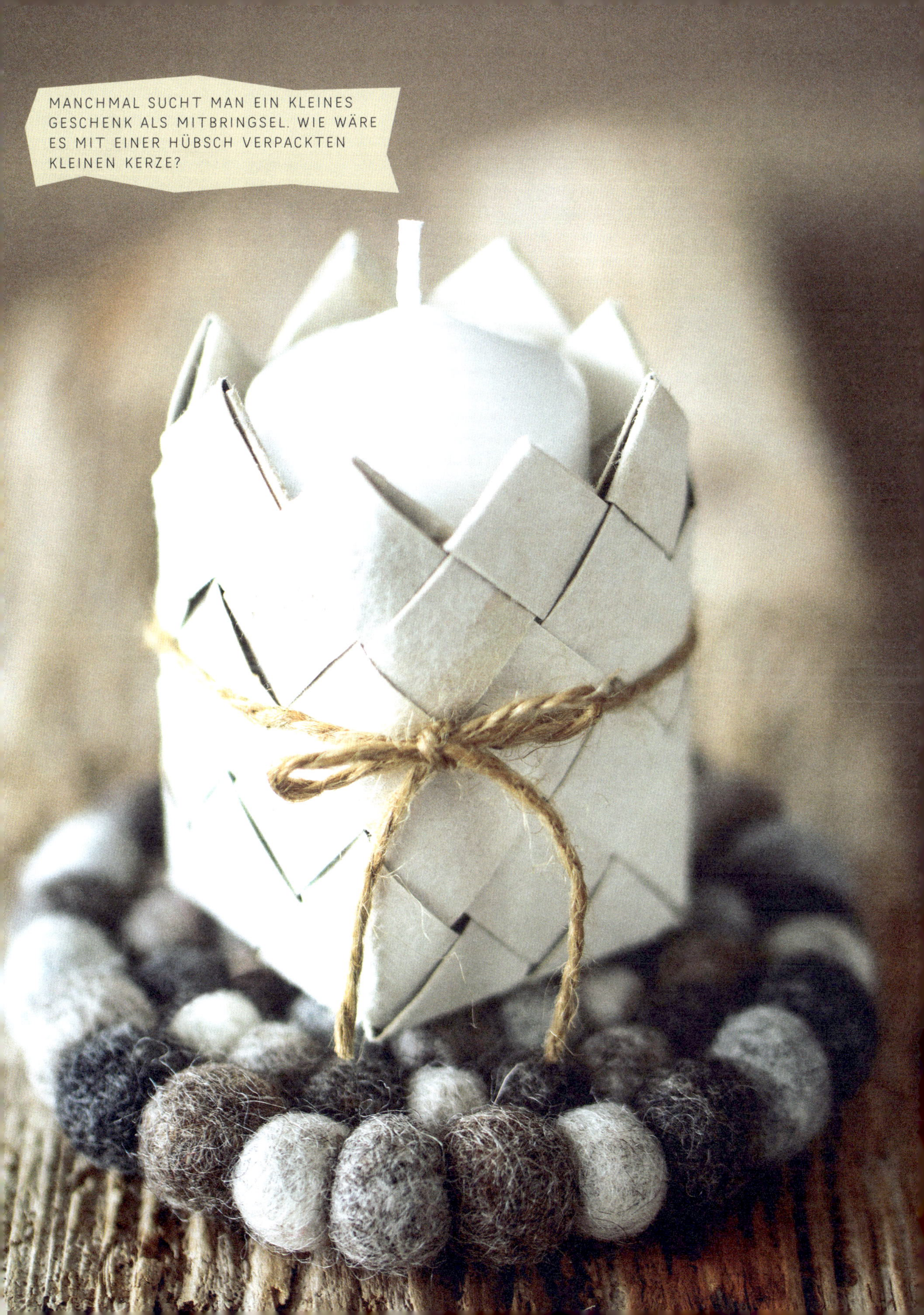

Cooler Mustermix

MATERIAL:
GETRÄNKEKARTON, SCHERE, ACRYLFARBE, PINSEL, LACKSTIFTE, KLAMMERN

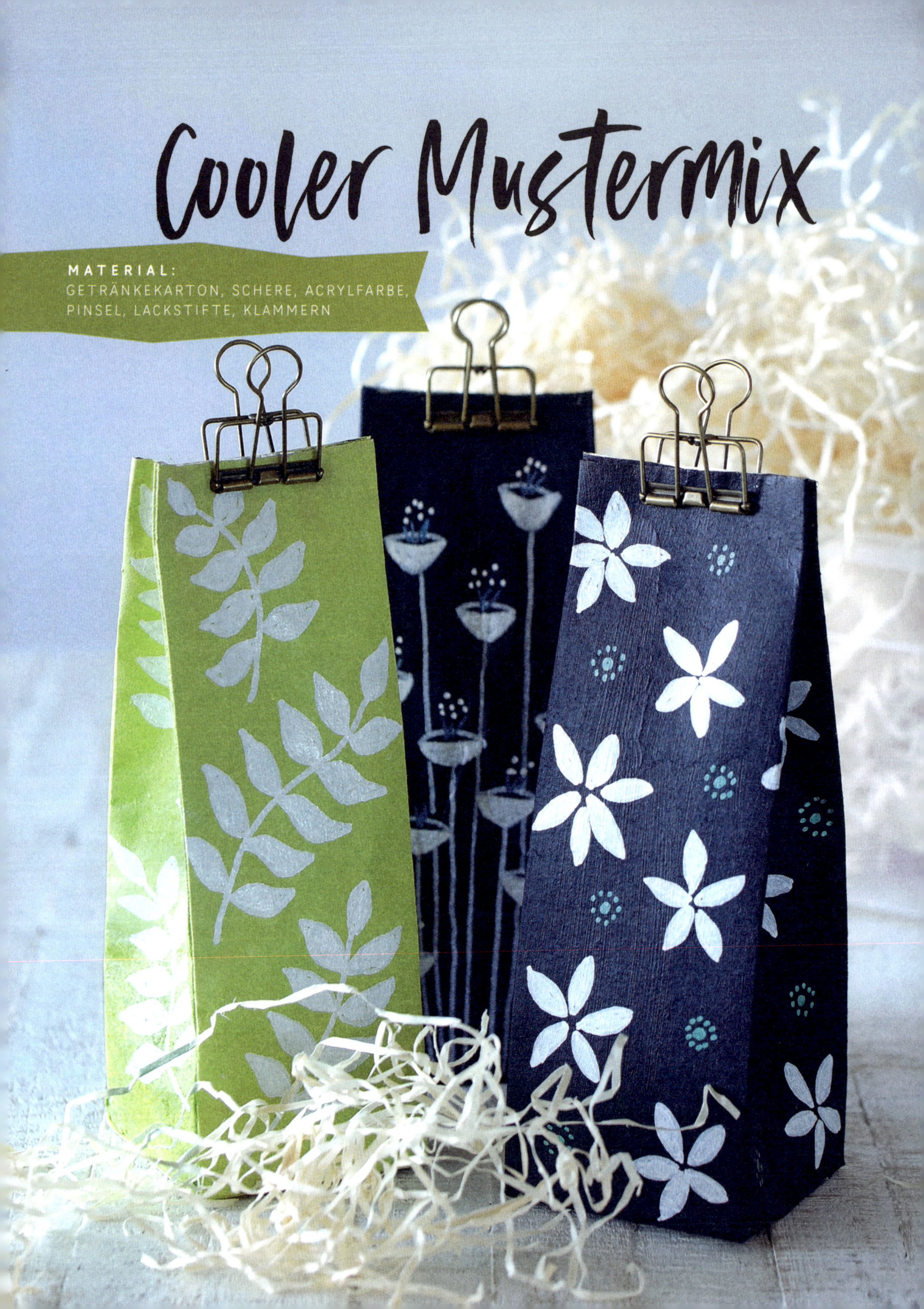

VERPACKUNGEN AUS MILCH- ODER SAFTTÜTEN GEHEN IMMER. BEI DER GESTALTUNG KANN MAN DER FANTASIE FREIEN LAUF LASSEN. FARBIG GRUNDIERT UND MIT LACKSTIFTEN VERZIERT ODER BESCHRIFTET SIND SIE FAST ZU SCHÖN, UM SIE ALS EINFACHE VERPACKUNG ZU VERWENDEN.

1

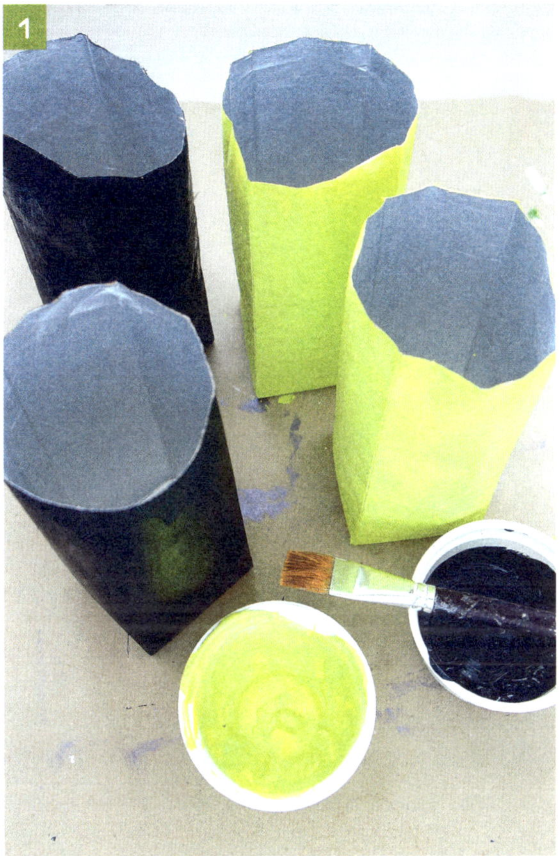

2

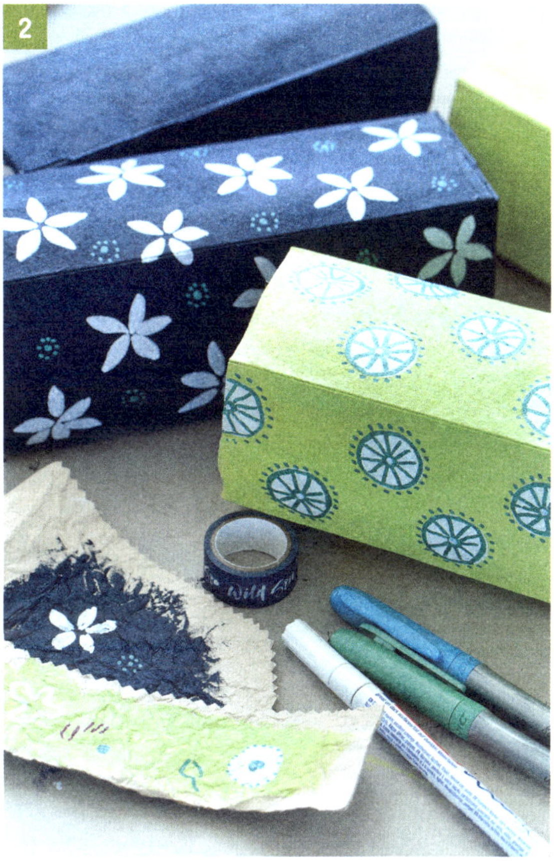

1. Von den Tüten nur den oberen Teil abschneiden und die bedruckte Schicht ablösen. Dann in der gewünschten Farbe grundieren. Möchte man eine weiße Tüte, muss man in der Regel 2 Schichten auftragen, damit die Farbe besser deckt.

2. Bevor man beginnt, die Muster aufzumalen, sollte die Grundfarbe richtig gut angetrocknet sein.

Dann malt man mit Lackstiften die Muster auf. Freihändig oder mit Schablonen. Für einfache Kreise kann man z. B. eine kleine Tape-Rolle als Vorlage verwenden. Oder man fertigt sich Schablonen aus Pappe an, die man mit einem Bleistift aufzeichnet und anschließend nachmalt.

Tipp: Die verschiedenen Muster und auch die Stifte sollte man immer erst auf einem kleinen Musterstück testen. Manche Stifte verlaufen oder lassen sich auf dem Untergrund nicht gut ausmalen.

Kuschel-Muschel

MATERIAL:
ERDNUSSDOSE, PASSENDE DEKOFELLSTREIFEN, HOLZDECKEL, SCHERE, DOPPELSEITIGES KLEBEBAND, KLEBER, HOLZBUCHSTABEN

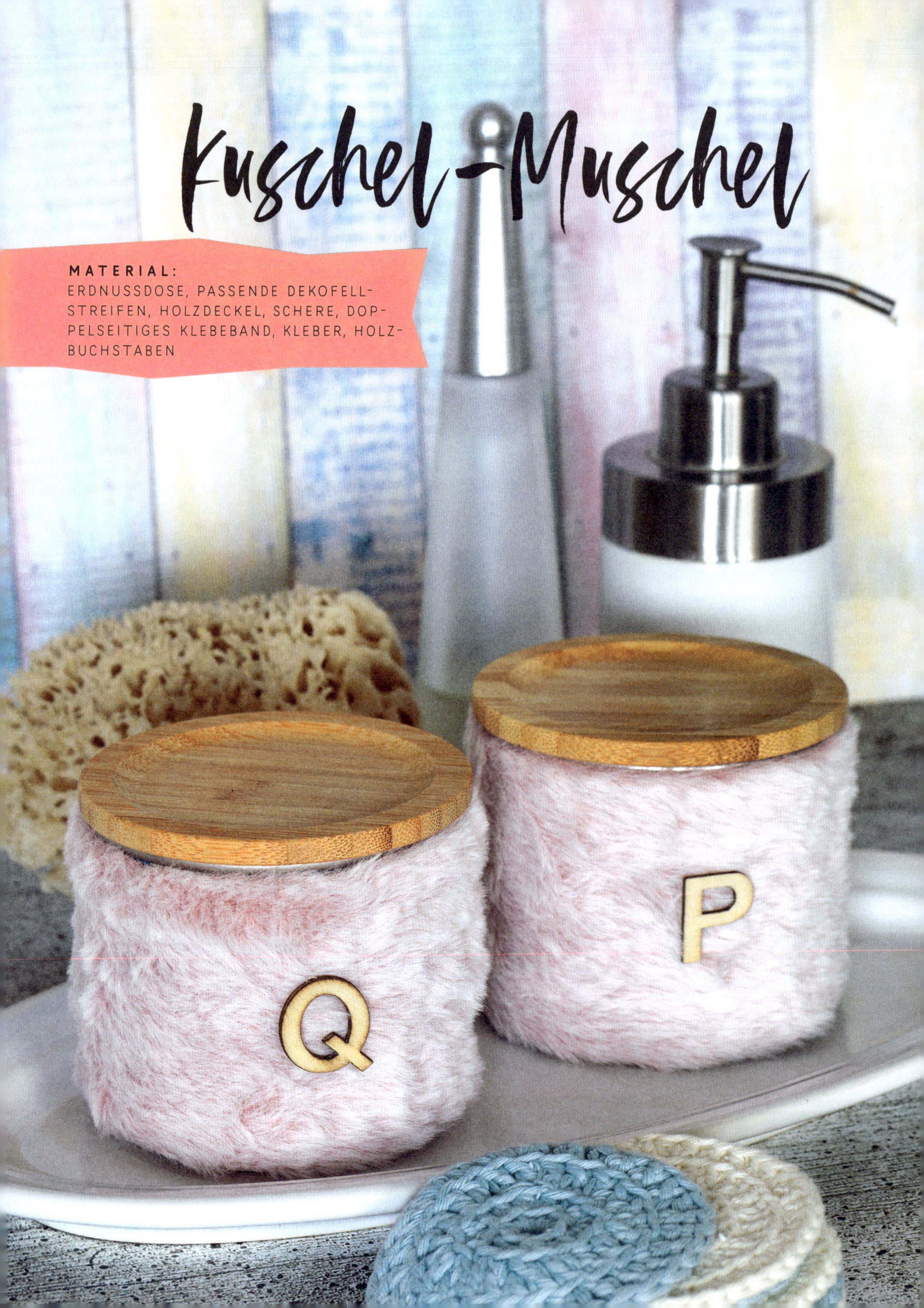

MANCHE DINGE BRAUCHT MAN GRIFFBEREIT. ABER NICHT IMMER SIND SIE SO SCHÖN, DASS MAN SIE OFFEN HERUMLIEGEN LÄSST. KOSMETIKPADS, TAMPONS, WATTESTÄBCHEN SIND IN DIESEN PUSCHELIGEN SAMMELDOSEN BESTENS AUFGEHOBEN.

1

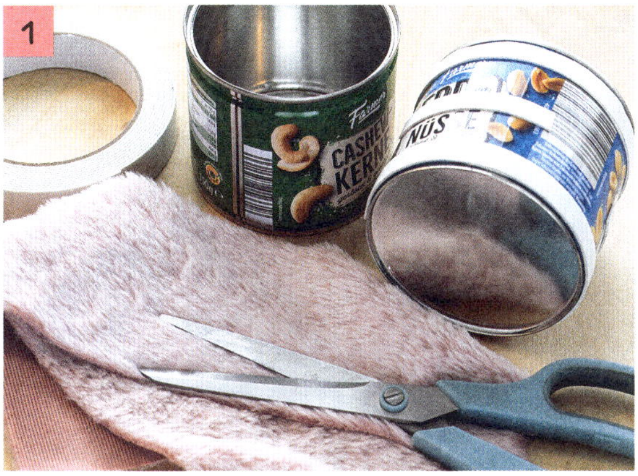

3

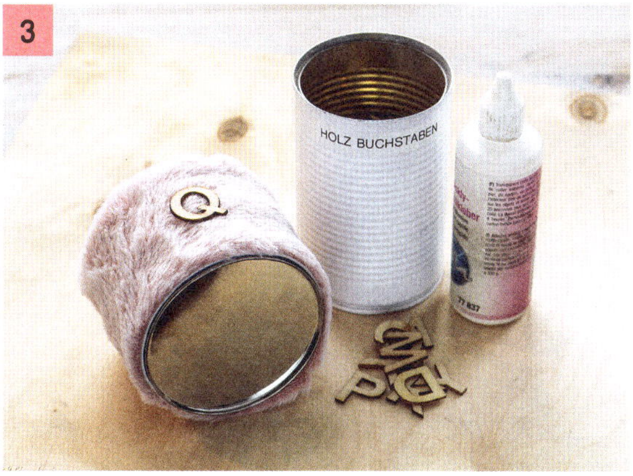

2

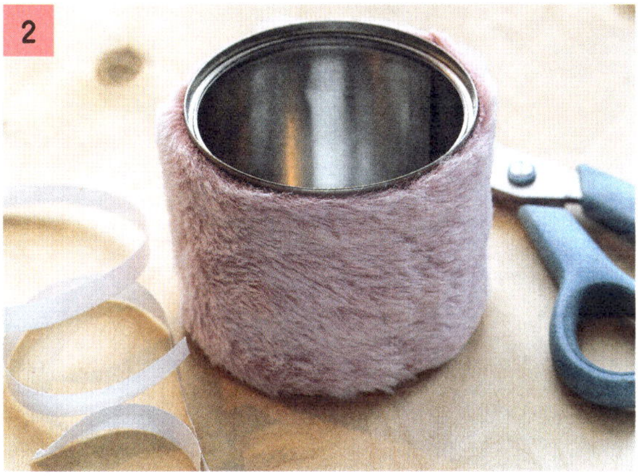

4

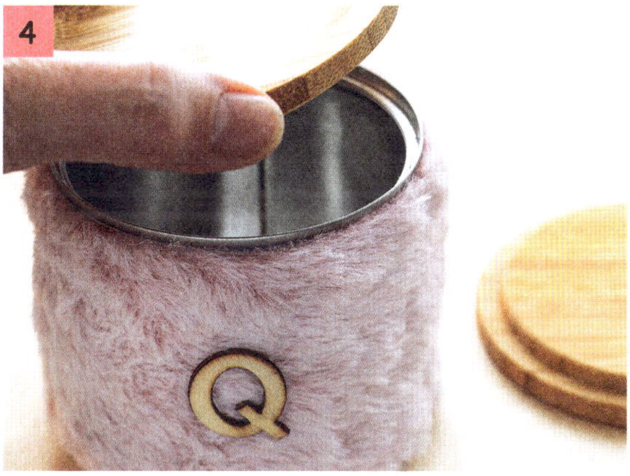

1. Die Erdnussdosen reinigen und doppelseitiges Klebeband anbringen, und zwar am oberen und unteren Rand, in der Mitte und längs, wo die Kanten der Fellstreifen aneinanderstoßen. Diese Fellstreifen gibt es fertig in verschiedenen Breiten, dann ist der Rand bereits versäubert.

2. Dann die Fellstreifen straff um die Dosen kleben.

3. Mit etwas Kleber kleine Holzbuchstaben zur Kennzeichnung aufkleben.

4. Deckel drauf. Fertig!

Eigentlich haben die Erdnussdosen ja häufig einen Kunststoffdeckel. Wem dieser nicht gefällt, der kann sich im Dekobedarf passende Holzdeckel kaufen, die dann lose auf den Dosen aufliegen.

Barockes Schmuckstück

MATERIAL:
TAPETE, NÄHMASCHINE, GRAUPAPPE, BASTELKLEBER, MAGNETVERSCHLUSS ZUM ANNÄHEN, NADEL, NÄHGARN, KLEINE QUASTE

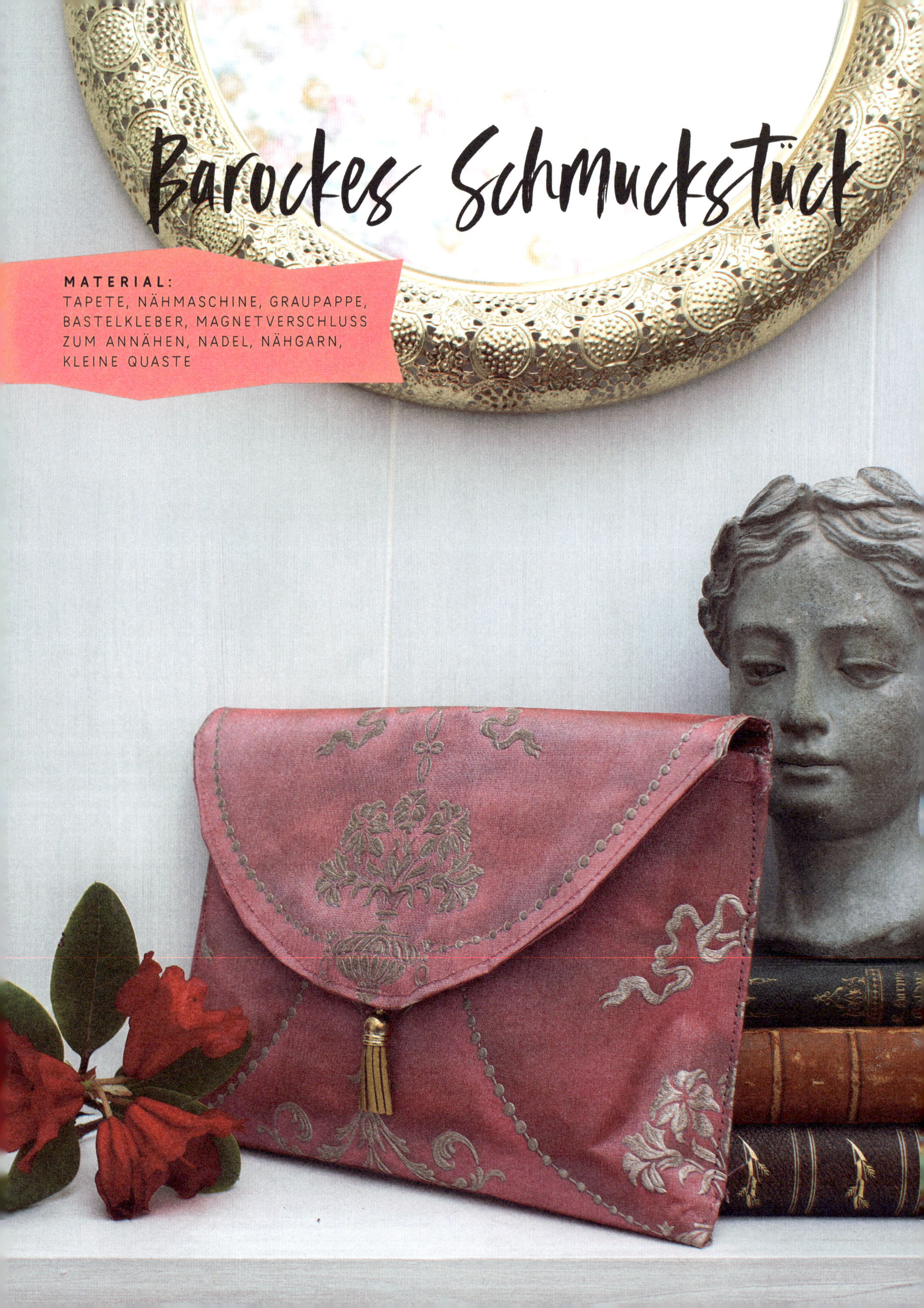

EINE TASCHE, DIE KOMPLETT OHNE STOFF AUSKOMMT? BITTE SEHR! DIESES EXEMPLAR BESTEHT FAST AUSSCHLIESSLICH AUS TAPETENRESTEN, TARNT SICH ABER GEKONNT ALS EINE IHRER STOFFVERWANDTEN. SO ERWEIST SIE SICH BEIM AUSGEHEN ALS TREUE BEGLEITERIN.

1

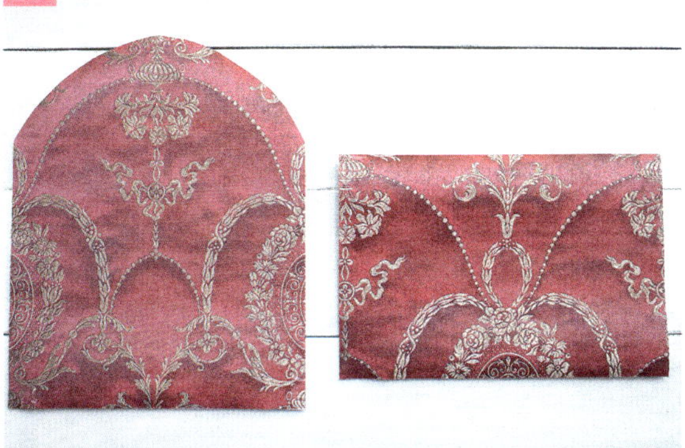

2

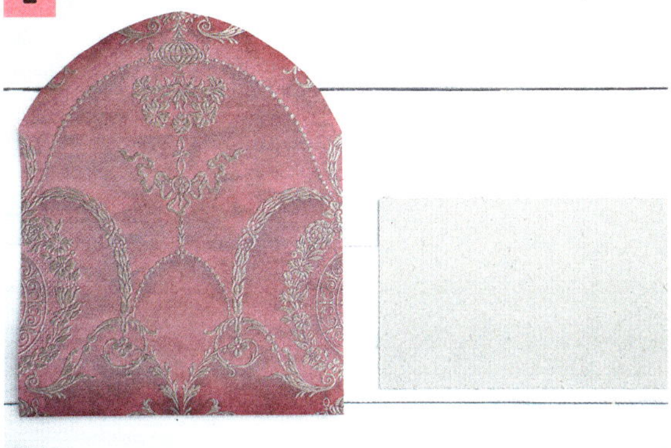

3

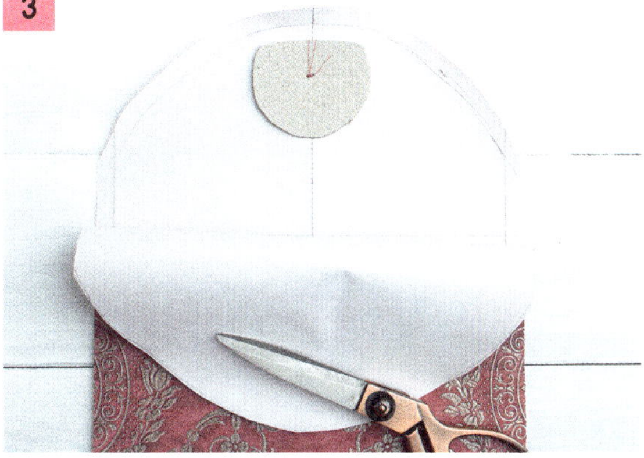

4

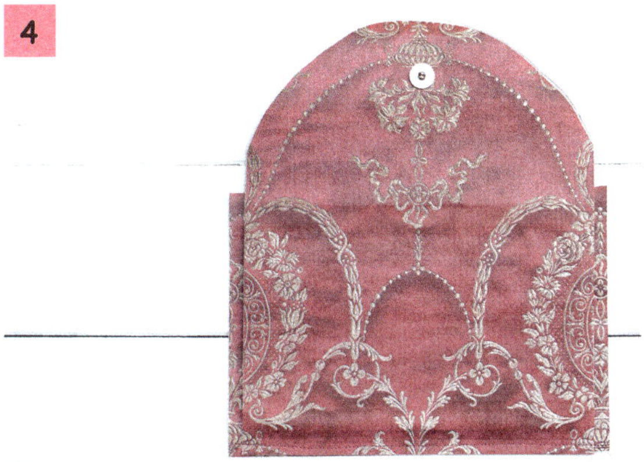

1. Auf die Rückseite der Tapete die Maße für die Tasche aufzeichnen. Dazu die gewünschten Maße für die fertige Tasche bestimmen: hier 15 cm x 23 cm. Für das größere Tapetenstück zu der Höhe einen Zentimeter plus die Höhe für den runden Teil der Tasche dazu addieren (hier insgesamt 12 cm). Dann rundum einen Rand von 1 cm zugeben. Für das kleine Tapetenstück ebenfalls die gewünschten Maße aufzeichnen, zu drei Seiten je 1 cm zugeben und noch einmal rundum einen Rand von 1 cm. Jeweils zwei Ausführungen anfertigen. Die rechteckigen Teile ergeben die Vorderseite. Die Teile mit der Rundung bilden Rücken und Klappe der Tasche.

2. Ein Stück Pappe zurechtschneiden, das rundum 1 cm kleiner ist als das gewünschte Endmaß, (also 14 cm x 22 cm). Von innen auf eins der größeren Tapetenstücke kleben, wo sich später der Taschenrücken befindet.

3. An der gerundeten Seite ein weiteres Stück Pappe als Verstärkung anbringen. Auf die Vorderseite den dünneren Teil des Magnetverschlusses annähen – den Faden dabei durch Tapete und Pappe ziehen. Das zweite, zum ersten identische Tapetenstück darauf kleben, dabei rundum einen 1-cm-Rand kleberfrei lassen.

4. Die beiden rechteckigen Tapetenstücke Rücken an Rücken aufeinanderlegen. Den bereits bearbeiteten Teil der Tasche mit dem Magnetverschluss bündig darauflegen und unten zusammennähen.

Fortsetzung auf der nächsten Seite

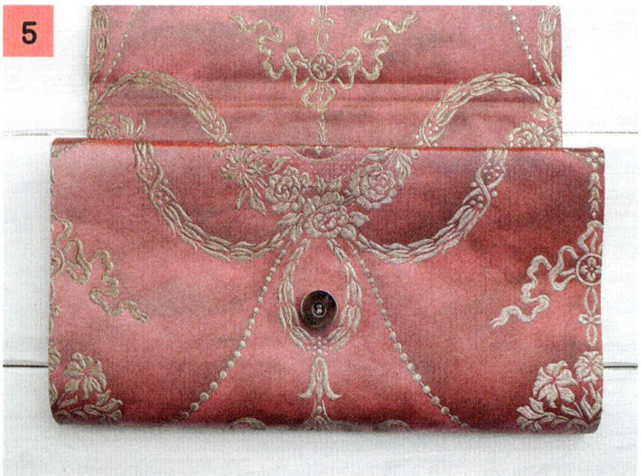

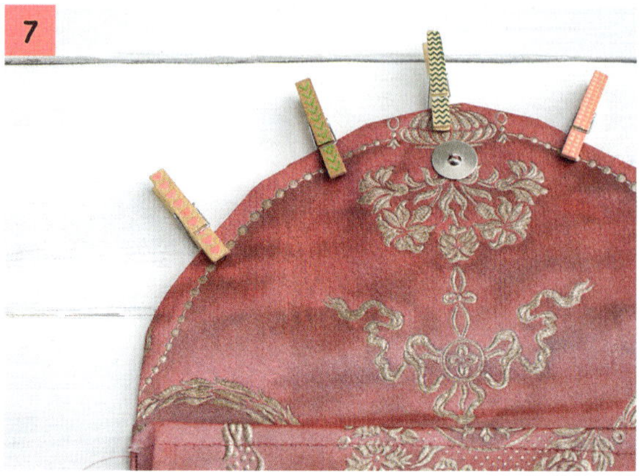

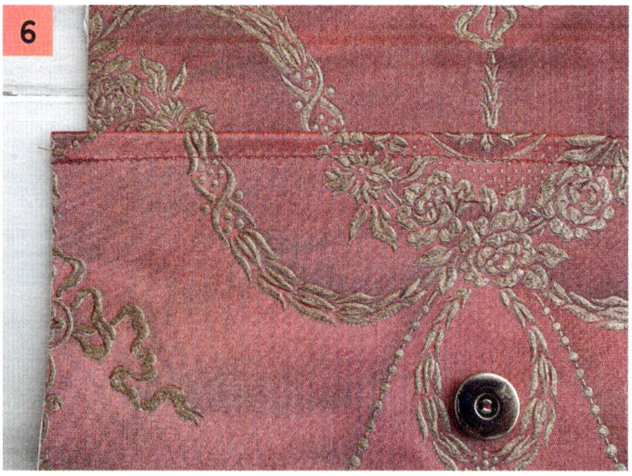

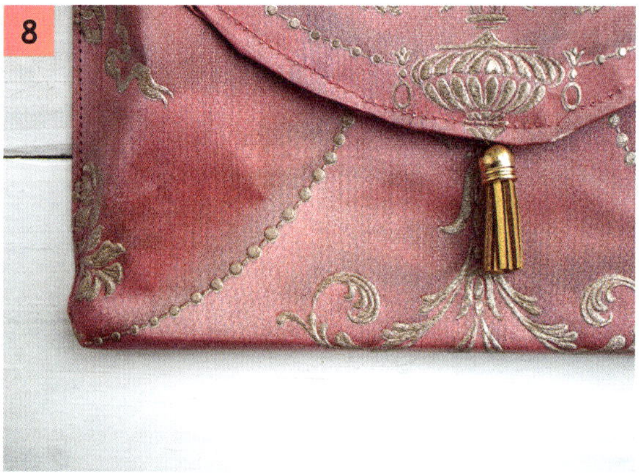

5. Umschlagen, sodass der Rücken der Tasche auf der Arbeitsfläche liegt und die Vorderseite nach vorne zeigt. Die Schicht Tapete, die nun ganz oben liegt, von innen mit einem runden Stück Pappe verstärken und den anderen Teil des Magnetverschlusses annähen.

6. An den noch offenen Seiten rundum 1 cm Tapete nach innen einschlagen. Die beiden Tapetenschichten zusammenkleben. Die Seite oberhalb des Verschlusses zunähen.

7. Rundum, wo noch nicht geschehen, 1 cm einschlagen und alle offenen Seiten zunähen.

8. Zum Schluss eine kleine Quaste als Verzierung annähen.

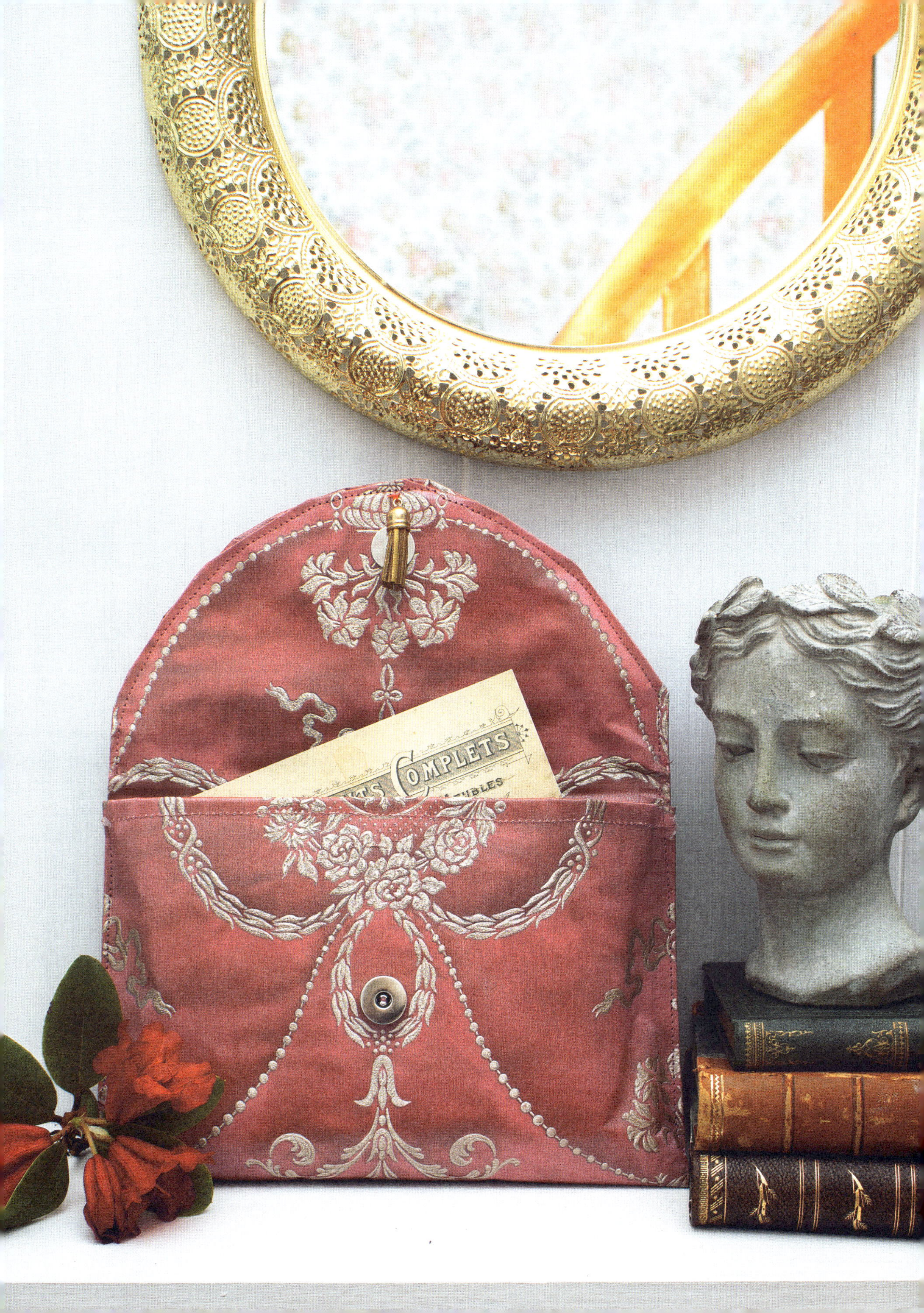
COMPLETS

Zum Speisen aufgelegt

MATERIAL:
PAPPE, GARN, TAPETE, HEISSKLEBER, LOCHZANGE

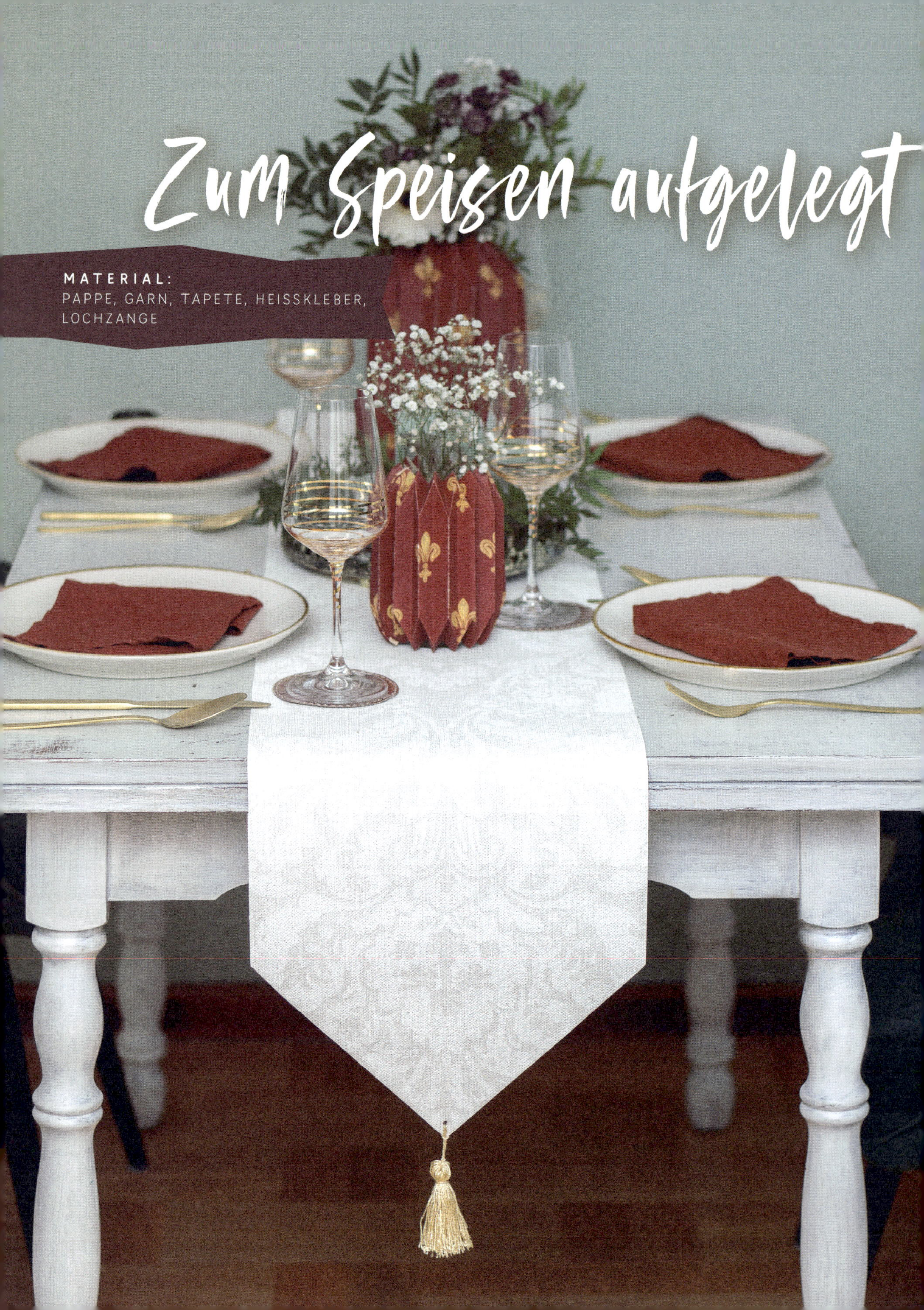

WER EINE TISCHDECKE SPIESSIG ODER UNPRAKTISCH FINDET, KANN STATTDESSEN EINEN TISCHLÄUFER AUFLEGEN. UND SIEHE DA – ER VERWANDELT JEDEN NOCH SO SCHLICHTEN TISCH IN EINE TAFEL UND EIGNET SICH AUF DIESE WEISE PRIMA FÜR FESTLICHE ANLÄSSE.

1

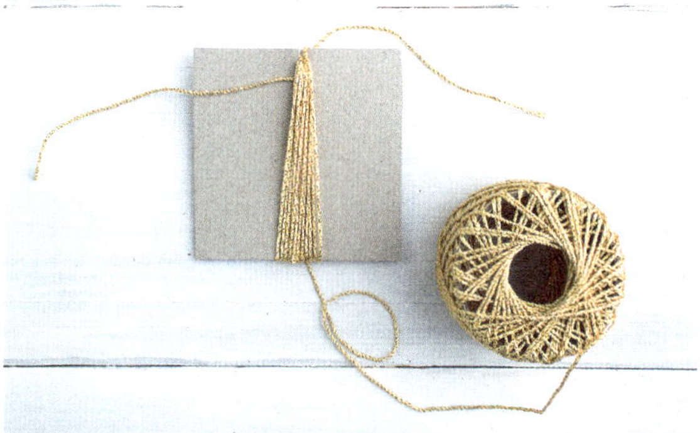

2

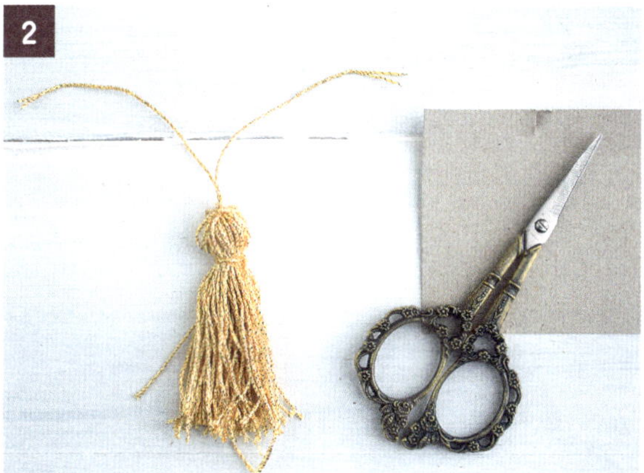

3

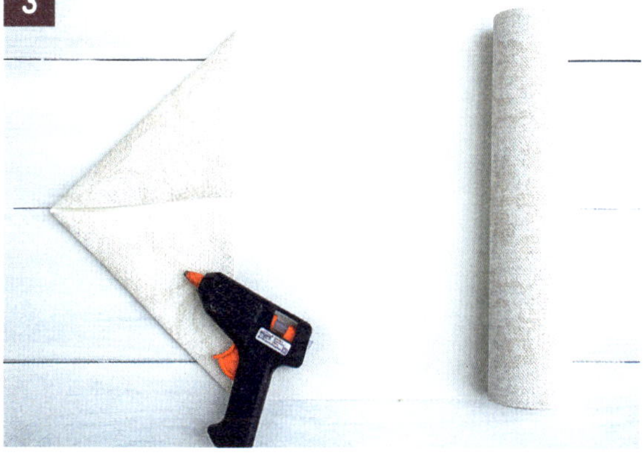

4

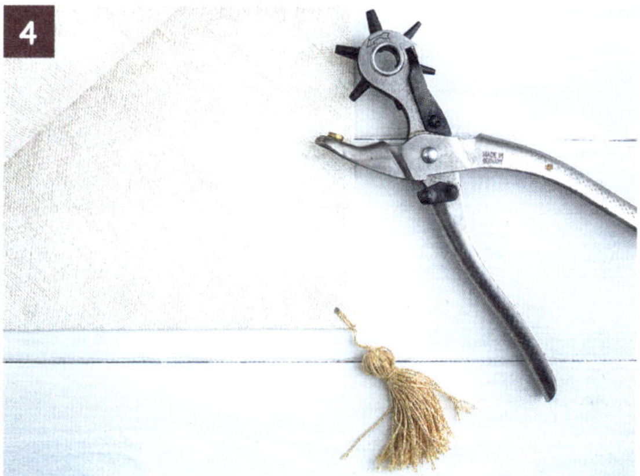

1. Als Wickelhilfe für die Quaste ein quadratisches Stück Pappe zurechtschneiden. Oben etwas einschneiden. Ein 20 cm langes Stück Schnur in den Einschnitt klemmen, sodass die Enden etwa gleich lang zu beiden Seiten herunterhängen. Anschließend die Pappe mit Schnur umwickeln – je öfter man wickelt, desto voluminöser wird später die Quaste.

2. Mit der 20-cm-Schnur die anderen Schnüre oben fest zusammenknoten. Das Ganze unten aufschneiden und den „Kopf" der Quaste mit einem weiteren Stück Schnur abbinden.

3. Einen Streifen Tapete zurechtschneiden. An den Enden beide Ecken in die Mitte falten, sodass eine dreieckige Spitze entsteht. Mit Heißkleber fixieren.

4. Ein Loch in die Spitze stanzen und die Quaste am Tischläufer festbinden. Ebenso auf der anderen Seite des Tischläufers verfahren.

Gruß aus der Küche

MATERIAL:
KORKEN, BAND, STREUDEKO IN VERSCHIEDENEN GRÖSSEN, DRAHT (Ø 0,8 MM), SCHERE, SEITENSCHNEIDER, LINEAL, KLEBER, HEISSKLEBER, AHLE ODER NADEL, STIFT

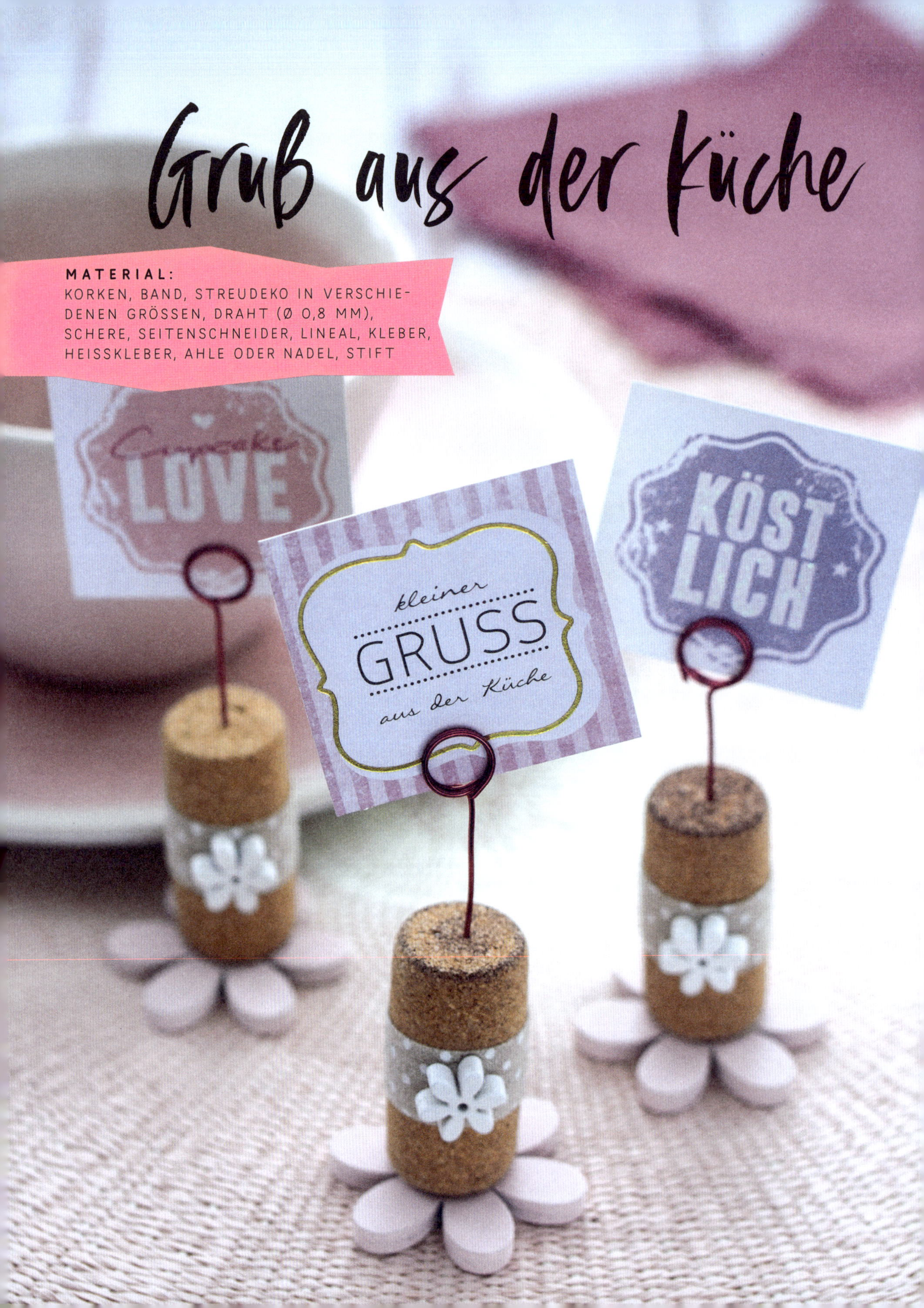

OB PLATZKÄRTCHEN, MENÜKARTEN ODER EINFACH NUR ZUR DEKO AUF EINEM HÜBSCH GEDECKTEN TISCH: EIN KLEINER GRUSS AUS DER KÜCHE IST SICHER IMMER WILLKOMMEN. AUCH GUT FÜR EIN BUFFET GEEIGNET, UM ZU KENNZEICHNEN, WELCHE GERICHTE VEGAN, GLUTEN- ODER LAKTOSEFREI SIND.

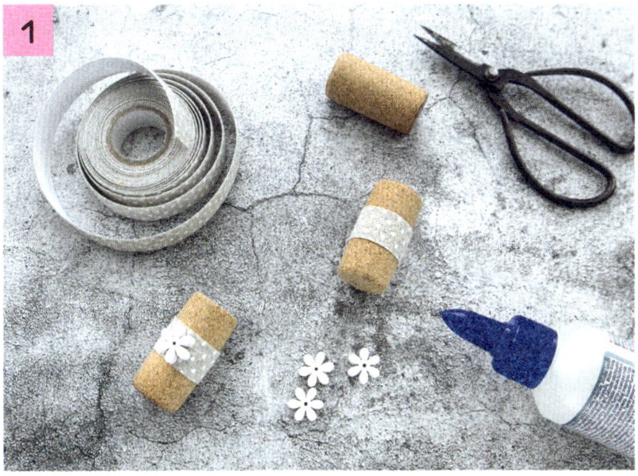

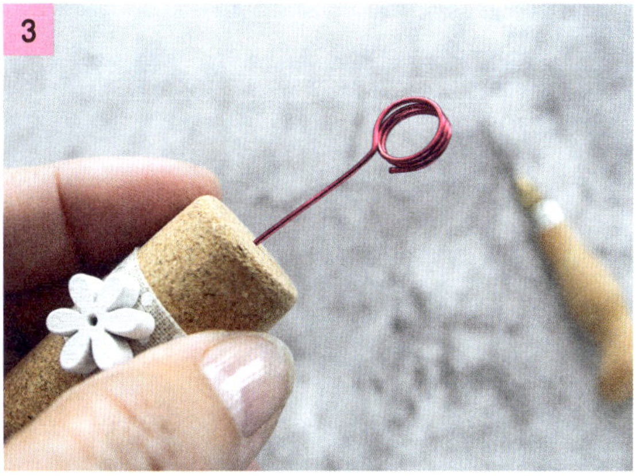

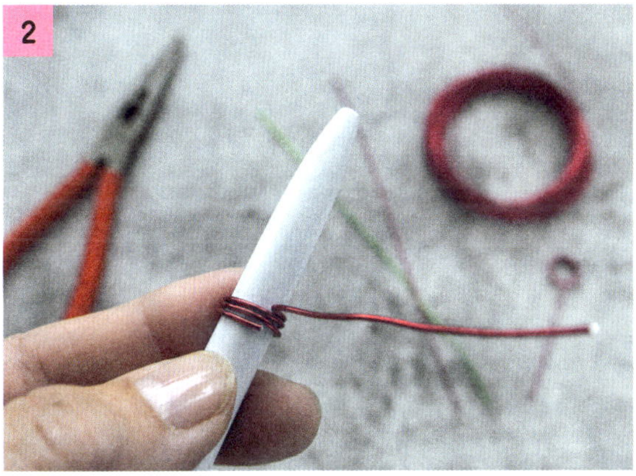

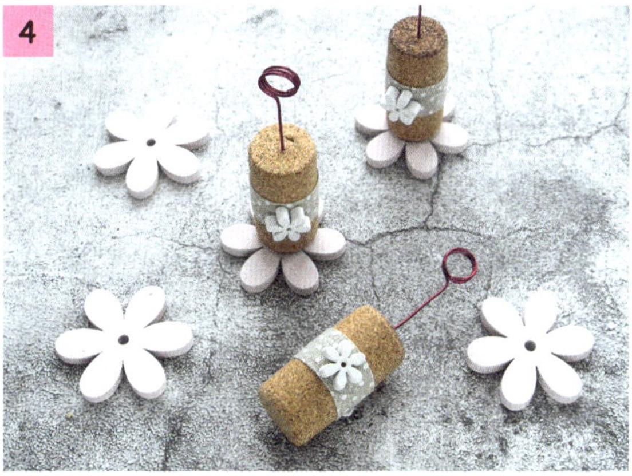

1. Die Korken als Erstes mit einem hübschen Schmuckband bekleben und anschließend die kleinen Blumen aufkleben.

2. Dann den Draht vorbereiten. Dazu ein ca. 15 cm langes Stück mit dem Seitenschneider abknipsen. Anschließend ein Ende dreimal um einen Stift wickeln. Das Drahtende dann im rechten Winkel wegbiegen. Evtl. kürzen.

3. Mit einer Ahle oder einer Nadel den Korken oben vorstechen und den Draht hineinstecken.

4. Da die Korken sehr kippelig sind, sollten sie noch auf eine Unterlage geklebt werden. In diesem Falle sind es die großen Blumen der Streudeko. Mit Heißkleber befestigen und aufstellen.

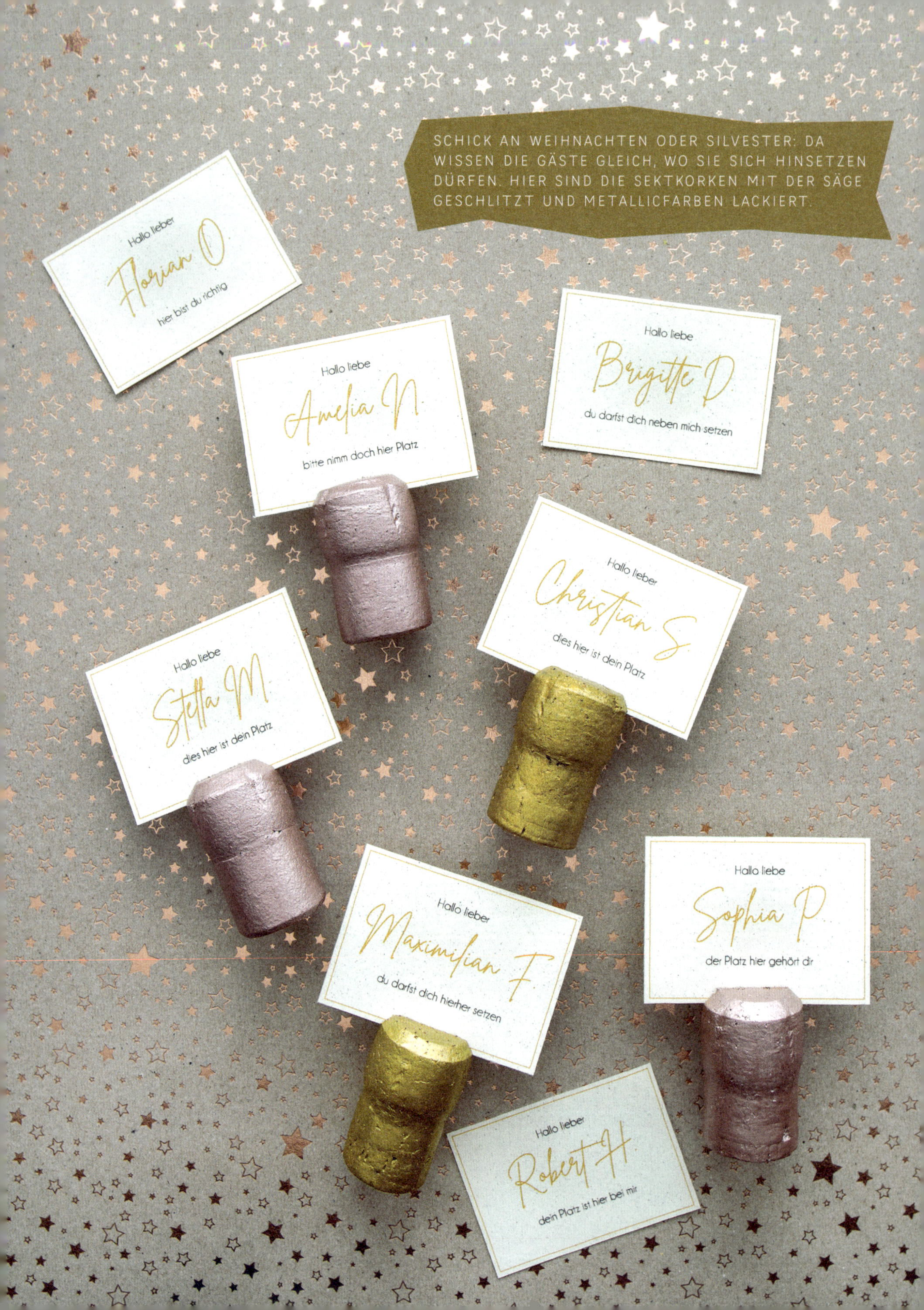

SCHICK AN WEIHNACHTEN ODER SILVESTER: DA WISSEN DIE GÄSTE GLEICH, WO SIE SICH HINSETZEN DÜRFEN. HIER SIND DIE SEKTKORKEN MIT DER SÄGE GESCHLITZT UND METALLICFARBEN LACKIERT.

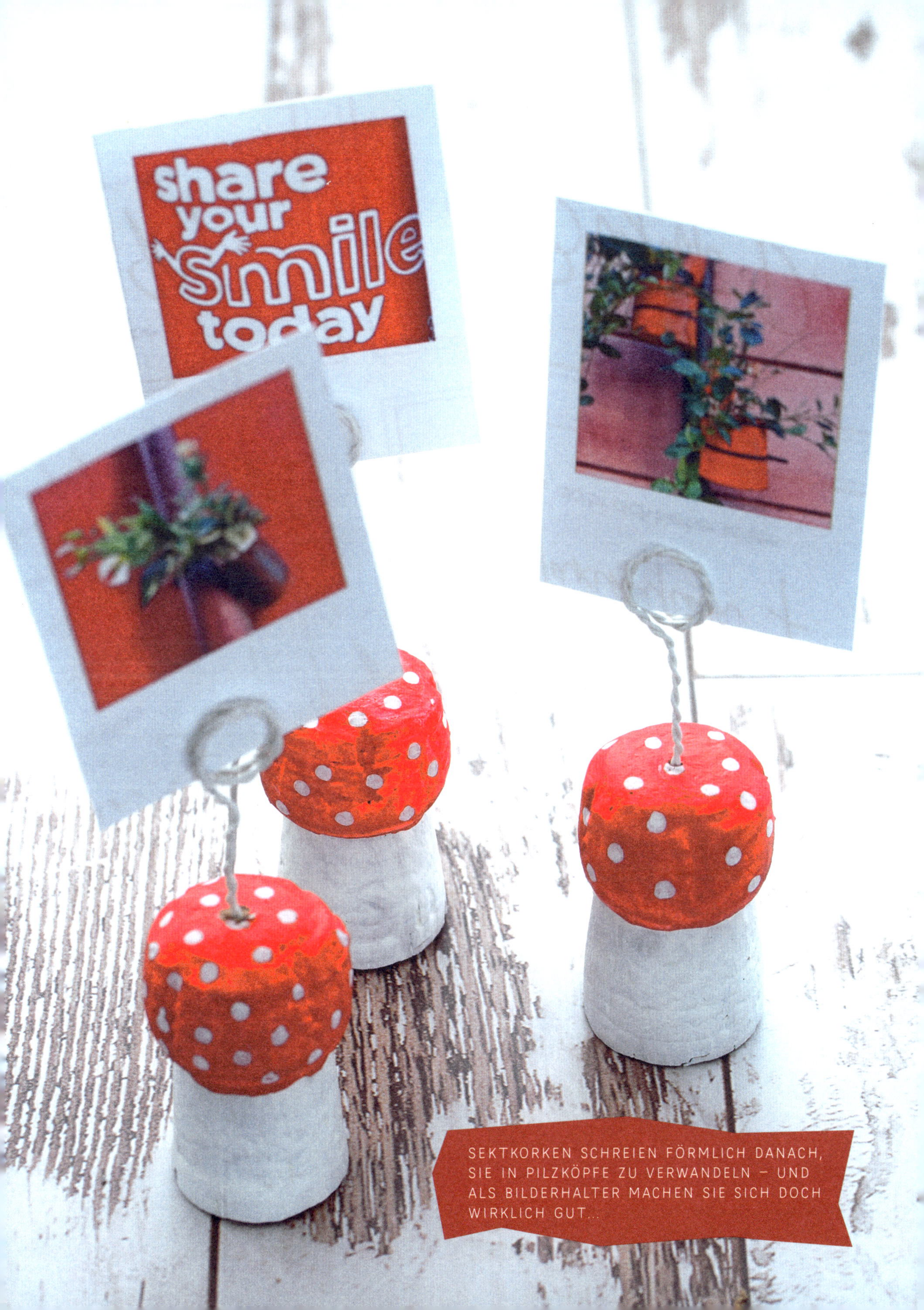

SEKTKORKEN SCHREIEN FÖRMLICH DANACH, SIE IN PILZKÖPFE ZU VERWANDELN – UND ALS BILDERHALTER MACHEN SIE SICH DOCH WIRKLICH GUT …

Frühstücksbunny

MATERIAL:
STOFFRESTE, KARTON FÜR DIE SCHABLONE, SCHERE, ZICKZACKSCHERE, STIFT, NÄHMASCHINE

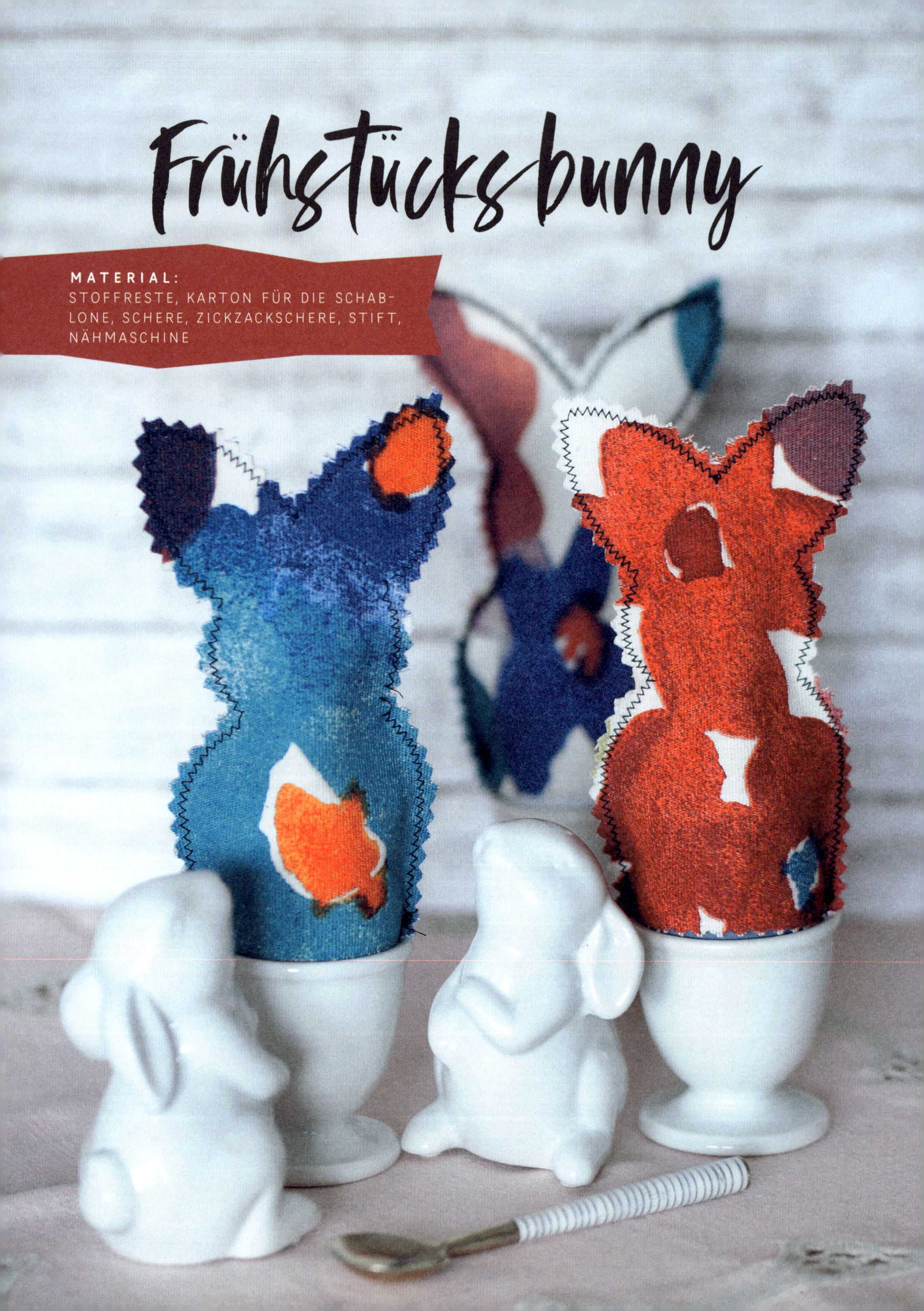

WAS HOPPELT DENN DA ÜBER DEN FRÜHSTÜCKSTISCH? DER OSTERHASE? ODER NUR DAS FRÜHSTÜCKSBUNNY? DIE KLEINEN HASEN HALTEN DIE EIER WARM UND BRINGEN EIN BISSCHEN FARBE AUF DEN FRÜHSTÜCKSTISCH. FÜR DIE HÄSCHEN LASSEN SICH NAHEZU ALLE STOFFRESTE VERWERTEN.

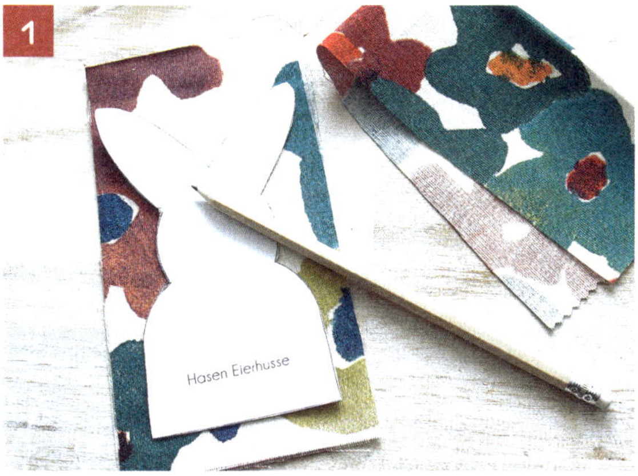

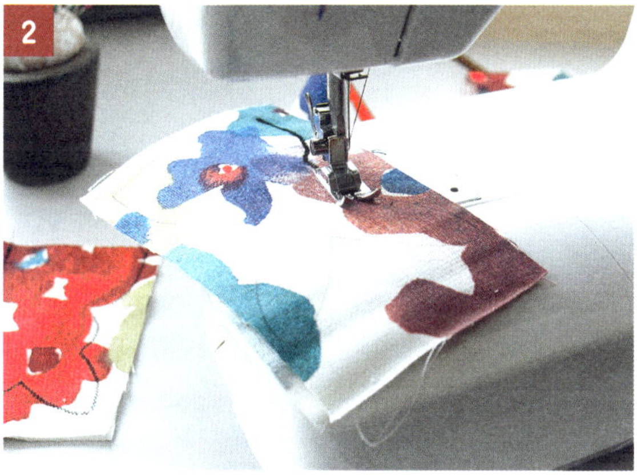

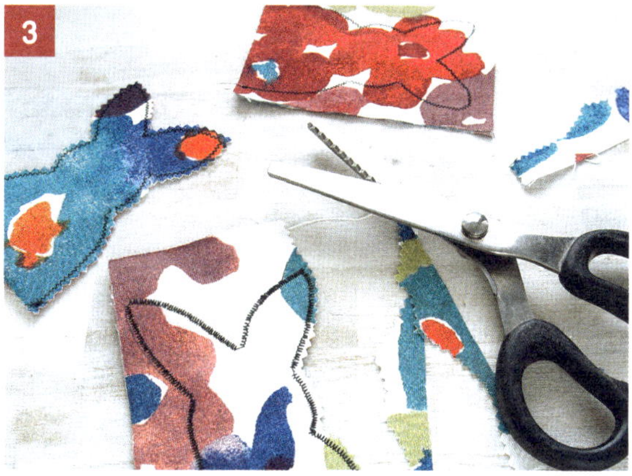

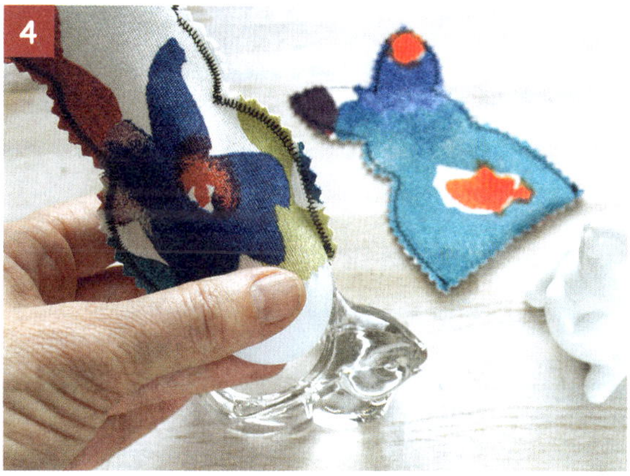

1. Die Hasenvorlagen von Seite 264 überträgt man am besten auf einen festen Karton, damit man diesen mehrmals als Schablone verwenden kann. Dann einfach mit einem Stift auf der Rückseite des Stoffs aufzeichnen.

2. Anschließend zwei Stoffstücke rechts auf rechts zusammenlegen, feststecken und auf der gezeichneten Naht mit der Nähmaschine absteppen.

3. Danach kann man den Hasen mit der Zickzackschere an der Naht entlang abschneiden.

4. Noch eine kleine Anprobe? Passt!

Orientalischer Zauber

MATERIAL:
PAPPE, KLEBEBAND, TAPETE, CUTTER, ALUMINIUMDRAHT, STABILER DRAHT, SOLARLEUCHTE, HEISSKLEBER

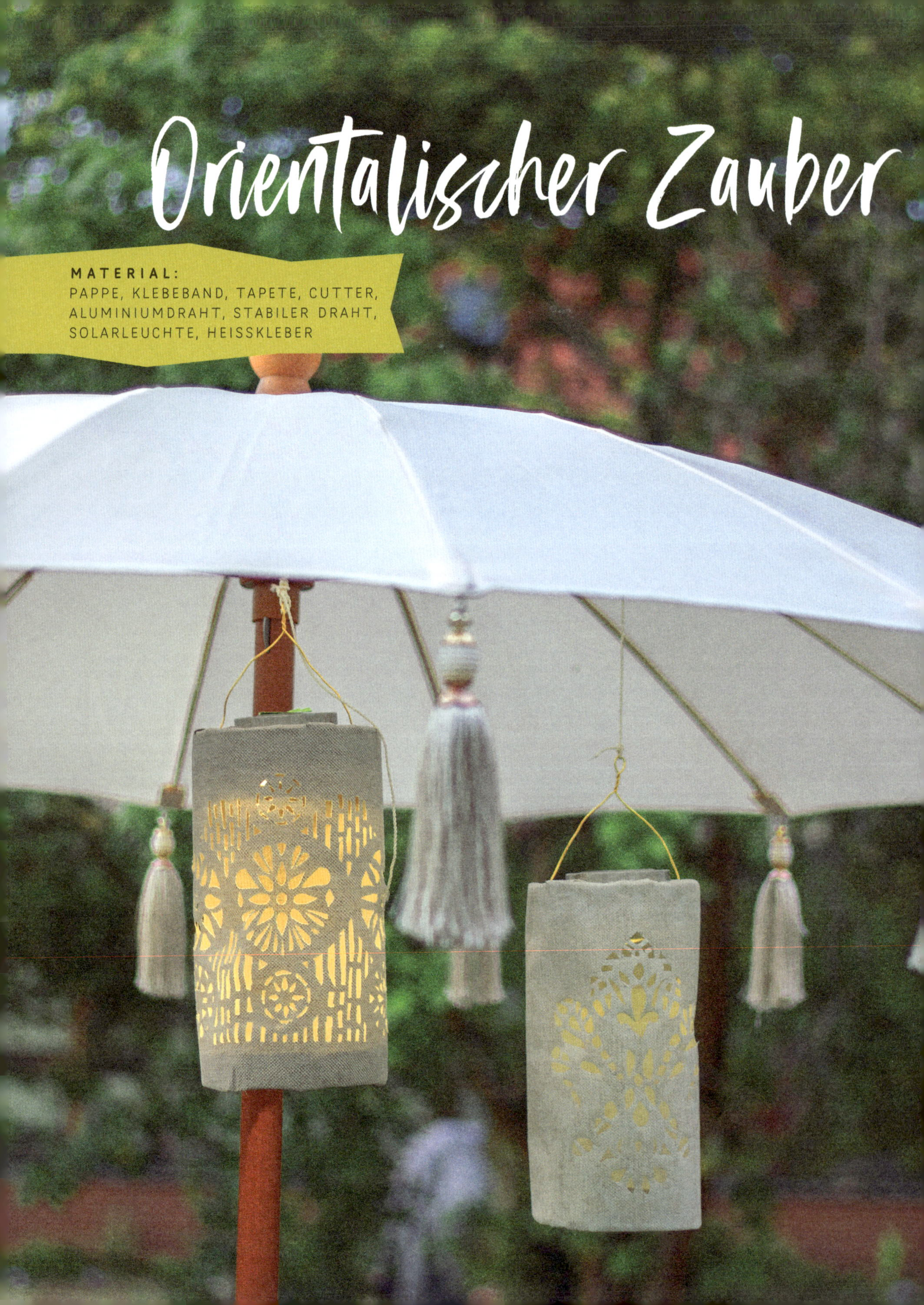

DRAUSSEN WOHNT DIE LATERNE GERNE EINEM ROMANTISCHEN STELLDICHEIN IN DER GARTENLAUBE ODER EINEM ABENDESSEN AUF DEM BALKON BEI. DRINNEN MALT SIE MUSTER AUS LICHT AN DIE WÄNDE. ALLES, WAS SIE DAFÜR BRAUCHT, IST VIEL SONNE UND EIN REGENGESCHÜTZTES PLÄTZCHEN ZUM AUFHÄNGEN.

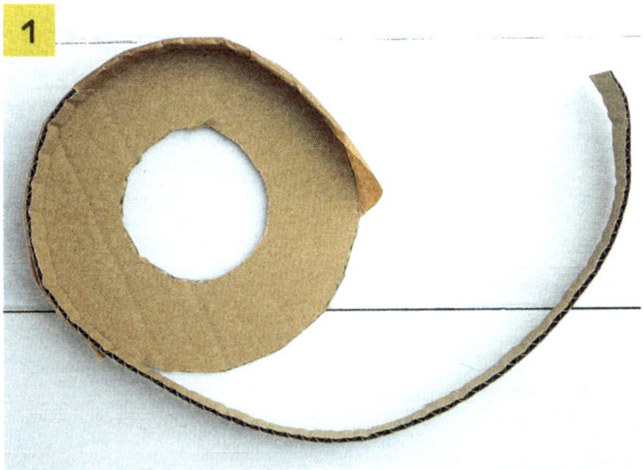

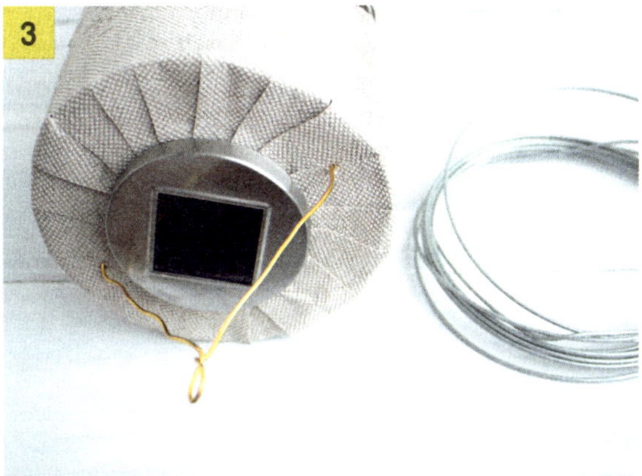

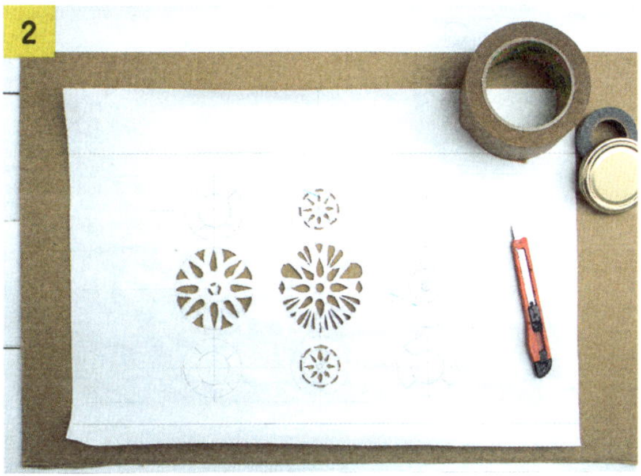

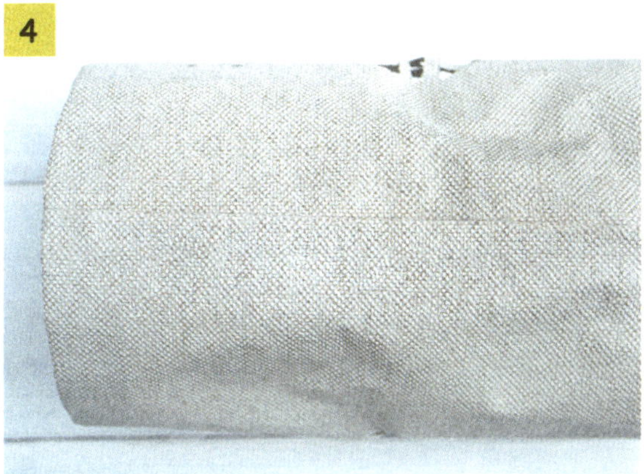

1. Aus Pappe einen Ring ausschneiden. Die innere Öffnung sollte etwas kleiner sein als die Solarleuchte. Einen Streifen aus Pappe um den Pappring legen und mit Klebeband befestigen.

2. Ein rechteckiges Stück Tapete bereitlegen. Unten einen 2,5 cm breiten Rand freilassen, oben einen Rand von mehreren Zentimetern - dieser sollte breit genug sein, dass er später den Pappstreifen bedeckt und bis zur Öffnung in dem Pappkreis reicht. Mithilfe von runden Alltagsgegenständen wie Washi-Tape-Rollen, Marmeladenglasdeckeln oder Klebebandrollen einige Kreise auf die Tapete zeichnen. In diese Kreise weitere Kreise oder tropfenförmige Muster einzeichnen und diese mit einem Cutter ausschneiden.

3. Die Tapete oben in 2-cm-Abständen einschneiden und sie unterhalb der Einschnitte mit Heißkleber am Pappring befestigen. Die Einschnitte nach und nach in Richtung Öffnung umknicken und festkleben. Aus Aluminiumdraht einen Henkel formen, zwei Löcher dafür in die Tapete und die darunterliegende Pappe bohren und die Henkelenden durchschieben. In die Öffnung das Solarlicht hineinstecken.

4. Die senkrechte Seite der Tapete zukleben. Aus stabilem Draht einen Ring biegen und diesen unten in die Laterne schieben. Den unteren Rand der Tapete 1 cm umschlagen und mit Heißkleber auf den Ring kleben.

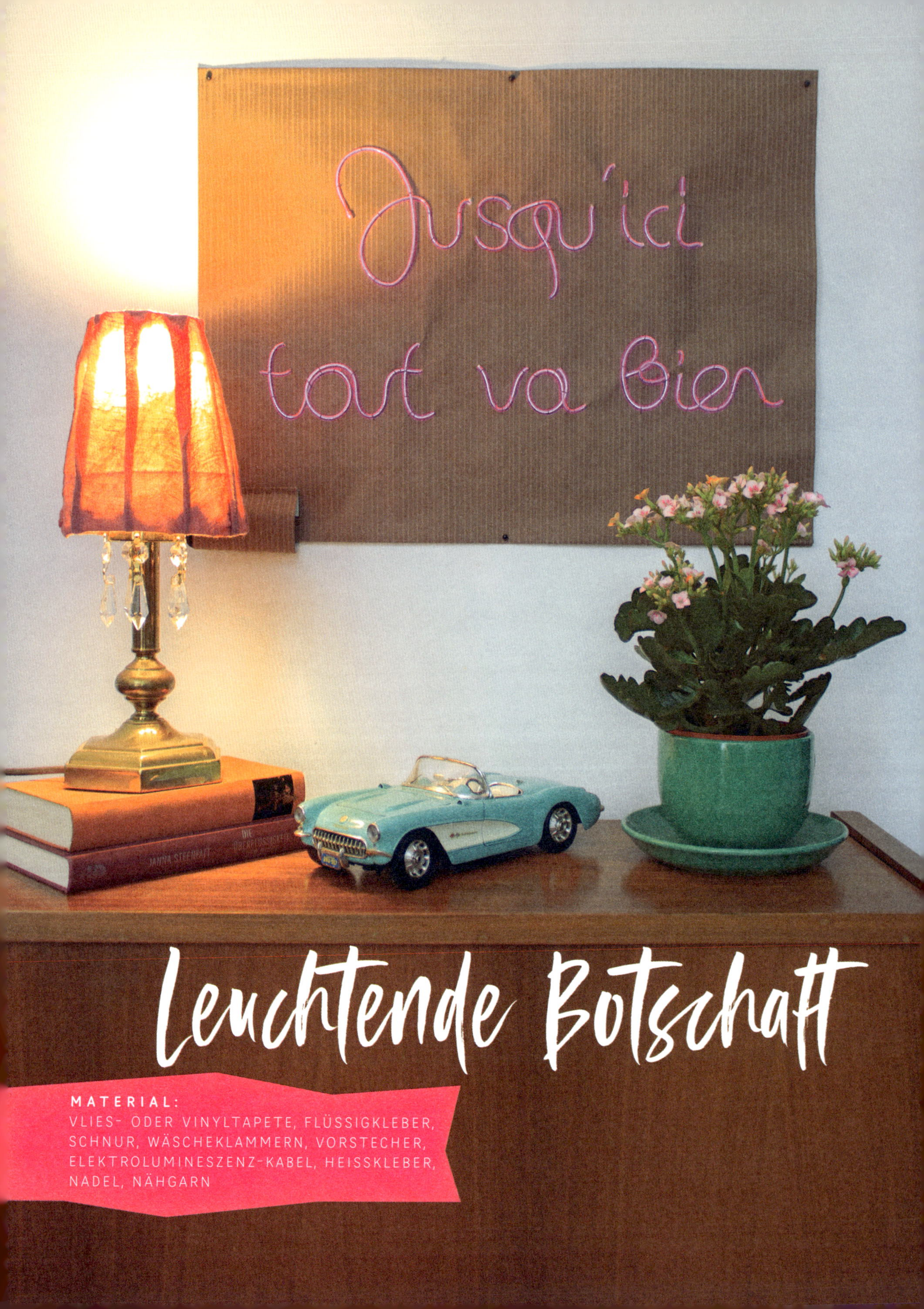

Leuchtende Botschaft

MATERIAL:
VLIES- ODER VINYLTAPETE, FLÜSSIGKLEBER, SCHNUR, WÄSCHEKLAMMERN, VORSTECHER, ELEKTROLUMINESZENZ-KABEL, HEISSKLEBER, NADEL, NÄHGARN

DIE ERSTE NEONREKLAME ERSTRAHLTE ANFANG DES 20. JAHRHUNDERTS AN EINEM PARISER FRISEURSALON. SPÄTER ILLUMINIERTEN SCHRIFTZÜGE ETWA BOUTIQUEN, BARS, CLUBS – UND JETZT EROBERN SIE DAS ZUHAUSE UND SETZEN DORT FASZINIERENDE AKZENTE.

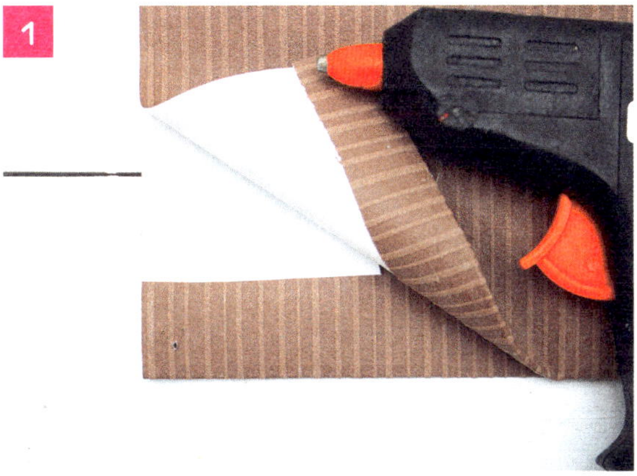

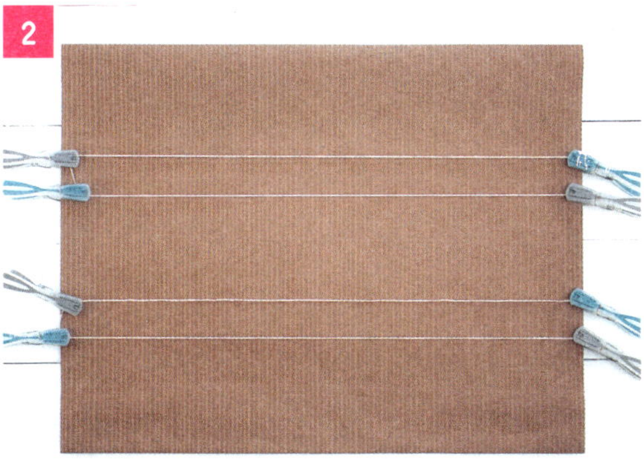

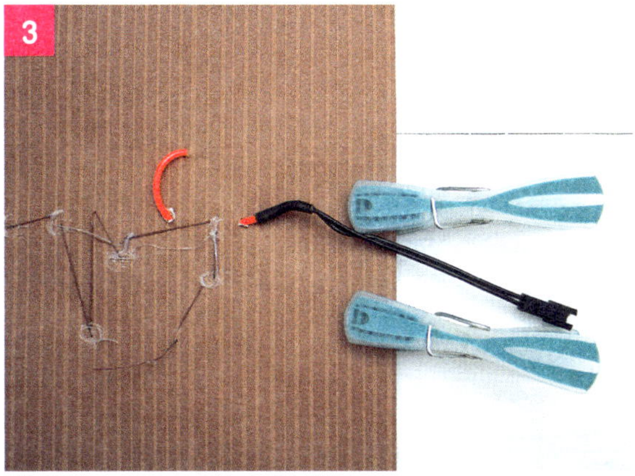

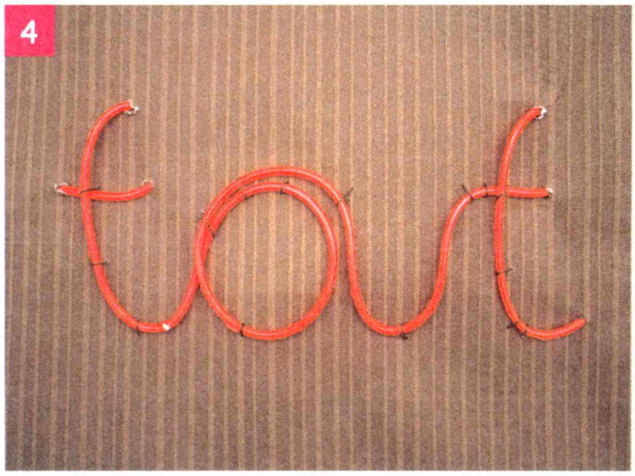

1. Zwei gleich große Stücke Tapete zuschneiden. Oben und unten einen Rand von einigen Zentimetern einschlagen und die Tapete Rücken an Rücken aufeinanderkleben.

2. Ein Zeichen, ein Wort oder einen Schriftzug auswählen. Bei mehreren Wörtern ist es ratsam, mithilfe von Schnur und Wäscheklammern Hilfslinien zu markieren. Wer sich nicht sicher ist, wie groß die Schrift sein sollte, kann zunächst das Elektrolumineszenz-Kabel ausmessen, eine Schnur in gleicher Länge nehmen und daraus die Buchstaben legen – dabei aber bedenken, dass die Schnur an einem Stück bleiben muss.

3. Das Batteriefach sollte sich später in der Ecke links unten befinden. Entsprechend dort mit dem Schriftzug anfangen: Mit dem Vorstecher ein großes Loch bohren, das Kabel von der Rückseite aus durchführen und zum gewünschten Zeichen legen. Damit es in Form bleibt, an einigen Stellen mithilfe von Faden und Garn mit einem Stich fixieren. Nach mehreren Stichen auf der Rückseite den Faden verknoten und den Knoten zusätzlich mit Heißkleber versehen, damit die Nähte straff bleiben.

4. Die einzelnen Wörter möglichst am Stück „schreiben". Wo ein Absetzen nötig ist, etwa bei einem t-Strich oder einem i-Punkt, ein Loch in die Tapete bohren, das Kabel hinten auf die Rückseite führen und durch ein weiteres Loch wieder auf die Vorderseite.

Fortsetzung auf der nächsten Seite

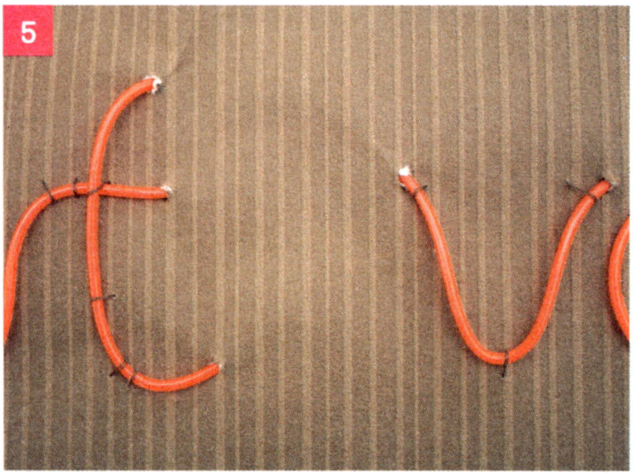

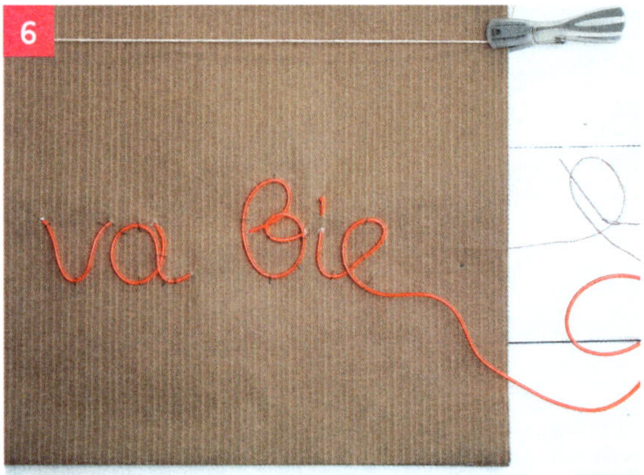

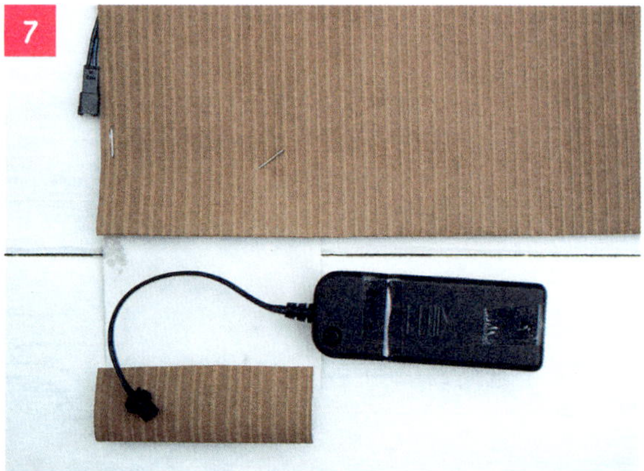

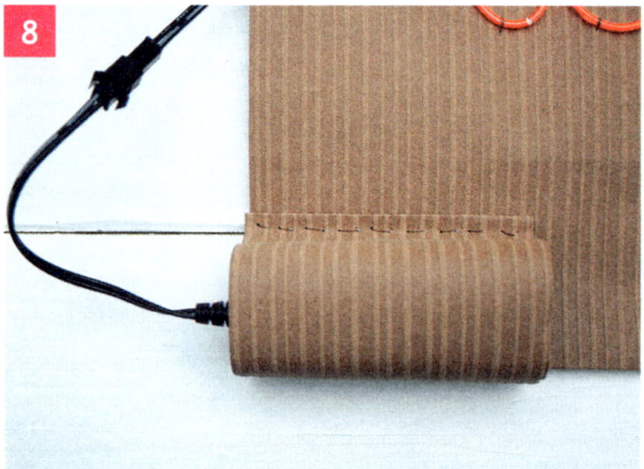

5. Auch wenn ein Wort endet, das Kabel auf der Tapetenrückseite entlang bis zum nächsten führen.

6. Bei zwei Zeilen am Ende der ersten Zeile das Kabel wieder auf die Rückseite führen. In der oberen Zeile müssen die Wörter dann von rechts nach links geschrieben werden.

7. Für das Batteriekästchen einen kleinen Tapetenstreifen zurechtschneiden. Eine Seite festtackern.

8. Den Streifen nach oben schlagen und mit Nadel und Garn festnähen. Zuletzt das Batteriekästchen hineinschieben.

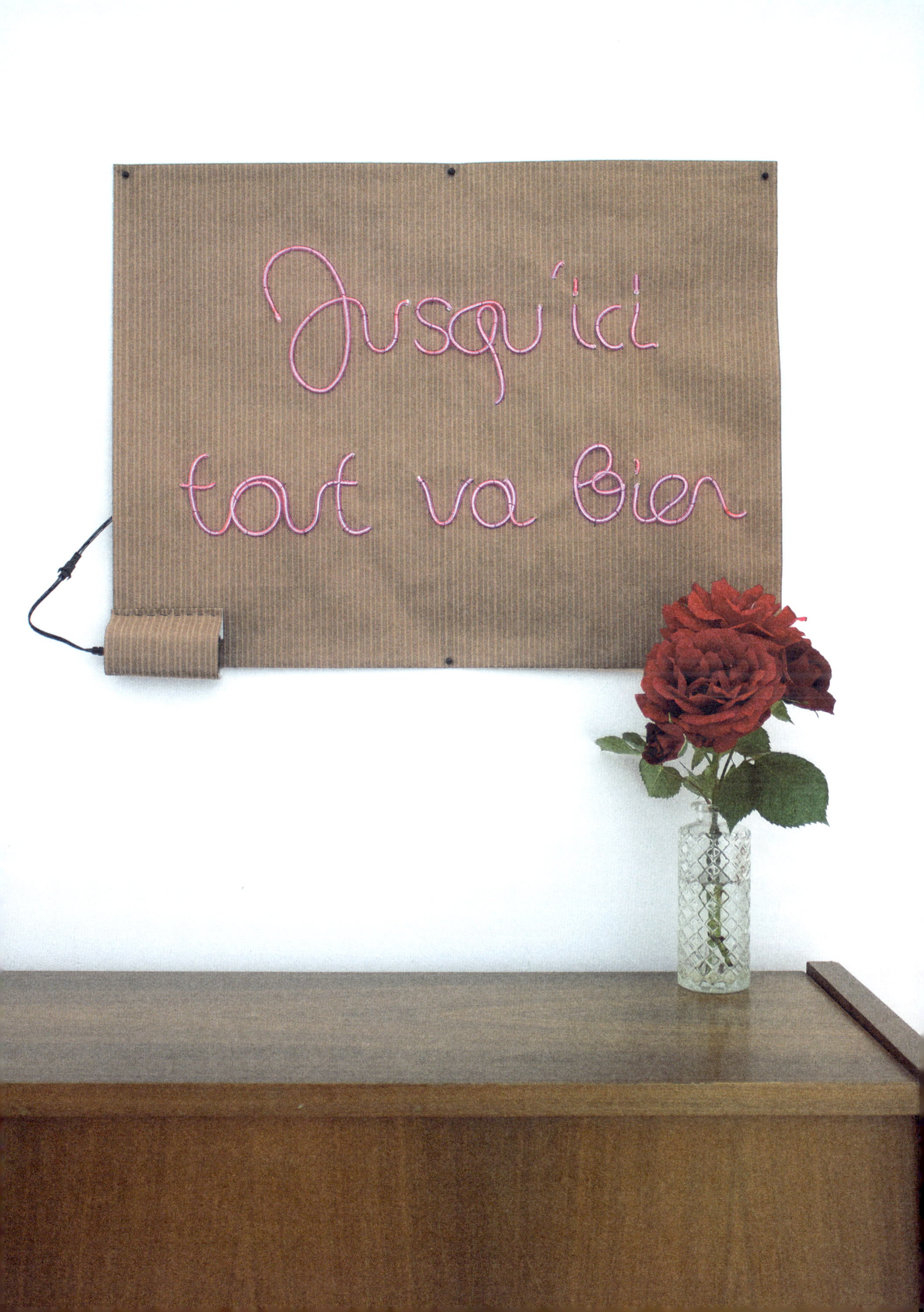
Jusqu'ici
tout va bien

Welt an der Wand

MATERIAL:
TAPETE, LINEAL, KLEBEZETTEL,
DOPPELSEITIGES KLEBEBAND

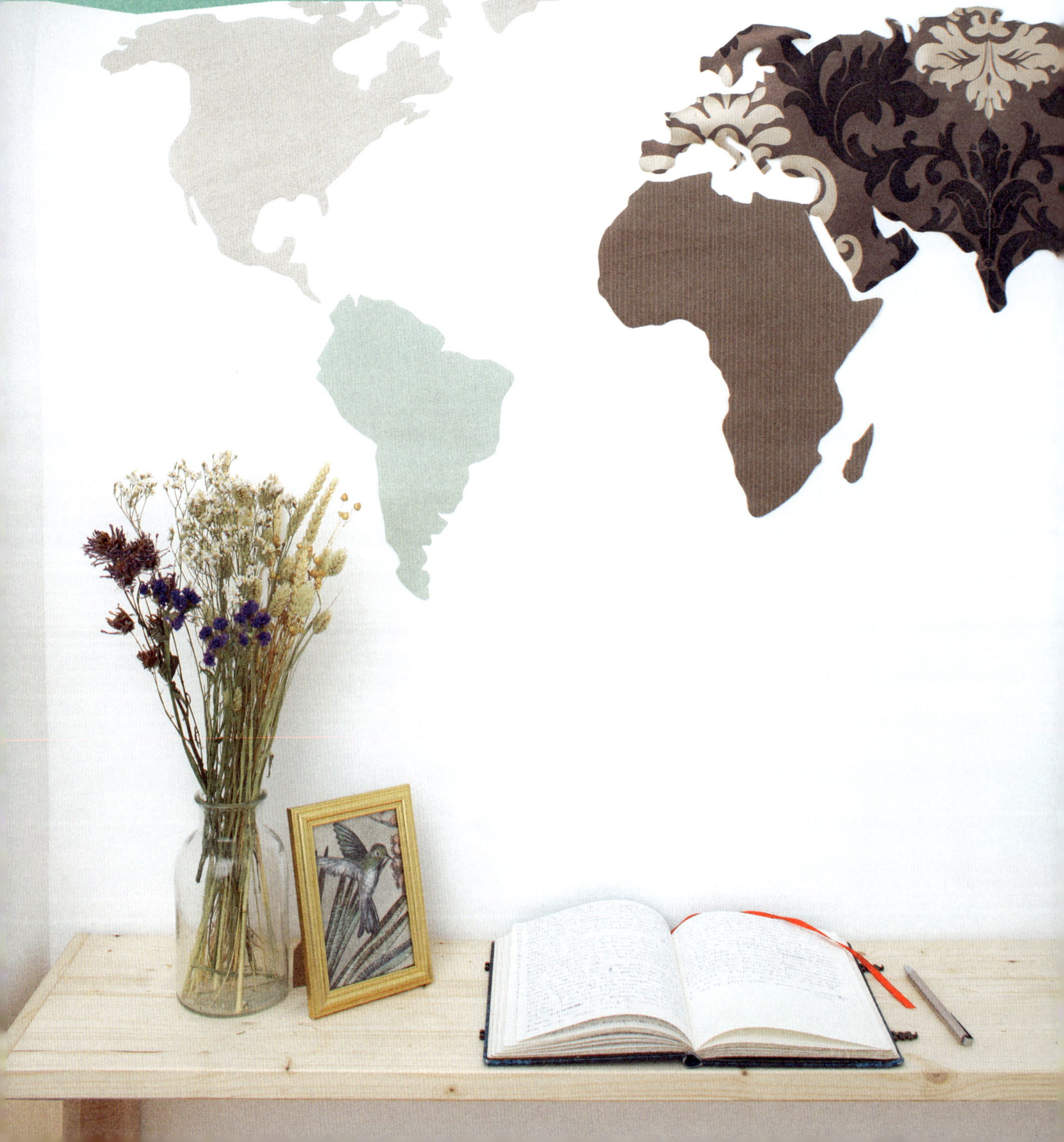

WENN FERNWEH AUFKOMMT UND DIE NÄCHSTE REISE NOCH NICHT IN SICHT IST, SCHAFFT DIESER ANBLICK SICHERLICH LINDERUNG! SO KÖNNEN WELTENBUMMLER IN ERINNERUNGEN SCHWELGEN, SICH IN FERNE LÄNDER TRÄUMEN UND ZUKÜNFTIGE ZIELE INS AUGE FASSEN.

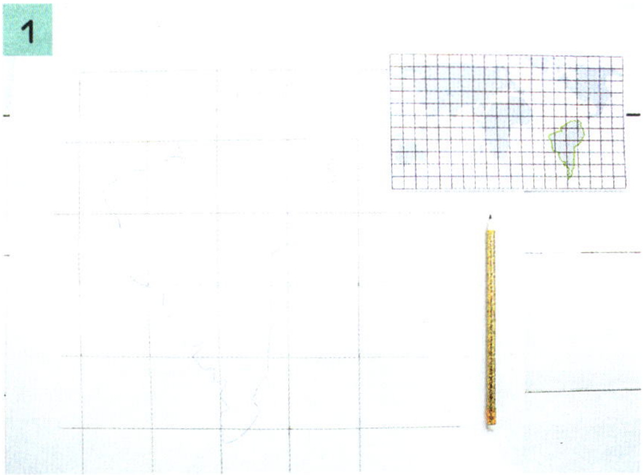

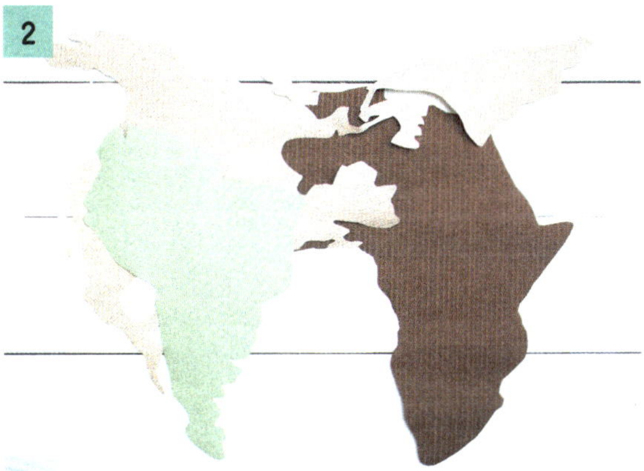

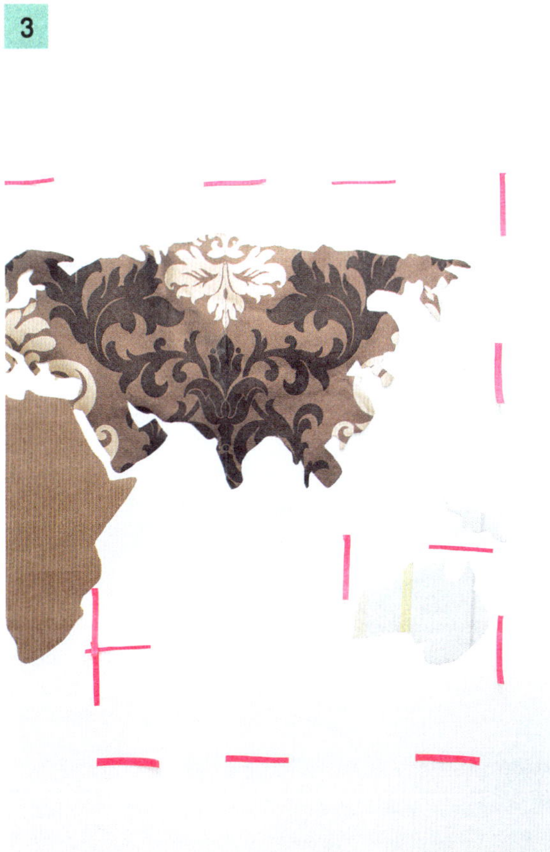

1. Online, z. B. auf Freepik oder Pixaby, eine Weltkartenvorlage herunterladen. Diese einmal gespiegelt und einmal richtig herum ausdrucken. Beide Vorlagen mit senkrechten und waagrechten Linien in Quadrate einteilen, sodass ein Raster entsteht.
Die spiegelverkehrte Vorlage nehmen und auf das gewünschte Maß vergrößern: dafür für jeden Kontinent das Raster der Vorlage in der gewünschten Größe auf die Rückseite eines Tapetenstücks zeichnen und die Umrisse des Kontinents übertragen.

2. Die einzelnen Kontinente ausschneiden. Kleine vorgelagerte Inseln zunächst mit schmalen Stegen an den zugehörigen Kontinenten hängen lassen, damit nichts durcheinandergerät.

3. Mehrere Klebezettel in schmale Streifen schneiden. Mithilfe der Streifen und der zweiten – nicht spiegelverkehrten – Vorlage an der Wand wichtige Linien markieren, etwa die Ränder des Rasters oder Orientierungspunkte. Anhand der Linien die Position der Kontinente ermitteln und diese mit doppelseitigem Klebeband an die Wand kleben. Die Inseln abschneiden und dann ankleben. Ein Tipp: Wer zum Beispiel in einer Mietwohnung wohnt und die Karte nicht direkt an die Wand kleben will, kann sie auf einen neutralen Stoff oder ein altes Laken kleben.

Mini-Garten

MATERIAL:
WEINKORKEN, MESSER, EVTL. DREMEL, SEKUNDENKLEBER, MAGNETE, ACRYLFARBE PINSEL, KLEBEBAND, HOLZSPIESS, KLEINE PFLANZEN

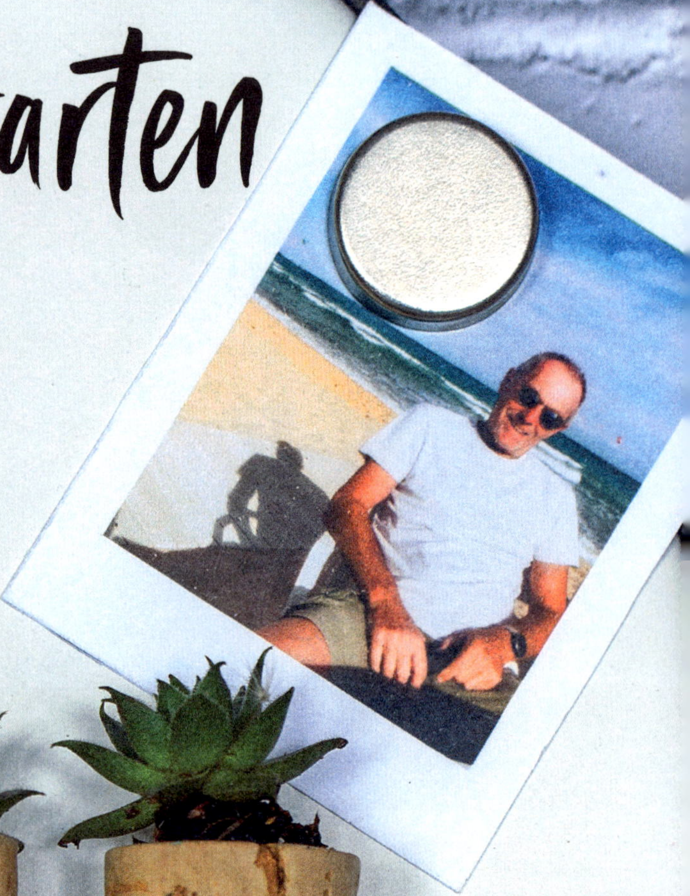

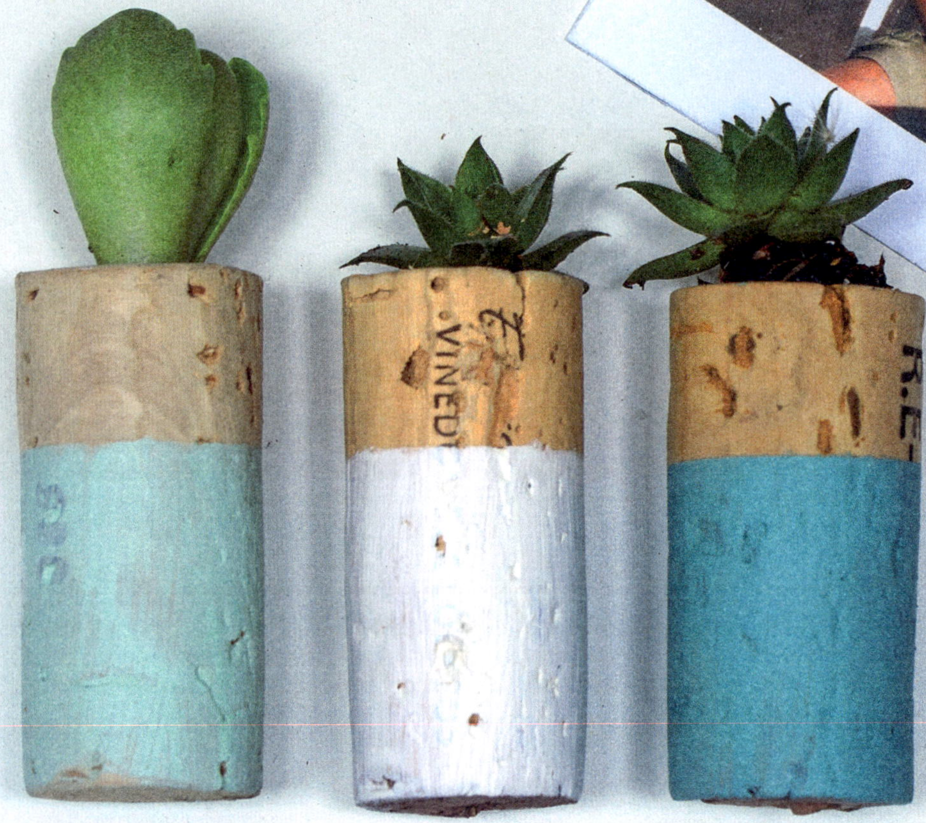

KEIN GRÜNER DAUMEN? KEIN PLATZ FÜR ÜPPIGE PFLANZEN? WIE WÄRE ES MIT EINEM MINI-GARTEN? KLEIN, FEIN, PFLEGELEICHT UND DAS BESTE, ER IST AUCH NOCH PRAKTISCH: DENN ES VERSTECKEN SICH KLEINE MAGNETE, DIE AUF DER PINNWAND ALLES WICHTIGE IM BLICKFELD HALTEN.

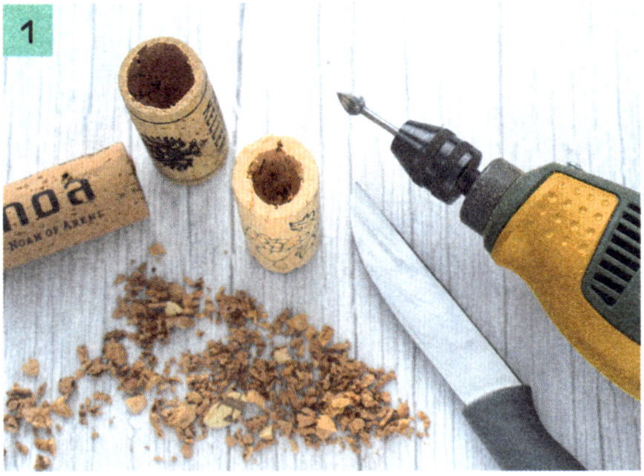

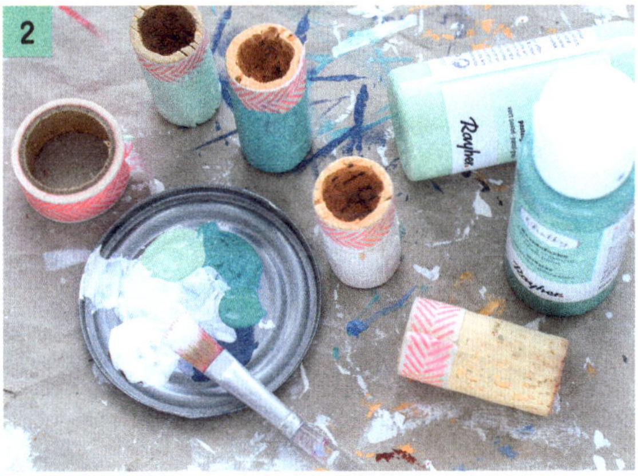

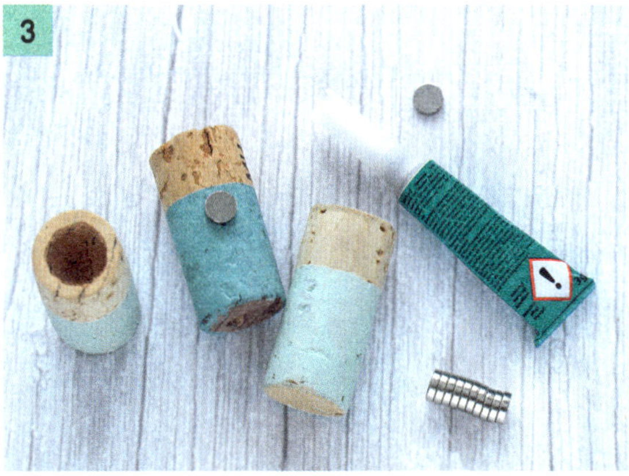

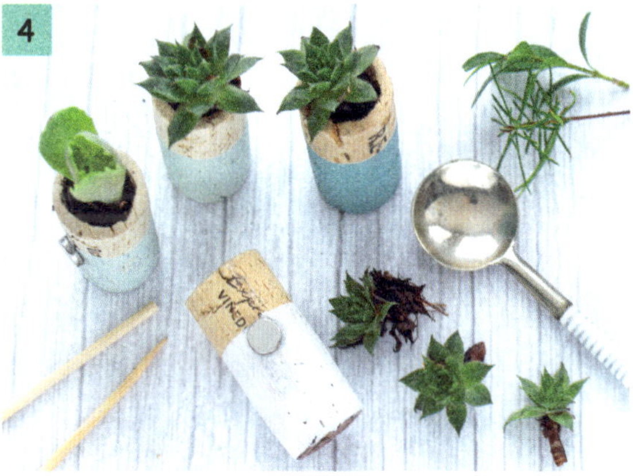

1. Zunächst muss man die Korken an einer Seite etwas aushöhlen. Das kann man auf verschiedene Arten machen. In diesem Beispiel habe ich sie mit einem Messer ausgehöhlt und die Ränder und Innenseiten dann noch mal mit einem Dremel und einem Fräsaufsatz bearbeitet.

2. Mit einem Stück Klebeband umwickelt man das eine Ende der Korken (für eine saubere Kante), bevor man sie in der gewünschten Farbe anpinselt. Anschließend gut trocknen lassen.

3. Mit einem Tropfen Sekundenkleber befestigt man auf der Rückseite einen kleinen Magneten. Es handelt sich hier um Neodym-Magnete. Die sind extrem stark – daher müssen sie auch nicht besonders groß sein.

4. Zum Schluss noch die kleinen Pflänzchen (hier handelt es sich um Hauswurz) eintopfen. Ein bisschen Blumenerde und das Pflänzchen hinein und alles mit einem kleinen Holzspieß vorsichtig andrücken.

Ab und zu ein Tröpfchen Wasser kann nicht schaden!

It's Teatime

MATERIAL:
GROSSE TEEDOSE (500 G), UHRWERK MIT ZEIGERN, AKKUSCHRAUBER, METALLBOHRER, EVTL. SCHERE ODER ZANGE, BATTERIE

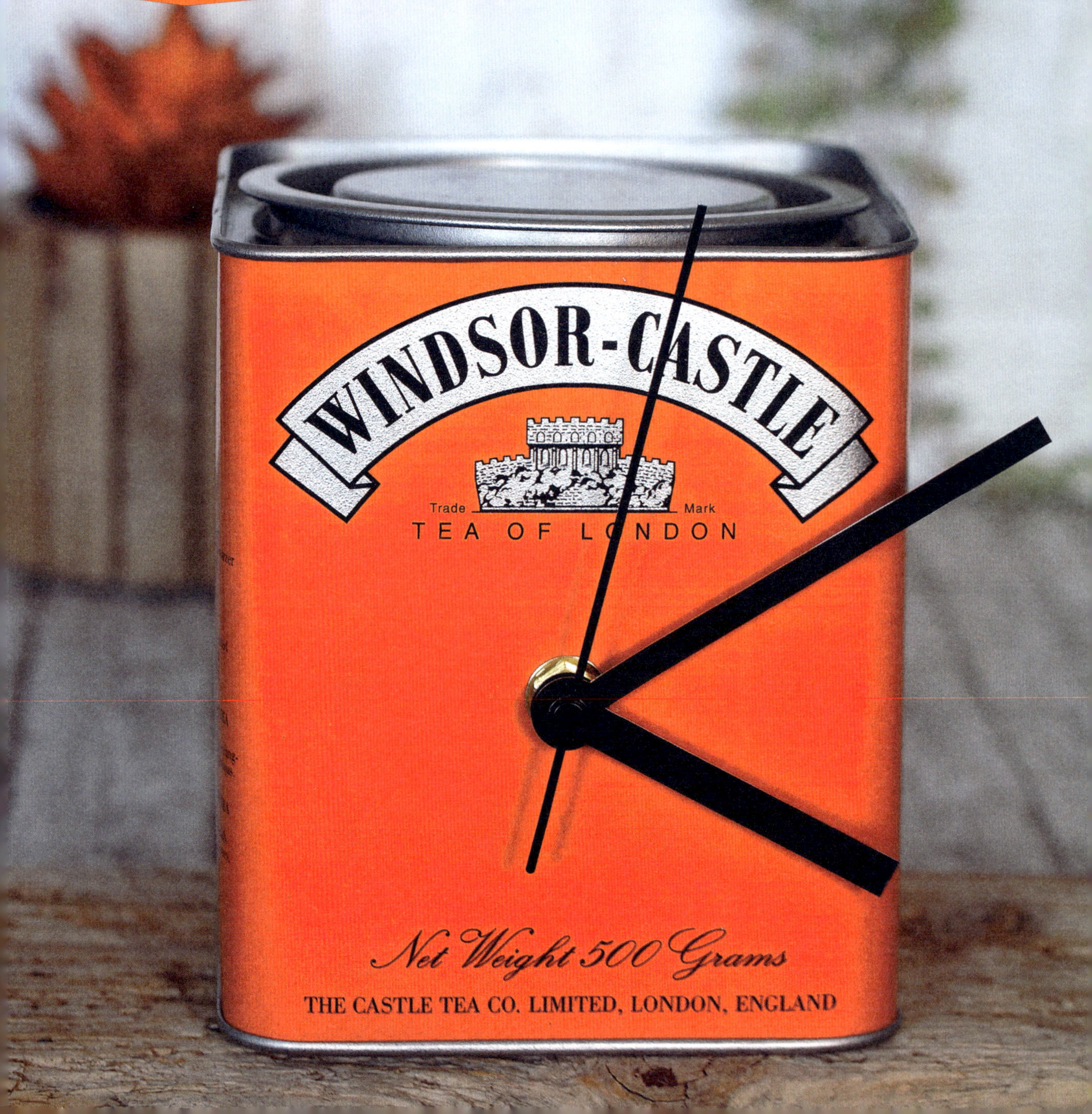

GANZ GLEICH, ZU WELCHER ZEIT MAN SEINEN TEE GERNE EINNIMMT, EIN BLICK AUF DIE TEEDOSE ZEIGT, WANN ES SOWEIT IST. SOLCH EINE GROSSE TEEDOSE EIGNET SICH BESONDERS GUT FÜR DIESE UHR. AUSSERDEM IST DA NICHT NUR PLATZ DRINNEN FÜR DAS UHRWERK, SONDERN VIELLEICHT AUCH NOCH FÜR EIN KLEINES GEHEIMNIS …

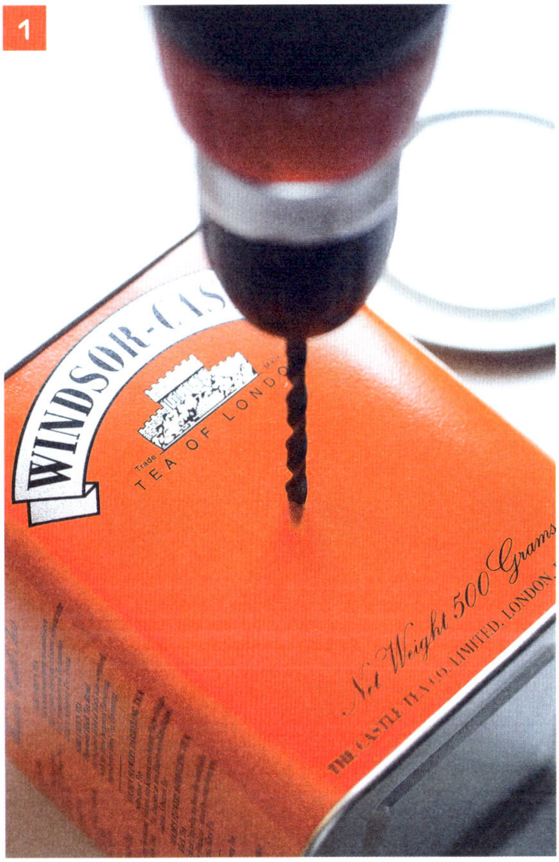

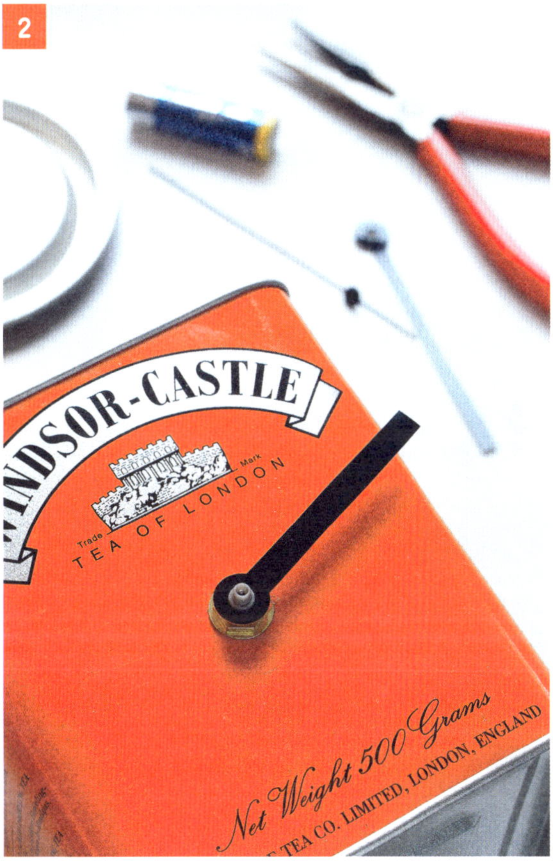

1. Die leere Teedose reinigen und Aufkleber entfernen. Dann die Mitte der Dosenvorderseite ermitteln und mit dem Metallbohrer ein Loch bohren, das so groß ist, dass das Gewinde des Uhrwerks von hinten hindurchpasst.

2. Das Uhrwerk nun in der Dose von innen mit dem Gewinde durch das Loch stecken. Nach Anleitung, die dem Uhrwerk beiliegt, die kleine Unterlegscheibe auflegen und mit der Mutter festschrauben. Darauf achten, dass das Batteriefach nach unten hängt, damit später die Batterie das Uhrwerk nicht verdrehen kann.
Dann auf der Vorderseite die Zeiger in entsprechender Reihenfolge aufsetzen, die Batterie einsetzen und die Uhr stellen.

Tipp: Sind die Zeiger für die gewählte Dose zu lang, kann man sie in der Regel mit einer Schere bzw. Zange kürzen. Ansonsten die Dose aufhängen, dann können die Zeiger auch lang bleiben.

Advent, Advent …

MATERIAL:
VIELE KLEINE TÜTEN AUS VERBUND-MATERIAL, SCHERE, HEISSKLEBER, ACRYLFARBEN, PINSEL, FILZ- UND LACKSTIFTE, METALLCLIPS, STANZE

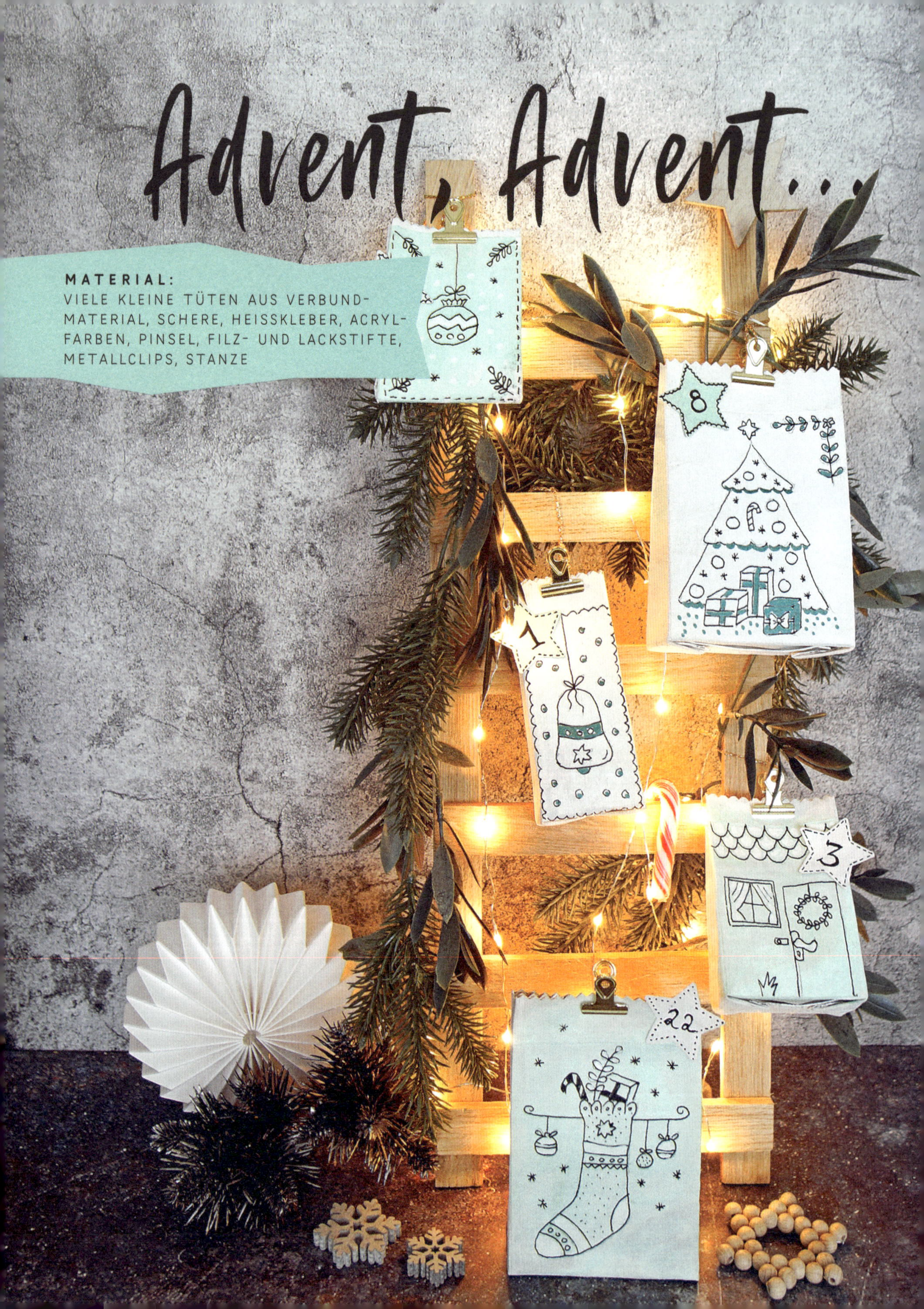

… EIN TÜTCHEN HÄNGT. NICHT NUR MILCH UND SAFT KANN MAN IN KLEINEN TÜTEN AUS VERBUNDMATERIAL KAUFEN. MANCHMAL GIBT ES AUCH SAHNE ODER TOMATENSOSSE. DIESE BEHÄLTNISSE EIGNEN SICH SUPER ALS MATERIAL FÜR EINEN ADVENTSKALENDER, DA MAN SIE JEDES JAHR NEU BEFÜLLEN KANN.

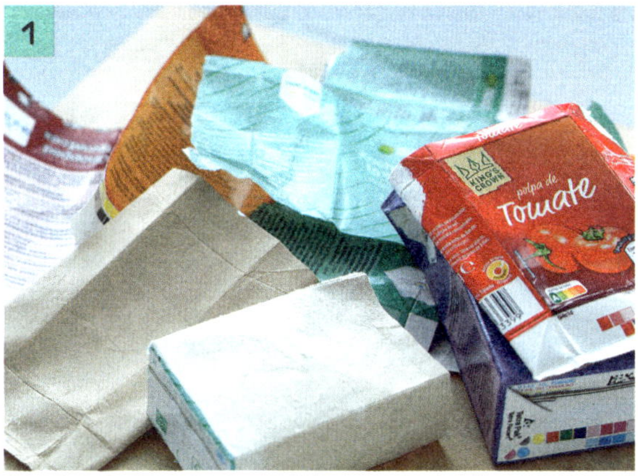

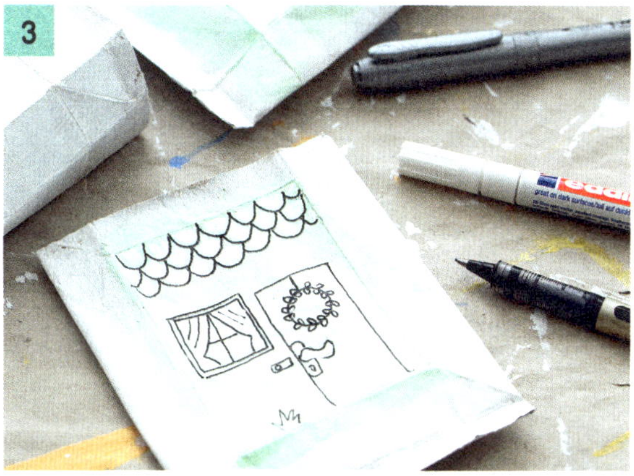

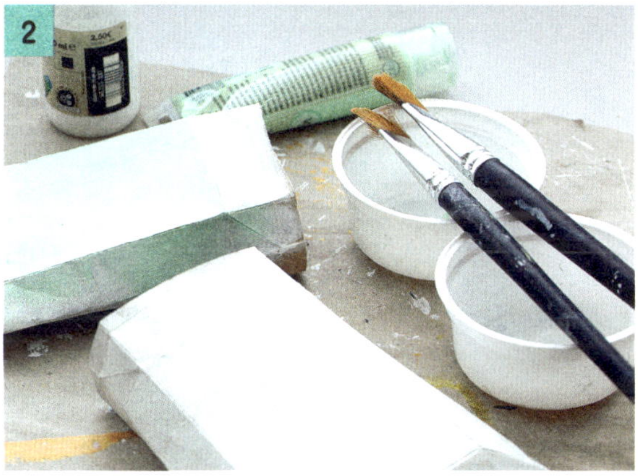

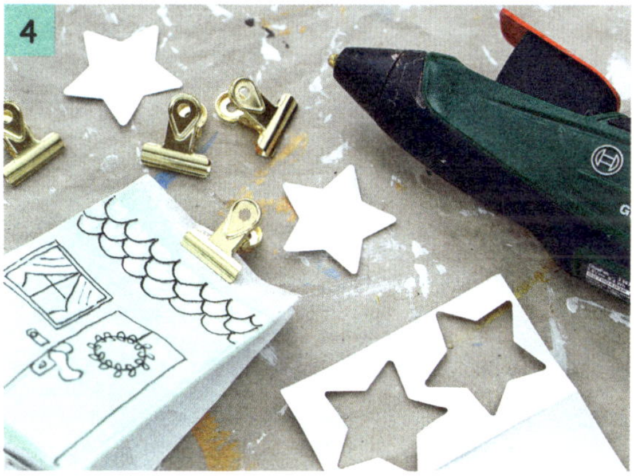

1. Zunächst löst man auch hier, wie bei den großen Getränketüten, die bedruckte Schicht vorsichtig ab. Die Tüten dann komplett auseinanderfalten und flach drücken.

2. Anschließend mit Acrylfarben anmalen. Weiß, pastell oder ganz wie man mag. (Es können auch kräftige Farben wie Rot und Dunkelgrün sein.)

3. Sind die Farben gut getrocknet, kann man verschiedene Motive darauf malen. Wer unsicher ist, malt sich das Motiv mit einem Bleistift vor und dann mit dem Filzstift nach.

4. Später wird der Tütenboden wieder zusammengelegt und mit Heißkleber festgeklebt. Die Seiten wie eine Tüte nach innen legen und oben mit einem Clip zusammenheften.

Für die Zahlen der einzelnen Tage kann man eine Sternenstanze verwenden. Die Sterne gestalten und später auf die Tüten kleben oder mit am Clip befestigen.

Sternzeichen

MATERIAL:
77 WEINKORKEN, HEISSKLEBER, SPRÜHLACK, GESCHENKBAND, DEKO

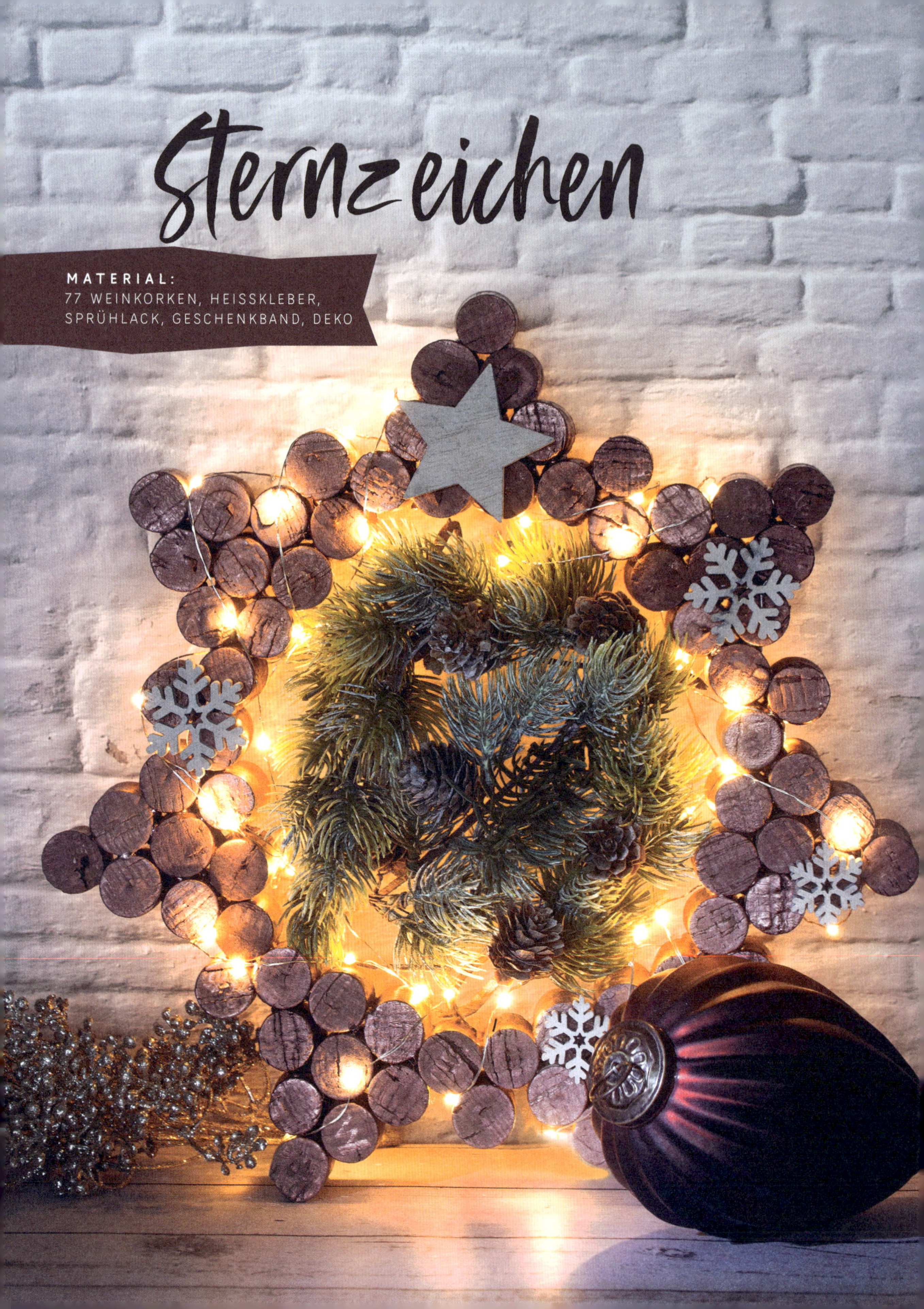

FÜR DIESEN ÜPPIGEN WEIHNACHTSSTERN BENÖTIGT MAN ZWAR VIELE KORKEN, ABER ANSONSTEN IST ER SCHNELL GEMACHT. ER MACHT SICH ALS DEKO IM HAUS GANZ GUT, KANN ABER AUCH DRAUSSEN AN DER HAUSTÜRE HÄNGEN, ODER TERRASSE UND BALKON ZIEREN.

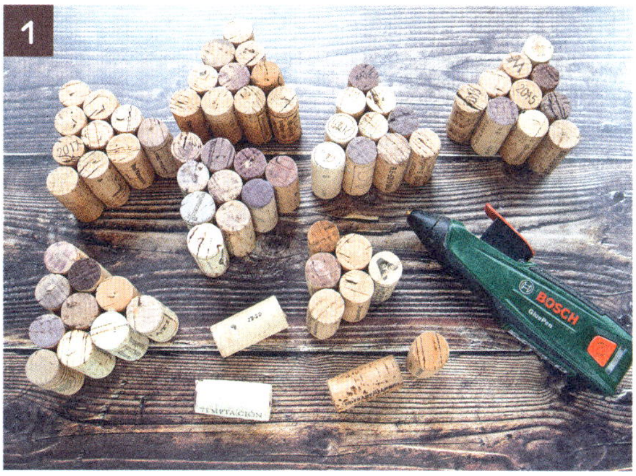

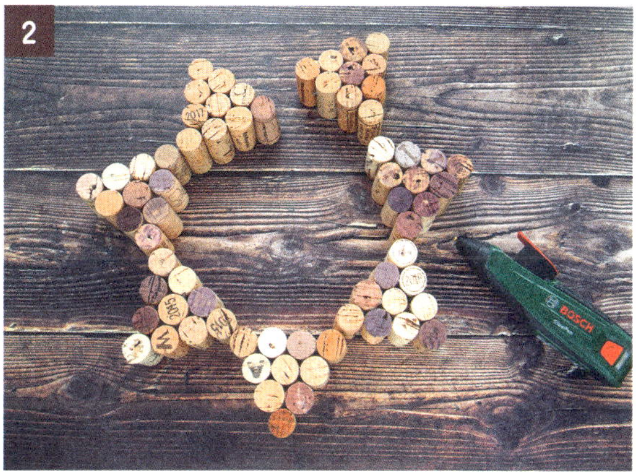

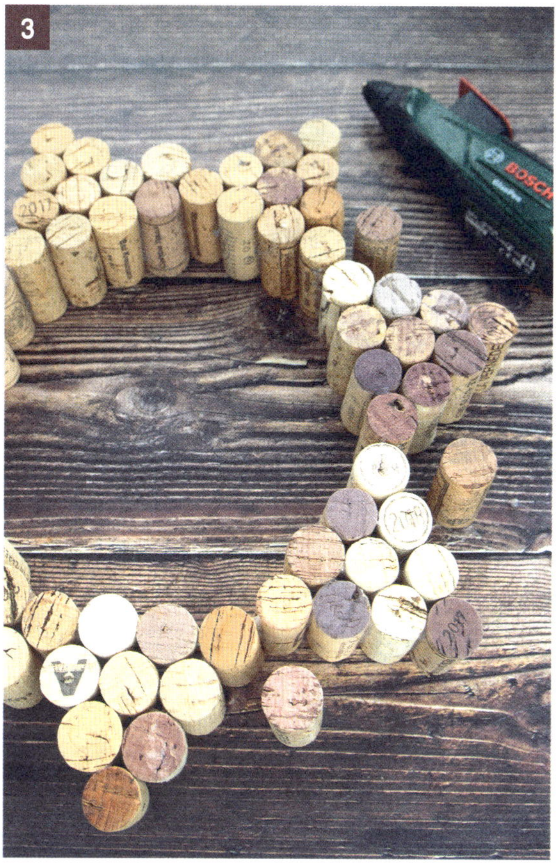

1. Am einfachsten ist es, zunächst die 7 Sternspitzen zu kleben. Das sind kleine Pyramiden aus jeweils 10 Korken.

2. Im zweiten Schritt legt man den Stern so auf die Arbeitsplatte, wie er später aussehen soll, und klebt die einzelnen Spitzen aneinander.

3. Damit das Ganze etwas mehr Stabilität bekommt, klebt man zwischen die Spitzen von außen noch einmal jeweils einen Korken auf.

Fortsetzung auf der nächsten Seite

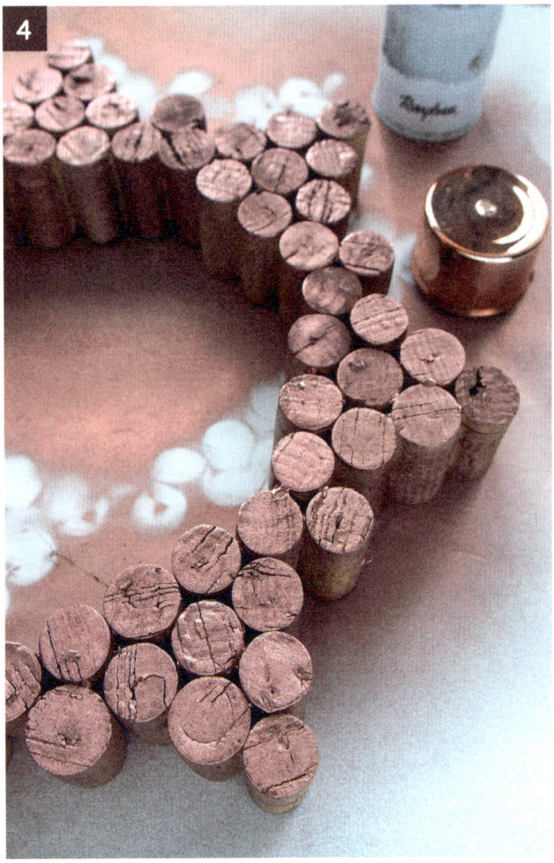

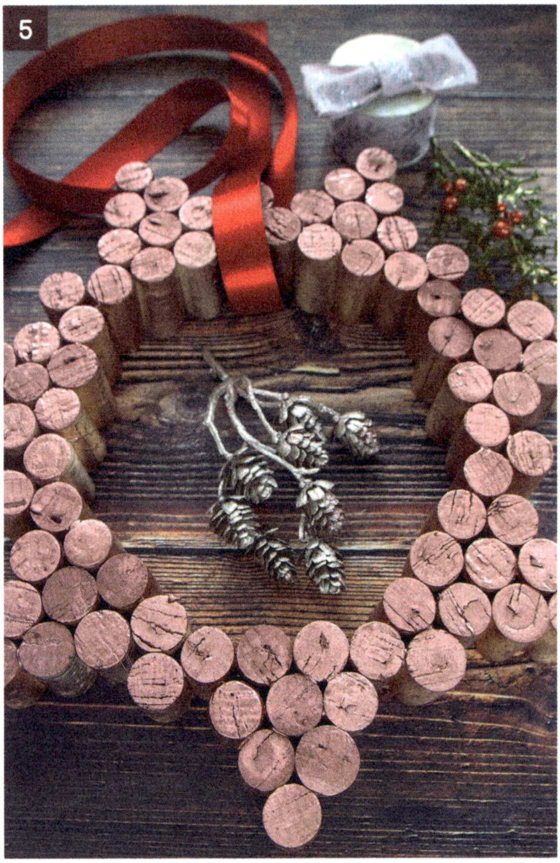

4. Nun kann man den Sternenkranz farbig anlegen. Hier im Beispiel ist er mit kupferfarbenem Metalliclack eingesprüht. (Am besten an der frischen Luft lackieren.)
Man kann alternativ aber auch die Korkoberseiten mit einem Schwämmchen und etwas Acrylfarbe farbig betupfen.

5. Nach dem Trocknen ist der Stern auch schon bereit, verziert zu werden. Etwas weihnachtliche Dekoration, ein paar Bänder und Schleifen oder Kugeln – ganz nach Lust und Laune. Mit einem langen Seidenband kann man den Stern später aufhängen.

Man kann ihn aber auch flach hinlegen und als Adventskranz verwenden.

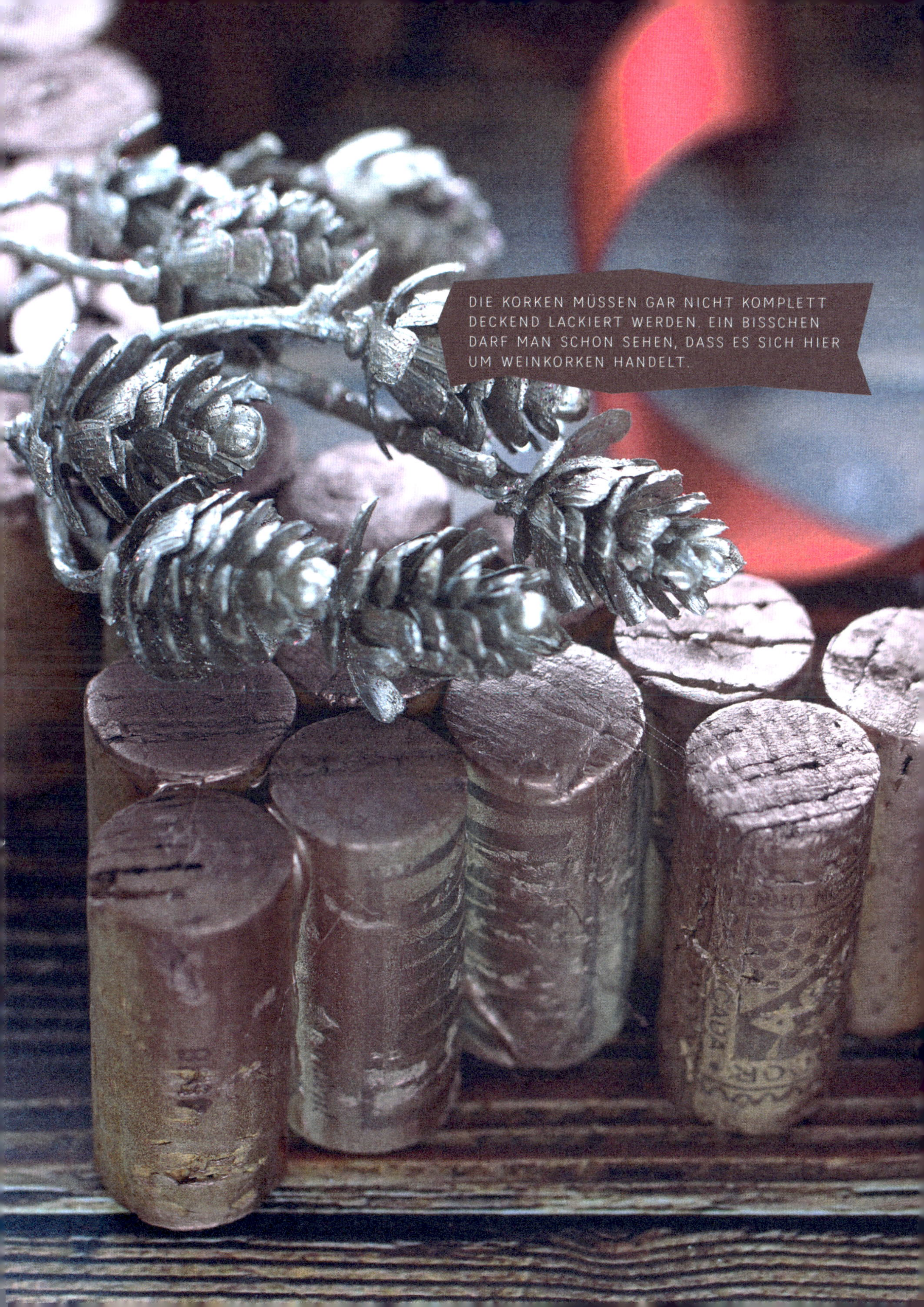
DIE KORKEN MÜSSEN GAR NICHT KOMPLETT DECKEND LACKIERT WERDEN. EIN BISSCHEN DARF MAN SCHON SEHEN, DASS ES SICH HIER UM WEINKORKEN HANDELT.

A Tännchen please!

MATERIAL:
QUADRATISCHE MAGAZINSEITEN ODER PACKPAPIER (UNTERSCHIEDLICHE GRÖSSEN), SCHERE

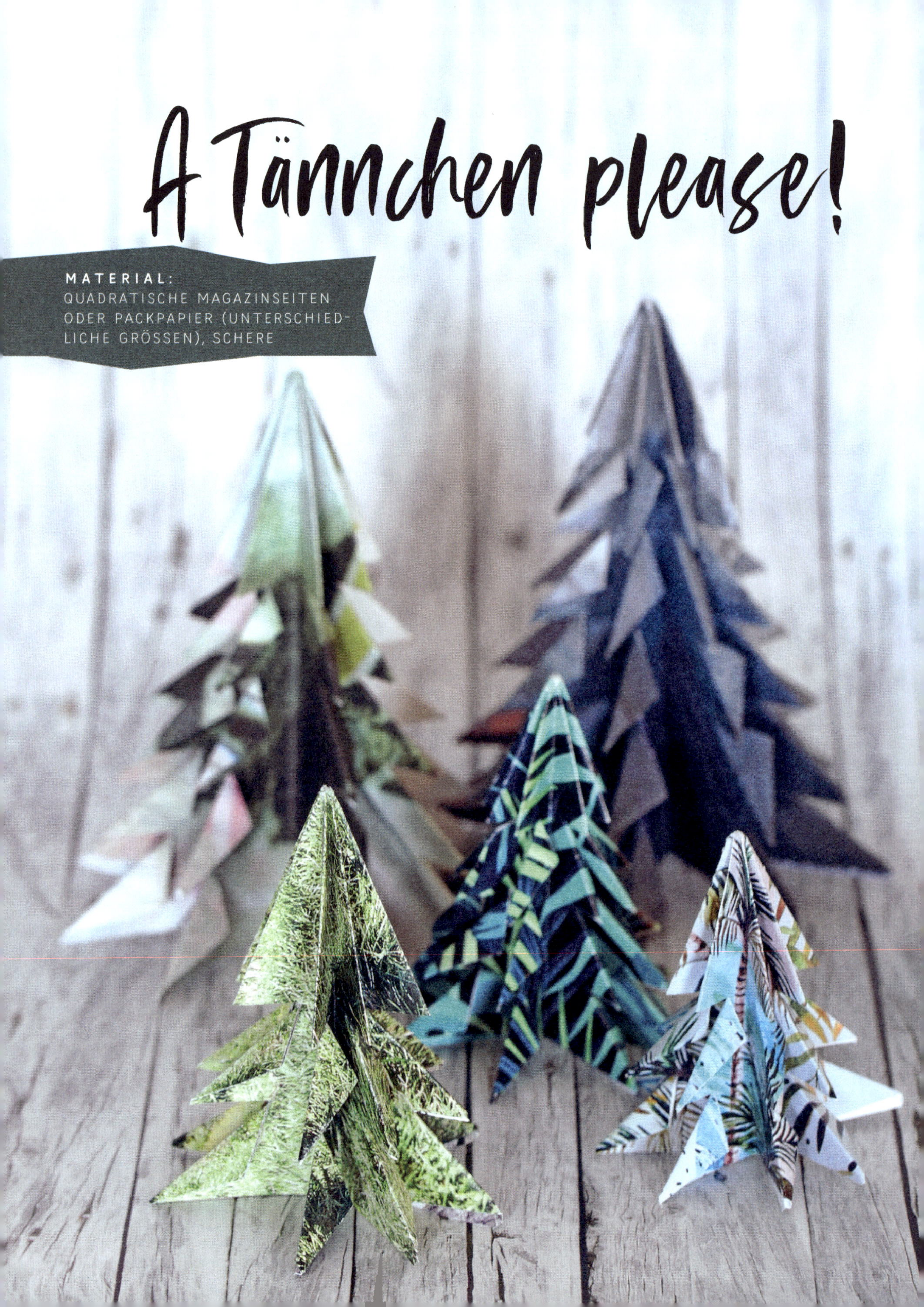

MEIN ABSOLUTER LIEBLING UNTER DEN SELBST GEBASTELTEN TANNENBÄUMEN. DAVON KANN MAN GAR NICHT GENUG HABEN. DIE SEHEN NICHT NUR MIT PACKPAPIER SCHICK AUS, SONDERN AUCH AUS BUCHSEITEN ODER MAGAZINSEITEN. AM BESTEN GLEICH EINEN GANZEN WEIHNACHTSWALD FALTEN.

1

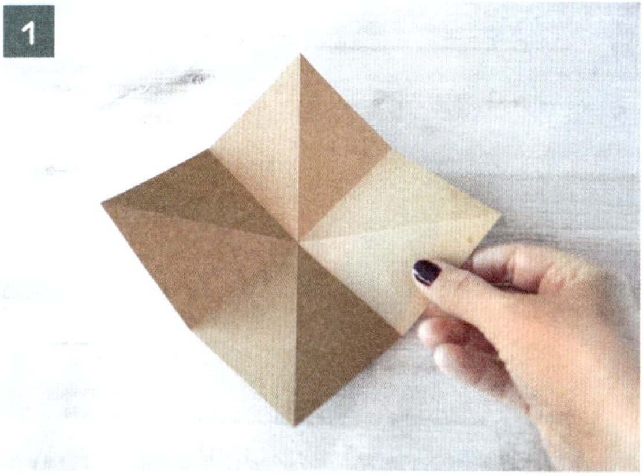

2

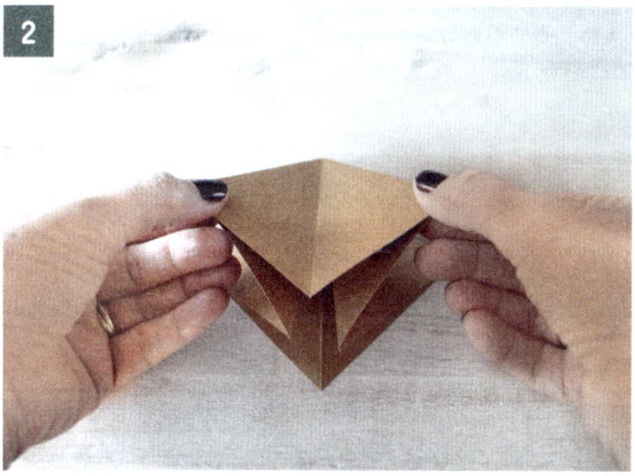

3

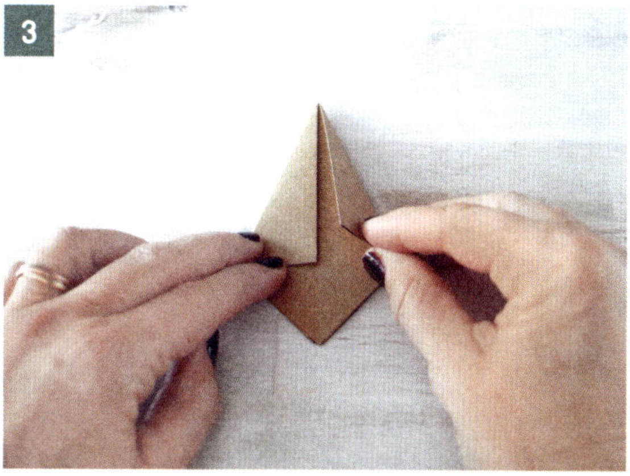

4

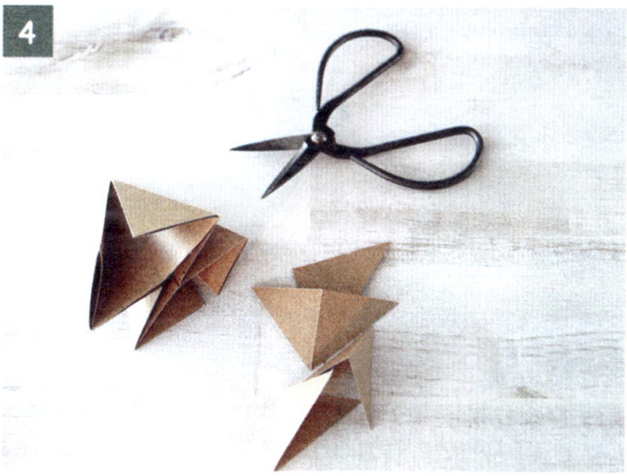

1. Zunächst faltet man jeweils die Spitzen des Bogens zueinander. Die Seite, die später außen sein soll, muss innen liegen. Auffalten und das Blatt wenden (wichtig!). Dann faltet man die geraden Seiten zueinander. Den Bogen abermals auffalten und mit der Spitze nach oben hinlegen.

2. Nun die Spitzen oben und unten nach unten zusammenfalten.

3. Danach faltet man zunächst auf der Vorderseite die linke und die rechte Seite zur Mitte, wendet das Ganze und wiederholt dies auf der Rückseite.

4. Anschließend den unteren Teil mit der Schere gerade abschneiden.

Fortsetzung auf der nächste Seite

5

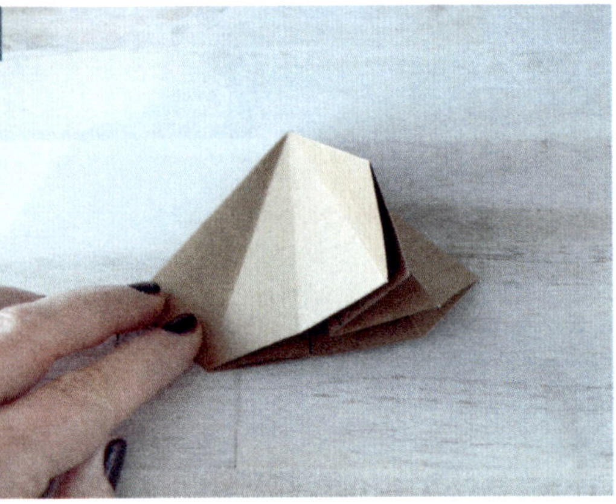

5. Nun alle 4 Flügel wieder auseinanderfalten.

6

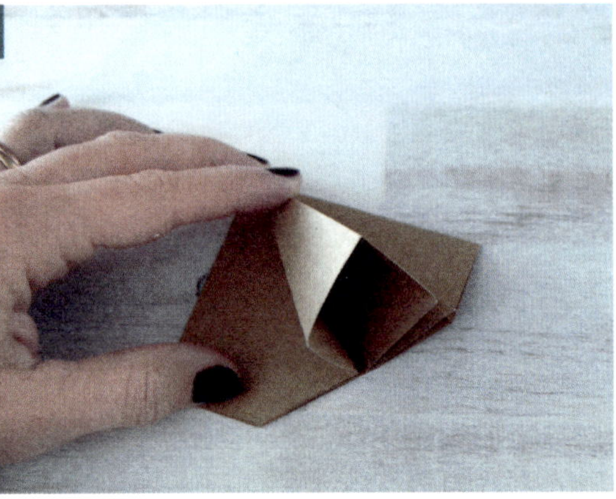

6. Dann öffnet man einen Flügel und drückt das neu entstandene Dreieck glatt.

7

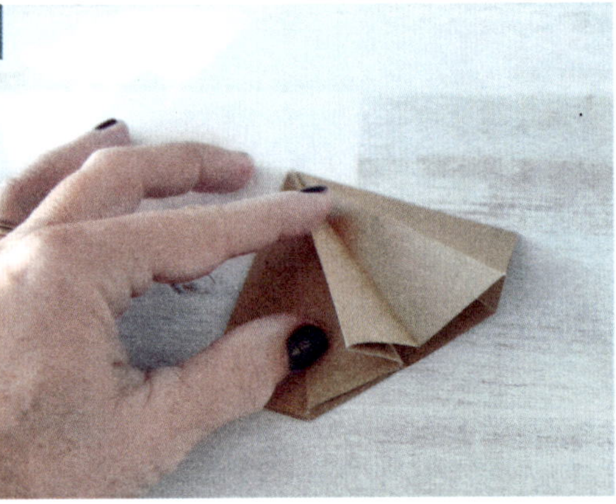

7. Anschließend faltet man den rechten Flügel des neuen Dreiecks nach links. Dann den zweiten Flügel öffnen und ebenfalls nach links falten. Das Objekt wenden und mit den restlichen 2 Flügeln gleich verfahren.

8

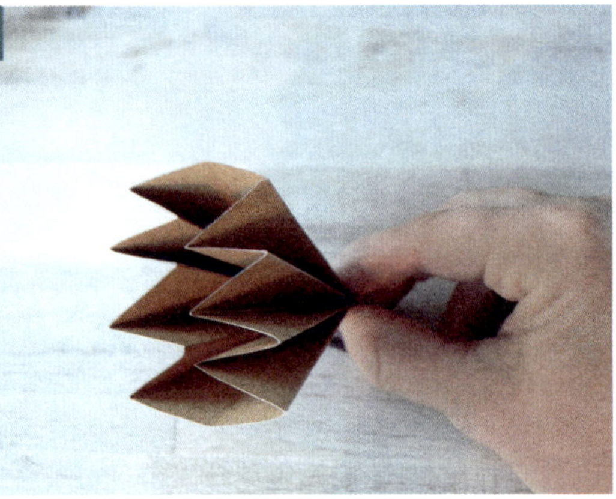

8. Wenn alles richtig gefaltet ist, sollte die kleine Form aussehen wie in der Abb. oben.

9

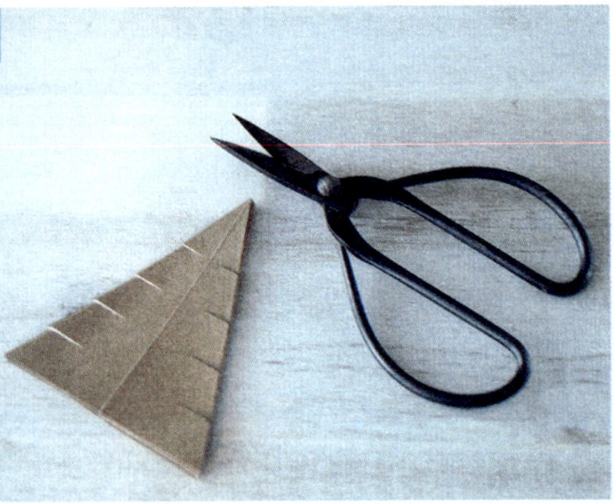

9. Dann drückt man die einzelnen Flügel fest zusammen und schneidet das Objekt auf beiden Seiten gleichmäßig mit der Schere ein.

10

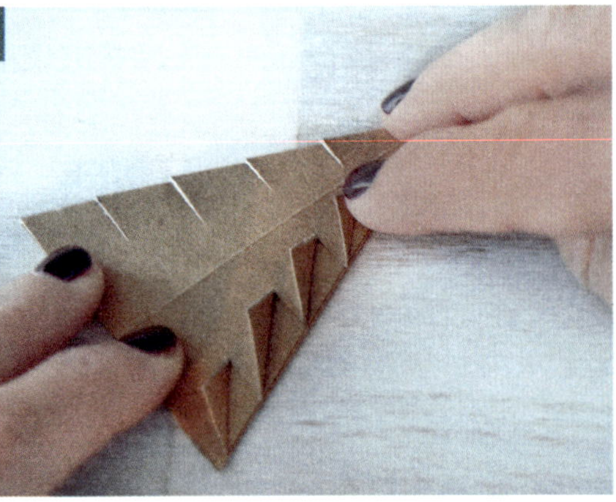

10. Danach werden die kleinen Ecken eine nach der anderen nach innen geknickt. Das Bäumchen auseinanderfalten und aufstellen.

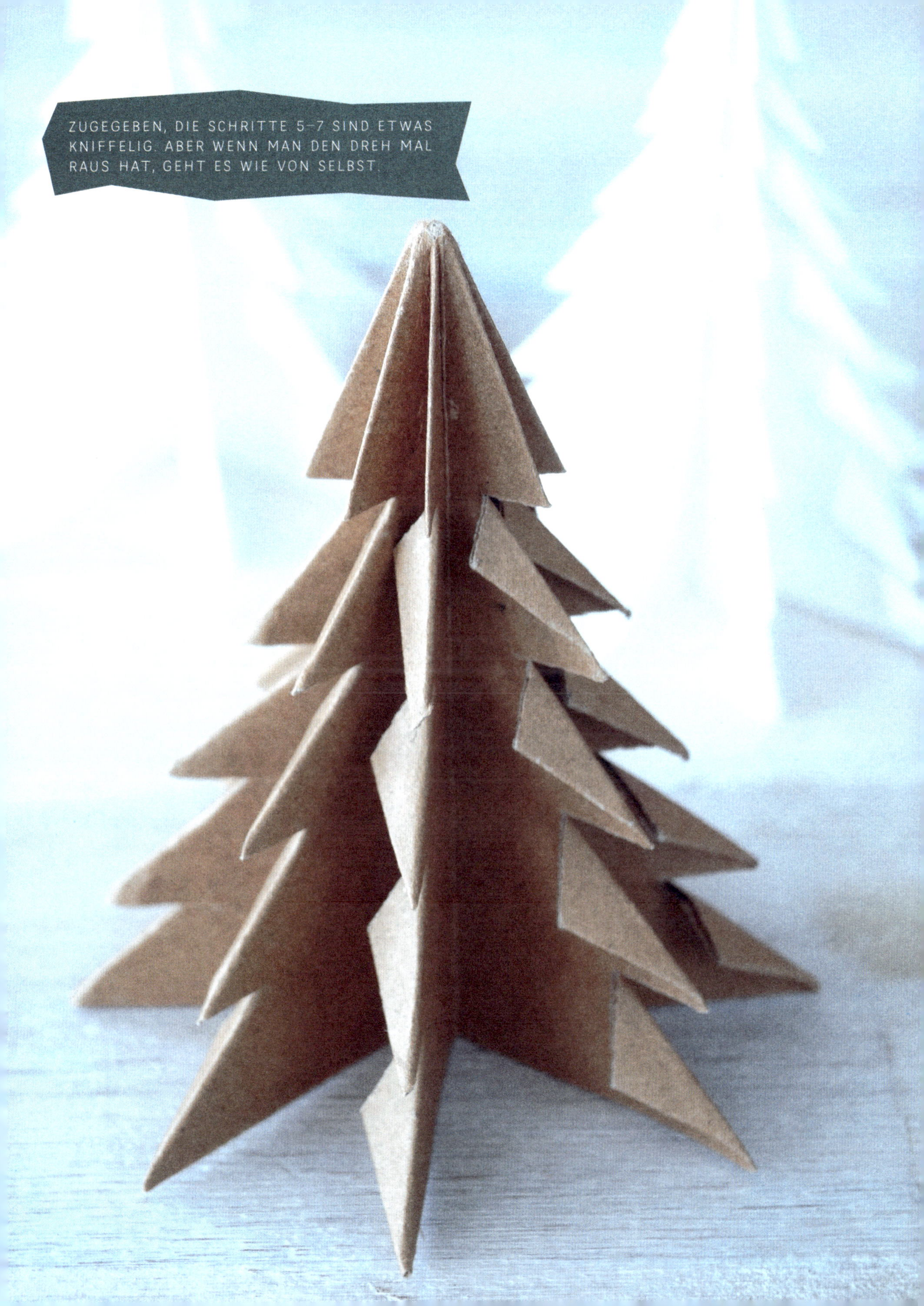

ZUGEGEBEN, DIE SCHRITTE 5–7 SIND ETWAS KNIFFELIG. ABER WENN MAN DEN DREH MAL RAUS HAT, GEHT ES WIE VON SELBST.

Geflügelter Bote

MATERIAL:
EIN BUCH OHNE EINBAND, KOPIERER, SCHERE, FLÜSSIGKLEBER (VORLAGE KOPF SEITE 265)

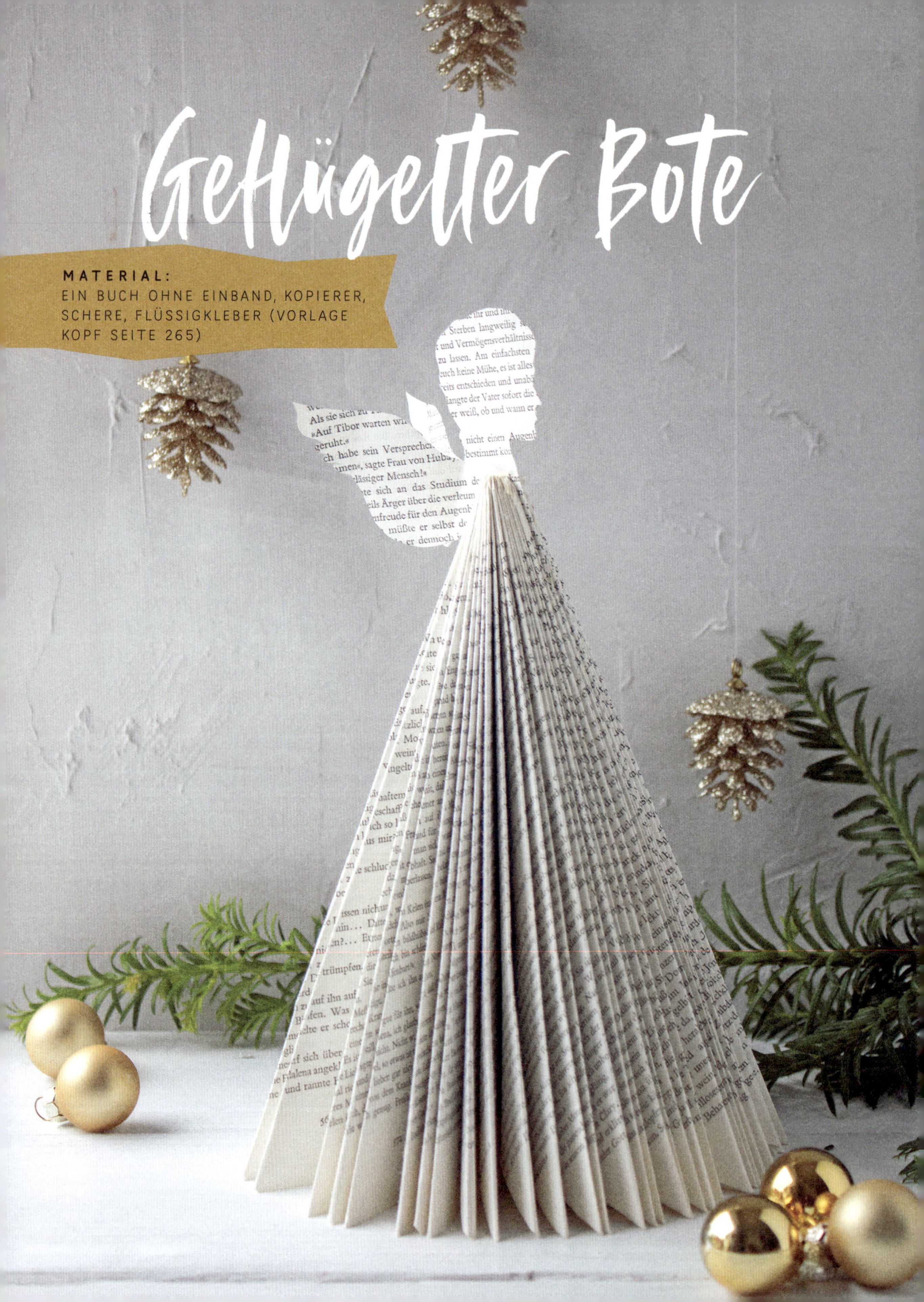

WER ALLE JAHRE WIEDER DIE GLEICHEN KUGELN, ZAPFEN UND FIGUREN AUSPACKT, DARF SICH NUN ÜBER ABWECHSLUNG FREUEN: IN DIESER ADVENTSZEIT ERHÄLT ALTBEWÄHRTES ZUWACHS DURCH EINEN ENGEL AUS BUCHSEITEN.

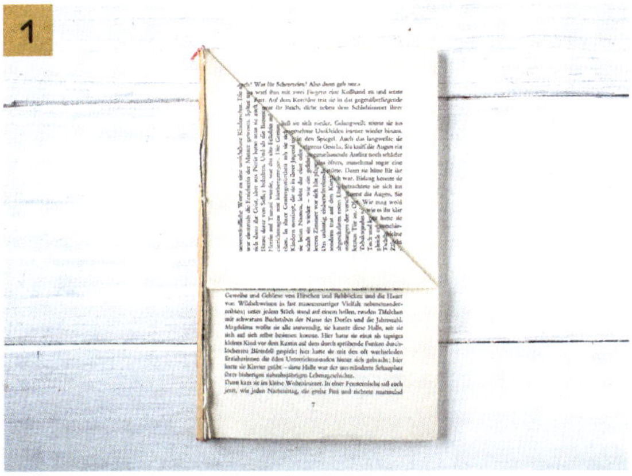

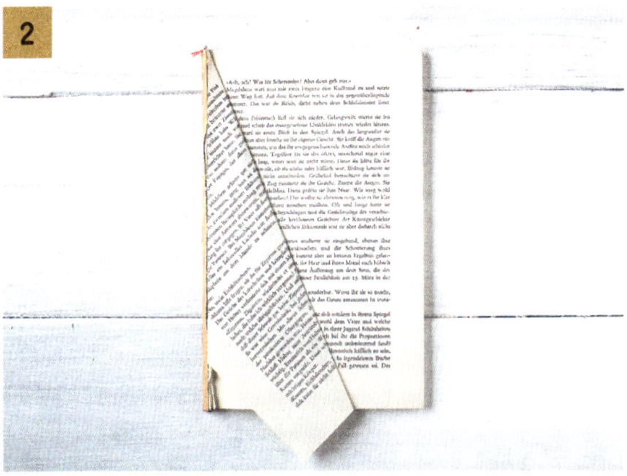

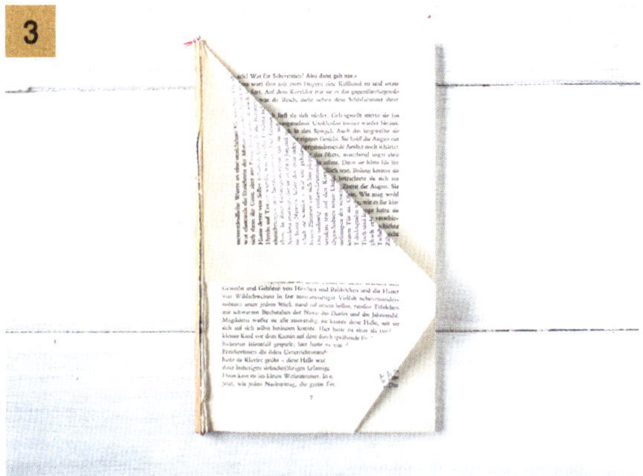

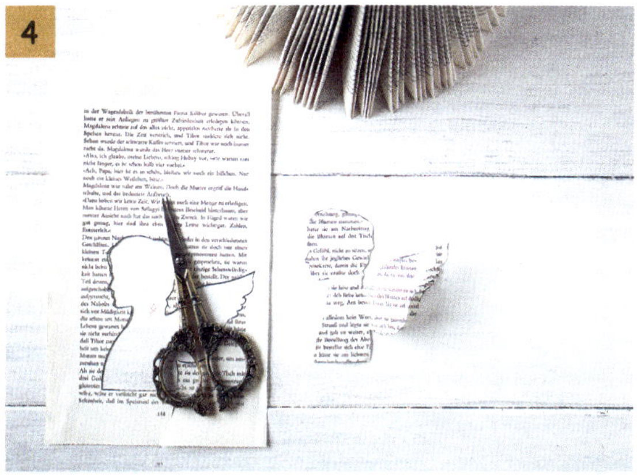

1. Die erste Seite im rechten Winkel nach unten falten.

2. Die rechte Kante der gefalteten Seite an den linken Rand falten.

3. Die Kante wieder auffalten und die rechte untere Ecke so einschlagen, dass die linke Kante auf der zuvor entstandenen Falznaht aufliegt. Dann die Kante wieder zufalten.

4. Den Oberkörper des Engels auf zwei Buchseiten kopieren und ausschneiden. Die beiden Ausschnitte aufeinanderkleben, dabei jedoch die Flügel auslassen, sodass sie sich auffalten lassen. Ein Messer in der noch offenen Seite des gefalteten Buchs einlegen und das Buch von oben etwas einschneiden. Den Engeloberkörper in den Schnitt legen und die offene Seite zukleben.

SUGAR BODYSCRUB VON SEITE 16

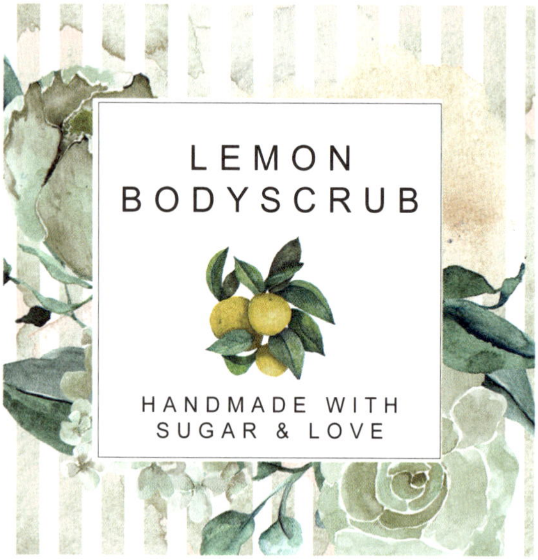

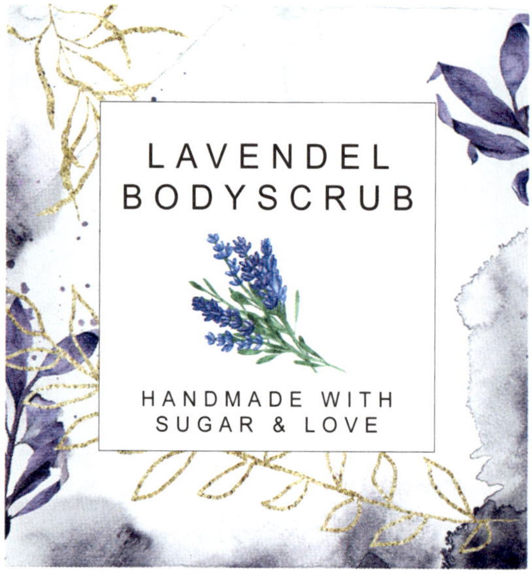

SATTELFEST VON SEITE 76

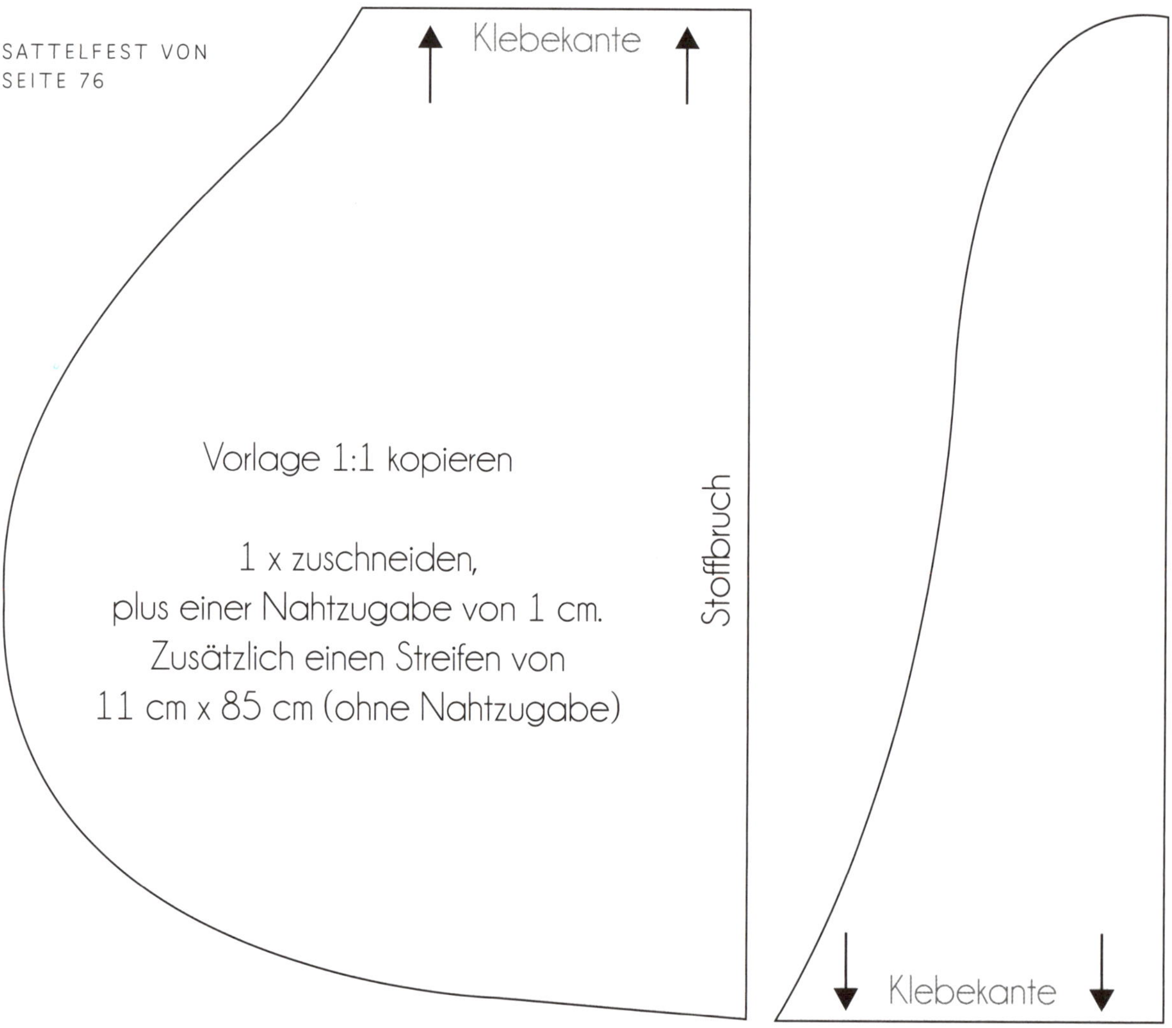

GEFLÜGELTER BOTE VON SEITE 262

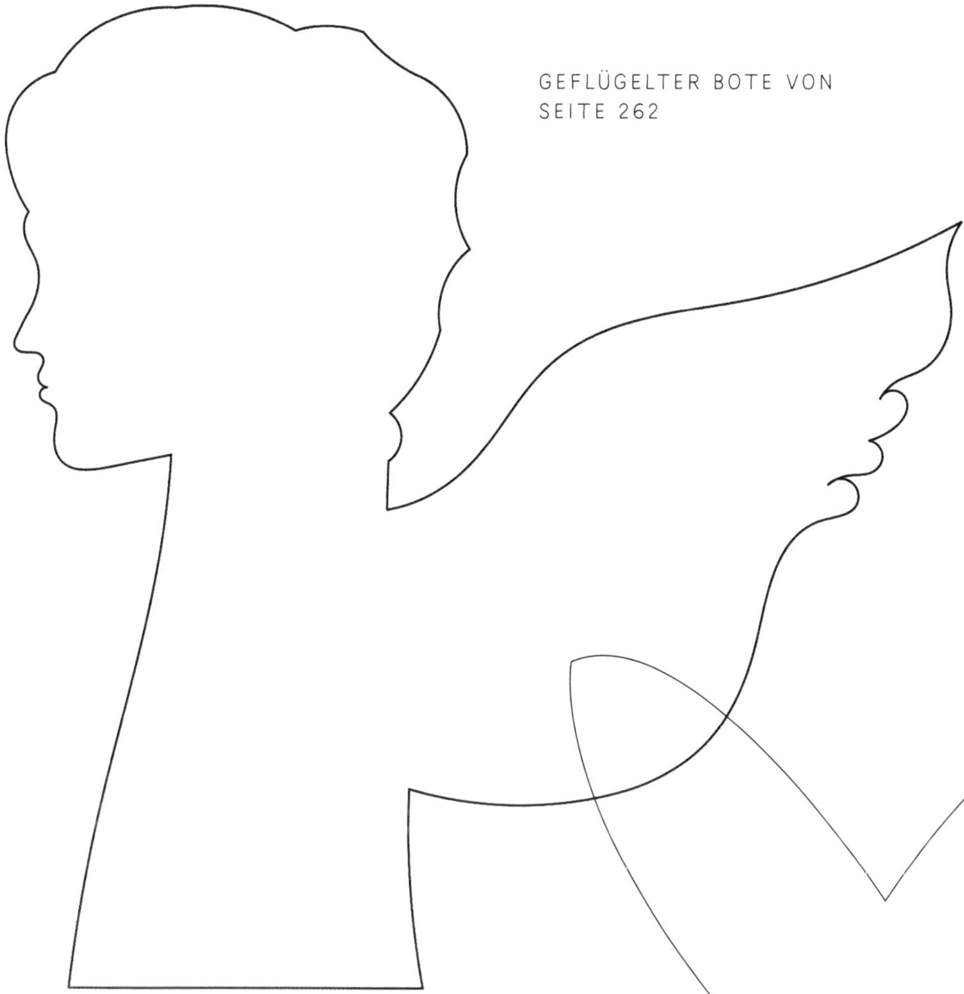

FRÜHSTÜCKSBUNNY VON SEITE 238

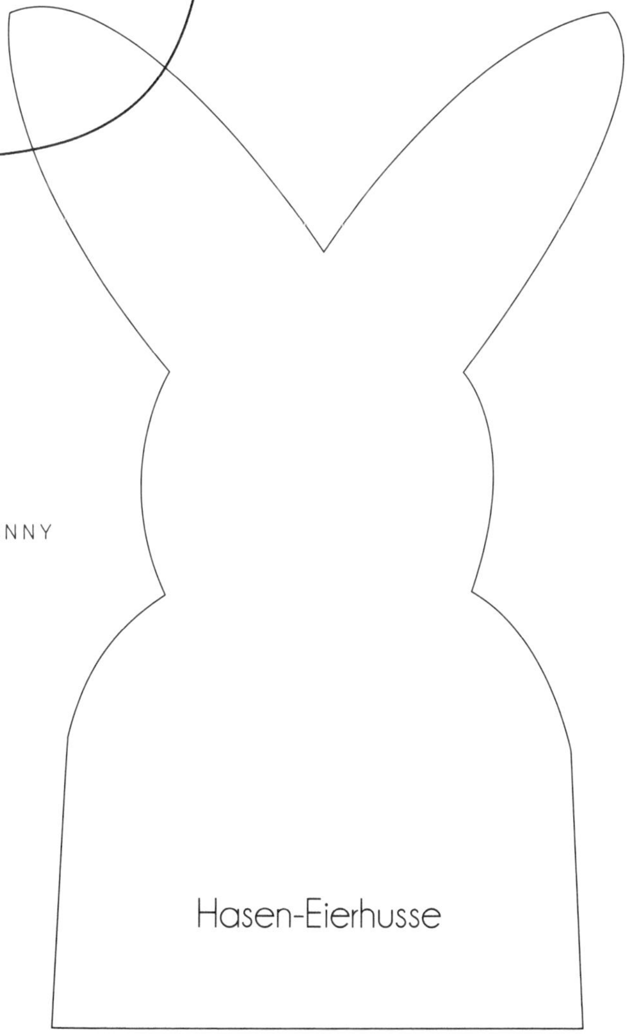

EDDY THE TEDDY
VON SEITE 56

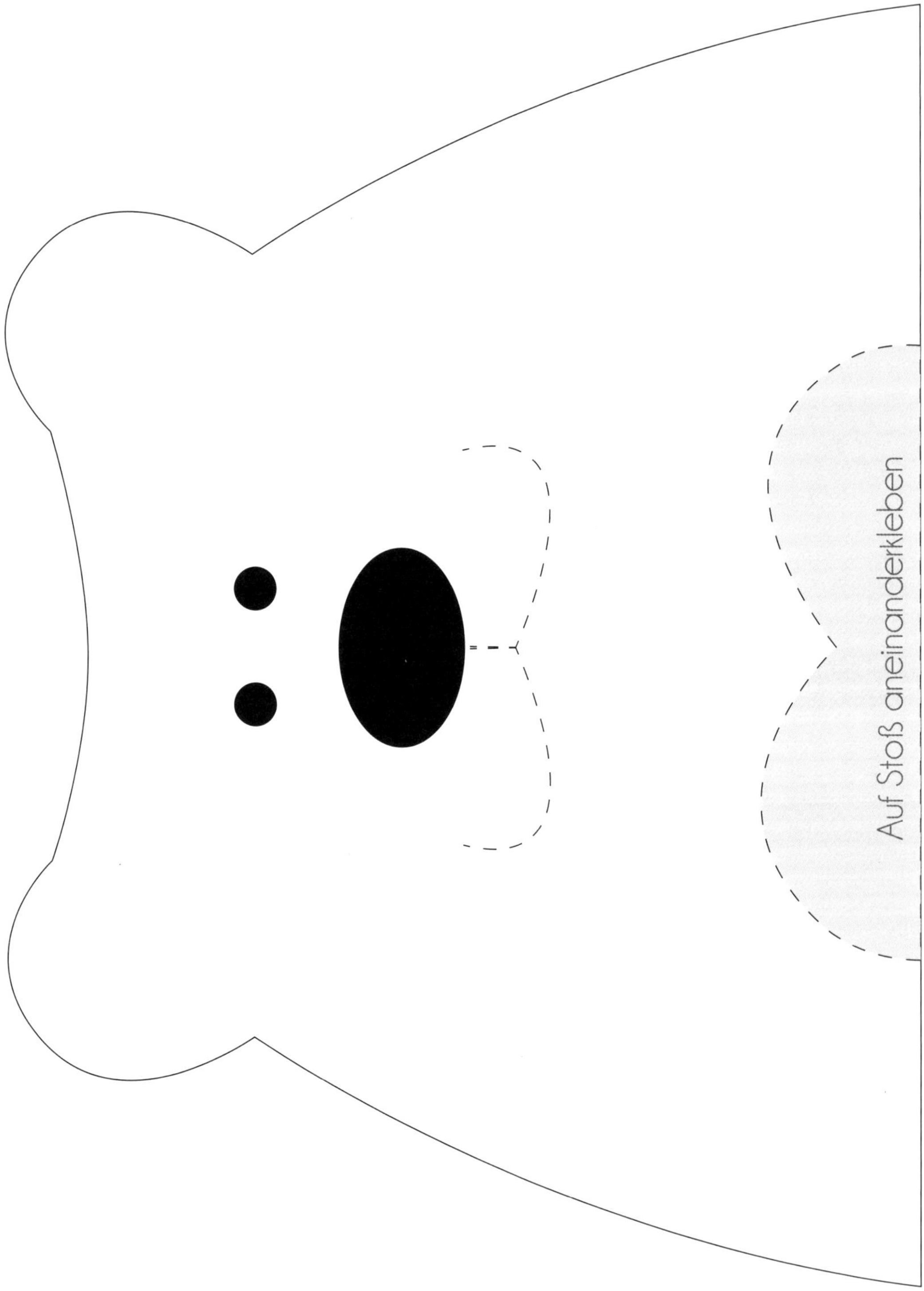

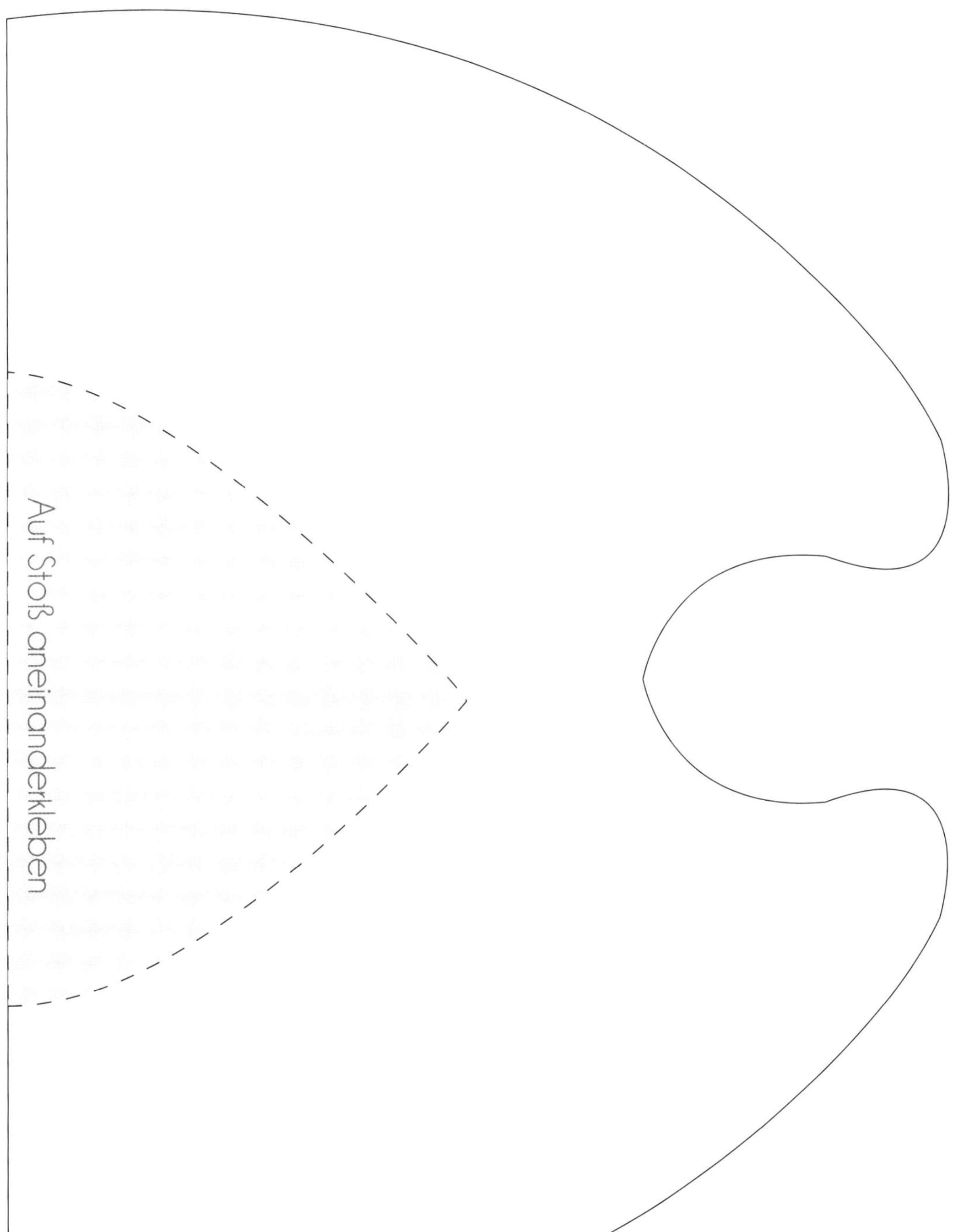
Auf Stoß aneinanderkleben

ZACKIGE SCHALE VON
SEITE 168

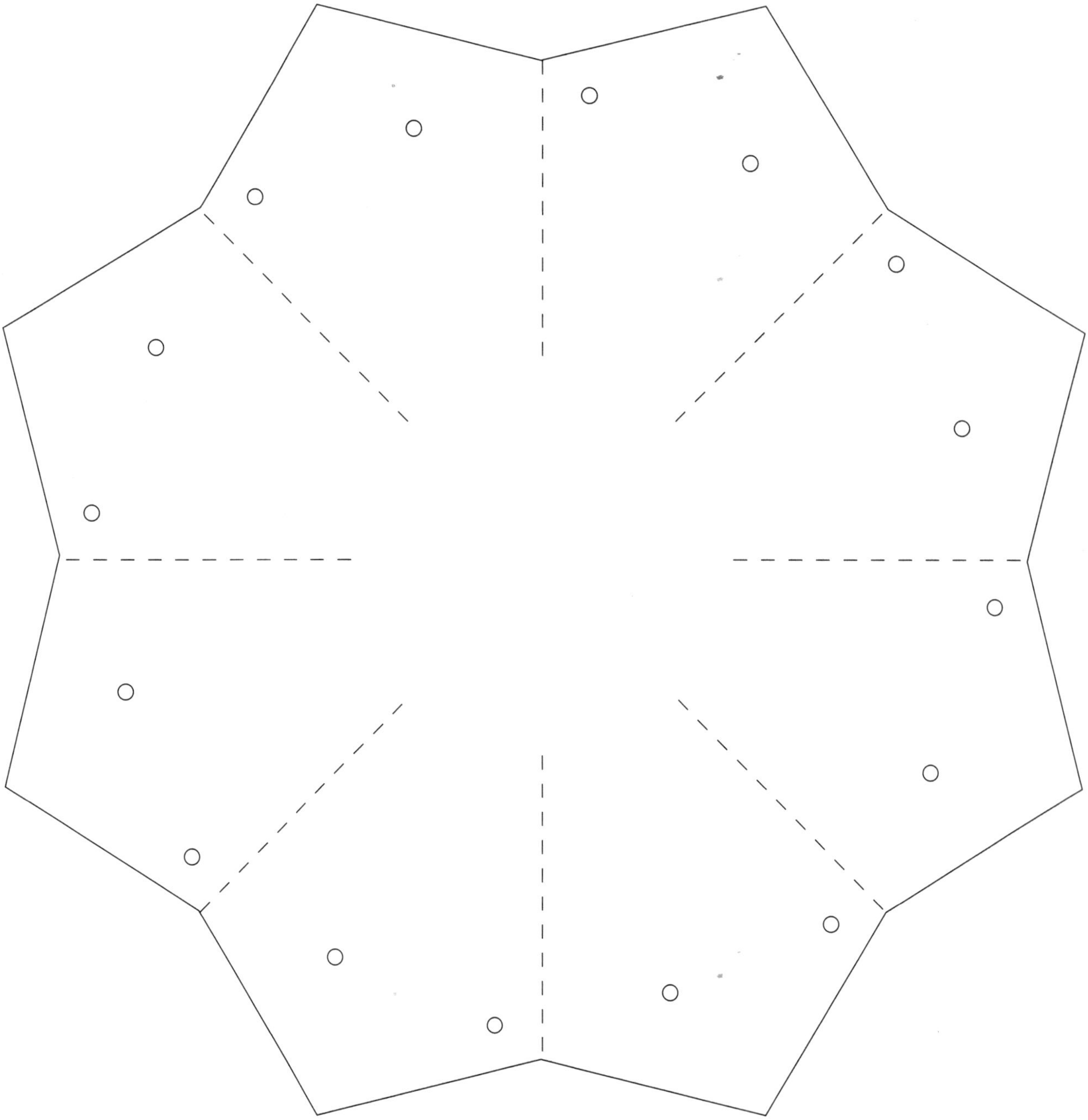

ANLEITUNG ZUM BINDEN EINES FOTOBÜCHLEINS VON SEITE 184 : IM REISEFIEBER

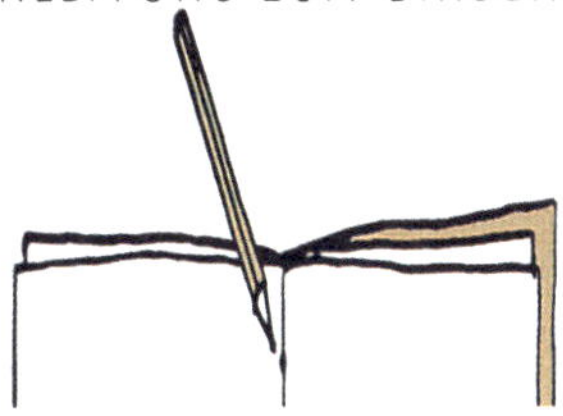

MIT EINEM STIFT MARKIERT MAN SICH DIE DREI PUNKTE IM FALZ. DIE ABSTÄNDE SOLLTEN GLEICH SEIN. ANSCHLIESSEND MIT EINEM PIKSER DURCHSTECHEN.

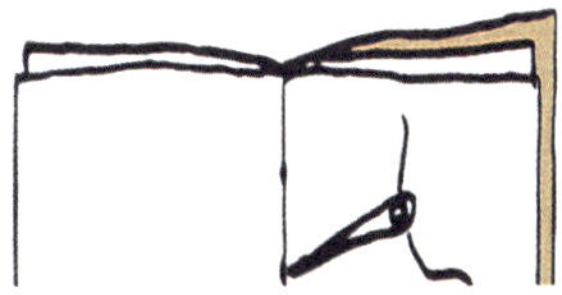

DEN STERNCHENZWIRN MIT EINER NADEL VON INNEN DURCH DAS MITTLERE LOCH ZIEHEN. EIN CA. 6 CM LANGES FADENENDE STEHEN LASSEN.

DANN VON DER AUSSENSEITE IN DAS UNTERE LOCH STECHEN UND DEN FADEN NACH INNEN HINDURCHZIEHEN.

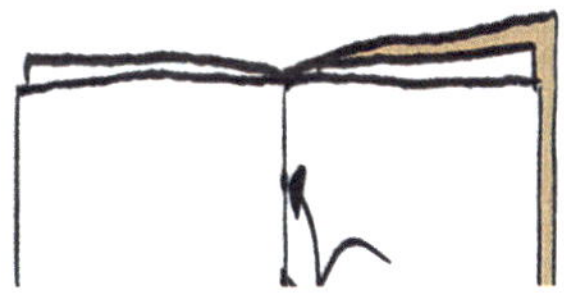

INNEN DANN ÜBER DIE MITTE IN DAS OBERE LOCH STECHEN UND DEN FADEN NACH AUSSEN ZIEHEN.

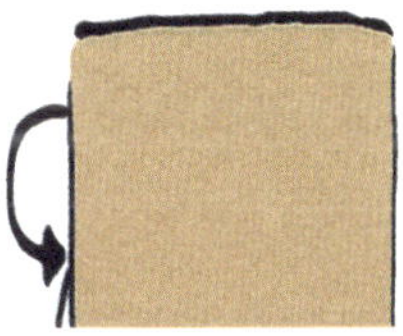

NUN VON DER AUSSENSEITE DEN STERNCHENZWIRN WIEDER DURCH DAS MITTLERE LOCH NACH INNEN ZIEHEN.

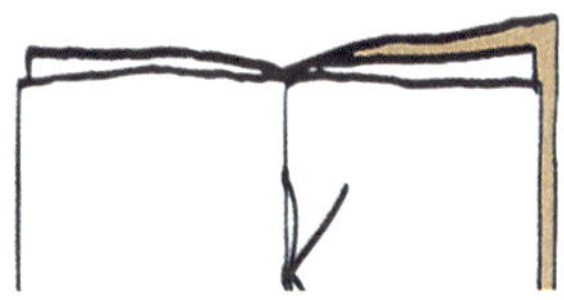

ANSCHLIESSEND DIE BEIDEN FADENENDEN GUT FESTZIEHEN UND MITEINANDER VERKNOTEN.

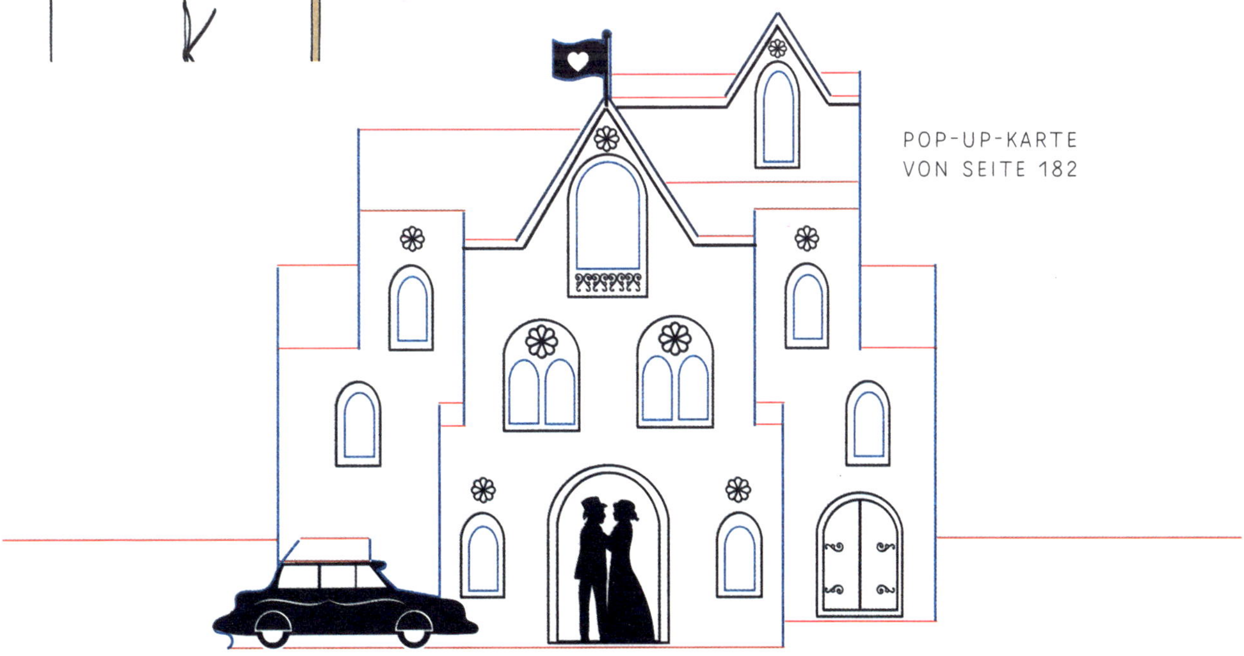

POP-UP-KARTE VON SEITE 182

Ebenfalls erhältlich ...

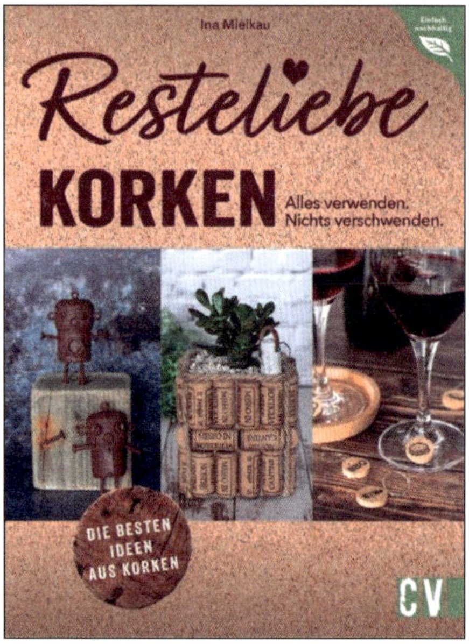

ISBN 978-3-8388-3872-4

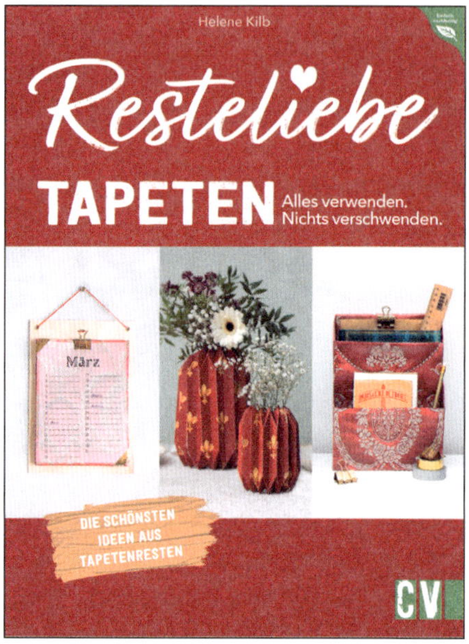

ISBN 978-3-8388-3841-0

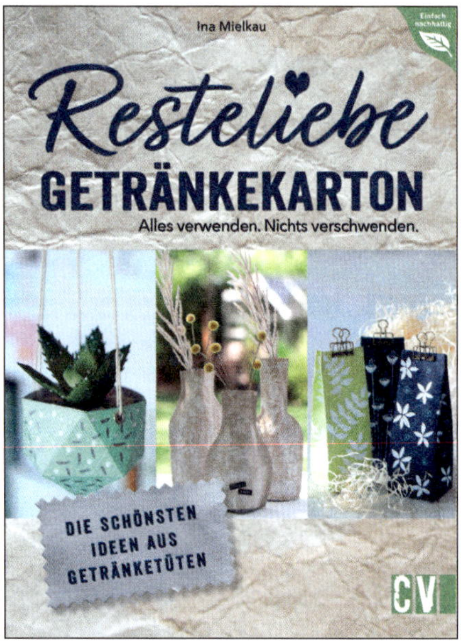

ISBN 978-3-8388-3862-5

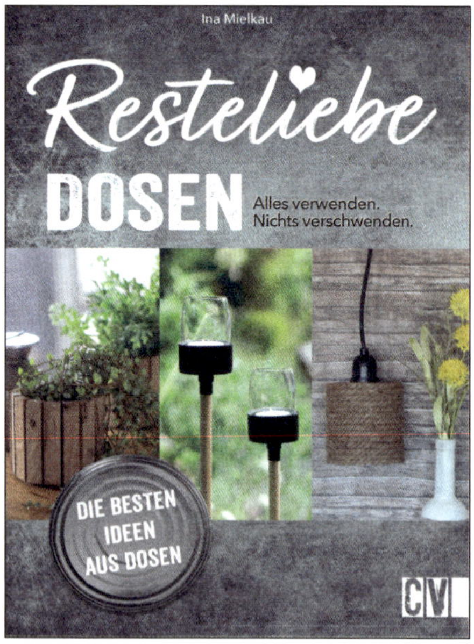

ISBN 978-3-8388-3840-3